국부론과 애덤 스미스의 융합 학문

김광수 지음

도서출판 해남

김광수(金光壽)

성균관대학교 경제학과를 졸업한 후, 애덤 스미스 모교인 영국 글래스고 대학교(University of Glasgow) 경제학과에서 경제사상(학설)사를 전공했다. 동 대학원에서 「애덤 스미스의 형이상학과 과학」에 관한 연구로 1994년 경제학 박사 학위를 받았다. 2000년 이후 성균관대학교 경제학과 교수로 재직하고 있다.

국내 주요 저술로는 『애덤 스미스의 학문과 사상』(2005, 해남)과 『애덤 스미스: 정의가 번영을 이끈다』(2015, 한길사)를 출간했으며, 스미스의 윤리학 분야 저술인 『도덕감정론』(2016, 한길사)을 번역했다. 공저로서는 『정치경제학과 경제주의』(1997)와 『융합 인지과학의 프런티어』(2010)가 있다.

국내 주요 논문으로 경제사상사의 관점에서 수행된 과학철학과 수사학적 방법론, 고전파 경제학, 신제도주의 경제학, 법과 경제학, 조직경제학, 행동경제학, 행복경제학, 경제사 등에 관한 다수 연구가 있다.

해외 논문으로는 "Adam Smith's Natural Theology and Its Method" (*Review of Social Economy*, 1997), "Adam Smith's Theory of Economic History and Development" (*European Journal of the History of Economic Thought*, 2009), "Adam Smith's History of Astronomy and View of Science" (*Cambridge Journal of Economics*, 2012), "Adam Smith's and Douglass North's Multidisciplinary Approach to Economic Development" (*American Journal of Economics and Sociology*, 2014), "Demand and Structural Change in Adam Smith's Theory of Economic Progress" (*Cambridge Journal of Economics*, 2015), "Philosophy and Science in Adam Smith's 'History of Astronomy': A Metaphysico-Scientific View" (*History of the Human Sciences*, 2017) 등이 있다.

국부론과 애덤 스미스의 융합 학문

초판1쇄 인쇄 2019년 2월 11일
초판1쇄 발행 2019년 2월 20일

지은이 김광수
발행인 노현철
발행처 도서출판 해남

출판등록 1995. 5. 10 제 1-1885호
주　　소 서울특별시 서대문구 충정로 38-12(충정로 3가) 우리타워 6F
전　　화 739-4822 **팩스** 720-4823
이 메 일 haenamin30@naver.com
홈페이지 www.hpub.co.kr

ISBN 978-89-6238-130-6 93320

머리말

동서고금 시대를 막론하고 인류의 소망이었던 행복은 오늘날 가장 중요한 화두로 떠올랐다. 20세기 말 미국 이스털린 교수의 연구에 따르면, 1인당 실질 GDP의 상승과 행복도 사이에는 일정한 비례 관계가 없다. 실제로 행복은 물질적 부와 경제 성장에 일정 부분 의존하지만, 다른 한편 심리적, 사회적, 정치적 요인 등 다면적, 다층적 요인에도 큰 영향을 받는다. 이것은 오늘날 행복 연구가 철학, 심리학, 사회학, 정치학, 경제인류학 등 융합적인 영역에 기초해서 새로운 탐구 분야로 부상한 이유이다.

마찬가지로, 18세기에 애덤 스미스는 더 좋은 사회, 행복한 사회는 어떤 조건에서 조성될 수 있으며, 시민들이 스스로 그 주체가 되기 위해서는 어떤 방안이 필요한가를 진지하게 고민했다. 그리고 이 같은 핵심 과제를 인식하고 실천하는 데 스미스는 단일 학문에 기대기보다 융합적인 사회과학을 활용했다. 경제학의 선구자로 널리 인식되고 있지만, 스미스는 오늘날로 치면 철학, 수사학, 윤리학, 정치학, 법학, 사회학 등 융합 학문을 제대로 익혀 사회 현상의 본질을 탐구하고 대안을 제시하고자 했다.

스미스에게 세계의 본질은 단순하지 않고 복잡 다층적이다. 복합 다층적인 세계를 제한적으로나마 이해하기 위해서 스미스는 존재론적 세계의 단순화, 모형화를 시도했다. 스미스의 도덕철학 체계는 복잡 다층적인 인문 세계를 쉽게 이해할 수 있도록 모형 설정을 통해 복잡한 차원을 줄이고 그 세계에 관한 진리를 유추했던 작업이었다. 더 나아가 스미스는 때때로 그 여러 원리를 합성해서 사회 시스템을 체계적으로 예측하고자 했다.

스미스의 접근법과는 달리, 19세기 산업혁명의 진전과 더불어 학문의 분화, 전문화가 매우 빠르게 전개되었다. 이에 따라 스미스의 폭넓은 사상과 방법은 20세기 후반에 이르기까지 사각이 좁고 분절화된 틀과 렌즈에 의해 왜곡되고 오독되었다. 다행히도 지난 약 40년간 세계 학계의 스미스에 관한 연구 흐름은 "코페르니쿠스 혁명"(Copernican Revolution)이라고 지칭할 만큼 엄청난 변화를 겪었다.

이 패러다임 전환 과정에서 스미스는 『국부론』의 저자 그리고 외골수 경제학자가 아니라, 수사학자 그리고 자연철학과 도덕철학의 연구에 두루 관심과 역량을 쏟았던 융합적인 사상가로 다시 부활했다. 『국부론』 이외에도 『철학논집』, 『수사학 강의』, 『도덕감정론』, 『법학 강의』 등 여러 저술에 관한 융합적인 관심 덕분에 스미스의 과학철학, 수사학, 도덕철학적 접근에 관한 이해도가 폭발적으로 늘어났다. 이제 단순히 경제학적 접근만으로는 스미스 사상의 진면목이 파악되기 어렵게 된 것이다. 그리고 이러한 상황 변화에 힘입어 적어도 세계 학계의 전문 연구자 사이에서는 스미스의 본래 사상에 채색된 그릇된 이미지가 퇴조하고 폐기되었다. 그것은 시장맹신주의, 자유방임주의, 신자유주의의 선구자라는 편파적인 이미지다. 대신에 그는 현대 자유주의적 공동체주의(liberal communitarianism)의 선구자적 사상가로 재평가되고 있다.

하지만 진실로 회귀하는 세계 학계의 분위기와는 대조적으로, 우리 주변에서는 아직도 그 왜곡된 이미지가 빈번하게 회자되곤 한다. 이것은 최근 우리 학계에서 학설사 그리고 사상사와 관련된 연구와 관심이 크게 위축된 점과 무관하지 않을 것이다. 저간의 이런 사정에도 불구하고 진실을 추구하는 학문적 관점은 유효하다. 즉, 지식의 시차와 지체 때문에 재생산되는 과거 해석상의 오류와 왜곡은 이제 교정될 필요가 있다. 다음, 요즘 우리 학계에서 양적으로 풍성한 경험적이고 실증적인 연구도 그 역사적, 학설사적 관점의 배경, 사상, 이론에 무심하고는 그 주요한 토대와 기반을 잃기 쉽다. 역사학자 카(E. H. Carr)가 이미 강조한 대로, 역사 연구는 과거와 현재와의 대화이며, 미래의 대안을 찾기 위한 노력이 된다는 점에서 각별히 그러하다.

그동안 저자는 이 같은 상황과 문제의식 속에서 특히 스미스와 관련된 고전의 가치를 (재)조명하는 동시에, 미래를 위한 대안의 측면에서 그것을 현대의 여러 시각과 접목하려고 시도해 왔다. 『애덤 스미스의 학문과 사상』(2005)은 출간한 지 벌써 10년여가 훌쩍 지났지만, 그런 맥락의 첫 번째 산물이다. 한편, 이 저술이 학계와 전문가 중심으로 읽힐 가능성이 있어, 대중 독자와 소통의 폭을 넓히기 위해 『애덤 스미스』(2015)를 내놓았다.

본서 역시 앞선 저술들과 마찬가지로 유사한 문제의식과 취지를 갖는다. 첫 편의 서론은 스미스 사상의 본질과 유산에 관한 논의에 할애된다. 먼저 세계적 차원의 다양한 연구 성과를 바탕으로 스미스의 사상과 학문 세계에 관한 오해와 진실이 좀 더 분명하게 정리된다. 다음으로, 융합적인 접근법에 의해 근자에 르네상스기를 겪은 스미스 연구사가 구체적으로 어떻게 진행되어 왔는지 요약해서 정리된다.

그리고 제2편에서 제6편까지 다양한 주제는 『국부론』과 스미스의 융합 연구에 관한 심화 글쓰기로 구성된다. 이 부분은 지난 10년 동안 융합적인 시각에 의해 여러 학술지에 발표한 다양한 논문을 이 책의 구성에 맞추어 모으고 가다듬은 것이다. 앞부분의 연구들은 인문 환경과 학문 방법론에 대한 스미스의 접근법이 어떠했는가를 이해하는 데 유용할 것이다. 그리고 이에 근거할 때, 사회 공동체, 국가의 법과 정치, 자원 배분과 경제 성장, 역사와 경제사 이론, 법과 경제, 조직 이론, 그리고 행복의 실현과 확산에 관한 스미스의 접근법이 적절하게 소화될 수 있을 것이다.

이 연구들의 출처는 다음과 같다. 「애덤 스미스의 이론적 역사와 경제발전」(『경제학연구』, 2007), 「노스의 경제사 이론체계와 인지적 제도주의」(『국제경제연구』, 2007), 「애덤 스미스: 사회평판의 경제심리, 수요, 경제성장」(『국제경제연구』, 2008), 「애덤 스미스의 법과 경제: 정의와 효율성」(『경제학연구』, 2009), 「애덤 스미스와 노동(시장)의 법과 경제」(『경제학연구』, 2010), 「애덤 스미스: 식민지정책과 경제발전」(『경제학연구』, 2011), 「애덤 스미스의 법과 경제: 행동경제학 – 행동법학적 관점을 중심으로」(『국제경제연구』, 2012), 「현대 과학철학 및 경제철학의 흐름과 스미스의 과학 방법론에 관한 연구」(『경제학연구』, 2014), 「애덤 스미스의 조직이론 및 조직의 경제학」(『국제경제연구』, 2016), 「애덤 스미스의 행복이론: 행복경제학과 시민경제론의 기원」(『경제학연구』, 2018), 「애덤 스미스의 수사학 방법론 및 도덕철학과 『국부론』」(『국제경제연구』, 2018) 등이다.

마지막으로, 그동안 스미스 연구에 꾸준하게 매진하도록 격려하고 감내해 준 여러 지인과 가족에게 진심으로 고마움을 전하고 싶다. 또한 이미 학술지에 게재된 저자의 글을 본서에 수정, 게재하도록 허가해 준 한국경제학회, 한국국제경제학회에 감사를 드린다. 본서의 출판과 편집에 기꺼이 도움을 준 도서출판 해남의 노현철 대표께도 감사의 마음을 전한다.

2019년 1월

김광수

차례

머리말 i

차례 v

제1편 서론: 사상의 본질과 유산

제1장 스미스 사상과 학문 세계에 관한 오해와 진실

1. 생애 및 저술 3
2. 스미스의 학문과 사상에 관한 오해와 진실 7
3. 인문 환경에 관한 도덕철학(사회과학)적 접근법 20

제2장 스미스의 유산(遺産) 및 본서의 주요 내용

1. 경제학 분야의 유산과 영향력 29
2. 여타 사회과학 및 인문학 분야 연구 동향 35
3. 스미스 연구사의 주요 논쟁 46
4. 본서의 줄거리 57

제2편 과학철학 및 방법론

제3장 과학철학 및 경제철학
1. 머리말 67
2. 현대 과학철학과 경제학계의 방법론 동향 71
3. 과학의 복합성과 다면성 79
4. 스미스의 「천문학사」의 주요 내용: 예증 95
5. 요약 및 결론 111

제4장 수사학 방법론 및 『국부론』
1. 머리말 115
2. 과학철학 및 경제철학의 여러 방법론 118
3. 스미스의 수사학 이론 125
4. 학술적 담론과 도덕철학 체계: 분석과 종합의 방법론에 기초한 학문 모형 139
5. 요약 및 결론 152

제3편 사회, 정치 그리고 경제

제5장 사회적 평판의 경제
1. 머리말 157
2. 수요 측면과 경제 발전: 선행 연구 검토 159
3. 사회적 평판과 경제 심리: 소비 행위의 미시적, 사회심리적 토대 165
4. 사회적 평판과 경제(소비) 활동 172

5. 수요와 경제 성장: 이론과 역사 174
6. 요약 및 결론 187

제6장 (국제)정치적 불의와 경제 발전
1. 머리말 191
2. 스미스의 경제 발전 이론 체계 194
3. 유럽과 식민지 문제: 역사, 중상주의, 식민지 정책 199
4. 식민지 통치와 경제 성과 205
5. 식민지 정책과 경제 성장의 비교 분석: 영국령 대 스페인령 식민지 214
6. 요약 및 시사점 223

제4편 법과 경제

제7장 법과 경제: 정의와 효율성
1. 머리말 231
2. 정의와 실정법 체계 234
3. 법과 경제: 정의와 경제적 효율성 241
4. 법과 경제의 관계: 사례 분석 247
5. 요약 및 결론 263

제8장 노동(시장)의 법과 경제
1. 머리말 267
2. 법 제도와 경제 활동 – 노동(시장)의 법과 경제를 위한 서설 271
3. 전근대 사회에서의 법과 경제 280
4. 근대 노동 시장의 법과 경제 287

5. 요약 및 결론 300

제5편 역사와 경제사 이론

제9장 철학적 역사와 사실/기록적 역사

1. 머리말 307
2. 역사 연구와 "철학적 역사" 310
3. "부의 진보"의 철학적 역사 317
4. 규범으로서의 철학적 역사와 공공 정책적 함의 325
5. 요약 및 결론 334

제10장 경제사 이론 체계: 더글러스 노스와의 비교

1. 머리말 339
2. 스미스와 노스의 경제사 이론: 방법론과 내용 341
3. 시장 영역 하위 이론: 인간 행위 가설과 가격 이론 349
4. 국가 영역 하위 이론: 국가 활동과 경제 성과 354
5. 사례 분석: 질서, 재산권 제도의 운영과 경제적 성과 362
6. 맺음말 372

제6편 새로운 경제학 조류의 기원

제11장 행동경제학과 행동법학

1. 머리말 377

2. 사회 규범–법과 경제의 토대: 감정 체계 및 인지 체계의 통합적 접근 380
3. 스미스의 행동경제학의 원리 386
4. 행동법학과 국가법 제도 393
5. 맺음말 413

제12장 조직 이론과 조직의 경제학
1. 머리말 417
2. 조직에 관한 다양한 접근법과 스미스 관련 선행 연구 419
3. 스미스의 혼합형 조직 이론 434
4. 스미스 조직론의 예증: 법원 조직의 기원과 변화 451
5. 요약 및 결론 459

제13장 행복 이론과 행복경제학
1. 머리말 463
2. 행복 이론과 행복경제학 465
3. 스미스의 도덕철학과 행복 474
4. 스미스의 학설사적 공헌: 행복경제학과 시민경제론 495
5. 결론 및 시사점 514

참고문헌 519
찾아보기 551

제 1 편

서론: 사상의 본질과 유산

제1장

스미스 사상과 학문 세계에 관한 오해와 진실

제2장

스미스의 유산(遺産) 및 본서의 주요 내용

제1장
스미스 사상과 학문 세계에 관한 오해와 진실

1. 생애 및 저술

스미스는 영국 스코틀랜드 수도인 에든버러 북쪽에 위치한 항구 소도시 커컬디(Kirkcaldy)에서 1723년 태어났다. 그는 1737년 글래스고 대학교(University of Glasgow)에 입학했다. 학부 과정 졸업 후 스미스는 영국 성공회 장학금을 얻어 1740~6년에 옥스퍼드 베일리얼 칼리지에서 대학원 과정을 이수했다. 그는 독학 후 귀향해서 1748~51년에 에든버러에서 수사학, 문예비평, 법의 역사 등에 관해 공개 강의를 했다.

스미스는 이 같은 에든버러 공개 강의를 성공적으로 마친 덕분에 1751년 모교에서 논리학 교수직을 얻었다. 그리고 담당 전임 교수의 사망으로 1년 후 도덕철학 강좌교수로 내부 이동해서 1764년 초까지 모교에 몸담았다. 그는 자신의 전임 교과목인 도덕철학 강좌와 더불어 오후에는 주중 3차례 수사학 강의도 병행했다. 그리고 교수 재임 기간에 첫 번째 저서인 『도덕감정론』(1759)을 출간했고, 유럽에서 대중적인 명망을 얻었다.

대학 교수직의 사임 후 1764~6년에 스미스는 한 귀족 자제의 그랜드투어 개인 지도를 맡아 프랑스에 체류했다. 이 기간에 그는 유럽의 자유주의와 합리주의 사상을 직접 체험했고, 파리에서는 케네(Françis Quesnay)와 튀르고를 비롯한 몇몇 주요 중농주의 경제학자와 교류할 기회를 가졌다. 또한 이 시기에 도덕철학 강좌를 구성했던 정치경제학 부분을 근간으로 『국부론』 집필을 위해 그는 여러 자료를 광범위하게 수집했다.

영국으로 귀환 후 10년 동안 스미스는 온통 연구와 집필에 몰입하면서 『국부론』(1776)을 출판했다. 이 두 번째 대작은 예상과는 달리 초판이 반 년 만에 품절되었다. 『국부론』은 곧 독일어, 프랑스어 등 6개 외국어로 빠르게 번역되었으며 유럽의 지식 엘리트 사회에서 큰 반향을 얻었다. 또한 책 출간 이후 영국의 경제 정책에 기여한 공로로 세관위원(Commissioner of Customs)에 임명되어 1778년부터 에든버러에서 여생 동안 공무에 종사했다.

한편, 세관 업무를 수행하는 가운데 스미스는 젊은 시절부터 계획했던 연구의 추진에도 소홀하지는 않았다. 하지만 시간 부족과 체력 저하 때문에 문학, 철학, 시학, 수사학을 포괄하는 인문학 및 법과 정부에 관한 연구는 결국 출판물로 빛을 보지 못했다. 한편, 1787~9년에는 글래스고 대학교 교수와 재학생의 직접투표에 의해 선출되는 대학 명예이사(Lord Rector)로 2년간 봉사했다. 그는 1790년 대대적으로 수정한 『도덕감정론』 제6판을 출판한 직후 사망했다.

그런데 문학, 수사학, 철학, 법학 등 평생 동안 집필을 위해 준비한 대부분의 원고는 사망 직전 스미스의 지시로 소각되었다. 이때 제외된 일부 원고는 1795년 유언 집행인들이 유고집인 『철학논집』으로 발간했다. 여기에는 고대 천동설에서 17세기 뉴턴의 천문학 이론 체계에 이르기까지 주요 천문학 가설들이 과학철학 관점에서 평가된 「천문학사」, 그리고 「외부 감각」에 관한 논고

등이 수록되어 있다.

놀랍게도 스미스의 대학교 재직 시 법학에 관한 강의를 필사한 강의 노트가 1876년에 발견되었다. 1766년 강의로 기록된 내용은 캐넌 교수에 의해 1896년 『법학강의록』으로 출간되었다. 한편, 1958년 스코틀랜드 애버딘 대학교 로디언 교수가 두 가지 서로 다른 강의 노트를 추가로 발견했다. 1762~3년으로 날짜가 기록된 법학 강의 노트 확대본과 수사학 강의 노트가 그것이다. 이 강의 노트는 『국부론』 출판 200주년을 기념해서 나온 글래스고 판본(Glasgow Edition)에 통합되어 『법학 강의』(1978) 및 『수사학 강의』(1983)로 각각 출판되었다. 1976~83년에 걸쳐 글래스고 판본으로 간행된 스미스의 여러 저작과 서간은 다음과 같다.

1. *The Theory of Moral Sentiments*(1759[1976]): 『도덕감정론』
2. *An Inquiry into the Nature and Causes of the Wealth of Nations*(1776[1976]): 『국부론』
3. *Essays on Philosophical Subjects*(1795[1980]): 『철학논집』
4. *Lectures on Rhetoric and Belles Lettres*(1983): 『수사학 강의』
5. *Lectures on Jurisprudence*(1978): 『법학 강의』
6. *The Correspondence of Adam Smith*(1977): 『애덤 스미스 서간』

스미스는 글래스고 대학교 전임 교수직에 있을 때 오늘날 사회과학으로 불릴 수 있는 도덕철학 체계에 관한 강의를 했다. 『도덕감정론』은 글래스고 대학교 도덕철학 강좌의 두 번째 강의에 해당하는 윤리학에 관한 저서이다. 그 중심 과제는 자연법적인 관점에서 도덕 판단의 배후에서 작용하는 동감의 사회심리 기제를 파악하고, 이를 통해 다양한 덕 윤리의 이론적 토대를 살펴보는 것이다. 이 책에서 도덕에 관한 일반 이론이 지향되었으며, 세 번째 강의를 구성한 법학(jurisprudence)의 근간이 되는 정의론(正義論)의 서설이 포함되고 있다.

『국부론』은 도덕철학 강좌의 네 번째 강의를 구성한 정치경제학에 관한 저술이다. 이 책은 당시 주류 경제 이론이던 중상주의 및 중농주의에 대항해서 국부의 진정한 성격과 여러 원인을 탐구한 저술이다. 국가의 부는 질서 있고 정의로운 법 제도 하에서 사회 구성원들의 자기애(생활 개선 본능 및 교환 성향)를 자유롭게 활성화하는 여건에서 빠르게 증가한다는 것이다. 근대 이전의 전통 사회에서 실제로 그러했듯이, 이러한 핵심 조건이 충족되지 않으면 사회적 자원이 효율적으로 배분되거나 장기적인 경제 성장과 번영이 도래하기는 어렵다. 이 경제학의 고전은 사회적으로 바람직한 경제 활동과 성과는 정의의 가치를 집행하는 국가 및 정치의 세계와 지극히 불가분의 관계에 있음을 강조한다.

『철학논집』은 스미스 사후에 유언 집행인들에 의해 출간된 유고 저작이다. 이 책은 젊은 시절 스미스의 학문에 대한 관심사 및 평생 연구 계획의 내용을 제한적으로 보여 준다. 구체적으로 이 책은 천문학, 물리학 등 자연과학 및 논리학과 형이상학 등 철학, 그리고 미술, 음악, 무용 등 예술의 광범위한 영역에 대한 역사적 고찰을 다루는 짧은 논고들로 구성되어 있다. 이 다양한 논고들은 인간의 핵심 본성이 다양한 인간 행위의 원천이 되며, 사회 속에서 결과하는 구체적 현상들과 연관성을 지닌다는 점을 보여 주는 시도로서 제시된다. 특히, 이 논고 가운데 「천문학사」는 스미스의 과학철학과 과학에 관한 다양한 견해를 잘 보여 주는 대표적이고 매우 중요한 논고이다.

『수사학 강의』는 글래스고 대학교의 도덕철학 강좌와 함께 병행된 수사학에 관한 수강생 강의 노트를 출간한 것이다. 이 강의에서는 설득의 학문으로서 수사학 및 문예 비평이 직접적으로 논의되었다. 학문 교육, 연회 오락, 연설, 변론 등 인문학에서 서로 다른 아이디어를 소통하고 설득하기 위한 언어의 표현과 문체, 그리고 여러 인문 담론에서 각각 합당한 논증 방법이 무엇인지 등에 관한 수사학적 이론이 담겨져 있다.

『법학 강의』는 스미스 도덕철학 강좌의 세 번째 강의였던 법학에 관한 수강생 강의 노트이다. 이 강의 노트에서는 시민 정부의 지도 원리 또는 모든 국가의 법과 통치에 관한 일반 원리에 기초해서 법률 체계의 역사적 변화가 논의되고 있다. 그러므로 그 주요 내용은 공정한 관찰자의 승인과 정의감에 기초한 정의의 법률 체계가 미개 사회로부터 근대 시민 사회에 이르기까지 어떻게 변화(또는 일탈), 발전되었는가를 역사적으로 검토하는 것이다. 이와 더불어 국가 경영의 추가적 행위 원리인 사회적 효용에 근거한 내정 일반 법률 체계의 변화에 대해서도 제한적인 검토가 이루어지고 있다.

2. 스미스의 학문과 사상에 관한 오해와 진실

스미스의 사상과 학문에 관한 오해는 학문 간 분업 체계가 형성되기 시작했던 19세기 이후 계속 이어져 왔다. 학문 간 전문화에 따라 통합적인 도덕철학(사회과학) 체계, 그리고 고유한 인문 환경 접근법과 방법론이 간과되는 여건

하에서 편향된 해석이 지배했다. 특히, 방대한 분량의 저술인 『국부론』에 관한 일원론적인 관점과 오독이 일차적으로 그런 오해를 증폭시켰다. 그런데 1970년대 중반 이후 소위 '스미스 연구의 르네상스'가 도래하고 다각적이고 융합적인 연구들이 쏟아져 나오면서 그런 오해가 해소되고 점차 진실이 정착되고 있다.[1)]

2.1. 스미스는 오로지 이기심 가정에 의거해서 모든 사회 현상을 설명했는가?

스미스는 『국부론』의 저자 그리고 순수 경제학자로서 경제학의 단순 논리로만 세상을 접근하고 설명하려 시도했다는 오해가 적지 않다. 이 저술의 고전적이고 상징적 명성 때문에 일반 대중에게는 말할 것도 없고, 실증분석의 현업에 종사하는 경제학자들에게조차 스미스는 오로지 이기심의 가정에 의거해 사회의 전체 현상을 진단했던 경제학자로 흔히 인식된다.

예컨대, 노벨경제학상 수상자인 스티글러에 따르면, 스미스의 사상에서 호모 에코노미쿠스(homo economicus) 또는 합리적 경제인(rational economic man)의 가정은 정치와 경제 현상을 막론하고 모든 설명을 위해 적용되고 있는 일반 원리이다. 그러므로 "『국부론』은 이기심 원리의 화강암 위에 세워진 엄청난 궁전이다"(Stigler 1971: 265). 이러한 왜곡된 자평에 근거해서 스티글러는 1976년 『국

1 그 오해와 남용에 관한 근자의 명시적인 연구는 노벨 경제학상 수상자인 Sen(2011) 및 Kennedy(2005)이다. 한편, Gavin Kennedy는 스미스의 학문과 사상에 관한 오해와 진실을 밝히고 대중과 소통하기 위해 다음의 사이트를 운영하고 있다. http://adamsmithslostlegacy.blogspot.com/.

부론』 출간 200주년을 기념해 열린 학술 대회에서 "스미스는 지금 시카고 대학교에서 건강하게 잘 살아 있다"고 과장해서 말한 적이 있다.

그런데 오늘날 세계 학계의 전문 연구자 그룹에 따르면, 스미스는 경제학자의 부류보다는 일종의 융합적 사회과학자에 속한다(Skinner 1996; Evensky 2005). 서양사상사에서 스미스 사상의 전체 공과와 비중이 논의되는 경우, 어떤 거대한 학문적 기여가 경제학의 영역에서 유래하고 있음은 결코 부인될 수 없다. 스미스의 견해에 따르면, 생존에 필요한 물질적 토대를 제공하는 경제 활동이 사회적 분업을 통해 이루어지는 여건에서 시장은 사람들이 교환을 수행하기 위한 훌륭한 공간이 된다.

예를 들면, 『국부론』의 서두에서, "우리는 우리의 저녁 식사를 도살업자, 양조업자, 빵 제조업자의 자혜심(慈惠心)에 기대하는 것이 아니라 그들 자신의 이익에 대한 그들의 관심에 기대한다. 우리는 그들의 박애가 아니라 그들의 이기심에 호소하며, 우리들의 필요성이 아니라 그들의 이익에 호소한다. … 모든 개인은 교환을 통하여 삶을 영위하기 때문에 어떤 의미에서 모든 사람들은 상인(merchant)이 된다"(Smith 1776: 26~7, 37).

스미스의 경제 이론 가운데 사람들의 자기애(교환 성향 및 생활 개선 심리)는 경제 활동 및 시장의 영역에서 사람들의 행동을 주로 좌우하는 본원적 힘이다. 사회적 분업 하에서 자기애의 동기에 따라서 움직이는 경제인은 자유와 경쟁을 통해 사적 이익을 추구한다. 이러한 과정에서 시장의 효율성이 촉진되고 생산력과 자본 축적이 향상될 뿐만 아니라, 정치의 선진화 그리고 학문과 예술의 발전 등 사회 후생의 개선이 이루어진다.

다음 절에서 추가 설명이 있지만, 스미스의 모형에서 인문 환경은 존재론적으로 복합 다층성과 상호 의존성을 지니고 있다. 경제의 영역은 사회적 소통과 협력을 요구하는 사회 공동체의 세계 그리고 정의와 강제력의 요소를 특징으로 하는 정치와 법의 세계와 긴밀히 연관되어 있다. 스미스의 복합 다층적인 인문 환경 모형에서 사회 공동체 세계의 이면에서 사회 규범을 좌우하는 동감의 감정(sympathy), 그리고 법과 정치의 세계의 토대가 되는 정의감의 본능(sense of justice)은 또 다른 핵심 본성으로 규정된다.

예컨대, 자기애와 별개의 본성이며, 또한 이로 환원되지 않는 동감의 본성에 대해 『도덕감정론』 초반부에서 다음처럼 말한다. "사람의 이기심이 아무리 특징적인 것으로 상정되고 있다고 해도, 인간 본성 가운데에는 분명히 이와 다르게 작용하는 몇몇 원리들이 있다. 이 원리는 타인의 운명에 관심을 가지며, 타인들의 행복을 지켜보는 즐거움 이외에 아무것도 얻지 못하는 경우에조차 그들의 행복을 자신에게 필요불가결한 것으로 여기게 하는 어떤 본성이다" (Smith 1759: 9).

이러한 몇몇 주요 본능 및 복합 다층적 인문 환경에 관한 도덕철학적 학문적 틀 하에서 스미스는 윤리학과 사회학, 정치학과 법학, 그리고 경제학 등을 융합적인 학문 정신으로 통합해서 취급하려 했다. 만일 인간 내면의 윤리와 사회적 가치 규범, 정의, 자유 및 평등 존중의 정신과 국가의 법치 등이 적정하고 조화롭게 구현되지 못한다면, 경제의 세계에서 사회 구성원은 물질생활의 편의를 손쉽게 보장 받지 못한다. 현실의 경제 활동과 시장 거래는 사회적, 정치적, 법적 진공 상태의 조건 하에서 수행되지 않으며, 사적 이익 추구 역시 이러한 사회 공동체적 인문 환경과 긴밀하게 연관되어 있기 때문이다.

구체적으로, 사람들의 강렬한 이기심과 탐욕이 만일 시장에서 여과 없이 분출되는 경우, 타인의 신체, 명예, 재산에 관한 침해가 빈번히 수반될 수밖에 없다. 이때 시민들 사이의 교환적 정의(commutative justice)가 훼손되면서 사익 추구 노력은 오히려 위축되는 동시에, 사회적 자원은 비효율적 방식으로 활용되고 경제 발전은 억제된다. 반대로, 사회 구성원들에 대한 배려 및 동감, 정의감, 신의, 극기심, 정직 등 도덕성과 사회 규범의 내용과 수준이 상대적으로 높아지면, 정의, 자유, 평등과 같은 국가법 제도의 가치 이념이 실현될 가능성이 커진다. 그리고 이처럼 국가법 제도가 정의의 원리에 의거해서 정상적으로 수행되면, 시장을 통한 교환은 물질생활의 편의를 포함하여 경제 발전을 도모할 뿐만 아니라, 궁극적으로 학문, 교육, 예술, 문명 등을 견인하는 원천이 된다. 스미스가 『국부론』에서 매우 짧고 명료하게 표현한 바대로, "완전한 정의, 완전한 자유, 완전한 평등을 확립하는 것이 모든 계층의 최고도의 번영을 가장 효과적으로 보증하는 매우 단순한 비밀이다"(Smith 1776: 669).

2.2. 스미스는 국가의 개입에 상당히 부정적인 자유방임주의자이며, 동시에 시장지상주의 및 현대 신자유주의의 선구자인가?

오늘날 일반 대중은 물론 상당수 학자들마저도 흔히 스미스를 자유방임주의(laissez-faire)의 대변인으로 오해하곤 한다. 그런데 자유방임주의의 이념은 사회적, 경제적 영역에 관한 국가의 개입을 거의 대부분 거부하는 뉘앙스를 내포하고 있다. 예컨대, 19세기 이후 경제학계에서 소위 야경국가론(night watchman state) 또는 값싼 정부(chief government)에 관한 구호가 스미스의 공공 정책 이론과 부합한다고 주장된 적이 있다(Black 1976). 스미스에 관한 국가 비(非)

개입주의 견해에 의하면, 사적 이익 추구에 기초한 자발적이고 합리적 선택 행위는 전혀 의도하지 않고도 바람직한 사회 질서를 창출할 수 있다. 따라서 국가 또는 외부적 정치 후견인의 역할은 법질서의 안정을 유지하는 정도로만 최소한으로 억제된다.

이때 스미스가 자유방임주의의 제창자로서 해석되어 온 근거는 다음과 같다. 『국부론』에서 사람들의 이기적 성향에 따른 행동과 보이지 않는 손의 작용이 거론된다. 또한 자본 축적과 관련해서 정부의 비생산성이 지적되며, 정부의 인위적 간섭과 통제적 정책에 대한 비판이 이어진다. 그리고 스미스는 국가의 역할로 세 가지 유형의 의무를 예시한다.

『국부론』의 몇몇 제한적인 표현에 근거해서 그 정치 이념을 피상적으로 수용하기보다는, 정책 체계로서 거론된 "자연적 자유의 체계"(system of natural liberty)의 배경과 내용이 구체적으로 무엇인가를 이해하는 것이 중요하다. 스미스는 명시적으로 국가의 바람직한 정책 체계로서, 정의, 자유, 평등, 안전의 가치에 기초하는 "자연적 자유의 체계"를 권고했다.

먼저, 중상주의(mercantilism)와 대비되는 스미스의 비전 및 이론이 중요하다. 유럽에서 계몽주의 정신이 전파되기 시작한 18세기에도 중세의 봉건적이고 적폐적인 유산이 영국의 사회문화를 지배했다. 뿐만 아니라 당시 주류 정책 체계이던 중상주의는 제로섬 비전 하에 소위 가부장적인 개입주의와 다양한 규제를 통해 국부로 오해된 금은을 확보하는 공공 정책을 지지했다. 이와 대조적으로 스미스는 플러스섬(plus-sum) 비전과 이론을 제시했다. 정의의 법체계 하에서 상호 경쟁적인 시장 그리고 자유로운 교환은 사회 구성원 사이에 상호 이익을 수반할 뿐만 아니라 더 빠른 경제 성장을 도모한다. 그러므로 경제적 자유주의는 스미스의 비전과 이론에서 핵심적 요소인 것은 분명하다.

하지만 스미스가 제창한 "자연적 자유의 체계"는 경제 활동과 관련된 경제적 자유주의뿐만 아니라, 또 다른 층위의 국가 역할을 내포하고 있음을 간과해서는 안 된다. 스미스에 따르면, 모든 사회와 시장은 이상적이거나 완벽하지 않으며, 이 때문에 질서 유지와 번영을 위해 일정한 원칙 하에 강제력을 가진 국가의 개입이 필요하다. 이에 따라 역사적으로 모든 국가는 두 가지 원리, 즉 정의(justice) 및 사회적 효용(public utility)을 근간으로 정책 체계를 운용해 왔다.

예컨대, 국가는 정의의 원리에 따라 구성원 사이의 침해를 방지할 뿐만 아니라, 경제적 거래에서도 공정성을 유지해야 한다. 특히, 국가는 권력과 제도에 의한 우월적 지위가 남용되어 경제 질서가 훼손되지 않도록 기업을 포함한 경제 주체 사이에 자유 경쟁 체제를 유지해야 한다. 아울러, 정의의 훼손이 수반되지 않는다면, 역사의 시대별, 발전 단계별로 사회 공동체의 효용이 공공 정책의 수립에 감안될 필요가 있다. 예컨대, 사회적으로 바람직한 재화가 자발적으로 공급될 수 없는 상황, 즉 시장실패가 예상된다면 국가는 공공재(public goods)를 공급하는 데 주저할 필요가 없다. 뿐만 아니라, 시장이 일부 존재할지라도 더 큰 긍정적 외부효과가 예상되는 가치재(merit goods), 즉 기초 의료, 의무 교육 등과 같은 공공 서비스에 관한 적정한 정부 개입과 재정 지출 역시 마찬가지로 타당하다.

이처럼 국가의 역할과 자연적 자유 체계에 관한 스미스의 견해는 매우 체계적인 법과 정치적 세계의 기본 원리에 근거하고 있으며, 특히 역사적 국면과 상황 적정성(situational propriety)을 고려한 공공 정책 이론이다. 스미스의 공공 정책론에 대해 사회적, 정치적, 법적 영역으로부터 완전 탈피한 시장지상주의, 아무런 사회적 규제 없는 자유방임주의, 최소한의 정부 기능과 무조건적 민영화 지지와 부합하는 것으로 해석하는 신자유주의적 시각은 지나치게 일차원적이고 객관적인 근거를 결여한 것이다(김광수 2015). 스미스의 사회정치철학은 자유주의 대 공동체주의 같은 이분법적 비교를 넘어서며, 오히려 개인의 자유와 권리를 공동체의 연대성과 접목하려는 변증법적 시도에 해당한다(Griswold 1999; Weinstein 2006; Herzog 2016).

2.3. "보이지 않는 손"은 시장 가격을 지칭하는 개념이며, 스미스는 전혀 의도하지 않은 힘을 신봉해서 낙관론(무한한 진보)을 견지했는가?

대부분의 독자 마음에 새겨진 스미스 사상의 대표적 키워드는 『국부론』의 "보이지 않는 손"일 것 같다. 이 은유적 표현은 흔히 시장 가격 내지는 상업적 시장 제도를 지칭하는 동시에, 스미스의 소박한 조화론과 낙관론적 세계관을 대변하는 것으로 이해되곤 한다. 그리고 이러한 은유는 시장 체제 하에서 사적 이익 추구 중심의 손익 판단이 사회적인 차원에서도 자동적으로 그리고 갈등 없는 최선의 세계의 창출을 유인한다는 그릇된 인식을 제공했다. 예컨대, 사적 이익 추구에 전념하는 개인들은 철저히 자신의 손익 계산에 따라 행동할 뿐 사회 전체의 효용을 의도하지도 고려하지도 않는다. 그럼에도 이 보이지 않는 손은 결과적으로 파레토 최적과 공공 이익이 증가하도록 강력한 힘을 발휘한다. 대표적인 경제학원론 교과서의 저자인 맨큐(Mankiw)는 스미스의 보이지 않는 손에 대해 다음처럼 묘사한 적이 있다.

"처음 보면 자유 시장의 효율성은 놀라운 아이이어다. 무엇보다 아무도 사회 전체의 경제 복지에 그리 관심을 두지 않는다. 자유 시장에는 많은 구매자와 판매자가 있지만, 그들 모두는 자신의 복지에 주로 관심이 있을 뿐이다. 그러나 분권화된 의사 결정과 사적 이익을 추구하는 의사 결정자들이 존재하는데도, 그 결과는 혼란이 아니라 효율성이다. 이 자유 시장의 미덕은 위대한 경제학자인 애덤 스미스에 의해 잘 이해되었다. … 스미스는 경제 참여자들이 자기이익에 따라 동기 부여되고, 시장의 "보이지 않는 손"은 이러한 자기이익을 일반적인 경제적 복지를 증진하도록 유인한다고 말하고 있다."(Mankiw 1998: 145)

그런데 스미스는 과학철학에 관한 본인의 소견을 밝혔던 「천문학사」 논고에서 과학의 일반적인 과제에 대해 다음처럼 언급한다. 과학은 불규칙한 현상의 이면에 "숨겨진 연관성"을 찾거나, "일관성이 없어 보이는 현상들을 함께 묶을 수 있는 '보이지 않는' 일련의 메커니즘"을 구하는 것이다(Smith 1980: 45). 여기서 과학의 과제가 심층 세계의 보이지 않는 기제를 찾는 점에 있다는 스미스의 과학관이 주목될 필요가 있다. 또한 다소 어렵지만, 이 '보이지 않는 손'의 개념과 관련해서 자연신학의 존재론(형이상학)적 의미 역시 살펴보는 것이 중요하다.

사실 스미스는 도덕철학(moral philosophy)을 구성하는 제1의 선제적 학문 영역으로 자연신학을 강의했다. 이 자연신학에서 스미스는 일정 부분 형이상학으로서 존재론을 표명한다. 스미스는 계시 종교처럼 일상생활에 사사건건 개입하는 신에 관한 관념을 지지하지 않았다. 대신에, 스미스의 존재론적 가정은 위대한 설계자에 의해 태초에 자연적 질서가 설정되었으며, 궁극적으로 이것이 완성되도록 '보이지 않는 손' 또는 연결 고리가 모든 사물에 기본 원리로 내재되었다는 것이다.

스미스에 따르면, 인문 환경과 관련해서 우주 설계자가 사람들의 마음속에 내재시킨 보이지 않는 연결 고리는 인간 본성이다. 그리고 『국부론』(경제적 세계)에서 그것은 사람들의 본원적이고 강력한 자기애(교환 성향 및 생활 개선 심리)의 감정이다. 참고로, 국가와 법의 세계의 이면에서 주요 원인으로 작용하는 '보이지 않는 손'은 사람들의 정의감(즉, 분개심에 관한 공정한 관찰자의 동감에 의해 성립)이다. 그러므로 인문과학적 관점에서 볼 때, 이러한 소수의 핵심 본능들은 우주의 설계자인 신에 의해 태초에 설정된 '보이지 않는 손'으로서 궁극적으로 인간 사회의 생존과 번영을 위한 목적에 부합하도록 기능한다(Wight 2007; 김광수 2015).

한편, 스미스에 따르면, 자신의 인문 환경 모형에 포함되지 못한 다양한 힘들이 현실에서 함께 작용한다. 이 때문에, 모형 내부의 주요 본능과 힘의 작용에 의한 궁극적인 자연적 질서의 완성은 한순간에 전면적으로 실현되지 않고, 오랜 역사적 시간에 걸쳐 부분적, 단계적으로 실현된다. 이것은 역사상 특정 국면의 실제 운행 질서에서는 이상향의 실현(질서, 조화, 번영)과는 거리가 먼 부정적, 비관적, 파행적인 사건들이 반복해서 관측된다는 것을 의미한다. 예를 들어, 역사적인 다양한 법제도는 부분적으로 공정한 관찰자의 정의감이 반영되어 변화하기도 했지만, 종종 다양한 이유로 그 기준에서 상당히 일탈했음을 『법학 강의』는 잘 보여 준다.

역사에서 통시적으로나 공시적으로 다양한 계급 간, 상인 및 제조업자와 소비자 간, 시민 사회와 정부 간의 이해 갈등, 국가 간 분쟁은 일상적으로 존재해 온 현상이다. 예컨대, 자연법과 상치되는 노예법(law of slavery)은 전통 사회를 특징 짓는 매우 오랜 제도였으며, 국제관계에서 분쟁과 전쟁은 현대사에 이르기까지 매우 흔한 현상이었다. 또한 분업과 전문화에 의거해서 빠른 성장을 달성한 선진 자본주의 사회 내부에서도 구성원 사이의 연대감의 손상, 인간 소외 현상, 경제 대립과 퇴보의 가능성은 항상 열려 있다(Heilbroner 1975; Alvey 2003).

이처럼 스미스는 소박한 낙관론 하에서 무한한 진보를 맹신한 것이 아니라, 자신의 인문 환경 모형 및 이로부터 일탈하는 역사적 여건을 항상 염두에 두고 대안을 찾고자 했다. 그리고 스미스는 사회 공동체의 비공식적 규약 그리고 국가 차원의 공식적 제도가 어떤 방식으로 마련되는 경우에, 인류가 대립, 갈등, 파괴, 분쟁 등 어두운 단면을 극복하고, 협력, 조화, 질서, 번영의 경로로 나아갈 수 있는가를 또한 고민했다(Hanley 2009; Berry 2013).

2.4. 스미스는 부르주아(사기업)의 대변인이며, 자본주의의 일방적 옹호자인가?

역사상 근대 시기에 새로운 세력으로 부상하고 있던 신흥 부르주아 계급의 옹호를 위한 경제학을 스미스가 전개했다는 오해 역시 꽤 오래된 것이다. 19~20세기의 일부 경제학자 그리고 경제사상사 서적에 의하면, 스미스는 17~8세기 유럽에서 지주 세력에 맞서서 신흥 계급으로 부상한 부르주아 및 자본가 세력의 이익 옹호를 위해 새로운 경제학을 제시했다. 예컨대, 마르크스는 『잉여가치론』에서 19세기 자본주의 사회를 지배했던 계급의 대변인이 누구인가를 지칭하는 문맥에서 다음처럼 말한 적이 있다. "스미스는 솔직히 잔인한 부르주아 신흥 세력의 통역자(interpreter)였다"(Marx 1963: 288).

이와 반대로, 스미스에 따르면, 당시 부르주아에 해당하는 자본가와 상인은 "비열한 탐욕과 독점 근성"을 지니고 있다. 그리고 그들은 중상주의 체계하에서 많은 정보와 지식, 냉철한 판단력, 금권과 우월적 지위, 정치권에 대한 영향력 등을 활용해서 독과점적 이익을 챙기고 지대 추구 행동을 한다(Smith 1776: 493~4). 자본가와 상인은 흔히 정치권력과 결탁해서 반사회적 행위에 가담하기 때문에, 공정하며 자유로운 경쟁이 훼손되며 경제적 번영은 방해되고 지체된다. 이 때문에 스미스는 자본가와 기득권 세력의 결탁 구조에 강력하고 신랄한 비판의 칼날을 세웠다. 그러므로 『국부론』에서 그 대안으로서 스미스가 가장 강조했던 핵심 메시지는 중상주의 정책이 조성했던 상공인과의 정경유착 및 정부 특혜에 의해 성립한 민간 독과점을 철폐하고 공정한 경쟁 질서를 세우는 것이었다(김광수 2015; Hill 2016).

한편, 신흥 부르주아의 대변인 같은 왜곡된 이미지와는 대조적으로, 스미스는 사회 후생을 위한 가장 비중 있는 평가 기준이 일반 대중 및 노동자의 복리 제고에 있음을 강조했다.

> "어느 사회라도 그 구성원의 대부분이 가난하고 물질적으로 결핍한 경우는 결코 번영하거나 행복할 수 없음이 분명하다. 이뿐만 아니라, 국민 전체의 의식주를 제공하는 노동자들이 노동 생산물 가운데 자신의 의식주 생활에 필요한 꽤 좋은 몫을 분배 받는 것이 형평(equity)에 부합된다. … 노동에 대한 후한 보수는 증가하고 있는 부의 결과이면서

도 증가하는 인구의 원인이다. 노동의 후한 보수를 불평하는 것은 가장 큰 사회적 번영의 필연적인 결과와 원인에 대해 탄식하는 것이다”(Smith 1776: 96, 99).

마찬가지의 맥락에서 동시대인인 18세기 루소(Jean-Jacques Rousseau)의 사회철학에 대한 논평은 중요하다. 루소는 이미 『인간 불평등 기원론』(1755)에서 자연 상태(state of nature)를 인류의 행복하고 평화스러운 국면으로 판단했다. 그런데 역사적 진보 과정에서 형성된 부와 권력이 불평등을 심화시켰을 뿐만 아니라, 그 제도화 때문에 인간 본연의 자유와 행복이 타락했다. 스미스는 이에 맞서 *Edinburgh Review*(1756)에 서간으로 보낸 논평을 게재한 적이 있다(Smith 1980: 242~54). '역사적으로' 조망할 경우 근대 이전 전통 사회의 다양한 적폐, 봉건적 유습 등에 비추어 근대 자본주의 사회의 비교 우위가 상대적으로 크다는 것이다.

스미스에 따르면, 근대 이전의 전통 사회에서는 폭력, 전쟁, 무질서, 유력자에 대한 종속과 의존성, 경제적 빈곤 등 전면적이고 지배적인 공포와 궁박에 의해 다수 대중은 끊임없는 고통을 겪었다. 반면, 근대 사회에 들어서는 법에 의한 통치, 안전 보장, 유력자로부터 상대적 자립, 경제적 풍요 등의 현상이 훨씬 두드러졌다. 하지만 이러한 논평은, 앞서 지적했듯이, 근대 자본주의가 완벽하고 평화로운 사회를 형성하는 데 기여했다거나 특정 기득권 세력 중심의 로비와 지대 추구 행위가 소멸했다는 것을 의미하지는 않는다. 스미스는 단지 역사적으로 볼 때 근대 이전의 전통 사회와 대비해서 자본주의 사회가 경제적 번영, 정치적 안정, 그리고 문화적 다양화와 선진화를 이끈 점을 인정하려

했다. 물론 역사적 관점의 상대적 우위에도 불구하고 이러한 유형의 사회에서 벌어지는 다양한 타락과 소외, 문제점을 제도적으로 개선해 가는 방안이 필요하다(Muller 1993; Rasmussen 2006a; Hanley 2009).

3. 인문 환경에 관한 도덕철학(사회과학)적 접근법

현대 주류 경제학은 이념과 이론의 편의를 위해 사람의 기본 본성으로 흔히 완전 합리성을 전제한다. 경제 주체들은 자기애(self-interest)에 따라 사적인 이익을, 마치 신성(神性)이 작동하는 것처럼, 아주 정확하게 계산하고 예측해서 최적 행동에 나선다는 것이 합리성의 실제 개념이다. 그런데 현실 세계의 인간은 이처럼 행동하는 합리적 경제인이 될 수 없다. 현대 인지과학에 따르면, 경제의 세계에서도 합리성이나 이성의 기능이 제한적일 뿐만 아니라, 감성 체계에 속하는 다양한 감정과 직관이 더 강하게 작용함으로써 실제 결과는 종종 합리성 하의 예상 경로로부터 쉽게 일탈한다. 예컨대, 과도한 낙관, 절제력의 한계, 근시안적 사고, 손실 회피 성향이 흔히 훨씬 강하게 나타나며, 공정성, 시기심, 질투, 분노 등의 감정이 일상의 의사 결정에 영향을 미치는 경우도 많다. 최근 경제학계의 새로운 조류에 속하는 행동경제학은 이러한 인지과학의 성과에 기초해서 기존 합리성 기반 모형과는 차별적으로 유용한 시사점을 주고 있다(본서 제11장).

마찬가지로, 인지과학적인 성과와 시각이 반영되면, 주류 경제학의 일원론적 접근으로부터 벗어나 더 확대된 사회과학적 모형으로의 변환이 절대적

표 1-1 사회 분석의 네 가지 층위

차원	분석 내용	조정 기간	목적
L1: 사회 공동체 ↓ ↑	문화 배태: 비공식 제도 관습, 전통 규범, 종교	100~1000년	비계획적, 자연발생적 출현 및 변화
L2: 국가 ↓ ↑	제도 환경: 공식 규칙(법 제도) 특히 재산권 제도 (국가 조직, 사법부, 관료 제도)	10~100년	제1계 경제화: 합당한 제도 환경 구축
L3: 조직 ↓ ↑	조직 지배 구조: 운영 규칙 특히 계약 (지배 구조를 거래와 일치시킴)	1~10년	제2계 경제화: 합당한 지배 구조 개편
L4: 시장	자원 배분과 고용 가격 및 수량: 유인 구조 일치	연속적 변화	제3계 경제화: 한계 조건 충족

주: L1: 사회 이론, L2: 재산권 경제학, 실증적 정치 이론, L3: 거래 비용 경제학, L4: 신고전파 경제학, 대리인 이론. ↓ ↑은 상호작용을 의미함.
자료: Williamson(2000: 597).

이다. 즉, 경제 주체의 완전 합리성 가정이 폐기되면, 주류 경제학에서 이론적 관심이 집중되던 시장의 층위를 넘어서서 인문 환경 모형은 확대될 필요가 있다. 현실에서 제한된 합리성과 거래 비용이 존재한다면, 이때 효율화를 위해 법 제도와 조직 역시 불가결하기 때문이다. 예컨대, 신제도주의 경제학을 소개하는 Williamson(2000)에 따르면, 사회의 존재론적 구조를 반영해서 인문 환경 모형은 네 가지 층위로 모형화될 수 있다.

이에 따르면, 인문 환경의 첫 번째 층위는 사회 공동체의 영역으로 사회 규범과 가치의 기원과 변화를 다룬다. 두 번째 층위는 국가와 정치의 영역으로 국가의 법과 제도가 분석의 대상이 된다. 세 번째 층위는 조직에 관련된 것으로 제도적 환경의 제약 하에서 경제 조직의 기원과 변화에 이론적 관심을 집중한다. 마지막으로 네 번째 층위는 주류 신고전파 경제학이 관심을 지향했던 영역으로 시장 내의 경제 활동 및 자원의 효율적 배분에 관한 기제를 다룬다(표 1-1).

이상과 같은 인문 환경 모형에 따르면, 완전 합리성과 완전 정보가 존재하지 않고 거래 비용이 불가피한 현실 세계에서는 네 가지 층위가 모두 의미 있고 중요하다. 그리고 인문 환경을 구성하는 각 층위는 서로 유기적으로 연결되어 있다. 예를 들면, 이것은 시장의 영역에서 경제적 이해관계는 시장 너머의 영역, 즉 사회적 가치 판단과 명예의 메커니즘, 정부의 다양한 규제와 개입, 그리고 기업 내부 지시와 조직 문화 등과 뒤얽혀 다양한 현상과 결과를 야기하고 있다는 것을 의미한다. 이를 보면, 현대 주류 경제학의 한계가 명확히 드러난다. 주류 경제학은 매우 엄격하고 비현실적인 가정들을 전제로 해서 제4층위인 시장에서 이루어지는 비대인적 교환 관계에만 초점을 맞추고 다면적 사회 분석을 극도로 제한한 것이다.

흥미롭게도, 인지과학적인 관점을 반영한 인문 환경 모형은 스미스가 구상했던 도덕철학 체계와 큰 틀에서 부합한다. 스미스는 글래스고 대학교 도덕철학 강좌에서 신학, 윤리학, 법학, 경제학 등을 순차적으로 강의했다. 그런데 스미스에 따르면, 실재 세계의 존재론적 구조는 복합 다층적이고 관계적 복잡성으로 얽혀 있다. 이때 과학의 과제는 귀납과 연역뿐만 아니라, 상상과 직관, 가추법(abuduction) 등을 통해 표층 세계 너머에 있는 이러한 존재의 본질 또는 존재론적 사실의 근본에 훨씬 가까이 접근하고자 하는 것이다. 그리고 이 같은 과학적 노력을 통해 그 본질적 관계에 관한 지식이 구체화될 때, 비로소 표층

표 1-2 스미스의 복합 다층적 인문 환경 모형 및 분석과 종합의 방법론

사회 구조	사회 구조의 특성	핵심 행위 원리	주요 가치	주요 문헌
차원 1: 사회(공동체)	자생적 질서	동감	상호성, 협력, 평판	『도덕감정론』
↓ ↑				
차원 2: 국가(법)	조직된 질서	정의감, 사회 효용	정의, 자유, 안전, 평등	『법학 강의』
↓ ↑				
차원 3: 경제(시장)	경쟁적 질서	자기애	효율성, 경제 번영	『국부론』

자료: 김광수(2015: 60)에서 요약(↓ ↑은 상호작용을 의미).

세계를 한층 더 정확히 이해하거나 예측할 수 있다.

스미스가 모형화한 사회 구조와 인문 환경은 경제 활동과 조직의 영역, 정치와 법의 영역, 사회 규범과 공동체의 영역 등 복합 다층적인 존재론적 구조로 인식된다(표 1-2). 스미스는 이러한 틀 안에서 인간 본성을 다층적으로 분석한 후, 역사적 환경을 고려하면서 종합하는 방법을 활용했다. 그러므로 스미스의 학문과 사회과학 모형을 온전히 이해하기 위해서는 『국부론』뿐만 아니라, 그의 다른 저서인 『도덕감정론』과 『법학 강의』도 병행해서 읽고 그 의의를 함께 살펴야 한다. 스미스가 제시한 사회–국가–경제 등 세 가지 층위 모형은 다음과 같이 정리될 수 있다.

먼저, 『국부론』은 제3층위인 경제 활동과 시장 분석에 초점을 맞춘 저술이다. 여기서 '보이지 않는 손'은 자기애의 인간 본성을 의미한다. 이 핵심적 원리인 자기애와 사적 이익 추구의 본성은 선의의 상호 경쟁, 분업과 자본 축적을 촉진함으로써 자원 배분을 효율화하고 생산성 향상과 기술 진보를 유인한다. 그리고 이는 노동자의 임금 증대와 상품 수요 증대, 인구 증대, 시장 규모의 확대로 이어져 사회의 지속적인 성장을 이루는 데 기여한다.

그런데 스미스가 거론하는 자기애는 이기심(selfishness)과는 분명히 결이 다르다. 이기심은 남에게 피해를 주면서도 본인이 원하는 것을 획득하는 것을 의미하지만, 자기애는 중립적인 본성으로서 남에게 피해를 주지 않는 선에서 자유롭게 사적 이익을 실현할 가능성을 내포한다. 스미스에 따르면, 자기애는 아주 복합적인 여러 감정을 동시에 포함한다. 예컨대, 생활 개선 욕구, 교환 성향, 명예욕, 허영심, 탐욕, 지배욕, 무사안일의 욕구 등이 자기애를 구성한다. 그러므로 특정 환경에서 어떤 구체적 동기가 작용하는가에 따라서 자기애는 긍정적이거나 부정적인 결과로 표출될 수 있다(Evensky 1987; Young 1997).

이 때문에 스미스는 모든 저술에서 자기애가 사회에 유익한 방향으로 발휘되기 위해서는 도덕 교육, 국가의 적정한 역할, 법과 정의의 실현, 합당한 조직 지배 구조 등이 필요하다고 역설한다(Rosenberg 1960; Heilbroner 1982). 스미스에 따르면, 이러한 몇 가지 조건이 충족되면 사회 속의 각 개인의 자기애는 물질적 풍요를 위해서뿐만 아니라, 명예, 자존감, 숭고한 본성을 고양시키는 방향으로 작용될 가능성이 크다. 이것이 경제 활동 및 시장의 층위와 병행해서 사회 공동체 및 국가의 층위에도 인문과학적 관심이 투입되어야 하는 배경이다.

따라서 사회 공동체 영역에 관한 제1층위는 사회 가치와 규범의 기원과 변화에 관심을 갖는다. 도덕률의 준수, 사회적 인정, 명예, 숭고한 본성의 고양 등은 모두 사회 공동체 층위에서 생기는 일이다. 그런데 스미스에 따르면, 궁극적으로 사회화된 행동 규범의 이면에서 작용하는 행위 원리는 감성 체계에 속한 동감의 감정이다. 동감의 원리는 자발적이고 사회적인 감정으로서, 이기적이거나 이타적 감정으로 환원되는 본성은 아니다. 동감의 원리는 공정한 시각에서 상대방의 입장과 감정을 헤아린 후, 당사자의 감정과 비슷하다고 느끼면 이를 공감하고 도덕적으로 승인해 주는 기능을 한다. 보다 정확히 말하면, 동감은 관찰 대상의 어떤 행동에 대해 제3자인 공정한 관찰자가 느끼는 동료 감정이다. 이는 상상력의 작용에 의해 공정한 관찰자가 행위자의 입장에서 객관적으로 반추하는 능력이다. 그러므로 동감의 본능은 사회적 공감, 소통과 협력의 원천이 된다. 모든 다양한 열정과 감정을 조율하고 통제해서 자발적인 사회 규범을 형성하고 공동선을 일구어 내며 사회 공동체의 유지를 가능하게 한다. 동감의 감정은 사회 공동체의 세계에서 '보이지 않는 손'이며, 사회의 자생적 질서, 존립과 운영에 근본적으로 관여하는 원리이다.[2)]

다음으로, 제2층위는 강제력을 가지고 사회 질서를 유지하고 체계화하는 국가의 존재론적 특성에 주목한다. 근대 정치철학의 선구자인 토마스 홉스(Thomas Hobbes)가 국가 이론을 제시한 『리바이어던』에서 가정한 인간은 경제 활동의 토대가 되는 본성과 마찬가지로 '이기적 개인'이다. 홉스의 이론 속에 이기적 개인들은 자연 상태에서 "만인에 의한 만인의 투쟁"을 하며, 끊임없는 분쟁과 전쟁으로 스스로의 생존마저도 위태롭게 만든다. 그런데 홉스에 따르면, 인간에게는 다행히 이성이 있기 때문에 위험을 회피하고 생존하기 위해 일부 자연권을 양도하고 사회 계약을 통해 국가를 구성한다. 국가가 구성될 때 개인의 자연적 권리는 어느 정도 훼손될지라도 사회 질서와 평화의 상태가 유지된다.

---

2 다음 장에서 볼 것처럼, 19세기 중엽 이후 일부 스미스 연구자들은 『도덕감정론』의 이타심, 『국부론』의 이기심이 사회 운영의 핵심 원리였다고 주장했다. 그리고 이것이 스미스 사상의 모순이라고 비판하면서, "애덤 스미스 문제"로 지칭한 적이 있다. 하지만 스미스에게 동감은 이기심 및 이타심과는 전혀 다른 본성이자 여타 본성으로 환원될 수 없는 특성의 사회적 감정이며, 오히려 다른 본성에 기초한 행위를 도덕적으로 통제하고 조율하는 역할을 한다.

그런데 경험론 철학 전통에서 배출된 스미스는 그 거두인 흄(Hume)과 마찬가지로 이러한 홉스식 사회계약론을 비판한다. 스미스는 개인의 이기심이 국가 구성의 직접적 토대 원리라고 판단하지 않는다. 사실 인류는 가족과 친족 중심의 원시 공동체에서 출발했지만, 이후 성장 과정에서 형성된 성읍과 도시는 서로 낯선 개인들과의 집합체에 불과했다. 그러므로 확대된 공동체인 성읍과 도시에서는 구성원 사이의 친밀도가 원시 공동체만큼 크지 않다. 이러한 상황에서 자연적 사회성의 원천인 동감의 본성이나 관습만으로는 사회 공동체의 질서 유지에 어려움을 겪을 수밖에 없으며 정의의 체계가 필요하다.

이때 흄은 이방인 사이에 성립되는 정의를 인위적 덕목(artificial virtue)으로 취급했다. 다시 말해서, 친족과는 달리 상호성과 관계성이 부족한 경우에는 정의에 관한 국가 체계에서 (감성 체계의 정의감이 아니라) 효용과 이성이 중심적인 역할을 한다고 본 것이다. 사회적으로 혼란을 방지하는 정의의 가치가 구현되면 사회 질서의 안정 및 재산의 증대 같은 효용이 증가하고, 이 결과는 사회 구성원들에게 기쁨과 행복을 부여한다. 흄에 따르면, 이러한 사회적 효용에 의거한 거시적 흐름을 사람의 이성의 능력이 사전에 감지해서 인위적인 정의의 체계 및 국가 재산권 제도가 승인되고 역사적으로 계승된 것이다.

반면에 스미스는 정의론과 국가에 관한 이러한 흄의 이론이 사람의 마음 내의 인과 관계, 즉 정서에 의해 일차적으로 추동되는 메커니즘을 간과한 것으로 비판한다. 스미스에 따르면, 이방인들과 삶의 터전을 공유하는 상황에서 분쟁 발생 시 즉각적으로 작동하는 마음의 원리는 (효용감이 아니라) 정의감(正義感)이다. 생활상의 권리가 이유 없이 침해당하는 것을 사회 구성원들이 목격하면, 피해 당사자의 분개심에 관한 공정한 관찰자의 동감이 발동되어 그러한 분개심의 감정을 승인한다. 동감의 원리에 근거한 정의감이 일차적으로 사회 구성원의 마음속에 새겨지는 것이다. 다음으로 공정한 관찰자에 의해 승인되는 정의의 가치에 근거해서 국가의 법 제도가 형성되고 집행된다. 이러한 일련의 과정에서 결과적으로 사회 질서가 안정되며 경제 활동이 원활해지고 부가 창출되는 등 사회적 효용이 증가한다.

이러한 논리에 따르면, 국가법 체계의 기원과 변화와 관련해서 흄은 인과 관계상 몇몇 단계를 생략했다. 흄은 최종적으로 드러난 효용 중심의 결과에 치중해서 구체적인 상황에서 공정한 관찰자가 승인하는 정의감의 의의를 간과한 것이다. 스미스에 의하면, 흄은 이성과 효용에 너무 과도한 의미와 중요성을 부여했다. 흄의 정의론은, 철학자들이 늘 하는 방식처럼, 사변에 의한 사후적 합리화이며, 마음 내의 진정한 원인과 기제를 생략하고 도출된 공리주의적 해석에 불과하다.[3)]

그런데 스미스의 윤리 이론에서 사람들의 행복을 증진하는 효용의 원리가 완전히, 전적으로 배제되는 것은 아니다. 그것은 도덕적 승인과 관련된 2차적 원리에 속한다(Smith 1759: 326~7). 또한 스미스에 따르면, 그 기원과는 또 다른 차원에서 국가가 역사적으로 성장하는 국면에서 정의의 가치뿐만 아니라, 효용의 원리가 국가 운영의 원리로 편입된 것은 불가피했다(Haakonssen 1981). 그러므로 정의가 훼손되지 않는 여건 하에서 국가의 개입 없이는 개선될 수 없는

3 『도덕감정론』에 다음처럼 표현된다. "신체의 기능들을 설명하는데 우리는 이처럼 작용인과 목적인을 구별하는데 결코 실패하지 않지만, 마음의 기능을 설명하는 데는 이들 두 가지의 서로 다른 원인을 혼동하기가 매우 쉽다. 우리가 자연적 원리(정서)에 의하여 세련되고 계몽된 이성이 권고하는 어떤 목적을 촉진하도록 인도되는 경우에, 우리는 이 같은 목적을 촉진시키는 감정과 행위의 역할을 인간의 이성이라고 하는 작용인에 귀속시키기 무척 쉬우며, 따라서 이것이 실제로는 신의 지혜임에도 불구하고 마치 인간의 지혜라고 생각하기가 무척 쉽다" (Smith 1759: 87).

사회 공동체적 문제를 해결하려는 일부 공리적 노력은 지지되었다. 이 같은 국가의 공공 정책에 관한 이론은 자연법 개념을 중심으로 국가법 제도를 논의한 『법학 강의』에서 찾아볼 수 있다. 이 강의 노트뿐만 아니라 『국부론』에서 스미스는 정의가 훼손되거나 또는 사회 공동체적 필요 내지 편의가 분명히 존재하는 경우 국가는 (무조건적인 자유방임이 아니라) '적정한' 개입을 하도록 권고했다.

한편, 이러한 정치사상과 철학적 배경은 사회사상이 풍부하게 담겨 있는 『도덕감정론』에서 찾을 수 있다. 이 첫 번째 저술에서 사람은 자연적 사회성(natural sociability)을 지니고 있기 때문에, 개인과 사회는 존재론적으로 서로 분리될 수 없고 공존에 불가결한 운명 공동체로 상정된다. 그러므로 스미스의 사상에서 현대 자유주의와 개인주의처럼 사회 공동체를 상정하지 않은 도덕적 자아란 있을 수 없다. 개인의 모든 속성은 공동체의 문화에 의존하고 또한 배태되어 있으며, 이 때문에 언제나 관계론적 속성을 보인다(Weinstein 2006; Herzog 2013). 이러한 특성의 사회에 관한 존재론 그리고 국가관 때문에, 스미스는 자유주의 대비 공동체주의 등 이분법에 기초한 이념가로 분류되기보다는 자유주의적 공동체주의자(liberal communitarianism)로 인식 가능하다(본서 제13장).

제2장

스미스의 유산(遺産) 및 본서의 주요 내용

지난 1976년 『국부론』 출간 200주년 이후 현재에 이르기까지 세계 학계에서 스미스 관련 연구는 소위 르네상스기를 거쳤다. 1976년 이전에는 대체로 『국부론』과 경제학의 좁은 영역만이 관련 학자들의 제한된 관심을 끌었다. 하지만 르네상스기를 통과하면서 과학철학, 수사학, 그리고 도덕철학 체계 전반이 주목 받고 있으며, 학문 간 소통과 융합 학문화의 관점에서 스미스의 학문 세계와 사상 전반이 폭넓게 조망되고 있다(Haakonssen 2006; Berry, Paganelli & Smith 2013; Hanley 2016). 본 장에서는 르네상스기를 거친 스미스의 연구사에서 주요 특징적인 부분을 기술한 후, 이와 직간접적으로 연관된 본서의 연구 내용을 요약한다.

1. 경제학 분야의 유산과 영향력

긴 산문체의 표현으로 가득한 『국부론』에 현대 주류 경제학에서 활용되는 최적화 기법, 효용 함수, 무차별 곡선 같은 여러 도구는 등장하지 않는다. 이 정치경제학 저술은 (자연적 사회성을 대변하는 동감과 더불어) 자기애의 속성이 지배적인 사람들이 서로 다른 역사적 환경 및 제도적, 정책적 여건 속에서 어떻게 경제 활동을 해왔으며, 그 결과로 어떤 성장의 궤적을 일구어 왔는지에 초점을 맞추었다. 그런데 이 저술의 방대한 분량과 범위 때문에 경제학설사 측면에서 스미스의 진실된 이론과 의도가 무엇인가에 관한 다양한 접근법과 해석이 출현했다.[1)]

먼저, 경제학의 핵심 이론 영역인 가치론 및 가격 이론에서도 경쟁적인 해석이 존재한다. 현대의 다양한 경제학 패러다임은 흔히 스미스를 자기 캠프 패러다임의 선구자이거나 주요한 영향력을 행사해 왔던 학자로 거론한다. 첫째, 현대 주류 경제학의 일반 균형(general equilibrium) 이론의 선구자로 스미스를 규정 짓는 조류가 있다. 『국부론』에서 시장 경제의 기본 원리가 설명되는 가운데 '보이지 않는 손'(invisible hand)이 한 번 거론된 적이 있다. 이때 '보이지 않는 손'의 체계는 경제의 세계 역시 자연법칙에 따라 설계되었으며, 경쟁에 의해 언제나 자기균형과 질서정연함을 낳는 것 같은 관념을 부여한다. 다수의 수요자와 다수의 공급자가 사적 이익을 추구하면서 서로 경쟁하는 과정에서 수요-공급의 균형에 따라 자연가격이 결정되고 자원 배분의 효율성이 달성된다. 뿐만 아니라, 사익의 극대화에 전념하는 사람들의 집합적 경제 활동이 시장을 통해 이루어질 때, 경제 전반의 일반 균형과 파레토 최적이 달성되며, 결과적으로 경제 후생이 증대한다(Hollander 1973; Samuelson 1977).

---

1 경제학 분야의 연구 동향과 평가는 Recktenwald(1978), Brown(1997), Tribe(1999), Brewer(2007)를 참고하라. 이 후자의 두 평가 논문에서 『국부론』을 해석하는 데 더 포괄적인 도덕철학적인 해석이 바람직한지, 아니면 기존의 경제학설사 중심적인 접근법이 타당한 것인지에 관한 견해가 엇갈린다.

두 번째, 주류 경제학의 해석과는 달리, 스미스의 가치 및 분배 이론은 잉여 접근법(surplus approach)에 기초해 있으며, 고전학파의 가치와 분배 이론에 영향을 미쳤다고 보는 시각도 있다(O'Donnell 1990; Aspromourgos 1996). 이러한 잉여 접근법에 따르면, 가치와 분배는 사회적 생산물의 크기와 구성, 생산 방법, 그리고 실질임금에 의해 설명된다. 그런데 한 사회의 기술 수준(생산성)과 실질임금이 주어져 있다면, 이윤은 사회적 생산물에서 임금을 뺀 나머지인 사회적 잉여에 해당된다.

세 번째 조류로서 스미스의 경제학과 마르크스주의(Marxism)의 연결 고리를 찾는 연구도 적지 않다. 마르크스주의적 해석에 따르면, 『국부론』에 거론된 여러 가지 사실, 즉 객관적 가치 척도 추구와 노동가치론, 화폐 및 자본 이론, 분업의 폐해와 소외론, 생산 기술과 혁신의 중요성, 그리고 역사의 경제적 해석 등은 후대 마르크스의 학문과 사상에 직접적, 간접적 영향을 행사했다는 증거가 된다(Dobb 1973; Meek 1967, 1973; Pack 2013).

한편, 『국부론』은 다양한 제도적 환경 하에서 개인들의 유인과 행동이 어떤가를 고찰하고 있기 때문에, 제도경제학(institutional economics)의 단초로서 간주될 만한 방법론적 시각과 분석 내용이 상당히 존재한다. 스미스의 정치경제학적 방법론은 앞서 거론된 추상적인 가격 기구의 운행에만 초점을 맞추지 않는다. 오히려 현실 속의 경제적 인간은 감성 체계의 지배를 받고 제한된 합리성(bounded rationality)을 가진 존재로 판단된다. 따라서 스미스의 경제 모형 내에서 사회적, 정치적 제도나 관습 등은 경제적 요인과 불가피하게 상호작용을 하는 내생 변수로 간주된다. 스미스에 따르면, 시장 메커니즘 내의 사적 이익의 극대화, 그리고 사회적 효율성의 구현 등은 역사적으로 존재하는 일정한 사회 제도의 적합성, 즉 바람직한 관습적, 도덕적, 법률적, 종교적인 제도 장치 하에서만 성취될 수 있다(Rosenberg 1960; Sobel 1979; Ortmann 1999).

또한 『국부론』과 신제도주의 경제학(new institutionalism)의 연관성 그리고 차별성이 거론되기도 한다(Evensky 2005; Young 2007; Kim 2014; 본서 제12장). 신제도주의는 (주류인 신고전파 경제학과는 달리) '제도(조직)가 중요하다'는 명제에서 전통적 제도주의와 견해를 같이한다. 반면, 제한된 합리성 및 거래 비용이 존재하는 여건에서 제도와 조직의 기원과 변화를 미시적 요인(예: 상대가격 이론)을 통해 설명하려는 점에서 신제도주의는 전통 제도경제학과 방법론상 차이를 노정한다. 이 가운데 법과 경제에 관한 연구 영역은 스미스가 "입법가의 과학"으로 지칭한 분야에 속하는데, 이후 학문의 분화 과정에서 두 학문이 별도로 발전했기 때문에 특히 흥미로운 영역이다(본서 제7, 8장).

Young & Gordon(1996) 및 Witztum(1997)은 스미스의 법경제학의 철학적 토대인 정의론을 포괄적으로 검토했다. 스미스의 정의론은 아리스토텔레스와 스콜라 철학의 전통을 계승하여 교환적 정의, 일반적 정의 및 분배적 정의의 개념을 포괄하고 있는 것으로 평가된다. 한편, Malloy(1988, 1994)에 따르면, 개인적 자유와 인간의 존엄성 등과 같은 사회윤리적 가치가 스미스의 사법적 판단에서 한층 더 우위를 차지하는 기준이다. 반면, Campbell(1984) 및 Posner(1994)는 부의 극대화 내지는 효율성 기준이 법과 경제에서 우선시되는 가치 규범이라고 본다. 효율성 기준이 민법과 형법의 형성, 그 운영 및 진화에 관한 스미스의 논의 가운데 중점적으로 내재화되어 있다는 것이다.

다른 한편, 스미스의 저술 목적 가운데 주요한 현안이었던 경제 성장 이론에 관한 연구는 상당하지만, 당연히 일정 부분 견해의 차이들이 있다(Brewer

2007). 물론 분업과 자본 축적 같은 공급 측면의 두 변수에 의거해서 전개되는 성장 과정에 관한 논리와 모형이 중핵을 이루고 있다(Hollander 1973; Eltis 1975; Lowe 1975). 그렇지만 규모의 경제에 대한 가정, 그리고 개방 경제의 가정 등의 측면에서 스미스의 성장 모형이 과연 그 이후 세대인 리카도 성장 모형(고전파 성장 모형)과 유사한 것인가에 대해서 논쟁이 있었다(Samuelson 1978; Waterman 1999; Brewer 1995).

특히, 스미스의 성장 이론에 관한 여러 연구 성과 가운데 분업, 지식, 기술 진보, 내생적 성장 등 현대 경제 성장 이론과 관련된 해석에서 주목할 부분이 있다. 먼저 스미스의 이론적 사고는 현대 주류 경제학의 '경쟁적' 균형 개념과는 분명한 차이가 있다. 스미스는 '진화적' 경쟁의 개념을 적용하고 있으며, 이 때문에 경쟁은 정태적 균형으로 수렴되는 경향보다는 수확 체증, 기술 변화, 혁신 같은 동태적 변화 과정과 동행한다(Young 1928; Richardson 1975). 예컨대, 18세기 영국과 프랑스 간 국제 교역의 예상 효과를 두고 논의된 것처럼, 농업-제조업의 발전을 기반으로 해서 국내 경제 활동이 국제 교역으로 확대되는 단계에서 경제 성장은 더욱 빨라진다. 국제적으로 수요 확대와 시장이 한층 더 확장되는 과정에서 분업과 전문화, 그리고 규모의 경제와 기술 혁신이 더 빠르게 이루어지기 때문이다.

뿐만 아니라, 분업, 규모의 경제 및 국제 무역과 시장 확장의 파급 효과에 대한 이러한 스미스의 견해는 (리카도식의 비교 우위에 따른 제품 '특화'의 현실 타당성과 대비해서) 오늘날 빈번한 선진국 사이의 산업 내 무역(intra-industry trade) 현상을 효과적으로 설명하는 논리의 기초가 된다. Negishi(2004) 및 Rothschild & Sen(2006)에 따르면, 분업(지식, 숙련, 기술 진보) 및 수요 측면의 교역 증대의 순환적 상호작용에 관한 스미스의 이론적 견해는 오늘날 Krugman(1981), Romer (1987), Lucas(1988) 등에 의한 신국제경제론과 내생적 성장 이론의 선구자적 역할을 한 것이다.[2)]

마지막으로, 최근 경제학계에서 부상하고 있는 새로운 조류의 학설사적 기원에 관한 연구도 주목할 필요가 있다. 먼저, 행동경제학을 선도하는 Ashraf, Camerer & Loewenstein(2005)에 따르면, 인간의 사회 심리를 다룬 『도덕감정론』과 『국부론』에서 현대 행동경제학과 부합하는 요소들이 상당히 발견된다. 예컨대, 스미스의 인문 환경 모형에서 사람들은 철저하게 계산적인 이기심과 합리성에 기초해서 행동하지 않는다. 사람들은 생존의 단계를 넘어서면 사회적 평판을 획득하고자 노력하며, 종종 제한된 합리성, 제한된 의지력, 제한된 사익 추구의 성향을 가지고 판단하고 의사 결정을 하며 행동한다(본서 제5, 11장).

뿐만 아니라, 20세기 후반에 들어서서 소득과 행복이 비례하지 않는 소위 이스털린 역설(Easterlin paradox)이 확인되면서 행복 메커니즘에 관한 융합적 연구인 행복경제학이 부상했다(Easterlin 2004; Frank 1999). 현재 행복경제학은 심리학뿐만 아니라 윤리학, 사회학, 정치학과 결합되어 사회과학의 새로운 탐구 분야로 자리 잡고 있다. 스미스에 따르면, 행복은 마음의 주관적인 평정심과 안

---

2 현대 경제학자인 크루그먼, 로머, 루카스 등은 규모의 경제, 산업 내 무역, 경제 성장과 같은 현대 경제의 여러 주요 현상을 혁신, 기술 진보, 교육 및 숙련 등 내생적 요인을 통해 설명하려 했다. 예컨대, 로머의 내생적 성장 이론에 따르면, 기술 진보는 외생적으로 주어지는 것이 아니라 경제 체제 내에서 지식이 축적되는 과정이며, 동일한 자본과 노동에 대해 생산성이 더 증가하는 것을 의미한다. 경제 체제 내의 지식의 축적은 성장 과정에서 가계 부문의 학습과 교육 등 인적자본 투자, 그리고 기업 부문의 연구 개발 투자에서 비롯된다. 전통 이론에서 자본 투자 증가에 따라 자본의 한계 생산성은 하락한다고 알려져 있다. 하지만 내생적 성장 이론에서 지식이 축적될수록 혁신과 기술 진보를 통해 자본과 노동의 생산성이 동시에 개선됨으로써 장기적 경제 성장이 촉진된다. 그러므로 이때 지식의 축적을 도모하기 위한 공공 정책과 성장 전략이 기업 연구 개발과 가계 인적자본 투자에 지향되는 것은 큰 의미가 있다.

정성에서 비롯되는 측면이 존재한다(Long 2006). 하지만 스미스의 총체적 견해에 따르면, 이와 같은 주관주의뿐만 아니라 덕목의 실천에 초점을 맞춘 객관주의적 목록 이론이 행복 추구에 보다 핵심적인 부분이다(본서 제13장).

2. 여타 사회과학 및 인문학 분야 연구 동향

2.1. 정치학과 법학

『국부론』 출간 이후 약 200년 동안에 스미스 연구사에서 경제학은 근본적이고 유일한 학문 범주로 인정받은 반면에, 정치학(politics)의 범주는 그 존재론적 의의를 거의 인정받지 못했다. 이것은 학문의 분화가 시작된 19세기를 거치면서 그의 정치학이 비정치적 모형(non-political model)으로 해석된 점에서 비롯된다. 저명한 정치사상가에 따르면, 스미스의 정치학은 "외적인 국가 기관 없이도 자생적으로 생존을 유지할 수 있으며 내부적으로 상호작용하는 폐쇄 체계"에 상응하는 것이었다(Wolin 1960: 262). 따라서 도덕철학 체계에서 『도덕감정론』과 『법학 강의』가 지닌 고유한 의의는 고찰되지 못했으며, 오직 『국부론』만이 분리된 채 탐구의 대상이 되었다.

이러한 학계의 왜곡되고 편향된 오독 때문에 스미스가 거론했던 다양한 정치적, 경제적 이슈들은 19세기와 20세기 사상을 풍미했던 소위 '자유자본주의'(liberal capitalist)의 관점에서 대부분 접근되었다. 전통 사회의 개념 틀에서는 도덕과 정치가 가치의 정점에 있으며 경제 활동은 여기에 전적으로 종속된다.

반면, 자유자본주의 관점에서는 경제적 자유에 기초한 자기규제적인 경제 논리가 도덕과 정치를 역으로 선도하며, 전자가 후자의 영역을 결정적으로 포괄하는 것으로 이해된다.[3] 이러한 관점에서 스미스의 정치철학은 자유방임주의 및 최소한의 정부(minimalist state)를 지지하는 것으로 규정되었다(Halevy 1934; Cropsey 1957; Hirschman 1977).

뿐만 아니라, 20세기 후반 경제학계에서 케인스주의가 퇴조하는 시대적 국면도 스미스의 정치학에 관한 왜곡된 이미지를 공고히하는 데 기여했다. 1930년대 케인스에 따르면, 자본주의 사회는 불가피하게 주기적인 경기 변동에 직면하기 때문에, 자유방임적인 정부보다는 한층 더 적극적인 경제 정책 및 부분적 사회화가 필요하다. 케인스의 경제 정책은 제2차 세계 대전 이후 복구에 나선 선진국에서 상당한 성공을 거두었다. 하지만 1970년대 이후 그 영향력이 상실되는 과정에서 대조적으로 재부상한 스미스 사상은 그저 작은 정부와 시장에 대한 맹신을 지지하는 것으로 편향적으로 이해되었다. 특히, 현대 신자유주의(neo-liberalism)의 이념을 지지하는 시카고 대학교의 핵심 경제학자들은 자신들의 이론을 옹호하는 수단으로 그 학파의 선구자로 스미스를 부각시켰다(Stigler 1971). 이러한 해석적 틀 속에서 스미스는 오로지 이기심의 원리를 절대적으로 신봉한 시장지상주의자로 규정되었다.

3 정치학에서 소위 자유자본주의적 해석은 사람의 본성은 근본적으로 소유물 집착적이고 이기적인 개인관에 따른다는 가정에 입각하고 있다. 이러한 해석에 따르면, 고전 자유주의자들은 이기심의 관점에서 자연 상태와 사회계약에 관한 내용을 접근했다. 이러한 해석에 따르면, 스미스도 공동선의 가치에 주목하기보다는 동일한 정치적 관점에서 사익 극대화의 행동에 초점을 맞추었다. 이와 대조적으로, Winch(1978)는 맥락의 역사적 재구성 방법에 의거해서 스미스의 정치사상을 해부한다. 이것은 1960년대 후반 포콕(J. G. A. Pocock)과 스키너(Q. Skinner)의 수정주의적인 정치사상사 연구방법론인 맥락주의(contextualism)를 수용한 것이다. 이에 따르면, 정치적 저술을 해석하는 한층 더 타당한 방법론은 자의적이고 오해의 소지를 불러일으키는 문헌 중심의 제한된 해석보다는, 일정 역사적 국면과 맥락에서 해당 이론가의 저작 의도를 이해하면서 텍스트를 해석하는 데에 있다.

그런데 『국부론』 출간 200주년을 기념해서 글래스고 대학교에서 1976년부터 스미스 전집이 발간되는 과정에서 스미스의 정치학과 정치사상은 새롭게 조명되기 시작했다. 스미스의 정치학은 융합적 사회과학의 산물이며, 단순히 경제 이론의 유물로서 취급되는 경우 그 본질에 접근하기 어렵다는 수정주의적 관점이 강하게 부상했다. 그동안 스미스의 도덕철학에 대한 학계의 분절화된 접근이 일상화된 학문적 토양에서, 그 정치학의 통합된 특성이 간과되고 심지어 부인되었다는 것이다.

실상 스미스는 도덕철학의 하위 체계인 법/정치학과 경제학을 총괄해서 "입법가의 과학"(science of a legislator)이라고 지칭했다. 이러한 여러 학문들은 사회과학적 접근법의 산물이며 서로 긴밀한 연결 고리를 갖는다. 그럼에도 여러 편향적 접근법 때문에 오로지 경제학적 해석만이 지배했고 그 본질을 왜곡하는 오류를 낳았다. 뉴턴이 자연과학에서 활용했던 분석과 종합의 방법론에 근거해서, 스미스는 사회 현상의 설명과 예견을 위해 일반 원리와 더불어 역사적 방법론(맥락주의)을 적용하려 했다. 그리고 국내외 정치적 문제에서 정의, 자유, 안전, 평등과 같은 정치적, 법적 가치를 무엇보다 우선시했으며, 효율성과 번영의 가치는 이러한 본질적 조건과 병행하는 선에서 존중되기를 바랐다(Winch 1978; Haakonssen 1981; 본서 제6장).

한편, 스미스의 정치학에 관한 연구와 관련해서 어떤 흑백논리 내지는 고정된 해석의 틀에 입각해 그의 사상을 규정하려는 편향된 관점에서 벗어날 필요가 있다. 정치학과 관련된 현안에서 드러나는 스미스의 절충주의는 고전적인 정치학의 틀과 전통적인 진보-보수 같은 이분법을 회피하려는 경향이 있다(Forbes 1975; Hill 2017). 예를 들면, 스미스는 영국의 보수적 토리당(Tory) 혹은 진보적 성향의 휘그당(Whig) 가운데 어느 정당에 동조를 했는가? 자연법을 중시하는 측면을 제외하고는, 스미스는 상당 부분 휘그적인 성향에도 불구하고 어떤 특정 이념적 성향을 무조건 지지하지는 않는다. 스미스는 정치 이념의 스펙트럼에서 이분법보다는 사안에 따라 자유주의적이고 보수적인 사상을 동시에 포용하고 있는 듯하다.[4)]

또한 스미스는 진보적인 덕목을 대체로 견지하면서도, 어떤 경우 전쟁, 제국주의, 자본주의와 자유 무역에 대해 좀 더 현실적이고 타협적인 견해를 전개하기도 했다. 이것은 종종 일부 논평가에게 그의 정치사상이 일관성을 결여한 것으로 비추어졌다. 하지만 스미스의 통일된 사회과학 체계, 분석과 종합의 방법론, 그리고 역사적 방법론의 관점에서 이런 유형의 모순 논쟁이 재고될 필요가 있다. 이때 그것들은 대부분 외형상 모순에 불과한 것으로 보인다.[5)]

한편, Kennedy(2005)는 정치경제학적 관점에서 『법학 강의』를 중심으로 폭정과 독재를 제한했던 자유의 법률적 토대에 관한 스미스의 견해를 요약한다. 이에 따르면, 종신 재직권을 가진 법관 제도, 재판관이나 행정관이 아닌 입법부에 의해 만들어진 법률, 적시에 적절한 절차를 보장하기 위한 인신 구속 법률, 증거를 듣고 사실에 대해 결정하는 피고 동료의 배심원 제도, 행정부를 탄

4 대부분의 연구자들은 스미스를 어떤 형태로든 휘그당의 원리를 지지하는 것으로 분류했지만, 어떤 사안에 대해서는 토리의 성향이 더 강하다고 지적한다. 예를 들어, 프랑스혁명 이후 나타난 급진적인 개혁과 혁신에 대한 강한 혐오감 때문에 스미스는 말년에 토리의 한 분파로 전환했다고 추측된다(Raphael & Macfie 1976 Introduction: 18~9). 실제로, 스미스는 기존 정부 통치에 반대해서 행해지는 법 위반이나 폭력 사용이 마치 부모에 대한 폭력과 동일하다고 주장하면서 토리주의의 기반인 권위(authority)의 원리에 의존하며, 또한 특권 계층에 관한 존중이 사회적 안정성 유지에 도움이 된다고 주장한다(Smith 1759: 233, 225~6).

5 스미스의 정치학 연구를 요약해서 논평한 Hill(2017)에 따르면, 이 때문에 일부 학자들은 스미스를 마르크스주의의 선구자라고 제안하기도 했다(Drosos 1996; Pack 1991). 뿐만 아니라, 이러한 특징은 20세기 초반 제국주의자와 반제국주의자, 식민지 기반 보호주의자 및 자유무역 주창자 등이 스미스를 자기 캠프에 끌어들이려 시도한 이유가 되기도 했다.

핵할 권한을 가진 입법부, 입법부에 대한 정기적이고 빈번한 선거 등이 국가의 공법 체계에 반영되면 주권자의 자유는 신장되고 폭정은 완화된다. 스미스의 견해에 따르면, 근대 영국의 빠른 경제 성장의 토대는 무엇보다도 이러한 자유의 법률적 토대가 구축된 점에서 비롯되었다.

그리고 법학에 관한 한, 『도덕감정론』이 자연법학 이론의 서설을 제공하고 있음에도, 생전에 직접 출판된 저술이 없는 사정상 현대 법철학에 이르기까지 스미스의 기여도가 특별히 거론되지는 않는다(Flanders 2017). 그럼에도 스미스 법학(법철학과 자연법학, 법의 역사적 분석과 정치학)에 관한 상세한 해부는 Haakonssen(1981)에 의해 시도되었다. 여기서 『법학 강의』 및 윤리 이론과의 연결 고리에 주로 근거해서 스미스의 법철학과 자연법학의 내용이 재구성된다. 이에 따르면, 역사적으로 고찰될 때 스미스의 법철학의 기원과 영향은 다양하지만, 그 핵심은 흄(David Hume)의 『인성론』에 기술된 정의론(正義論)에 대응해서 발전했다.[6)]

구체적으로, 흄이 정의론에 관한 한 효용과 이성의 역할에 치중했다면, 스미스는 정의의 기본적인 인과 관계를 분개심에 관한 동감과 같은 감정 체계에서 구하고자 했다. 이처럼 윤리 이론에 투영된 사회 심리(공정한 관찰자의 동감)에 근거해서 분석적 법학 그리고 규범적 법학의 측면이 해부된다. 그리고 이를 바탕으로 종합의 방법론에 따라 법 제도의 역사적 측면이 고찰되고, 실제 법 제도에 관한 비판이 이루어진다. 이 연구에 따르면, 스미스의 도덕과 정치철학, 그리고 법철학은 순수 실증주의적, 그리고 계약주의적, 공리주의적 요인

6 이와 보완적인 일부 연구는 스미스의 법철학의 원천, 즉 그로티우스, 푸펜도르프, 허치슨, 흄의 법사상이 스미스의 권리에 관한 설명과 분류에 어떤 영향을 미쳤는가 등을 거론한다(Haakonssen 1996; Liberman 2006).

에 근거하지 않는다(또한 Simon 2013). 뿐만 아니라, 역사 이론의 특징으로서 종종 열거된 환원론적, 유물론적 해석도 마찬가지로 스미스가 열거하는 복합적 요인을 전혀 고려하지 못한 오류이다.

2.2. 윤리학 연구 동향

스미스의 윤리학 이론은, 타인에 대한 배려에 앞서 자신의 이해관계를 우선시하는 인간 본성이 주어졌을 때, 인류 역사에서 어떻게 개개인이 자신에 대한 통제를 관철해 나가면서 사회 규범과 덕목을 세우고, 또한 법 제도를 운영해 왔는가를 설명하는 것이다. 스코틀랜드의 대표적 계몽주의자인 허치슨과 흄의 윤리정서주의(moral sentimentalism) 이론 계보를 계승하는 『도덕감정론』은 기존 윤리 사상에 맞서 나름의 독창성을 가지고 제시되었지만, 윤리학의 역사적 관점에서 조망해 보면 그 탐구의 목적과 범위는 좁고 제한적이다.

널리 알려진 바와 같이, 근대 정치철학자 토마스 홉스에 따르면, 오로지 이기심으로 점철된 개인들의 집합체인 사회에서 리바이어던(leviathan)에 해당하는 국가와 강제적 법 제도는 생존을 위해 약간의 이기심을 양보한 토대 위에 성립한 사회 계약이나 협약을 반영한 행위에 불과하다. 반면, 스미스의 윤리 이론은 사람들이 자기애와 더불어 '자연적 사회성'도 지니고 있다고 주장한다. 그리고 스미스는 이 자연적 사회성의 작용, 즉 공정한 관찰자의 시각 하에 타인에 동감하려는 인간의 감정적 본능(sentiments)에 주목한다. 그리고 스미스는 이를 기초로 해서 자연스런 인간의 이기심과 나약함이 억제될 뿐만 아니라, 사회 부조화적 행동도 상당히 회피된다는 것을 보여 주고자 했다.

이러한 이론적 배경을 염두에 두고 스미스의 윤리학 저술에 주목한 철학자들은 역사적으로 서로 다른 평가를 내렸다. 대부분의 철학자들은 흄의 경험론 철학이 지닌 이론적인 깊이와 열망의 관점에서 스미스의 윤리학을 흄 철학의 파생물이거나 독자적이고 심층적인 주장이 결여된 것으로 평가절하했다(Russell 1945). 매우 예외적이지만, 철학자 가운데 칸트(Immanuel Kant) 정도만이 스코틀랜드의 도덕 감각 이론들 중에서 스미스의 이론을 의무론(deontology)의 선구자적 관점에서 가장 선호했다(Fleischacker 1991, 1999).

윤리학의 역사에서 이처럼 서로 이질적인 평가 및 비대칭성은 상당 부분 『도덕감정론』의 특징에서 비롯된다. 이 저술에서 스미스의 도덕 감정의 이론은 명망 있는 윤리학자들의 저술처럼 추상적이고 난삽하게 제시되지 않는다. 이와 대조적으로 스미스는 자신의 이론의 예증을 위해 대부분 구체적인 사례 내지는 문학 작품의 내용을 거론하면서 설명했다. 예를 들면, 사람들의 이해와 관심은 어디에 있는가, 도덕적 행운이 다양한 행동에 관한 평가에 어떤 영향을 미치는가, 사람들은 왜 그리고 어떻게 스스로를 종종 기만하려고 하는가 등등이 도덕과학의 관점에서 논의된다.

일반 대중이나 일부 논평가의 입장에서 보면, 이러한 설명 방식은 전통적 윤리학 저술에서 거의 생략되고 있는 도덕 판단에 관한 세부적 경험과 예민한 심리적 묘사를 탁월하게 제공한 것이다. 하지만 정통 윤리학의 엄격하고 논리적인 체계에 익숙한 다른 부류의 해석가에게 이러한 접근 방식은 색다르지만 제한적인 의미를 지닌 것에 불과하다. 후자의 관점에서 볼 때 스미스의 윤리학은 거대 담론을 제시하는 철학자의 과제라기보다는, 일종의 인문과학자 또는 도덕과학자로서 도덕 판단의 심리학, 사회학을 기술했던 작업처럼 보인다. 그럼에도 윤리학의 역사적 관점에서 조망될 때, 스미스의 주목할 만한 기여는 공정한 관찰자(impartial spectator) 이론이다. 이 공정한 관찰자 이론은 또한 개인적 판단을 넘어 사회적 기능(사회적 도덕 판단)을 갖는 양심의 기원에 관한 독자적이고 창의적 설명에 기초가 된다(Campbell 1971; Raphael 2007).

한편, 도덕과학 이론의 고유한 특성과 별개로, (윤리학계에서 18세기 말부터 소멸했던 덕 윤리의 20세기 후반 부활의 조류와 발맞추어) 규범 윤리 관점에서 스미스 윤리학의 의의를 탐구하는 연구들이 근자에 등장했다. 오로지 '도덕과학' 적인 관점에서만 『도덕감정론』이 해석된다면, 이 책 제6편에서 발견되는 규범적 도덕 판단과 덕 윤리(virtue ethics)를 어떻게 해석해야 하는지 판단하기 어렵다는 것이다(Hanley 2009; Otteson 2002; McCloskey 2006; Herzog 2016). 이에 따르면 스미스는 공동체주의적 관점에서 자본주의 사회의 여러 문제점, 예컨대 대중에게 결여되기 쉬운 연대감, 그리고 배증될 수밖에 없는 소외감 등을 완화하기 위한 목적으로 덕 윤리와 도덕 교육에 큰 관심을 가졌다.

더 나아가, 이러한 규범 윤리 관점에서 볼 때 스미스의 윤리학은 도덕심리학이나 사회학에 그치지 않고 도덕현상학(moral phenomenology)에도 관여한 것이며, 일종의 메타윤리학을 제시한 것이다(Brown & Fleischacker 2010; Fleischacker 2017).[7] 이때 도덕현상학은 도덕과학을 넘어서 규범적인 도덕 이론이 된다. 이러한 해석에 따르면, 스미스에게 적절한 규범적 판단은 일차적으로 도덕 능력의 작용, 즉 공정한 관찰자의 시각에서 비롯되는 도덕 판단 현상의 세부 사항

7 이러한 해석은 20세기 후반 윤리학계에서 부상한 도덕실재론(moral realism)과 궤를 같이한다. 도덕실재론은 도덕적 사실에 의해 도덕적 판단의 진위가 판명 가능하다는 메타윤리학적 견해이다. 현대 윤리학자의 견해 가운데 경험론 철학에 영향을 받은 Wiggins(1997), McDowell(1998)의 인지론적 감성 이론(sensibility theory)이 도덕현상학으로서 도덕실재론에 속한다고 분류된다.

을 이해하는 것이다. 그리고 이처럼 도덕심리학에 의거해서 도덕 능력의 실증적 작동 방식 및 그 사용처를 세부적이고 정밀하게 파악할 수 있다면, 이것은 도덕적 판단에 관한 가장 기초적이고 일반적인 이론이 된다. 즉, 이 인지론적인 견해는 (근본적인 경험이 토대로 삼고 있는) 가장 일반적인 원리(예: 제1원리)의 속성을 지니기 때문에 도덕적 판단의 옳고 그름을 평가하고 합리화하는 '객관적' 근거가 될 수 있다. 도덕적 정당성과 도덕적 비판은 모두 인간 본성(공정한 관찰자의 동감 본능)에 내재적이며, 이 실제적인 도덕 관행을 초월한 그 무엇에 기초해서 이루어지는 것은 아니다. 그러므로 규범적 관점에서 옳고 그름에 관한 합리화가 가능할 뿐만 아니라, 더불어 왜 현실의 공간에서 공정한 관찰자 시각에 의거한 판단 경로에 종종 일탈이 발생하며, 그 부당한 일탈을 방지하기 위해 어떠한 시도가 필요한가를 고려하는 것이 가능하다.

2.3. 수사학 연구 동향

스미스가 생전에 공을 들인 수사학 원고는 사망 전 소각되어 빛을 보지 못했으며, 그는 수사학의 역사에서 상당한 기간 동안 간과되었다. 『수사학 강의』의 출간에 따라 근자에 스미스는 근현대 수사학의 개척자로 자리매김되고 있다. 고전 수사학과 중세의 수사학이 웅변 연설 및 문예적 장식에 치중했다면, 근현대의 수사학은 철학적 성찰, 담론을 통한 의사소통, 사회적 실천 등으로 그 관심 대상과 목적이 크게 확장되었다.

스미스 연구사에서 르네상스기가 시작되던 1970년대 중반 이후 수사학자들 역시 역사적 맥락에서 스미스의 수사학 전반을 평가하는 논문과 저술들을 계기적으로 발간했다(Howell 1975; Bryce 1983; McKenna 2005; Philips 2006).[8] 스미스의 수사학 이론에 따르면, 모든 인문적 담론(시문학, 역사서, 학술서, 웅변/변론술)의 가장 중요한 목적은 구성원 사이의 의사소통의 유효성과 설득의 극대화에 있다. 즉, 수사학은 일상이든 학문의 세계이든 언어를 활용해서 인간의 관념과 행위에 대한 지식과 가치를 의사소통하기 위해 어떻게 감정적으로 공감하고 논리적으로 설득하면서 체계적 설명력을 높일 수 있는가를 탐구하는 학문 영역이다.

소위 현대 탐구의 수사학(rhetoric of inquiry)의 방법론은 다양한 유형의 수사 담론이 의사소통, 지식의 설명, 설득을 위해 각 학문 영역에서 어떻게 활용되는가에 관심을 지향하고 있다(Nelson, Megill & McCloskey 1987). 한편, 스미스는 『수사학 강의』에 기술된 수사학적 이론과 담론을 본인의 인문학 및 도덕철학의 연구와 저술에 실제로 적용했다. 이 때문에 탐구의 수사학적 방법론은 근래 스미스의 도덕철학에 관한 여러 연구에서도 방법론적 토대와 연결고리가 되고 있다(Labio 2006; Brown 1994; Griswold 1999).

구체적으로, 1980년대 탐구의 수사학에 관한 과학철학적인 논의가 부상한 이후, 스미스 연구 분야에서도 수사학과 도덕철학과의 연관성이 빈번히 제기되었다. 예를 들면, Skinner(1983, 1996)는 『국부론』의 문체와 표현이 『수사학 강의』의 학술 및 연설 담론과 깊은 연관성이 있다고 개괄적으로 지적했다. 경제학에서 탐구의 수사학을 개척한 McCloskey(1985)는 스미스의 도덕철학 저술이

8 스미스의 『수사학 강의』는 문학 비평을 포함하고 있으며, 이 때문에 스미스의 문학 및 미학과 관련된 연구도 르네상스기에 상당히 쏟아져 나왔다. 이 소위 "문학적 전환"(literary turn)에 대한 간략한 연구 동향과 평가는 Labio(2006)에서 확인할 수 있다.

수사적 요소를 적절히 활용하고 있음을 거론했지만, 『수사학 강의』의 구체적 내용은 생략되었고 수사학 일반에 관한 그의 기여도 역시 구체적으로 검토되지는 못했다.

한편, 『수사학 강의』에서 거론되는 여러 장르 가운데 학술 담론 그리고 연설 담론에 초점을 맞추어 주로 『국부론』 내의 글쓰기 부분을 연관시켜 조명하는 여러 연구들이 등장했다. Endres(1991)는 스미스의 수사학 이론과 경제학 저술인 『국부론』 사이의 연결 고리를 직접적이고 구체적으로 탐색한 연구이다. 이에 따르면 『국부론』 제4편의 곡물 규제에 관한 일부 정책적 논의는 연설 담론을 활용한 것으로서 설득의 목적을 가장 우선해서 글쓰기를 행한 것이다. 또한 Walraevens(2010)에 따르면, 『국부론』의 정치경제학 내용 구성은 『수사학 강의』의 학술 담론 및 연설 담론에 각각 대응해서 이루어졌다(본서 제4장). 그러므로 『국부론』을 상세히 읽어 보면, 상품의 가치에 관한 진리 추구 및 교환 상대방의 설득이라는 두 가지 목적이 가장 핵심적인 것임이 드러난다. 그리고 Griswold(2010) 및 Longaker(2014)에 따르면, 스미스 수사학의 목적 가운데 하나는 담론의 수사적 기능을 활용해서 실천적 판단에 유용성을 주기 위한 것이다. 『도덕감정론』이나 『법학 강의』에서 나오는 도덕 교육이나 법률 준수에 관한 강조점은 이를 반영하는 것이다.

3. 스미스 연구사의 주요 논쟁

3.1. "애덤 스미스 문제"(Das Adam Smith Problem)

19세기 중반 독일의 힐데브란트(Hildebrand), 크니스(Knies) 등 저명한 정치경제학자들은 소위 "애덤 스미스 문제"를 제기했으며, 그 후 끊임없는 논란을 낳았다(최근의 동향 연구로는 Montes 2004; Tribe 2008). 애덤 스미스 문제란 젊은 시절의 저술인 『도덕감정론』에서 스미스는 인간의 핵심 본성으로 이상적인 이타성(利他性)에 주목했던 반면에, 중장년 시기에 비로소 현실 세계를 심도 깊게 체험하면서 『국부론』을 통해 물질을 추구하는 이기적 인간상을 현실화시켰다는 지적이다.

19세기 중반 저명한 영국사가인 Buckle(1861 vol. 2: 437)에 따르면, "『도덕감정론』에서 스미스는 우리의 행동을 동감의 감정에 귀속시키는 반면, 『국부론』에서는 그것을 이기심에 귀속시킨다. 이 두 저술을 간략히 살펴보기만 해도 이런 근본적인 차이가 있음을 알 수 있다." 그런데 20세기 초반을 거쳐 그 후반에도 저명한 연구자들 사이에서 이와 유사한 주장이 이어진다. "『도덕감정론』이 본래 종래의 철학적 추상화로부터 파생된 탁상 이론인 데 반해, 『국부론』은 현존하는 제도의 제약 하에서 사람들의 현실적 행동 패턴이 무엇인가에 초점을 맞추고 있다"(Deane 1978: 10; Viner 1927 참고). 한편, 현대 주류 경제학 일부의 경제지상주의적 극단적 해석이나 신자유주의 철학의 기원에 관한 해석은 애덤 스미스 문제의 연장선상에 놓여 있는 것으로 파악해도 무방할 듯하다.

그러나 인간관이 세밀하게 기술된 『도덕감정론』을 실제로 살펴보면, 이

기성과 이타성이라는 상호 양립적인 인간상에 단순히 초점을 맞춘 것이 아니었음이 드러난다. 스미스에 따르면, 사회적, 정치적, 경제적 공간 속에서 사람들은 공감, 분노, 정의감, 공정성, 시기심, 생활 개선 본능 등 매우 다양한 감정과 열정에 이끌려 행동한다. 이와 동시에, 사람들은 상상력, 지성, 이성에 따른 신중한 성찰과 반성적 판단, 편의성 계산 등 합리성을 지향하려 하지만, 실존형 인간은 종종 과도한 낙관성, 의지력 결핍, 현재 선호 및 손실 회피 성향 등에 따라 소위 제한된 합리성을 보인다.

물론 스미스는 인간 본성의 구조상 사람들이 훨씬 자기중심적이고, 특히 사적 이익을 추구하는 데에 한층 더 민감함을 지적했다. 하지만, 아울러 인간은 사회적 소통과 협력을 위한 다양한 본능을 지닌 존재이고, 또한 자기중심성과 대비해서 상대적으로 제한적이긴 하지만 주변 이웃에 관한 배려와 자혜심을 넉넉히 발휘하는 존재이기도 하다. 그러므로 스미스는 이 같은 인간 본성의 복합 다층성 및 그 활성화의 정도 차이를 감안해서 다양한 덕목을 상하위의 위계를 갖는 것으로 분류했다. 즉, 자혜가 고차적 덕목이고, 공정한 관찰자의 시각에 따른 적정성(중용)과 정의는 다소 중립적이지만 불가결한 미덕이며, 자기애를 토대로 하는 신중은 저차원적인 덕목에 속한다(Morrow 1926; Macfie 1967).

사실 전통 사회의 지배적 도덕 경제 관념은 경제의 영역을 공동체의 목적을 달성하기 위한 하부 수단으로 인식했을 뿐만 아니라, 인간의 자기애를 흔히 물질적 탐욕과 악덕의 근원으로 인식했다. 그런데 전통 사회의 관념 및 사상과는 대조적으로, 스미스는 자기애의 위상을 상대적으로 높이 평가했다. 이에 따라 경제적 영역 그리고 이의 핵심 범주인 시장은 전통 사회에서 중시된 사회와 정치의 영역으로부터 일정 부분 존재론적인 자율성 및 정당성을 지닌다고 인식되었다.

그럼에도 스미스의 전체 사상에서 경제의 영역이 사회 공동체 및 정치의 영역과 별개로 존재하거나, 또는 이 후자의 영역들이 역으로 포괄되는 선도적 영역(즉, 시장지상주의, 신자유주의)으로 판단된 것은 아니다. 스미스 사상의 핵심은 사회적 그리고 정치적 영역들과의 교호 작용에 의해 경제적 영역이 포괄되어 움직이고 있지만, 일정 부분 자율성을 지닌 경제의 세계에서 사회적 효율성과 경제 성장은 두 상위 영역의 진화와 발전을 마찬가지로 견인하는 강력한 힘이라는 것이다. 그러므로 스미스의 서구사상사적 기여는 인문 환경의 지속 가능한 발전이 이 세 영역의 상호 협력과 상승 작용을 통해 가능하다는 새로운 비전을 제시한 점에 있다.

이 새로운 비전에 따르면, 자기애에 근거한 자유방임이 아니라, 공감과 배려심에 기초한 비공식적 사회 규범 그리고 공식적 제도 규제에 의해 적절히 통제되는 사적 이익의 추구 또는 신중한 행위가 물질적 후생과 경제적 번영을 이끄는 원천이다. 이때 경제적 영역의 교호 작용 가운데 페어플레이 정신과 정의감 등이 각별히 중요하다. 만일 시장에서 사람들의 강렬한 이기심과 탐욕이 제한 없이 분출되면, 공동체를 구성하는 타인의 신체, 명예, 재산에 관한 침해로 귀결된다. 그러므로 마음에서 작동하는 또 다른 주요한 힘인 정의감과 페어플레이(공정성) 감각은 국가의 법 제도를 지지하는 원천이 되고, 경제적 영역의 시장 거래를 제도적으로 뒷받침하는 불가결한 요인이 된다.[9]

9 이 점에서 '새로운' 애덤 스미스 문제(new Adam Smith problem)가 제기되기도 했다(Alvey 2003). 새로운 문제 제기의 핵심 의문은 자본주의 사회에서 실제의 인간의 행동 양식이 과연 어느 정도 공정한 관찰자의 동감의 원리 그리고 도덕률을 반영할 것인가에 있다. 인간 본성으로 볼 때 동감과 이기심이 비록 상호 모순되지는 않더라도, 자본주의 사회가 구성원 사이에 조성하는 탐욕이 끊임없이 확대된다면 과연 스미스 윤리학의 체계는 실

국가의 법과 통치에 의해 정의의 체계와 공정한 질서가 존중되는 인문 환경이 성립되면, 개인의 자기애와 시장을 통한 사익 추구 행동은 비로소 공익을 증진하는 방향으로 작동한다. 이것은 사익 추구 노력 속에 근면한 태도가 사람들의 행동화된 규범으로 정착될 뿐만 아니라, 사회적 자원을 성실하게 관리하기 위한 상호 경쟁을 유발하는 데서 비롯된다. 그러므로 합당하고 공정한 가격의 형성을 통해 생산 및 교환의 주체에게 상호 이익이 동반되고 사회적 자원이 효율적으로 배분될 뿐만 아니라 경제 성장의 동력이 마련된다. 스미스는 이러한 선순환이 이루어지는 사회정치경제 체제를 "자연적 자유의 체제"로 지칭했다. 이러한 경제 체계는 궁극적으로 학문 예술의 발전, 민도(民度)의 제고, 정치 선진화 등을 견인함으로써 인류 문명화를 이끈다(Evensky 2005; 김광수 2015).

3.2. 과학철학과 방법론 논쟁: 경험론 전통(실증주의 vs 실재주의) vs 협약론

지난 20세기 중반을 지나서 과학철학과 방법론 영역에서 논리경험주의에 기반한 토대주의가 쇠퇴하는 가운데, 실재주의와 수사학 방법론 같은 조류가 새롭게 부상해 왔다. 이 과학철학의 흐름은 스미스의 방법론과 학문 체계를 총체적으로 이해하는 데 불가결한 부분이다.[10] 스미스의 학문 체계는 일종의 사

증적으로 충분히 의미 있게 성립 가능한 것인가? 초기 애덤 스미스 문제가 스미스의 이론 체계 내부의 일관성이나 정합성에 의문을 제기하는 것이라면, 이것은 극도로 변화한 인문 환경에서 스미스 이론 체계 일부의 실증적인 타당성이나 적합성을 문제 삼는 것이다. 한편, '애덤 스미스 문제'에 관련된 주제는 세계 학계의 한 가지 논쟁, 즉 종(種) 전체의 생존과 관련된 이기심 대 이타성 및 다차원적 선택 논쟁에 관여하고 있다(Clark 2009).

10 과학철학 및 방법론은 자연과학과 사회과학을 막론하고 과학의 이론 체계가 자연 세계와 사회에 관한 진실한 지식을 견인하는 수단이 되기 위해서 실제 어떠한 기준으로 평가 받고 있으며, 또한 어떤 방식으로 규범적 평

회과학 체계인 도덕철학이 근간이지만, 동시에 수사학과 문학, 그리고 자연과학을 망라하는 일종의 과학과 예술의 철학적 역사를 포괄하고 있다. 또한 우리 경제학계에는 다소 생경한 영역이기는 해도 스미스에 관한 연구 목록에서 그 수사학적 측면은 꾸준히 논의되어 온 주제라는 점이 중요하다.

이러한 세계 과학철학의 주요 흐름과 동향은 스미스의 방법론에 관한 여러 해석에도 영향력을 행사했다. 또한 이에 기초해서 스미스의 인문 환경 모형이 주로 해석되고 있기 때문에, 이러한 논쟁은 주요한 위상을 점하고 있다(본서 제3장). 스미스의 과학철학에 관한 해석의 조류는 크게 세 가지로 구분된다.[11]

첫 번째의 해석은 20세기 중반 주류적 흐름이었던 토대주의의 논거를 반영해서 스미스의 과학철학을 실증주의(positivism)로 규정했다.[12] 이 실증주의적 해석은 포괄적인 경험주의 철학 전통 내에서 '소박한 실재론'(naive realism)에 해당하는 접근 방법이다. 이 해석에 따르면, 사회 현상에 관한 스미스의 과학적 분석은 관찰과 실험에 철저하게 의존적이며, 선험적 가정과는 무관하다(Bittermann 1940). 스미스에게 인류 지식은 오로지 관측되는 현상에서 유래하며, 과학은 실재 세계의 본질과 인과 관계를 파헤치기보다는 현상 간의 규칙적 관계를 일반화해서 법칙적으로 적용하는 데에 제한된다. 한편, 『도덕감정론』 글래스고 판본의 편집자인 Raphael(1977)에 따르면, 『철학논집』의 「천문학사」에

가가 이루어져야 하는가에 관심을 갖는다. 그런데 논리경험주의의 교의가 20세기 주류 사상을 점했다면, 그 중반 이후에는 엄밀한 객관성과 보편성이 과학의 총체적 단면을 규정하지 않는다는 점이 점차 명확해졌다. 한편, 과학의 여러 단면과 과학자들의 실천 방법 가운데 사회문화적 요소 그리고 수사학과 같은 인문학적인 전통이 개입하고 있으며, 이 점은 특히 인문사회학계의 주목을 끌고 있다(Kuhn 1962; Bhaskar 1978; McCloskey 1985; Chalmers 1982; Hands 2001).

11 근래에 제기된 실재주의 해석 조류를 제외한 스미스의 과학철학 및 방법론에 관한 전반적 평가는 Redman(1997) 및 Berry(2006)에 있다.

12 Macfie(1967), Taylor(1960), Campbell(1971), Haakonssen(1981).

서 거론된 스미스의 관념연합설(associationism)은 흄의 실증주의적 관점을 수용한 것이다.

두 번째, 스미스 과학적 연구방법론과 관련해서 경험론의 대척점에 맞선 관점은 진리에 관한 상대주의적 인식론 및 포스트모더니즘의 시각이다(Lindgren 1973; Olson 1975). 이 협약론적 접근 방법(conventionalism)은 주변 세계의 근원적 불확실성, 존재에 관한 언어의 불명확성, 언어의 해석과 영향에 관한 불확실성, 의사소통 과정에서 심미적 기준의 작용 등에 특히 주목한다. 이러한 조류의 해석에 따르면, 스미스의 과학관에서 과학적 탐구 노력과 지식이란 세계에 대한 진실된 경험 내지는 정보와는 아무런 관계가 없다. 지식은 단지 사람들 사이의 의사소통과 편의를 도모하기 위한 일종의 협약 내지는 약속 사항에 불과하다. 따라서 이러한 관점에서 과학 이론을 평가하고 수용하는 기준은 경험적인 이유보다는 심미적(審美的)이거나 사회학(社會學)적인 근거에 따른다.[13]

세 번째 조류는 스미스의 과학철학을 실재론적 과학관 또는 과학적 실재주의(scientific realism)에 부응하는 것으로 규정한다. Montes(2003) 및 Wilson & Dixon(2006)은 스미스의 관점을 비판적 실재론에 속하는 것으로 해석한다. 이 연구들은 각각 뉴턴과의 방법론적 비교에 의해 그리고 윤리학의 동감 개념을 분석하면서 실재론적 해석을 내놓았다. 또한 Schliesser(2005)에 따르면, 「천문학사」에서 과학 이론의 정당화에 관한 스미스의 기준은 "공정한 관찰자"(즉, 역사적으로 가변적인 기준)에 근거한 실재론이다.

13 협약론 관점의 초기의 연구는 Lindgren과 Olson에서 유래한다. 이후 Brown(1988), Cremaschi(1989), Griswold(1999), Rothschild(2001), Schabas(2003) 등 상당한 연구 역시 협약론적인 해석을 견지했다.

한편, 김광수(1995) 및 Kim(2012)에 따르면, 스미스의 과학철학은 존재론적 측면에서 과학적 실재주의에 상응하지만, 인식론적 관점에서는 극단적인 토대주의와 극단적인 상대주의를 회피하려 한다. 구체적으로 외부 세계에서 경험적으로 관찰 가능한 규칙성 이면에 이를 관장하는 숨겨진 원인과 힘이 존재한다. 그러므로 과학의 과제는 이처럼 자연 세계에 존재하는 숨겨진 인과 관계의 연결 고리를 찾는 것이다. 그런데 인식론적인 측면에서는 감각적으로 보이지 않는 메커니즘을 해명하는 것인 만큼 이성(理性)의 확실성 또는 개연성에 관해 상당히 탄력적인 관점을 취한다. 즉, 존재론적 세계의 관계적 복잡성, 존재의 위계성 및 인간의 인지 능력의 한계 등에 의해 그 진리 탐구의 성과는 역사적으로 분명히 시현되지만, 제한적이고 점진적인 경우가 많다. 이뿐만 아니라, 과학 탐구의 과정에서 진리의 개연성, 합리적, 보편적 지식의 확립을 두고 경쟁하는 다양한 이론 체계 간의 수사학적인 노력은 불가피하다.

3.3. 경제사 및 역사 이론: 경제학적 접근 vs 도덕철학적 접근

오늘날 경제학계 및 사회과학계의 주요한 역사 이론은 20세기 과학철학계의 흐름을 반영해서 그 초기 단계에서는 토대주의의 특성이 강했다. 학문적 진리의 절대성, 메타 이론 차원의 필연성(necessity), 그리고 환원론적, 결정론적 특성을 전제로 해서 역사 이론이 제기되었고, 역사적 현실은 이에 지배적으로 조응하는 것으로 해석되었다. 예컨대, 마르크스주의 이론 및 베버의 문화 이론 등이 그러한 입장을 취했다. 한편, 주류 경제학계의 근대화 이론을 대표하는 더글러스 노스(Douglass North) 역시 역사상 장기적 경제 성과를 설명하는 과제를 두고 초기에는 상대가격 이론에 지배적으로 의존했다.

그러나 20세기 후반에 들어 마르크스주의 발전 이론은 고전적 생산양식론 이외에도 비(非)서구 세계의 저발전 문제와 관련해서 종속 이론, 세계체제론, 생산 양식 접합론 등 정치경제적 특성을 동시에 고려하는 다양한 변종 이론을 낳았다. 그리고 다차원적이고 비(非)결정론적인 포스트 마르크스주의로까지 확장되었다는 점은 주목할 만하다(Brewer 1980; Booth 1994). 마찬가지로, 노스의 경제사 이론 역시 역사학계의 다양한 비판을 수용하고 사회 공동체의 다차원성을 고려해서 국가 이론을 접목시켰다. 뿐만 아니라 신념 체계, 종교적 교의, 문화 등 사회 공동체적 층위를 구성하는 인지-이념적 요인이 변수로 추가되었다. 이에 따라 노스의 경제사 이론은 사회문화적 요인이 적응적 효율성과 경제적 성과에 영향을 미치는 핵심 요인이라는 점을 수용했으며, 비(非)결정론적인 방향으로 진화되어 왔다(North 2005).

역사 연구에 관한 스미스의 방법론은 18세기 계몽주의 시대에 유행하던 '철학적' 또는 '이론적' 역사(philosophical or theoretical history)를 추종하는 접근법이다. 철학적 역사는 역사적 자료를 있는 그대로 기술하는 것을 지양하는 대신에, 이를 고유한 사회과학 이론에 기초해서 해석하면서 일정 정도 역사를 일반화하는 방법이다. 철학적 역사가들은, 예를 들면 역사상 특수한 전투(과거 사료의 수집과 배열)보다는 전쟁의 승리에 공통적인 전략(전투의 승리를 위한 행동 원리 및 여러 조건)에 관심을 표명한다.

만일 이것이 경제사라면, 철학적 역사는 경제의 흥망성쇠를 가져오는 일반 원리와 조건에 관심을 갖는 것이다. 따라서 철학적 역사는 경제 활동에 관한 보편적인 인간의 욕구가 특정한 법과 경제 조직의 외적 형태와 부수적인 특성 하에 어떤 방식의 경제 성과로 귀결되는가에 지향된다. 이 때문에 철학적 역사는 과거의 경험을 일정 정도 일반화하는 것이지만, 또 다른 시대나 미래의 문제를 조명하는 동시에 교훈과 대안을 제시하는 데 유익하다고 판단된다(Höpfl 1978; Redman 1997; 본서 제9장).

한편, 스미스의 역사 이론에 관한 해석에서 그 추이는 위에서 언급된 현대 주요 역사 이론의 진화와 유사하다.[14] 스미스 역사 이론에 관한 초기 연구인 Meek(1971), Skinner(1975), Hollander(1973, 1987)는 그 역사적 방법이 마르크스 방법론의 선구적 역할 또는 경제 결정론적인 방법에 의거하고 있다고 주장했다. 특히, 미크와 스키너에 따르면, 스미스는 (마르크스의 생산 양식처럼) 생존 양식(subsistence mode)에 따라 역사 발전 4단계론(수렵, 목축, 농업, 상업)을 구분했다. 이뿐만 아니라, 그 역사 이론에서 각 발전 단계의 경제력이 다른 요인들의 궁극적인 결정 요인으로 취급되었다. 즉, 역사적 자료에 관한 해석에서 스미스는 경제적 요인이 사회의 상부 구조(정치, 법률, 문화, 관습 등)의 내용과 변화에 궁극적인 영향력을 미치는 핵심적 변수로 이해했다.

한편, 홀랜더에 의하면, 『국부론』에서 역사적 논의는 자본주의 체제에서 동학적 자원 배분 과정을 묘사하는 순수 경제적 모형으로 환원될 수 있다. 즉, 역사 연구에서도 이기심의 공리(self-interest axiom)가 전제가 되고 있으며, 역사적 자료 설명에서도 경제학적인 가설-연역 방법이 구사된다. 그러므로 역사 연구는 스미스 경제학의 특징인 연역적 경제 분석의 연장선상에 있는 일종의 "이탈 또는 여담"에 불과하다.

---

14 스미스의 역사 연구 방법은 Bryson(1945), Meek(1971), Skinner(1975, 1996), Hollander(1976, 1987), Höpfl(1978), Haakonssen(1981), Redman(1997), Alvey(2003) 등에서 찾을 수 있다.

이에 반해 Haakonssen(1981)은 스미스의 역사관을 경제적 결정론으로 환원하려는 일부 연구자의 시도에 의문을 제기했다. 스미스의 견해 속에 역사적 시공간상에 예외 없이 관철되고 있는 경제적, 물질적 요인 중심의 필연적인 인과 관계 또는 불변의 철칙은 존재하지 않으며, 주요 역사적 사건의 배후에는 보다 다양한 동기와 요인이 작용한다. 한편, Kim(2009)에 따르면, 스미스의 역사 이론은 사회과학적 관점의 다차원적인 하위 이론으로 구성된다. 예컨대, 역사 이론에서 경제적 차원뿐만 아니라 국가 영역의 이론이 중시되며, 그 상호작용에 의해 역사적 변화가 설명되었다. 이러한 스미스의 다차원적 역사 이론은 오히려 신제도주의 경제사 이론을 제창한 노스의 접근법과 유사하며, 그 선구자적 역할을 한 것이다(본서 제10장).

3.4. 자연신학과 사회과학 사이의 관계

스미스의 연구사 가운데 자연신학과 인식론의 관계에 초점을 맞춘 연구도 매우 다양하다. 그리고 이에 관한 논쟁도 당대의 과학철학의 흐름을 일정 정도 반영해 온 듯하다. 첫 번째, 논리실증주의가 위세를 떨치기 이전의 시기에는 대체로 스미스의 신학과 사회과학 간의 '논리적 연관성'(logical connection)이 주장되었다. 즉, 스미스의 사회과학은 자신의 신학적 견해를 추종했으며 그것에 예속된다는 것이다. 이 오래된 해석에 따르면, 조화롭고 자비로운 자연적 질서에 대한 신학적, 선험적 가정으로부터 스미스의 과학적 윤리 이론과 경제 이론이 '연역적'으로 도출된다.[15)]

15 예를 들면, Stephen(1876), Leslie(1888), Bonar(1922), Gray(1933), Ingram(1915), Myrdal(1953)을 참고하라.

두 번째의 해석 조류는 20세기 실증주의에 근거해서 스미스의 신학과 사회과학 사이의 관계를 해석한다.[16] 이 주장에 따르면, 사회 현상에 관한 스미스의 사회과학적 분석은 신학에서 유래한 선험적 가정에 직접적으로 의존하지 않는다. 오히려 (그 논리적 연관성을 주장한 첫 번째 해석과는 반대로) 스미스의 신학은 오히려 과학적 연구 결과에 의존할 뿐만 아니라 이 후자에 종속된다. 따라서 스미스의 신학은 중세 이후 이어진 철학 전통의 장식물에 불과할 뿐이며, 그 경험주의 및 과학적 탐구는 신학적 믿음의 영역과 완전히 분리될 수 있다 (Bittermann 1940; Campbell 1971).

세 번째 조류의 해석은 철학과 과학의 두 가지 층위가 분명히 서로 다르고 구분되지만, 동시에 그 두 영역은 상호 의존적이라는 방법론적 관점에 의존한다(Frank 1957; Watkins 1957, 1958). 이러한 철학 사상에 근거하는 해석에 따르면, 신학과 과학에 관한 각각의 영역의 자율성이 인정되지만, 동시에 두 영역 사이에 이론적 그리고 경험적 관점의 의존성이 존재한다(Oslington 2011; Kim 2017).

이러한 유형의 해석은 앞서 언급한 과학적 실재주의의 부상과 궤를 같이 한다. 과학적 실재주의에 따르면, 외부 세계는 존재론적으로 사물의 본질과 그 운동에 해당하는 심층 세계, 그리고 이에 의해 야기되지만 감각(感覺)에 의해 경험적으로 관찰 가능한 표층 세계로 구분된다. 그리고 실재 세계의 존재론적 구조는 다층적이고 관계적 복잡성을 지닌다. 표층 세계 너머에 있는 존재의

16 Macfie(1967), Taylor(1960), Haakonssen(1981). 이와 같은 유형의 해석은 스미스의 방법과 비전의 순환론적 특성 및 이중성(duality)에 관한 시각을 계기적으로 동반한다. 예컨대, 스미스의 신학적 믿음은 경험적 연구에 의존하기 때문에 "궁극적으로 순환론적이다"(Campbell 1971: 60). 또한 "스미스의 저작 속에서 묘한 신념의 대립이 발견된다. 그가 충실히 전달하여야 하는 표준 복음이 존재한다. 한편, 스미스는 단속적으로 역할을 바꾸어서 자신이 설교했던 것을 부인하는 배교자가 된다"(Routh 1975; 또한 Lamb 1974; Heilbroner 1975; Evensky 1987, 1989).

본질 또는 존재론적 사실의 근본에 가까이 접근하고자 하는 노력이 바로 과학의 과제가 된다. 즉, 표층 세계의 이면에 존재하는 본질적 실체의 탐구(과학)는 흔히 경험적 현상을 근거로 하여 종종 초감각적 세계를 해명하는 것이다. 그러므로 존재에 관한 형이상학(metaphysics)이 개입되지 않을 수 없고, 형이상학은 과학적 탐구의 '이론적 차원'에 통제적 역할을 수행한다. 뿐만 아니라, 반대로 과학적 차원에서 이루어지는 경험 연구의 성공과 실패는 그 형이상학적 명제의 진리에 관한 개연성을 높이거나 낮추는 데 기여한다. 즉, 경험적 연구의 개연성과 성패는 형이상학의 진리를 평가하는 주요 지표가 된다.

4. 본서의 줄거리

지금까지 스미스의 사상에 관한 오해와 진실, 그리고 그 유산 및 관련된 주요 논쟁을 간략하게 검토했다. 이러한 사항들을 염두에 두면서 다음 편 이하에서는 스미스의 융합적인 학문의 틀 하에서 『국부론』 및 여타 저술의 내용을 한층 더 심도 있게 이해하기 위한 다양한 시도를 할 것이다.

제2편은 스미스의 과학철학(philosophy of science)과 방법론을 소개한다. 제3장에서는 현대 과학철학 및 경제철학의 주요 방법론적 흐름을 개관한 후, 스미스의 과학철학이 그 다양한 조류와 선구자적 유사성을 공유하고 있음을 확인한다. 특히, 스미스의 과학철학에서 과학 연구는 복합적, 다면적 측면을 지니며, 존재론적 형이상학은 과학에 관한 영향력을 발휘하고 있음을 볼 것이다. 『철학논집』의 「천문학사」는 고대 천동설에서 근대의 뉴턴의 천문학 체계에

이르기까지 스미스의 과학관을 잘 보여 준다. 이에 따르면, 과학 가설은 형이상학을 포함한 배경 지식과 유기체적인 관계를 형성하고 있다. 그러므로 이론의 평가와 합리화 과정에서 기본적으로 과학 이론은 설명력과 예측력에 의해 평가되지만, 동시에 배경 지식과의 정합성과 일관성은 유의미한 기준이 된다. 그리고 과학자 커뮤니티 또는 사회 내에서 의사소통이 요구되는 과학의 특성, 또한 인간 본성의 인지와 감성 체계가 동시에 활용되는 점은 과학 가설의 평가에 수사학적, 사회학적, 미학적 요소가 빈번히 개입하는 배경이 된다.

제4장에서는 우선 스미스의 수사학을 해부하면서, 『국부론』의 구성적 특징에 관한 그 방법론적 영향을 소개한다. 과학철학에서 객관주의적 과학 및 논리경험주의의 퇴조 이후 부상한 조류 가운데 하나는 수사학적 방법론이다. 특히, 과학/탐구의 수사학(rhetoric of inquiry)에 따르면, 학문에서 수행되는 논증의 수사적 기능과 방식은 다양한 학문 분야의 방법론적 토대가 될 뿐만 아니라 학문 간 상호 의사소통을 하는 연결 고리가 될 수 있다. 본 장에서는 과학철학과 탐구의 수사학적 관점에서 『수사학 강의』의 학술 담론을 중심으로 스미스의 도덕철학 그리고 경제학 저술의 구성적 특성을 고찰한다. 스미스의 도덕철학 저술과 『국부론』에 따르면, 사회 공동체, 국가법 제도, 시장과 경제 조직 등에서 관측되는 현상은 인류 역사에서 대체로 덕목, 정의, 번영의 수준을 제고하는 경로의 선상에서 발생했으며, 결과적으로 문명의 진보를 시현해 왔다. 학술 담론에서 거론된 분석-종합의 방법은 이처럼 복합 다층적인 속성을 지닌 인문 세계의 본질을 미시적으로 해부한 후, 이로부터 다양한 환경 여건과 변수를 고려해서 합성함으로써 사회 시스템을 체계적으로 이해하고 예측하는 과정에 적용된다.

다음, 제3편은 스미스의 도덕철학 체계에서 사회(society), 국가(state), 그리고 경제(economy)의 상호작용에 대한 논의에 지향된다. 제5장에서 스미스의 이론 체계에서 공정성, 상호성, 신뢰, 협력 등 도덕 규범과 평판의 사회적 가치는 경제 활동 및 성과에 영향을 주는 요소임이 지적된다. 최근 여러 연구에서 확인되고 있듯이 스미스는 경제 성장 과정에서 생산, 공급 측면의 역할뿐만 아니라 수요 측면이 수행하는 역할을 중시한다. 첫째, 스미스의 산업 구조의 고도화에 관한 논의에서 수요 측면의 역할은 생산과 공급 측면과는 부분적이나마 '독립적'으로 존재한다. 사회의 집단적 동감과 평판을 고려하는 사회 심리와 이를 반영한 경제 활동은 우연하고 일시적으로 발생하는 것이 아니라 인간의 천성(天性)으로부터 비롯되는 견고한 미시적 토대를 지닌다. 둘째, 스미스는 경제 성장 과정에서 나타나는 산업 구조의 경로 변화에 관한 경제학적 분석에서 수요 측면에 관심을 갖는다. 즉, 사회적 지위와 차별화에 대한 고려로부터 비롯되는 소비 패턴의 변화가 제조품에 대한 사회적 차원의 수요를 한계 없이 증가시킬 수 있다는 것이다. 셋째, 이처럼 산업 구조의 변화 경로와 관련하여 사회적 평판과 수요 측면이 수행하는 역할은 경제 진보의 '이론적' 및 '역사적' 과정에 대한 스미스의 논의에서 모두 중요하다.

제6장에서는 스미스 이론 체계 내에서 경제 발전과 근대화의 관점에서 볼 때, 국제 관계(international relations) 그리고 식민지 문제는 이론적, 역사적 의의를 지닌 중요한 담론이라는 점을 밝히고자 한다. 스미스는 지속 가능한 사회를 위한 운영 원리로서 경제 원리를 포함하는 폭넓은 사회과학자적 시각을 견지했다. 그리고 이러한 시각은 식민지에 관한 논의에서 현상의 핵심 분석 틀로서 나타난다. 스미스의 이론 체계에서 법과 경제는 통합된 분석 체계로 제시된다.

이 때문에, 정치적, 법률적 과정, 더 나아가 윤리 규범과 이를 반영한 사회적 가치의 수준, 또는 문화적 요인은 경제 활동과 매우 긴밀한 연관성을 지닌다.

구체적으로 자본 축적, 분업, 기술 진보 등 공급측 요인들과 일부 수요 요인이 작용하여 경제 성장의 선순환을 돕지만, 동시에 도덕 감정의 작용에 의해 지지되는 정의와 자유, 안전, 평등과 같은 사회적 가치가 국가 실정법의 운용에서 법 원리로서 구현될 때 경제 성과와 사회적 후생은 개선된다. 스미스는 이러한 통합적 접근법과 경제 발전 이론에 입각하여 18세기 유럽의 식민지 통치와 정책에 관한 분석, 비판, 대안을 심도 있게 고찰한다. 이러한 논의는 19세기 말에서 20세기에 초중반에 걸쳐 조선의 쇠망과 일본의 강압적 식민지 지배를 겪은 우리나라의 경제 발전 경로와 내용을 해석, 평가하는 데 유효한 하나의 잣대가 될 수 있다.

제4편은 스미스의 이론 체계에서 중요한 위상을 지닌 국가와 경제 활동의 층위의 관계, 구체적으로 법과 경제(law and economics)의 교호 작용을 고찰한다. 제7장은 스미스의 학문 체계 가운데 인문 환경의 층위는 비록 상이하지만, 상호 연관성이 있는 법과 경제의 관계, 또는 정의와 경제적 효율성 사이의 관계를 조명하고자 한다. 현대 법경제학에서 정의와 효율성 간의 관계는 오랜 논쟁의 역사를 가진 현안이기도 하다. 이에 대응해서 스미스의 학문적 관점을 살펴보면, 첫째 법의 기초가 되는 정의론은 윤리학의 동감의 이론으로부터 비롯된다. 둘째, 정의의 원리는 국가에 의한 법과 통치, 즉 국가의 법률 체계의 근간이 된다. 셋째, 국가의 실정법 중 정의의 법률 체계는 사람들의 내면적인 정의 감정에 입각하여 권리를 보호하기 위해 입법되고 집행된다. 넷째, 정의와 그 법률 체계는 경제 활동의 배후에서 직접적인 동기가 되는 사람들의 생활 개선

본능과 교환 성향을 자극하고 촉진함으로써 효율성을 배가시킨다. 반대로 불의는 그와 같은 사람들의 생활 개선 성향을 제약, 억제함으로써 효율성을 낮춘다. 다섯째, 『법학 강의』와 『국부론』에서 거론되는, 사법, 가족법, 공법을 구성하는 다양한 법률에 대한 비판은 정의와 효율성 간의 관계를 매우 잘 입증한다. 여섯째, 법과 정치의 영역은 내면적 윤리 영역에 근거를 두면서도 시장과 경제 활동에 불가결한 토대로서 기능하며 주요한 제도적 환경을 구성한다.

제8장은 법과 경제의 일반 이론을 토대로 사회후생론(social welfare) 또는 경제진보론의 측면에서 노동(시장)과 관련된 법과 경제를 구체적으로 검토하는 것이다. 스미스는 법학과 경제학을 통합된 학문 체계로 보았을 뿐만 아니라 사회경제적 후생의 문제를 정치적, 법률적 과정, 수준 및 내용의 문제와 매우 긴밀한 연관성을 지녔다고 보았다. 이러한 법과 경제의 틀 속에서 스미스는 사회후생의 핵심적 척도가 노동자의 복지와 행복 수준에 달려 있다고 본다. 그러므로 국가의 실정법 체계에 의한 정의, 자유, 안전, 평등의 구현 여부는 노동(시장)의 경제적 성과와 효율성, 그리고 사회적 후생의 개선에 매우 중요하다.

제5편은 스미스의 도덕철학 체계에서 역사적 자료 및 역사에 관한 연구가 지니는 의미가 무엇인가를 조명한다. 제9장에서는 역사와 이론(history and theory)의 관점에서 분석적 그리고 종합적으로 역사적 발전 과정을 추론하는 스미스의 역사 연구의 특성을 밝히고자 한다. 이 같은 형식의 역사 연구는 동시대인들에 의해 철학적/이론적 역사(philosophical or theoretical history)라고 불렸다. 철학적 역사 연구는 인간의 본성에 합치하는 사물의 자연적 전개 과정을 구체적인 역사적 환경을 고려해서 가추적, 연역적으로 기술하는 것이다. 스미스는 『국부론』 제3편에서 "부의 진보"에 관한 철학적 역사를 통해 인간의 본성에 합치

하는 자본 축적의 과정 및 경제 성장의 자연적 경로를 고찰하고 있다. 한편, 자연법철학의 영향으로 철학적 역사는 자연적 질서로서 인식되었으며, 실제 역사 발전의 성과를 평가하는 규범적 기준으로 작용한다. 이는 주로 『국부론』 제3편과 제4편을 통해 집중적으로 조명되는 로마 제국 붕괴 이후 당시 유럽의 경제 발전 과정, 역사적 법 제도 및 공공 정책에 대한 스미스의 비판적 평가를 이해하는 데 있어서 간과될 수 없는 핵심적 내용이다.

제10장에서는 스미스의 철학적 역사와 더글러스 노스의 신제도주의 역사 이론(new institutional theory of history)이 동시에 고찰된다. 스미스와 노스는 경제 진보와 퇴보 등 역사상 경제의 흥망성쇠를 조명하기 위해 이론적 관점에서 경제사 체계를 구성한 후, 이를 경제사 연구에 적용했다. 이 장에서 경제 변화의 역사를 체계적, 분석적으로 이해하고자 시도한 스미스와 노스의 경제사 이론 체계의 특징과 유사점이 상호 비교된다. 첫째, 역사 연구의 기초를 형성하는 방법론적 유사성이 발견된다. 두 학자는 경제사의 '이론적' 탐구를 목표로 하고 있으며, 단일 이론에 의존하기보다는 시장, 국가 또는 사회 영역에 걸쳐 있는 여러 하위 이론을 활용한다. 둘째, 사람의 자기애 또는 합리성은 사회성이나 인지 능력에 의해 제한 받기 때문에, 비록 최적화는 이룰 수 없지만, 기대이익과 기대비용을 감안하여 행동하도록 유인하는 원천이다. 이에 따른 상대가격 이론은 분업과 비대인적 교환(시장)의 확대 등 경제 변화를 설명하는 주요 요인이다. 셋째, 국가에 의해 운영되는 적합한 재산권 제도가 경제 성과의 선행적 기초가 된다는 점에서 국가 및 경제(시장)의 두 영역은 경제사를 이해하는 데 분리될 수 없다. 또한 역사적으로 국가는 지대를 추구하거나 비효율적 제도를 유지함으로써 재산권 제도의 불안정성을 시현하고 경제 발전의 장애물이 되

기도 한다. 넷째, 역사 이론을 경제사의 구체적 사례에 적용하는 경우에도 유사한 측면이 발견된다. 스미스와 노스는 로마 붕괴 이후 근대 초까지의 서유럽의 경제사를 개괄적으로 검토하는 부분과 근대 유럽에서 영국과 스페인(또는 그 식민지)의 성장 속도(경로)의 차이를 국가에 의한 재산권 제도의 운영의 차이로 귀결시키는 부분에서 유사한 설명을 한다.

마지막으로, 제6편에서는 근자에 새롭게 출현한 몇몇 경제학 조류의 기원이 스미스의 도덕철학 체계에 있음을 제시한다. 제11장은 현대 행동경제학(behavioral economics) 및 행동법학적 관점에서 스미스의 법경제학을 조명한다. 그리고 이에 의거해서 국가의 역할에 관한 스미스의 견해를 한층 일관성 있게 살펴본다. 법과 경제의 문제를 포함한 스미스의 사회과학 모형 속에서 사람들은 신중한 합리성을 유지하려 하지만, 동시에 과도한 낙관성, 절제력의 한계, 현재 선호적인 근시안적 마음, 손실 회피 성향 등 제한된 합리성을 보인다. 뿐만 아니라, 감정 체계에 속하는 공정성, 시기심, 분노 등의 감정이 의사 결정에 영향을 미친다. 예컨대, 분개심에 관한 동감은 국가법 제도의 기원과 변화의 원리가 되고 있으며, 특히 손실 회피 성향과 보유 효과는 실제 사법적 관행에서 고려되고 법률에 반영되는 심리 법칙이다. 또한 스미스는 사람들의 제한된 합리성을 고려하여 의무교육, 금융 시장 통제 같은 사회경제적 영역에 관한 국가의 규제를 추가로 승인했다.

제12장은 조직의 본질 및 조직행동론에 관한 스미스의 견해를 고찰한다. 이 장에서 현대 조직 이론 및 조직경제학(organizational economics)과의 선구자적 연관성이 드러날 것이다. 20세기 이후 사회과학계의 다양한 조직 이론 및 조직경제학에 관한 학설사적인 주요 흐름을 개관한 후, 스미스의 조직론 일반의

내용을 구체적으로 고찰하며 법원 조직에 관한 사례를 들어 이러한 사항을 예증한다. 스미스의 조직론은 다음의 특징을 보인다. 첫째, 그것은 경제학적, 사회학적, 정치학적 접근법 등 다면적 방법에 의거해 복합적 속성을 지닌 조직의 실체를 다루고 있다. 둘째, 조직에 관한 스미스의 경제학적 접근법은 자원 기반 이론과 계약주의 이론의 혼합형에 해당한다. 특히, 자원 기반 이론의 관점에서 볼 때 스미스는 주식회사 조직이나 선교 조직에서 조직의 효율성이나 효과성을 도모하기 위한 조정 방식이 일상 과정 내지는 표준화를 통해 성취되고 있음을 선구적으로 제시했다.

제13장은 비교적 최근에 출현한 행복경제학(happiness economics)에 관한 스미스의 선구적 견해, 즉 주관주의적 그리고 객관주의적 접근법을 조명한다. 이 장에서 행복 이론과 행복경제학에 관한 학설사적인 주요 흐름이 우선 개관된다. 그리고 스미스의 행복과 경제학에 관한 관점이 상세히 고찰되며, 구체적인 사례를 통해 그 행복 이론의 핵심이 예증된다. 스미스에 따르면, 첫째 행복은 본원적인 욕구의 충족에서 비롯되며, 또한 자유와 재산 같은 외부적 조건의 영향을 받는다. 둘째, '진정한' 행복은 욕구의 충족이 객관적 기준(공정한 관찰자의 동감)에 부합하는 경우에만 도래한다. 셋째, 객관적 목록 기준에 부합하는 경우에도 마음의 구조나 욕구의 특성에 따라서 행복의 질적인 차이가 발생한다. 넷째, 스미스의 행복과 경제학에 관한 관점은 기본적으로 사회경제 활동에서 상호성의 가치를 무엇보다 중시한다는 점에서 현대 시민경제론과 사회적 경제의 지성사적 기원을 형성한다.

제 2 편

과학철학 및 방법론

제3장
과학철학 및 경제철학

제4장
수사학 방법론 및 『국부론』

제3장
과학철학 및 경제철학

1. 머리말

경제동학에서 혁신과 창조의 중요성을 강조한 슘페터(Joseph Schumpeter)는 『철학논집』에 실린 스미스의 과학 관련 논문에 대하여 다음처럼 높이 평가한 바 있다. "이러한 논고들에 대해 알지 못하는 사람은 그 누구도 … 스미스의 지적 위업에 관한 정확한 지식을 가졌다고 할 수 없다. 만일 스미스가 그 논고의 저자라는 부정될 수 없는 사실이 없었다면, 『국부론』의 저자가 이를 저술할 능력이 있다고 아무도 생각하지 않았을 것이다"(Schumpeter 1954: 182).

『철학논집』의 대표적 논고인 「천문학사」를 고찰하면, 자연과학적 탐구의 대상이 되는 외부 세계의 존재론 그리고 인식 주체로서의 과학 커뮤니티에 의한 창조적 탐구 노력과 의사소통의 방식에 관한 논의가 명시적으로 드러난다. 스미스에 따르면, 과학의 연구 과제는 흔히 경험 현상의 배후에 존재하는 숨겨진 힘과 메커니즘의 발견이며, 이러한 탐구 내용은 경험과 관찰에만 의존해서는 가능하지 않은 경우가 일반적이다. 『철학논집』의 여러 논고를 통해 과학의 역사를 점검함으로써 스미스는 과학자들이 견지한 존재론, 이를 해명하기 위한 일련의 과학적 탐구 활동, 이와 관련하여 역사적으로 전개된 다양한 채널의 의사소통의 담론과 논쟁을 검토했다.

그런데 이러한 스미스의 과학관에 대해 연구자들은 몇 가지 서로 다른 해석과 입장을 표명했다. 표층적 현상계의 심층 메커니즘을 밝히기 위한 과학적 설명 가설들은 세계의 객관적 구조에 관한 지식과 보편적 진리에 도달하기 위한 탐구의 일환인가? 아니면, 마음의 평정을 도모하기 위한 상상력의 창조물 또는 삶에 유용한 수단에 불과한가? 이에 관해 적어도 세 가지 상이한 접근법이 존재해 왔다.

첫 번째 입장은 스미스의 과학관을 협약론(conventionalism)으로 접근하는 해석 방법이다.[1)] 이러한 해석에 따르면, 외부 세계의 근원적 불확실성, 그 존재와 관련하여 생성된 언어의 의미 및 언어의 해석과 영향에 관한 불확실성, 동기부여에 관한 불확실성, 소통 과정에서의 심미적 기준의 작용 등이 스미스의 철학과 사상, 경제 현상에 관한 인식에 특히 중요한 부분이다. 협약론적 과학관에 비추어 볼 때, 학문적, 과학적 탐구 노력과 이에 의해 형성된 지식이란 세계에 관한 진실된 정보 및 진리 추구와는 그리 특별한 관계가 없다. 그것들은 단지 인간의 세계에서 설득을 위한 대화와 담론, 또는 편의 제고를 위한 협약과 약속 사항에 불과하다.

두 번째 조류는 실증주의 내지는 소박한 실재론(naive realism)으로서 협약론적 해석 이전에 광범위하게 수용된 방법론적 관점이다.[2)] 이러한 실증주의적 해석에 따르면, 스미스는 인식론에 관한 흄의 관념연합설과 경험론적 관점을

---

1 예컨대, Lindgren(1973), Cremaschi(1989), Khalil(1989), Griswold(1999), Schabas(2003) 참고.
2 Bittermann(1940) 및 Campbell(1971)의 저술을 보라.

수용한다. 그러므로 사람들은 사건의 반복을 인과 관계로 인식하고 현상 간의 규칙성을 발견하며, 이로부터 지식을 획득한다. 그러므로 관측되는 현상만이 지식의 원천이고, 과학은 관찰될 수 있는 현상 간의 규칙적 관계를 찾고 그에 관한 일반화를 시도하는 것이다. 여기서 과학 가설을 평가하는 합리성 기준은 그 가설이 경험적으로 참과 거짓인지 또는 객관적 세계를 묘사하고 있는지를 판단하는 것이다.

마지막으로, 최근의 해석적 흐름으로서 과학적 실재주의(scientific realism)를 스미스의 핵심 과학관으로 간주하는 견해가 있다.[3] 이러한 해석에 의하면, 스미스는 존재론적 측면에서 실재론(實在論)적인 입장을 견지하되 인식론적인 측면에서는 과학 지식의 확실성 또는 개연성에 관해 상당히 탄력적인 관점을 취한다. 우선, 과학의 과제는 자연 세계의 경험적 현상 이면에 존재하는 숨겨진 인과 관계의 메커니즘을 발견하는 것이다. 그러므로 이 영역에서의 합당성 기준은 존재론과 인식론적 주장의 진리 여부를 검증하는 것으로서, 그 정당화 과정에서 이성에 의한 추론과 경험적 증거에 의한 입증이 담론의 핵심이 된다. 그러나 존재론적 세계의 관계적 복잡성(relational complexes), 존재론적 차원의 위계 구조 및 인지 능력의 한계 등에 의해 그 진리 탐구의 성과는 제한적일 수밖에 없다. 또한 과학 탐구의 과정에서 진리의 개연성, 합리적 그리고 보편적 지식의 확립을 두고 경쟁하는 다양한 이론 체계 간의 과학 외적인(extra-scientific) 노력은 어느 정도 불가피하다. 다시 말해서, 과학 이론의 평가와 수용의 측면에서 이러한 해석적 조류는 합리성 기준의 적용 이외에도, 설득력 제고를 위한

3 김광수(1995), Montes(2003), Kim(2012) 등이 이러한 해석의 조류에 속한다.

수사학적, 미학적, 사회학적 정당화를 허용한다. 경쟁 가설에 대해 과학 공동체 구성원 사이의 효과적인 인식, 의사소통과 설득을 위해 여러 주관적 평가와 판단(선호나 취향)이 빈번히 개입되고 있음을 인정하는 것이다. 이는 스미스의 존재론적 관점과 인식에 관한 절충적 접근 방식을 드러내는 것으로, 스미스가 극단적인 토대주의와 상대주의를 동시에 회피하고 있음을 보여 준다.

본 장에서는 이상과 같은 스미스의 과학관에 관한 선행 연구 성과에 부분적으로 기초하면서도 그간 소홀했거나 주목 받지 못한 다음과 같은 내용을 밝히려고 한다. 첫째, 과학의 복합성과 여러 단면을 검토하는 것이다. 그러므로 스미스의 존재론, 인식론, 과학관 등이 20세기 토대주의의 붕괴 이후 과학철학 그리고 경제철학에서 논의되어 온 몇몇 주요 연구 조류의 선구자적 역할을 했음이 제시된다. 특히, 이와 관련하여 주목할 만한 내용은 탄력적인 인식론의 수용과 관련하여 미학적, 사회학적 평가 기준 이외에도, 수사학적 담론이 과학의 역사적 논쟁에서 개입하고 있음을 거론한 부분이다. 둘째, 선행 연구들이 주목하지 못한 부분으로서 과학과 형이상학의 연관성에 관한 내용이다. 스미스는 과학에 관한 형이상학의 위상과 영향을 인정했으며, 과학 이론의 평가와 수용의 기준으로서 배경 지식으로서의 형이상학과의 정합성 여부를 주요한 부분으로 취급했다.

이상과 같은 목적을 염두에 두고 먼저 현대 과학철학 그리고 경제철학에 관한 여러 연구 조류에 관한 논의로부터 시작한다. 다음으로 과학 활동과 관련되는 스미스의 인간본성론 및 다양하고 복합적인 과학의 특성에 관한 견해를 검토한다. 그리고 이렇듯 과학에 관한 스미스의 총체적인 견해가 「천문학사」 논고에 어떻게 구체적으로 반영되어 있는가를 심도 있게 예증하려고 한다. 마지막으로 연구를 요약하고 그 의의에 대해 결론을 내릴 것이다.

2. 현대 과학철학과 경제학계의 방법론 동향

20세기 과학철학의 큰 흐름은 1920년경 과학으로부터 형이상학을 배제하자는 취지로 철학적, 문화적 운동을 전개한 비엔나학파의 논리실증주의로부터 시작된다. 이러한 흐름은 1950년대 포퍼(Karl Popper)의 과학 발견의 논리와 반증주의를 수용하여 한층 덜 극단적이고 더 세련된 형태인 논리경험주의(論理經驗主義)로 진화하였고 과학철학의 토대주의(foundationalism)를 구성하게 된다. 논리경험주의는 실증주의의 전통 하에서 1950년대에 이르기까지 과학철학계의 주류적 입장을 대변한다. 즉, 주관과 객관의 구분을 전제로 하여 인식의 투명성, 가치중립성, 관찰 가능성, 방법론적 일원주의와 포괄적 법칙에 따른 설명, 단일 통합 과학으로의 이행, 과학과 비(非)과학의 구분 등에 의해 보편적 진리의 성립 가능성을 제시한다. 논리경험주의에서 관측, 사실, 예측의 불가변성(incorrigibility)이 기본적으로 중시된다. 과학적 지식은 실험과 관찰에 입각하여 도출되고 정립된 객관적 지식이며, 그 반증 가능성에 의해 성장하고 발전한다.

그런데 과학철학의 주류를 표방한 토대주의에 대한 비판은 1950년대 초반부터 1980년대에 이르기까지 다양한 학자 집단으로부터 강력하게 제기되었다. 먼저, 쿤(Thomas Kuhn)은 천문학의 역사를 과학사 모델로 하여 과학계에서 실천하고 있는 연구 방법과 행태를 연구했다. 그에 따르면, 과학자들은 반증주의의 규준에 따라 이론을 검증하고 개선하는 것이 아니라 정상과학(normal science)의 패러다임을 중심으로 집단적 문제풀기에 몰두해 왔다. 또한 정상과학 패러다임에 의해 설명되지 않는 이변 현상이 상당히 누적되는 시기에 이르러서야 신구 패러다임 사이의 경쟁이 이루어진다. 이 과도적 시기에 새로운 패러다임이 이변 현상들을 수월하게 해결하는 시점에 도달하면 마치 급작스러운 종교적 개종처럼 새 패러다임 중심의 과학혁명이 발생하고 새로운 정상과학이 자리를 계승한다.

한편, 뒤엠과 콰인은 이론 검증 과정에 수반되는 복잡성 및 증거에 의한 과학 가설 검증의 불완전결정성(under-determination)을 지적하면서 토대주의가 내포한 경험론과 실증주의의 독단을 비판했다(Duhem 1954; Quine 1951). 이들에 따르면, 과학 이론은 하나의 보편 진술로 구성된 것이 아니다. 오히려 그것은 중심 가설 이외에도 다른 수많은 보조 가설들과 매우 복잡하게 얽혀 있고 여건불변조건(ceteris paribus)이 적용되고 있는 하나의 거대 복합적 체계이다. 그러므로 관찰된 사실이 이론이 제시하는 바와 일치하지 않을 경우 중심 가설과 보조 가설 중 어떤 내용이 반증되는 것인지에 대해서 판단하기 어렵다.

다른 한편, 파이어아벤트(Paul Feyerabend)에 따르면, 상호 경쟁하는 이론들을 평가하자면 공통의 척도가 필요하다. 그런데 관찰 용어 자체가 이론 의존성(theory-dependency)을 지니는 상황이라면 통약 불가능성이 불가피하게 제기되며, 경험적 자료는 이론의 검증과 정당화를 위한 유일한 수단으로서 타당하지 않다. 또한 토대주의가 제시한 과학방법론은 과학계의 실제 연구 행태를 설명하지 못할 뿐만 아니라, 지식 탐구에서 과학계가 공통으로 추종해야 하는 보편적인 과학적 방법이 있다는 점도 성립하지 않는다. 이 때문에 다원주의적 연구 방법이 활용되는 것이 더 바람직하다.

이처럼 1950년대 이후 과학과 비과학, 사실과 가치, 분석성과 종합성의 엄격한 이분법을 중시한 과학철학의 주류 방법론에 관한 다양한 비판과 도전이 이어졌다. 이에 따라 이성에 대한 신뢰를 근간으로 보편적 진리에 도달 가능하다고 보는 근대성 내지는 완전한 합리성 개념은 과학철학에서 현재 쇠퇴한 상황이다. 대신에 과학 행위의 다양한 단면에 대응하여 과학철학에 관한 다양한 접근법들이 제기되어 왔다. 이와 같은 철학적 연구와 방법론의 주요한 흐름과 단면은 다음과 같다.[4)]

첫째, 1960년대를 전후하여 과학과 형이상학과의 연관성을 재조명하는 조류의 부상이 있었다. 논리실증주의 이전의 19세기까지 서구의 사고 체계에서 철학과 개별 경험과학은 동일한 연속선상에서 이루어지는 탐구 활동으로 인식되었다. 과학철학의 토대주의적 시각과는 달리, 이는 비과학과 과학 또는 사변적 형이상학과 실험적 (자연)과학 간에 매우 명확하고 엄격한 경계가 존재하지 않으며, 두 영역이 상호 보완적 관계를 형성하고 있음을 의미한다.[5)] 예컨대, 이러한 요인을 고려하여 저명한 과학철학자인 라카토스는 과학 연구 프로그램에서의 방법론적 규칙은 "형이상학적 원리로서 공식화될 수 있다"고 지적한다(Lakatos 1970: 132).

논리실증주의자들에게 기본적으로 과학과 비(非)과학의 구분은 관측과 실험이 가능한지 여부에 의존한다. 이에 따라 논리실증주의는 모든 명제를 '경

4 이상과 같은 과학철학계의 다원주의적 연구 성과를 토대로 하여 경제학 방법론에 관한 다양한 흐름을 고찰하는 문헌으로 Hands(2001)를 보라.
5 Frank(1957), Watkins(1957), Koyré(1968), Lakatos(1970), Arenhart(2012) 참고.

험적' 진술과 '분석적' 진술로써 범주적으로 양분함으로써 형이상학의 특성인 선험적 종합(경험) 명제(synthetic a priori proposition)의 존재를 무시했으며, 형이상학과 과학과의 연관성은 단절되었다. 선험적 종합 판단은 사실적 세계의 묘사에 관여하고 있지만 그 진술의 진위가 논리적으로 경험 및 관측의 내용에 의존하지 않는 명제이다. 그런데 과학적 탐구에는 분석성과 종합성의 이분법에 의해 포괄되지 않는 형이상학적 진술들이 빈번히 활용된다. 우주의 고유한 특성을 표현하고 있는 명제나 모든 사건에 대응하는 어떤 원인이 필히 존재한다는 내용의 결정론은 형이상학적 명제에 해당한다. 이러한 유형의 형이상학적 원리는 부분적으로 실제 세계를 묘사하고 있음에도 불구하고 경험적 진위 여부와는 무관하게 유효하기 때문에 확정적으로 확인 가능하지 못하며 동시에 반증될 수 없는 특성을 지닌다.

이와 관련하여 사회과학철학의 명망가인 왓킨스(Watkins)는 형이상학적 원리들이 과학 이론의 구성에 통제적 역할을 수행한다고 지적했다. 형이상학은 경험 세계와의 일치성 여부에 따라 그 진위가 직접적으로 판명되지 않고 선험적이고 종합적인 진술의 특징을 지닌다. 이것은 개연성 있고 명료한 존재론적 원리를 제공하기 때문에, 개별 경험과학의 이론화의 범위와 내용을 규제하는 역할을 하며, 또한 반대로 그러한 개별 경험과학의 실체와 진보 및 퇴보는 특정 형이상학을 강화하거나 약화시키는 기능을 갖는다(Watkins 1958). 그것은 직접적 정보 전달과 분석보다는 특정한 이론적 가능성을 제시하거나 배제하여 과학 연구 프로그램의 윤곽을 잡아 주고 다양한 믿음을 하나의 체계로 구체화한다.

둘째, 표준적 견해인 토대주의의 쇠퇴 이후에 과학철학에서 부상한 방법론적 조류의 하나는 경험론 철학의 일부분을 구성했던 과학적 실재론이다.[6] 20세기 실증주의자들이 과학이 다루는 세계를 경험과 관찰에 근거한 요인으로 국한시키거나 환원시키고자 시도했던 반면, 과학적 실재주의자에게 외부 세계는 존재론적으로 감각적 경험이 어려운 심층 메커니즘 및 복잡다층적인 구조로 형성되어 있다.

좀 더 구체적으로 언급하면, 존재론적 현실은 보이지 않는 심층 구조의 실재적(real) 영역, 그리고 표층 구조와 관찰 가능한 경험적(empirical) 영역 등 다양한 층위를 지닌다. 과학적 실재론에 의하면, 존재론적인 관점에서 볼 때, 경험 세계 또는 표층 세계의 이면에서 일련의 현상의 (불)규칙성을 야기하는 다층적이고 상호 중첩적인 심층 구조가 존재한다. 그러므로 과학자들의 과제는 이를 탐구 대상으로 삼아 해명하는 것이다. 사람들이 널리 활용하는 일반 상식적 지식은 기본적으로 표층 세계의 경험적 규칙성을 담고 있는 경우가 많다. 그런데 과학 가설과 이론은 상식적 지식에 내포된 규칙성을 야기하는 인과 기제를 밝히는 것이고, 이는 존재론적으로 심층적이고 실재적 영역에 관한 탐구를 하는 것이다. 그러므로 이론 체계에서 비록 관측될 수 없는 어떤 실체가 포함된다고 해도 과학적 설명의 본질적 과제는 현상의 배후에 객관적으로 존재하면서 이에 항상적으로 작용하는 힘, 구조 그리고 메커니즘에 대한 참된 묘사에 있다.

실재론자에게 존재론적으로 다양한 층위를 지니고 복잡하며 상호 연관성을 지닌 외부 세계를 탐구하는 과학 가설의 제기는 인식론적으로 상당한 고난도의 작업이다. 특히, 직접적 관찰이 불가하고 관계적 복잡성을 지닌 심층 구

6 예컨대, Bhaskar(1978), Mäki(1989), Lawson(1997).

조의 해명과 탐구는 통상 불확실성에 직면하고 상상력과 직관이 요구된다. 실재론자에게 이러한 유형의 과학적 탐구는 연역과 귀납을 활용하는 포괄적 법칙만이 아니라 경험의 영역에서 실재의 영역으로 추리해 가는 창조적 도약을 필요로 한다. 특히, 후자의 추론에는 귀납과 연역 이외에도 유추, 직관, 영감, 숙련된 상상력 등을 활용하는 가추(abduction)의 추론 양식이 필연적으로 요구된다.[7)]

셋째, 과학적 토대주의와 대립적 특성을 가지고 과학의 철학적 재구성, 인식론의 수사학적 재인식에 목표를 두고 있는 과학철학의 조류는 수사학적 방법론이다. 수사학적 방법론은 과학 지식 역시 외부 세계의 직접적 반영물이 아니라 언어에 의해 표현되고 있으며 언어는 맥락, 상황, 공동체 속에서 사회적으로 구성된 것이라는 점에 착안한다. 인문학 및 사회과학계에서 특히 과학 실천의 연구 방법과 관련하여 전개되고 있는 수사학적 방법론은 언어와 논리, 수사의 담론적 실천이라는 인문학적 탐구의 부상에 근거하고 있다.[8)]

수사학적 방법론에 따르면, 객관성과 보편성을 추구하고 있는 과학적 성

7 가추법(假推法, 가설추리법)은 미국 기호논리학자이며 실용주의 철학의 창시자인 퍼스(Charles Peirce)에 의해 정식화된 추론 양식으로서 논리학에서 널리 소개된 추론 양식인 연역법 및 귀납법과는 구분된다. 연역법은 전제(법칙)가 타당할 경우 사례를 통해 필연적으로 발생하게 되는 결론을 제시하며, 귀납법은 관측(통계) 사례의 반복으로부터 얻어진 전제에 의거하거나 또는 이를 양적으로 확장하여 개연적으로 발생할 결과를 알려준다. 반면, 가추법은 관찰이 행해졌으나 그 심층 원인을 모르는 사안에 관해 가설 추리를 통해 탐구적으로 지식의 질적인 확장을 도모하는 설명 방법이다. 그러므로 논리적으로 타당한 전제(가설)를 설정하고 이를 통해 관찰 내용을 최상으로 설명(best explanation)하고자 하는 형식을 취한다. 가추법은 사람들의 일상생활과 과학적 탐구에서 빈번히 활용되는 추론이다. 특히, 형이상학적 명제처럼 경험적 반증이 어렵거나 또는 명시적으로 관측될 수 없는 심층 구조에 관한 새로운 지식을 가설적으로 제안하는 데 유용한 추론 방법이다. 가추법은 결과의 내용이 추론의 전제로부터 논리적, 필연적으로 도출되는 부분을 넘어서는 내용을 포함한다는 점에서 귀납법과 유사하지만, 개연성이 있는 결과에 관한 설명을 추구한다는 점에서 후자와 차이점이 있다. 한편, 가추법의 전제가 오로지 유일한 가능성이며 또한 그것이 참이라면, 가추법은 연역법과 동일해진다. 가추법에 관한 철학적 논의로는 Douven(2011)을 보라.

8 예컨대, McCloskey(1985), Lyne(1985), Gross(1990) 참고.

과 역시 수사학적으로 표현된 하나의 구성물이요 지속되는 대화의 부분에 불과하다. 다시 말해서, 인문학적 관점에서 볼 때, 지식은 외부 세계에 관한 투명한 매개체나 현실의 반영체가 아니다. 자연과학의 영역을 포함하여 지식은 주관과 대상인 객체의 엄격한 분리로부터 객관적으로 획득되는 것이 아니라, 배경 지식을 통해 세계를 해석하고자 하는 주관과 객체의 상호작용으로 이루어지며 또한 언어에 의해 표출되고 형성된다. 이러한 점을 고려하면 자연과학과 물리학의 탐구 내용을 학문적 전형으로 삼아 모든 과학에 공통적인 단일 방법론을 적용하려고 시도한 토대주의 그리고 규칙 제약적인 방법론적 일원주의는 바람직하지 않다.

그러므로 수사학적 방법론을 구성하는 탐구의 수사학(rhetoric of inquiry)에 따르면, 첫째 모든 학문적 담론은 언어와 논리, 논증의 형식을 취하고 있기 때문에 다양한 개별 학문의 영역에서 독특하게 활용되고 있는 논증의 형식과 구조, 그 방법과 절차에 대한 연구가 필요하다. 따라서 수사학적 방법론은 논증의 수사학 기능에 주목하여 다양한 지식 체계에 깃들어 있는 논증과 연구의 방법론, 그리고 이들이 함축하고 있는 수사학적 특성을 밝히는 것을 지향한다. 둘째, 방법론적 일원주의가 아니라면 다양한 개별 과학에서 실제 행해지고 있는 논증의 구체적 사실, 구체적 실천 방식이 무엇인가를 살펴보는 것이 보다 유의미하다. 그리고 이를 확장하여 시도될 수 있는 탐구의 맥락적인 비교 연구 역시 중요하다. 셋째, 논증의 수사학 기능, 개별 학문 영역의 수사학적 특성, 다양한 학문 방법론에 관한 맥락적 비교 연구, 학문적 의사소통으로서의 탐구의 수사학적 문제는 인식론의 관점에서 상대주의의 입장을 견지한다. 그러나 수사학적 방법론에 의하면, 인식론적 상대주의의 관점 하에서도 학문적 탐구와 의사소통 사이의 상호 관련성에 의해 인간의 행동을 보다 체계적으로 설명하는 계기를 마련하는 것이 가능하다.[9)]

넷째, 그 이전의 과학사회학과는 차별화된 과학지식사회학(sociology of scientific knowledge)의 조류가 쿤이 활용한 패러다임이라는 복합적 개념에 내재된 사회학적 요소에 착안하면서 1970년대 중반 부상했다. 과학지식사회학에 따르면, 과학이 개별 연구 주체의 주관성을 탈피한 객관성과 시공을 초월하는 보편성을 지향하고 있음에도 불구하고, 과학 지식은 불가피하게 사회문화적 산물이며 또한 과학자들의 실천 방법에는 사회적 요인이 반영될 수밖에 없다. 즉, 과학은 과학자 공동체에 의해 수행되는 사회적 활동으로서 특정 시대, 특정 학파들 간에 집단적으로 공유되는 패러다임은 과학자들이 수행해야 하는 인식과 과제에 영향을 주거나 또는 이론화하는 영역과 문제풀기에 영향을 미치는 등 과학 탐구에는 강력한 사회적 요인이 작용한다.[10)]

정상과학에서 과학자들이 천착하는 패러다임의 본질에는 형이상학적 원리, 기본 개념과 법칙, 이론 및 실습과 문제풀이 등 다양하고 복합적 요인들이 포함된다. 또한 과학도의 교육 및 연구와 관련된 패러다임의 구체적 실천 방법에는 과학자 사회의 공유된 관념과 관습이 영향력을 행사한다. 즉, 기본 법칙을 적용하는 실험과 장치뿐만 아니라 이론 평가와 관련된 기준(정합성, 실용성,

9 현재 과학계 전반의 방법론적 다원주의를 시사하고 있는 수사학 방법론에 관한 절충적 평가에 따르면, 수사학적 탐구와 과학적 실재론은 양립 불가능하지 않다. 즉, 세계의 중층 복합성, 근원적 불확실성에 직면하여 행해지는 과학적 지식 탐구의 객관적 지향성을 고려해 볼 때 설득력을 제고하고자 하는 수사학적 탐구는 나름대로 충분히 의의가 있다. 수사학적 탐구는 실재(reality)에 관한 다양한 관점과 이론들의 원천, 특성, 의미 등을 탐구하고 학문적 의사소통을 원활히 하는 방법들을 과학 실천 방법론에 적용하고 있다. 그러므로 경쟁하는 이론들의 범위와 숫자를 줄이고 극단적, 근원적 상대주의를 지양하며 합리적, 보편적 지식을 추구하고 확립하는 데 기여할 수 있다. 이런 관점에 대해 Mäki(1988)와 Peter(2001)를 보라.

10 Bloor(1976), Collins(1983) 참고.

간결성) 및 가치관 등이 과학 활동에 적지 않은 영향을 미친다. 20세기 중반 토대주의 과학철학이 풍미하던 시기에 과학사회학자인 머튼(Robert Merton)은 과학을 보편성, 불편부당성, 집단적 회의주의와 공유(共有)의 규범적 특성을 지닌 과학자 사회의 합리적이고 객관적 산물로서 보았다. 반면, 과학지식사회학자들은 패러다임에 근거한 과학자의 활동과 지식 자체가 사회적 구성의 속성(social constructivism)을 지닌다고 본다. 이에 따르면 과학 지식은 사회적 네트워크 속에서의 핵심 집단의 신념, 협상 과정, 이해관계를 반영하는 사회문화적 산물로서 사람들이 통상 지식으로 수용하는 모든 것 그리고 다른 사회문화적 결과물의 특성과 인식론적으로 차이가 없다.

3. 과학의 복합성과 다면성

젊은 연구자 시절부터 스미스의 관심을 반영한 것으로 알려진 『철학논집』에 실린 여러 논고, 특히 「천문학사」는 스미스의 존재론, 인식론 및 과학관 등을 살펴볼 수 있는 핵심적인 문헌이다. 여기에는 지식과 과학적 탐구의 동기가 되는 인간 본성, 외부 세계의 존재론, 상식과 과학적 지식의 특성, 이론의 구성과 과학 가설의 평가에 관한 견해가 비교적 잘 드러나 있다. 본 절에서는 과학의 다양하고 복합적인 면모에 관한 스미스의 견해를 총괄적으로 고찰한다.

3.1. 과학과 인간 본성

먼저 과학적 탐구 활동과 직접적으로 연관되는 인간본성론을 살펴보자. 스미스에 따르면, 과학 탐구의 배경에서 작용하는 사람의 주요 본성(本性), 즉 인지 기능과 감성적 성향은 상상력(직관 및 영감), 이성(理性), 의사소통 능력, 효용(쾌락) 추구 성향 등이다.[11]

첫째, 인간의 본성 중에 상상력이나 직관(영감)의 작용은 상식의 획득 또는 과학적 지식의 탐구와 관련해서 외부 정보의 처리에 관한 능력으로서 가장 근원적으로 중시되는 심성이다.[12] 스미스에 의하면, 상상력의 본성은 유사성이 있는 현상들을 동일 범주에 의해 분류하거나, 또는 선후 관계가 있는 현상들의 관계성을 인식하는 데 본원적으로 기여한다. 예컨대, 스미스는 현상 간의 관계성 인식에 작용하는 상상력의 기능에 관해 다음처럼 언급한다.

> "아무리 가능성이 없는 경우인 듯해도 두 현상 간에 빈번히 선후 관계가 목격되고, 그러한 순서로써 항상적 지각 작용이 이루어질 때, 두 현상은 상상력 속에 함께 연결되어 하나의 관념은 저절로 다른 하나의 관념을 연상시키게 된다. 두 현상이 이전과 마찬가지로 계속 선후 관계를 갖는다는 것이 관측되면, 이러한 연결 즉 그들 관념의 연합은 더욱더 확고해져서 하나의 관념으로부터 다른 하나의 관념으로 이동

11 Becker(1961), Thomson(1965), Lindgren(1973), Skinner(1974), Wightman(1975)를 보라.

12 스미스의 윤리학에서 동감과 관련된 상상력의 역할은 많은 연구자들에 의해 거론되었지만, 과학과 관련된 상상력의 중요성은 Skinner(1974), Griswold(2006) 등에서 강조된다.

하는 상상력의 습관은 더욱더 고정되고 견고해진다. … 그러한 작업은 상상력의 자연적 기능이다."(Smith 1980: 40~1)

아울러, 현상 간의 규칙성이 존재한 것으로 인식된 어떤 관계성이 새로운 현상들의 발견에 의해 단절되는 경우에도 상상력은 그 단절된 관념의 공백을 메우기 위한 매개적 메커니즘을 찾는 본성으로 작용한다. 스미스에 따르면, "상상력이 익숙해져 있는 것과 유사한 순서로 서로를 계승하면서 동시에 예외적인 현상들을 연결해 주는 작업, 즉 보이지 않을지라도 매개적인 여러 사건의 연결 고리를 상정하는 과제가 상상력이 그러한 단절을 채울 수 있는 유일한 수단이고, 하나의 대상에서 다른 대상으로 상상력의 원활한 통과를 보장하는 유일한 교량이다"(Smith 1980: 42).

둘째, 스미스는 마음의 또 다른 인지적 능력인 이성의 기능이 과학적 탐구의 분석과 종합에서 매우 중요하게 작용함을 지적한다. 기본적으로 사람의 이성과 오성(지성)의 기능은 "모든 행동으로부터 도출되는 원격적인 결과들을 식별하고 그것들로부터 초래될 이익과 손해를 예견할 수 있게 하는"(Smith 1759: 189) 점에 있다. 스미스는 「천문학사」와 「외부 감각」에 관한 논고에서 과학자들의 경험, 관찰과 실험 내용은 '이성'의 작용과 동시에 결합하여 가설의 제기와 검증 절차에 활용되고 있음을 지적한다(Smith 1980: 83, 158).

셋째, 사람의 인지 기능과는 대비되는 감성 체계(affective system)의 작용은 과학자들로 하여금 지식의 탐구에 원천적으로 관심을 갖도록 유인하는 주된 힘이 된다. 스미스에 의하면, 상상력, 이성 그리고 합리성의 기능은 과학적 탐구가 본격적으로 진행되는 과정에서 지배적으로 작용하지만, 그 과학적 탐구의 기원은 사람이 지닌 몇몇 본원적 감정의 작용에서 비롯된다. 「천문학사」의 원제목은 "천문학의 역사를 통해 본 과학적 탐구를 안내하고 지시하는 여러 원리들"이다. 스미스는 「천문학사」의 초두에서 "불합리성 또는 개연성, 진리와 현실과의 일치 또는 비정합성 여부가 아니라, 우리의 주제에 속하는 특별한 관점에서만 이(천문학) 체계들을 고려할 것"이라고 입장을 표명한다.

여기서 "특별한 관점"이란 사람들이 선천적으로 보유한 일련의 감정, 즉 놀라움(surprise)과 불가사의함(wonder)의 감정이 바로 과학적 탐구의 기원으로 작용한다는 것이다(Smith 1980: 34~47). 스미스에 의하면, 사람들은 기존에 인지하고 있던 대상들의 유사성, 관계성, 규칙성과는 상이한 선후 관계, 그리고 모순적이고 불규칙한 현상으로 둘러싸인 자연의 혼돈 상태를 목격했을 때 놀라움을 표시하고 이어서 불가사의한 감정을 체험한다. 사람의 감성 체계에 속하는 놀라움과 불가사의한 감정, 새로운 현상에 관한 호기심을 해소하기 위한 학문적 노력이 바로 철학적, 과학적 탐구이며, 역사적으로는 과학 지식의 성장을 유인하는 역할을 한다.

넷째, 스미스에 따르면 과학적 탐구의 수행에 따라 결과적으로 귀속되는 성취감과 보상은 결과물이 주는 효용과 이해관계의 추구에 있다기보다는 그 지적 성과물의 창출 과정에서 사람들이 감성적으로 느끼는 내재적 기쁨과 선(善)에 있다. 그러므로 사람들은 "과학 탐구로부터 여타 다수의 기쁨의 수단을 낳는 경향성(효용)을 고려해서가 아니라 철학 또는 과학 그 자체가 지닌 본원적인 기쁨 또는 선(original pleasure or good)으로서의 지적 탐구 활동을 추구한다" (Smith 1980: 51).

과학적 성찰의 결과와 관련해서 본원적 기쁨과 아름다움을 느낀다고 하는 스미스의 미학은 여러 표현에서 동시에 확인된다. 외관상 무관해 보이는 현상들이 어떤 거대한 지적 체계 속에서 널리 알려진 어떤 원리에 의해 도출되거나 하나의 연결 고리에 의해 통합되는 경우나, 또는 소수의 원리에 의해 서로 다른 관찰 내용들이 체계적으로 연결되고 정돈되는 경우 등이다(예컨대, Smith 1980: 205; Smith 1983: 146). 이는 (대상의 목적과 유용성으로부터 감지되는 미학과는 별개로) 어떤 수단의 적정한 형태에 관하여 사람들이 미적 판단을 수행하고 있음을 의미하는 것으로서, 스미스가 표명하는 미학의 특성을 보여 준다.[13)]

3.2. 과학이란 무엇인가: 존재론, 인식론, 과학 탐구의 특징

과학자들이 직면하는 외부 세계의 존재론적 구조는 어떠하며, 이 같은 존재론적 구조에 대응하여 과학은 지식의 진보에 어떠한 역할을 수행하는가? 스미스는 감각 기관을 통해 사람들이 경험적으로 인식하는 현상의 배후에 객관적으로 실재(實在)하는 사물의 메커니즘과 구조를 상정한다. 그리고 스미스는 과학의 과제가 모든 경험 현상의 이면에 존재하는 사물의 특유의 객관적 본질

13 흄의 이론에서 미학은 효용으로부터 파생된 이해(interest)의 아름다움이다. 따라서 사람들은 어떤 대상물이 지향하고 부여하는 목적과 유용성에 대해 미적 감각을 느낀다. 하지만 스미스에 따르면, 사람들은 대상물이 주는 효용에 관한 아름다움보다는 그 내부적 질서, 조화, 구성의 단순성 등에 보다 큰 아름다움을 느낀다. 다시 말해서, 사람들은 수단으로서의 대상물의 형태(form)가 취하는 적절성에 대해 빈번히 더 큰 미학적 감수성을 표출하는 경향이 있다. 스미스에 의하면, "이러한 적합성 또는 어떤 기예품의 적절한 고안 내용이 종종 그 기예품에 의해 의도되었던 바로 그 목적 자체(대상물이 제공하는 효용)보다도 더 높게 평가된다는 것, 그리고 어떤 편리함 또는 즐거움을 획득하기 위한 그 수단들의 엄밀한 조정이 (그 수단들의 전적인 존재 이유인) 그 편리함 또는 즐거움보다도 더 중시되는 경우가 빈번하다는 것은 내가 아는 한 이제까지 어느 누구에 의해서도 주목 받지 않았다. 그러나 이것이 매우 흔한 사실이라는 것은 인간 생활에서의 가장 미미한 일과 가장 중대한 일 모두를 포함한 수많은 사례에서 관찰될 수 있다"(Smith 1759: 179~80). 한편, 스미스 체계에서 미학 개념의 중요성에 관한 연구는 Griswold(1999: 330~5), 상상력과 미학과의 연관성을 강조하는 연구로는 Harrison(1995), Brady(2011)를 참고하라.

을 파악함으로써 그로부터 미래의 변화에 관한 예측을 시도하는 것이라고 본다.

> "어떠한 변화 또는 변혁이 각 사물 고유의 본질로부터 기대될 수 있는가를 예측할 목적으로 각 사물의 고유의 본질이 무엇인가를 결정하는 과제가 세계에서 발생하는 모든 서로 다른 변화를 연결(설명)하려고 노력하는 과학, 즉 철학의 과제이어야 한다."(Smith 1980: 119)[14]

철학 또는 과학의 과제에 관한 이런 표현에서 드러나듯이, 스미스는 존재론적으로 세계의 실재의 층위가 구분되며 이 층위는 각각 분리되어 존재하는 것이 아니라 상호 연계성을 지닌다고 보고 있다. 다시 말해서, 감각적으로 느낄 수 있는 경험적 세계(표층 세계)와, 비록 감각만으로는 알 수 없고 상상력, 이성, 직관, 영감 등의 작용을 통해 추론해야 하지만 그 경험 세계를 배후에서 움직이는 사물 특유의 본질 또는 실재의 세계(심층 세계)가 존재한다. "각 부류의 특유의 사물에 보이지 않게 내포된 고유의 본질 또는 보편적 특성은 그 자체로는 우리의 감각 대상은 아니며, 오성(지성)에 의해서만 인식될 수 있다. 감지될 수 있는 속성에 의해서 우리는 각 사물 고유의 본질에 대해 판단한다"(Smith 1980: 128~9).

14 현대에 이르러 철학과 과학의 두 개념이 완전히 분리되기 이전까지 두 용어는 동일한 의미로 사용되었다. 즉, 철학과 과학은 심층 원리에 관한 동일한 탐구 행위이지만, 실험과 관찰에 의해 가설의 진위를 좀 더 즉각적으로 확인 가능한 것인지의 여부에 따라 스펙트럼이 상이한 활동으로 인식되었다(Frank 1957). 스미스 역시 당시 시대적 전통을 따라 철학과 과학을 서로 구분 없이 동일한 개념으로 사용한다(Bittermann 1940: 225; Campbell 1971: 25).

아울러, 사람들이 감각적으로 느끼지는 못하지만 사물의 본질을 구성하고 있는 실재 심층 세계의 층위 그리고 감각 기관을 통해 인식할 수 있는 경험 표층 세계의 층위는 존재론적으로 서로 구분되지만, 원인과 결과에 의해서는 연결되어 있다. 스미스에 의하면, 세계에는 "자연이 원인과 결과 간에 정립해 놓은 필연적 관계"(Smith 1759: 293)가 성립하고 있다.

이처럼 자연의 존재론적 구조가 필연성을 지닌 심층 세계와 표층 세계의 현상들로 혼재되어 있다면 과학자들은 사물 간의 이러한 관계를 어떻게 인식하는가? 스미스는 일차적으로 경험론 철학자인 흄의 관념연합설을 수용한다(Raphael 1977). 즉, 일상생활에서 시간상 항상적으로 선후 관계가 있는 반복되는 현상을 관측할 때 상상력에 의한 관념의 연합이 자연적으로 이루어지며 사람들은 그 현상 간의 지속적 연합에 익숙해지게 된다. 이처럼 외부 세계에 관한 정보와 경험을 통해 감각 인상, 표상, 관념 등이 형성되고, 마음 내부에서 규칙성에 기초한 일반 지식(상식)이 형성된다.

그러나 과학적 연구는 외부 세계의 여러 현상 간의 규칙적 관계와 일반지식을 전제로 하여 한층 더 분석적인 단계로 나아가는 것이다.[15] 스미스의 표현

15 과학의 특성에 관한 스미스의 이러한 견해는 도덕철학에 관한 연구에서도 반영된다(Smith 1759: 265, 315; Smith 1776: 769). 실재하는 외부 세계의 복합 다층적인 존재론적 구조를 고려할 때, 스미스는 뉴턴식의 분석과 종합의 방법론이 유용하다고 판단한 듯하다. 사회과학자로서 스미스가 활용하는 분석적 그리고 종합적 방법론에 관한 논의는 Skinner(1996)와 Redman(1997)에서 잘 정리된다. 분석적 방법(analytic method)은 각 차원의 힘을 가상적으로 분리하고 그 고유 운동 법칙을 고찰하려는 것이다. 그러나 역사적, 경험적 현실에서는 각 차원의 고유한 힘들은 상호 결합하고 복합적으로 작용하면서 일정한 경향성을 창출하기 때문에 가상적으로 분리 고찰된 차원의 운동을 융합적 방식으로 종합하여 판단하는 방법(synthetic method)이 또한 필요하다. 스미스는 역사 속에서 각 인문 환경의 존재론적 구조에 대응하는 인간 고유의 주요 본능들이 사회적 차원의 행동규범 및 덕목(윤리학), 정치적 차원의 국가 통치와 법 제도(법학과 정치학), 경제 세계의 자유와 경쟁의 정도(경제학) 등 그 환경을 구성하는 여러 인공물과 교호 작용을 하면서 사회 공동체의 흥망성쇠를 일궈 낸다고 보았다. 이러한 방법론과 문제의식이 도덕철학 그리고 역사 연구에 의해 스미스가 수행하고자 했던 연구 과제의 토대를 구성한다(예를 들면, Skinner 1996; Evensky 2005).

에 따르면, 과학 일반의 탐구는 상상력을 동원하여 현상의 이면에 존재하는 "숨겨진 연관성," "자연에 존재하는 연결 원리" 또는 "일관성이 없게 보이는 현상들을 함께 묶을 수 있는 보이지 않는 일련의 연결 고리"(Smith 1980: 45)를 발견하는 데 지향된다. 예컨대, 과학자로서의 데카르트(René Descartes)는 천연자석 부근에 놓인 철심의 운동을 이해하기 위해서 다음과 같은 심층 매개적 메커니즘을 상정했다.

> "천연자석의 운동의 결과에 따른 철제 기구의 운동을 관측했을 때, 우리는 그 현상을 주저하듯 바라보면서 그렇게 이례적인 순서로 차례를 잇는 두 현상 간에 존재하는 연결 장치의 부족을 느낀다. 그러나 데카르트가 했던 것처럼, 우리가 두 대상 중 하나의 주변을 에워싸고 순환하면서 반복적인 물리적 충격을 통해 다른 대상의 하나가 그러한 운동을 하도록 밀어붙이는 보이지 않는 자기소를 상상한다면, 우리는 그 현상 간에 존재하는 단절을 메우고 일종의 교량에 의하여 그들을 연결하며 전자로부터 후자로 넘어가는 데에 상상력이 느꼈던 주저와 어려움을 제거한다."(Smith 1980: 42)

이렇듯이 과학자로서의 데카르트는 관측되는 두 현상에 관한 매개적 메커니즘으로 천연자석 둘레를 에워싼 미립자(자기소)의 존재를 가정함으로써 천연자석 주변의 철제 기구의 운동이라는 두 연관 현상을 설명하려 했다. 과학적 탐구에 관한 스미스의 이 같은 설명 방식은 과학 이론이 관찰 가능하고 규칙성이 존재하는 두 계기적 사건의 이면에 존재하는 보이지 않는 실재 메커니

즘과 구조를 제시하는 과정이라고 하는 실재론적인 과학관의 일면을 잘 보여준다.[16)]

스미스의『철학논집』에 따르면, 과학자들이 이처럼 자연 세계의 실재 구조 및 그 메커니즘을 인식론적으로 탐구하는 과학 활동은 다음의 몇 가지 특성을 보인다.

첫째, 과학의 과제가 사물의 존재에 관한 진리를 규명하는 데 있는 한 형이상학은 불가피하게 과학 탐구와 연관성을 지닐 수밖에 없다(Kim 2017). 스미스는 존재자 일반에 관한 논의를 취급하는 형이상학이 사물의 존재에 관한 가능성을 사전적으로 규정함으로써 과학 탐구에 통제적 역할을 수행하는 것으로 본다. 이러한 관점을 드러내는 스미스의 명시적 표현은 "아리스토텔레스의 물리학이 기초하고 있는 형이상학"이다(Smith 1980: 116, 128).

고대 형이상학에 관한 스미스의 논고에 따르면, 고대와 중세의 자연과학에 상당한 영향력을 행사한 아리스토텔레스의 형이상학은 다음과 같다. 보편적 존재(본질) 및 질료(물질)의 분리가 가능한 형이상학적(이데아) 세계와는 달리, 생성, 변화, 소멸을 특징으로 하는 현상계에서 보편적 존재는 개별 사물로부터 분리되어 있지 않고 내재(immanent)되어 있다. 그리고 형이상학적 세계에서의 본질은 현상적 또는 경험적 세계의 개체의 정체성과 운동을 규정하는 순수 형식, 순수 목적, 순수 원인이 된다. 다시 말해서, 현상계의 각 존재자(개체 또는 개별자)에게 고유의 보편적 본질(목적)이 내재되어 있을 뿐만 아니라, 각 개

16 과학의 실재론적 접근 방식은 빵과 인체의 영양 공급에 대한 기술 부분에서도 나타난다. 빵이 인류의 영양 공급원이라는 상식적 지식을 토대로 하여 과학자들은 이를 성립시키는 이면의 실재 메커니즘을 규명하는 데 관심을 지녀 왔다(Smith 1980: 45).

개의 사물들은 그러한 보편적 본질 또는 참된 실재의 달성을 위해 변화하거나 운동을 한다. 그러므로 형이상학적 세계의 개체의 본질은 경험적 세계에서의 존재를 규정하는 것, 즉 개체의 발생, 운동과 변화를 가능하게 하는 원인(동력)이 된다(Smith 1980: 118~29).

스미스는 이러한 아리스토텔레스의 존재론적인 형이상학 개념이 고대와 중세의 물리학(물질구조론, 우주론, 운동론)의 토대가 되었다고 본다. 고대와 중세의 물리학에서 흙, 물, 불, 공기의 4개 원소로 이루어진 지상계는 생성과 소멸의 변화 과정이 지속적으로 발생하는 불완전한 세계이다. 지상계를 고찰할 때 그 고유의 본질(목적)로 인하여 무거운 물질들은 흙으로 이루어진 지구의 중심을 향해 낙하 운동을 하고, 가벼운 물질들은 지상으로부터 위 공간을 향하여 상승 작용을 한다. 한편, 달의 바깥 영역에 위치하면서 여러 개의 천구로 구성되어 있는 천상계는 완전하고 영구불변의 물질(제5원소 에테르)로 이루어진 세계로서 시작도 끝도 없이 이루어지는 등속 원운동을 한다. 고대 물리학에서 이와 같은 세 가지 유형의 운동은 물질 자체에 내재하고 있는 고유의 본질 또는 본성에 의한 자연스러운(natural) 운동으로서 간주된다.

이 세 가지 운동을 제외한 물체의 다른 모든 운동은 물체의 본질로부터 비롯된 것이 아니기 때문에 비자연적인(violent) 운동이며 외부로부터의 운동 원인을 필요로 한다. 예컨대, 지상에서 마차(馬車)의 직선 운동은 외부의 운동 원인을 필요로 하는 비자연적 운동이다. 아리스토텔레스의 물리학에 관한 스미스의 기술에 따르면, "다른 모든 행성 천구의 회전 운동에 영향을 미치는 항성 천구, 즉 제1의 천구는 영원하고 부동이며 불변이고 연장성이 없는 존재, 본질이 지성적인 존재(신)에 의해 회전 운동이 이루어진다. … 다른 모든 열등한 존재는 고려할 가치가 없으며, 따라서 달 아래에 있는 존재는 그 무엇이든 간에 자연, 우연 그리고 필연의 지배 아래 방기되었다"(Smith 1980: 115). 이는 아리스토텔레스가 물체의 본질에 따른 자연스러운 운동과 외부 원인에 의해 움직이는 부자연스러운 운동을 구분하고 천상계와 지상계를 별개의 원리에 의해 움직이는 세계로 상정하였음을 드러낸다. 특히, 지상계는 "자연과 우연, 필연"이 동시적으로 상호작용하면서 복잡성, 즉 "혼란과 혼동"을 창출하는 영역으로 간주했음을 보여 준다(Smith 1980: 78, 116).

이상에서 정리된 형이상학과 물리학적 사고에 따르면, 흙은 무겁고 운동에 저항하는 성질을 지닌 비활성(inertness)의 물질이다. 그러므로 비활성의 흙으로 구성된 지구는 움직일 수 없고 어떠한 운동도 하지 않으며 우주의 중심에서 고정되고 정지되어 있는 물체이다. 아리스토텔레스의 세계관 하에서 천상계에 속한 행성들의 운동은 자연스러운 운동에 속했지만, 지구의 운동은 비자연적 운동으로 간주되었다. 스미스는 (아리스토텔레스를 추종했던) 소요학파(逍遙學派)의 철학이 근대 초기인 코페르니쿠스 이전 시대까지 이어지면서 천동설의 편견을 지속시켰다고 지적한다(Smith 1980: 78).

둘째, (과학의 형이상학과의 연관성뿐만 아니라) 외부 세계의 존재론적인 복합 다층성을 전제로 할 때, 과학적 탐구에서 배경 지식(background knowledge)과의 정합성 여부가 연구 가설의 합당성 평가에 매우 중요한 기준으로 적용된다(예컨대, Kim 2012). 이러한 기준이 유의미한 이유는 과학에서 (여러 요인 간 상호 연관성에도 불구하고) 분석의 초점이 세계관이나 토대 지식에 따라 특정 영역이나 차원에 국한되는 경우가 빈번하다는 것이다. 특히, 천문과학 탐구의 경우 우주의 현상은 물질의 기본 구조, 운동 및 그 상호작용에 관한 내용, 즉 물리학의 지식 그리고 더 나아가 형이상학과 긴밀한 연관성을 가진다. 이와 같은 점을 인식하여 스미스는 과학적 가설 평가에 있어서 배경 지식과의 정합성 내지는 일관성의 기준이 매우 주요한 기준을 구성한다고 본다. 즉, 실재 세계의 다층성과 심층 세계의 본질적인 역할을 고려한다면 어떤 특정 층위에 관한 경험적 과학 가설은 심층 세계에 관한 이론 또는 배경 지식과 상충되는 부분이 없는가를 주요 평가 기준으로 삼아 검토할 필요가 있다.

다음 절에서 구체적으로 고찰되는 내용이지만, 고대와 중세를 지배한 천동설의 우주관에서 혁명적으로 탈피했던 코페르니쿠스 지동설 체계는 그 발전 과정에서 케플러의 경험 법칙 정립과 카시니에 의한 정밀한 관측 자료에 의해 거의 완벽히 지지되었다. 당시 명망 있는 자연과학자들 역시 이 경험적 측면에 근거하여 동 체계를 진리의 부분으로 승인하기도 했다. 하지만 스미스에 따르면, 경험 자료와 일정 부분 부합한다고 해도 아직 "확실한 논증"이 이루어진 것은 아니다. 다시 말해서, 천문학자들의 기본적인 과제가 경험적으로 관측된 천체의 운동을 설명하거나 예측하는 것이지만, 동시에 그 가설들은 사물 일반의 물질 구조와 운동 원리를 논하는 물리학적 배경 지식 및 형이상학과 정합성을 유지할 필요가 있다. 실제로 코페르니쿠스 가설은 발표 당시에 여전히 아리스토텔레스의 물리학에 기초한 지구와 행성의 비활성 관념에 의존하고 있었다. 그러므로 스미스의 견해 속에, 아리스토텔레스의 물리학에서 완전히 벗어나서 뉴턴 물리학이 정립되는 17세기 이전까지는 코페르니쿠스 체계는 입증된 진리가 아니라 아직 "확률의 흔적"이나 "자연의 유추"에 불과했다 (Smith 1980: 89~92).

셋째, 과학은 존재론적 세계의 진리 탐구를 직접적이고 핵심적인 목적으로 삼고 있지만, 동시에 과학자 커뮤니티 내지는 일반인 간에 사회적인 의사소통이 요구되는 작업이기 때문에 일정 부분 수사학 그리고 미학과도 연관성을 지닌다. 스미스는 수사학적 분류상 과학이 학술적 담론(didactic discourse)에 속하며, 언어(문어 또는 구어)를 활용하여 아이디어를 입증하고 대중과 소통(설득)하는 담론의 형식을 취하지 않을 수 없다고 본다.[17]

> "학술적 담론은 주어진 문제의 양쪽 입장의 논거를 진리 조명의 관점에서 제시하고 그 각각의 적절한 영향력 정도를 고찰하며, 그 논거들 자체에 확신이 있는 정도로만 설득하고자 하는 목적을 지닌다. … 학술적 담론은 논거의 설득력이 확신을 주는 정도로만 사람들을 납득시키려고 시도하며, 교육이 그 주요 목적이다."(Smith 1983: 62)

기본적으로 학술적 또는 과학적 담론의 고유성은 화자(話者)가 사실 문제의 처리에서 객관성을 견지해야 할 뿐만 아니라, 개별 사건들이 어떠한 인과관계에 의해 연관되어 있는가를 제시하는 특성을 지닌다. 그러므로 학술적 담론은 두 가지 목적, 즉 어떤 명제를 제시한 후 이를 서로 다른 논거에 의해 입증하거나 또는 과학적 연구에서 어떤 일관된 체계를 제시하는 형태를 띤다(Smith 1983: 142~7).

17 스미스에 의하면, 수사학에서 글에 의해 표현되는 시문학, 역사서, 학술서, 웅변 연설문 등은 사회 구성원 사이의 의사소통 목적에 따라 각각 논법을 달리하는 네 가지 담론에 속하며, 그 목적은 각각 다음과 같다. 시문학은 청자(聽者)에게 유쾌함을 주는 것이고, 역사서는 사실과 사실을 연결하여 교훈적, 교육적 목적을 달성하는 것이며, 학술문과 연설문은 어떤 명제를 입증하는 것이다. 학술문과 연설문의 경우 광의의 관점에서 명제의 입증이라는 동일한 목적을 가지지만, 학술문은 과학적 탐구와 직접적으로 관련되고 웅변 연설문은 청자 설득을 위한 목적을 지니는 차이가 있다. 한편, 스미스의 수사학과 도덕철학과의 연관성에 관한 연구에 대해서 Howell(1975), Skinner(1996), Endres(1991), McKenna(2006)를 보라.

한편, 이 같은 학술적 담론으로서의 과학의 수사학적 특성과 관련하여 과학 탐구의 방법론은 과학자들의 이론에 관한 평가와 수용에 일정한 영향을 준다. 스미스는, 예를 들어, 18세기 학술적 담론의 형식으로서의 아리스토텔레스의 방법과 뉴턴의 방법을 다음처럼 비교하며 평가한다.

> "자연과학 또는 그와 같은 유형의 과학에서 우리는 아리스토텔레스(Aristotle)처럼 여러 분야에서 사실을 수집한 후 우리에게 제시된 순서로 각각의 현상에 공통적인 새로운 어떤 원리를 부여하여 서로 다른 영역들을 탐구할 수 있다. 또는 뉴턴(Isaac Newton)처럼 서두에 이미 알려졌거나 입증된 소수의 일반 원리를 제시한 후, 이로부터 몇 가지 현상들을 설명하고 더 나아가 동일한 연결 고리에 의해 모든 현상을 연결할 수 있다. 의심할 여지없이 뉴턴의 방법으로 불리는 이 후자의 설명 방식이 가장 철학적(과학적)이고 자연과학이든 도덕철학이든 모든 과학에서 대단히 더욱 정교한 방법이며, 이러한 이유로 아리스토텔레스적인 방법보다는 더 매력적이다."(Smith 1983: 145~6)

위 인용문에서 나타나듯이 진리의 탐구뿐만 아니라, 의미 전달과 설득을 위한 의사소통 등 수사학적 학술 담론으로서의 과학의 특성으로 볼 때, 아리스토텔레스의 귀납적 방법보다는 소수의 원리에 근거하여 대부분의 현상을 통합적으로 설명하고자 하는 뉴턴의 방법이 더욱 체계적이고 우월하며 또한 동시에 미학적으로 과학자들의 마음을 사로잡는다. 스미스는 "가장 설명하기 어렵다고 생각해 왔던 어떤 현상들이 통상 널리 알려진 어떤 원리로부터 도출되거나 하나의 연결고리에 의해 모두 통합되어 설명될 때 우리는 기쁨을 맛본다"(Smith 1983: 146).

그렇다면 이처럼 소수의 원리에 기초하여 폭넓은 현상을 설명하는 뉴턴의 방법이 왜 미학적으로 과학자들의 마음을 사로잡고 기쁨을 주는가? 수사학은 의사소통에서 화자의 메시지를 청자에게 효과적으로 전달하고 매력적으로 만들어 설득력을 높이는 수단이다. 그런데 의사소통을 위한 메시지 전달의 경로는 불가피하게 사람의 감각 기관을 활용할 수밖에 없으므로 수사(修辭)의 과정은 인식론적으로 미학적 차원을 갖게 된다. 스미스에 의하면, 사람들의 '보편적'인 미적 감각은 모든 사물이 지닌 "적절한 다양성, 쉬운 연관성, 단순한 질서"(Smith 1978: 488)에 있다. 따라서 과학 탐구의 결과물을 통해 우주에 존재하는 사물의 배열과 특성이 단순성과 포괄성을 지니고 있음을 보여 주는 학문 체계는 사람들의 보편적인 미적 감각에 부응할 뿐만 아니라 의사소통 및 전달의 유효성을 높이기 위한 미학적 수단으로 작용한다.

넷째, 과학적 탐구는 어느 시대든지 간에 특정 패러다임을 공유한 과학자 그룹에 의해 수행되기 때문에 사회학적 요인이 부분적으로 개입한다. 스미스는 과학계의 역사적 논쟁의 이면에 사회학적인 요인이 작용하는 등 과학사에서 지식의 사회적 특성이 발견된다고 지적한다. 예컨대, 과학 탐구에서 교육에 의한 편견과 같이 일종의 사회적인 선입견이 작용하여 학파 간의 학문적 대립을 야기하고 소통 불가능한 갈등과 대립을 유인하는 경우가 빈번히 발생한다. 천문학의 역사를 포함한 과학의 역사를 고찰하면, 특정 학파 또는 다른 분야의 학자들이 지니는 배경 지식과 편견이 때로는 상대방의 체계에 대해 일종의 통약 불가능성과 같은 현상을 창출하기도 한다. 스미스에 따르면, 예컨대 천동설 체계의 이심천구론에 대해 고대의 천문학자와 수학자 일부는 이를 긍정적으로 수용하였지만, 당시 과학자 그룹 일반은 거부했다. "각 당사자들은 자신들의 독특한 체계 또는 우주 이론을 완성했으며, 인간의 어떠한 고찰도 그들을 설득하여 그 이론 체계의 어떤 부분을 포기하도록 만들지 못했다" (Smith 1980: 65).

후일 코페르니쿠스 천문학 체계도 당시 주류인 아리스토텔레스의 물리학과 비정합성을 보였는데도 불구하고 천문학계의 일부 그룹에 의해 수용되었기 때문에 이와 유사한 사례로써 언급된다(Smith 1980: 77). 한편, 데카르트 천문학 체계는 실증성에서 실패했을 뿐만 아니라 뉴턴 과학이 지배하기 시작한 17세기의 천문학계에서는 전혀 지지 받지 못하는 이론이었지만, 다른 분야의 자연과학자들에게는 18세기에 이르기까지 종종 공감적으로 논의되는 체계였다. 이에 대해 스미스는 "감각의 편견" 또는 "상상력의 자연적 편견"이 기여하는 부분이 있다고 보지만, 또한 동시에 기존 선구 이론에 대한 존중, 교육에 의한 편견, 국민적 편견 등 과학에 미치는 사회학적인 요인을 언급한다(Smith 1980: 67, 76~7, 86, 244).[18)]

18 Skinner(1972; 1996: 43~4)의 연구는 스미스의 「천문학사」에서의 전체적 논지가 패러다임에 의한 과학의 진보를 논한 토마스 쿤(Thomas Kuhn)과 유사하다는 평가를 내린다. 동시에 과학자 커뮤니티에서 전개되는 여러 편견과 의사소통의 문제에 관한 논의 역시 두 학자가 공유하는 부분이라고 지적한다. 하지만 스미스는 외부 세계의 심층 구조 해명에 관한 실재론적인 연구 방법, 그리고 이성과 경험에 의한 합리화 및 수사학적인 소통과 심미적인 수렴의 방식에 의해 과학적 탐구의 성과는 비록 제한적일지라도 궁극적 진리에 점진적으로 접근하는 것이 불가능하지 않다고 보았다.

4. 스미스의 「천문학사」의 주요 내용: 예증

스미스는 「천문학사」의 제4절에서 천문학의 역사에 등장하는 다양한 연속적 이론 체계, 즉 천동설 체계를 구성하는 동심천구론 및 이심천구론, 코페르니쿠스 지동설 체계, 뉴턴의 만유인력 체계 등 고대로부터 18세기까지 출현한 4개의 천문학 패러다임을 고찰한다. 본 절에서는 천문학의 역사에 관한 이와 같은 스미스의 논평이 앞에서 거론한 바 있는 과학철학 및 경제철학의 여러 흐름, 그리고 과학의 복합적 단면과 부합하고 있음을 구체적으로 예증하고자 한다.[19)]

과학으로서의 천문학이란 무엇인가? 스미스에게 천문과학은 마치 혼돈 상태에 있는 듯한 자연 현상의 배후에서 기능하고 있는 숨겨진 연결 고리와 메커니즘을 상상력을 통해 추정하고 인과 관계에 의한 법칙적 설명을 제공함으로써 사람의 마음에 질서를 부여하고 평온함을 마련하는 학문이다. "철학은 이렇게 분리된 모든 대상을 통합하는 보이지 않는 연결 고리를 제시함으로써 충돌과 부조화의 현상적 혼돈에 질서를 도입하고, 상상력의 혼란을 진정시키고, 그리고 우주의 장대한 순환에 대해 탐구할 때 그 자체로서 가장 조화롭고 그 본성에 가장 적절한 고요와 평정의 상태로 이를 회복시키고자 노력한다" (Smith 1980: 45~6).

이러한 철학 또는 과학의 과제에 부응하여 처음으로 출현한 천문학 이론

19 근자에 Berry(2006)는 스미스의 과학관과 연관된 여러 연구 흐름을 검토한다. 스미스의 「천문학사」에 나타난 과학관을 다루는 국내 논문으로 강명규(1990), 김광수(1995), 김지원(2010)이 있다. 김지원의 연구는 대다수 스미스 연구자의 입장과는 달리 뉴턴 과학에 관한 스미스의 이해 방식이 기계론적이 아닌 생기적(vitalistic) 세계관에 입각하고 있다고 본다.

은 아리스토텔레스의 우주관과 물리학에 기초를 둔 천동설의 체계였다. 먼저 아리스토텔레스의 우주관에 따르면, 지상계는 불완전하고 항상 변화의 과정에 있는 반면, 천상계는 유한하지만 완전하고 불변의 속성을 지닌다. 지상계는 네 가지 물질 원소(흙, 물, 공기, 불)로 이루어져 있고 생성 및 소멸의 변화 과정이 끊임없이 반복되며 시작과 끝이 있는 직선 운동이 존재하는 불완전한 세계였다. 반면, 완전한 제5원소(에테르 또는 하늘의 원소)의 물질로 이루어진 천상계는 항상 영구불변의 등속 원운동만이 존재하는 완전한 세계였다. 그리고 각각 가벼움과 무거움의 성질을 지닌 이러한 다섯 가지 물질들의 자연스러운 운동은 가장 무겁고 불활성 상태의 흙으로 이루어진 지구의 중심에 대응하는 운동이다.

> "소요학파(아리스토텔레스의 후예)의 철학은, 매우 그럴듯하지만 근거가 부족한 구분 방식임에도 불구하고, 모든 운동을 자연스러운 운동과 부자연스러운 운동의 두 가지로 구분했다. 자연스러운 운동은 돌의 낙하처럼 물체의 본래적인 경향성으로부터 나온 것이다. 부자연스러운 운동은 외부의 힘에 기인한 것으로서 돌의 상승 운동 또는 수평 운동처럼 어느 정도 물체의 자연적 경향에 반하는 것이다. 어떠한 부자연스러운 운동도 지속될 수는 없다. 물체의 자연적 경향에 의해 항상적으로 상쇄되기 때문에 부자연적인 운동은 소멸된다. 모든 부분에서 분명한 것처럼 지구의 자연스런 운동은 그 중심을 향해 똑바로 낙하하는 것이고, 불과 공기는 그 중심으로부터 똑바로 상승하는 것이다. 천체만이 동심원을 그리면서 자연스런 회전 운동을 한다. 그러므로 지구의 자전

이나 또는 태양 주변으로의 지구 공전도 결코 자연스런 운동일 수 없었고, 비자연적 운동으로서 필연적으로 오래 계속될 수 없는 성격을 지녔다."(Smith 1980: 78)

고대의 천문학자들은 이처럼 천상계와 지상계를 근본적으로 구분하는 아리스토텔레스의 우주론과 물리학에 근거하여 천동설의 이론 체계를 제시했다. 기원전 4세기경에 등장한 최초의 천문학 체계인 동심천구론(concentric spheres system)에 의하면, 지구는 우주의 중심에 고정되어 있고, 그 주위에 위치하고 있는 달, 해, 다섯 행성, 그리고 항성으로 구성된 천상계는 지속적인 회전운동을 수행하면서 천체의 변화를 만들어 낸다. 동심천구론은 행성 및 항성 천구의 동심원 운동을 상정했다. 동심천구론은 이를 통해서 당시 천문 관측 자료를 충분히 설명했고, 동시에 사람들의 상상력과 미학을 만족시킴으로써 그 체계에 관한 믿음을 한층 더 강화시켰다.

"천체에서의 가장 주목할 만한 대상, 즉 태양, 달, 항성의 운동은 이러한 가설(동심천구론)에 의해 충분히 서로 연결(설명)되었다. 두 거대한 발광체의 일식과 월식은 비록 쉽게 계산되지는 못했지만, 현대 이론 체계에 의해 가능한 정도로 이 고대 체계에 의해서도 손쉽게 설명되었다. … 지구 공전 궤도의 경사각, 계절의 결과적인 변화, 밤과 낮의 순환, 계절의 변화에 따른 밤과 낮의 길이 변화는 꽤 정확히 이러한 고대 체계와 부합했다. 태양, 달, 항성을 제외하고 천체에서 발견된 다른 물체가 없었다면 이러한 고대 체계는 모든 시대의 검증 과정에서 살아남아 가장 먼 후대에까지 이어졌을 것이다. 그 체계가 진실의 가능성에 의해 인류의 믿음을 얻었다면, 또한 이 체계가 상상력에 부여한 자연관의 신선함과 아름다움에 의해 인류의 믿음을 더욱 강화시켰던 감정들, 즉 불가사의함과 감탄을 이끌어 냈다."(Smith 1980: 56)

이처럼 동심천구 이론은 비록 소박하고 초보적이었지만 고대인들의 불가사의한 감정을 잠재우고 상상력의 연결을 성공적으로 이루는 데 도움이 되었다. 하지만 시간이 흐르면서 천체 현상에 관한 한층 정밀한 관측과 계산이 지속적으로 행해졌고 이 이론 체계에 부합하지 않는 여러 이변 현상이 누적되었다. 이 때문에 천문학자들에게 새로운 불가사의함이 나타나고 상상력의 단절이 발생했다. 예컨대, 행성의 순행과 역행 운동, 등속으로 가정했던 행성의 회전 속도에서의 불규칙성, 계절의 변화 등 기존 이론으로는 설명하기 어려운 천체 현상이 증가하면서 동심천구론은 이론 체계의 끊임없는 수정을 필요로 했으며(항성 천구의 개수를 계속 증가시킴), 다른 한편으로는 동심천구론과는 별개의 새로운 이론 체계가 요구되었다.

후자와 관련하여 기원전 2세기경의 히파르쿠스(Hipparchus)는 두 가지 불규칙해 보이는 천체 현상들을 설명하기 위해 초기 이론 체계의 대안으로서 이심원 또는 편심원이나 주전원 같은 개념들을 새로 도입하면서 이심천구론(eccentric spheres system)을 제안했다. 천동설에 관한 믿음을 공유하는 새로운 이론 체계인 이심천구론에 의하면, 행성 천구가 작은 원인 주전원(epicycle)을 돌면서 일정한 속도로 대원(deferent)으로 알려진 큰 이심(지구의 중심이 아님) 주위를 도는 것으로 가정했다. 이 새로운 체계는 불규칙성을 띤 천체 현상의 설명력을 높이기 위해 고안된 것이었지만, 당시 과학자들의 상상력과 미학을 충족시키기 위한 노력의 극대화이기도 했다는 점이 분명하다. 스미스에 의하면, "그 어떤 사례도 이러한 이심 대원의 발명보다 철학 또는 과학의 궁극적 목적이 상상력의 평온과 안정을 어느 정도 성취하는 점에 있는가를 더 명백히 보일 수는 없을 것이다"(Smith 1980: 61).

그러나 천체 현상의 정밀 관측과 이론의 수정 과정이 반복되면서 2세기경 그리스 천문학자인 프톨레마이오스의 시대에는 무려 72개의 원을 필요로 할 정도로 천동설의 우주 모형은 매우 복잡해졌다. 그러나 이처럼 복잡해진 천동설의 우주 모형은 별도의 대안 체계의 출현 없이 중세 내내 유지되었다. 근대 초기인 16세기에 들어서서 코페르니쿠스(Nicolaus Copernicus)는 당시 천체 시스템의 모형에서 지구와 태양의 위치만을 바꿈으로써 모든 행성이 궤도의 중심인 태양을 회전하는 아주 새로운 이론 체계인 지동설을 제안했다. 이러한 코페르니쿠스 우주 모형은 주전원 수를 줄이는 동시에 5개 행성의 움직임에 관한 단순하고 수미일관한 설명과 계산, 즉 미학적 정합성, 단순성, 일관성 등의 특성을 갖게 됨으로써 다수 천문학자들에게 인정을 받기 시작했다.

> "코페르니쿠스 시스템이 천체 현상에 부여한 우수한 정도의 정합성, 행성의 실질적 방향과 속도의 계산에서 도입한 미학적 단순성과 일관성으로 인하여 수많은 천문학자들은 그들의 사고를 전적으로 지배해 왔던 가장 불규칙한 천체 현상을 그렇게 원만하게 연결한 코페르니쿠스 체계를 처음에는 선호하다가 나중에는 적극적으로 옹호하도록 만들었다."(Smith 1980: 76~7)

그러나 당시 천문학자 일부와 자연과학계의 학자들은 코페르니쿠스가 제시한 새로운 체계에 반대했다. 이러한 자연과학계의 강력한 반대는 첫 번째, 코페르니쿠스가 제시한 태양중심설 이론 역시 천체의 원운동과 주전원을 그대로 사용하고 있을 뿐 아니라, 천동설 체계인 기존 프톨레마이오스의 개량 체계(13~4세기의 알폰소 행성 운행표) 또는 티코 브라헤(Ticho Brahe)의 우주 모형보다 현상의 설명력에서 큰 차별성을 보이지 못한 점에서 비롯되었다.

> "데카르트가 자신의 철학 원리를 출판할 때까지는 티코 브라헤의 분절적이고 비정합적인 체계는, 열정적으로 그리고 완벽하게 포용되지는 않았을지라도, 모든 지식인에 의해 상시적으로 논의되는 상황이었고, 확률(개연성)상으로만 본다면 코페르니쿠스 시스템과 동일한 수준에 있었다. 학자들은 정합성과 연결성 측면에서 그 시스템의 열등성을 인식했지만, 이러한 결함들이 미래의 어떤 개선에 의해 보완될 수 있다는 희망을 표출했다."(Smith 1980: 96~7)

두 번째로, 천문학계 일부의 열정적 승인에도 불구하고 코페르니쿠스 체계가 자연과학계 일반의 인정을 받지 못한 더욱 근본적이고 중요한 이유는 당시 주류 물리학 체계 및 물질 운동에 관한 배경 지식과 상충했던 점에 있다. 다시 말해서, 코페르니쿠스 천문학 체계 역시 여전히 아리스토텔레스의 역학과 형이상학을 수용하여, 정지 및 비활성 상태인 지구를 가정하고 있었다. 아리스토텔레스주의 물리학에 따르면, 코페르니쿠스의 가정대로 지구가 빠른 속도로 자전을 한다면 지구 표면에서는 항상 격렬한 바람이 불게 될 것이며, 높은 탑에서 아래로 낙하한 공은 지구의 움직임에 따라 탑의 바로 아래 지점이 아니라 한참 뒤처져서 떨어져야 하는 것이었다.

스미스는 코페르니쿠스 체계 등장 이후 약 100년이 경과한 시점에 갈릴레오에 의해 관성 개념, 운동의 상대성 법칙과 합성 법칙이 제시되기 전까지는 이러한 역학적 의문과 반대에 관한 코페르니쿠스 지지자들의 합리적 논변과 대응은 가능하지 않았다고 기술한다. 스미스에 따르면, 이 약 100년의 기간 동안 증거와 논증에 의한 설득 대신에 선입견에 대한 호소, 임시방편의 가설 등 소위 수사학적인 설득이 주를 이루었다. 당시 과학계에서 행해진 일종의 수사학의 활용에 대하여 스미스는 다음처럼 묘사한다.

> "갈릴레오에 의해 운동의 합성 법칙이 제시되기 이전에 코페르니쿠스 후계자들이 거의 답변할 수 없었던 그러한 반대 주장을 어떤 미묘하고 형이상학적인 얼버무림에 의해 회피하려고 했는가를 관찰하는 것은 흥미로운 일이다. 그들은 선박의 돛대에서 떨어뜨린 공(ball)이 돛대 바로 아래가 아니라 뒤쪽으로 떨어진다는 점에 대해서는 양해했다. 그들에 따르면, 그 이유는 공이 선박의 일부분이 전혀 아니고, 또한 항해 중인 선박의 운동이 자신에 대해서도 또한 공에 대해서도 자연스런 운동이 아니기 때문이다. 하지만 돌(stone)은 지구의 부분이고, 지구의 자전과 공전은 지구 전체, 그리고 모든 구성 부분, 즉 돌에 대해서도 자연스러운 운동이다. 그러므로 돌은 지구와 자연스럽게 동일한 운동을 하기 때문에 돛대의 바로 아래 떨어진다. 그러나 이러한 답변들은 사람들의 상상력을 만족시킬 수 없었고, 그러한 운동들이 어떻게 지구에 자연

스러운 운동인가를 상정하게 하는 어려움을 계속 낳았다.”(Smith 1980: 79~80)

한편, 코페르니쿠스 체계는 초기에 자연현상계의 배경 이론(역학)과의 정합성 문제 및 경험론적 논증에서 취약했음에도 불구하고 역사적으로 그 체계의 수정 및 보완이 꾸준히 이루어졌다. 이는 케플러의 행성 운동 법칙과 카시니(Cassini)의 관측 자료 등이다. 이 경험 법칙과 자료 그리고 데카르트 천문학에 관한 스미스의 평가는 본 연구의 핵심 논지와 관련하여 특히 주목할 만하다.

첫 번째, 케플러는 코페르니쿠스의 제안만으로 설명하기 어려웠던 불규칙성을 해소하려는 노력을 전개했다. 그는 브라헤의 화성에 관한 방대한 천문 관측 자료를 바탕으로 화성의 타원 궤도와 공전에 따른 속도 변화를 추론했고 유추의 방법을 통해 소위 케플러의 세 가지 법칙(타원 궤도, 면적 속도 일정, 조화의 법칙)을 찾아냈다. 즉, 케플러는 화성을 포함한 태양계 행성의 운동이 타원 부등속 운동이고, 태양과의 근거리 또는 원거리에 따라 행성들은 빠르거나 느리게 운동하며, 행성의 공전 주기의 제곱은 장반경(가장 긴 반지름)의 세제곱과 동일하다는 것을 유추를 통해 경험 법칙으로 일반화시켰다. 한편, 뒤이어 이탈리아의 카시니는 목성의 4개 위성과 토성의 5개 위성의 운행표가 케플러의 면적 속도 일정 법칙 그리고 조화의 법칙과 부합하고 있음을 관측했다. 볼테르(Voltaire), 맥로린(MacLaurin) 등 당시 유럽의 주요 자연과학자들은 카시니의 관측 내용이 코페르니쿠스 체계와 부합하는 만큼 이를 동 이론 체계에 관한 “확실한 논증”으로 간주하고자 했다.

하지만 스미스는 당시 자연과학계의 이러한 동향을 비판적으로 평가한다. 즉, 카시니의 관측 내용은 “자연의 유추”이거나 “확률의 흔적(shadow)”에 불과한 것이며, 아직 코페르니쿠스 체계의 확실한 논증에 성공한 것은 아니라는 것이다(Smith 1980: 90~1).[20] 과학철학자로서의 스미스의 관점에서 보자면, 천체 관측 자료를 바탕으로 단순히 유추에 의거하여 수학적 모형을 만들고 행성과 위성의 움직임을 한층 더 정확하게 계산하는 방식은 어떤 '잠재적' 경험 규칙성을 제시하는 것일 뿐, 태양계 행성 및 위성들의 운동을 야기하는 필연적이고 직접적인 원인으로부터 본질적인 설명을 제공한 것은 아니다. 다시 말해서, 스미스의 평가 기준에 따르면, 코페르니쿠스 체계는 아리스토텔레스가 제시한 바와 전적으로 상이한 우주 모형과 행성 운동을 상정하는 만큼, 그와는 별개의 합당한 배경 지식으로서의 존재론 그리고 역학 이론에 의한 논증이 필요하다.

스미스의 견해에 따르면, 케플러는 이러한 문제의식을 가지고 있었다. 그는 고대 물리학에 근거한 지구 및 행성들의 정지 및 비활성 관념과 대비하여 자신이 정립한 경험 법칙에 따른 행성들의 운동이 초래하는 물리학적 모순점을 나름대로 인식했다. 따라서 케플러는 대안적인 역학, 즉 태양에서 나오는 "어떤 생기적이고 비물질적인 힘"이 주변의 행성들을 끌어당기고 운동하게 만든다고 가정한 바 있다. 하지만 당시 사람들이 익숙해 있던 통상적 관념은 그 신비한 비물질적인 힘의 작용을 전혀 수용하지 못했다(Smith 1980: 91). 스미스는 코페르니쿠스 우주관 하에서의 행성들의 움직임에 관한 합당한 이해는 후일 뉴턴의 물리학 이론과 역학이 성공적으로 등장함으로써 비로소 가능하게 되었다고 지적한다.

20 이에 대한 논평으로 Schliesser(2005: 721~3) 및 Kim(2012: 810)을 참고하라.

두 번째, 코페르니쿠스 체계의 수정과 발전 과정에서 제기되는 또 다른 에피소드는 데카르트 천문학 이론이다. 스미스에 따르면, 데카르트는 코페르니쿠스 우주 모형의 물리학적 난점 및 경험적 차원의 의문 제기, 즉 지구의 고속 운동 가정과 상반되는 사람들의 정지감(靜止感)을 설명하기 위해서 우주에서 달의 바깥에 존재하는 구성 물질, 즉 보이지 않는 미립자인 에테르가 우주에서 큰 소용돌이를 이루면서 순환적 흐름을 유지하고 있다고 가정했다. 물질 입자(미립자)들의 기계론적인 충돌에 의해 유지되고 있는 소용돌이 운동이라는 개념, 그리고 행성들이 에테르의 대양(바다) 가운데 둥둥 떠서 운동하는 관념은 통상의 경험과 상상력에 부합하는 측면이 있었다. 뿐만 아니라, 이러한 관념은 대양 속을 항해하는 배에서 어느 정도 고속으로 움직여도 정지감을 느낄 수 있다는 일상의 체험과의 유추 때문에 친숙성을 낳았다.

이러한 데카르트 체계는 물질 입자의 기계론적인 운동을 전제로 하여 지동설의 관점에서 천문학적인 설명을 시도한 일종의 역학 모형으로서 미학적으로도 단순성, 친숙성, 정합성, 포괄성 등을 내포했다. 따라서 데카르트 가설이 등장한 이후 일시적으로 자연과학계에서 코페르니쿠스 체계에 관한 불가사의함은 많이 완화되고 동 체계에 관한 문제 제기가 감소하는 국면이 있기도 했다. 그러나 데카르트 천문학 이론 체계는 이후 경험적 차원의 세밀한 검증을 받게 되었다. 이러한 과정에서 데카르트 체계는 케플러의 경험 법칙 등 천체 현상의 기본적인 관측 결과와 부합하지 않고 예측력 역시 존재하지 않음이 드러나면서 곧 자연 세계의 참된 실재 구조의 해명과는 거리가 먼 허구적 가설로 인식되었다.

"데카르트 체계는 지동설에 맞추어 이전의 어느 천문학 체계보다 더욱 원만하게 천체의 실질적 운동을 연결했지만 전체적으로 대충 고려할 때만 그러했고, 세밀하게 검토할 때는 그렇지 못했다. 데카르트의 이론은 어떠한 구체적인 천체 현상의 설명에도 적용되지 못했다. 데카르트는 이전부터 축적된 천체 관측 자료에 결코 무지하지 않았지만 전혀 큰 주의를 기울이지는 않은 듯했다. 데카르트는 케플러가 행성 운동에서 확인한 모든 세세한 불규칙성을 결코 설명할 수 없었고, 특히 그 불규칙성들이 어떻게 발생하는가를 제시할 수 없었다. 데카르트는 그러한 운동을 야기한 원인들의 특성으로부터 볼 때 완벽한 일관성이 그 운동들에서 기대될 수 없다는 말로 대신하며 스스로 자족에 그쳐야 했다."(Smith 1980: 97)

이러한 표현에서 알 수 있듯이, 데카르트 천문학 이론이 스미스에게 "논파된 가설"(exploded hypothesis)로서 평가되는 이유는 그 이론이 미학을 부여하는 것과는 별개로 존재론적인 진리에 근거하지 않는 특성 때문이다. 스미스가 염두에 두고 있는 과학 이론 평가의 제1의 기준은 미학이 아니라 존재론적인 진리와의 부합 여부이다. 그러므로 과학 가설들은 등장 직후에 경험적 검증이 시도되지 않은 국면에서 그 개연성과 미학으로 인하여 일시적으로 수용될 수는 있을지라도, 그 본격적 검증 과정에서 경험 현상과 존재론적 진리에 근거하지 않으면 궁극적으로 과학자들에 의해 외면되고 폐기될 수밖에 없다. 윤리학 저술인 『도덕감정론』에서 나타나는 것처럼, 데카르트 천문학 체계에 관한 냉정한 평가는 이러한 스미스의 이론 평가 기준과 직접적으로 관련이 있다.

"어떤 철학 체계가 아무리 파괴적으로 보인다고 해도 만일 그것이 어떤 측면에서 진리와 경계를 접하고 있지 않는다면 그렇게 많은 사람들에게 결코 수용될 수 없다. … 자연철학 체계는 아주 그럴듯해 보이고 또한 오랜 기간 동안 세상에서 일반적으로 수용될 수 있지만, 그러나 그것은 자연의 원리에 기초한 어떤 내용도 없고 또한 어떤 조그마한 진리도 담고 있지 않을 수도 있다. 데카르트의 물질 소용돌이 이론은 거의 한 세기 가까운 기간 동안 아주 재능 있는 한 국민들에 의해 천체의 회전에 관한 가장 만족스러운 설명으로 간주되었다. 그러나 지금 모든 인류가 확신하기에는, 경이로운 효과의 원인들이라고 제시된 것들은 실제로는 존재하지 않을 뿐만 아니라 전혀 불가능하며, 만일 그들이 존재한다면 이들에 기인하는 그런 경이로운 효과도 발생시킬 수 없다는 것이 증명되었다."(Smith 1759: 313)

마지막으로, 스미스의 생존 당시인 18세기경 유럽 세계에서 보편적 지지세를 확보한 뉴턴의 천문학 이론은 그 역사상 네 번째의 천문학 체계에 해당한다. 뉴턴의 물리학에서 중력의 힘은 지상계의 운동뿐만 아니라 천체 현상을 통합적으로 설명할 수 있는 연결고리로 작용하였다. 뉴턴의 이론은 중력의 단일 원리에 의거하여 불가사의한 천체의 불규칙적 현상을 대부분 해소함과 동시에 그 예측력을 높였으며, 더 나아가 단순성, 포괄성, 친근성 등의 미학적 기준 역시 충족시킴으로써 마음 내의 의아함을 또한 제거했다. "물질의 중력은 … 우리에게 가장 친밀한 속성이다. … 그(뉴턴의) 원리들은 그 시대 이전에 관측된 모든 천체 현상을 가장 완벽하게 연결시켰을 뿐만 아니라, 후대 천문학자들의 근면과 더 완벽한 장치의 활용에 의해 알려진 다른 현상들은 동 원리들의 적용에 의해 수월하고 즉각적으로 설명되거나, 또는 그 원리로부터 보다 고심하여 정확하게 산출된 계산의 결과로서 설명되었다. … 하나의 주요한 사실에 의해 모든 현상이 긴밀히 연결되었다”(Smith 1980: 104~5).

스미스의 논지에 의하면, 첫째 뉴턴은 코페르니쿠스 우주관에 대응하는 물질의 운동에 관하여 아리스토텔레스의 물리학으로부터 완전히 탈피하였으며 지상계와 천상계의 운동을 모두 포괄하는 새로운 운동 법칙을 제시했다. 둘째, 뉴턴의 역학 체계는 실제 관측 자료를 바탕으로 행성의 공전 궤도를 제시한 케플러의 법칙뿐만 아니라 천체 현상의 불규칙성을 대부분 설명했다. 셋째, 중력의 법칙을 통해 달의 궤도, 지구의 형태, 태양과 행성들의 밀도가 비교되었을 뿐만 아니라 핼리 혜성의 도래에 관한 예측도 성공적으로 검증되었다. 그러므로 중력의 힘을 매개적 메커니즘으로서 상정한 뉴턴 체계는 배경 지식으로서의 역학 이론에 기초했을 뿐만 아니라, 당시 천체 관측 자료와의 부합성이 가장 크고 또한 예측력이 높았기 때문에 자연과학계의 대부분 학자들에 의해서 수용되었다. 스미스의 표현에 따르면, 당시 뉴턴 체계는 “상상의 고안물”이 아니라 “인간이 지금까지 이룩한 가장 위대한 발견”이며 “가장 중요하고 숭고한 진실들의 거대한 연결 고리”로서 승인되는 것처럼 인식되곤 했다.

> “뉴턴의 체계는 지금 모든 반대에도 불구하고 지배적인 입장에 있으며, 철학사에서 일찍이 확립된 적이 없는 가장 보편적인 제국을 형성하고 있다. 그의 원리는 다른 체계에서는 찾기 어려운 정도의 확고함과 견고함을 지니고 있음을 명백히 인정해야 한다. 가장 회의적인 사람조

차도 이렇듯이 느끼지 않을 수 없다. … 우리가 지금까지 모든 철학 체계를 서로 단절되고 불일치해 보이는 자연의 현상을 연결하기 위해 만들어진 상상의 순전한 고안물(mere inventions of the imagination)이라고 표현해 온 반면에, 심지어 그런 우리조차도 마치 그 원리들이 자연이 자신의 몇몇 운동을 통합하고 있는 실재 연결 고리인 것처럼 이 연결 원리를 표현하는 언어를 무감각하게 사용하고 있다. 그렇다고 한다면, 뉴턴의 체계가 인류의 일반적이고 완전한 승인을 받았어야만 했으며, 천체 현상들을 단지 상상 속에서 연결하려는 시도로서가 아니라 인간이 지금까지 이룩한 가장 위대한 발견, 즉 단 하나의 주요한 사실(중력)에 의해 모든 것이 긴밀히 연결된 발견, 우리가 매일 경험하는 실재의 가장 중요하고 숭고한 진리들의 거대한 연결 고리의 발견으로 이 체계를 평가해야 한다는 점에 우리가 의아함을 가질 수 있는가?"(Smith 1980: 104~5)

그렇다면 당시 자연과학계 다수의 열광적 승인에도 불구하고 스미스가 보기에 과연 뉴턴의 천문학 체계는 존재론적인 세계 그리고 천체 현상에 관한 진정한 실재 심층 구조를 밝힘으로써 궁극적 진리에 도달한 것인가? 위 인용문에서 표명되고 있듯이, 스미스는 18세기 중반 뉴턴의 천문학 체계를 인류 역사상 가장 위대한 발견으로 평가하면서도, 궁극적이고 진정한 진리의 체계라고 보고 있지 않으며 또한 부분적으로 회의적이고 유보적인 발언을 남기고 있다.

서론의 선행 연구 리뷰에서 이미 지적했듯이, 「천문학사」를 검토한 현대의 많은 스미스 연구자들은 이러한 취지의 발언을 과학 지식의 궁극적 진리성에 관한 스미스의 회의론 그리고 소위 협약론적 또는 도구주의적 과학관에서 전적으로 비롯되는 것으로 결론 짓는다. 그러나 뉴턴 천문학 체계가 현상 설명력과 예측력에서 탁월했고 또한 합당한 배경 지식으로서의 물리 이론과의 정합성이 유지되었음에도 불구하고 스미스가 부분적으로 회의론을 제기한 이유는 본 연구의 핵심적 논지, 즉 배경 지식으로서의 형이상학적 원리의 방법론적 중요성 기준에 따라 다음처럼 설명될 수 있다.

첫째, 뉴턴 체계는 (천체 현상의 설명과 예측 등 도구주의적 측면에서의 성공에도 불구하고) 핵심 설명 원리로서 상정한 중력 또는 만유인력에 의한 원격 작용에 대해 합당한 존재론적 근거를 제공하지 못했다. 이 때문에 당시 자연과학계에서 중력은 일종의 마술적 힘으로 인식되곤 했다. 당시 기계론적 세계관을 형이상학적 전제로 삼은 유럽의 자연과학자들에게 물체 충돌(impulse)에 의한 운동만이 힘의 전달 경로로 인식되었으며, 따라서 중력에 의한 원격 작용은 이해하기 어렵고 추가 설명이 요구되는 큰 의문으로 남았다. 스미스에 따르면,

> "뉴턴 시스템의 유행에 관해 프랑스와 다른 외국에서 행해진 반대는 중력을 우주의 구성에서 원천적이고 주요한 운동의 원인으로 간주하는 데 느꼈던 어려움으로부터 기인하지는 않았다. 뉴턴 시스템 이전에 일반적으로 유행했던 데카르트 시스템은 운동이 물체 자체에서 내재적으로 발생하는 것이 아니라 물체 충돌의 결과로서만 일어나는 것으로 간주하는 습성을 갖도록 했고, 그리고 이러한 더욱 일반적인 통합의 고리(bond of union)에 의거하여 지구 및 다른 행성 표면 부근에서의 무거운 물체의 낙하를 설명하려고 했다. 이러한 (데카르트식의) 사물의 설

명 방식에 대해 세상이 지녔던 유착 관계가 뉴턴 시스템에 대한 수용을 거부하게 만들었다."(Smith 1980: 104)

둘째, 이러한 문맥에서 동시에 간과될 수 없는 주요한 사실은 뉴턴 역시 동 시대의 대다수 자연과학자들과 마찬가지로 원자론-기계론적인 세계관을 공유했다는 점이다. 그럼에도 불구하고, 뉴턴은 중력에 의한 원격 작용을 가능하게 하는 보다 심층적인 원천과 메커니즘에 관해 납득 가능한 물리학적 또는 형이상학적 근거를 제시하지 못했다. 스미스는 『철학논집』의 「외부 감각」에 관한 논고에서 다음처럼 언급한 적이 있다.

"루시퍼스, 데모크리토스, 에피쿠로스 등이 고대에 가정한 물질의 불가입성(不可入性)이라는 원리는 지난 17세기 유럽에서 가셍디(Gassendi)에 의해 부활하였고, 그 이후 뉴턴 및 그 지지자들 대부분에 의해서도 채택되었다. 이 원리는 현재 가장 유행하고 있고 유럽의 대다수 철학자에 의해 가장 널리 승인되고 확립된 체계로 간주될 수 있다." (Smith 1980: 140)

그럼에도 불구하고 뉴턴은 중력이 우주 운행의 설명 원리임을 일반 대중에게 알리는 『프린키피아』(*Principia*)에서 다음처럼 기술한다. "지금까지 나는 현상으로부터 중력의 속성에 관한 원인을 도출할 수 없었다. 나는 이에 대한 어떠한 가설도 제시하지 않는다. … 단지 중력이 실제로 존재하며 우리가 설명해 온 법칙에 따라서 작용하여 천상계와 지상계의 모든 운동을 설명하는 데 충분히 유용하다는 점에 만족하고자 한다"(Newton 1934: 547). (비록 20세기에 들어서서 아인슈타인은 중력의 실체는 시공간의 요동이라고 판단했지만) 인용문에서 볼 수 있듯이 뉴턴은 당시 유럽의 기계론적 철학(형이상학)에 토대를 둔 물리적 충격에 의한 운동 개념을 지지하면서도 원격 작용을 가능하게 하는 중력의 기계론적 심층 메커니즘에 관한 설명 또는 별도의 유의미한 존재론적인 형이상학을 제공할 수 없었다. 형이상학을 포함한 배경 지식의 합당성과 과학 이론의 배경 지식과의 정합성이 이론 체계의 평가에 관한 스미스의 주요 기준임을 상기할 때, 진리 탐구의 관점에서 뉴턴 시스템에 관한 스미스의 부분적 회의론은 이로부터 비롯된다고 해석할 수 있다.

5. 요약 및 결론

본 연구를 통해 먼저 현대 과학철학의 여러 방법론적 흐름에 관해 개관하고, 과학에 관한 스미스의 복합적인 견해가 그러한 과학철학의 현대적 조류와 일정 부분 유사성을 지니고 있음을 확인하고자 했다.

첫째, 현대의 과학철학 그리고 경제학의 방법론 철학은 20세기 한때 표준적 견해였던 토대주의의 붕괴 이후 과학계 그리고 경제학계에서 실천되고 있는 방법론의 다면성을 조명해 왔다. 과학계의 실천 방법에서 형이상학적 원리와 미학이 부분적으로 개입하고 있고, 연구자의 인식 주관의 투명성과 객관성이 완벽하게 보장되지 않으며, 또한 이론에서 은유나 유추의 방법 등이 사용되고 있다는 점 등은 과학의 토대주의 철학적 측면을 재고하고, 더 나아가 사회학적 접근 그리고 소위 탐구의 수사학을 제창하는 배경이 되었다. 이들에 의하면 보편적 진리, 객관적 지식 탐구를 지향했던 통합 과학의 이상은 상당 부분 훼손될 수밖에 없다.

한편, 경험주의 철학의 전통을 구성했던 과학적 실재론의 재부상도 주목할 만하다. 과학은 존재론적 세계의 상호 중첩성과 관계적 복잡성, 사람들의 인지 능력의 한계 등에 따른 근원적 불확실성에 직면하고 있지만, 존재론적 세계의 연결 고리와 그 심층 원인 자체가 소멸한 것은 아니다. 비록 인식론적인 상당한 제약에도 불구하고 이 실재 구조를 객관적으로 해명하고자 하는 과학적 시도는 여전히 유효하다.

둘째, 스미스는 과학 탐구에 관련되는 인간의 본성이 마음 내의 인지 체계와 감성 체계 모두를 포괄하는 것으로 보았다. 과학자들로 하여금 지식 탐구에 호기심을 갖게 하거나 그 지적 결과물에 관한 성취감과 보상에 관계되는 마음 내의 원리는 감성 체계와 직접적으로 연관되는 반면, 외부 세계의 경험과 정보를 분류, 체계화하고 사건들의 인과 관계를 종합적으로 추론하는 과정에서는 직관, 상상력, 이성 등의 인지 체계의 원리가 작용한다.

셋째, 스미스에 의하면, 과학을 통해 설명하고자 하는 외부 세계는 존재론적으로 보이지 않는 심층 구조의 실재적 영역, 그리고 표층 구조와 관찰 가능한 경험적 영역 등 다양한 층위로 구성되며 복잡 다층적인 구조와 메커니즘을 지니고 있다. 과학 가설은 빈번히 존재론적으로 심층적인 실재적 영역에 관한 탐구이며, 귀납 및 연역 이외에도 가추(假推)의 추론 양식이 활용된다.

넷째, 과학의 합리화 과정, 즉 과학 가설의 검증 및 평가 과정에서는 합당한 배경 지식과의 정합성, 설명적 타당성 및 경험 자료와의 부합 여부, 미래에 대한 예측 등 합리적이고 객관적 기준이 일차적으로 적용된다. 이는 과학이 보편적 진리, 객관적 지식 탐구를 지향하는 지식 탐구의 분과임을 의미한다. 물론 존재론적 외부 세계의 상호 중첩성과 복잡성, 그리고 사람들의 인지 능력의 한계 등에 따른 불확실성과 경험 세계의 해석의 가능성을 두고 볼 때, 과학계의 방법론과 성과가 완전한 합리성을 반영하고 완벽한 설득력을 제공하는 것은 아니다. 그러나 여러 가지 합당한 검증 장치는, 비록 지극히 제한적이고 점진적일지라도, 과학적 지식이 외부 세계의 구조와 메커니즘에 관한 진리에 궁극적으로 접근하도록 돕는 수단이 된다.

다섯째, 아울러 과학적 지식 체계의 특징은 주관적, 심리적 요인에 의해 자극되고 직관과 상상력의 활용에 의해 구성되는 고안, 발견 및 검증 과정에서 불가피하게 미학과의 연관성을 낳는다. 과학은 보이지 않는 실재의 영역에 관한 추론이 기본 과정일 뿐만 아니라 마음 내의 상상력의 활용을 통해 모형 정립이 이루어진다. 이 때문에 주관적인 미학적 기준이 일정 정도 개입하는 것을 배제할 수 없다. 스미스에 따르면, 과학의 역사를 고찰해 볼 때, 비록 이차적, 보완적 기준이기는 하지만, 단순성, 친근성, 정합성, 포괄성 등의 미학적 잣대가 과학 이론의 수용에 적지 않은 영향력을 행사한다.

여섯째, 고대 천동설 체계에서 근대의 뉴턴의 천문학 체계에 이르기까지 천문학의 역사에 관한 개관을 통해 스미스의 과학에 관한 견해를 조명해 보면, 과학 가설은 형이상학을 포함한 배경 지식과 유기체적인 관계를 형성하고 있다. 이 때문에 과학 이론은 기본적으로 그 설명력과 예측력에 의해 평가되면서도 배경 지식과의 정합성과 일관성 여부 역시 이론의 평가와 합리화 영역에서 매우 중요하고 유의미한 기준이 된다. 또한 인지 체계뿐만 아니라 감성 체계의 활용, 과학자 커뮤니티 또는 사회 내에서의 의사소통이 수반되는 과학 탐구 활동의 다면성은 미학적 기준 이외에도 수사학적, 사회학적 요소가 과학적 가설의 평가 영역에 종종 개입하는 배경이 된다.

마지막으로, 본 연구를 통해 특별히 기여하고자 하는 점은 다음과 같다. 첫째, 스미스는 존재론적으로 외부 세계가 다층적이고 상호 관계적 복잡성의 구조를 지닌 환경이라고 판단한 만큼 과학적 탐구 활동은 복합적이고 다면적 측면을 지닐 수밖에 없음을 인정했다. 이는 20세기 초중반 과학철학의 표준적 입장을 대변했던 토대주의의 쇠퇴 이후 현대의 과학철학 및 경제철학에서 거론되어 왔던 여러 방법론적 조류와의 유사성이 스미스의 과학관에서 선행적으로 발견되는 배경이 된다. 둘째, 스미스는 과학적 탐구 활동을 기본적으로 이성과 경험에 근거하여 이루어지는 합리적 활동의 부분이라고 판단하면서도, 경험 세계와의 일치성 여부에 따라 그 진위가 직접적으로 판명되지 않는 선험적 종합(경험) 판단의 의의를 고찰했다. 즉, 존재론적 형이상학적 믿음이 과학 탐구에 관해 유의미한 영향력을 행사하고 있음을 인정했다. 또한 존재론적 세계에 관한 진리 탐구에 지향되는 과학자들의 지식 추구 행위 역시 인간의 심리 작용의 소산이고 사회적 활동과 의사소통의 부분으로서 행해지고 있는 점에 주목하면서 그 사회학적, 미학적 및 수사학적 측면이 아울러 존재하고 있음을 수긍했다.

제4장
수사학 방법론 및 『국부론』

1. 머리말

수사학에 관한 연구는 경제학의 내용과 경제학자의 연구 행태를 이해하는 데에 어떤 의의를 지니는가? 매우 분업화된 현대 경제학의 방법과 관행에 익숙해진 실천적 연구자들에게 생경한 이러한 의문에 답을 하려면 먼저 현대의 과학철학 및 방법론의 흐름과 내용에 주목할 필요가 있다. 과학철학 또는 경제철학의 학문 분과는 과학과 경제학의 이론 체계가 자연과 사회에 관한 진실한 지식을 조명하는 수단이 되기 위해서 어떤 실천적 노력을 해왔으며, 그 인식론적 산물은 어떻게 평가될 수 있는가에 관심을 갖는다. 그런데 20세기 중반 과학철학의 주류로서 과학의 객관성과 보편성을 설파했던 경험론 기반의 토대주의(논리경험주의)는 수많은 도전을 받고 이제 침몰했다. 과학철학에서 토대주의의 퇴조와 더불어, 과학적 실재주의가 부상했으며, 사회문화적 요소 그리고 수사학과 같은 인문학적인 전통이 개입하고 있다는 점도 인문학 및 사회과학에서 새롭게 부각되었다.

이처럼 20세기 후반 과학철학에서 새로이 부상한 수사학적 방법론은 언어, 논리 그리고 수사의 담론적 실천(discursive practice)과 같은 인문적 탐구에 근거하고 있다. 수사학은 전통적으로 철학, 논리학, 윤리학을 이론적 배경으로 언어 담론을 통해 효과적인 의사 전달 및 가치의 정당화를 논증하는 설득의 학문을 담당했다. 후자의 측면에서 수사학은 다양한 학문 영역(예컨대, 역사, 철학, 문학, 사회, 정치, 경제, 의약학 등)의 지식이 바람직한 규범 체계에 포괄되도록 조력함으로써 학문과 과학의 사회적 실천을 지향해 왔다. 이러한 두 가지 측면에서 수사학은 다양한 학문적 담론들의 필수 구성 요소에 속하며, 확장된 의미의 수사학은 연구방법론으로서 다른 학문들이 규정되고 조직되며 판단될 수 있는 학문 영역이 된다.

이 같은 수사학적 방법론은 애덤 스미스의 학문 체계를 총체적으로 이해하는 데 상당한 시사점을 가진다. 첫째, 스미스의 학문 체계는 도덕철학 체계(윤리학, 법학, 경제학)가 근간을 차지하고 있지만, 천문학사와 자연과학에 관한 철학논집 그리고 수사학과 문학 비평에 관한 강의 노트가 현존하고 있다. 실상, 스미스는 1748년 옥스퍼드 대학원에서 스코틀랜드로 귀환 이후 케임스 경(Lord Kames)의 후원으로 1751년까지 에든버러 대학교에서 수사학을 포함한 공개 강의를 수행했다. 이후 그는 1751년 글래스고 대학교의 논리학 전임 교수로서 임용되어 논리학과 수사학 강의를 담당했으며, 1년 후 도덕철학 전임 교수직으로 옮겨 1764년 초 퇴임할 때까지 도덕철학과 수사학 강의를 병행했다.

둘째, 이러한 사정과 함께 20세기 중반 수사학 강의 노트가 발견되자 스미스 전문가 연구 그룹 사이에서 그 수사학적 측면이 꾸준히 논의되어 왔다.[1] 특

1 스미스의 글래스고 대학교 교수 시절 수강 학생 필사본 강의 노트(1762~3년)인 『수사학 강의』를 그 역사적 맥락에서 조명하는 저술들은 스미스 연구의 르네상스가 시작되던 1970년대 중반 이후 계기적으로 발간되었다.

히, 1980년대 들어 (과학)탐구의 수사학(rhetoric of inquiry)에 관한 논의가 진행된 이후, 스미스 연구자 사이에서도 수사학과 도덕철학의 연관성이 검토되기 시작했다. 예를 들면, (비록 『수사학 강의』의 내용은 간과했지만) McCloskey(1985)는 경제학계에서 탐구의 수사학 분야를 개척하면서 스미스의 도덕철학 저술에서 발견되는 수사학적 요소를 제한적으로 거론했다. 한편, 스미스 연구자인 Skinner(1983, 1996)는 『국부론』의 특정 현안에 관한 문체와 표현이 『수사학 강의』의 여러 담론(학술 담론과 연설 담론)에 관한 이론과 연관성이 있다고 지적했다. 그리고 Endres(1991)는 스미스의 수사학 이론과 『국부론』 간의 연결 고리를 직접적으로 모색하면서, 『국부론』 제4편의 곡물 규제에 관한 논의가 설득을 목적으로 하는 연설 담론의 특성을 지닌다고 강조했다. 이후 탐구의 수사학을 주제로 하는 여러 연구들은 『수사학 강의』의 학술 담론 그리고 연설 담론을 중심으로 『국부론』의 특정 현안을 집중적으로 조명해 왔다.[2)]

본 연구는 방법론의 관점에서 스미스의 과학철학과 수사학을 검토한 후, 수사적 방법론이 도덕철학 및 경제학 저술과 어떠한 연관성을 갖는가를 고찰하고자 한다. 즉, 과학철학적 관점에서 스미스의 수사학 이론을 조명한 후, 이

Howell(1975), McKenna(2005), Philips(2006)를 보라.

2 이뿐만 아니라 그간의 여러 연구들은 스미스의 수사학 이론에 근거해서 『국부론』의 특징을 거론한 바 있다(Bazerman 1993; Fleischacker 2004; Kellow 2011; Alonso-Cortés & Cabrillo 2012). 한편, 스미스의 탐구의 수사학과 관련된 최근 연구로서, Walraevens(2010)에 따르면, 『국부론』의 정치경제학은 상품의 가치에 관한 진리 추구 및 교환 상대방의 설득이라는 두 가지 목적을 보여 준다. 이러한 두 가지 목적은 『수사학 강의』의 학술 담론 및 연설 담론에 각각 대응한다. 또한 Griswold(2010) 및 Longaker(2014)는 스미스 수사학의 목적 가운데 하나는 도덕 교육이나 실천적 판단 양식(사회 규범과 법률 준수)과 연결 고리를 갖는다고 지적한다. 예컨대, 후자의 연구에 따르면, 스미스의 주요 저술에 내포된 특성의 일부분은 연설 담론의 형식을 활용해서 전통 사회에서 훼손된 교환적 정의를 복원할 뿐만 아니라 상업 질서의 토대에 필요한 신중의 덕목을 확고하게 권장하려는 목적과 연관성이 있다. 또한 Ortmann & Walraevens(2014)에 따르면, 『국부론』 제5편에서 나타나는 18세기 중반 영국의 북미 식민지 정책에 대한 논의는 『수사학 강의』 연설 담론의 「소크라테스적 방법」(Socratic method)을 활용한 것이다.

에 근거해서 경제학을 포함한 인문과학 분야 저술의 특성과 구성을 이해하려는 목적을 지닌다. 그러므로 과학철학의 동향 및 스미스의 방법론 일반, 즉 과학철학과 수사학에 관한 기초적 논의로부터 시작한다. 다음, 스미스의 『수사학 강의』에 표명된 수사학 이론을 개괄적으로 살펴본 후, 이를 기반으로 스미스의 도덕철학 저술에 관한 수사학적 특성을 밝힌다. 특히, 과학/탐구의 수사학과 관련해서 학술 담론을 중심으로 그러한 체계의 수사학적 특징을 다각도로 알아본다. 이를 통해 스미스의 인문과학 분야 저술과 그 내용이 고유의 과학철학 및 수사학 이론에 기초해서 각 영역에서 개념화, 체계화, 그리고 문맥화되었다는 점을 밝히고자 한다.

2. 과학철학 및 경제철학의 여러 방법론

2.1. 현대 과학철학의 개관 및 조망

20세기 과학철학은 1920년대 유럽에서 비롯된 것으로 과학으로부터 형이상학을 철저히 배제하자는 비엔나학파의 논리실증주의(logical positivism) 운동이 그 시발점이다. 이로부터 과학철학계의 주류적 입장은 1950년대 초 포퍼(Karl Popper)의 반증주의에 기초한 과학 발견의 논리를 수용한 논리경험주의(logical empiricism)로 진화했다. 과학철학에서 이러한 경험론 기반의 주류 토대주의는 과학이 사실, 관측의 불가변성에 기초하고 있으며, 이성과 합리성에 근거해서 객관적, 보편적 지식이 형성될 뿐만 아니라 반증 가능성에 의해 지식이 성장하고 있음을 강조하는 등 일정한 절차에 의해 보편적 진리가 성립될 가능성을 중시했다.

하지만 1950년대에 뒤엠(Duhem)과 콰인(Quine)이 과학 가설의 검증 과정에 존재하는 이론의 불충분결정성(under-determination)을 지적하면서 토대주의의 기반인 경험론적인 독단이 도마에 올랐다. 그리고 1960~70년대에 쿤(Thomas Kuhn)과 파이어아벤트(Paul Feyerabend) 등 주요 과학철학자들이 합리성과는 상충되는 과학자들의 실제 연구 방법과 행태에 관한 저술을 발간하면서 토대주의는 신랄한 비판과 동시에 퇴조의 길로 접어들었다. 이러한 과학철학의 연구 조류의 변화에 따라 비(非)과학과 대비되는 과학적 연구 활동에서 완전한 합리성 개념은 점차 쇠퇴하게 된 반면에, 토대주의를 탈피한 다양한 접근법들이 제기되었다(Hands 2001).

먼저, 토대주의의 쇠퇴 이후 학계에 부상한 방법론 가운데 가장 주목할 만한 조류는 과학적 실재론(scientific realism)이다. 실재론자들은 외부 세계에는 감각적 경험의 이면에서 현상의 규칙성 등을 야기하도록 작용하는 복합적인 심층 구조가 있다고 상정한다. 그러므로 과학은 복잡성과 불확실성을 특징으로 하는 그 심층 구조에 대한 탐구 및 메커니즘에 관한 묘사에 주된 관심을 가진다. 따라서 과학 모형의 수립에는 경험적 사실에 관한 추론뿐만 아니라, 직관과 상상력이 요망되며 유추와 가추(역행)적 추론 등도 필요하다(Bhaskar 1978; Lawson 1997).

다른 한편, 1970년대 중반 새롭게 부상한 사회학적 방법론은 쿤의 패러다임 개념에 복합적으로 내포된 사회학적 요소에 주목한다. 이러한 과학 지식의 사회학(sociology of scientific knowledge)에 따르면, 과학은 객관성과 보편성을 지향하는 것은 분명하지만, 신념을 공유하는 집단에 의해 연구가 이루어진다는 점에서 사회문화적 산물일 수밖에 없다. 즉, 과학계를 풍미하는 패러다임은 특정한 시대와 학파들 간에 공동체적, 집단적으로 공유되면서 이론화와 문제풀기에 영향력을 행사한다. 이러한 사정 때문에 다른 사회적 행위와 마찬가지로 과학적 탐구의 과정에도 불가피하게 사회학적 단면이 개입한다(Bloor 1976; Collins 1983).

마지막으로, 1980년대 새로운 과학의 방법론으로서 수사학(修辭學)에 관한 관심은 직접적으로 과학적 토대주의와 대척하는 차원에서 일어났다. 수사학적 방법론은 토대주의의 여러 논점에 항변하면서 과학의 철학적 재구성과 인식론의 수사학적 재인식을 목표로 한다. 먼저, 과학의 수사학에 해당하는 탐구의 수사학(rhetoric of inquiry)은 토대주의의 논점, 즉 물리학을 전형으로 삼아 모든 과학에 단일한 방법론을 적용하려는 시도에 반대한다. 이에 따르면, 학문적 담론에서 과학적 지식과 성과는 객관적 진리를 그대로 반영하기보다는 수사학적으로 표현된 인공적 구성물이면서 지속되는 대화의 구성 부분에 불과하다(Nelson, Megill & McCloskey 1987; Simons 1990; 전성기 2004; 손장권 2008).

과학 지식은 외부 세계에 대한 투명한 매개체나 현실의 직접적 반영체가 아닌 언어(기호)에 의해 형성된 것이며, 또한 언어는 맥락, 상황, 공동체 속에서 사회적으로 구성된 인공물이다. 그리고 수사학은 일상 담론, 공공 담론, 학문적 담론을 막론하고 불확실하고 개연적 상황에서 채택할 수밖에 없는 판단과 결정의 합리적 절차를 논하는 영역에 해당한다. 그러므로 문학, 언어학, 역사학, 인류학 등 인문학 분야는 말할 것도 없고, 경제학, 정치학, 사회학 등 사회과학 담론, 더 나아가 수학, 생물학 등 과학 담론 등도 학제적 탐구 방법인 탐구의 수사학의 대상이 된다. 이러한 사정 때문에 과학은 방법론적 일원주의에 입각하기보다는 탐구의 맥락적인 비교 연구, 즉 다양한 연구 영역에서 실행되고 있는 논증의 방법론 및 고유의 실천 방식에 관심을 기울이는 것이 중요하다.

2.2. 과학/경제철학의 현대적 조류와 스미스의 과학철학

스미스의 과학철학에 관한 견해는 『철학논집』의 대표적 논고에 해당하는 「천문학사」에서 전반적으로 드러난다. 이 논고에 따르면, 과학에서 지배적 패러다임이 준거가 되어 현상계에 관한 설명과 예측이 진행되지만, 이것에 의해 설명하기 어려운 이변(異變) 현상이 점차 누적되는 경우에 새로운 경쟁 이론이 출현한다(Skinner 1972). 그런데 이론 사이의 경합 과정에서 기존 지배적 패러다임보다 실증적 측면에서 한층 더 우세한 경우 그리고 선호하는 특정 심미적 기준이 충족되는 경우에 새로운 패러다임은 경쟁에서 승리하고 학계의 지배자가 된다. 이처럼 과학은 정당화(justification)의 과정에서 몇몇 주요한 평가 기준들이 적용되고 충족되면서 점진적이고 단계적인 과정을 거쳐 진보한다. 이 천문학의 역사에 관한 논고에서 대체적으로 드러나듯이, 스미스의 과학철학은 존재론적 측면에서 과학적 실재론(實在論)의 입장을 견지하되, 인식론적인 측면에서는 과학 지식의 확실성 또는 개연성에 관해 다소 탄력적인 관점을 보인다(Kim 2012; 김광수 2014).

첫째, 존재론 및 인식론과 관련된 과학의 성격에 대해서는 기본적으로 경험주의 철학에 포괄되는 실재주의 전통이 채택되고 있다(김광수 1995; Montes

2003).[3] 스미스에 관한 기존의 실증주의적 해석에 따르면, 현상 간의 규칙적 관계 또는 경향성은 학문적 토대이며 경험적 사실을 넘어서는 어떠한 시도도 증명될 수 없는 주장에 불과하다(Bittermann 1940; Campbell 1971). 반면, 과학적 실재론자의 관점에서 과학적 설명은 현상 간의 규칙적 관계의 배후에 존재하는 매개원인 및 심층 구조에 대한 묘사를 시도하는 것이다. 이러한 후자의 맥락에서 스미스가 거론하는 과학의 궁극적 과제는 경험적 현상의 이면에 놓여 있는 "숨겨진 연결 고리"(Smith 1980: 51) 또는 사물의 객관적 "본질"을 인식한 후 이에 근거해 설명과 예측을 하는 지적인 작업이다. 스미스에 따르면, "어떠한 변화 또는 변혁이 각 사물의 고유의 본질로부터 기대될 수 있는가를 예측할 목적으로 각 사물의 고유의 본질이 무엇인가를 결정하는 임무가 세계에서 발생하는 모든 서로 다른 변화를 연결(설명)하려고 노력하는 과학, 즉 철학의 과제임이 분명하다"(Smith 1980: 119).

둘째, 과학은 존재론적 세계의 본질과 진리를 해명하려는 목적을 지닐지라도, 이러한 과정에서 과학자 커뮤니티 및 일반 대중을 설득하기 위한 의사소통의 과정이 불가피하게 개입한다(Lindgren 1973; Cremaschi 1989; Griswold 1999).[4] 이 때문에 과학에서 언어(또는 수학)를 활용해서 아이디어를 입증하고 대중과

3 현대 과학적 실재론이 견지하는 여러 구체적 주장과는 차이가 있지만, 실재주의의 철학적 전통은 과학을 통해 사물의 본질의 발견을 추구했던 아리스토텔레스로 거슬러 올라가며, 근대에서는 로크(John Locke)가 이러한 과학관을 견지했다(Wallace 1974: 22~9).

4 스미스의 인식론과 과학철학, 도덕철학 등에 걸쳐 현재 지배적인 해석은 협약론(conventionalism)에 기반한 해석이다. 협약론은 세계의 근원적 불확실성, 존재를 지칭하는 언어의 의미에 관한 불확실성, 언어의 해석과 영향에 관한 불확실성, 행동 동기에 관한 불확실성, 소통 과정에서의 심미적 기준의 작용 등에 특히 주목한다. 천문학의 역사에 관한 논고의 "철학을 인도하는 심리적 원리들"에서 스미스가 시사한 것처럼, 과학의 역사에서 과학자의 이론 평가 기준 가운데 단순성(simplicity), 친근성(familiarity), 정합성(coherence), 포괄성(comprehensiveness) 등의 심미적 기준이 과학 이론의 설득, 지지, 수용에 종종 결정적인 영향력을 행사해 왔다. 이처럼 과학의 실천 과정에서 주관적 심리적 요인에 의해 자극되고 상상력의 동원에 의해 구성되는 과학적 지식 체계의 특징은 부분적으로 미학(美學) 그리고 수사학과의 연관성을 낳는다.

소통하는 담론의 형식이 요구되며, 수사학 및 미학은 과학적 탐구 과정에 일정 부분 개입할 수밖에 없다.

천문학의 역사를 살펴보면, 천문과학자들이 천체 운동을 합당하게 설명할 수 있는 이론적 도구를 보유하지 못했을 때 명쾌한 논증보다는 수사학적 설득 방법에 의존한 경우가 있다. 이러한 사례는 코페르니쿠스 체계의 진위에 관한 근대적 논쟁에서 잘 드러난다. 갈릴레이가 관성의 개념, 그리고 운동의 상대성 법칙과 합성 법칙을 제시해 근대 역학을 정초하기 전까지는, 코페르니쿠스 체계가 야기했던 역학적 의문과 반대에 관해서 합리적인 논변을 제시하거나 경험적 증거에 의한 설득을 도모하는 것은 사실상 불가능했다. 이러한 상황에서 코페르니쿠스 모형을 지지한 과학자들은 선입견에 대한 호소, 임시방편의 가설 활용 등 여러 수사학적인 설득을 병용했다(Smith 1980: 79~80).[5)]

셋째, 시대를 막론하고 과학적 탐구는 특정 패러다임을 공유하는 과학자 그룹에 의해 수행되기 때문에, 진리 탐구를 도모하는 과학의 세계에서도 사회학적 요인은 불가피하게 개입한다(Skinner 1996: 43~4). 과학계의 일상적인 논쟁을 살펴보면, 지식의 사회학적 특성이 상당히 발견된다. 구체적으로, 과학 교육에 의존한 사회적인 선입견이 작용함으로써 과학자들이 서로 소통 불가능한 학문적 대립이나 패러다임 간 통약 불가능성에 직면하는 경우가 종종 있다. 예를 들면, 고대의 천문학자와 수학자 일부는 관측 자료에 의한 이변 현상이 누적되면서 천동설 가설 체계의 또 다른 이론 계열인 이심천구론(eccentric spheres)

---

5 『과학의 수사학』에 따르면, 세계의 진리를 발견하려는 과학의 작업에서도 특정 문제가 선택되고 결과가 해석되는 과정, 그 중요성과 의미 등은 동료 과학자 사이의 설득과 지지에 의존한다. 따라서 과학계의 작업은 본질적으로 수사학적이다(Gross 1996).

을 고안한 적이 있다. 그렇지만 천동설의 초기 이론 계열인 동심천구론(同心天球論)을 지지했던 다수의 과학자 그룹은 이 새로운 가설에 완고하게 반대했다. 스미스에 따르면, "각 당사자들은 자신들의 독특한 체계 또는 우주 이론을 완성했으며, 인간의 어떠한 고찰도 그들을 설득해서 그 이론 체계의 어떤 부분을 포기하도록 만들지 못했다"(Smith 1980: 65).

한편, 지식의 사회학적 특성이 드러나는 근대의 사례는 데카르트의 천문학 체계에 관한 영향력에서 발견된다. 데카르트의 체계는 뉴턴 과학이 성립한 이후 17세기 천문학계에서는 전혀 근거 없는 이론으로 취급되었지만, 자연과학계의 일부 영역에서는 18세기에 들어서도 종종 공감을 얻고 적지 않은 영향력을 발휘했다. 이와 관련해서 스미스는 "감각의 편견" 또는 "상상력의 자연적 편견"뿐만 아니라, 선행 이론에 대한 존중, 교육에 의한 편견, 국민적 편견 등이 소위 과학의 지식사회학적 측면에 기여하는 요인이라고 지적한다(Smith 1980: 67, 76~7, 86, 244).

종합해 볼 때, 스미스의 과학철학과 방법론은 현대 과학철학 및 경제철학의 여러 조류를 선행적으로 거론한 측면이 있다. 스미스에 따르면, 과학적 탐구는 경험적 규칙성의 이면에 존재하는 복합 다층적인 심층 구조의 메커니즘을 논리적, 객관적, 본질적으로 해명하는 것이다. 하지만 다양한 과학자 그룹에 의한 여러 패러다임의 형성, 검증 및 설득의 과정에서 이성과 합리성뿐만 아니라, 상상력과 직관 그리고 심미적 감정 같은 마음의 작용 역시 빈번히 동원된다. 그리고 과학의 탐구 과정 속에 내포된 이러한 후자의 측면은 수사학적인 방법과 기교를 동원해서 동료 집단과 대중을 설득하려는 노력, 즉 과학/탐구의 수사학이 불가피하게 성립하는 계기가 된다.

3. 스미스의 수사학 이론

3.1. "경제학의 수사학"의 선구자

앞서 보았듯이 현대 과학철학에서 탐구의 수사학이라는 수사학적 접근법 등이 새로이 부상했고, 경제학계에서는 맥클로스키의 "경제학의 수사학"이 큰 관심과 논란을 주도했다. 먼저, 탐구의 수사학은, 첫째 연구 방법론상 논증의 수사적 기능에 주목하여 각 학문 분야의 연구와 논증에 함축되고 있는 수사적 특성을 조명하고자 한다(Lyne 1985). 각 학문에서는 수사학에서와 마찬가지로 주어진 과제에 관한 화자(話者) 또는 연설가(저자 또는 과학자)와 청중(동료 과학자 집단 또는 일반 대중) 사이의 소통을 목적으로 입안되는 고유한 수사적 장치가 존재하고, 이에 의거한 논증이 과제 해결의 기법으로 활용된다. 이처럼 모든 학문적 담론에서 활용되고 있는 논증의 형식과 구조, 그 방법과 절차에 대한 연구가 탐구의 수사학의 수행 과제가 된다. 둘째, 탐구의 수사학은 학문적 의사소통에 관한 심층적 탐구를 지향하면서도 다양한 학문 방법론에 관한 맥락적인 비교 연구를 중시한다. 여기서는 토대주의가 강조한 환원적이고 획일적인 방법론이 의문시되면서, 다양한 탐구 방식과 다원적 비교인식론으로부터 학문적 의사소통에 관한 교훈을 얻고 대화를 통한 논증적 설득을 지향하는 것은 가능하다(Nelson, Megill & McCloskey 1987: 1~24). 셋째, 이에 따라 개연성과 설명력의 정도를 높이면서 진실한 가치를 추구하는 노력은 전혀 불가능하지 않다. 학문적 담론이 이성에 따른 개연성의 정도를 반영해 '극단적' 상대주의로 흐르지 않도록 탐구의 수사학에서는 학문 분야 간의 소통이라든가 경쟁적 가

치나 지적인 여러 주장 가운데서 판단을 내리는 방법도 중심 과제로 부각된다.[6]

이와 같은 탐구의 수사학의 관점에서 맥클로스키는 "경제학의 수사학"(rhetoric of economics)을 제창한 바 있다(McCloskey 1985). 맥클로스키의 수사학적 접근에 따르면, 경제학자들이 객관적이고 보편적인 진리의 탐구자 또는 사회'과학자'라기보다는 동료 및 일반 대중을 설득하기 위해 수사학을 활용해 온 일종의 웅변가 내지는 변론가와 다를 바 없다. 소위 '경제과학'에서 수행되고 있는 다수의 이론적, 실천적 논의들은 실제 그대로의 진실에 접근하기 위해 경험과 관찰 그리고 연역적 추론에 진적으로 의존하지 않는다. 오히려 그것들의 대부분은 문학에서와 마찬가지로 직관, 상징, 은유 등의 수법들을 항상 활용한다. 즉, 경제학계의 수많은 저술과 논문에 주로 활용되고 있는 수학적 모형(소위 수사학적 수학),[7] 도식, 도표, 계량적 검증 등은 경험과 실재(實在)의 세계를 직접적으로 재현한 것이 결코 아니다. 경제학자가 항상 활용하는 그런 이론적 도구들은 연구자의 주장을 더욱 명료하게 만들어 동료 집단과 대중을 설득하기 위한 인공물과 수사적 장치에 불과하다.

앞 절에서 거론되었듯이, 스미스 역시 (자연)과학의 복잡한 다면성 가운데

6 맥클로스키는 "대화 윤리" 내지 "대화의 중복"이라는 개념을 통해 자신의 관점이 극단적인 상대주의가 아니라는 점을 부각하려 했다(McCloskey 1985, 1994; 박만섭 2001 참고). 한편, 수사학적 방법론에 관한 절충적 평가에 따르면, 수사학적 탐구는 다양한 이론들의 원천, 특성, 의미 등을 고찰할 뿐만 아니라, 이에 근거해 학문 간 의사소통을 추구하고 있으므로 유용하다. 또한 수사학적 탐구는 경쟁 이론의 수를 줄이고 극단적 상대주의를 지양하기 때문에, 과학적 실재론과도 양립 가능하다(Mäki 1988; Peter 2001).

7 탐구의 수사학과 관련해서 데이비스(Philip Davis)는 수학의 수사학적 측면을 논의한다. 그에 따르면, 수학의 분류에서 순수수학과 응용수학과 같은 기존 범주에 수사학적 수학이 추가될 수 있다. 순수수학은 수학의 발전에 기여하는 부분이며 응용수학이 사회의 다른 분야의 과제 해결에 기여하는 부분이라면, 수사학적 수학이란 실증과학의 논거를 분명하게 만들어 단지 설득의 장치로서만 활용되는 수학을 지칭한다(Nelson, Megill & McCloskey 1987: 73~94).

설득을 위한 수사학적 측면을 인정한 바 있다. 이러한 측면이(비록 그 구체적 내용에 대한 수용 여부와는 별도로) 탐구 또는 경제학의 수사학의 선구자 가운데 하나로 자리매김될 수 있는 배경과 이유가 된다. 이뿐만 아니라, 실제로 스미스는 글래스고 대학교 교수 재직 시 도덕철학 강좌를 운영하면서, 수사학에 관한 동시 강의를 통해 학생들에게 일종의 의사소통 및 탐구의 수사학이 과학에서도 활용될 수 있는 학문 영역임을 제시했다. 그러므로 근자에 다수의 연구자에 의해 수행되었듯이, 이러한 수사학 이론이 『도덕감정론』과 『국부론』 등 자신의 여러 인문과학 저술에 구체적으로 적용되었다는 점은 분명하다. 본 절에서 스미스의 수사학 이론을 우선적으로 조명한 후, 이를 바탕으로 그의 학술담론에 관한 해석과 스토리텔링 방식에 적용하고자 한다.

3.2. 『수사학 강의』의 특성 및 주요 내용

수사학의 역사를 살펴보면, 그리스/로마 시대의 고전 수사학에서는 설득의 목적을 위해서 웅변연설(oratory)에 관하여 크게 다섯 가지 규범적 요소, 즉 대화/담론의 주제 선택(invention), 표현 및 문체(expression and style), 연설문 배열(arrangement), 기억(memory) 및 효과적 전달(delivery) 등이 핵심적으로 논의되었다. 한편, 중세의 수사학에서는 이를 기반으로 종교적 담론의 합리화 및 문예적 장식과 미사여구의 문체를 활용하는 방법 등이 상대적으로 큰 관심을 끌었다.

반면에 18세기 이후의 근현대 수사학은 철학적, 인식론적 성찰, 대화와 담론의 의사소통, 그리고 도덕적, 사회적 실천 등으로 그 관심 영역이나 목적을 대폭적으로 확장했다. 이러한 변화를 통해 오늘날 수사학은 언어 분석과 설득의 기술을 활용하여 사람들 간에 효율적 의사소통의 전기를 마련하는 통합적 인 학문으로 변모해 왔다. 그 결과 전통적으로 수사학은 언어의 은유적 팽창, 문예 장식의 교예에 공헌했을 뿐만 아니라, 그 수단으로서 추론, 논증, 증명, 개연성 등에 대한 탐구를 통해 합리적인 세계관을 낳고 추상적이고 분석적인 담론의 문화를 발전시켜 왔다(Guerrero & Tejera 1994; Smith 1998).

이러한 수사학의 장구한 역사에서 스미스가 근현대 수사학의 개척자로 평가된 것은 그리 오래지 않는다. 이것은 대학 교수 시절 수사학 강의 원고가 사망 직전인 1790년 소각되었을 뿐만 아니라, 극적으로 살아남은 학생들의 수사학 강의 노트마저 20세기 중반에서야 발견된 점에 기인한다. 그 수사학 강의 노트를 살펴보면, 18세기 중엽에 스미스는 전통적 수사학의 범주를 선구적으로 확장한 학자인 것으로 나타난다. 그러므로 전통적으로 수사학의 관심 장르에 속했던 연설 담론(oratory narrative)을 넘어서서, 여타 모든 인문적 담론(즉, 시문학, 서사 이야기/역사서, 학술서 등)이 수사학의 분석 대상에 포괄되고 있다. 이뿐만 아니라, 흄의 영향을 받아 모든 인문적 담론 역시 인간 정신과 심리(human mind)에 기반을 두고 전개된다는 점을 염두에 두고 수사학적 일반 이론을 제시하려고 했다는 점에서 철학 및 윤리학과의 연결 고리 역시 강화된 측면이 있다(Howell 1975; Tribe 1999: 618). 이러한 수사학 이론의 여러 특성들이 앞서 거론한 과학철학에서 부상한 현대적 탐구의 수사학을 연상시킨다.

한편, 스미스의 수사학 이론의 핵심 메시지에 따르면, 모든 인문적 담론의 가장 중요한 목적은 의사소통의 유효성과 설득의 극대화에 있다.[8] 고전 수사

8 스미스에 따르면, 경제 거래의 토대가 되는 사람의 교환 성향 역시 더 포괄적인 "이성과 언어의 속성" 내지는 "설득 성향"에서 비롯된다. 이때 설득 성향은 보편적인 동감(sympathy)의 능력을 바탕으로 서로 의견을 교환하

학에서는 청중은 단지 수동적인 설득의 대상으로만 간주되었다. 이와 대조적으로 근현대 수사학에서 청중은 모든 담론에서 화자와 마찬가지로 적극적인 참여자가 된다. 그러므로 현대 수사학에서 작가와 화자는 자신의 관념, 감정, 태도를 청중에게 적절하게 전달하고 상호작용할 필요성이 상대적으로 크며, 따라서 의사소통이 훨씬 더 중요하고 선행적인 목적이 된다.

이처럼 수사학의 역사에서 제기된 목적의 변화라는 관점에서 스미스는 근현대 수사학의 초기 연구자로서 적지 않은 의미를 지니고 있다. 첫째, 스미스에게 수사학은 인간과학, 철학, 인문학, 사회과학 연구의 상호 연결이라는 측면에서 초기 학문적 관심사를 구성했다. 이러한 저간의 사정은 그의 도덕철학과 관련된 후기 저작에까지 수사학의 영향력이 적지 않게 행사되는 이유가 된다. 둘째, 스미스는 수사학의 범위를 고전 수사학의 설득의 차원에서 지식 소통의 차원까지 확장했다. 이것은 확신, 설명 및 교훈의 목적을 지닌 학술 및 역사 담론이 수사학의 범주에 포함된 점에서 분명히 나타난다. 셋째, 스미스는 수사학의 인지적 원천을 이성으로부터 (합리적) 감정으로까지 확대했다. 연설가나 화자가 이성적이고 합리적 차원의 설득뿐만이 아니라, 청중과 독자들의 능력과 감정에 대한 고려, 그리고 이에 따른 (윤리적) 동감 정도의 확대 등을 통해 의사소통을 제고할 필요가 있다는 점이 강조되었다. 즉, 윤리학에서의 도덕 판단과 마찬가지로 효과적인 수사와 의사소통을 위해서도 공정한 관찰

고 공감하려는 성향이다. 『법학 강의』에 다음의 표현이 있다. "교환 성향이 기초하고 있는 인간 정신의 원리에 대해 우리가 숙고한다면, 그것은 설득하기 위해 모든 사람이 갖고 있는 자연적 성향임이 분명하다. … 사람들은 어떤 문제가 자신들에게 전혀 중요하지 않을 경우에조차 다른 사람들을 설득하여 자신과 같은 견해를 갖도록 늘 노력한다. … 당신은 어떤 사람이 당신과 견해가 다를 경우 마음의 불편함을 느낄 것이고, 그를 설득해서 당신과 같은 의견을 갖도록 시도한다"(Smith 1978: 352).

자의 동감이 요망된다(Bevilacqua 1968; Howell 1975; Spano 1993).

3.3. 수사학의 제1주제: 언어 구조(문법)와 표현

스미스의 『수사학 강의』의 구성은 크게 언어와 화법 등 두 가지 부분으로 나누어진다. 제2강에서 제11강까지의 첫 번째 부분은 전통 수사학의 규범적인 고려 요소 가운데 하나인 언어 및 그 표현에 대응한다. 그러므로 이 부분에서 언어의 의미와 문법(문장 구조)뿐만 아니라, 영어의 표현과 문체 및 특성 등이 거론된다. 이것은 연설가나 화자가 소통하고자 하는 서로 다른 유형의 아이디어를 효과적으로 전달하고 의사소통하기 위한 목적(설득/설교, 역사적/도덕적 교훈, 학문 연구/교육, 연회/오락 등)에 비추어 언어가 어떤 의미를 지니고 있으며, 또한 어떻게 효과적으로 활용되어야 하는가를 논의하는 것이다.

먼저, 수사학이 궁극적으로 지향하는 의사소통은 모두 언어 활동으로 이루어져 있으며, 또한 진정한 언어 활동은 철학적인 사유 활동(인간 본성과 정신 활동)과 분리해서 진행될 수는 없다. 이러한 맥락에서 스미스는 『수사학 강의』 초반부에서 언어의 기원과 변화를 논의하면서(현대 언어학의 인지적 접근처럼) 언어 능력을 인간의 모든 정신 활동 및 마음에 관한 연구와 연결해서 제시하려고 했다.[9] 마음-언어의 틀에서 어휘와 문법이 인지의 현상과 상태를 반영한 언어 구조(language structure)를 취급하는 것이라면, 마음-언어의 관계에서 언어의 수

9 그러므로 현대의 언어학은 철학, 심리학 등과 함께 현대 인지과학의 중심에 자리하고 있다. 또한 중세 인문학(trivium)의 교육이 문법(문장 구조), 논리학(문장의미론), 수사학(화용론)에 있었던 만큼, 그 전통을 일정 부분 전승했던 스미스 역시 수사학 탐구(및 자신의 언어의 기원에 관한 논고)에서 의사소통을 제고하기 위한 언어 구조에 관심을 기울인 점이 이해될 수 있다(Dascal 2006).

사적 활용은 언어 사용(language use), 즉 화용론적인 측면의 언어 연구라는 수사학의 특성과 관련된다.[10]

『수사학 강의』에서 스미스는 의미론(semantics)에 관한 경험론적인 접근법을 취한다. 예컨대, 단어나 어휘는 주변 환경에서 실제 경험 가능한 사물과 사건을 인식하고 지칭하기 위해 사람들 사이에서 고안된 것이다. 뿐만 아니라, 언어 구조는 사람의 인지와 마음의 작용 원리와 논리적 범주(즉, 실체에 관한 비교, 일반화, 차별화, 분류, 인과 관계 추론, 추상화, 체계화 등)를 이해할 수 있는 중요한 창이 된다(Land 1977; Dascal 2006).

이러한 의미론적 구상과 접근법에 따라 『수사학 강의』의 제3~5강에서는 언어의 기원과 설계와 관련해서 마음과 정신의 추상화 과정이 어떻게 이루어졌는지가 검토된다. 예컨대, 형용사 "푸르다"(green)나 명사 "푸름"(greenness)이란 언어적 관념과 어휘가 어떻게 출현했는가가 추론된다. 스미스에 따르면, 주변 환경에서 관측되는 여러 구체적인 사물과 사건에 대응해서 각각 구체적 명칭이 부여되는 과정에서 구체명사와 동사가 유래한다. 이후 서로 대조를 이루는 구체적 사물들에 관한 질(quality)과 관계(relation) 등이 다소 추상적으로 사고되는 과정에서 형용사와 관계사(preposition)가 출현한다. 그리고 더욱 추상적이고 확장적인 인지적 비교 분석을 통해 비로소 추상적인 어휘가 등장한다. 이 같은 스미스의 경험론적 접근에 따르면, 마음속의 인지적 사고의 형태를 반영

10 언어학의 관점에서 비유를 해보면, 문법은 언어의 해부학이고, 수사학은 언어의 생리학에 해당한다. 이는 문법이 음소, 형태소, 문장 등 언어 단위와 구조에 주목하고 있는 반면, 수사학은 그런 단위들의 적절한 표현과 사용 효과에 관한 탐구에 관심을 가진 점에서 비롯된다. 이 점에서 스미스 수사학 강의는 언어적 관점의 설득과 수용의 목적을 지향하면서, 18세기 대학에서 비롯된 영어영문학의 기원이며 동시에 스코틀랜드 창조물이라고 판단된다(Crawford 1998: 17).

하는 언어의 발전은 특수성으로부터 일반성(보편성)으로 또는 구체성에서 추상성의 계통을 따라 발전한다(Smith 1983: 9~13, 203~26).[11)]

다음, 제6~11강에서 스미스는 언어의 수사적 활용에 관한 주제로 이행한다. 먼저 수사학의 기본 구성 요소인 언어의 표현과 문체(expression and style)와 관련해서 고대나 중세의 수사학 전통이 비판된다. 고대 및 중세의 수사학은 문법이나 문장 구조를 극단적으로 세분화하는 데 역량을 쏟았다. 그리고 그 전통 수사학은 비유적 표현의 다양한 차이와 유형화를 묘사하고, 이를 활용하는 데에 상당한 관심을 기울였다. 반면에 의사소통에 상당한 주안점이 두어지는 근현대적 수사학의 시각에서 보면, 이 같은 전통 수사학적 논의는 시대착오적이고 유용성이 적다.

보다 구체적으로 기술하면, 언어 표현과 문체에서 고유한 특정 상황에 상응하는 수사학적 적정성(rhetorical propriety)이 견지되는 경우에 원활한 의사소통을 위한 담론의 유효성이 제고된다(McKenna 2005). 수사학적 적정성이란 어떤 특정하고 개별적인 마음 상태(감정) 및 정보를 표현, 전달하기 위해서 언어가 사용되는 문맥과 상황이 적실성 있게 고려되는 것이다.

첫째, 언어의 구조뿐만 아니라 언어의 활용에도 인간의 마음과 사유가 담겨 있다. "언어뿐만 아니라 문체는 저자의 사상을 표현할 뿐만 아니라 정신과

---

11 『수사학 강의』의 초반부에 간략히 기술된 이 부분은 이후에 「언어의 기원과 형성과 관한 연구」라는 논고로 발전되고 확장되었다. 이 논고는 1761년 제1권 발간 이후 종간된 『언어학문집』(*Philological Miscellany*)에 게재된 후, 1767년 『도덕감정론』의 제3판 후반부에 부록으로 추가되었다. 스미스에 따르면, 언어의 기원(형성)과 발달 과정에서 언어의 특수성, 구체성으로부터 추상 개념이 형성되는 과정은 인간 정신의 자연적 진보를 보여 주는 가장 훌륭한 역사에 해당한다. 마찬가지로 이러한 인간 사고의 발전 유형은 사회의 비공식적 규범, 즉 윤리학의 역사에서 고대 도덕철학자들이 시도한 수많은 도덕률 또는 격언의 분류, 일반화 및 그 변화에서도 발견된다. 한편, 스미스는 언어의 발전과 진보는 기계(또는 하나의 학설 체계) 구조의 진보처럼 처음에는 복잡한 구조를 지니고 있고 진보 과정에서 단순화되지만, 기계의 경우와는 달리 불완전성을 지니게 되는 것으로 판단하고 있다.

마음을 표현하는 것이다"(Smith 1983: 19). 여기서 연설가나 화자의 "정신과 마음"은 자신의 고유한 감정 이외에도 개성, 덕목, 설득력, 지식, 청중이나 독자, 주변 환경에 대한 민감성 등을 포괄한다.[12] 그러므로(내재적 가치가 없는 비유적 표현이나 문장 구조의 기교를 도모하는 것보다는) 이러한 인지과학적 측면에 주목해서 언어의 표현과 문체를 취급하는 것이 의사소통을 위한 수사학적 목적에 진정으로 부합한다.

둘째, 수사학적 적정성에 비추어, 언어의 문채(trope)나 비유적 표현(figures of speech)이 장황하게 활용되는 것은 그리 중요하지 않다. 오히려 모호성을 탈피한 명료한 문체로 적정성 있게 표현되는 것이 한층 더 효과적일 뿐만 아니라 심미적으로도 중요하다. 여기서 단순하고 평이한 문체는 장식적인 문구를 피하고, 간결하고 조절된 언어를 구사하는 것이다. 물론 비유적 표현은 언어 자체의 섬세한 세련화를 통해 화자의 아이디어를 생동감 있게 표출하도록 만들 수는 있다. 하지만 이것은 단순명료한 문체와 비교해서 그 본원적 가치(감정의 전달과 의사소통의 효과성)뿐만 아니라, 미학적 아름다움에서 결코 우위에 서지 못한다. 스미스에 따르면, "일반적으로 가장 아름다운 문장이 가장 단순하다. … 그 말들이 묘사되어야 하는 것을 깔끔하고 적절하게 표현하고, 그것에 대해 저자가 느끼고 있음과 동시에 청중에게 동감에 의해 의사소통하기를 바라는 그 감정을 전달할 경우, 비로소 그 표현은 모든 언어가 부여할 수 있는 모든 아름다움을 지닌다"(Smith 1983: 33, 40).[13]

12 수사학에서는 전통적으로 로고스(논증 방식)만이 아니라 동시에 에토스(화자의 인품 및 공신력), 파토스(청중의 정서에 대한 호소)를 중시해 왔다. 그러므로 화자는 설득의 효과를 높이기 위해 청중의 모든 상황(정치 성향, 사회적 환경, 종교적 태도, 당해 맥락의 관심사, 공동체의 역사적, 현재적 의미 등)을 적절히 고려할 필요가 있다. 이것은 수사학적 방법론이 논증의 일반적인 통일성보다는 상황론(kairos)을 중시하는 배경이기도 하다.

13 이러한 적정성의 수사학 이론은 스위프트(Jonathan Swift)와 템플 경(Sir William Temple)의 평이하고 단순한 문

셋째, 수사학적 적정성의 측면에서 보면, 특히 문체에서(고대 수사학에서 중시된 에토스가 투영된 결과인) 작가나 화자의 성격(character)이 구체적으로 반영되는 것이 중요하다. 스미스에 따르면, "모든 상황이 동일하다면, 작가의 성격 때문에 작품의 문체가 틀림없이 서로 상이하게 된다는 점을 제시하기 위해 나는 노력했다"(Smith 1983: 40). 그러므로 문체를 통해 작가의 고유한 성품이 드러날 때 독자와의 동감 및 소통의 가능성이 자연스럽게 높아진다(Smith 1983: 55).[14]

결론적으로, 이와 같은 의사소통의 수사학에서 그 수사적 목적을 적정하게 달성하려면 작가나 화자는 다음의 요건에 유의하도록 촉구된다. 첫째, 동감의 기제는 핵심적 의사소통 과정을 구성하고 있으므로 작가나 화자는 소기의 목적을 달성하려면 청중과의 교감과 공감을 최대화하기 위해 노력해야 한다. 둘째, 동감의 지향성은 청중들의 감정과 정서와의 소통(pathos)에 있다. 셋째, 청중의 동감을 얻고 그 정서와 소통하기 위해서는 화자 또는 작가의 합당한 성격과 태도가 견지되어야 하며, 또한 정보와 문맥이 고려되고 상황적 적합성을 지닌 언어와 화술이 구사되어야 한다.[15] 이상과 같은 수사학적 견해는 다음처럼 요약된다. "말하는 사람의 감정이 깔끔하고 명료하며 자명하고 현명

체에 대한 호평, 반대로 샤프츠베리(Shaftesbury)의 장식적 문체에 대한 비판 등 작품에 관한 문학 비평의 토대가 된다(Smith 1983: 22, 40~1, 56~61).

14 이러한 측면에서 스미스의 의사소통 수사학과 동감의 윤리학 사이의 긴밀한 연관성이 존재한다(Swearingen 2013). 마찬가지로, 세계적으로 명망 있는 고전학자이자 법학자인 누스바움은 『도덕감정론』의 저자가 소위 "합리적 감정"(rational emotion) 개념을 통해 (변론술과 같은) 다양한 영역에서 사회적으로 공감과 설득이 제고되는 방안을 설득력 있게 거론했다고 강조했다. 누스바움에 따르면, 문학 작품의 독자는 자연스럽게 작품 속의 인물과 사안에 대한 "공정한 관찰자"(impartial spectator)가 되어 서로 감정과 공감을 나누는 연습을 하게 되며, 이런 감정의 교류에 의해 덕성과 공적인 합리성(공공선)이 창출되거나 고양된다(Nussbaum 1995: 16~7).

15 스미스의 표현에 따르면, "훌륭한 작가에게 요구되는 몇 가지 사항이 있다. 첫째, 명망 있는 저자는 거론되는 주제에 관한 완벽한 지식을 보유하고 있다. 둘째, 그 주제와 관련된 모든 세부 부분을 적정한 순서로 배열한다. 셋째, 이러한 몇몇 세부 부분에 대해 자신이 보유하고 있는 아이디어를 가장 적정하고 감정 표현이 풍부한 방식으로 묘사한다"(Smith 1983: 42).

하게 표현되고, 그가 지니고 있는 동시에 동감을 통해 청중과 소통하려는 열정이나 감정이 자명하고 현명하게 드러난 경우에, 바로 그때서야 비로소 그러한 표현은 언어가 부여할 수 있는 모든 힘과 아름다움을 갖춘다. 언어의 비유적 표현이 있느냐 없느냐는 거의 중요하지 않다"(Smith 1983: 25~6).[16)]

3.4. 수사학의 제2주제: 여러 담론과 화법

한편, 『수사학 강의』의 제12강부터 제30강까지 이어지는 두 번째 부분은 전통 수사학의 다섯 가지 규범 가운데 하나인 배열의 수사술에 대응한다. 그러므로 이 부분에서는 연설가나 화자가 시도하려는 의사소통의 주요 목적(설득, 교훈, 확신, 즐거움)에 각각 적합한 담론과 화법이 논의된다. 구체적으로, 이 부분은 이야기/글쓰기의 대상이 되는 여러 장르, 즉 웅변 연설문, 서사 이야기/역사서, 학술서, 시문학(詩文學) 등 네 가지 유형의 서로 다른 담론이 논리정연성과 설득력을 갖추기 위해 어떻게 구성되어야 하는가를 거론한다. 그러므로 주어진 수사 목적에 부응해서 각각의 인문학 장르를 활용하는 데 적합한 표현, 문체의 방식이나 논술(논증) 내지는 화법이 주로 언급되고 있다. 즉, 각 유형의 담론에서 이야기의 내용들을 효과적으로 청중과 독자에게 전달하고 소통하기 위해서 이야기 줄거리를 중심으로 서술 방식, 관점, 표현과 문체, 기교 등 어떤 수사적 기법이 적정하며 바람직한 것인지가 기술된다.

16 스미스에게 영향을 받았던 저명한 근대 수사학자인 블레어(Hugh Blair)는 1762년 에든버러 대학교 수사학과 순문학 전임 교수가 된 이후, 마찬가지로 인간의 행동을 이끌어 내는 것은 논리가 아니라 감정이며, 감정은 청중들 사이에서 전이되는 특성을 지니고 있다고 강조했다. 또한 그는 언어 사용에 관한 미적 취향(good taste)이 그 사회적 효용보다 훨씬 중요함을 지적했다.

첫째, 수사학의 대상이 되는 여타 장르와 비교해서 시문학(poetry)이 지닌 고유한 목적은 무엇보다도 청중이나 독자들의 기분 전환을 도모하며 즐거움을 주는 것이다(Smith 1983: 117~27). 시문학은 역사적으로(교역과 계약의 산물인) 산문에 선행하여 등장했으며, 보통 연회에서 음악과 여흥을 동반한다(Smith 1983: 137). 시문학은(서사적 담론과 마찬가지로) 청중과 독자들에게 사건을 묘사하는 특성이 있다. 스미스에 따르면, 시인은 직업의 분업 체계가 마련되기 이전인 인류사의 초기 국면에서 역사가의 역할을 수행하기도 했다(Smith 1983: 104~5). 하지만 시문학에서 작가가 있는 그대로의 사실을 단순히 전달하는 것이 아닌 만큼 이야기 주제의 설정에서 파격이 가능하며, 또한 주로 귀에 듣기 좋은 운문을 사용한다. 그리고 시문학의 여러 유형(서사시, 송시, 애가, 전원시, 비극, 희극 등)은 인간의 다양한 감정을 표현하는 미세한 방식의 차이 또는 그 개성과 정체성의 구분에서 비롯된다.

둘째, 서사적 담론(narrative discourse)은 대상, 사건, 인물, 행동 등을 묘사하는 방식과 규칙을 통해 실제 있는 사실을 묘사하고 연결하는 특성을 지닌 인문 장르에 속한다(Smith 1983: 89~116). 그리고 『수사학 강의』에서 길게 논의되는 역사적 담론(historical discourse) 역시 장르 분류에 따르면 이러한 서사적 담화의 하부 유형에 속한다. 그런데 역사적 담론은 대체로 연대기에 따라 다양한 사실들을 연결함으로써 독자들에게 즐거움을 줄 뿐만 아니라, 다른 한편으로 지식 정보를 제공하고 교훈적 기능을 수행하는 담론이다.

셋째, 연설 담론(oratorical discourse)은 웅변 연설 및 변론을 통해 청중을 어느 특정한 방향으로 설득하는 데에 그 주된 목적이 있다. 웅변 연설은(학술적 담론처럼) 어떤 명제를 제시한 후 이를 입증하기 위한 증거에 관심을 갖는다. 그렇지만 웅변 연설은(서사적 담론과 학술적 담론처럼 기본적으로 사실에 입각한 담론임에도 불구하고) 여타 담론보다 도구적 논리의 성격이 훨씬 더 강하다. 따라서 연설 담론은 설득의 목적을 달성하기 위해 다소 과장된 수단과 방법을 동원한다. 즉, 어떤 명제나 주장의 단면이 매우 공정하고 객관적으로 조명되기보다는 그 일방의 장점이 반복 과장되는 경향이 있다. 그리고 경쟁하거나 대립되는 논변을 "손상시키거나 숨김"으로써 청중의 감정에 영향을 주고 설득하는 데에 그 일차적인 목표가 주어진다(Smith 1983: 62, 89~90). 스미스에 따르면, "웅변술을 활용하는 수사학자는 어떤 사람의 성격을 실제 있는 그대로 거론하는 경우는 거의 없을 것이며, 우리 안에 있는 가장 강한 감정을 자극하는 경향이 있는 모든 특별한 면모를 과장하려고 할 것이다"(Smith 1983: 101).

웅변 연설과 관련해서는 스미스는 (아리스토텔레스에서 비롯된 전통적 고전 수사학의 범주에 의거해) 세부 장르별 분류를 한다. 즉, 청중이나 독자의 상황 및 역할에 초점을 맞추어 웅변 연설은 세 가지 유형의 수사 담론으로 세분화된다(Smith 1983: 63~4). 그 첫 번째 유형은 전시(의례)적(demonstrative or epideictic) 수사로서 식장 연설에서 특정한 인물, 행동, 또는 공동체에 관한 찬양과 비난의 언사가 그 주제가 된다(Smith 1983: 128~41). 이러한 특성의 전시적 수사는 웅변 연설문의 또 다른 장르인 심의적 수사(주로 정치 연설) 그리고 변론적 수사(주로 법정 연설)와 많은 부분이 중복되며, 또한 경우에 따라서는 이들을 보강하는 역할을 한다.

두 번째 유형의 웅변 연설문은 심의(숙의)적(deliberative) 수사 방식을 활용한다(Smith 1983: 146~69). 이것은 주로 공공 집회나 의회에서 정치적인 또는 공공선택의 주제 및 내용과 관련해서 청중에게 어떤 견해를 선택하거나 어떤 가치에 따라 행동하도록 설득하는 것을 목적으로 삼는다.[17] 이러한 심의적 수사에 해당하는 정치적 연설에서 논증의 형태로는 대개 과거 특정 인사들의 언행이 사례로 활용된다.

세 번째 유형의 변론(사법)적(judical or forensic) 수사는 과거에 발생한 사건이나 행위에 관해 주로 일상이나 법정에서 그 문제를 구체적으로 파헤치고 시시비비를 가릴 경우에 사용되는 연설 담론의 수사 기법이다(Smith 1983: 170~200). 그러므로 변론적 수사는 대개 법정에서 기소 내지 변호를 위해 활용되는 수사적 변론술로서, 원고나 피고를 대상으로 과거 사건의 옳고 그름을 입증한 후 그 결과에 기초해서 판결할 수 있도록 설득하는 데 활용된다.

넷째, 마지막으로 학술적 담론(didactic discourse)은 학문 공동체에서 진리 추구를 목적으로 하는 지적 판단 및 학문 체계를 학술 커뮤니티에 설득력 있게 제시하고 전수하는 데 주로 활용된다(Smith 1983: 142~7). 그러므로 이러한 담론에서 연구자는 일관된 체계를 제시하기 위해서 주요 논지(명제)를 인과 관계에 의거해서 논증하려는 시도를 한다. “어떤 명제를 제시한 후 그 결론으로 이끄는 서로 다른 논거를 제시함으로써 이를 입증하고자 한다”(Smith 1983: 142). 또한 특정 논지나 명제의 진리를 입증하고자 하는 것인 만큼 사실 관계에서 객관성을 확보하고 그 명제와 관련된 여러 단면(보조가설)을 인과 관계에 의거해 설명하

17 스미스에 따르면, 이러한 유형의 담론에서 청중의 심리 및 상황과 관련해서 두 가지 방법 가운데 하나를 선택하는 것이 가능하다. 그 하나는 “소크라테스적인 방법”(Socratic method)이다. 이 방법은 연설가가 담론 초기에는 논쟁 중인 해당 명제를 청중에게 먼저 노출하지는 않지만, 논의가 진행되는 과정에서 이에 관한 동의와 설득을 추진하면서 점진적으로 주제의 논증을 해나가는 방식이다. 이것은 논증하려고 하는 명제에 대해 청중의 편견이 상당히 크다고 판단될 경우에 활용되는 것이 바람직하다. 또 다른 수사 유형은 “아리스토텔레스적인 방법”(Aristotelian method)이다. 이 방법은 청중이 논증하려는 견해에 매우 호의적일 경우에, 연설가가 논쟁 중인 해당 명제를 처음부터 대담하게 제시한 후 그 유효성을 논증해 가는 방식으로 진행된다(Smith 1983: 146~7).

는 것이 필요하다.

한편, 이처럼 철학이나 과학 체계를 전수하는 데 활용되는 학술적 담론은 특정 지식과 진리에 관한 확신(conviction)을 갖도록 논증하는 것이 주요 목적이다. 스미스에 따르면, "학술적 담론은 주어진 문제의 양쪽 입장의 논거를 진리 조명의 관점에서 제시하고 그 각각의 적절한 영향력 정도를 고찰하며, 그 논거들 자체에 확신이 있는 정도로만 설득하고자 하는 목적을 지닌다. … 학술적 담론은 논거의 설득력이 확신을 주는 정도로만 사람들을 납득시키려고 시도하며, 설명 및 교육이 그 주요 목적이다"(Smith 1983: 62). 하지만 학술적 담론은 기본적으로 설명 및 교육의 기능이 우선시되지만 설득의 목적 역시 학술 담론의 부차적인 목표가 된다. 이러한 측면에서 학술 담론은 수사적 설득 목적을 우선시하면서 설명 기능을 이에 종속시키는 연설 담론과는 서로 대비되는 목적을 지닌다.

4. 학술적 담론과 도덕철학 체계: 분석과 종합의 방법론에 기초한 학문 모형

본 절에서는 스미스의 과학적 인식론, 그리고 수사학적 논의를 토대로 스미스의 도덕철학 분야에서 수사학적 이론 내지는 방법론이 활용되는 측면이 고찰될 것이다. 구체적으로, 수사학 이론 가운데 학술적 담론에 관한 이론, 즉 학술 글쓰기의 배열과 과학방법론(분석과 종합)에 대응해서 윤리학, 법학 및 경제학 저술의 내용이 어떻게 구성되고 있는가를 그 사례로서 조명하고자 한다.

4.1. 학술적 담론의 두 가지 논증 방법

학술적 담론의 목적이 학문 공동체에서 설명과 확신이 요망되는 명제를 입증하는 것이거나 철학 체계를 일목요연하게 제시하는 것인 만큼, 이에 걸맞는 특별한 방법론이 필요하다. 즉, 학술적 담론과 관련된 저술과 작문의 구성에서 연구자의 견해에 확신을 부여하고 효과적으로 소통하기 위해서는 이에 합당한 수사적 논증 방법이 필요하다. 이와 관련해서 두 가지 수사학적 논증 방법이 구체적으로 거론된다.

첫 번째는 아리스토텔레스의 방법으로서 서로 다른 영역과 주제에 관한 사실에 근거해서 서로 다른 원리를 별개로 도출하는 방법, 즉 개별 영역에 국한해서 특수성으로부터 일반성으로 나아가는 귀납적 방법이다. 그 두 번째는 뉴턴식의 분석과 종합의 방법이다. 먼저, 관찰된 사실로부터 소수의 일반 원리를 추론한 후, 이를 바탕으로 삼아서 서로 다른 영역의 현상마저도 연결해서 설명하는 방법이다(Smith 1983: 145~6). 스미스에 따르면, 뉴턴식의 분석-종합적 방법이 과학 공동체가 활용하는 학술적 담론의 논증 방법으로는 가장 체계적일 뿐만 아니라, 미학적 관점에서도 한층 더 우월하다(Smith 1980: 98, 105, 145~6).

그러므로 『수사학 강의』에서(로마 시대에 목축과 농사 교본으로 사용된 바 있는) 베르길리우스(Virgil)의 저술인 『농경시』의 설명 방식을 사례로 삼아 두 가지 대조적인 학술적 방법론이 다음처럼 기술된다.

> "어떤 체계에 관한 설명을 포함하는 학술적 목적의 글쓰기가 전달될 수 있는 두 가지 방법이 존재한다. 그 첫 번째 방법에서 우리는 하나

또는 소수의 원리를 제시하고, 이것에 의해 몇 가지 규칙 내지는 현상을 자연적인 순서로 서로 연결하면서 설명한다. 또는 두 번째 방법을 통해 초반에 우리는 설명해야만 하는 그러한 현상들을 거론하고, 각각에 대해 서로 상이한 원리 또는 앞서 제시된 바와 동일한 원리를 주창한다. 베르길리우스는 『농경시』(*Georgics*)라는 본인의 저술에서 후자의 방법을 따른다. 그의 목적은 우리에게 경작의 체계를 알려주는 것이다. 그는 처음에 옥수수 재배에 대해 안내를 한 후, 두 번째로 나무에 대해, 세 번째로 소 사육에 대해, 마지막으로 꿀벌 같은 곤충의 양육에 대해 각각 안내한다. 만약 베르길리우스가 초반에 식생(vegetation)의 원리를 중심으로 식물의 생장을 증대하기에 적합한 방법이 무엇인가에 관해 탐구하면서, 다른 한편으로 그것은 서로 다른 토양에서 어느 정도로 이루어지고, 또한 서로 다른 식물들은 어떤 양육법을 필요로 하는지, 그리고 이 지식 모두를 종합해서 모든 서로 다른 식물에 적합한 생육법과 토양이 무엇인가를 우리에게 안내한다면, 이것은 첫 번째 방법을 따른 것이며, 의심할 여지없이 가장 철학적인 방법이 활용된 것이다"(Smith 1983: 145).

이 인용문에서 거론되듯이, 베르길리우스는 아리스토텔레스의 귀납적 방법을 채택해서 농경 관련 지식을 기술했다. 그런데 여기서 주목할 만한 부분은 두 유형의 학술적 담론 가운데 훨씬 더 과학적이고 탁월한 방식인 것으로 거론된 뉴턴식의 분석 및 종합의 방법이 이와 관련된 가상적인 사례를 들어 설명된다는 점이다.

실제로, 분석 및 종합의 방법(analysis and synthesis)은 고대 시기 과학 커뮤니티로부터 오랜 기간 전수되고 확장되어 온 방법으로서 상호 보완적이고 서로 분리 불가능한 방법이다.[18] 이 분석-종합의 과학적 방법은 기본적으로 시스템 전체의 기능과 특성을 큰 그림으로 조망하는 시각에서 출발한다. 여기서 시스템은 어떤 최종 효과를 내기 위해 함께 그리고 동시에 운동하는 여러 부분들로 구성된 복잡한 체계이다.

먼저, 분석의 방법은 시스템 내부의 구조와 기능(운동 과정)을 이해하기 위해서 시스템을 분리 가능한 각 미시 부분으로 가상적으로 분할한 후, 그 미시 부분에서 작용하고 있는 진정한 실재(實在)의 원인 또는 일반 원리를 추측해서 상정하는 것이다.[19] 그러므로 분석이란 세계에서 관측된 결과로부터 그것의 진정한 원인으로, 그리고 개별적인 원인으로부터 일반적인 원인을 찾아가는 방법을 말한다. 위 인용문에서 보면, 이것은 여러 농경 작물 및 가축에 보편적인 "식생의 원리", 즉 식생과 관련된 인과 관계의 연결 고리에서 그 이면에 숨어 있는 진정한 원인을 탐구하고 추론하는 과정이다. 이 분석의 방법과 관련한 자연과학의 사례로 뉴턴 과학을 생각해 보면 쉽다. 중세를 거쳐 근대 초까지 과학계를 지배했던 고대의 아리스토텔레스의 물리학 이론은 우주 시스템을

18 분석과 종합의 방법은 고대 그리스 이후부터 과학의 분과에서 널리 활용되어 온 방법이다(Redman 1997). 근대 자연과학에서는 갈릴레오, 데카르트, 뉴턴 등이 직접 활용했고, 사회과학에서도 홉스(Hobbes)가 관심을 가졌다. 분석-종합의 방법은 복합적인 시스템에 관한 과학적 이해를 도모할 목표로 삼아 함께 적용되는 것이므로, 각 부분을 분석할 경우에도 전체 시스템에 관한 시각이 견지된다. 이 점에서 분석의 방법은 오로지 부분(미시)의 원리에만 관심을 지향하는 환원주의(reductionism)와 대비된다.

19 과학에서 분석의 방법은 귀납법에 전적으로 의존하는 것으로 오해되어 왔으나, 미국 실용주의 철학자인 퍼스(Peirce)가 지적한 바와 같이, 가추법(abduction)에 의한 추론을 동시에 활용하는 과정이다. 가설 생성의 과정에서 가추는 경험적으로 관측된 사례, 즉 현상계의 배후에서 작용하고 있는 '불분명한' 원인이나 '숨겨진' 기제를 탐구하는 데 관여한다. 이는 알려진 현상계를 설명하기 위해 잠정적인 원인을 내세워 '추측적'인 추리를 하는 과정이다. 이때 가추는 귀납과 마찬가지로 확장적이고 종합적인 추론이지만, 귀납과는 대조적으로 보이지 않는 실재의 인과 기제에 관한 추론이므로 상상력과 유추 등이 활용되는 특징이 있다.

지상계와 천상계로 구분하고 각각의 운동 원리를 별개로 상정했다. 반면, 뉴턴은 분석의 방법을 통해 우주 시스템을 움직이는 원리로서 중력(gravity)을 상정하고, 이것을 지상계와 천상계의 모든 현상의 이면에서 작용하는(잠정적인) 힘과 원인으로 제안했다.

다음으로, 종합의 방법은 이처럼 선행적인 분석 과정에서 추론된 원인이나 일반 원리에 기초해서 시스템 전체의 기능과 효과(현상)에 대해 추론하거나 설명하는 과정이다.[20] 그러므로 종합의 방법이란 분석 과정에서 발견된 일반적 원인 또는 일반 원리를 가추적 추론 방식에 따라 잠정적인 법칙으로 전제한 후, 그것으로부터 가설연역적으로 진행되는 현상을 설명하거나 예측하는 것이다. 그러므로 종합의 과정에는 경우에 따라 시스템을 구성하는 복합적인 다양한 부분에 관한 힘과 원리의 합성 또는 상호작용에 관한 조망이 이루어질 수 있다.

만일, 시스템의 구성 부분이 비교적 단순한 유형이라면 종합의 과정에서 단일 또는 소수(보조) 원리에 의거한 연역 추론이 가능하다. 이것은 인용문에서 보편적인 "식생의 원리"를 토대로 해서 "식물의 생장을 증대하기에 적합한 방법", 즉 식물의 생장 메커니즘을 바로 추론하고 설명하는 과정에 대응한다. 그리고 이것은 "서로 다른 식물", 즉 "옥수수"나 "나무" 또는 "소"처럼 각 생물체

20 과학에서 종합의 방법은 가추와 연역적 추론을 동시에 활용하는 과정이라고 판단된다. 연역법에서는 전제(가설)로부터 결론이 필연적으로 도출된다. 하지만 실재적 영역의 불확실성 및 인지 능력의 한계 때문에 최선의 설명을 도모할 수밖에 없는 현실을 염두에 둔다면, 가추법은 관측 사례의 설명을 위해 개연성이 높을 것 같은 잠정적 실재 인과 메커니즘으로부터(연역 추론과 마찬가지로) 그것이 결과할 경험적 결과를 추리하고 또한 경험적 사실과의 대비를 통해서 최선의 설명 가설을 선택하는 데 활용된다. 한편, 이와 관련해서 좀 더 세분화된 용어를 차용하면, 종합의 방법은(가추에 기초해서 가설이 형성된 후) 이를 바탕으로 역행 추론(retroduction)과 연역을 동반하는 과정이라고 볼 수도 있다. 퍼스가 사용한 광의의 가추법을 방법론상 가추와 역행 추론으로 세분화한 논의로는 Rescher(1978: 3, 41) 및 이기홍(2014: 191~215)을 참조하라.

에 고유한 생장 원리를 함께 고려해서 각 개체의 생육 메커니즘을 추론하는 과정을 포함한다.

앞선 뉴턴 과학의 사례로 보자면, 이것은 중력(만유인력)의 법칙을 토대로 연역적 방법에 의해 지상계와 천상계의 현상을 모두 통합적으로 설명하거나 예측하는 과정에 해당한다. 구체적으로, 17~8세기에 뉴턴 과학에 기반해서 지상계의 조수 간만의 차이, 지구의 형태, 달의 궤도 및 태양과 행성의 밀도 등에 관한 추론, 그리고 더 나아가 핼리 혜성의 도래에 관한 예측 등이 성공적으로 행해졌다(Smith 1980: 98~104). 이처럼 일반 원인의 추론 및 가설 연역 방법에 근거한 우주 시스템 전체에 관한 설명과 입증, 그리고 예측에 관한 다양한 과학적 시도가 종합의 방법에 부수되는 것이다.

한편, 만일 시스템의 환경이 단순하지 않거나, 더 나아가 시스템이 복합 다층성의 특성을 내포한 다중 부분으로 구성된 경우에는 서로 다른 원리에 의해 따라 운동 또는 상호작용을 하고 있는 부분들에 관한 분석 내용을 합성하는 단계적 접근법이 활용될 수 있다. 이것은 초기 조건을 구성하는 복수의 외부 자극이라든지, 또는 다양한 환경적, 역사적 조건에 대한 반응을 고려해서 기존 모형을 가추적 추론 방식으로 수정해 가거나, 더 나아가 다층적 하부 이론의 결합을 시도하는 것이 될 수 있다. 인용문에서 보듯이, 종합의 과정에는 "서로 다른 토양", 즉 서로 다른 초기 조건이나 환경 여건의 차이에 따라서 개별 농경 작물과 가축의 생육 메커니즘이 어떠한 변화를 겪는지가 고찰될 수 있다. 이처럼 서로 다른 환경을 고려하는 종합의 방법 및 더 나아가 원리들의 합성과 단계적 접근에 의거한 접근법은 매우 복합적인 시스템에 관한 이해도를 개선해서 모형의 설명과 예측이 실재에 가능한 한 접근하도록 만들 것이다.

4.2. 학술적 담론과 스미스 도덕철학 체계의 구성적 특징

『국부론』을 포함하는 스미스의 도덕철 학체계 저술의 구성적 특징은 위에서 본 것처럼 수사학에서 거론된 학술 담론의 방법론을 적용한 것이다. 스미스가 상정한 인문 세계의 모형은 먼저 분석의 방법에 따라 해부할 때, 사회 공동체와 도덕의 세계, 국가와 법의 세계, 경제 활동과 시장의 세계로 잠정적으로 분리된다(제1장 표 1-2 참고). 그리고 동감, 정의감, 자기애(自己愛)와 같은 서로 다른 세 가지 인간 본성의 핵심 원리가 각각의 세계에서 수행되는 운동의 원천이 된다.[21] 한편, 종합의 방법은 이 세 가지 원리가 사회 공동체, 국가, 경제의 세계에서 주도적인 작용 원인으로 기능하면서 다양한 역사적 환경에 대응해서 각각 어떠한 방식으로 현상계를 좌우해 왔는가를 보여 주는 것이다. 따라서 이러한 종합의 방법은 복합 다층 구조로 구성된 사회 시스템(인문 환경)의 정태적 설명뿐만 아니라, 그 동태적 변화, 즉 역사적 선상에서 변증법적인 상호작용을 통한 사회 변화를 제시하는 데 활용된다.

좀 더 구체적으로 설명해 보자. 스미스는 사회 시스템의 복합 다층적인 시공간 운동을 과학적으로 접근하기 위해 먼저 분석의 방법에 의존해서 각 하부 세계의 미시 차원의 인과 관계에 주목한다. 즉, 상대적 자율성을 갖고 운동하

---

21 분석과 종합의 방법에 근거한 스미스의 도덕철학 모형이 시사하는 바는, 역사 속에서 각 하부 세계의 구조에 대응하는 핵심 본능들이 사회 공동체 차원의 가치 규범, 국가 통치 차원의 법 제도, 경제 세계의 자유와 경쟁 체계 등 여러 인공물과 변증법적인 상호작용을 하면서 사회 공동체의 흥망성쇠에 영향을 준다는 것이다. 그러므로 『도덕감정론』과 『국부론』이 서로 대립적인 인간 본성, 즉 이타심과 이기심을 각각 전제로 해서 구성되었다고 하는 소위 "애덤 스미스 문제"(Adam Smith Problem)는 그릇된 오해에서 비롯된 것이다. 한편, 스미스의 역사 이론을 경제적 결정론의 시각에서 단선적으로 접근하는 시각도 이러한 복합 다층적인 존재론 모형을 간과했다. 마찬가지로, 스미스의 정치철학을 경제지상주의 및 자유방임주의로 일방적으로 규정해 온 해석도 이상과 같은 동일한 비판에서 자유롭지 못하다(Kim 2009; 본서 제13장 참고).

는 세 가지 유형의 세계를 잠정적으로 분리한 후, 관찰과 귀납적 추론을 통해 각 세계에서 발견되는 사회 현상의 일반화(즉, 공동체 세계의 사회 가치와 도덕 규범, 국가 세계의 법률과 제도, 그리고 경제 세계의 부와 소득 등의 경향성)에 주목한다. 그리고 상상력, 직관, 유추 등 가추법을 동원해서 그 일반화된 현상의 이면에서 숨겨진 영향력을 행사하는 보편적 원리, 즉 이를 설명할 수 있는 소수의 핵심적인 힘과 원인들을 모색한다. 흄의 영향을 받은 스미스의 견해에 따르면, 인간과학에서 분석의 방법에 의거해 추론되는 각 차원의 힘이나 원인들은 사람들이 지닌 영구적이고 보편적인 욕구와 심리(내부 원인)가 된다.

한편, 종합의 방법은 이처럼 분석적으로 상정된 보편적인 인성을 토대로 해서 각각의 존재론적 세계에서 시공간적(역사적)으로 관찰되는 여러 현상, 즉 사회 가치와 도덕 규범, 법률과 제도, 부와 소득 등의 추이를 연역적으로 설명하거나 예견하는 데 적용된다. 다시 말해서, 종합의 방법은 각 존재론적 세계의 소수의 핵심적인 힘과 원리들이 특정 시대나 지역의 고유한 초기 조건이나 역사적 환경(인문 환경의 구조, 즉 사회 발전 단계, 법 제도의 안정성, 자본 축적 여부 등)과 상호작용하면서 어떠한 개별적이고 특수한 현상을 유발했는가를 추론하며, 또한 유사한 환경 여건에서 어떤 현상을 유발할 것인가를 예측하는 데 활용된다. 그러므로 분석 방법에 의해 도출된 소수의 힘에 기반한 각 존재론적 세계의 운동 법칙이 가추법을 통해 인과적으로 고찰됨과 동시에, 다양한 외부 여건 및 초기 조건의 차이에 따라 어떤 형태와 내용으로 사회 시스템의 운동 결과가 표출되고 변화하는가가 고려된다.

스미스의 사회과학 모형에서 사회 공동체의 세계는 인문 환경 존재론의 첫 번째 차원을 구성한다. 사회 공동체에서는 다양한 가치와 도덕 규범(예: 인의 예지)이 자생적으로 형성되고 상호작용하면서 통합과 협력을 도모하는 현상이 발생하고 관측된다. 『도덕감정론』에서 드러나듯이, 이러한 세계에 관한 학문적 담론은 사람들의 모든 행동(정치 및 경제의 세계의 행위까지 포괄)에 관해 내려지는 일상적인 도덕 판단의 기원과 그 변화를 다루는 것이다. 다른 한편, 국가와 법률의 세계는 두 번째 존재론적 차원을 구성하며, 법 제도의 기원과 변화를 다루는 『법학 강의』에서 그 윤곽과 내용이 잘 드러난다. 이상 사회가 아닌 역사적 현실에서 사회 구성원의 신체, 재산, 명예 등에 대한 침해와 분쟁이 일정 부분 발생한다. 이처럼 합당한 이유 없이 타인의 권리를 침해하는 행위는 일반적인 심리 기제상 피해자의 분개심(resentment)을 유발한다. 이 분개심에 관한 공정한 관찰자의 동감, 즉 정의감(sense of justice)이 국가법 제도의 기원과 변화를 설명하고 예견하는 핵심 원리가 된다. 마지막으로 동일한 학술 담론적 방법에 근거해서 『국부론』의 구성적 특징을 살펴보기로 한다.

4.3. 학술적 담론과 『국부론』

『국부론』은 스미스의 인문 환경 모형에서 세 번째 존재론적 구조인 경제와 시장의 세계, 즉 인류사에서 부의 본질과 축적 과정을 해부하기 위해 제시된 것이다. 경제 세계에 관한 분석의 방법에 따르면, 자기애의 하위 유형에 속하는 두 가지 본성, 즉 "생활 개선 심리"(desire for self-betterment)와 "교환 본능"(instinct to exchange)이 부와 물질적 토대의 기원과 변화에 궁극적인 영향력을 행사하는 핵심 원인이다.

그러므로 학술적 담론에서 거론된 방식대로, 『국부론』의 제1, 2편 서두 및 주요 부분에서 이 같은 일반 원리들이 제시된다. 스미스에 따르면, "노동 생산력의 가장 중요한 개선 그리고 노동이 어디든 지향되거나 적용되는 영역인 숙련도, 기교 및 판단력의 상당 부분이 분업의 효과인 듯하다. … 이처럼 많은 이익이 도출되는 분업은 그것이 동반하는 일반적 부유함을 예측하고 의도한 인간의 지혜의 결과는 본래 아니다. 그것은 그런 광범위한 효용을 전혀 고려하지 않은 인간 본성 가운데 어떤 성향, 즉 비록 매우 완만하고 점진적인 결과일지라도, 어떤 물건을 다른 물건과 거래하고 교환하며 교역하는 성향에 의거해 수반된 필연적인 결과이다"(Smith 1776: 13, 25). 또한 마찬가지로, "자신의 생활을 개선하고자 하는 사람들의 한결같고 일정하며 끊임없는 노력은 개인의 부뿐만 아니라 공공과 국민의 부가 궁극적으로 도출되는 원천이 되는 원리이며, 정부의 낭비와 행정상의 큰 과오에도 불구하고 개선을 향한 사물의 자연적 진보를 유지할 정도로 충분히 강력한 경우가 많다"(Smith 1776: 343).[22]

한편, 경제 세계를 다루는 종합의 방법은 이러한 두 가지 일반 원리가 부와 관련된 현상계에서 역사적 시공간을 막론하고 꾸준히 영향력을 미치고 있음을 설명하는 것이다. 다시 말해서, 종합의 방법을 통해 제1단계로 자기애의 심리적 성향과 그 부수 원리(즉, 소비자는 상대적으로 저렴한 상품에 더 관심을 갖는 반면, 기업가는 더 비싼 상품 판매를 선호함)가 일반적으로 작용함으로써, 경제 활동의 과정인 생산과 분배, 그리고 교환과 지출 행위에서 일정한 경쟁적 패턴과 진보적 성과가 발생한다는 점이 고찰된다.

22 또는 스미스의 표현에 따르면, "개인들의 사적인 이익과 열정은 자기의 자본을 통상적으로 사회에 가장 유리한 투자 부문으로 자연스럽게 이동시킨다. … 그러므로 법의 개입이 없다면 사람들의 사적인 이익과 열정은 그들로 하여금 사회의 자본을 사회 전체의 이익에 가장 잘 부합하는 비율로 다양한 투자 부문에 자연스럽게 분할, 배분하도록 한다"(Smith 1776: 630).

그러므로 『국부론』의 제1편에 따르면, 경제의 세계의 토대가 되는 자기애의 두 원리들은 경쟁적 교환 활동 및 효율적 자원 배분, 그리고 생산력 증진 및 기술 진보에 기여한다. 예를 들면, "시장에 나오는 모든 상품의 수량은 자연히 유효 수요에 적응한다. 상품을 시장에 출하할 때 그 양이 결코 유효수요를 초과해서는 안 된다는 것은 토지, 노동, 자본을 고용하는 모든 사람들의 이익이며, 그 공급량이 결코 유효수요보다 적어서는 안 된다는 것은 여타 모든 사람들의 이익이다. … 이렇듯 시장에 나오는 상품의 양은 곧 유효수요를 공급하는데 충분하게 될 것이다. … 말하자면, 자연가격은 모든 상품들의 가격이 끊임없이 끌려들어가는 중심 가격이다"(Smith 1776: 74~5).

마찬가지로, 제2편에서는 경제 세계의 거시적 운동과 동학에 초점을 맞춘다. 분석의 방법에 따라 제시된 그 두 가지 핵심 원리들은 종합의 방법론에 의거해 보면, 사회적 분업, 자본 축적과 산업 구조의 고도화가 촉진되도록 작용하며, 결과적으로 경제 성장 및 확대 재생산을 통해 국민 소득과 인구 증대에 기여한다.[23]

이뿐만 아니라, 종합의 방법은 제2단계로 그 자기애의 원리들이 시공간에 관계없이 항상적으로 작동함에도 불구하고, 서로 다른 역사적 단계와 외부 상황의 차이에 따라서 경제 활동 및 국부 축적의 성과에는 상당한 차이와 변화가 일어난다는 점을 설명하고 예측하는 것에도 적용된다. 이런 측면에서 스미스가 구체적으로 관심을 보인 비교역사 제도 분석은 국가법 제도의 운용상 차이에서 비롯되는 경제 성과의 차이에 주목했다. 즉, 법 제도의 제정과 운용에서

23 이러한 미시 분석 및 경제 성장 과정에 관해서는 Hollander(1973), Skinner(1996), 그리고 Richardson(1975), Eltis(1975) 등의 연구를 보라.

국가에 의해 자연적 정의 및 자유가 보장되는지, 아니면 불의(不義)가 횡행하는지 여부는 경제 활동의 흥망성쇠에 결정적인 영향을 미친다는 것이다.[24] 스미스의 표현에 따르면, "정의의 조직적 집행이 시행되지 않는 어떠한 국가에서도, 국민들이 재산의 소유에서 불안함을 느끼는 어떠한 국가에서도, 계약이 법률에 의하여 보호 받지 못하는 어떠한 국가에서도 … 상업과 제조업이 장기적으로 번성한다는 일은 거의 발생할 수 없다"(Smith 1776: 910). 그러므로 종합의 방법론 하에서 두 가지 대비적인 역사적 환경, 즉 폭력과 불의가 억제되거나 또는 지배적인 각각의 여건과 상황 하에서 경제적 성과가 어떠했는지가 서로 비교, 검토된다.

이를 위해서, 첫 번째 이론적 논증과 논거를 주로 다루는 제1, 2편에서 국가의 법정책에 의해 교환적 정의와 개인적 자유의 조건이 보장되는지 여부에 따라서 경제적 성과에서 상당한 차이가 발생한다는 점이 거론된다. 예를 들면, "완전한 자유"(perfect liberty)가 보장되는 경우에 시장가격은 자연가격으로 수렴되어 자원은 가치가 가장 큰 용도로 사용되고 사회적 효율성에 기여한다(Smith 1776: 79). 대조적으로, "한 업종에서 다른 업종으로 노동의 자유로운 이동을 방해하는" 동업조합법 및 구빈법 같은 노동 관련 제도들은 경쟁과 관련 자원의 이동을 규제하기 때문에 경제 활동을 효율화하려는 의지를 억제하고 자원 배분의 비효율성을 증대시킨다(Smith, 1776: 152~3). 다시 말해서, 분업의 고도화, 사

24 자기애 및 분업이 초래하는 강한 경제적 효율성 및 그 사회적 파급 효과에도 불구하고 인류사의 전근대 사회에서 부의 진보가 매우 더뎠던 이유는 자연적 원인을 제외하고는 바로 이러한 조건에 기인했다. "노동 분업의 여러 효과, 즉 문예를 개선하는 데 그것이 지닌 즉각적인 경향성을 고려할 때, 우리가 아는 것처럼 모든 국가가 그리 오래 빈곤하고 가난한 상태로 지속되었다는 사실은 다소 놀라운 일인 것처럼 보인다. 이것의 여러 원인은 첫째 자연적 장애물, 둘째 시민 정부의 억압과 같은 두 가지 부분으로 나누어 고찰될 수 있다"(Smith 1978: 521).

회의 효율적 자원 배분, 자본 축적 및 경제 성장 등과 같은 경제 세계의 현상은 국가의 통치 행위, 즉 정의에 기초한 자유권의 보장 및 재산권 구조의 적정한 조율, 그리고 사법 질서의 정의로운 운영 등과 매우 긴밀한 연관성이 있다.[25)]

두 번째, 거시적인 사례는 서로 다른 두 가지 역사적 모형에 기반해서 각 경제 성과를 비교한 것에 있다. 종합의 방법론을 활용한 이 같은 비교역사 제도 분석은 『국부론』 제3편의 서구 경제사의 재구성에서 나타난다(Kim 2009, 2014). 스미스에 따르면, 고대 로마 제국 붕괴 이후 근대 초기에 이르기까지 부의 진보 측면에서 대별되는 두 가지 현상이 관측된다. 먼저, 로마 붕괴 이후 중세로부터 근대 초기에 이르기까지 국내외적으로 전쟁, 폭력과 무질서가 횡행했던 오랜 침체기에는 경제 발전이 너무 느리고 불확실하게 진전되었다. 이 시기에 빈발하는 전쟁, 폭력 그리고 무질서 때문에 농민과 노동자를 포함한 경제 주체의 자연적 자유가 구속됨으로써 경제 활동 개선 의지가 상당히 위축되었다. 이와 동시에 자기애의 부정적 측면인 나태가 자연스럽게 조장되고 부주의한 습관이 배태되었다.

반면, 근대 초기 잉글랜드에서는 자연적 정의와 자유를 보장하는 여러 법 제도가 점차 정립되기 시작하면서 경제 활동 의지의 측면에서 근면성과 합리성이 부흥되었고, 자연적 진보의 이론에 부합할 정도로 매우 빠른 분업의 확장과 경제 성장이 성취되었다. 여기서, 종합의 방법을 활용한 미래의 경제 구조 변화에 관한 예측은 주목할 만하다. 자연적 진보 모형에 기초한 스미스의 이론적 견해로는, 국가가 정의의 법체계를 견지하는 경우에 자연적 진보에 의

25 스미스의 국가와 법 제도 및 경제 성장과의 연관성에 관한 논의로 Robertson(1983) 및 본서 제8장을 참고하라.

거한 산업 구조의 고도화는 농업으로부터 제조업 그리고 상업의 계기적 부흥에 의해 보다 빠르고 직접적으로 성취된다. 이로부터 예견해 볼 때, 당시 잉글랜드의 성장뿐만 아니라, 영국의 북미 식민지로부터 막 독립한 미국은 훨씬 더 큰 성장 가능성을 내포했다. 『국부론』이 출간된 18세기 후반 미국은 산업구조상 농업 중심 사회에 불과했지만, 국가 제도적 환경이 우월하고 시장의 크기가 확장적인 관계로 19세기 말경에는 점차 경제 규모에서 영국을 앞지르는 동시에 제조업이 경제의 근간이 되는 산업 구조의 고도화에 다다를 수 있을 것이라고 예견되었다(Smith 1776: 87, 625).

5. 요약 및 결론

본 연구는 과학철학과 수사학의 방법론적 관점에서 스미스 도덕철학의 여러 분과 그리고 경제학의 특성을 조명하고자 했다. 이를 위해 과학철학과 경제철학의 동향을 개괄했으며, 이에 대해 선구자적인 족적을 남긴 스미스의 과학철학에 관한 견해를 요약해서 기술했다. 특히, 과학철학에서 부상한 수사학적 접근법을 염두에 두고 스미스의 수사학 이론을 검토했다. 마지막으로 이러한 수사학 이론과 학술 담론을 토대로 해서 스미스의 인문과학 저술의 특성과 구조를 살펴보았다.

첫째, 과학철학에서 스미스는 실재주의의 존재론을 견지하지만 인식론의 영역에서는 다소 탄력적인 관점을 채택한다. 외부 세계는 관찰과 경험만으로 간파되기 어려운 복합적 존재론적 층위를 지니며, 과학의 과제는 "숨겨진 연결 고리"에 관한 진리를 탐구하기 때문이다. 과학 탐구의 세계에서 합리적, 객관적, 경험론적 측면이 일차적으로 중요하지만, 동시에 인지적 측면의 제한된 합리성과 명제 증명의 불가능성이 작용하는 상황에서 주관적인 상징과 미학, 언어와 수사에 의한 설득, 그리고 사회학적인 요소 등이 불가피하게 개입한다. 그러므로 인식론적으로 진리를 향한 과학 지식의 지평은(협약론 및 회의론의 시각처럼) 특정 시공간에서 다양한 연구 모형의 출현 및 경쟁의 여지를 허용하지만, '역사적인' 관점에서는 매우 점진적인 진리의 확장성을 강조한다.

둘째, 수사학은 일상과 학문의 세계를 통틀어 인간의 관념과 행위에 대한 지식과 가치를 언어를 활용해 의사소통하기 위한 목적으로 강구되었으며, 따라서 논리적인 설득과 체계적인 설명력의 제고를 지향한다. 특히, 과학/탐구의 수사학은 학문에서 수행되는 논증의 수사적 기능과 방식에 관심을 지향하고 있으므로, 다양한 학문의 방법론적 토대가 될 뿐만 아니라 학문 간 상호 의사소통을 하는 연결 고리가 될 수 있다. 스미스의 수사학 이론 역시 이러한 맥락에서 주목할 만하다. 예컨대, 학술적 담론에서 이루어진 수사학적 논평, 즉 뉴턴식의 분석-종합의 방법이 사물의 본질에 관한 설명 방식에서 더욱 체계적이고 우월성을 지니며, 미학적으로도 관심과 호평을 얻는다는 평가는 일종의 과학의 수사학이다.

셋째, 이처럼 학술 담론에서 거론된 분석과 종합의 방법은 복합 다층적 인문 세계와 도덕철학 체계의 본질, 즉 경제 활동의 세계, 정치와 법의 세계, 사회 공동체의 세계를 미시적으로 해부한 후, 다양한 여건과 변수를 고려해서 합성함으로써 사회 시스템 전체를 총체적, 유기체적, 변증법적으로 이해하고 예측하는 과정에 적용된다. 먼저, 분석의 방법에 따르면, 인간 내면의 자기애

(생활 개선 욕구, 교환 본능), 정의감(공정성, 자유 존중 정신), 동감 본능은 사회 시스템을 구성하는 각 세계의 배후에서 움직이는 본질적인 원인과 변화의 힘이 된다. 이어서, 종합의 방법은 이러한 작용 원인과 변화의 힘들이 각 세계의 다양한 역사적 환경에서 현상으로 구현되는 과정을 탐구하는 것이다. 분석-종합의 방법을 통해, 스미스는 사회 공동체, 국가법 제도, 시장과 경제 조직 등에서 관측되는 현상은(종종 예상 경로에서 벗어난 일탈과 그 부작용에도 불구하고) 인류 역사에서 대체로 덕목, 정의, 번영의 수준을 제고하는 선상에서 발생했으며, 결과적으로 문명의 진보를 시현해 왔음을 제시한다.

마지막으로, 본 연구가 스미스의 수사학 이론에 기초해서 수행하려 한 내용은 다음과 같다. 첫째, 과학철학의 주요한 방법론으로 부상한 현대의 과학/탐구의 수사학에 해당하는 학술 담론의 분석-종합의 방법을 현대 과학적 추론 방법과 관련지어 상세히 해부했다. 둘째, 설명/확신 부여 그리고 설득을 위한 목적으로 제기되는 수사학 방법론이 스미스의 실천적 학술 담론인 도덕철학 저술, 그리고 『국부론』의 구성과 내용에 어떻게 체계적으로 적용되고 있는가를 살펴보았다. 셋째, 수사학 방법론을 포함한 과학철학에 근거한 접근법은 스미스의 학문과 사상을 둘러싼 일부 논쟁, 예컨대 애덤 스미스 문제, 유물론적 역사 이론, 자유방임주의 등 단선적 해석 틀에 의해 야기된 논쟁을 해소하는 데에 유익할 수 있다.

제 3 편

사회, 정치 그리고 경제

제 5 장

사회적 평판의 경제

제 6 장

(국제)정치적 불의와 경제 발전

제5장

사회적 평판의 경제

1. 머리말

고전파 경제학의 핵심 과제 가운데 하나는 경제 성장의 현상을 해명하는 것이었다. 이 학파에 따르면, 주로 자본 축적, 인구 증가, 그리고 생산성 향상을 수반하는 요인에 의해 성장의 동학적 과정이 그려진다. 이처럼 생산과 공급 측면에 의해 경제 성장이 주로 결정되는 것으로 인식되었던 반면, 수요 측면의 역할은 공급 측면에 의해 부수적으로 수반되거나 또는 상대 가격의 변화를 통해 자원상의 배분에 영향을 미치는 정도로만 파악되었다. 경제 성장의 원천에 관한 공급 측면 중시의 관점은 고전파 경제학 형성에 지대한 영향을 미친 스미스의 경우에도 예외는 아니다. 스미스는 근검절약, 저축 및 공급 능력이 선행적 원인으로 작용해서 총생산과 고용, 그리고 계기적으로 총수요의 증가에 결정적 영향을 주게 된다는 점을 강조했다.

경제 성장을 견인하는 토대로서 생산과 공급 측면의 요소에 대한 상당한 강조점에도 불구하고, 몇몇 고전파 경제학자의 경우를 살펴보면 동시에 수요 측면의 역할이 간과되지 않는다. 흄(David Hume), 스미스, 맬서스(Thomas Malthus),

맥컬록(J.R. McCulloch) 등 일부 고전파 경제학자는 경제 성장 과정에서 수요 조건이 지니는 의의를 동시에 지적하고 있다. 구체적으로, 이들은 경제 주체의 제조품에 대한 기호 및 선호도의 변화가 야기해 온 경제 현상의 변화에 주목한다. 이 경제학자들은 제조품에 대한 기호 변화가 근로 동기와 투자 의욕을 자극시키거나, 상품에 대한 수요 기반의 확대를 통해 경제 성장을 도모하는 계기를 만든다고 지적한다.[1] 이러한 맥락에서 볼 때, "분업은 시장의 크기에 의해 제한된다"(Smith 1776: 31)는 유명한 명제를 스미스가 남긴 점도 주목할 만하다.

본 연구는 스미스의 경제성장론에서 (공급 측면 중심의 통상적 연구를 수용하면서도) 수요 측면의 역할을 구한 최근 연구들의 연장선상에서 일부 논점을 제시하고자 한다. 특히, 후술되는 바대로, 수요 측면에서 경제성장론의 전제를 구성하는 하나의 명제(편의품 및 사치품 등 제조품에 대한 수요는 평판의 경제 심리가 작용하는 경우 크게 증가할 수 있음)가 사회윤리학적인 분석에 토대를 둔다는 점, 그리고 이 같은 수요 측면의 일반적 현상이 역사적 관점 및 이론적 측면을 포괄하여 산업 구조 및 경제의 고도화를 설명하는 요인이 된다는 점을 밝힐 것이다.[2]

---

1 Rosenberg(1968), Eltis(2000), Marshall(2000), Fiaschi & Signorino(2003)를 보라. 스미스가 경제 성장과 관련하여 자본가의 절약, 저축, 자본 축적을 강조했지만, 동시에 수요 조건에 주목한 것은 전근대 사회에서 자본주의로 이행하는 과정에서 지주들의 소득 비중이 상당히 컸던 점에 기인한다. 당시 경제의 총생산물 구성을 고려할 때 제조업보다는 농업의 비중이 높았고, 지대가 국민소득의 가장 핵심적인 수입 부분을 구성했다. 이 때문에 지대를 상당히 소진하는 성향이 있던 지주들의 제조품 선호 및 소비가 시장경제의 선순환에 매우 중요하다고 인식되었다.

2 경제성장론 교재인 Weil(2005)에 의하면, 경제 성장은 물적 자본, 인적 자본, 기술과 같은 통상적인 요소 이외에도 정부, 법 제도, 문화 등과 같은 경제의 기본 요인에 의해서도 영향을 받는다. 이는 경제 성장의 문제는 경제 변수 이외에도, 조직, 법 제도, 사회문화적인 변수에 의해 영향을 받으며 다차원적으로 접근할 수 있음을 보여 준다. 스미스의 경제발전론이나 경제사 이론의 경우에도 오랜 기간 소득과 부, 또는 경제의 흥망성쇠가 일반적으로 어떻게 진행되었는가를 다룬다. 그러므로 경제적 요인 이외에도 정부에 의한 법 제도의 합리적 운용 여부가 설명 변수로 고려될 필요가 있다(김광수 2004; Kim 2009). 이 때문에 『국부론』 제3편에서 기술되는 경제의 장기

이러한 목적을 위해 제2절에서 스미스 성장론과 관련하여 공급 측면 중심의 통상적 논의를 간단히 요약한 후, 경제 성장과 수요 측면의 관계를 논의해온 선행 연구를 소개하고 검토한다. 이어 제3절에서 수요 측면의 주요한 부분을 구성하는 소비 행위의 미시적 토대가 도덕과학(moral science)의 사회심리적 관점에서 논의되고 있으며, 하나의 경향성을 지닌 현상(법칙)으로 파악되고 있음을 살펴본다. 스미스에 의하면, 생물학적인 생존 수준을 넘어서서 생산물이 창출되는 사회에서 경제 주체의 소비 패턴은 집단적 동감과 사회적 평판의 경제 심리에 상당히 의존적이다. 제4절에서는 스미스가 거론하는 경제 성장 과정에서 전개되는 산업 구조의 진화를 (공급 측면뿐만 아니라) 수요 측면의 가정을 동시에 고려하여 고찰한다. 사회적 평판, 차별화와 지위를 추구하고자 하는 사람들의 사회 심리가 사회 발전에 따른 산업 구조 변화를 이론적 그리고 역사적으로 설명하는 주요한 설명 도구가 되고 있음을 살펴본다. 마지막으로 제5절에서는 본 연구의 내용을 요약하고 결론을 맺는다.

2. 수요 측면과 경제 발전: 선행 연구 검토

2.1. 스미스의 경제성장론: 통상적 해석

스미스의 경제성장론에 대한 통상적 해석에 따르면, 성장의 근본적 조건

적인 흥망성쇠, 산업 구조의 고도화 등의 과제는 서로 다른 경쟁 모형에 의해 현상계의 설명이 가능하다.

은 분업과 자본 축적의 두 가지 요인으로 귀결된다.[3] 자본 축적과 분업의 상호 작용의 결과로 경제 활동의 선순환, 경제력의 발전과 경제 규모의 확장이 수반된다. 역사의 일정 발전 단계에서 자본 축적에 의해 분업의 확대가 전개되면, 기술 진보와 생산성 향상에 의해 제조품 가격이 하락하고 임금 상승이 유발된다. 이러한 현상은 계기적으로 인구 증가와 상품 수요 증대를 촉발하면서 시장 규모의 확대를 순차적으로 불러온다. 그러므로 확대된 시장 규모로 말미암아 자본 축적과 분업이 더욱 촉진되면서 경제 구조가 심화되고 지속적인 경제 성장이 이루어진다.[4]

이처럼 스미스의 경제 성장 이론은 경제 전반의 재생산 순환 구조를 고려할 때, 공급 측면의 자본 축적과 분업의 요인이 결정적인 작용을 하여 인구 증가와 수요 증대, 시장 규모를 확대하는 것으로 나타난다. 수요 측면 역시 이론 체계상 고려되어야 하는 부분이지만 성장 과정에서 공급 측면에 계기적으로 부수되는 현상으로 인식될 뿐 그 역할이 외형상 명료하게 부각되지 않는다.

2.2. 수요와 경제 발전: 선행 연구

스미스의 경제성장론에 관한 통상적 해석을 존중하면서도 수요 측면과

3 스미스에 의하면 경제 성장 과정에서 시간상 선행해야 하는 요인은 자본 축적이지만, 이에 따라 계기적으로 고용량이 늘고 분업이 고도화되며 자본 축적이 재차 확대된다(Smith 1776: 277). 스미스의 성장 이론에서 자본 축적과 분업은 상호 인과 관계(reciprocal causation)를 형성하면서 경제 성장의 동학을 이루어낸다. Young(1928: 533), Lowe(1975: 416), Kaldor(1972: 1244), Hollander(1987: 319) 등을 보라.

4 스미스의 성장 모형을 고전파의 정체 상태 도달과 유사한 관점에서 접근하는 연구는 Spengler(1959), Heilbroner(1975), Samuelson(1978)이다. 그러나 경제 성장에 관한 대부분의 연구는 제한 없는 지속적 경제 성장 모형을 지지한다. 이에 관해, 예컨대 Lowe(1954), Schumpeter(1954), Richardson(1975), Eltis(1975), O'Brien(1975), Reid(1987)를 보라.

경제 발전의 관련성을 검토한 일부 연구가 있다. 이 가운데 Rosenberg(1968)의 「소비자 기호와 경제 성장」은 초기 연구에 해당한다. 로젠버그는 스미스의 경제 이론에서 수요 측면이 '분석적'으로 의미 있는 역할을 하고 있지 않다고 보는 전통적 해석에 동의한다. 그러나 '역사적' 관점, 즉 중세 말 농업 사회로부터 상업 사회로 이행하는 유럽의 근대 경제사에 관한 역사적 기술에서는 수요 측면 요인이 경제 발전에 기여한 점이 명시적으로 인정된다. 예컨대, 생물학적인 생존 수준 이상의 잉여 생산물이 존재하는 특정 발전 단계에서 소비자의 기호는 점점 중시된다. 특히, 근대 사회에서 소비자 기호의 변화는 내구소비재에 대한 선호로 나타난다. 지주 계급은 가신에 의한 개인 서비스를 포기하는 대신에, 개인적 이해를 추구하면서 내구재에 대한 지출과 수요를 늘린다. 이러한 내구재의 생산 증대는 실질적인 자본재의 증대를 전제로 하기 때문에 자본주의 경제 부문의 확장 및 경제 성장을 촉진하는 계기가 된다. 그리고 자본주의 경제 부문의 확대는 사람들의 근로 태도 및 합리적 습관뿐만 아니라, 사회정치적 제도의 변화를 초래한다.

Brewer(1998)의 「사치재와 경제 발전」은 흄과 스미스의 견해를 중심으로 유럽의 경제 발전 과정에서 사치재의 수입과 지주 계급의 소비가 야기한 역할을 검토하고, 더 나아가서 스미스 성장론의 비일관성을 지적한다. 브루어에 의하면, 스미스는 이론적으로 경제 성장의 원천을 저축 또는 자본 축적에서 구하고 있으며, 이 점에서 사치에 대해서는 당연히 반감을 표시하는 입장에 선다. 하지만 스미스는 경제사가(經濟史家)의 관점에서는 영주들의 사치재 선호도 증가와 그 소비에 의해 야기된 경제적, 정치적 발전을 수용하고 있다. 즉, 토지의 잉여 생산물을 모두 가신의 부양에 지출하던 부유한 영주(지주)들이 사치재에 대한 지출로 소비 패턴을 전환하면서 농업의 발전, 산업혁명, 정치 제도의 개선 등 점진적으로 서유럽의 정치경제의 진보가 가시화되었다. 결국 스미스는 경제학자로서는 이론적으로 저축과 자본 축적을 중시했으면서도, (영국의 철학자이자 역사가인) 흄이 영국사 저술을 통해 지적한 사치재 도입의 사회경제적 효과에 대한 긍정적인 내용을 수용했다. 『국부론』에서 두 가지 설명 방식이 양립하면서 비일관성을 보여 주는 것은 이 때문이다. 스미스는 농업의 발달로부터 제조업의 발전이 유인된다고 하는 부의 자연적 진보에 관한 설명, 그리고 반대로 상업과 제조업이 농업 발전을 선도했다는 역사적 진보에 관한 설명이 양립하면서 비일관성을 보여 주는 것은 이 같은 사정에 기인한다.

Marshall(2000)은 브루어가 강조한 연구의 맥락을 수용하면서 사치재가 경제 발전에 미친 영향을 기술하는 흄, 스미스, 맥컬록의 문헌을 조명한다. 특히, 이 같은 3인의 고전파 경제학자는 유럽의 경제 발전 과정에서 사치재의 소비가 근로 동기에 대한 자극을 통해 경제 발전을 도모한 과정에 주목했다. 유럽에서는 18세기 중반까지도 낮은 임금이 태만한 노동자의 근로 동기를 자극하기 때문에 경제 성장에 유리하다는 빈곤유용설(utility of poverty)이 지배적이었다. 반면에 흄, 스미스, 맥컬록 같은 경제학자는 사치재에 대한 욕망과 소비가 오히려 경제 주체로 하여금 나태한 습관과 비합리적인 의식으로부터 탈피해서 근면, 주의, 질서, 자립성의 습관 형성에 바람직한 효과를 창출함으로써 경제 발전에 기여한다고 보았다.

Fiaschi & Signorono(2003)는 스미스, 리카도, 맬서스의 저서에서 나타나는 소비와 성장 간의 관계를 고찰한다. 스미스는 영국의 북미 식민지가 경제 성장의 모델이 되는 부의 "자연적" 진보와 유럽의 발전 과정을 기술하는 부의 "역사적" 진보를 논하는 과정에서 소비와 성장 간의 관계를 지적하고 있다. 중세 이후 유럽의 경제 발전을 서술하는 부분에서는 지주들의 소비 지출 수준 및 구성의 변화가 정체된 농업 사회의 성과를 고양시키고 재산권 제도를 변화시켜 역사적 진보를 이루는 데 기여하며, 지주들의 소비 패턴이 주요한 설명 변수가 된다. 다른 한편 영국의 북미 식민지의 빠른 성장은 거래의 자유를 존중한 모국의 선진적인 제도가 정착된 가운데, 미국 농산물에 대한 유럽의 수요가 보장됨으로써 농업의 발전이 선행된 것으로 나타난다. 결국 『국부론』에서 언급되는 두 가지 유형의 경제 진보에 대한 설명을 상세히 살펴보면, 한 경제의 내부든지 또는 외부든지 수요의 존재(역사적 진보의 경우 지주의 사치품 수요, 자연적 진보의 경우 유럽의 미국 농산물 수요)가 정체된 농업 경제를 활성화하는 조건이 된다.

이와 같은 선행 연구들이 기여한 점을 다음과 같이 정리해 볼 수 있다. 첫째, 공급 측면 중심의 경제 이론과 성장론을 강조한 전통적 견해로부터 부분적으로 탈피하여 수요 측면의 역할을 보완하고 있다. 스미스의 경제성장론에서 수요 측면의 역할을 공급 측면의 '계기적' 또는 '부수적' 연장선상에서가 아니라 일정한 정도 '독립적인' 차원에서 다루고 있는 스미스의 관점을 이해하는 데 도움을 준다. 둘째, 좀 더 구체적으로는 일정한 역사적 단계에서 소비자의 기호나 외국으로부터의 수요가 농업 기반 사회의 산업 고도화와 경제 성장을 촉발하는 역할을 했다는 스미스의 역사적 평가를 고찰할 수 있도록 돕는다. 셋째, 역사적 진보 과정에서 사치소비재에 대한 수요 증가는 일차적으로 제조업의 성장을 도모했을 뿐만 아니라, 합리적 근로 태도의 고취, 정치 제도의 선진화 등을 이루는 하나의 계기가 되었음을 적시한다.

선행 연구들이 이처럼 수요 측면에 의해 스미스의 성장론을 조명하는 의의를 지니지만, 다음과 같은 측면에서 보완될 필요가 있다. 첫째, 스미스는 경제 진보의 역사적 과정에 대한 논의뿐만 아니라, '이론적' 관점에서도 수요의 역할에 주목하고 있다. 그러나 선행 연구들은 수요 측면의 역할을 '역사적' 변화의 설명 변수로서만 인식하고 있다. 즉, 유럽 경제사를 다루는 부분에서 거론되는 사치재 소비와 내구재에 대한 수요 증대, 그리고 계기적으로 수반된 자본주의 경제 부문의 확장이 유럽의 산업 구조 변화와 경제 진보를 초래한 주요한 요인으로 다루어진다. 그러나 이러한 논의에서는 산업 구조의 단계적 고도화와 관련하여 이론적 맥락에서 수요 측면의 요인이 일반적으로 어떤 역할을 하는가에 대한 검토가 없다.[5)]

둘째, 산업 구조의 이론적 또는 역사상 고도화와 관련된 수요 측면의 요인은 생산 및 공급 측면과는 부분적으로 독립적인 차원에서 유래할 뿐만 아니라, 시공간상 우연한 특성이 아니라 견고한 미시적, 사회심리적 토대를 지닌다. 이것은 인간이 사회 공동체 속에서 삶을 영위하는 한, 생산, 소비 등 경제 행위 역시 필히 사회생활의 일부분을 구성하며, 모든 행동은 환경에 대응하는 일정한 사회 심리의 작용에서 비롯된다는 사회 윤리 이론을 반영하는 것이다. 다음에서는 이러한 두 가지 사항을 중점적으로 살펴본다.

---

5 스미스가 역사적 발전 과정에서 수요 측면을 중요하고 불가결한 역할을 수행하는 설명 변수로 파악했다면, 이론적 논의에서도 이를 반영하는 것이 이론가의 합당한 태도일 것이다. 수요 측면에 관한 선행 연구 가운데 Brewer (1998: 93)는 『국부론』 제3편에서 거론되는 부의 자연적(이론적) 진보와 부의 역사적(사실적) 진보에 대한 주장이 상치됨을 제기하면서, '자연적' 성장 경로를 일종의 "사기 행위"(fraud)로 규정했다. 이러한 오류는 스미스의 방법론적 논점을 간과한 결과에서 비롯된다.

3. 사회적 평판과 경제 심리: 소비 행위의 미시적, 사회심리적 토대

3.1. 사회적 행위 원리: 사회 준거로서 공정한 관찰자의 동감

스미스는 도덕철학 체계를 통해 인류 사회가 어떠한 운영 원리에 의해 존립하여 왔고 어떻게 지속 가능한 발전을 담보해 낼 수 있는가 하는 전통적 과제에 관심을 가졌다. 이 도덕철학 연구 체계의 기반이 되는 핵심적인 논의는 『도덕감정론』에서 이루어진다. 이 저술은 특정한 시대나 단계와 무관하게 사회 공동체 속에서 사람들이 이루어 온 보편적 가치 질서와 행위 법칙이 어떻게 성립하는가를 밝히고자 한다. 단순히 협의의 도덕 규범과 도덕 윤리(규범윤리학)를 다루는 것을 넘어서서, 사회에서 벌어지는 모든 사안에 대한 실제적 도덕 판단과 그 배후에서 작용하는 사회심리적 메커니즘의 탐구에 지향된다. 그러므로 『도덕감정론』은 인간의 사회적 행위 원리를 미시적 관점에서 탐구하며, 사회의 영역, 법과 정치의 영역, 경제의 영역 등 일상생활에서 불가결하며 상호 연관되는 범주를 모두 포괄해서 검토하고 있다.[6)]

스미스는 모든 사회적 행위의 배후에서 작용하는 분석적 차원의 도덕 능력을 동감(sympathy)이라는 감정의 원리에서 찾는다. 사회생활에서 발생하는 모든 행위와 관련해서 행위 당사자가 가지는 감정과 판단이 공정한 관찰자

---

6 이는 1976년에 발간된 『도덕감정론』의 Glasgow Edition 이후 주요 연구자들의 일관된 입장이다. Macfie(1967), Haakonssen(1981), Werhane(1991), Muller(1993), Griswold(1999), Evenski(2005) 등에 따르면, 스미스 경제학에 대한 온전한 인식은 윤리학적 토대에 대한 이해 없이 가능하지 않다.

(impartial spectator)의 동감과 일치하게 될 때 그 당사자의 행위는 적정성을 지니게 되며 사회적으로 승인된다. 이처럼 공정한 관찰자의 동감에 의해 사회적 승인이 이루어지기 때문에, 행위 당사자는 자신의 감정을 관찰자의 판단과 일치시키려는 시도를 하게 된다. 공동체 구성원들로부터 동감과 지지를 얻으려는 이러한 노력은 개인적 차원에서 행위의 적정성을 고려하게 하고 자기규제를 낳는다. 더불어, 사회적 차원에서는 적정성을 확보하고 사회적 인정을 얻은 개별적, 개인적 경험이 누적적, 집합적으로 축적됨으로써 사회 일반의 도덕률과 사회 규범이 형성된다. 또한 이 같은 동감의 기능은 행위 관련자에 관해서뿐만 아니라, 관찰자 본인의 행위와 감정에 대한 객관적 판단에 대해서도 확대, 성립한다. 즉, 후자의 과정은 마음속 양심의 본질을 구성한다.

한편, 공정한 관찰자의 승인을 누적적으로 반영한 도덕의 일반율과 사회규범은 사람들의 일상생활 속에서 행위의 기준 내지는 가치 판단의 준거(準據)로서 작용한다. 사람들이 천성(天性)으로서 동감의 원리에 따라 행동하려고 해도, 현실에서는 환경의 불확실성이 존재하고 정보가 결여되거나 또는 이기심이 강력하게 작용하기도 한다. 이때 공정한 관찰자를 통한 합당한 판단이나 신중한 자기규제를 하기 쉽지 않다. 바로 이러한 경우 문화, 관습을 통해 오랜 기간 사회에 착근된 도덕률은 사회적 승인을 얻기 위한 덕목과 판단 기준, 공정하고 합당한 판단을 유인하는 제도화된 행동 규범의 역할을 한다.[7]

요약하면, 스미스는 『도덕감정론』을 통해 사회의 자발적인 질서 유지, 그

7 스미스 저술에서 이 같은 사회화(socialization) 기능, 즉 제도화된 행동 규범이 사람들의 기회주의와 독단을 억제하는 반면, 사회적 협력과 신뢰를 높이는 측면에 대한 연구는 Rosenberg(1960), Heilbroner(1982)에서 볼 수 있다.

존립 및 번영을 가능하게 하는 가장 핵심적 요인은 인간 내면의 동감의 메커니즘에 있다는 점을 제시하고자 했다. 이처럼 사회 구성원들로부터 동감과 사회적 승인을 얻기 위한 사람들의 본래적인 노력은 정치와 법의 세계에서 다른 사람들의 권리 및 사회 질서를 존중하는 정신으로 귀결된다. 또한 이 동일한 메커니즘은 경제 세계에서도 자기중심적 탐욕의 극대화보다는 주변의 평판과 사회적 준거를 갖는 경제 활동을 지향하도록 만든다.

3.2. 동감의 법칙과 경제 심리

스미스의 윤리학에서 가장 핵심적 개념인 동감의 원리는 (경제학의 기본 전제인 자기애처럼) 사람들에게 내재된 매우 보편적인 도덕 감정이다.[8] 동감은 관찰자가 당사자의 상황과 동일한 입장에 처했을 때 행위자가 느꼈을 것 같은 감정을 감지할 수 있는 능력, 즉 상상을 통한 상황의 전환 및 감지 능력을 의미한다. 동감은 이타적 감정인 연민이나 동정, 또는 타인과의 감정 교류에 해당하는 감정 이입 등 좁은 의미로 제시되지 않는다. 동감은 관찰 대상의 어떤 행동에 대해 제3자가 느끼는 동료 감정을 총체적으로 지칭한다. 그러므로 관찰자가 자신의 상상력을 동원하여 행위 관련자가 직면한 상황과 처지에서 느끼는 감정과 판단을 공정하고 객관적으로 반추할 뿐만 아니라, 상호 감정의 일치

8 『도덕감정론』의 첫 구절은 동감의 원리의 보편성을 언급하는 것으로 시작한다. "인간이 아무리 이기적이라 할지라도 타인의 운명(또는 행복과 불행)에 관심을 가지게 하는 원리가 인간의 본성 가운데 명백히 존재하고 있다. … 우리가 타인의 슬픔을 보고 빈번히 슬픔을 느낀다는 점은 입증을 필요로 하지 않는 너무나 명백한 사실이다. 왜냐하면 여타의 모든 본원적인 감정과 같이 이러한 감정은 미덕을 실천하거나 인간적인 사람에게만 국한되어 존재하는 것이 결코 아니기 때문이다" (Smith 1759: 9).

여부에 따라 도덕적으로 승인하거나 부인하는 능력까지를 포괄한다(Smith 1759: 9~13).

사회 내에서의 모든 행위에 대한 도덕 판단과 사회적 승인은 먼저 구체적 상황에 반응하는 당사자의 감정(가치 판단의 대상)과 관찰자의 동감에 의한 감정(가치 판단의 기준) 간의 비교로부터 시작된다. 관찰자의 동감의 감정과 행위자의 감정이 내용과 수준에서 일치할 경우, 관찰자는 행위자의 행동 및 감정을 적정한 것으로 승인한다. 또한 이처럼 관찰자의 동감의 감정과 당사자의 감정이 일치하는 경우에 동감의 상호 쾌감이 발생한다.[9] 반대로 관찰자의 동감의 감정과 당사자의 감정 간에 불일치가 발생할 경우 관찰자는 행위자의 감정과 판단에 대해 도덕적으로 승인하지 못하게 된다(Smith 1759: 16).

그런데 스미스에 따르면, 관찰자에 의한 동감의 작용에는 몇 가지 경향성 또는 법칙이 존재한다.[10] 첫째, 관찰자가 느끼는 동감의 감정은 상상의 관념이기 때문에 행위 당사자의 본원적 감정과 비교하여 정도 내지는 강도의 측면에서 미약하다. "사람은 본래 동감 성향을 지니지만 타인에게 발생한 것에 대해서는 주요 당사자가 자연스럽게 느끼는 것과 동일한 정도의 감정은 결코 느끼지 못한다"(Smith 1759: 21). 이는 동감이 상상을 통한 입장의 교환임과 동시에 관

9 스미스에 의하면, "동감의 원인이 무엇이든 또한 그것이 어떤 방법으로 발생하든 우리들의 가슴에서 발생하는 모든 감정에 대하여 타인의 동료 의식을 보는 것만큼 우리를 기쁘게 해주는 것은 없으며 또한 반대로 냉랭한 태도만큼 우리의 기분을 상하게 하는 것도 없다"(Smith 1759: 10). 그런데 사람들이 지닌 본래적인 사회적 승인 욕구는 자기규제를 통해 관찰자의 동감과 행위 당사자의 본원적 감정과의 완전한 일치를 이루는 것을 가능하게 한다. "인간은 본래 이웃으로부터 승인 받고 싶다는 욕구뿐만 아니라 승인을 받아 마땅한 존재가 되고 싶다는 욕구를 … 자연으로부터 받았다"(Smith 1759: 117). 그러므로 사회적 승인을 얻기 위해서 행위의 당사자는 본인이 느끼는 본원적 감정을 통상적으로 관찰자의 동감 수준에 적합하도록 절제하며 완전한 동감을 이루도록 노력한다. "그(어떤 사람)가 사회 속에 살고 있다면, … 다른 경우와 마찬가지로 우리는 부단히 관련 당사자보다는 관찰자의 감정을 보다 많이 고려하며, 자신의 처지가 그 자신에게 어떻게 보이는가보다는 다른 사람들에게 어떻게 보이는가를 고려한다"(Smith 1759: 182).

10 동감의 규칙성(regularities)에 대해 Campbell(1971: 98~101), Griswold(1999: 122~4)를 보라.

찰자 본인과는 직접적으로 관련되지 않은 사안에 대한 순간적인 감정인 데서 비롯된다.

둘째, 주요 당사자의 본원적 감정의 유형에 따라 이에 대한 관찰자의 동감 수준이 각각 다르며, 결과적으로 적정성의 수준도 달라진다.[11] 먼저 사회적 열정(관대, 인간애, 친절, 우정, 존경 등)에 대해서는 본원적 감정을 느끼는 당사자와 그 감정의 대상이 되는 당사자 모두의 만족에 관찰자가 배가적으로 공감(doubled sympathy)하기 때문에 감정의 수준이 높아도 관찰자의 동감이 가능하다.[12] 하지만 비사회적인 열정(분개, 증오 등)의 주요 당사자들에게 이해관계는 서로 상반된다. 이때 관찰자의 동감은 양 당사자 사이에 분할(divided sympathy)된다. 그러므로 비사회적인 열정을 표출하는 경우에 행위의 주요 당사자들이 자신들이 표현하는 감정의 수준을 상당히 절제하지 않으면 관찰자의 동감을 얻고 행위의 적정성을 확보하기가 어렵다.[13] 마지막으로, 타인과는 무관하게 자신들의 사적인 행운과 불운을 표현하는 이기적인 열정(환희, 비탄)이 있다. 이때 행위 당사자가 적은 환희감과 깊은 비애감을 드러내는 경우에 관찰자가 동감하는 경향이 있다. 이는 이기적 열정이 사회적 열정처럼 우아하지도 비사회적 열정처럼 불쾌하지도 않을 뿐만 아니라, 배가된 동감도 분할된 동감도 존재하지 않는 중간적 성격의 감정이라는 점에서 비롯된다(Smith 1759: 40-3).

---

11 스미스에 따르면, "적정성(point of propriety)이 있는 이 중간의 수준은 열정의 종류가 무엇인가에 따라서 그 수준이 서로 다르다"(Smith 1759: 27).

12 스미스가 표현하는 것처럼, "배가된 동감은 사회적 열정을 거의 언제나 쾌적하고 적절한 것으로 만든다"(Smith 1759: 38).

13 스미스가 기술한 대로, "분개한 사람에 관한 우리의 동감은 필연적으로 그를 격분시킨 열정에는 미치지 못하는데, 이는 모든 동감적 열정은 본원적인 열정보다 미약하다는 일반적 원리는 물론이고, 여기서의 특유한 원인, 즉 상대방에 대한 우리의 상반되는 동감 때문이기도 하다. 그러므로 분개가 고상하고 적합한 감정이 되자고 하면, 다른 어떠한 열정보다도 그것이 자연적으로 일어나는 수준 이하로 훨씬 더 억제되어야 한다"(Smith 1759: 34).

셋째, 사람들의 "시기심이 작동하지 않는 경우"에는 환희에 동감하는 성향이 비애에 동감하는 성향보다 훨씬 더 강력하다. 즉, 사람들은 고통스러운 감정보다는 유쾌한 감정에 보다 동감하기 쉬운 경향을 갖는다. 스미스에 따르면, "시기심이 없는 경우에는, 환희에 동감하는 우리의 성향이 비애에 동감하는 우리의 성향보다도 훨씬 더 강하며, 유쾌한 감정에 대한 우리의 동포 감정은 고통스러운 감정에 대한 우리의 동포 감정보다도 주요 당사자가 자연스럽게 느끼는 감정의 생생함에 훨씬 더 접근한다"(Smith 1759: 45).

여기서 본 연구의 목적과 관련하여 주목할 만한 점은 다음과 같다. 즉, 자기이익의 추구가 근본적인 동기로 작용하는 경제적 영역, 즉 부의 생산, 소비, 재생산 과정에서 나타나는 경제 심리도 바로 이러한 동감의 법칙에 바탕을 두고 지향된다. 스미스에 의하면, 인간의 생존과 여가 생활을 위한 물질적 토대를 제공하는 경제적 영역의 활동도 사회 구성원들로부터 동감 및 승인을 얻고자 하는 목적과 깊게 연관되어 있다.[14] 『도덕감정론』 제1부 제3편 제2장 「야심의 기원 및 신분의 구별에 관해서」는 동감의 법칙의 경제 활동에 관한 적용 문제를 다룬다. 여기서 스미스는 부의 추구 내지는 경제 활동의 '사회적인' 동기는 이기적인 열정(환희, 비애)에 대한 사람들의 동감에 근거하고 있다고 지적한다. "부유를 과시하고 빈곤을 숨기는 것은 사람들이 우리의 비애보다는 환희에 대해 더 완전히 동감하는 경향이 있기 때문이다"(Smith 1759: 50).

이와 같이 고통스러운 감정보다는 유쾌한 감정에 한층 동감하고자 하는 사람들의 비대칭적 성향이 인류 역사에서 사람들이 부와 권세에 감탄하고 빈

14 Macfie(1967), Skinner(1992)에 따르면, 스미스는 사람들의 경제적 활동을 본래의 사회적 승인에 대한 욕구와 연관시키고 있다.

곤과 유약함에는 경멸과 무시를 보내는 경향을 만들어 낸다. 스미스에 따르면, 세속적, 물질적 경쟁에서 남들보다 더 부유하기를 갈구하거나 또는 과시하고자 하는 경향은 이 같은 동감의 법칙과 사회적 승인 욕구에서 비롯된다.

> "탐욕과 야망, 부와 권력 및 탁월함을 추구하는 목적은 무엇인가? 자연의 필요를 충족시키기 위해서인가? 가장 가난한 노동자의 임금으로도 필수품을 공급하는 것은 가능하다. … 사회의 모든 상이한 계층에서 나타나는 경쟁심은 어디에서 발생하는 것이며, 생활 조건의 개선이라는 인생의 거대한 목적에 의해 구하고자 하는 이익은 무엇인가? 타인에 의한 동감, 호의, 승인 속에 관찰, 주의, 주목 받는 것이 바로 그것(부)으로부터 우리가 도출할 수 있는 전적인 이익이다. 안락이나 기쁨 때문이 아니라 허영심이 우리로 하여금 부에 관심을 갖도록 만든다. 그러나 허영심이란 항상 우리가 이웃의 주목과 승인의 대상이 되고 있다는 믿음에 기초한다. 부유함이 자연히 세간의 주목을 끌고, 또한 부유함의 우위가 그에게 고취한 모든 유쾌한 감정에 사람들이 쉽게 공감하는 성향이 있다는 점을 느끼기 때문에, 부유한 사람은 그의 부를 자랑한다. … 그는 부유함이 주는 다른 모든 이익보다도 바로 이러한 이유 때문에 부를 좋아한다."(Smith 1759: 50~1)

4. 사회적 평판과 경제(소비) 활동

사회 속에서 살아가는 사람들이 본래적으로 환희에 더욱더 동감하는 성향은 부유함을 도덕적 덕목과 마찬가지로 탁월함의 대상으로 인식하도록 조장한다. 이 때문에 동료들로부터 동감과 좋은 평판을 얻고자 하는 마음의 작용은 부의 획득과 관련된 경제 활동 전반에 상당한 영향을 주게 된다.[15] 이와 관련해서 스미스는『도덕감정론』에서 다음처럼 거론한다. 첫째, 부를 얻기 위한 노력은 경제 활동의 생산적 측면에서는 경제 주체의 근로 동기를 자극하고 새로운 자원의 개발과 생산 기회의 탐색 및 혁신을 모색하도록 자극하여 경제 발전에 기여한다.

> "부와 권세의 기쁨은 … 웅대하고 아름다우며 고귀한 어떤 것으로서 우리의 상상력을 자극하는바, 그러한 기쁨의 획득을 위해서라면 부를 갖기 위해 기울이는 모든 노고와 걱정을 감당할 가치가 있는 것처럼 보인다. 그리고 자연이 이런 식으로 우리에게 작용하는 것은 좋은 일이다. 인류의 근면성을 일깨워 주고 계속해서 자극하는 것은 바로 이러한 기만이다. 바로 이것이 처음에 인류를 고무시켜 땅을 경작하게 하고,

15 심리학자로서 스미스의 관점에서 볼 때 이는 수단적 효용(means utility)에 더욱 집착하는 사람들의 마음의 성향 때문이다. 다음의 표현은 이를 잘 보여 준다. "관찰자가 왜 부와 권세 있는 사람들의 상황을 감탄을 하면서 부러워하는가 검토한다면, 우리는 그들이 향유한다고 생각하는 탁월한 안락 또는 기쁨 때문이라기보다는 이러한 안락 또는 쾌락을 촉진하기 위한 무수한 인위적이고 우아한 물건들 때문이라는 사실을 발견할 것이다"(Smith 1759: 182). 이러한 성향은 의도하지 않고도 목적을 달성하게 만드는 '보이지 않는 손'(invisible hand)처럼 사회 질서를 유지하고 경제 발전을 도모하는 자연의 기만 행위에 다를 바 없다. 다만, '철학자'로서 스미스에 따르면, 스토아학파(Stoic)처럼 진정한 행복은 (실상은 하찮은 존재에 불과한 부와 권세보다는) 마음의 평정에 있다(본서 제13장).

집을 짓게 하고, 도시와 국가를 건설하게 하고, 모든 과학과 기술을 발명, 개량하게 만들었다. 과학과 기술은 인간 생활을 고귀하고 아름답게 만들었으며, 지구의 표면 전체를 완전히 변화시켰고, 자연의 거친 삼림을 쾌적하고 비옥한 평원으로 바꾸었고, 발자취가 없고 쓸모없는 대양을 새로운 식량 재원으로 만들었고, 또한 지상의 다양한 국민들 사이의 교류를 위한 큰 대로를 만들었다."(Smith 1759: 183~4)

둘째, 경제 활동의 소비 과정에서는 부유의 과시적 행위가 소비 지출로 표현되고, 대중 간에 이 같은 과시적 소비를 모방하는 경향도 뒤따른다. 먼저, 부를 가진 사람들은 실질적 유용성과는 별개로 사회적 주목과 평판을 얻을 수 있는 편의품 내지는 사치품의 소비, 즉 과시적 소비를 지향한다. "부와 권세는 인간의 성향인 탁월함에 대한 애호를 한층 효과적으로 만족시킨다. 고립된 섬에 홀로 사는 사람에게는 대저택 또는 족집게 상자에 흔히 포함된 작은 편의품의 모음 중 어느 것이 그의 행복과 즐거움에 가장 도움이 될 것인지는 아마 판단하기 어려운 문제일 것이다. 그러나 만약 그가 사회 속에서 살고 있다면, 여기에 비교의 여지가 있을 수 없다"(Smith 1759: 182).

더구나 관찰자의 동감과 사회적 승인을 갈구하는 사람들, 특히 허영심을 지닌 다수의 대중들 역시 가능한 한 부자들의 과시적 소비를 모방하려는 경향이 있다. "부자와 권력자들이 소위 유행을 창시하거나 선도하는 것은 그들에 대해 감탄하고 결과적으로 모방하는 우리의 성향으로부터 생겨난다. … 허영의 인간은 부와 권력의 세계에서 그렇지 않은 자신의 모습을 마치 그런 것처럼 가장하는 경향이 있다. 그는 자신보다 상류 계층의 장식품이나 호화스러운 생활 양식을 모방한다"(Smith 1759: 64).

이상에서 본 바와 같이, 스미스에 따르면, 부를 축적하려는 동기, 그리고 재화의 생산 및 소비의 특성을 좌우하는 요인은 일차적으로 매우 적은 노력의 투입으로도 가능한 인간의 가장 기본적인 필요(needs)의 충족에 의존한다. 하지만 생존 수준을 넘는 단계의 생활상은 사회적 관심과 승인의 대상이 되고자 하는 욕구를 반영하는 경향이 있다.[16] 스미스는 부 또는 이를 사회적으로 표출하는 과시적 행위에 대한 구성원들의 주목과 관심, 사회심리적인 동감과 평판 때문에 사람들이 끊임없이 부와 권세를 탐하는 경향이 있다고 보았다.

5. 수요와 경제 성장: 이론과 역사

앞서 기술했듯이, 통상적으로 알려진 스미스의 경제성장론은 분업과 자본 축적의 두 요인이 상호 인과 관계를 형성하면서 거시경제에서 확대 선순환을 만들어 낸다. 그러나 스미스의 성장론에서 생산 및 공급 측면뿐만 아니라 이와 대비되는 수요 측면의 요인이 한층 명시적으로 고려되는 것은 이처럼 확대 재생산과 경제 성장이 관철되는 과정에서 나타나는 산업 구조의 진화를 설명하는 부분이다. 스미스에 따르면, 공급과 수요 측면의 이론상 농업 기반인

16 따라서 사치품에 대한 소비는 부유한 특정한 계층에 한정되지 않고 국민소득이 향상됨에 따라서 다양한 계층 내지는 사회 전체적으로 확산되어 많은 상품이 편의품화되며, 이에 대한 수요는 더욱 증가하는 특성을 지닌다. 스미스는 『법학 강의』를 통해 노동의 많은 부분이 기본적인 생활필수품보다는 편의품의 생산에 집중된다고 말한다. "인생에서 행해지는 전체적인 노동은 사람들의 세 가지 기본 필수품인 의식주의 공급을 얻기 위한 목적보다는 개개인의 미묘한 기호의 차이를 충족시키는 편의품의 획득에 지향된다"(Smith 1978: 488).

사회로부터 제조업 및 상업이 경제의 기반이 되는 사회로의 이행 과정이 정상적인 산업 구조의 변화 과정이다. 한편, 중세로부터 근대에 이르기까지 유럽의 경제사를 볼 때, 이 같은 순서가 역전되기는 하였지만, 수요의 변화가 산업 구조의 변화에 기여한 것은 분명하다.

이처럼 주요 산업 부문의 구성을 고도화시키고 경제 성장을 가능하게 하는 과정에서 수요 측면의 역할은 불가결하다. 경제 성장의 과정에 작용하는 수요 측면 가운데 스미스가 염두에 둔 부분은 전술한 바와 같이 사회적 평판(관심과 승인)을 획득하고자 하는 사람들의 미시적 동기이다. 스미스는 사회심리적 욕구의 작용과 경제 심리, 이에 의거한 상품 수요 패턴의 변화가 산업 구조의 진화의 계기를 만든다고 본다. 본 절에서는 경제 성장의 경로와 관련하여 제기된 이론적 및 역사적 관점의 논의에 대해 살펴본다.

5.1. 이론적 관점: 수요와 산업 구조의 발전 경로

스미스의 경제성장론은 『국부론』 제1편에서 전개되는 분업과 교환 및 가격 시스템의 작동의 논리에 그 토대를 두고 있다. 이를 바탕으로 장기에 걸친 경제 성장의 과정에서 발생하는 산업 구조 변화에 관한 이론적 논의를 살펴보자. 먼저 경제 성장 과정에서 나타나는 산업 구조 변화에 대한 몇 가지 전제 사항을 고찰할 필요가 있다.

첫째, 생산 및 공급 측면과 관련된 가정으로 수확에 대한 부분이다. 우선, 농업에서는 경제 진보와 수요 확대가 이루어질 때 우등한 토지의 고갈에 따라 곡물을 제외한 농(광)산물의 생산 비용은 체증한다. "가장 비옥하고 좋은 지역에 위치한 토지가 전부 점유되는 경우 토양과 위치에서 열등한 토지가 경작되기 때문에 보다 적은 이윤이 발생하고, 그 부분에 투입된 자본에 대해 보다 적은 이자가 주어지게 된다"(Smith 1776: 109).[17)]

그리고 제조업에서는 수요 확대에 대응하여 분업과 전문화에 의해 생산성이 증가하고 생산비는 감소하는 경향이 있다. "거의 모든 공산품의 실질가격이 점차 하락하는 것은 진보의 자연적인 결과이다. … 진보의 자연적 결과인 향상된 기계와 정교한 기교 및 더욱 적절한 분업과 작업 배치로 인하여 특정한 작업량을 수행하는 데 필요한 노동량은 점점 적어지게 된다"(Smith 1776: 260).[18)] 결국 이 같은 공급 측면의 가정은 경제 성장 과정에서 수요가 증대할 때 제조업과 대비한 농업의 상대적 열위를 상정하는 것이다.[19)]

둘째, 수요 측면과 연관된 가정은 다음과 같다. 우선, 식량과 같은 생활필수품은 인간 생존에 불가결한 본원적 토대이므로 최우선적으로 생산물 수요를 구성하며, 제조품(편의품과 사치품)에 선행하여 존재한다. "사물의 본성상 생필품은 편의품 및 사치품에 우선한다"(Smith 1776: 377). 이러한 가정은 생존을 겨

17 지대론에서 다음처럼 기술된다. "곡물이나 오로지 인간 근로에 의해 산출되는 야채류들을 제외한다면 다른 모든 종류의 미가공 생산물, 가축, 가금, 모든 사냥감, 땅속의 유용한 화석류와 광물 등은 국부가 증가하고 진보함에 따라 자연적으로 더욱 비싸진다. … 진보의 결과로써 상승하는 것은 그 상품들의 명목가격만이 아니라 실질가격이다. 그 상품들의 명목가격의 상승은 은의 가치가 하락한 결과가 아니라 실질가격이 상승한 결과이다"(Smith 1776: 234). 단지 곡물은 경작 기술 진보에 의한 노동 생산력 증진으로 장기적인 안정 추세를 보이며 수확 불변의 특성을 지닌다. "모든 상이한 발전 단계에서 토양과 기후가 동일하면 같은 양의 곡물 생산은 평균적으로 거의 같은 양의 노동, 다시 말해서 거의 같은 노동 가격을 필요로 할 것이다. … 부와 진보의 모든 상이한 단계에서 곡물은 다른 어떤 상품 또는 일련의 상품들보다 더욱 정확한 가치 척도이다"(Smith 1776: 206).

18 분업론에서는 다음처럼 기술된다. "모든 수공업과 매뉴팩처에서도 분업의 효과는 매우 사소한 이 제조업에서의 그것과 유사하다. 분업은 그것이 도입될 수 있는 한 모든 업종에서 노동 생산성을 비례적으로 증대시킨다"(Smith 1776: 15).

19 수확 체감 또는 체증에 관한 농업과 제조업의 대조는 분업의 효과와 관련된다. "농업의 성질은 제조업과는 달리 그처럼 노동의 많은 세분화나 직업의 완전한 상호 분리를 허용하지 않는다. … 이처럼 농업에 고용된 각종 노동들을 완전히 분리시키는 것이 불가능하기 때문에 농업에서 노동 생산성의 향상이 언제나 제조업에서의 생산성 향상과 보조를 맞추지 못하는 것 같다"(Smith 1776: 16).

우 유지할 정도로 생산력이 낮은 사회 발전 단계에서 농산품 생산 부문이 산업의 기반을 구성하는 것으로 이해된다.

다음으로, 식량을 포함한 필수품의 생산량이 생존 수준을 넘는 단계에 도달할 때 편의품 및 사치품에 대한 수요가 점차 나타난다.[20] "토지 개량의 결과로서 많은 사람들이 스스로 소비할 수 있는 양을 초과하는 식량을 풍부하게 가진다는 것은 의복, 주거, 가구, 마차 등 모든 편의품 및 장식품은 물론 귀금속과 보석에 대한 수요의 큰 원인이다"(Smith 1776: 192). 이는 제조업은 잉여농산물이 존재하는 시점에서 출현하며, 제조품에 대한 수요는 일차적으로 농업 발전에 의존한다는 것을 의미한다.[21]

마지막으로, 식량(필수품)에 대한 수요는 생물학적인 필요에 의해 일정하게 제한되지만, 제조품(편의품과 사치품)에 대한 수요는 사회적 평판에 대한 고려가 작용하여 무한히 증가할 수 있다. 스미스에 의하면, 필수품(농산품)에 대한 수요가 생물학적인 필요 또는 그 사용가치에 의해 일정 부분 견고함과 동시에 다른 한편으로 확장성 측면에서 제한된다. 그러나 편의품 및 사치품 수요의 경우에는 그 한계가 있을 수 없다.

---

20 스미스에 따르면, 소비재는 필수품과 사치품으로 구분된다. 필수품은 "최하층 계층에게 생물학적이거나 사회의 통상적 품위 기준에 의해 필요하다고 간주되는 물품"이며, "그 이외의 모든 물품"(Smith 1776: 870)은 사치품에 속한다. 이러한 정의는 17~8세기 유럽 계몽주의 학자들이 사용하던 용어법과 크게 다르지 않다. Perrotta(1997: 305~10)는 고전파 이전의 학자들은 사치를 생산 동기를 유발하는 긍정적(positive) 사치(편의품)와 나태 또는 과도한 소비와 관계되는 부정적(negative) 사치(현대적 의미의 사치품)의 의미를 모두 내포하는 뜻으로 사용했다고 지적한다.

21 스미스는 『국부론』 제1편에서 다음과 같이 기술한다. "토지의 개량과 경작에 의해 한 가족의 노동이 두 가족에게 식량을 공급할 수 있을 때 그 사회의 절반의 노동이 사회 전체의 식량을 공급하는 데 충분하게 된다. 그러므로 그 나머지 반 또는 적어도 그들 중의 대부분은 다른 물건을 공급하는 일 또는 인간의 다른 욕망과 기호를 충족시키는 일에 종사할 수 있다. 의복, 주거, 가구, 마차는 이러한 욕망과 기호의 보다 큰 부분을 구성하는 주요 대상이다"(Smith 1776: 180).

"부자가 이웃의 빈자보다 더 많은 식량을 소비하는 것은 아니다. … 모든 사람에게 식량에 대한 욕구는 위장의 좁은 용량에 의해 한정되어 있다. 하지만 건물, 의복, 마차, 가구라는 편의품 및 장식품에 대한 욕구는 무한하며 일정한 한계를 가진 것 같지 않다."(Smith 1776: 180~1)

이처럼 편의품 및 사치품에 대한 수요가 제약 없이 증가할 가능성은, 전절에서 보았듯이, 이 상품들이 소비자에게 주는 효용이 그 내재적 사용가치보다는 희소성에서 비롯되는 사회적 주목, 차별 및 과시성에서 나오기 때문이다.[22] 스미스는 『국부론』 제1편에서 과시적 수요 상품인 귀금속의 가격을 결정하는 요인을 언급하는 과정에서 다음처럼 기술한 바 있다.

"귀금속에 대한 수요는 부분적으로는 효용으로부터, 또 부분적으로는 아름다움으로부터 발생한다. … 귀금속이 아름답다는 장점은 희소성에 의해 크게 높아진다. 대부분의 부자에게 부가 주는 주요한 기쁨은 부의 과시(parade of riches)에 있는데, 부의 과시는 자신들 이외에는 어느 누구도 가질 수 없는 부의 결정적인 표지를 자신들이 가지고 있다고 생각할 때만큼 완전하지 않다. 그들의 눈에 비춰 볼 때 유용하거나 아름다운 어떤 물건의 매력은 희소성에 의하거나, 또는 상당한 양의 그

22 사회적 평판에 대한 고려로부터 야기되는 상품 수요의 특성은 『국부론』에서 다음처럼 언급된다. "부와 사치가 널리 통용되는 시기에는 … 희소성을 지닌 것이 흔한 것보다 항상 더 선호된다"(Smith 1776: 242). 그러므로 희소성이 가치의 원천이 되는 상품은 과시성에 근거한 상품 수요의 특성 때문에 그 양이 증가할 때 가치가 하락한다. "가치가 주로 희소성에서 비롯되는 생산물은 그것이 풍부해질 경우 반드시 가치가 떨어진다"(Smith 1776: 192).

물건을 수집하는 데 필요한 큰 노동, 즉 그들 이외에는 아무도 그 노동을 지불할 수 없다는 것에 의해 크게 높아진다. 그들은 이러한 물건을 그것보다 훨씬 더 아름답고 유용하지만 비교적 흔한 물건보다 더 높은 값으로 기꺼이 구매하고자 한다."(Smith 1776: 189~90)

이상의 전제들은 경제 성장 과정에서 전개되는 주도적 산업 부문의 재편과 단계적 변화를 이론적으로 제시하는 데 활용된다. 스미스는『국부론』제3편 제1장「부의 자연적 진보」를 논하는 부분에서, 장기에 걸친 산업 구조의 단계적인 진화 과정은 농업, 제조업, 상업의 순서로 주도적 산업 부문이 교체되면서 경제 성장의 추진력을 갖는다.[23]

첫 번째, 경제 진보 과정의 초기 국면에서는 농업이 주도적인 산업이 된다. "사물의 본성", 즉 수요 측면에서 식량이 인구 부양의 불가결한 토대가 된다는 점 때문에 농업은 제조품을 생산하는 산업에 선행한다. 물론 농업이 주도적 산업이지만 수공업과 상업도 일부 존재한다. 농업이 경제의 주축이 되어 선행적으로 발달하는 과정에서 생존 부분을 초과하는 잉여 생산물이 존재하게 될 경우에 비로소 인간의 다른 욕망을 충족시키는 편의품 및 사치품을 생산하는 수공업이 출현한다.

스미스에 따르면, "생필품을 제공하는 산업은 편의품 및 사치품을 공급하는 산업에 반드시 우선해야 한다. 그러므로 생필품을 공급하는 농촌의 경작과

23 스미스에 따르면, "사물의 자연적인 진행 과정에 따르면 모든 성장 사회의 보다 많은 자본은 일차적으로 농업에 지향되며 다음에는 제조업으로 그리고 마지막에는 외국 무역에 지향된다. 이와 같은 사물의 자연적인 순서는 매우 자연스럽기 때문에 영토를 가지고 있는 모든 사회에서는 어느 정도 언제나 관찰되어 왔다고 나는 믿는다"(Smith 1776: 380).

개량은 편의 및 사치 수단을 공급하는 것에 불과한 도시의 확대에 반드시 우선해야만 한다. 도시의 생필품을 구성하는 것은 농촌의 잉여 생산물, 또는 경작자의 생존 수단을 초과하는 부분이며, 이러한 잉여 생산물의 증가에 의해서만 도시는 성장할 수 있다"(Smith 1776: 377). 이 경우 수공업자들(또는 상인)이 거주하는 도시는 농촌 인근에 자리 잡고 식량과 원료의 수요처가 된다. 이때 농촌은 수공업자가 제작한 생산 도구를 포함한 편의품을 구입함으로써 상호간에 시장을 제공하고 분업의 이익을 향유하며 생산 규모를 확대한다.[24]

두 번째, 농업을 기반 산업으로 해서 유기적 연관성을 지닌 수공업이 발달하는 초기 국면이 경과하게 되면, 다음에는 주도적 산업이 제조업으로 재편되어 산업 구조가 고도화되는 단계를 밟게 된다. 스미스에 따르면, "미경지가 전혀 없거나 쉬운 조건으로 토지를 구매할 수 없는 나라에서 인근 지역의 판매를 위해 투자할 수 있는 것보다 더 많은 자본을 획득한 모든 수공업자는 원거리 판매를 위한 일을 추진하고자 시도한다. 대장장이들은 일종의 철제 매뉴팩처를 세우고, 직공들은 아마포 내지는 모직물 매뉴팩처를 설립한다. 시간이 경과하면서 여러 종류의 매뉴팩처들이 점차 세분되어 매우 다양한 방식으로 개선되고 정교화된다"(Smith 1776: 379).

이 같은 산업 구조의 변화가 이루어지는 계기는 농업에서 인구 증가에 따른 우량 토지의 고갈과 미경작 농지의 감소로 인하여 수확 체감이 나타나기 때

24 스미스가 기술하듯이, "양자의 이익은 상호적이고 호혜적이며, 다른 모든 경우와 마찬가지로 이 경우에도 분업은 세분된 다양한 직업에 종사하는 모든 다른 사람들에게 유리하다. 농촌 주민은 자신들이 직접 제조품을 만들고자 하는 경우 투입해야만 하는 노동량보다는 훨씬 적은 노동량의 생산물과의 교환으로 보다 많은 양의 제조품을 도시에서 구입할 수 있다. 도시는 농촌의 잉여 생산물 또는 경작자의 생활 자료를 초과하는 부분에 대한 시장을 제공한다"(Smith 1776: 376).

문이다. 동시에 곡물 수요는 생물학적인 한계의 작용에 따라 제약을 받을 뿐만 아니라, 분업 및 전문화에서도 제약이 발생한다. 반면, 앞서 고찰한 것처럼, 생존 수준을 초과하는 생활 여건의 개선이 이루어질 때 제조업의 편의품 및 사치품은 지위의 과시, 차별화, 사회적 관심을 제고하는 수단으로 기능한다. 이러한 특성 때문에, 성장 과정에서 결과적으로 기호 변화와 더불어 제조품에 관한 상당한 수요 증대가 유발된다.

스미스는 "건물, 의복, 마차, 가구" 등을 당시 과시 소비의 대상이 되는 상품으로 거론한 바 있지만, 이러한 사람들의 성향은 편의품 및 사치품 등 제조품에 대한 수요를 전반적으로 증가시킬 것이다.[25] 제조업은, 농업과 비교했을 때, "상당한 수요"(Smith 1776: 407) 내지는 "광대한 시장"(Smith 1776: 682) 조건이 충족되는 상황에서 양적, 질적으로 고도화된다.[26] 제조품 관련 수요 패턴이 획기적으로 변화하는 계기가 마련된다면, 제조업에서 분업과 규모의 경제 효과가 가장 크게 작용하므로 동업종으로 자본 투자가 크게 늘고 이에 따라 제조업 발전은 더욱 촉진될 것이다.

마지막으로, 상업의 본원적 역할은 상호 수요가 있는 상품을 교환하는 것이며, 가장 중요한 부문은 농업과 제조업의 분업 구조 형성에 따른 농산물과

---

25 앞서 보았듯이, 스미스에 의하면, 부로부터 도출되는 기쁨에 동감하려는 사람들의 성향은 과시적 소비를 모방하는 경향을 낳는다. 의류, 내구재 등의 편의품 및 사치품의 확산 현상에 대한 다음의 언급도 동일한 맥락에서 이해될 수 있다. "부자들의 집, 가구, 의복 등은 곧 하층민이나 중산층에게 유용하게 된다. 그들은 부유층이 그러한 물품들에 싫증을 낼 때 그것들을 구입할 수 있으며, 이러한 지출 방식이 부자들에게 보편적으로 되었을 때 사회 모든 구성원의 일반적 주거 생활은 점차 개선된다. 오랫동안 부유했던 나라에서 하층민이 완벽할 정도로 훌륭하고 완전한 주택과 가구를 소유하고 있는 것을 종종 볼 수 있다"(Smith 1776: 347).

26 스미스에 의하면, "협소한 국내 시장에 공급할 정도로 규모가 크지 못하거나 또는 한 지방으로부터 다른 지방으로의 교통이 불편하여 특정 지역의 재화가 그 나라 국내 시장 전체를 확보하는 것이 불가능한 나라에서는 광대한 외국 시장이 존재하지 않는다면 제조업은 충분히 번영할 수 없다"(Smith 1776: 680). 또한 "제조업은 토지 미가공 생산물의 가장 중요한 부분보다 훨씬 더 넓은 시장을 필요로 한다. … 제한된 시장의 불리함 속에서도 농업은 제조업에 비해 더욱 쉽게 자립할 수 있다"(Smith 1776: 682).

제조품의 원활한 교환, 판매에 지향된 것이다.[27] 또한 경제 진보 과정에서 분업의 심화와 생산력 발전에 의해 제조업이 주도 산업으로 부각되는 동시에 다양한 제조품에 의해 외국과의 교역이 증대하는 것에 비례해서 상업의 영역은 외연적으로 확대되고 경제 성장은 촉진된다.[28] 특히, 제조업계의 기술 진보에 따라 제조품의 경량화와 정교화를 통해 수출 지향 생산이 이루어지게 되면, 상업은 국지적 교역과 제한된 상업의 범위를 넘어서서 국제적 무역으로 심화 발전한다.[29] 농업-제조업의 발전을 기반으로 하여 상업의 영역이 국제 교역으로 확대되는 단계에서는 이처럼 확장된 시장의 크기가 분업과 전문화, 그리고 규모의 경제를 도모하기 때문에 경제 성장은 더 빨라진다.[30]

---

27 『법학 강의』에서 "상업의 진정한 의도는 편의를 제공할 것이라고 판단되는 타인의 상품을 자신의 상품과 교환하는 것이다"(Smith 1978: 511). 상업의 기원에 대하여 스미스에 따르면, "도시는 농촌 주민들이 그들의 미가공 생산물을 제조품과 교환하기 위해 자주 들리는 상설 시장이다. 그리고 도시 주민들에게 작업 원료와 생활수단을 공급하는 것은 이 상업이다"(Smith 1776: 378). 그리고 농업과 도시 제조업 간에 이루어지는 산업 간 교역이 당시에 가장 크고 중요한 것으로 평가된다(Smith 1776: 686).

28 스미스가 기술한 대로, "제조품은 부피가 작더라도 종종 큰 가치를 지니며 대부분의 원료보다는 적은 비용으로 한 나라로부터 다른 나라로 수송될 수 있기 때문에, 거의 모든 나라에서 외국 무역의 주된 품목이 되고 있다"(Smith 1776: 680). 또한 외국 무역과 경제 성장에 대해서는 다음처럼 언급된다. "외국 무역은 잉여분을 그들의 욕구를 충족시키고 향락을 증가시키는 다른 상품과 교환함으로써 그 잉여분에 가치를 부여한다. 따라서 국내 시장의 협소함이 공예 · 제조업의 각 분야에서 분업이 최고도로 진행되는 것을 방해하지 않는다. … 외국 무역은 사람들로 하여금 생산력을 증진시키고, 연간 생산물을 최고도로 증가시키며, 따라서 사회의 실질수입과 부를 증가시키게 한다"(Smith 1776: 446~7).

29 스미스에 의하면, 교역의 확대에는 운송 비용이 중요한 변수이다. 그러므로 제조품이 경량화, 정교화되어 운송 비용이 저렴해질 때 해외 무역의 확대도 용이해진다. "제조업은 제품을 우선 인근 지역에 공급하고 나중에 개량되고 정교하게 됨에 따라 보다 먼 시장에 공급한다. 왜냐하면 미가공 생산물이나 조잡한 제조품은 상당한 육상 수송비를 감당하기가 웬만해서는 어렵지만, 정교하게 개량된 제조품은 쉽게 부담할 수 있기 때문이다"(Smith 1776: 409).

30 18세기 영국과 프랑스 간 국제 교역의 예상 효과에 대하여 스미스가 언급하고 있는 부분을 보라(Smith 1776: 495~6). 분업, 규모의 경제 및 국제 무역의 파급 효과에 대한 이러한 스미스의 견해는 오늘날 빈번하게 이루어지는 선진국 간의 산업 내 무역(intra-industry trade) 현상을 효과적으로 설명하는 논리의 기초가 된다. 이와 관련하여 Krugman(1981), Romer(1987), Lucas(1988)를 보라.

5.2. 역사적 관점: 유럽 경제사와 수요 – 산업 구조의 변화

지금 고찰한 바대로, 스미스가 '이론적' 관점에서 고려한 산업 구조의 단계적 변화를 추론해 볼 때, 성장 과정의 일정한 단계에서 제조품에 대한 수요 증대는 산업 구조의 양적, 질적 고도화와 경제 성장을 이루는 계기가 된다. 그런데 수요 측면과 경제 성장과의 이론적 연관성은 다른 한편으로 '역사적' 기술에서도 분명하게 드러난다.[31] 실제로 스미스는 중세 이후 근대에 이르기까지 유럽의 부의 진보 과정을 기술하는 부분에서 역사적으로 전개된 산업 구조 변화의 계기가 수요 측면에 의해 조성된 것으로 지적한다. 즉, 사회적 주목과 평판을 기대하는 경제 심리에 기초한 과시적 소비 지출이 산업 구조의 고도화를 견인하는 하나의 주요한 요인이 되었다는 것이다. 이에 대해 구체적으로 살펴보기로 한다.

『국부론』 제3편 제2장에서 제4장까지에 걸쳐 스미스는 유럽의 중세로부터 근대 사회로의 이행 과정을 검토하고 있다. 스미스에 의하면, 고대 로마 제국 붕괴 이후의 유럽은 수세기 간의 전쟁이 반복되면서 재차 농업이 생존 양식의 근간을 이루는 사회로 후퇴했다. 중세의 농업 중심 경제 체제의 조직 구조는 장원 경제로서 이주와 거래의 제약을 받는 예농(serfs)이 농업의 생산자였으며, 토지 소유자는 관할 지역의 최종 판결권을 지닌 영주였다. 중세 농업의 발

31 스미스가 논리적으로 전개한 '이론적' 관점의 산업 구조 변화와 '역사적' 사실이 부합하는가를 검토하는 문제(Smith 1776: 374~5, 380)는 중요한 논의 소재가 되지만, 경제 성장과 연관된 수요 측면의 역할을 고찰하는 현재의 목적상 차원이 다른 과제가 된다. 이러한 이슈를 중심으로 스미스 연구자들 간에 많은 논란이 있어 왔다. 예컨대, Bowles(1986), Brewer(1998)를 보라. 실상 스미스에 따르면, 정의(正義)의 원리에 부합하는 국가의 역할이 제대로 관철되지 못했기 때문에, 유럽의 경제 진보 과정에서 산업 발전의 순서가 철학적 역사가 제시하는 내용과 상당한 정도 일탈했다.

전이 저해된 이유는 전쟁과 정치적 불안정, 불합리한 소유권 제도, 과중한 지대, 자의적인 부역 노동, 압제적인 공적 조세 등에 있었다.

하지만 수요 측면에서 보자면, 봉건제 하에서 유일하게 토지의 잉여 생산물(현물 지대)을 보유한 영주(지주)가 토지의 개량 또는 제조품 구입보다는 가신의 부양, 사병의 양성, 호사나 향응을 위해 지출하고 있었다는 사실도 농업 생산성과 경제 발전에 저해 요인으로 작용했다. 따라서 중세의 농업은 장원 경제 하에서 단순 재생산 수준의 경제력만을 유지하면서 정체했다. 특히, 중세 농업은 도시의 수공업 또는 제조업과의 유기적 연관성이 거의 없이 고립화되었기 때문에 경제 발선의 동력이 되지 못했다(Smith 1776: 381~96).

하지만 중세 말기에 유럽의 영주들이 가신 부양 및 향응 제공 대신에 지대를 제조품과 사치품의 소비로 대체하면서 중세 농업 사회의 생산력 구조에서 변화와 재편이 발생했다.[32] 유럽 도시의 상인들은 개량된 제조품과 사치품을 수입하여 영주들이 보유한 잉여 생산물 대부분과 교환했다. 그리고 이것은 지주들의 허영심(vanity)에 기초한 소비를 자극하면서 제조품에 대한 수요의 확대를 견인했다.

> "상업 도시의 주민들은 보다 부유한 나라의 개량된 제조품과 값비싼 사치품을 수입함으로써 대량의 토지 미가공 생산물을 가지고 열렬

32 스미스는 다음처럼 기술한다. "외국 무역과 제조업은 점차로 대토지 소유자들에게 토지의 총잉여 생산물과 교환할 수 있으며, 그리고 차지인 또는 가신들과 나누지 않고 자기만을 위해 소비할 수 있는 상품을 제공했다. … 대토지 소유자들이 지대의 총가치를 자신을 위해서만 소비할 수 있는 방법을 발견하자마자 그들은 어떤 사람과도 그것을 나누려고 하지 않았다. … 이리하여 그들은 모든 허영 중 가장 유치하고 천박하며 비천한 허영을 만족시키기 위해 모든 권력과 권위를 점차적으로 내주었다"(Smith 1776: 418~9).

히 구입했던 대토지 소유자의 허영심을 충족시켰다. … 보다 정교하고 개량된 제조품에 대한 기호가 이런 식으로 외국 무역에 의해 그러한 생산 활동이 전혀 수행되지 않던 나라에 도입되었다. 그러나 이러한 기호가 일반화되어 상당한 수요를 야기했을 때 상인들은 운송비를 절감하기 위해서 자연히 자국에 동일한 유형의 제조업을 설립하려고 시도했다. 로마 제국 몰락 이후 유럽의 서부 지방에서 설립된 것으로 보이는 원거리 판매를 위한 최초의 제조업이 발생한 기원은 이러하다."(Smith 1776: 406~7)

이처럼 과시 소비 지향적인 지주들의 제조품 및 사치품 수요가 증가하면서 비로소 수입 대체를 위한 제조업이 비용 절감에 나섰던 상인의 지원 하에 국내에 설립되었다. 그리고 제조업이 농촌 인근에 자리 잡은 이후에서야 유인 체계 부족으로 오랜 정체 상태에 머무르던 유럽의 농업이 발전하는 계기가 마련되었다. 즉, 사치품 수요 증가에 따른 제조업의 자국(自國) 설립은 인근 농촌과 농업 부문에 거대한 시장을 제공함으로써 농업의 변화와 발전을 계기적으로 선도하는 추진력을 제공했다. 제조업자는 인근 농촌으로부터 원료와 식량을 조달해야 했으므로 농산물 수요가 확대되었으며, 농업 생산자는 토지 개량과 경작 확대에 나서게 되었다.

이러한 과정에서 농업 종사자는 나태와 부주의로부터 탈피해서 근면성, 경제적 합리성, 질서 순응성 등 합리적인 규범을 체득하게 되었다. 특히, 교역과 분업 체계가 도시와 농촌 간에 확대되었고, 개인의 자유와 안전을 보장하는 사법권이 전근대적인 관습이 여전히 지배적이던 농촌에까지 점차로 확립되었다. 이러한 환경 변화로부터 국가적 차원에서도 경제 발전의 제도적 토대가 구축되었다(Smith 1776: 411~2).

이처럼 중세 시기에 원격지 무역에 종사한 도시 상업의 활약, 그리고 이후 수입 대체 제조업의 도입에 따라 비로소 정체 상태를 벗어난 농업의 발전은 앞선 산업 구조 변화의 '이론적' 논의에서 살펴본 바와 같이 성장의 경로를 열었다. 다시 말해서, 농업의 추가적 발전은 향후 제조업이 중심이 되는 국지적 분업 체계 형성과 산업 구조의 고도화를 통해 경제 발전을 쌓아 가는 디딤돌이 되었다. 내륙 농촌에서 풍부한 식량과 원료가 저렴한 가격으로 제공되자마자 더 많은 제조업자들이 그 인근에 정주하게 됨으로써 제조업을 중심축으로 하면서 산업 간 유기적 관련성을 가지는 신흥 산업 도시가 만들어졌다.[33)]

스미스는 후일 산업혁명의 거점이 되었던 영국의 리즈, 핼리팩스, 셰필드, 버밍햄 같은 신흥 도시를 이 같은 과정에서 탄생한 도시의 사례로 든다. 이처럼 농업-제조업(상업) 사이의 자연적, 이론적 분업 체계가 형성된 이후 제조품에 대한 수요 증가에 따라 이루어진 제조업의 확장은 내포적인 발전으로서 "농업의 후예"(Smith 1776: 409)에 속한다.[34)] 스미스에 의하면, 신흥 산업 도시와 인근 농촌에서 형성된 이 같은 내포적 분업 체계를 바탕으로 제조업은 한층 경

33 스미스에 의하면, "자연적으로 비옥하고 쉽게 경작되는 내륙 농촌은 경작자를 부양하는 데 필요한 양 이상의 많은 잉여 식량을 생산하지만, 육상 운송의 비용과 하천 운송의 불편함 때문에 이 잉여를 외국으로 보내는 것은 종종 어렵게 된다. 그러므로 이 풍부함이 식량을 저렴하게 하고 많은 노동자들로 하여금 그 인근에 정착하도록 유인한다. … 그들은 토지가 생산하는 제조업 원료를 가공하고 그 완제품, 또는 동일한 표현이지만, 그것의 가격을 보다 많은 원료 및 식량과 교환한다. … 경작자는 자신의 잉여 생산물에 대해 보다 유리한 가격을 받으며, 그들이 필요로 하는 편의품을 보다 싸게 구입할 수 있다. 그러므로 경작자들은 토지의 지속적 개량과 진보된 경작에 의해 잉여 생산물을 증가시키도록 고취되고 이를 성취한다"(Smith 1776: 408~9).

34 "농업의 후예"로서 제조업은 산업 구조 변화에 관한 이론적 논의에서 경제 성장의 자연적 경로를 따른 형태의 제조업을 의미한다. "원거리 판매를 위한 제조업은 가장 가난하고 미개한 나라에서도 언제나 운영되어야 하는 가내공업과 조잡한 제조업이 점차 정교해짐으로써 저절로 성장한다. 이러한 제조업은 일반적으로 그 나라가 생산하는 원료를 사용한다"(Smith 1776: 408).

량이며 정교한 해외 무역용 제조품을 개량하고 생산했다. 이에 따라 시장은 해외에까지 확대되고 이를 취급하는 상업 역시 외국 무역으로 발전하게 되면서 산업혁명을 견인했다.[35]

6. 요약 및 결론

고전파 경제학의 성장론은 성장의 원천으로 생산 및 공급 측면을 중시하였으며, 이는 고전파 경제학의 선구자인 스미스의 경우도 다르지 않다. 본고의 제2절에서 간략하게 기술한 바대로, 실상 스미스의 거시 동학론에서 국민경제의 성장은 자본 축적과 분업의 상호작용에 의존한다. 하지만 "분업이 시장의 크기에 의해 제약을 받는다"는 유명한 명제를 동시에 고려할 때, 스미스 성장론에 관한 전통적 견해에서 수요 측면에 대한 연구는 결코 간과할 수 없는 부분이다. 본 연구는 스미스 성장론에서 수요 측면을 고려한 기존의 연구를 확대, 보완하고자 시도했다. 그 내용을 요약하면 다음과 같다.

첫째, 스미스의 윤리 이론은 사회 속에서 발생하는 모든 행위(경제 행위 포함)에 대한 도덕적 판단과 그 이면에서 작용하는 사회 심리 메커니즘을 밝히는 것을 지향한다. 이에 따르면, 인간 내면의 보편적인 동감의 원리가 행위에 대한 가치 판단과 승인의 기준이 되며, 이는 사회의 집합적 동감(사회적 가치와 평

35 스미스에 따르면, "토지의 생산력이 제조업을 유발했듯이 제조업의 발전이 토지에 반작용해 토지의 생산력을 더욱 증가시킨다. 제조업은 처음에는 주변 지역에 공급하고, 나중에 제조품이 개선되고 정교하게 됨에 따라 훨씬 먼 여러 시장들에 공급한다"(Smith 1776: 409).

판)이 통상적으로 사회적 준거로서 기능하는 이유가 된다.

둘째, 이러한 동감의 원리가 작동하는 방식에는 일정한 경향성 또는 법칙이 존재하는데, 경제학이 분석 대상으로 삼는 경제 활동은 주로 이기적인 열정(selfish passions)에 대한 동감의 법칙에 근거를 두고 있다. 고통스러운 감정보다는 유쾌한 감정에 한층 더 동감하려는 사람들의 본래적 성향 때문에, 사회적 승인을 얻기 위한 물질적 부의 경쟁(생산 활동), 그리고 부유함의 과시적, 모방적 행위(소비 활동)가 어느 사회에서나 일반적으로 나타난다.

셋째, 사회적 승인과 연관된 과시적, 모방적 소비의 행위는 경제 진보에 따른 산업 구조 변화의 이론적 논의에서 수요 측면의 가정으로 도입된다. 사회 발전 단계상 생존 수준을 넘어서는 사회에 도달하면 편의품 및 사치품에 대한 수요가 불가피하게 나타난다. 이때 농산물은 생물학적인 한계로 수요 증가에 제약이 있지만, 제조품에 대한 수요는 사회적 평판에 대한 경제 심리가 작용하여 무한히 증가할 수 있다.

넷째, 스미스가 주목하는 "부의 자연적 진보" 또는 산업 구조의 '이론적' 변화의 순서는 경제 발전 과정에서 우선 농업으로부터 제조업 및 상업으로 산업 구조의 주도적 축이 변화하는 것이다. 그러므로 사회 발전 초기에는 농업이 기반 산업 부문이 된다. 하지만 생산과 수요 측면에서 농업 발전의 한계와 더불어, 지위의 과시와 차별화를 위한 제조품 소비 증대(수요 패턴의 변화)와 분업 및 규모의 경제 효과는 제조업과 상업을 점차 경제 성장의 엔진으로 만든다.

다섯째, 산업 구조 변화에 관한 이론적 논의의 전제 조건인 사회적 평판의 경제 심리와 수요 측면의 역할은 역사적 진보를 설명하는 과정에도 도입된다. 중세 이후 근대에 이르기까지 꽤 오래 정체된 농업 사회가 제조업 중심의 사회로 이행하는 계기가 마련된 것은 허영심을 가지고 사회적 주목과 평판에 집착한 영주(지주)들의 경제 심리, 그리고 과시적 소비 지출로부터 부분적으로 비롯된 것이다.

본 연구는 선행 연구로부터 더 나아가 다음과 같은 점을 밝히고자 했다. 첫째, 스미스의 산업 구조의 고도화 내지는 경제 성장에 관한 논의에서 수요 측면은 생산 및 공급 측면에 단순히 부수적인 것이 아니라, 부분적으로 독립적인 역할을 한다. 그리고 이는 『도덕감정론』에서 다루어지는 경제(소비) 행위의 미시적 또는 사회 심리 분석에 근거를 두고 있다. 스미스에 따르면, 재화가 생산되고 소비되는 목적은 단순히 생존을 위한 필요의 충족에도 있지만, 경제 활동이 사회 구조 내에서 영위되는 환경에서는 재화의 소비 및 생산은 사회적 관심과 도덕적 승인에 직접적인 영향을 받는다. 사회의 집단적 동감과 평판을 고려하는 사회 심리와 이를 반영한 경제 활동은 우연하고 일시적으로 발생하는 것이 아니라, 인간의 천성(天性)으로부터 비롯되는 견고한 이론적 토대를 지닌다.

둘째, 사회적 평판에 대한 고려를 (생산과 공급 측면의 가정과 더불어) 경제 활동의 주요한 동기이며 수요 측면의 전제로서 명시적으로 다루려고 했다. 스미스에 따르면, 경제 성장 과정에서 산업 구조의 경로 변화가 논의되는 경우, 사회적 지위와 차별화에 대한 고려로부터 비롯되는 소비 패턴의 변화가 주목될 필요가 있다. 농업 기반 사회로부터 제조업이 산업의 근간이 되는 사회로의 이행은 지위재(positional goods)에 대한 수요 및 이에 대한 모방 소비와 연관성을 갖게 된다. 이러한 재화는 사회적 평판의 관점에서 차별화와 명성을 창출하기 때문에, 종종 제조품(사치품 및 편의품)에 대한 수요를 상당히 늘리는 역할을 한다.

셋째, 산업 구조 변화의 경로와 관련하여 사회적 평판과 수요 측면이 수행하는 역할은 경제 진보의 '이론적' 및 '역사적' 과정에 대한 논의에서 모두 중요하다. 수요 측면 관련 기존 연구들은 유럽의 '역사적' 진보에 관한 설명에서 사치재 소비와 내구재에 대한 소비 증대에 주목한다. 그러나 역사적 진보뿐만이 아니라, 『국부론』의 이론적, 자연적 진보 모델(부의 자연적 진보 과정)에서도 사회적 평판에 근거한 소비 패턴은 내생적 수요(endogenous demand)로서 경제 변화의 설명 변수로서 자리 잡고 있다(Kim 2015).

제6장
(국제)정치적 불의와 경제 발전

1. 머리말

스미스는 『국부론』의 간행과 관련해서 원래 예정일로부터 3년 동안이나 연기를 거듭하면서 런던에 체류한 적이 있다. 이때 그의 주요 관심사(이 책의 제4편 3분의 1을 여기에 할애)는 식민지 문제(colonial problem)였고, 영국과 북아메리카 식민지 사이의 독립 전쟁은 심도 있는 분석 대상이 되었다. 그리고 1776년 3월 『국부론』이 출간된 지 4개월 후에 영국으로부터 미국의 독립 선언이 발표되었다.

공시적 관점에서 볼 때, 실제로 영국에서 식민지 문제는 (국제)정치적 그리고 경제적 차원에서 여론 주도층 간에 논쟁적 성격이 치열했던 역사적 담론이었다. 하지만 그 무엇보다도 스미스에게 식민지 문제의 중요성은 자신이 세우려고 했던 사회과학 이론 체계의 내용과 그 역사적 검증의 문제와 관련된다는 점에서 적지 않은 의의가 있다. 다시 말해서, 식민지 문제는 자본주의로의 이행기에 정책 체계였던 중상주의와 직접 연관된 문제였으며, 동시에 자신의 이론 체계를 동시대의 현안을 통해 실증적으로 검증해 볼 수 있는 매우 적절한 사례를 구성했다.

이처럼 스미스의 이론 체계에서 식민지 문제의 중요성을 감안한다면 많은 선행 연구들이 이 주제에 주목해 왔음은 지극히 당연하다.[1] 특히, 주목할 필요가 있는 선행 연구는 Stevens(1975), Coats(1975), Winch(1978), Skinner(1996) 등이다. Stevens(1975)는 1770년대 중반 영국과 북미 식민지의 구체적인 역사적 배경을 염두에 두면서, 식민지 문제에 관해 당시 여론 주도층들이 개진한 다양한 입장을 소개한 후, 정치경제의 통합적 관점에서 스미스의 이상주의적 대안은 제국(帝國)의 형성을 위한 합병(union)이었음을 밝힌다. 당시 북미 식민지의 주도적 여론은 경제적 이해타산보다는 정치적 예속 관계로부터의 탈피를 지지했고, 이 때문에 모국에 대한 저항과 독립이 선포되었다. 이처럼 스미스가 북미 식민지의 상황 전개에 큰 관심을 표명한 것은 자신이 제안한 "자연적 자유의 체계"를 예증하는 사례였기 때문이다.

Coats(1975)에 따르면, 중상주의적 체계에 대한 스미스의 비판 또는 그 맥락 속에 내포된 식민지 문제에 관한 검토는, (통상적인 경제학적 관점뿐만 아니라) 역사 이론과 사회경제적 발전 단계론 및 윤리적, 정치적, 사회적 아이디어 등과 결합해서 이루어져야 한다. 스미스는 발전 단계론에 따라 역사적으로 상업과 정부 통치 및 문명 발전 간의 상관관계가 존재함을 인식했지만, 동시에 사익 추구에 함몰된 특정 세력의 정치적 영향력과 타협에 따른 정부 통치의 중립성에 회의적이었다. 그러므로 독점과 중상주의, 식민지 통치의 내용과 유형에 관한 스미스의 다양한 비판은 이상과 같은 통합적 시각에서 이해 가능하다.

---

1 예컨대, Nicholson(1909), Benians(1925), Koebner(1961), Winch(1965) 등은 식민지 문제 그리고 이와 관련해 제시된 상반된 해법에 관한 스미스의 의향이 무엇인가에 대해 다루고 있다.

Winch(1978) 및 Skinner(1996) 역시 북미 식민지 문제에 대한 스미스의 접근법을 중상주의적 정책, 더 나아가서 정치학(politics)의 일환이라는 관점에서 종합적으로 검토하고 있다. 스미스의 신랄한 중상주의 비판과 국가 정체적 차원에서의 모국-식민지 합병 제안의 논거는 (자본의 생산성 차이와 균등화에 관한 명제를 전제로 한) 자연적 진보론 등 경제 이론뿐만 아니라, 당시 영국 정치 현안인 식민지 쟁탈전과 식민지 과세 문제, 당쟁과 정파 이익 추구 등에 관한 대안을 구하는 정치적 목적과 정치학자의 관점으로부터 제시되었다.

이상의 선행 연구들은 스미스가 단순한 경제학자보다는 정치경제학자로서 당시 정치적, 경제적 현안을 취급했음을 보여 준다. 뿐만 아니라, 역사 이론과 윤리적 관점에서도 사회적 현안을 바라보는 등 소위 통섭형의 사회과학자적인 시각이 견지되었음을 제시해 준다. 그럼에도 불구하고 선행 식민지 관련 연구들이 추가적으로 보완될 수 있는 시각은 이 같은 통섭형의 도덕철학적 접근법이다. 즉, 사회 운영 원리의 탐구와 관련된 스미스의 학문 체계에서 하나의 통일된 분석 체계로서의 법과 경제(法經濟), 그리고 더 나아가 핵심적인 법제도 운용 원칙, 그 가치 규범의 이면에 존재하는 윤리학적 토대, 또한 이를 반영한 문화적 요인 등이 식민지에 관한 분석에서 주요 분석 틀로서 통합적으로 기능한다는 점에 주목하는 것이다.[2)]

본 연구는 이상과 같은 문제 의식 하에 식민지 통치와 정책의 경제적 성과에 관한 스미스의 이론적, 실증적 평가가 어떠했는가를 구체적으로 분석하고

2 Haakonssen(1981)은 스미스의 도덕철학 체계에서 자연법학적 관점의 중요성을 체계적으로 제시했다. 이후 Werhane(1991), Muller(1993), Evensky(2005) 등은 스미스의 도덕철학의 비전이 사회, 국가, 경제의 문제를 역사적, 진화적 상호작용의 틀 속에서 취급하는 것이라고 지적한다.

자 한다. 먼저 제2절에서 사회문화, 국가법 제도, 경제 활동 등 사회 분석에 관한 여러 차원의 이론에 근거하고 있는 스미스의 경제 발전의 일반 이론을 고찰한다. 또한 동일한 맥락에서 국가(통치)론에서 제시된 주요 가치 규범들과 경제적 효율성 간의 연관성을 살펴볼 것이다. 제3절에서 유럽의 식민지 문제에 관한 스미스의 논의를 기술할 것이다. 식민지 경영의 역사, 중상주의와 식민지 정책 등에 관한 논의를 살펴본다. 제4절에서 식민지 경영과 경제 성과에 관한 스미스의 논의를 식민지와 식민 모국 각각에 대해 기술한다. 제5절에서는 이상의 경제 발전에 관한 이론 체계 그리고 식민지 정책에 대한 논의를 중심으로 하여 세 가지 유형의 사례 분석을 시도한다. 영국의 두 식민지와 스페인의 식민지 통치에 대한 비교 분석을 통해 식민지 경영의 경제적 성과의 차이에 관한 분석이 사회과학적 이론 체계의 적용이라는 점을 보일 것이다. 제6절에서는 논의를 요약한 후, 현대의 식민지 시대 역사 연구를 위한 시사점을 제시하고자 한다.

2. 스미스의 경제 발전 이론 체계

부의 진보의 원인에 대한 탐구, 장기적인 경제 발전의 과정을 조명하는 스미스의 경제 발전 일반 이론은 경제 영역뿐만이 아니라, 법과 정치, 사회윤리와 문화의 영역에서 제시된 이론들이 하위 이론으로서 상호 연관되어 있다. 즉, 스미스에게 있어서 부의 진보는 다차원의 복합적인 요인들이 결합되어 나타나는 현상으로서 인식된다. 그 이론 체계를 요약하면 다음과 같다(예컨대,

Evensky 2005; Kim 2009).

첫째, 경제 발전 이론의 제1의 원리는 인간의 내적 운동 원리라고 파악할 수 있는 몇몇 인간 행동의 가설에서 구해진다. 스미스는 경제 활동 및 부의 축적에 핵심적으로 작용하는 인간 행동의 기본적인 특성으로서 자기애(self-love)의 하위 유형, 즉 교환 성향과 생활 조건 개선 심리를 들고 있다. 스미스에 의하면, 사람의 본능인 "자신의 상태를 개선하려는 욕망"(Smith 1776: 341)은 사회경제적 측면에서 끊임없이 자신의 생활 여건을 개선하도록 자극하는 역할을 한다. 또한 "하나의 물건을 다른 물건과 거래하고 교환하는 성향"(Smith 1776: 25)이 사회적 분업과 전문화를 도모하게 만든다. 이러한 후자의 본성은 분업과 전문화를 통해 경제 활동의 성과를 좌우하고 경제 진보를 촉진하는 근본적인 요인으로 작용한다.

이러한 맥락에서 스미스의 분업 이론은 생산력 증대 및 시장 규모의 확대 현상을 설명하는 경제 발전의 하위 이론으로 기능한다. 『국부론』에서 나타나듯이, 생활 자료를 초과하는 스톡이 축적되면서 분업이 촉진되며, 이와 함께 시장의 규모는 점진적으로 확대된다. 공급 측면에서 기술 진보, 생산성 향상, 임금 상승이 수반되는 동시에, 수요 측면에서 소득 증가와 함께 상품 수요가 증대되며 장기적으로는 인구가 증가하는 현상으로 귀결된다. 이로 인해 자본 축적과 분업은 더욱 확대되고 지속적인 경제 발전이 이루어진다.

둘째, 사회 공동체 차원의 동감의 본성은 사회 규범의 기원이 되며 사회 질서의 안정에 기여하는 주요한 인간 행동 원리에 속한다. 스미스의 윤리 이론은 사회적 측면에서 다양한 덕목과 가치의 기원 및 변화를 동감의 본능에 의해 설명하고 역사적으로 법 제도 체계의 안정성과 경제적 효율성이 유지될 수 있

는 사회문화적 조건(협력, 정의, 공정성, 상호성, 신뢰, 사회적 학습 등)을 검토하는 것이다.[3]

셋째, 강제력을 행사하는 기구 또는 국가에 의해 정의되고 집행되는 제도적 장치는 분업과 교환이 지배적인 환경에서 경제 활동과 그 결과에 직접적이고 강력한 영향을 미치는 요인이다. 스미스는 국가의 정치적 활동 그리고 법제도의 운용 방식이 경제 활동과 관련된 사람의 심리와 행동을 제약 또는 유인하는 원천으로 작용하면서 경제적 성과에 불가결한 영향을 준다고 본다. 국가가 운영하는 법과 제도는 사회적 질서 유지의 근간이기도 하지만, 동시에 권력자의 사익과 정치적 이해관계가 작동하여 법적 안정성을 훼손하거나 커다란 거래 비용을 야기할 가능성이 있다. 국가법 제도의 운용과 관련해서 스미스가 주로 고려하는 사회적 가치는 정의, 그리고 이를 구체적으로 대변하는 자유, 안전, 평등의 원칙들이다.[4] 이 원칙들이 합당하게 관철되면 한 국가의 경제 성과는 향상되고 사회적 후생은 증진되지만, 그렇지 않으면 경제 진보는 난관에 봉착하거나 종종 정체 또는 퇴보를 겪기도 한다.

한편, 방금 거론된 네 가지 사회적 가치 또는 법 규범 원칙과 경제적 효율성 간의 관계는 다음과 같다(본서 제7, 8장). 첫 번째, 모든 국가법 제도의 근간을 이루는 정의의 원칙의 구현과 관련된 다음의 기술은 법적 정의와 경제적 효율

3 문화와 경제 성과와의 연관성에 관한 근자의 폭넓은 논의는 Guiso et al.(2006)를 보라. Bruni & Sugden(2000), Evensky(2001), Wight(2009) 등은 스미스의 도덕철학 체계에서 공정성, 상호성, 신뢰, 협력 등의 도덕 규범과 사회적 가치는 『국부론』에서 논의한 경제 활동 및 성과에 영향을 미치는 요소라고 확인한다.

4 스미스의 직접적 표현에 의하면, "완전한 정의, 완전한 자유, 완전한 평등을 확립하는 것이 모든 계층의 최고도의 번영을 가장 효과적으로 보증하는 매우 단순한 비밀이다"(Smith 1776: 669). 스미스의 정의론에 관한 대표 연구는 윤리-법 제도의 관계를 분석한 Campbell(1971), Haakonssen(1981)이다. 이후 윤리 및 법과 경제에 관한 연구는 Campbell(1984), Malloy(1988; 1994), Posner(1994), Lieberman(2006), Young(2007) 등을 보라.

성 간에 존재하는 연관성을 가장 명확히 표현하고 있다. 스미스에 따르면, "정의(正義)의 조직적 집행이 시행되지 않는 어떠한 국가에서도 상업과 제조업이 장기적으로 번성한다는 일은 거의 발생할 수 없다"(Smith 1776: 910). 이는 기본적으로 정의가 보장되면 사람들이 본래적으로 지닌 "생활 개선의 성향"이 작용하여 적극적인 경제 활동을 시도하는 데서 비롯된다(Smith 1776: 345, 405, 540, 610). 그러므로 국가법 제도의 운용에서 정의의 원칙의 구현은 한 국가가 경제 성장을 성공적으로 이루기 위한 선행 요건으로 나타난다.

두 번째, 국가의 법체계가 보장하는 자유의 원칙과 경제적 성과 간에도 매우 밀접한 관계가 있다. 타인에게 침해를 끼치지 않는 범위에서 합법적으로 자유의 권리를 부여 받은 사람들은 자신의 처지를 보다 개선하기 위해 끊임없이 분발하기 때문에, 제도의 틀 내에서 개인 간 경쟁이 전개, 심화된다. 그리고 경쟁의 작용을 통해 거래 시장에서는 당사자 간 자발적 교환을 촉진시켜 시장가격과 자연가격이 균형을 이루게 되고 사회적 효율성을 높이는 결과를 낳는다. 또한 경제 활동의 자유는 정태적 균형을 통한 효율성 개선뿐 아니라, 경쟁을 통해 분업과 기술 진보를 촉진시키고 시장 수요를 늘려서 장기적, 동태적으로 경제 성장을 촉진하는 효과를 지닌다(Smith 1776: 748).[5] 역사적으로 볼 때 경제적 진보에 오히려 부정적 영향을 미치는 수많은 법 제도의 방해에도 불구하고, 법률에 의한 자유의 보장은 경제 성장을 이루는 데 기여했다.[6]

---

5 Richardson(1975), Reid(1987), Negishi(2004), Rothschild & Sen(2006) 등에 따르면, 정태적이 아닌 진화적 관점이 스미스의 경쟁에 관한 접근법이며, 경쟁은 수확 체증을 수반한다.

6 이 같은 강력한 주장의 이면에는 자유의 권리의 경제적 효과에 대한 스미스의 논리적 인식이 자리 잡고 있다(Smith 1776: 540). Goodacre(2010), Brown(2010)은 스미스가 사회적 후생 진보를 위한 핵심 원리로서 자연적 자유의 체계를 제시했음에도, 당시 현안인 노예제와 식민지 문제에 관한 논의 등을 살펴볼 때 세계 시민의 보편적 관점보다는 한 국가의 이익을 형량하고 우선시하는 소시민적 관점을 노정하고 있으며, 이는 국민주의적 관점

세 번째, 국가 통치의 원칙으로서의 안전 보장과 경제 성과의 관계는 다음과 같다. 일반적으로 사람들은 신체 및 명예에 대한 위해, 치안의 부재, 그리고 재산권에 대한 침해가 발생함으로써 안전 보장을 받을 수 없을 때, 어떤 경우든 자기통제를 하게 되며 경제 활동에서도 적극적인 수행 의지를 상실하게 된다. 법 제도에 의해 안전이 보장되면 사람들의 근로 의욕이 높아져 생산적 자원 개발 노력이 충만하게 된다. 반대로, 안전이 결여되면 최소한의 생존 활동에 국한함으로써 경제적 진보를 이루기 어렵다. "(부의 진보가 지체되는) 또 다른 원인은 시민 정부의 속성에 있다. 자주 지적되는 것처럼 사회의 초기에는 명백히도 정부가 약하고 무력했으며, 오랜 시간이 경과해서야 정부의 권위가 이웃들의 약탈로부터 개인의 근면을 보호해 줄 수 있었다. 사람들은 자신이 소유하고 있는 모든 것을 빼앗길 위험에 처할 때마다 근면의 의지를 상실한다. … 부의 진보를 저해하는 요인 중 이보다 더한 장애물은 없다"(Smith 1978: 522).

마지막으로, 국가법 제도가 견지해야 하는 대우의 평등의 원칙과 경제적 성과와의 연관성도 매우 중요하다. 국가의 법 제도가 허용하고 보호하는 자유와 안전의 권리가 권력자 내지는 소수 특수 계층에게만 부여된다면 모든 분야의 경제 활동 참가자, 모든 노동자의 근로의욕, 근면, 창의적 생산 활동을 자극할 수 없다.[7] 두 변수 간의 이러한 긴밀한 상관관계는 유럽의 경제사에서 근대 초 후진국이었던 영국의 16세기 말 이후 경제적 부상을 언급하는 부분에서 명

및 18세기의 계몽주의의 한계라고 비판한다. 하지만 스미스는 지속 가능한 사회의 조건들을 고찰하기 위해 일반 이론 체계를 제시하려고 시도했으며, 아래 각주 7의 연구자들이 주장한 바대로 역사적 진보와 더불어 자유의 체계는 점진적으로 구현되어 간다고 확신했다.

7 Danford(1980), Berry(1989), Salter(1992), Rothschild(2001), Rasmussen(2006) 등에 따르면, 스미스가 역사상 존재하는 생존 양식(수렵 채취, 목축, 농업 사회 등) 가운데 부분적인 폐해가 존재함에도 불구하고 상업 사회로의 이행을 사회 진보로서 간주한 이유는 부와 분배의 개선에 의해 유력자에 대한 예속으로부터의 탈피, 권력의 분산과 자유, 안전, 평등의 진전, 도덕성의 고양이 이루어지는 데에 있다.

확히 드러난다. 스미스는 당시 유럽에서 영국이 보다 빠르게 경제 성장을 이룬 원인을 법률이 허용한 자유의 권리가 많았다는 점에서 찾으면서도, 이 같은 경제 성과의 한층 더 중요한 원천은 영국 법 제도가 구현한 평등성 존중에 있는 것으로 지적한다(Smith 1776: 572~5, 584~5).

3. 유럽과 식민지 문제: 역사, 중상주의, 식민지 정책

3.1. 고대 유럽의 식민지 문제

스미스에 따르면, 고대 그리스와 로마에서 식민지의 건설은 영토가 유지할 수 있는 규모 이상으로 인구가 증가해서 발생하는 문제의 해소 내지는 토지를 소유하지 못한 자유민의 불만을 완화시키기 위한 목적에서 비롯되었다. 먼저 고대 그리스의 모든 국가들은 아주 작은 영토만을 소유하고 있었으므로 과잉 인구가 발생했을 경우 새로운 거주지를 마련하려는 동기와 효용성을 지녔다. 이에 따라 상호간 분쟁과 충돌이 빈번했던 도시 인근 지역보다는 문명 진보상 다소 미개하며 거리상으로 멀리 떨어진 지역에 식민지를 건설하고자 했다. 고대 로마의 경우에는 초기 농지법에 근거한 공유지 분배가 실패하면서 토지 소유가 불평등해지고 빈곤이 심화되었다. 이 때문에 선거권을 지닌 자유민의 불만을 해소하고 분배의 형평성을 도모하기 위해 주변 정복 지역에 정착을 권장한 데서 식민지가 등장했다.

고대 그리스의 식민지들은 모국의 도시들과 대등한 수준이거나 능가할 정도로 부, 학문, 예술에서 종종 앞서 나갔다. 이러한 현상은 식민지 영토에 거주하던 미개하고 야만적인 원주민들이 문명에서 앞선 이주자들에게 쉽게 복종했던 점에 기인한다. 이와 동시에 토지 자원의 우수성과 자립적 의사 결정을 위한 정치적 독립이 주요한 역할을 했다. 스미스에 의하면, "그 식민지들은 양질의 토지를 풍부하게 소유했고, 모국으로부터 거의 독립되어 있었기 때문에 자신들(식민지 주민)의 이익에 가장 적합하다고 판단되는 방식으로 자신들의 제반 활동을 자유롭게 수행할 수 있었다"(Smith 1776: 567). 반면, 로마의 식민지들은 고대 그리스 식민지와 비교할 때 급속한 성장을 하지는 못했다. 이는 인근 정복지에 문명 수준이 비슷한 많은 인구가 거주하고 있어서 이주자에게 분배된 토지가 일반적으로 매우 적었던 여건에 부분적으로 기인했다. 그렇지만 무엇보다도 식민지가 모국으로부터 정치적으로 독립된 상태가 아니었던 점이 중요했다. 이것은 식민지의 이익을 도모하는 방식으로 의사 결정을 하는 데 큰 제약으로 작용했다(Smith 1776: 567).

3.2. 근대 유럽의 중상주의와 식민지 정책

고대 유럽의 식민지와 대비해 볼 때 근대 유럽의 식민지 건설은 보다 합리적인 동기와 유용성에 의해 사전 기획된 것은 아니었다. 오히려 사람들의 모험심, 무역 동기, 금에 대한 열망 등이 복합적으로 결합되어 동인도 및 아메리카 항로 개척이 이루어졌다. 특히, 중남미 금은 광산 발견에 의해 아메리카의 정복과 식민이 이루어지면서 식민지 문제가 비로소 전개되었다. 근대 초기에는 강력한 해상권을 쥐고 있었던 스페인이 아메리카의 유럽 식민지 건설을 주도

했다. 그러나 16세기 말에 스페인 세력이 해상권을 상실하게 되면서 대서양에 항구를 가졌던 유럽 여러 나라의 식민이 비로소 진전되었다.

또한 식민 초기 독점 상인 회사에 의한 지역적 정부 통치가 빈번했지만 유럽 국가들의 개입으로 점차 폐지되었다. 이와 함께 양질의 풍부한 토지의 존재와 유럽으로부터의 기술 도입으로 인하여 일부 지역 식민지의 경우에 경제 발전과 번영이 점진적으로 이루어졌다. 하지만 식민지 문제에 관한 스미스의 평가는 매우 냉철하다.[8] 상인 회사에 의한 식민지 통치가 식민 모국 정부의 개입에 의해 다소 변화하고 개선되었음에도 불구하고, 경제 발전의 도모를 위한 원리들과는 상반되는 식민지 규제와 개입은 근본적으로 크게 변화하지 않았기 때문이다. 먼저 식민지 정책 내용에 대해 스미스가 언급했던 바를 구체적으로 살펴보기로 한다.

첫째, 식민 모국에 정치경제적으로 예속된 식민지 관계(colonial relationship)가 원천적, 궁극적으로 식민지 규제 정책 일반을 태동시키고 규정하는 요인으로 작용했다. 식민 모국의 개입주의 정책의 시행과 그 독점적 경향은 근본적으로 자치와 독립성이 결여된 식민지의 특성과 여건으로부터 유래했다. 이러한 관점에서 "독점은 식민지 종속의 주요한 상징이며, 그러한 종속 관계로부터 지금까지 거둬들인 유일한 과실이다"(Smith, 1776: 614~5)라고 비판적으로 평가한다.

8 그러므로 스미스는 다음처럼 기술한다. "유럽의 정책에는 아메리카 식민지의 최초의 건설에 있어서든, 식민지 통치 이후의 식민지의 번영에 있어서든 자랑할 만한 것이 거의 없다. 망상과 불의가 식민지 건설이라는 최초의 계획 사업을 지배하고 지휘한 원리였다고 판단된다. 금은 광산을 찾아다니는 망상과, 유럽 국민들을 해치기는커녕 최초의 모험가들을 매우 친절하게 환대했던 순진한 원주민들이 사는 나라의 소유물을 약탈한 불의가 바로 그것이다"(Smith 1776: 588).

여기서 스미스가 특별히 강조하는 것은 당시 식민 모국의 정부가 자국의 중상주의 정책의 연장선상에서 식민지 정책을 전개했다는 비판이다. 스미스에게 중상주의는 "부는 금은에 있다는 원리와, 귀금속은 오직 무역 차익에 의하거나 수입(輸入)보다는 보다 큰 가치를 수출함으로써 광산이 없는 나라로 유입된다는 원리"(Smith 1776: 450)를 경제 정책의 목적으로 하는 체계라고 인식된다. 이 같은 중상주의 정책을 식민지 정책으로 확장하는 이면에는 국내 정책과 마찬가지로 독점권과 폭리를 노린 상인과 제조업자의 영향이 지배적으로 작용했다.[9] 즉, 식민지 관계와 특성을 이용하여 식민 모국의 상인과 제조업자들은 정치권에 영향력을 행사하여 독점 지향적인 정책이 자국 식민지에도 관철되도록 유인했다.

스미스에 따르면, "식민지 건설이 완성되고 모국의 관심을 끌 정도로 중요한 위상을 지니게 되었을 때, 모국이 식민지에 대하여 시행했던 최초의 규제는 언제나 식민지 무역의 독점을 확보하고, 식민지의 판로를 한정하며, 식민지를 희생하여 모국 시장을 확장하는 것이었으며, 결국 식민지의 번영을 촉진하고 도모하기보다는 오히려 둔화시키고 억제하는 목적을 지니고 있었다"(Smith 1776: 590). 근대 초기 식민지 관계와 중상주의적 정책에 따라 많은 식민지 산품의 대유럽 수출과 유럽 산품의 대식민지 수입(輸入)은 이처럼 정치적 권력 관계에 의해 규정되었다.

---

9 스미스는 상인과 제조업자들의 독점 근성이 보편적이라고 본다. "인류의 지배자들의 폭력과 불의는 인간사의 특성상 치유하기가 매우 어려운, 오래된 악이다. 그러나 인류의 지배자도 아니고 또한 되어서도 안 되는 상인과 제조업자들의 비열한 탐욕과 독점 근성은 쉽게 방지될 수 없다. … 무역차액주의를 최초로 발명하고 전파한 것이 이러한 독점 근성이라는 것은 의심할 바 없다. … 거주민들에게 자신들 이외의 다른 노동자들을 고용하지 못하도록 막는 것이 동업조합원의 이익이 되듯이, 국내 시장의 독점을 확보하는 것이 모든 국가의 상인과 제조업자의 이익이다"(Smith 1776: 493~4).

둘째, 식민지 규제 정책, 특히 식민지 산품의 수출에 대한 규제 정책은 국방력 강화를 목적으로 하는 식민 모국의 방위 관련 법률의 시행에 의해서 직접적인 영향을 받았다. 예컨대, 1651년에 만들어진 영국의 항해 조례 및 관련 법(Navigation Acts)은 국방상의 필요에 의해 제정된 법률이지만, 다른 한편으로 교역 및 특정 산업에 대한 규제로 작용했다. 그 법령의 구체적 내용은 대영 제국 영토 간의 해운 및 원양 어업 산품의 영국 영토로의 반입을 영국 선박이 독점적으로 행하게 함으로써 평시에 상당한 정도의 해운력을 유지하는 동시에, 전쟁 발발 등의 유사시에는 해군력으로 전용하여 군사력을 강화하려는 조치였다(Smith 1776: 463~5).

그런데 항해 조례 및 관련 법령들은 모국 영국에 수출할 수 있는 식민지의 산품을 직접적으로 열거함으로써 무역 자유에 대한 규제로 작용했다. 결과적으로 항해법 관련 규제 정책은 낮은 발전 단계의 식민지에서 제한적인 부정적 효과만을 지닌 것이다. 하지만 그것은 식민지의 산업 구조가 보다 고도화하는 단계에서 식민지의 수출 산품이 정상적인 가치대로 판매될 수 있는 기회를 차단하고, 식민지 산업의 발전 가능성을 저해하는 효과를 창출하게 된다.[10)]

셋째, 식민지의 중상주의적 규제 정책 중 가장 특기할 만한 정책은 식민지에서 정교한 제조품 생산을 억제하는 정책이었다. 식민 모국은 중상주의적 원리에 입각하여 국내 공업의 원료비 인하, 완성품의 수입(輸入) 저지 및 수출 증

10 이러한 효과에 대해 스미스는 항해법과 교역에 대한 규제가 "아직까지는 식민지에 그리 유해한 영향을 미치지는 않았다"고 하면서 향후 북미 식민지의 산업 구조의 고도화에 따라 피해가 커질 가능성을 우려하고 있다(Smith 1776: 582). 경제사가들의 실증적 연구 결과는 이러한 스미스의 주장을 지지하고 있는데, 당시 항해법령의 북미 식민지의 경제 후생에 관한 영향은 식민지 소득 전체의 3% 미만일 정도로 극히 적었다고 한다(예컨대, McClelland 1969; North 1966).

대를 위해 원료, 기계, 기술의 수출입에 대한 총체적 규제 정책을 전개했다. 이는 식민지에서 가공 제조업이 성장하고 번영할 기회를 억제할 의도로 시행되었다. 예컨대, 영국의 북미 식민지의 경우 가내 수공업이나 원료가 되는 제품은 생산을 장려했으나, 모국의 완성 제조품과 경합할 수 있는 고도의 정교한 제조업이 성장하는 것을 금지하고 억압했다. 이에 대해 스미스는 다음처럼 기술한다. "식민지 무역에 대해 영국이 보여 주는 관대함은 주로 가공되지 않은 상태로 있거나 제조의 초기 단계에 있는 식민지 생산물 시장에 국한되었다. 영국의 상인과 제조업자는 식민지 생산물 중에서 보다 정교하거나 가공된 제조품을 독점적으로 확보해 두려고 했으며, 입법부를 설득하여 때로는 높은 세금의 부과로 또 때로는 절대적인 금지를 통해 그러한 제조업이 식민지에서 설립되는 것을 막았다"(Smith 1776: 581). 당시 영국의 북미 식민지에서는 사탕 산업, 제강 및 강재 절단업, 모자, 양모, 모직물 제조품을 포함하는 모직물 공업 등이 당시 대표적인 정교품 제조업으로 인식되어 다양한 규제 대상이 되었다.[11]

---

11 스미스는 정교한 제조품 규제 및 모자, 양모, 모직물의 타주 운송 금지 등에 대해 다음처럼 기술한다. "영국은 아메리카산 선철과 봉철에 대해 그와 유사한 상품이 다른 나라에서 수입(輸入)될 경우에 부과되는 세금을 면제시킴으로써 그 산업의 진흥을 도모하는 데 반해, 아메리카 식민지의 어느 곳에서도 제강소와 강재 절단 공장의 건설을 절대적으로 금지한다. … 영국은 아메리카에서 생산되는 모자, 양모, 모직물을 수로를 통해서는 물론 말, 마차에 의해 육로로 한 주에서 다른 주로 보내는 것을 금지한다. 이 규정은 원격지 판매를 위한 제조업의 설립을 효과적으로 방지하며, 식민지 산업을 가족의 생활상 목적이나 또는 같은 지역에 사는 이웃의 필요를 위해 존재하는 조잡한 가내수공업에 한정시킨다"(Smith 1776: 582).

4. 식민지 통치와 경제 성과

4.1. 문명국과 식민지 경영

스미스는 일반적으로 문명국에 의해 식민지가 건설되는 경우에 다음과 같은 몇 가지 이유 때문에 상당한 수혜를 입을 가능성이 크다고 지적한다. 첫째, 환경에 대한 설명력과 예측 가능성을 높여 주는 지식 체계의 특성과 관련된다. 불모지 또는 야만국의 자연적인 발전 속도 및 정도에 따라서 보유하게 될 지식의 양과 질과 비교해 볼 때, 문명국으로부터 유입되고 전수된 우월한 지식 체계의 존재는 훨씬 빠르게 식민지의 발전에 기여한다(Smith 1776: 590). 둘째, 사회적 생산력의 토대가 되는 요인 중에 국민의 덕성과 습관이 차지하는 비중이 적지 않은 데 비추어, 문명국에서 유입된 복종의 습관은 조직과 제도에 대한 적응력을 높임으로써 경제 성장의 토대가 된다. 셋째, 문명국의 선진화된 법체계의 도입은 질서 유지와 정의의 체계 정립에 크게 유리하다. 넷째, 자연 환경 및 제도적 여건이다. 거주자가 거의 없던 영토에 식민지가 건설되는 경우에는 토지가 풍부하기 때문에 유리하며, 동시에 제도적으로 지대와 조세가 적어서 경제 활동에 대한 강력한 동기가 작동한다.

스미스에 따르면, "문명국의 식민지는 … 다른 어떤 인간 사회보다 더 빨리 부강하게 된다. 식민지 이주민은 미개 야만 민족들 사이에서 여러 세기 동안 저절로 발달할 수 있는 것보다 우수한 농업과 그 외의 유용한 수공업에 관한 지식을 가지고 간다. 그리고 또 그들은 복종의 습관, 본국에서 이루어진 질서정연한 통치와 그것을 지탱해 주는 법체계, 균형 잡힌 사법 행정에 관한 약간의 지식을 가지고 가며, 새로운 정착지에서 이와 같은 종류의 것들을 자연스럽게 건설한다. 그러나 미개 야만 민족들 사이에서는 그들의 보호를 위해 필요한 법과 통치가 확립된 이후에도, 법과 통치의 자연적인 진보는 산업의 자연적인 진보보다 훨씬 더디다. 모든 식민지 이주자들은 자신이 경작할 수 있는 것보다 더 많은 토지를 획득한다. 그가 지불해야 할 지대도 없으며 세금도 거의 없다"(Smith 1776: 564~5).

다섯째, 인적 자원의 측면으로서 식민 모국이 식민지 건설에 가장 크게 기여한 부분은 탁월한 비전과 강한 추진력을 지닌 지도자들을 교육시키고 배출한 점에 있다. "유럽의 정책은 아메리카 식민지의 최초의 건설이나 현재의 웅대함에 어떤 방식으로 공헌했는가? 그것은 하나의 방식, 오직 하나의 방식으로만 큰 기여를 했다. … 유럽의 정책은 위대한 행동을 완수하고 대제국의 토대를 닦을 수 있는 사람을 낳고 길렀다. 세계의 어느 지역에서 이러한 사람들을 육성할 수 있는 정책 또는 실제로 육성했던 정책을 전개했던 곳은 유럽을 제외하고는 존재하지 않았다. 식민지는 유럽의 정책 덕분에 활동적이고 기업가적인 창설자가 지닌 교육과 훌륭한 식견에 의해 혜택을 입었다"(Smith 1776: 590). 여섯째, 스미스가 이론적으로 중시하는 경제적 관점으로서, 식민지의 건설은 모국과의 거래 및 시장을 확대함으로써 경제 성장에 유익하다.[12] "우리는 식민지 무역의 결과와 식민지 무역 독점의 결과를 신중하게 구별해야 한다. 전자는 항상 그리고 반드시 유익하지만, 후자는 항상 그리고 반드시 유해하다.

12 다음을 보라. "열거품과 비열거품 모두에 걸쳐 가장 완벽한 무역의 자유가 영국령 아메리카 식민지와 서인도 사이의 거래에 허용되었다. 그러한 식민지들에서 인구가 증가하고 번창하고 있기 때문에 각 식민지는 다른 식민지에서 자신의 생산물을 매매할 수 있는 크고 광대한 시장을 얻는다. 그 시장들이 모두 합해지면, 서로의 생산물을 매매할 수 있는 커다란 내부 시장이 형성된다"(Smith 1776: 580).

그러나 식민지 무역은 너무나 유익하기 때문에 그것의 독점 및 그로부터 발생하는 유해한 결과에도 불구하고 여전히 전체적으로는 매우 유익하다. 물론 독점되지 않은 경우에 비해 그 이익이 상당히 감소한다는 것은 말할 나위도 없다"(Smith 1776: 607~8).

4.2. 근대 유럽 식민지의 성과

지금 지적된 바대로, 스미스는 문명국에 의한 식민지 건설이 식민지에 가져다줄 수 있는 몇 가지 일반론적인 성과와 유용성을 인정했다. 하지만 그는 자신의 경제 발전 이론 체계를 중심으로 성장에 영향을 미치는 요인과 상황을 종합적으로 검토하면서, 근대 유럽에 의한 식민지 건설이 실제로 그와 같은 바람직한 경제적 성과를 수반한 것은 아니었다고 평가했다.[13]

첫째, 모국-식민지 관계를 시장의 상호 확대라는 측면에서 보면 거래 당사자들 간에 경제적 순이익이 발생한다. 식민지 입장에서 볼 때, 모국 또는 모국이 위치한 대륙 및 세계 다른 지역의 식민지 간의 거래 확대로 말미암아, 즉 시장 거래 확대에 따른 무역 관련 이익의 향수로 인하여 식민지는 농업에서 빠른 발전을 향유하게 되었다. 스미스에 따르면, 식민지 체제 건설은 일차적으로 상호 교역을 증진시킴으로써 당시 유럽의 시장 활성화와 국부 증진에 부분적으로 기여했다. 스미스는 근세 초기 유럽이 아메리카 대륙을 발견하고 식민

13 19세기 들어서서 경제학계에서 맬서스, 벤담과 제임스 밀은 식민지 경영이 주는 성과에 대해 스미스의 견해에 동의했지만, 대조적으로 시니어, 토렌스, 존 스튜어트 밀 등은 식민지 통치가 식민지에 가져다주는 문명화, 평화, 번영의 관점에서 식민지화를 지지했다(예컨대, Pullen 1994; Bell 2010).

지 경영을 시도한 것은 스페인, 포르투갈, 프랑스, 영국 등의 산업 발전에 기여했다고 인정한다.

뿐만 아니라, 아메리카와 직접 거래하지 않은 독일의 몇몇 도시의 경우에도 중계 무역을 통해 자국 생산물을 식민지로 보낼 수 있었다. 동시에, 아메리카와 어떠한 교역 관계가 없던 폴란드와 같은 국가의 경우에도 식민지와의 교역으로 혜택을 입은 유럽 국가들과 교역함으로써 식민지 건설은 궁극적으로 유럽 국가들의 산업 발전에 기여했다. 유럽 시장에 유입된 아메리카의 새로운 상품들은 넓은 시장을 형성시켰으며, 반면 아메리카는 유럽의 잉여 생산물을 판매할 수 있는 넓은 시장과 수요처가 됨으로써 유럽 대륙에서의 생산을 촉진시키는 역할을 담당했다(Smith 1776: 591~2).

둘째, 식민지 관계에 의해 형성된 시장의 확대를 통해 상호 이익이 도모된 측면이 있지만, 정치적, 법률적 관점에서 평가할 경우에는 반드시 그런 결론에 도달하기 어렵다. 스미스에 따르면, 식민 모국의 정치, 군사, 경제력의 제고를 목적으로 전개된 식민지 규제 정책은 일반 주민들이 통상적으로 향유할 수 있는 신성한 법률적 권리에 대한 명백한 침해이며, 궁극적, 장기적으로 식민지의 경제 발전을 해치는 원인이 되었다.

식민지 규제 정책이 스미스가 보기에 정의(正義) 체계의 침해인 이유는 다음과 같다. 첫 번째로, 식민지 규제 정책은 사람들이 자연인으로서 타인에 피해를 주지 않는다면 누구나 향유할 수 있는 자연권(自然權)에 대한 침해에 해당한다. 스미스는 『법학 강의』에서 "남에게 피해를 주지 않는 경우 자신(自身)이 하고자 하는 바대로 자신의 신체를 자유로이 사용할 수 있는 권리"(Smith 1978: 8)를 자유의 자연권으로 지칭했다. 이런 맥락에서 다음과 같이 선언한다. "주민들에게 자신들이 소유한 생산물을 활용하여 자신들이 만들 수 있는 어떤 것을 만들지 못하도록 규제하거나, 자신들이 판단하기에 자신들에게 가장 유리한 방식으로 자본, 노동을 고용하는 것을 막는 것은 인류의 가장 신성한 권리에 대한 명백한 침해이다"(Smith 1776: 582). 실제로 식민지 규제 정책은 모국 중심의 정치적 규제와 배타적 독점 체제 구축을 통해 식민지의 정책적 자유 의지를 저지하고 보다 유리한 방식으로 자신들의 삶을 개선시킬 기회를 박탈했다. 그러므로 "모국의 배타적 무역은 일반적으로 모든 나라, 그리고 특히 아메리카 식민지의 삶의 향유와 근로 여건을 축소시키거나, 또는 적어도 자유 교역의 수준보다 낮게 하는 경향이 있다. 무역 독점은 인류의 사업 대부분을 가동시키는 위대한 역동적 동기를 억누르는 압박이다"(Smith 1776: 592).

두 번째로, 경제적 관점에서 접근할 때, 식민 모국에 의한 식민지 산업 규제는 (정의에 대한 위반인 동시에) 단기적으로 자원 배분을 왜곡할 뿐만 아니라, 장기적으로 식민지의 산업과 제조업 발전에 대한 억압이 될 수 있다.[14] 당시 북미 식민지의 산업 구조에 관해 스미스는 실증적 관점에서 자본의 상대적 부족과 농업의 탁월한 생산성 등을 고려할 때 무엇보다도 농업 기반 경제에 경쟁력이 있다는 것을 인정한다(Smith 1776: 386, 609). 그러나 식민지 농업 대비 식민 모국 상공업과 같은 국제 분업과 재생산 체제를 강제하는 식민지 규제 정책은 향후 경제 발전에 따라 식민지의 농공업 생산력이 급속히 향상될 경우 식민지 산업의 발달을 억압하고 저해하는 요인이 될 수 있다. 이러한 맥락에서 스미스

14 그러므로 "중상주의의 다른 모든 비열하고 악의에 찬 편법과 마찬가지로, 식민지 무역의 독점은 이익 도모를 위해 그 독점을 설정한 해당국의 산업을 조금도 개선시키지 않고 오히려 축소시켰을 뿐만 아니라, 다른 모든 나라의 산업, 특히 주로 식민지의 산업을 억압했다"(Smith 1776: 610~1).

는 다음과 같이 말한다. "식민지의 현재의 진보 상태에서는 이 금지(정교한 제조품 생산 금지)는 식민지의 산업 활동을 속박하지도 않으며, 그 사업이 식민지에서 저절로 창출 가능한 고용을 억제하지도 않지만, 그 금지 조치는 어떠한 충분한 이유 없이 모국의 상인과 제조업자들의 근거 없는 질투 때문에 식민지에 부과된 노예제(종속)의 무례한 상징에 불과하다. 보다 발전된 상태가 도래한다면 그 금지 조치는 정말 억압적이고 참을 수 없는 것이 될 수 있다"(Smith 1776: 582).

세 번째로, (국제)정치적, 군사적인 측면에서 바라볼 때, 식민지의 정치가, 자본가, 주민들은 식민 모국에 대해 적대감 표출과 정치적 갈등을 유발하고 군사적 저항을 결의하게 될 가능성이 높다. 이는 영국 식민지 통치에 맞선 미국의 독립 선언처럼 결국 식민 모국과 식민지 간의 전쟁으로 귀결되고, 무거운 조세와 공채 누증, 비생산적 지출로 이어져서 자본 축적을 파괴할 것이다.

4.3. 근대 유럽 식민 모국의 성과

앞서 본 바와 같이, 식민지에 대한 규제 정책의 의도는 주로 식민 모국 시장의 확장과 경제 성장이지만, 식민지 규제 정책은 오히려 부의 원천을 취약하게 하고 번영을 저해하는 방법이었다. 스미스에 따르면, 총체적인 편익과 비용을 고려할 때 정치적 예속과 독점 지향적인 배타적 식민지 경영 방식은 식민지의 번영을 둔화시키고 억제시켰을 뿐만 아니라, 식민 모국의 부 그리고 주민의 소득 증진에도 상반되는 역할을 했다.[15] 식민지주의, 독점 또는 보호주

15 이러한 사실에도 불구하고 유럽 국가들이 자발적으로 식민지를 포기하지 않는 사실의 근저에는 무엇보다 식민지 지배와 독점적 식민 교역이 가져다주는 지배 특정 계층의 사적 이익(소득)의 추구 동기가 깊숙이 자리 잡고

의를 비판하는 스미스의 논거는 구체적으로 다음과 같다.

첫째, 식민 모국 역시 식민지와의 교역을 확대함에 의하여 무역의 일반 이익을 향유한 점은 분명하다. 먼저 신대륙과 구대륙 간의 무역이 활발하게 이루어지고 확장되면서 유럽 전역에서 새로운 물품의 소비와 향유가 늘어나고 이에 따라 연관 산업이 발달했다. 또한 시장의 확대와 더불어 분업과 기술 개발이 전개되고 임금과 소득이 증가했다. 스미스의 표현에 따르면, "아메리카의 발견은 확실히 본질적인 변화를 가져왔다. 그것은 유럽의 모든 상품에 새롭고 무진장한 시장을 개방함으로써, 옛날 상업의 좁은 영역에서는 생산물의 큰 부분을 흡수할 시장의 부족 때문에 발생할 수 없었던 새로운 분업과 기술 개량을 야기했다. 노동 생산력은 발전했고 유럽의 모든 나라에서 생산물이 증가했으며, 그와 함께 주민들의 실질수입(收入)과 부가 증가했다. 유럽의 상품은 아메리카에서는 거의 새로운 것이었고, 아메리카의 많은 상품은 유럽에 새로운 것이었다"(Smith 1776: 448).

둘째, 새로운 시장의 확대로 인한 부와 소득 증가 현상은 긍정적 요인이었으나, 반면 식민지에 대한 무역 독점으로 인해 분업 구조가 왜곡되고 자본 축적이 저해 받은 점은 경제 성과에 상당히 부정적인 요인으로 작용했다. 식민지 무역 독점 정책이 시행되면서 유럽 인근의 직접 무역에 투입되던 기존의 상업 자본이 원거리 우회 무역이나 중계 무역에 투입되었다. 이 때문에 분업 구조의

있다(Smith 1776: 616~7). 한편, Hill & Clary(1990)는 스미스가 일관되게 견지한 일종의 반(反)식민지주의와 반(反)독점주의, 반(反)보호주의가 19세기 초중반 영국에서 제한적으로 성립한 이유를 전적으로 경제사적인 토대로부터 찾는다. 즉, 이 같은 스미스의 독트린은 당시 영국의 산업혁명이 가져온 세계 최고의 경쟁력으로부터 비롯된 것이며, 1880년대 중반 이후 산업 경쟁력 약화에 따라 쇠퇴하면서 제국주의(imperialism)가 재차 득세하게 되었다는 것이다.

자연적 균형이 파괴되거나 왜곡되었으며, 자본 축적과 생산적 노동 고용력이 약화되는 동인이 되었다. 또한 원격지 무역 의존도 제고에 따른 자본의 회전 속도 저하, 농업에서 사용되는 생산 자본의 회전 속도 및 경제 전반 확대 재생산 속도의 둔화, 국내 공업의 원격지 시장 의존도 심화에 따른 균형 발전의 방해 등이 성장에 걸림돌로 작용했다. 결과적으로, "영국의 산업은 다수의 조그마한 시장들에 적응하는 것 대신에, 주로 하나의 큰 시장을 지향했다. 영국의 무역은 다수의 작은 수로를 통해 이루어지는 것 대신에, 주로 하나의 큰 수로를 통해 이루어지게 되었다. 결과적으로 독점이 없는 경우에 비해 영국의 산업과 상업 전체가 더 불안정하게 되었으며, 나라의 정치 지형 전반이 덜 건강한 상태로 남게 되었다"(Smith 1776: 604).

셋째, 식민 모국 주도의 식민지 통치의 편익과 비용의 판단에서 간과할 수 없는 부분은 전비 관련 재정 지출이다. 식민지의 정치적 저항으로 인한 분쟁 및 전쟁 유발 내지는 방위를 위한 막대한 전비 마련은 실제로 막대한 재정 지출의 원인이 되었다. 예를 들어, 영국의 시민 혁명 정신에 비추어 보면 정부에 의한 과세는 대표가 구성원으로 되어 있는 의회의 승인을 필요로 하는 과제였다. 따라서 제국의 방위비 분담을 위해 식민지에 과세를 하자면 식민지 주민도 의회에 대표를 파견할 권리를 가져야 했다. 하지만 식민지 지배 체제 하의 식민 모국 국민의 교만한 자만심은 이를 허용하지 않았으며 결국 식민지의 정치적, 군사적 저항을 유발할 수밖에 없었다. 스페인이나 포르투갈 등 일부 식민 모국의 경우를 제외하고는 식민지에서 조세 수입을 얻은 국가는 없었으며, 식민지가 재정적으로 지원하지 않았기 때문에 막대한 재정 지출이 초래되었다. 정치적 지배와 배타적 독점 체제 유지를 위한 식민지 경영에서 초래된 이상과 같은 정황으로 인해 식민 모국의 주민들과 소비자들은 전쟁 수행에 따라 폭증하던 조세와 공채의 부담을 전적으로 떠안아야 했다.

이에 대해 스미스는 다음처럼 기술한다. "아메리카 및 서인도의 식민지 통치를 위해 정립된 법률 체계에서는, 우리나라의 다른 모든 무역 규제에서보다 더욱 과도하게 국내 소비자의 이익이 생산자의 이익에 희생되고 있다. 대제국은 오직 우리의 상이한 생산자들의 상점으로부터 이들이 공급할 수 있는 모든 재화를 사지 않을 수 없는 고객으로 만들고자 하는 단 하나의 목적을 위해 건설된 것이다. 이러한 독점이 우리 생산자들에게 부여하는 약간의 가격 상승을 위해 국내 소비자들은 그 제국을 유지하고 방위하는 모든 비용을 부담하고 있다. … 이러한 국채(전쟁 수행 목적 발행 국채)의 이자 규모만 하더라도 식민지 무역의 독점에서 취했다고 할 수 있는 특별 이윤 전체보다 클 뿐만이 아니라, 식민지 무역의 가치 총액 또는 매년 평균적으로 식민지에 수출되는 재화의 가치 총액보다 크다"(Smith 1776: 661).

넷째, 중상주의 정책의 시행과 유럽 국가들 간의 식민지 확보 열기는 필연적으로 열강들의 정치적, 군사적 대립을 가일층 격화시켰다. 그러므로 "최근의 전쟁은 거의 식민지 쟁탈전이었으며, … 1739년에 시작된 스페인 전쟁은 분명히 식민지 쟁탈전이었다. 그 전쟁의 주요한 목적은 남미의 북쪽 해안 지방과 밀수 무역을 수행하던 식민지 선박이 검문당하는 것을 방지하기 위한 것이었다"(Smith 1776: 615~6). 식민지 무역에 관한 독점 정책과 자국 산업 및 무역의 상대적 우월성 확보 지향 정책은 유럽 열강 간의 정치적, 군사적 대립을 유발시킴으로써 국제 정치에서 긴장 관계 조성, 식민지 쟁탈 전쟁 발발, 막대한 전쟁 비용 증가, 조세 부담 증가 및 공채 발행에 따른 원리금 상환 부담의 증대, 국

민 저축 여력의 감소 등을 통해 생산적 노동력 고용의 저해 등을 초래했다.[16)]

5. 식민지 정책과 경제 성장의 비교 분석: 영국령 대 스페인령 식민지

5.1. 영국의 북미 식민지 대비 동인도 식민지

5.1.1. 북미 식민지

근대 들어서 영국과 스페인이 지배했던 미주(美洲) 식민지의 경제적 성과에 대한 스미스의 분석, 평가, 대안 제시는 앞서 거론한 경제 발전 이론 체계 및 식민지 정책에 대한 관점을 잘 반영한다. 스미스에 따르면, 유럽 국가의 식민지 가운데 영국의 북미 식민지가 상대적으로 가장 훌륭한 경제적 성과를 거두었다. 그러므로 "북아메리카의 영국 식민지보다 더 빠른 경제 진보를 이룬 식민지는 없다"(Smith 1776: 571). 영국령 북미 식민지의 경우 인구가 증가하고 노동자의 임금이 상승했으며, 농업 생산성이 증대하여 매우 빠른 경제 성장을

16 이러한 복합적 이유로 1770년대 중반 영국에서 북미 식민지와의 정치경제적 관계 설정과 관련하여 식민지 분리론에서부터 연방론에 이르기까지 다양한 견해들이 제기되었다(예컨대, Stevens 1976: 203~9). 이에 대하여 자발적 분리론이 당시 영국에 유리한 (하지만 현실적으로 실현 불가능한) 방안이지만(Smith 1776: 616~7), 스미스는 향후를 고려하여 영국과 북미 식민지의 정치적인 합병(political union)을 제안한 바 있다(Smith 1776: 622~4, 933). 스미스는 "대표에 따른 과세"를 배태한 시민혁명의 정신, 수혜 정도에 부합하는 조세 부담, 자유무역과 시장 확대에 따른 이익과 친애의 증진, 양 지역 주민 간의 사회적, 정치적, 문화적 유대감 등과 같은 여러 원리와 여건에 비추어 볼 때 차별 대우 없는 합병이 (당시 북미 식민지 대표들의 증오심과 독립 정신에 비추어 역시 유토피아적일지라도) 가장 합리적이고 바람직한 해결 방안으로 생각했다(예컨대, Skinner 1996: 218~21).

했다. 영국의 북미 식민지도 미주 대륙의 여타 식민지들처럼 양질의 광대한 미경지를 보유하고 있었지만, 스페인과 포르투갈의 식민지에 비교해서는 토지의 비옥도가 좋지 않은 상태였고, 무역 거래를 규제하는 중상주의적 정책 역시 시행되고 있었다. 그럼에도 불구하고 북미 식민지가 다른 식민지들에 비교해서 가장 탁월한 경제 성장을 이룩한 것은 다른 어떤 요인보다도 정치 제도 및 문화의 우월성에 있는 것으로 평가되었다.

스미스는 영국 북미 식민지의 정치 제도 그리고 모국으로부터 전수 받은 문화적 유산이 정치적, 법률적, 정책적으로 자치권과 거래의 자유를 더욱 관대하게 허용함으로써 다른 지역들보다 경제 성장에 유리한 환경을 조성했다는 점을 강조한다. 첫째, 영국 식민지의 정치 제도의 우위가 북미 식민지의 높은 경제 성장에 기여했다. "영국 식민지의 정치 제도"(Smith 1776: 572)의 우월성, 즉 공화주의적인 정부 통치 방식이 식민지 주민들로 하여금 자치, 평등과 독립 정신을 고취했다. "어느 영국 식민지에도 세습 귀족은 존재하지 않는다. … 현재의 전쟁이 시작되기 전에 식민지 의회는 입법권뿐만 아니라 행정권의 일부도 가지고 있었다. … 그러므로 모국 거주자들보다도 식민지 주민들이 더 평등하다. 그들의 풍속은 본국 주민에 비해 더 공화주의적이며, 그들의 정치, 특히 뉴잉글랜드의 세 개 주의 정치도 지금까지 더욱 공화주의적인 성향을 지녔다"(Smith 1776: 585).

둘째, 자유, 평등을 중시하는 영국 정치 제도의 우월성은 식민지 법률의 특성과 운영상의 우위를 가져왔다.[17] 중상주의적 규제가 영향을 미치는 무역

17 식민 모국인 영국의 법 제도 운영상의 우위에 대해서 다음처럼 요약한다. "영국의 진보와 번영은 다른 이유들에 의해 매우 쉽게 설명될 수 있다. 영국의 법률이 모든 사람에게 제공하는 안전 보장, 즉 자신의 노동 성과를

영역을 제외한 분야에서 법률상 자유와 안전 및 평등이 보장되었다. "외국 무역을 제외한 모든 점에서 영국 식민지 주민이 자신의 문제를 자신의 방식대로 처리하는 자유는 완전하다. 그 자유는 모든 점에서 본국 시민의 자유와 동일하며, 식민지 통치를 위해 과세할 수 있는 유일한 권리를 가진 식민지 의회에 의해 본국과 동일한 방식으로 완전히 보장되어 있다"(Smith 1776: 584~5). 이와 동시에 "식민지 의회의 권위는 행정권을 압도하며 아무리 천하고 미움을 사는 주민이라도 법을 준수하는 한, 지역의 주지사나 다른 문무 관료의 분노를 두려워할 필요가 없다. 영국 하원처럼 언제나 국민을 완전히 평등하게 대표하지는 않을지라도, 식민지 의회는 그러한 성격에 훨씬 더 가깝다. 행정권이 식민지 의회를 매수할 수단이 없기 때문이든, 아니면 모국으로부터 받는 원조 때문에 매수할 필요가 없기 때문이든, 식민지 의회는 일반적으로 유권자의 의향에 의해 더 큰 영향을 받는다"(Smith 1776: 585).

셋째, 17세기 명예혁명 이후 상대적으로 자유롭고 법을 존중하며 관용적인 사회문화적인 요인도 북미 식민지의 통치를 훌륭하고 온건하게 하는 데 기여했다.[18] 이러한 요인은 식민지 정책을 시행하는 데 훨씬 관대하고 덜 억압적인 방식을 채택하도록 만들었다. "자국 식민지에 대해 유럽 각국이 행사한 정책에서 가장 본질적인 차이 중의 하나는 이러한 독점력을 행사하는 방식이 달

완전히 향유할 수 있다는 점은 온갖 불합리한 상업 규제들에도 불구하고 한 나라를 번영시키기에 충분하다" (Smith 1776: 540).

18 통치와 관련하여 사회문화의 중요성을 거론하는 다음의 기술을 보라. "영국의 식민지 통치는 매우 거리가 먼 지역의 주민들에게 완전한 안전 보장을 부여할 수 있었던 세계 최초의 유일한 것이다. 프랑스 식민지의 행정은 스페인과 포르투갈의 행정에 비해 항상 더 부드럽고 온건하게 행해졌다. 이러한 통치 방식의 우수성은 프랑스 국민성과 각국의 국민성을 형성하는 것, 즉 통치의 특성에 부합하는 것이다. 프랑스의 통치는 영국의 통치에 비해 독단적이고 폭력적이지만, 스페인과 포르투갈의 통치에 비해서는 합법적이고 자유롭다"(Smith 1776: 586).

랐다는 점이다. 이러한 방식들 중 최선의 방식이라고 할 수 있는 영국의 방식은 다른 나라의 정책보다 다소 더 자유롭고 덜 억압적이었다는 것뿐이다" (Smith 1776: 590).

스미스에 따르면, 이 같은 영국 식민지의 상대적으로 자유롭고 평등한 문화, 우월한 정치 조직 및 제도가 북미 식민지 경제 제도의 운영에 반영되어, 미경작지의 독점 제한, 장자 상속권의 폐지와 토지 균등 분할, 저렴한 세금 및 행정 방위비 부담, 타 식민지보다 더 큰 시장의 활용 등이 이루어졌다(Smith 1776: 572~5).

5.1.2. 동인도 식민지

영국의 북미 식민지의 경제 성과와는 대조적으로, 동인도 식민지의 통치 및 그 경영 성과는 매우 열악했다.[19] 예컨대, 당시 북아메리카에서 주민의 수가 약 25년 정도의 기간에 두 배로 늘고 임금이 상당히 높은 수준에서 지불된 반면, 벵골과 동인도의 영국 식민지에서는 노동자의 임금이 생물학적인 수준으로 감소하고 기아와 인구 감소가 만연했다(Smith 1776: 87~91). 스미스는 이러한 대조적인 현상들을 식민지 경영의 정치 이념, 제도와 조직의 운영과 연관시킨다. "북아메리카를 보호하고 통치하는 영국 헌법의 이념 그리고 동인도에서 억압하고 권세를 부리는 상인 회사의 이념 간의 차이는 아마 두 나라의 상황 차이에 의해 가장 잘 설명될 수 있을 것이다" (Smith 1776: 91). 그렇다면 동인도 식

19 식민지 문제와 관련하여 고전파 경제학자인 토마스 맬서스(Thomas Malthus)는 식민지 통치 및 동인도 회사의 지배와 성과에 관한 스미스의 부정적 견해에 대체적으로 동의하지만, 배타적 독점을 지향하는 상인 회사에 의해 통치되기 때문에 "모든 정부 가운데 가장 최악"이라는 그의 주장이 불가피하다고 보지는 않는다(Pullen 1994: 247~9).

민지의 통치 이념은 구체적으로 무엇인가?

첫째, 상인 회사에 의한 지배 때문에 그 정치적 권위가 결여되었던 식민지 정부는 폭력적, 군사적인 수단에 의거해서 행정 업무를 수행했기 때문에, 매우 큰 통치 비용을 부담해야만 했다. 사실 동인도 회사는 속임수와 정복에 의하여 통치권을 획득하고 회사의 독점 이윤 증대를 위해 통치권을 활용했다. 이러한 불의에 맞서 동인도 주민이 당연히 반발하고 저항했기 때문에, 그 통치 방식은 군사적 수단을 동원하여 전제적으로 이루어질 수밖에 없었다. 스미스는 다음처럼 상세히 전한다. "유럽에서 제시되고 있는 그와 같은 통치 이념이 본질적으로 그리고 아마도 고칠 수 없을 만큼 잘못된 것이라면, 인도에서의 행정 이념은 더욱 그러하다. 이 인도 행정부는 필연적으로 하나의 상인 협회로 구성되어 있다. 물론 이들은 매우 존경 받을 직업을 지녔지만, 이 세상에서 사람들에게 자연스럽게 위압적이기 때문에, 강요 없이도 자발적인 복종을 낳게 하는 그런 유형의 권위를 전혀 가지고 있지 않다. 이 상인 협회는 군사적 폭력을 행사함으로써만 복종을 강요할 수 있기 때문에 그들의 통치는 필연적으로 군사적이고 전제적이다. … 회사의 무역에 관한 한, 인도 행정부의 이념은 본국 지휘부의 그것과 동일하다. 즉, 통치를 독점의 이익에 봉사하게 하며, 따라서 인도의 잉여 생산물 중 몇몇의 자연적 성장을 회사의 수요를 간신히 충족시키는 선까지 억제하는 경향이 있다"(Smith 1776: 638).

둘째, 식민지에 대한 통치와 외국과의 무역을 동일한 하나의 상인 회사의 독점에 일임함으로써 (정치, 군사적인 측면에서뿐만 아니라) 경제적으로 분업 구조의 왜곡이 초래되고 자본 축적은 심히 저해되었다. 앞서 거론한 바대로, 아메리카 식민지와의 무역처럼 일국(一國)에 의한 독점 무역 역시 자본 축적과 분업 구조를 왜곡시키는 부작용이 있다. 하지만 이러한 중상주의적 체계 하에서 더욱 부조리하고 최악의 후생 효과를 낳는 독점의 유형은 동인도 무역에서처럼 하나의 특허 회사에 의한 지역 통치와 무역 독점에 있다. "독점적인 상인 회사에 의한 통치는 아마 어느 나라의 어떠한 통치보다 나쁠 것이다. … 이러한 통치가 식민지들의 발전을 보다 느리고 활기 없게 만들었다"(Smith 1776: 570). 동인도 회사는 독점 이윤을 위해 잔혹한 부정행위를 저지르고, 식민지 산업의 통제는 물론 직접적인 파괴 행위를 시도했다. 스미스는 다음처럼 적고 있다. "영국, 네덜란드의 회사들은 … 동인도 제도에서 상당한 정복을 달성했다. 그들이 새로운 식민지 주민들을 통치하는 방식에서 독점 회사의 자연적인 특질이 가장 극명하게 드러났다. 향료 군도에서 네덜란드인들은 … 자신들의 독점을 보호하는 최선의 방법이 시장에 공급하는 규모보다 더 많은 향료가 재배되지 않도록 조치를 취하는 것이라고 생각한다. … 영국 회사는 벵골 지역에서 아직까지는 그렇게 완벽한 파괴 제도를 확립하지는 못했다. 그러나 그들의 통치 계획은 거의 유사한 경향을 보이고 있었다"(Smith 1776: 635~6).

셋째, 동인도에서 특허 회사 및 개인들의 독점 구조를 강화하기 위하여 다양한 불법적인 행위들이 자행되었으며, 이와 동시에 일종의 X-비효율성에 따른 상당한 비용이 초래되었다. 본국으로부터 동인도에 파견된 독점 기업 직원들은 일종의 대리인으로서 경영 부실과 태만, 낭비, 횡령 이외에도, 치부를 위한 사적 거래를 중시하고 이를 독점화하기 위해 정부 권력을 행사하여 식민지는 물론 모국의 발전에도 큰 피해를 초래했다(Smith 1776: 638~41). 이에 대해 스미스는 다음처럼 기술한다. "영국 동인도 회사의 설립 이래 영국의 다른 주민들은 그 무역으로부터 배제된 것 이외에도, 그들이 소비하는 동인도 회사의 상품 가격을 통해 동인도 회사가 독점에 근거하여 취득한 모든 특별 이윤뿐만 아니라, 거대한 회사의 업무 관리와 분리될 수 없는 사기와 남용이 필연적으로 야기한 과도한 낭비에 대해서도 지불할 수밖에 없었다. 후자의 유형의 독점이 초래하는 불합리성은 첫 번째 유형의 독점의 불합리성보다 훨씬 더 명백하다" (Smith 1776: 631).

5.2. 스페인 및 포르투갈의 식민지

영국의 북미 식민지와는 달리, 서로 다른 정치적, 법률적, 문화적 전통으로 말미암아 환경 변화에 적절히 대응하지 못한 스페인 및 포르투갈 식민지의 경우는 매우 대조를 이루는 사례이다. 스페인과 포르투갈의 식민지는 영국(유럽) 식민지들에 비해 풍부한 자원의 질과 크기에도 불구하고 그들에 비해 더욱 정체를 보이거나 극히 느린 속도로 성장했다. 스미스는 "스페인 식민지들은 영토의 크기에 비해 인구, 경제적 번영이라는 측면에서 거의 모든 기타 유럽 식민지보다 후진적인 것으로 사료된다"(Smith 1776: 568)고 지적한다. 이미 16~7세기경에 스페인도 영국과 마찬가지로 전쟁 비용 증가 등으로 재정 위기에 직면했었다. 이때 스페인의 중앙집권적, 관료적 정치 조직은 영국과는 대조적으로 세수 증대, 재산 몰수 등으로 대처하면서 심각한 재산권의 불안정성을 초래했고 정체의 경로로 나아갔다.

한편, 유럽의 다른 식민지들과 마찬가지로 스페인 및 포르투갈령 식민지에서도 중상주의적인 독점 정책이 산업 발전과 경제적 후생에 부정적 효과를 낳았다.[20] 하지만 무엇보다도 스페인의 정치 조직과 제도적 특성으로부터 계승된 족적이 아메리카 식민지의 경제 성과를 좌우하는 결과를 초래했다. 스미스에 의하면, 멕시코와 페루 같은 스페인 식민지에서는 본국의 전제정치와 이로부터 파생된 자의적 권력 행사, 국왕을 위한 금은 확보 정책 및 유럽 봉건 제도의 부분적 계승 때문에, 식민지 가운데 가장 우수한 토지 자원을 보유했음에도 그 경제 성장의 결실은 미미했다.

첫째, 국가 통치의 차원에서 정치 제도의 열악성이 성장의 장애물로 작용했다. 봉건적이고 전제적이며 자의적인 정치 제도는 행정의 자의성, 폭력성을 수반했다. "스페인과 포르투갈의 … 전제정부(absolute governments)는 식민지에서도 계승되고 있다. 그러한 정부가 매우 먼 거리 때문에 하급 관리들에게 위임한 자의적 권력은 자연스럽게 일상적 수준을 넘어 상당히 폭력적으로 행사된다"(Smith 1776: 586).[21] 또한 스페인 식민지에서 시행된 봉건적 제도(1인 한사상속과 양도 불가능한 권리를 인정하는 토지 제도)도 성장을 제한했다(Smith 1776: 572).

둘째, 불공정하고 부당한 사법 제도와 공공 정책이 야기한 부정적 요인이 식민지의 성장을 상당 부분 가로막았다. 스미스에 의하면, 스페인과 포르투갈의 통치 체제 하의 사법 집행에서 많은 문제점이 노정되었으며, 따라서 상호 교환 및 시장의 확대를 저해하는 불확실성을 크게 조장했다. "그 다른 무엇보

20 스미스는 스페인 및 포르투갈이 다른 나라보다 더 규제가 강화된 방안을 모색했으며, 예컨대 모국의 특정 항구를 통해서만 식민지 무역을 담당하도록 했다고 기술한다(Smith 1776: 575~6). 또한 그는 중상주의적인 무역 독점 정책이 제조업 발전과는 무관하다고 주장한다. "인구 및 부가 번영일로에 있던 식민지의 무역 독점이 그 자체로서는 제조업을 확립하거나 심지어 유지하는 것조차 충분하지 않다는 것은 스페인 및 포르투갈의 실례에서 충분히 입증된다. 이 두 나라는 대규모 식민지를 보유하기 전에는 공업국이었다. 그러나 세계에서 가장 부유하고 비옥한 식민지를 보유하게 된 이후에, 두 나라 모두 공업국이기를 멈추었다"(Smith 1776: 609).

21 일반적으로 "폭력과 무질서가 지배하는 그런 시대에서는 퇴장 화폐를 가까이에 지니고 있는 것이 편리했다. 그들이 자신의 집에서 쫓겨나는 경우에 대비해 어떤 안전한 장소로 옮길 수 있는, 통용되는 가치를 보유하려고 했던 것이다. … 미개한 사회 상태에서는 거대한 상공업자들이 존재하지 않는다. 저축할 수 있는 화폐를 모두 퇴장시키며 그 퇴장 화폐를 은폐하는 개인들은 정부의 사법에 대한 불신, 그리고 화폐 퇴장 및 퇴장 장소가 알려지는 경우 즉시 약탈당할 것이라는 두려움 때문에 그와 같은 행동을 한다"(Smith 1776: 908, 911).

다도, 불규칙하고 편파적인 사법(司法)이 그 원인이 되었다. 즉, 이 사법적 관행은 침해당한 채권자의 고발로부터 부유하고 권력을 지닌 채무자를 종종 보호했으며, 근면한 국민들로 하여금 이들 거만하고 권력 있는 사람들의 소비를 위해 상품 만들기를 두려워하게 했다. 이는 그들에게 감히 외상 판매를 거절할 수 없었지만, 그 환수 여부가 거의 불확실한 상황에 기인했다"(Smith 1776: 610).

셋째, 식민지의 후진적이고 열악한 사회문화적 요인 역시 영국의 북미 식민지와는 대조적으로 경제 성장에 부정적 효과를 수반했다. 신념 체계, 이념, 관습, 종교적 태도 등의 사회문화적 요인은 대안과 비용에 관한 사람들의 사고방식에 심대한 영향을 미치기 때문에, 경제적 측면에서 생산력의 차이를 수반하고 성과를 좌우하게 된다.[22] 스페인과 포르투갈의 권위주의적, 관료적 사회문화적 경험과 종교적 신념은 정치적 불안정성과 거래 비용을 높이고 경제 성장에 적대적으로 작용했다. "반대로 스페인과 포르투갈의 권력자들은 그들의 식민지에 부과한 세금으로부터 어느 정도 지원을 받는다. … (프랑스를 포함한) 이 세 나라의 식민지 통치는 보다 많은 비용이 드는 계획 하에 집행되며, 또한 비용이 훨씬 더 많이 드는 기념 행사들이 거행된다. 예를 들어, 페루의 신임 총독 환영 행사에 지출되는 비용은 종종 엄청난 금액에 이른다. … 이 세 나라의 식민지에서 종교적 통치 역시 극히 억압적이다. 그들의 모든 지역에서 십일조가 있으며, 스페인과 포르투갈의 식민지에서는 아주 엄격하게 부과된다"

22 스미스는 이런 맥락에서 다음처럼 적고 있다. "영국은 분명히 유럽에서 가장 부유한 나라들 중의 하나이지만, 스페인과 포르투갈은 아마도 가장 가난한 나라에 속한다. … 두 나라에서는 이 나쁜 정책(금은 수출에 대한 과세 및 금지 정책)이 국민의 전반적인 자유와 안전에 의해 상쇄되지 않는다. 스페인과 포르투갈에서 노동은 자유롭지도 안전하지도 않으며, (현재 불합리한 그들의 상업 규제가 과거에 현명했었더라도) 문민 행정 및 종교적 통치 방식은 양국의 현재의 빈곤 상태를 영구화하기에 충분할 정도이다"(Smith 1776: 541).

(Smith 1776: 574).

6. 요약 및 시사점

6.1. 요약

근자의 스미스 관련 주요 연구들은 그의 지속 가능한 사회 발전의 비전과 대안 제시에 관한 분석에서 사회, 국가와 법, 경제 등 세 가지 사회 구성 영역을 중시한다. 이 같은 통섭형 분석 틀로 보았을 때, 스미스의 주요 관심 과제인 경제 발전의 문제는 경제적 차원뿐만 아니라 정치적, 법률적 과정, 그리고 더 나아가 사회적 가치와 규범, 문화 수준 등 다차원의 통합적 요인들의 상호작용에 의해 설명된다. 즉, 법과 정치, 경제, 그리고 사회문화적 요인을 포괄하는 사회과학적 통합된 틀 속에서 경제사(經濟史)에서 드러나는 장기적인 경제 발전의 현상이 조명될 수 있다.

그러므로 경제학적인 차원에서 성장의 메커니즘은 통상적으로 자본 축적, 분업, 기술 진보 등 주요 공급측 요인들과 일부 수요측 요인이 작용하여 임금 상승, 인구 증가, 농업 생산성 향상, 제조업의 확장, 상업의 팽창 등으로 경제의 선순환을 돕는 것으로 나타난다. 하지만 경제의 선순환과 사회적 후생의 개선은 인간 내면의 도덕 감정의 작용으로부터 승인된 정의와 자유, 안전, 평등과 같은 자연법(自然法)적인 사회적 가치가 국가 실정법 체계의 운영에 법원리로서 반영되는 경우에 가능하다. 자본 축적의 원천이 되는 경제적 요인의 작동은 국가법 제도 운용의 여러 핵심 원칙과 가치의 구현 여부에 의존적이며 한 나라의 경제적 성과와 효율성, 그리고 사회적 후생의 개선과 매우 긴밀한 연관성을 지닌다.

본 연구는 이처럼 스미스의 도덕철학 체계가 사회문화적 요인을 포함한 다차원적이고 통합적인 측면을 포괄하고 있음을 거론하는 근자의 연구 성과에 기초하고 있다. 스미스와 식민지 문제에 관한 선행 연구들과 대비해서, 본 연구는 도덕 판단 메커니즘에 의존하는 사회적 가치 규범과 문화적 요인 그리고 이에 근거한 법과 경제가 통합적 틀로서 작용하고 있다는 관점을 채택한다. 그리고 1770년대에 스미스가 상당히 깊은 관심을 표명했던 식민지 통치와 정책에 관한 기술, 분석, 비평, 대안 제시 내용을 차별화하여 고찰하고자 했다.

스미스에 따르면, 경제학적인 관점에서 볼 때 식민지 관계 형성에 의한 선진 제도와 지식의 유입, 새로운 시장으로서의 식민지와의 무역의 성립과 그 규모의 확장은 생산적인 노동 분업의 실현 및 기술 개발을 통해 교역 국가들에게 상호 이득을 가져다주었다. 하지만 근대 유럽의 식민지 관계를 사회-정치-경제학적 차원에서 총체적, 전면적으로 평가할 때, 당시 북아메리카와 유럽 및 동인도, 그리고 중국, 인도, 일본 간의 무역은 당해 모든 교역 국가들과 소비자들이 얻을 수 있는 잠재적 이익을 크게 훼손시켰다. 즉, 식민지 관계에서 잠재적 발전 기회의 훼손은 본원적으로 당시 식민지 관계 그리고 정책 체계가 정의, 자유, 안전, 평등의 사회적 가치와 법 제도 운용 원칙에서 크게 일탈한 점에 기인한다.

그리고 식민지 영토를 군사적으로 지배하고 교역 독점권을 무력으로 유지하기 위한 국방 비용의 누증이 있는 경우 사회적 후생의 손실은 더욱 확대되었다. 특히, 네덜란드, 영국, 프랑스의 동인도 회사처럼 (자유, 평등의 사회적 가치의 정책적 반영 대신에) 군사적, 폭력적 방식에 의한 식민지 통치와 무역 독점권을 동시에 지녔던 상인 회사는 권력의 악용, 대리인 문제와 조직상의 비효율까지 유발했다. 이에 따라 상인 회사는 모국 경제에 손해를 끼침은 물론, 식민지 속국도 황폐화시켜 장기적인 상호 발전적 교류 관계에 큰 악영향을 미쳤다.

6.2. 식민지 관계 - 근대화 평가를 위한 시사점

본 연구는 스미스의 문헌에서 그의 경제 발전 이론 체계에 부합하는 하나의 역사적 사례로서 당시 식민지 관계에 관한 평가를 새로운 각도에서 조명하려고 시도했다. 이러한 스미스의 경제 발전 이론 체계는 동서양을 막론하고 역사상 경제의 흥망성쇠를 설명하기 위한 일반 이론이라는 점에서 일종의 거대 이론(grand theory)에 속한다. 이러한 특성을 염두에 둔다면 스미스의 이론 체계는 19세기 말에서 20세기에 초중반에 걸쳐 전개된 조선의 멸망과 일본의 식민지 지배를 겪고 변화해 온 우리나라 근대화의 경로와 내용을 해석, 평가하는 데 유효한 하나의 분석틀과 잣대를 제공해 줄 수 있다.[23] 우리나라 역사학계에

23 이 시사점에 관한 논의는 스미스 이론 체계의 전면적, 객관적 타당성을 전제로 하여 그 이론이 규범적 차원에서 모든 발전 현상의 토대가 되며 또한 근대화 경로에 관한 논의로 확장되어야 한다는 의미는 아니다. 이론적, 경험적 측면의 정합성, 현실 설명력, 예측력을 두고 경합하는 기존의 다른 발전 이론들과 마찬가지로 '하나의' 연구 프로그램(research program)의 가능성에 관한 제안이다. 실상 오늘날 경제학계 및 사회과학계의 주요한 발전 이론, 예컨대 마르크스주의 이론, 근대화 이론, (베버식의) 문화 이론 등은 학문적 진리의 완결 버전으로서보다는 그 잠재적 적실성에 대한 학자들의 신념 때문에 수용되고 있다고 할 수 있다. 이는 역사 연구에서 메타이론적으로 필연성(necessity)에 입각한 마르크스주의 발전 이론이 고전적 생산양식론 이외에도 비(非)서구의 저발전 문제와 관련하여 종속 이론, 세계체제론, 생산 양식 접합론 등 정치-경제적 특성을 고려하는 다양한 변종 이론을 낳았고, 다차원적이고 비(非)결정론적인 포스트-마르크스주의로까지 확장되었다는 점으로부터 유추해 볼 수 있다(Brewer 1980; Booth 1994). 한편, 주류 경제학계 근대화 이론의 하나인 노스(Douglas North)

서 일제 강점 식민지기 조선에서 일어난 자본주의의 전개와 해방 후의 근대화에 미친 영향을 중심으로 수탈론과 식민지 근대화론 간에 논쟁이 전개된 바 있다. 한국 사학계와 일부 경제사학자 간의 논쟁은 다소 일원론적인 시각의 역사 이해를 지양하고 상호 소통의 계기로 작용하기도 했지만, 어떤 구체적인 기준(및 상대적 중요도)에 의해 경제 발전과 근대화를 평가해야 하는가에 대한 논점에는 도달하지 못했다.[24] 식민지 근대화론을 지지하는 경제사학자들은 주로 경제학적인 발전 이론 틀을 견지하고 (국가)제도와 통계 자료를 활용하는 실증적 관점에서 일제 식민지기와 해방 후의 근대화를 조명해 왔다.

하지만 스미스가 제시한 대로 중장기적인 경제 성과가 외부 세계의 또 다른 층위인 정치적, 사회문화적 영역의 요인들에 의해 상당히 영향을 받고 좌우된다면, 한층 더 합당한 역사적 평가와 그 재구성을 위해서는 일원론적 접근과 해석보다는 다차원적, 통합적 해석 및 성과 분석이 불가결할 것이다. 구체적으로 말해서, 합리적인 역사 재평가는 조선에 대한 일제 식민지 통치가 경제 개발에 미친 영향은 물론, (그 속성상 수치화된 또는 통계화될 수 있는 자료의 제한과 제약에서 비롯되지만) 정치적, 법제도적 관점에서 정의, 자유, 안전, 평등의 상태가 구현되거나 개선되었는지, 그리고 사회문화적 측면에서 조선인의 의

의 경제사 이론 역시 장기적 경제 성과를 설명하는 과제에 직면하여, 초기에 결정론적인 가격 이론으로부터 출발했고 사회의 다차원성을 고려하여 국가론을 접목시킨 바 있으나, 근자에 (스미스의 이론 체계와 유사하게) 신념 체계, 종교적 교의, 문화 등 사회적 층위(social arena)의 구성 내용이 적응적 효율성과 경제적 성과에 영향을 미치는 핵심 요인이라는 점을 또한 강조하는 비결정론적인 방향으로 진화되어 왔다는 점을 상기할 필요가 있다(North 2005: 136~45).

24 한국 역사학계에서 전개된 식민지 근대화 논쟁 이후 변증법적 관점에서 역사적 재평가의 필요성에 관한 요청은 정연태(2000), 식민지 근대화론에 관한 소개 및 비판은 박섭 외(2004) 등을 참고할 수 있다. 김낙년(2007)은 (이론적 근거를 언급하지 않은 가운데) 근대적 현상 연구를 위한 학문 간 상호 보완을 강조하면서, 식민지 경제, 지배 체제, 사회 문화의 각 측면에서 이루어진 연구들을 소개하고 소통과 종합을 촉구하고 있다.

식과 일상생활 속에 협력, 공정성, 신뢰, 상호성, 신중함 등의 사회적, 공동체적 규범과 가치가 배양되거나 강화되었는지 등을 다차원적으로 검토하고 그 내용과 성과를 종합하는 과제로부터 이루어진다고 볼 수 있다.

제 4 편

법과 경제

제7장

법과 경제: 정의와 효율성

제8장

노동(시장)의 법과 경제

제7장
법과 경제: 정의와 효율성

1. 머리말

현대 법경제학에서 법적 정의(法的 正義)와 효율성 간의 관계에 대한 논의는 주요한 현안 가운데 하나이다.[1] 정의와 효율성의 상호 관계에 대한 탐구와 관련해서 스미스의 관점이 무엇인가를 살펴보는 것은 흥미로운 주제가 될 수 있다. 스미스는 오늘날 사회과학 체계라고 불릴 수 있는 도덕철학을 중심으로 사회 규범, 법 제도 및 경제 분석을 수행했기 때문에 더욱 그러하다.

스미스의 도덕철학 체계는 자연신학을 제외한다면 윤리학, 법학, 경제학의 세 부문으로 구성되었다. 여기서 법학(jurisprudence)은 시민 정부가 법과 통치의 근간으로 삼아야 할 일반 원리를 탐구하고, 이를 바탕으로 공정하고 정의

---

1 근래 법적 정의와 효율성 간의 관계에 대한 법경제학적 논의는 꾸준히 이루어져 왔다. 법적 정의의 개념이 다양하고 포괄적인 만큼 정의와 효율성이 이론적 또는 실증적으로 항상 일치하는 것은 아니다. 법경제학에서 두 개념 간의 관계에 대해 탐구한 다음의 문헌들은 보통법(common law)의 정의가 효율성과 부합하는 경향을 보이고 있다고 지적한다. 예컨대, Posner(1981)는 부의 극대화가 바로 법적 정의이며 법의 토대여야 함을 역설한 바 있다. Cooter(2005)에 따르면, 모든 법의 근본 원리인 교정적(corrective) 정의가 흔히 효율성과 합치되는 이유는 (자신과 동일하게) 타인을 배려하도록 강조하는 사회 윤리 규범에서 비롯된다. 또한 Zerbe(2006)는 보통법에서 정의와 효율성은 실질적으로 중복되는 개념이며, 도덕 감정(형평)을 효율성에 대한 정의(定義)에 확대해서 포함할 때 그 일치 정도가 더 크다고 주장한다.

로운 법 제도를 운영하며 사회 질서를 유지하는 방안을 찾는다. 그리고 정치경제학은 국민 소득의 향상 및 국력 증진의 메커니즘을 탐구하며, 이에 부합하는 공공 정책과 방안을 제시하는 것을 목적으로 한다. 사회의 운영 원리를 모형화한 스미스의 도덕철학 체계 내에서 법학과 경제학은 외형상 상호 독립성을 지닌 것처럼 보이지만, 두 학문 영역은 실상 불가분의 통일적 관계를 지니고 있다.[2] 이는 다음의 사실에 의해 분명하다.

첫째, 스미스에게 경제학은 "입법가(立法家)의 학문"(Smith 1776: 428)의 한 부분으로서 정의된다. 경제 활동은 사회의 물적 토대를 구성하는 영역이며 경제적 번영을 위해서는 협력과 통합이 요구된다. 한편, 이러한 특성의 경제 질서는 사회적 갈등과 분쟁이 확대되면 빠르게 정체나 쇠퇴의 경로를 밟게 될 수 있다. 이러한 관점에서 스미스는 경제 활동과 경제 질서가 강제 권력을 지닌 국가의 "법과 통치"의 핵심적 원리에 의해 적정한 정도로 규제되어야 하는 대상으로 본다.

둘째, 『국부론』에서 고찰되는 국부 증대와 국가 재정 확충에 관한 논의는, 법과 통치의 일반 원리를 탐구하는 『법학 강의』 후편 내정 일반의 법 제도의 틀 속에서도 대체적으로 나타난다. 이처럼 경제 질서의 운용에 관한 전반적 논의가 『법학 강의』의 내용과 상당히 중복되는 것은 국가 통치의 원리를 구성하는 사회적 효용의 추구와 직접적으로 관련된다. 스미스는 (정의의 측면뿐만 아니라) 편의 또는 효용의 측면에서 경제적 번영을 촉진시키기 위한 국가의 일반적

2 Winch(1978)와 Haakonssen(1981)은 법학과 정치학, 그리고 경제학 간의 긴밀한 관계를 도덕철학적 관점에서 논의한 초기 연구에 속한다. 한편, Haakonssen(2006)이 편집한 저술에 포함된 여러 논고는 스미스의 도덕철학 체계를 구성하는 학문 영역들이 독립성보다는 상호 연관성을 지니고 있음을 제시한다.

역할은 무엇이며, 이에 따른 입법 및 공공 정책의 과제가 무엇인가에 관심을 가졌다.

스미스의 인문사회 모형 내에서 법학과 경제학이 통일된 체계로서 포괄되고 있지만, 두 학문 분야의 내용은 물론이고 그 목적이 상이하다는 것은 명백하다. 법학에서는 법적 정의의 구현이 실정법의 이념적 토대로 제시되고 있으며, 경제학에서는 효율성(效率性)에 기반한 부의 축적과 경제 성과의 달성을 바람직한 목표로 삼는다. 즉, 스미스의 법학과 경제학의 체계 내에서 정의와 효율성은 지속적 사회 발전을 위해 각각 불가결한 법 제도와 경제 활동이 토대로 삼아야 하는 별개의 가치 기준이다. 이처럼 정의와 효율성은 각각 다른 학문 영역의 핵심적 규범적 가치임에도 불구하고, 스미스 체계에서 정의의 실현과 효율성의 달성은 법과 경제의 역사적 공간에서 매우 직접적인 연관성을 지닌다.[3)]

본 연구는 스미스의 인문 모형에서 상이한 영역을 구성하고 있는 법과 경제의 관계를 정의와 효율의 연관성을 중심으로 조명하고자 한다. 본 연구는 결과적으로 선행 연구의 성과를 지지한다. 하지만 정의와 효율성 간의 이론적 관계뿐만 아니라, 특정한 법률과 관련하여 법학적 그리고 경제학적 분석이 동시에 이루어지는 (즉, 『법학 강의』와 『국부론』 두 저작에 모두 거론되어 비교가 가능한) 사례를 중심으로 법과 경제 또는 정의와 효율성의 연관 관계를 구체적으로 고찰한다는 점에서 선행 연구와 대비된다. 이를 위해서 먼저 제2절에서는 스미스

3 스미스의 체계에서 정의 및 효율성과 경제적 번영의 상관관계는 Fitzgibbons(1995), 박세일(2000), 김광수(2003), Lieberman(2006) 등에서 거론된다. 한편, Young(2007)은 동감 이론에 근거한 스미스의 재산권의 기원과 진화에 관한 이론과 효율성 기반의 현대 신제도주의 재산권학파의 이론을 서로 비교한다.

의 체계에서 정의론의 윤리적 기초를 탐구한 후, 법의 근본 원리로서 작용하는 정의와 국가의 실정법과의 관계를 고찰한다. 제3절에서는 법과 경제의 분석을 위한 기초로서 스미스 사상에서 정의와 효율성 간의 긴밀한 연계성, 즉 이론적 상관관계를 살펴볼 것이다. 제4절에서는 이상의 이론적 논의를 중심으로 하여 법과 경제의 연관성에 관한 다양한 사례 분석을 살펴봄으로써 정의와 효율성의 관계를 밝힌다. 마지막으로 제5절에서는 본 연구의 내용을 요약하고 결론을 맺을 것이다.

2. 정의와 실정법 체계

2.1. 도덕 감정과 정의

스미스에 따르면, 경제 활동의 활성화와 물질적 풍요의 개선은 직접적으로 사람들의 천성(天性)인 교환 본능 및 생활 개선 본능을 포함하는 자기애(self-love)로부터 비롯된다. 『국부론』의 "보이지 않는 손"의 은유는 사익을 자유롭게 추구하는 개인들의 행위가 사회적 차원의 이익을 수반한다는 논리를 단적으로 대변한 것이다. 하지만 이러한 스미스의 경제 사상에서 법 제도에 의한 사회적 정의(正義)의 구현 여부가 그 전제 조건으로 상정되고 있음이 간과되어서는 안 된다. 예컨대, 무조건적인 자기보존과 강렬한 자기이익의 추구는 사회 속에서 타인의 신체, 명예, 재산에 대한 침해를 가져온다. 그리고 이러한 단면은 공정한 경쟁을 훼손하고 사회적 갈등과 무질서를 낳게 되며 최종적으로 사회의 붕괴를 유발할 수 있다. 이것이 스미스가 정의의 가치를 사회라는 건축물의 기초를 이루는 대들보로서 파악하는 이유이다(Smith 1759: 86).

그렇다면 스미스의 사회과학 체계에서 정의는 무엇이고 어디에서 유래하는 가치인가? 이와 같은 스미스의 정의론(theory of justice)은 도덕 판단의 배후에 존재하는 사회심리적 동기의 작용을 다루는 『도덕감정론』에서 나타난다. 스미스의 견해로는 정의는 신체, 명예, 재산 등과 관련한 타인의 권리를 존중할 때 성립한다. 이러한 정의의 개념은 자연이 부여한 인간 본성, 즉 모든 사람이 지닌 분개심과 공정한 관찰자의 동감의 원리에 기초하고 있다.[4)]

스미스에 따르면, 타인에게 위해를 가하는 가해자의 행동은 자연적으로 피해자의 분개심을 유발한다. 이때 상상력을 통해 구체적 상황에 몰입한 공정한 관찰자는 피해자에게 동감을 표시하거나, 또는 가해자에게 반감(antipathy)의 감정을 가지게 된다. 그리고 공정한 관찰자의 동감을 획득한 분개심은 정의감이 된다. 그러므로 스미스에게 정의는 개인, 가족, 국민으로서 당한 침해에 대해 피해자가 느끼는 분개심에 대한 공정한 관찰자의 동감으로부터 비롯된다. 이러한 내용은 정의와 자혜의 미덕을 기술하는 『도덕감정론』의 제2부 제2편에 잘 요약되어 있다.

"그 준수 여부가 우리 자신의 자유 의지에 맡겨져 있지 않고 권력

---

4 스미스에 따르면, "분개심은 방어를 위해서 그리고 오직 방어를 위해서 자연이 우리에게 부여한 듯하다. 그것은 정의를 지키는 보호 장치이며 죄 없는 사람을 지키는 안전장치이다. 그것은 우리로 하여금 우리에게 가해지는 해악을 물리치고 이미 가해진 것에 대해서는 보복을 하도록 촉구한다"(Smith 1759: 79). 스미스의 정의론은 윤리학의 동감 이론에 근거를 둔 동감정의론으로 사회질서의 유지가 마음의 내면적 감정에서 비롯됨을 강조한다. 초기 주요 연구는 Campbell(1971), Haakonssen(1981)이다.

에 의해 강제될 수 있으며, 그것을 위반할 때에는 분개심을 유발시켜서 결국은 처벌의 대상이 되는 다른 종류의 미덕이 정의이다. 정의의 위반은 권리의 침해이다. 정의의 덕에 대한 위반은 본래 승인 받을 수 없는 동기로부터 나온 것이기 때문에 어느 특정인에게 실질적이고 적극적인 가해를 입힌다. 그러므로 그것은 분개심의 적절한 대상이며 또한 분개심의 자연적 귀결인 처벌의 적절한 대상이기도 하다. 사람들이 불의에 의하여 입은 침해를 보복하는 데 사용되는 폭력에는 공감하고 승인하는 바와 마찬가지로, 사람들은 권리 침해를 예방하고 격퇴하며, 가해자가 이웃들을 해치지 못하도록 하는 데 사용되는 폭력에는 훨씬 더 공감하고 승인한다."(Smith 1759: 79)

이상과 같은 정의에 대한 논의에서 몇 가지 사항이 주목할 만하다. 첫째, 정의는 소극적 미덕(negative virtue)이라는 점이다. 가해자에 의한 신체상, 재산상 침해가 발생한 이후 공정한 관찰자의 피해자에 대한 동감과 가해자에 대한 반감이 표출되는 경우 정의감은 성립한다. 이는 정의가 타인에게 위해를 가하지 않으면 성립하지 않는 소극적 덕목임을 보여 준다. 따라서 정의는 타인에게 이익을 베푸는 경우에 성립하는 자혜(慈惠)와 같은 적극적 덕목과는 구분, 대비된다. 둘째, 정의는 여타 덕목과는 달리 행위자의 처벌에 대한 동감에 근거하고 있다. 그러므로 정의의 준수 및 구현은 사람들의 자유의지에 맡겨져 있지 않고 구속력과 강제력을 지닐 수밖에 없다. 또한 이러한 특성 때문에 정의의 준수라고 하는 과제는 어떤 예외도 없이 엄격하고 정확하게 집행되어야 한다.[5] 셋째, 사람들이 느끼는 정의감은 강제력으로 구현하되 정확성과 엄격성을 지녀야 하는 관계로, 정의를 집행하고 불의를 예방할 제3자적 집단으로서 국가의 존재 및 활동은 불가피하다. 정의의 구현이 국가의 법률과 정책에 의해 고도의 정확성과 엄밀성을 가지고 실행되어야 하는 과제, 즉 국가에 의한 "법과 통치"(laws and government)의 문제는 이러한 연유에 의해 성립한다.

2.2. 정의와 국가의 법률 체계

위에서 논의한 정의의 속성 때문에, 스미스의 사상 체계에서 사람들의 도덕 감정에 그 기원을 갖는 정의감 그리고 이 같은 윤리적 덕목의 실제적 구현 문제는 국가에 의한 "법과 통치"의 문제와 직접적으로 연관된다. 스미스에 따르면, "결코 뿌리지 않은 곳에서 거두기를 좋아하는"(Smith 1776: 67) 인간의 탐욕이 심성의 주요 부분이다. 그리고 이러한 탐욕으로 인하여 타인의 권리(생명, 자유, 인격, 재산)를 침해하는 범죄와 사회적 무질서가 초래될 가능성이 농후하다.

스미스는 『도덕감정론』의 마지막 두 문단에서 정의의 집행이 개개인에 의해 독립적으로 수행되는 경우에 발생할 사회적 혼란을 방지하기 위하여 통상적으로 국가는 실정법 체계를 정립하여 사법 정책을 펴고 있다고 지적한다. "정의의 침해는 사람들이 상호간에 결코 수용하지 않으려고 하는 사안이기 때문에, 국가 관리는 이 덕성의 실천을 강제하기 위하여 국가 권력을 사용할 필요에 놓이게 된다. … 사람들 각자가 자기 힘으로 정의를 집행하는 것에 수반

5 스미스에 따르면, "정의의 원칙은 가장 엄격하고 정확해야 하며 조금이라도 예외나 수정이 허용되어서는 안 된다. … 정의의 원칙은 마치 문법의 원칙과 유사하다"(Smith 1759: 175).

될 혼란을 방지하기 위하여 이미 상당한 권위를 획득한 국가들의 관리들은 정의를 집행하는 것을 국가의 과제로 삼아, 위법 행위에 대한 모든 불평을 듣고 그것을 시정할 것을 약속한다"(Smith 1759: 340).

이처럼 스미스의 국가 이론에 의하면, 국가의 법률 체계는 기본적으로 사람들의 내면적인 도덕 감정의 작용에 바탕을 둔 정의의 원리에 근거하여 입법되고, 그 실현을 목적으로 집행되며 사회 질서의 안정을 도모한다.[6] 국가의 가장 중요한 임무는 사람들의 정의 감정에 입각하여 생명과 신체, 재산과 소유물, 계약 등 권리를 보호하고 자유로운 교환을 보장하는 적절한 법률 제도를 유지하는 것이다. 따라서 윤리학과 연관되지만 이와는 구분되는 법학의 영역, 즉 국가의 실정법 체계를 다루는 분야의 문제가 범주상 제기된다.

한편, 스미스의 국가 이론에서 법학은 단순히 법의 해석에 국한하는 협의의 법학이 아니다. 스미스에 따르면, 법학은 "모든 국가의 법들에 일관적으로 적용되어야 하고 또한 그 법들의 기초가 되는 일반 원리에 대한 이론"(Smith 1759: 341) 또는 "시민 정부가 지침으로 삼아야 하는 원칙에 관한 이론"(Smith 1978: 5)을 다룬다. 이러한 유형의 법학에서 스미스는 자연법(自然法)적인 차원에서 국가의 법과 통치를 지배하는 원리를 토대로 해서 국가 실정법의 체계를 역사적으로 고찰하거나 또는 비판적으로 검토한 후, 궁극적으로 국가 정책의 관점에서 대안을 제시하는 것에 관심을 가졌다.

6 스미스에 따르면, 실정적 법률 체계의 이상적 형태는 사회의 집단적 동감에 부응하는 것이다. 그렇지만 역사적 현실 속에서 실정법은 이해관계가 상이한 국가 경영 집단, 이익 단체, 관습 및 편견 등이 배치되는 힘으로 작용해 자연적 정의를 그대로 구현하는 것보다는 왜곡되는 경우가 많다(Smith 1759: 340~1). 한편, Haakonssen(1982, 1988)은 정의감에 기원을 두고 있는 법과 통치의 문제를 국가 이론의 관점에서 파악한다. 또한 Werhane(1991), 박세일(1989), Cairns(1993)를 보라.

이처럼 국가의 실정법 체계를 "법과 통치의 일반 원리"에 따라 역사적, 규범적으로 검토하는 법학 관련 저서의 출간 계획에 대해 스미스는 『도덕감정론』 초판(1759)의 마지막 문단에서 기술한 바 있다.[7] 그리고 사망 직전에 개정된 제6판(1790)의 공지에서도 재확인된 바 있다. 물론 스미스는 그 일러두기 부분에서 『국부론』을 통해 부분적으로 그 약속을 지켰다고 언급했다. 하지만 법학의 다른 부분, 즉 정의의 법률에 관한 부분은 완성되지 못한 채 사망 직전 그 원고는 소각되었다. 하지만 다행히도 1895년에 캐넌(Edwin Cannan) 교수, 그리고 1958년에 로디언(John Lothian) 교수에 의해 각각 1763~4학년도 및 1762~3학년도에 행해진 법학 강의에 대한 수강 노트가 발견됨으로써, 도덕철학 체계의 한 영역으로서 평생 계획되어 왔던 스미스의 법에 대한 분석의 틀과 내용을 오늘날 대강 파악할 수 있게 되었다.

『법학 강의』는 국가의 법률 체계를 크게 다섯 개의 영역으로 구분하고 있다. 이는 국가의 실정법 체계를 세분하여 열거한 것으로서 정의, 내정(행정), 국가 세입, 군비, 국제법 등 5개의 영역이 거론된다. 이상의 영역을 스미스가 거론하는 법과 통치의 두 가지 일반 원리에 따라 두 개의 범주로 구분할 수 있다. 첫 번째는 정의의 원리에 기초한 법률 체계(laws of justice)이다. 여기에는 공법(公法), 사법(私法), 가족법 등 정의의 국내법, 그리고 그 이외의 전시 및 평화 시 국가 간의 관계를 다루는 국제법이 포괄되며, 대체로 국가의 사법(司法) 정책과 활동과 관련된 법체계 영역이 포괄된다.

7 마지막 문단의 내용은 다음과 같다. "나는 다른 저서를 통하여 법과 통치의 일반 원리에 관한 설명뿐 아니라, 그들 원리가 정의에 관한 분야에서만이 아니고 행정, 국가 수입, 군비 및 법의 대상이 되는 모든 분야에서 각기 다른 시대 및 시기에서 겪은 다양한 변혁을 설명하도록 시도할 것이다"(Smith 1759: 342).

한편, 법과 통치와 관련된 두 번째 일반 원리는 편의(expedience) 또는 사회적 효용이며, 이런 목적에 부합하는 법 제도가 내정 일반(內政一般)의 법률 체계(laws of police)이다. 이것은 국가 권력이 사회가 요구하는 특정 목적의 정책을 수행하기 위해 입법화하는 것이다. 스미스에 따르면, 이 같은 법률 체계에는 "저렴과 풍부, 안녕과 청결" 등의 경제, 사회 문제를 취급하는 내정(행정), 재산세, 소비세, 공채 문제를 거론하는 국가 세입(재정), 민병대와 상비군의 문제를 다루는 군비(국방)의 법률 등 다수의 국정 과제가 포함된다.

정의와 효율성 간의 연관성을 고찰하기 위해 본 연구의 탐구 대상이 되는 정의의 법률 체계 중 국내법은 사람들이 지니는 권리(또는 정의의 확보)의 차원에 따라 세 가지로 구분된다. 즉, 정의의 법률 체계에서 권리는 개인으로서, 가족의 일원으로서, 국가의 구성원으로서 논의할 수 있기 때문에 사법(private law), 가족법(domestic law), 공법(public law)의 영역으로 나뉜다. 한편, 개인적 차원의 권리를 다루는 사법은 신체, 명예, 재산상의 권리로 구분되어 논의된다. 『법학 강의』에서는 이러한 유형의 권리들이 미개 사회로부터 근대 문명사회가 성립될 때까지 국가의 실정법 체계에 어떻게 반영되고 변화되어 왔는가를 역사적으로 검토하고 있다.

사법(私法) 부분에서는, 예컨대 선점, 첨부, 시효 취득, 상속, 임의양도 등 재산권의 취득 형태가 구분된다. 그리고 그 같은 권리 성립의 계기가 역사 발전 단계에서 당사자의 합리적 기대와 이에 대한 공정한 관찰자의 동감(정의감)에 기초하거나 또는 처벌(불법행위)의 경우에는 권리 침해와 분개심에 대한 반감(불의)에서 비롯되었음이 지적된다. 가족법의 영역에서는 부부, 부자, 주인과 하인, 후견인과 피후견인, 가족 내에서의 권리 침해와 처벌의 문제가 역사적으로 고찰된다. 공법(公法) 부분에서는 국가의 구성원으로서의 권리 및 그 침해와 관련하여 정치적, 공공의 자유 및 권리의 전개, 확대의 과정이 역사적으로 고찰된다. 즉, 고대로부터 근대 시민 사회에 이르는 역사적 과정 속에서 각종 국가 통치 형태(군주 정치, 귀족 정치, 민주 정치, 절대 왕정 등)의 성립과 이러한 통치 형태 속에서의 정치적 자유 및 권리의 실현 여부가 논의된다.

3. 법과 경제: 정의와 경제적 효율성

3.1. 경제 활동과 효율

앞서 살펴본 바대로, 스미스에게 정의는 사람들의 도덕 감정, 즉 특정한 침해로부터 느끼는 분개심에 대한 공정한 관찰자의 동감에 그 기원을 두고 형성되는 덕목으로서 윤리학을 통해 논의된다. 그렇다면 경제 활동의 효율성에 관해서는 어떠한가? 효율성은 경제 성과와 후생을 평가하는 기준으로서 오늘날 경제학에서 중시되는 개념이다. 그런데 경제적 효율성(economic efficiency)의 개념을 규정하는 데 조금씩 상이한 관점이 존재하고 있다.[8] 본 연구에서는 경제학계에서 널리 통용되는 파레토 효율성의 생산적 측면을 고려한다. 즉, 주

8 경제적 효율성의 대표적 개념은 파레토(Pareto) 효율성과 칼도-힉스(Kaldor-Hicks) 효율성이다. 파레토 효율성은 적어도 어떤 사람의 후생을 악화시키지 않고는 다른 사람의 후생을 개선할 수 없는 상태를 의미한다. 한편, 칼도-힉스 효율성은 이익을 보는 사람이 손해를 보는 사람의 손해를 보상하고도 이익이 남는 경우에 달성된다. 법경제학 교재에서 소개되는 경제적 효율성의 개념과 그 응용에 대해서는, 예컨대 박세일(2000), 포즈너(2004)를 보라.

어진 투입 요소로부터 추가적인 생산 증대가 어려울 정도로 산출물이 극대화된 상태에서 경제적 효율성이 달성된 것으로 본다. 스미스는 경제적 효율성의 개념에 대해서는 정의론(正義論)처럼 직접적으로 거론한 바 없다. 하지만 『국부론』의 생산 및 성장과 관련된 논의는 오늘날 생산에서 파레토 효율성의 개념과 대체로 부합한다.

스미스에 따르면, 경제 활동을 지배하는 인간의 본성(本性)은 생활 개선 본능과 교환 성향이다. 자기애의 하위 유형인 "자신의 상태를 개선하려는 욕망"(Smith 1776: 341)은 어머니의 자궁에서부터 나와 무덤에 이르기까지 사라지지 않는 인간의 본능적 성향이다. 또한 "하나의 물건을 다른 물건과 거래하고 교환하는 성향"(Smith 1776: 25)은 분업, 시장 거래 및 기예(arts)를 전개시키는 원천이다.

먼저, 사람들의 생활 개선 본능과 교환 성향은 시장 과정을 통해 자원 배분의 효율성 또는 정태적 효율성을 촉진시킨다. 자신의 생활 여건을 개선하려는 태생적 본능과 교환 성향은 사회의 구성원인 사람들로 하여금 분업과 교환에 나서게 하고, 시장 거래를 통해 경쟁을 촉진함으로써 자원의 효율적 배분에 기여한다. 스미스는 경쟁이 사회적인 차원에서 시장 가격을 결정하는 규제 원리로서 작용하여 생산물의 시장가격을 자연가격 수준으로 수렴하게 하는 경향이 있다고 보았다. 자유로운 경쟁은 모든 생산물의 시장가격을 경제학적 이윤이 최소화되는 가격 수준으로 수렴하도록 만든다.[9] 사회적 경쟁에 의해

9 스미스는 자연가격을 "자유 경쟁의 가격"(price of free competition)이며, "판매자가 통상적으로 수용할 수 있으며 동시에 자기의 사업을 지속할 수 있는 최저 가격"(Smith 1776: 78~9)으로 지칭한다. 또한 "상인들의 경쟁 때문에 그들 모두는 이 가격(자연가격)을 받아들여야 하며 그 이하를 받아들일 필요는 없다. 시장에 나오는 상품량은 자연히 유효수요에 적응한다. 왜냐하면 그 양이 결코 유효수요를 초과해서는 안 된다는 것은 상품을 시

시장가격이 자연가격으로 수렴되고 산업 간 이윤율이 균등화되면, 사회적인 관점에서 자원 배분의 효율성이 성취된 것이다.[10)]

한편, 개별 경제 주체들의 생활 개선 심리와 교환 성향은 또 장기적인 경제 성장을 유인한다. 자신의 생활 개선 성향은 개인적 차원에서 낭비를 자제하고 절약을 자극하며 나태를 개선함으로써 사회적 차원에서는 자본 축적을 이루어 낸다.[11)] 그리고 이처럼 축적된 자본은 노동의 고용량을 늘리고, 다른 한편으로 고정 자본에도 확대 투자되어 생산성을 높임으로써 국민소득을 증가시킨다.[12)] 스미스는 생활 개선의 본능이 경제 활동을 좌우하는 근본 동기로서 작용해서 시장에 경쟁을 만들어 내고, 자본 축적, 분업의 심화와 시장 규모의 확대, 생산력 발전과 기술 진보 등을 통해 장기적으로 부의 진보와 경제 성장, 즉 동태적 효율성을 일구어 낸다고 기술한다.[13)]

장에 출하하는데 자기의 토지, 노동, 자본을 사용하는 사람들의 이익이 되기 때문이며, 그 공급량이 결코 유효수요보다 적어서는 안 된다는 것은 여타 사람들 모두의 이익이 되기 때문이다. … 이리하여 시장에 나오는 양은 곧 유효수요를 충족시키는 데 매우 적합하게 될 것이다. 상품 가격의 각종 부분들 모두는 자기의 자연적인 수준으로 상승할 것이고, 가격 전체는 자연가격으로 상승할 것이다. … 자연가격은 모든 상품들의 가격이 끊임없이 수렴되는 말하자면 중심 가격이다"(Smith 1776: 74~5).

10 경쟁을 통한 이윤율의 균등화에 대해서는 다음처럼 언급된다. "새로운 제조업, 상업 영역, 농경 방법의 개척은 언제나 일종의 투기이며 창업자는 이것으로부터 특별한 이윤을 꿈꾼다. 이 이윤은 때로는 매우 크고 때로는 매우 작은데, 일반적으로 그 지역의 오래된 사업의 이윤과는 어떤 규칙적인 비례 관계를 가지지 않는다. 그 계획 사업이 성공하면 처음에는 이윤이 일반적으로 높다. 그 사업 또는 방법이 완전히 확립되어 잘 알려지면 경쟁에 의해 그 이윤은 다른 사업의 수준으로 저하한다"(Smith 1776: 131~2).

11 스미스는 다음처럼 기술한다. "자본과 수입의 비율은 어디에서나 근면과 나태의 비율을 규정하는 것처럼 보인다. 자본이 많은 곳에서는 근면이 지배적이고, 수입이 많은 곳에서는 나태가 지배적이다. 그러므로 자본의 증가와 감소에 따라 실제 노동량, 생산적 노동자의 수, 한 나라의 토지 및 노동의 연간 생산물의 교환 가치, 국민들의 실제 부와 수입이 증가되고 감소되는 경향이 있다"(Smith 1776: 337).

12 『국부론』에 따르면, "고정 자본의 목적은 노동 생산력을 증가시키거나 동일한 수의 노동자로 하여금 훨씬 더 많은 작업량을 수행하도록 하는 것이다. … 이 때문에 기계 공업에서의 모든 발전은 … 항상 사회에 유익한 것으로 간주된다"(Smith 1776: 287).

13 다음의 기술을 보라. "자본은 절약에 의해 증가하고 낭비와 잘못된 행동에 의해 감소한다. … 절약은 생산적 노동자를 고용할 기금을 증가시킴으로써 노동을 통해 노동이 가해지는 대상의 가치를 증가시키는 생산적 노동자의 수를 증가시키는 경향이 있다. 그러므로 절약은 한 나라의 토지와 노동의 연간 생산물의 교환 가치를 증가시키는 경향이 있다"(Smith 1776: 337). 또한 "수요 증가는 생산을 자극함으로써 생산자들의 경쟁을 강화시키

3.2. 정의와 효율성 간의 관계

앞서 지적한 바대로, 스미스의 사회과학 체계에서 핵심적 가치 기준인 정의와 효율성의 미시적 또는 사회심리적 기초는 전혀 다르다. 그럼에도 스미스의 사상에서 정의와 효율성은 극히 밀접한 관계를 형성하고 있다. 스미스에 의하면, 사회적 덕목으로서의 정의의 유지는 사회 존립의 토대일 뿐만 아니라 경제적 효율성을 담보하는 핵심적 요소가 된다.[14) 『국부론』의 제5편에 기술되고 있는 다음의 발언은 정의와 효율성 간의 이 같은 연관성을 압축적으로 표현하고 있다.

> "정의(正義)의 조직적 집행이 시행되지 않는 어떠한 국가에서도, 국민들이 재산의 소유에서 불안함을 느끼는 어떠한 국가에서도, 계약이 법률에 의하여 보호 받지 못하는 어떠한 국가에서도, 국가의 공권력이 지불할 능력을 지닌 사람들로 하여금 채무를 변제하도록 강제할 수 없는 어떠한 국가에서도 상업과 제조업이 장기적으로 번성한다는 일은 거의 발생할 수 없다." (Smith 1776: 910)

고 생산자들은 남보다 싼값으로 팔기 위해 그렇지 않았으면 결코 생각도 못할 새로운 분업과 새로운 기술 개발을 도모하게 된다"(Smith 1776: 748). 한편, 스미스의 경제성장론에서 분업, 수요(교역) 확대, 규모의 경제와 관련된 최근의 논의는 Krugman(1981), Romer(1987), Lucas(1988), Negishi(2004) 등이다.

14 본 연구에서 정의와 효율성의 관계에 대한 논의는 경제학에서 종종 활용되는 정태 분석(stasis)에 가깝다. 스미스의 도덕철학 체계가 사회 공동체, 국가, 경제의 상호작용을 고려하는 사회 설명 모형으로 상정되면, '역사적' 시간상에서 정의와 효율성은 상호 영향을 미치는 변수가 된다. 스미스의 인문사회/법경제 모형에서 사회, 국가, 경제의 상호작용에 대한 해석에 대해서는, 예컨대 Evensky(1994, 2005)를 보라. 반면, 스미스의 법경제학과 관련하여, Malloy(1988, 1994)는 개인적 자유와 인간의 존엄성 등과 같은 사회윤리적 가치가 무엇보다도 법적 판단에서 우위를 차지하는 기준이라고 보고 있다. 대조적으로 Posner(1994)에 따르면 부의 극대화 내지는 효율성이 가장 우선시되는 가치 규범이다.

그렇다면 정의는 어떤 메커니즘에 의해 경제적 효율성에 직접적인 영향을 미치는가?[15] 스미스가 거론하는 내용은 다음의 몇 가지 내용으로 정리해 볼 수 있다.

첫째, 교환적 정의(commutative justice)가 존재하지 않는 경우에 사회적 무질서와 혼란이 초래되며 경제 활동의 존립 기반 자체를 빼앗는다. 최소한의 교환적 정의가 준수되지 않을 때 사회적 혼란과 생명의 위협은 분업, 교환, 거래 등 상호 협력과 신뢰의 토대 위에서 성립하는 경제 활동을 전적으로 가로막는다. 스미스에 따르면, "사회는 항상 서로를 해치고 상처를 주려고 하는 사람들 사이에서는 존립할 수 없다. 서로에 대한 가해 행위가 시작되는 순간, 서로에 대한 분개와 증오가 나타나는 순간에는 사회의 모든 연대 관계는 산산이 부서지고 그 사회의 모든 구성원들은 그들의 상호 모순되는 감정의 폭력성과 대립성에 의하여 말하자면 밖으로 흩어지고 분산되기 마련이다"(Smith 1759: 86).

둘째, 교환적 정의가 유지되는 가운데 재산권 보호에 의해 안전(security)이 보장되면 경제 활동의 효율성이 증진된다. 이는 경제 활동을 향상시키려 하는 생활 개선 심리를 자극하는 것에서 비롯된다. "자유와 안전이 보장될 경우 자신의 생활 여건을 개선하려는 모든 개인의 자연적 노력은 매우 강력한 추진 원리로서 작용하기 때문에, 어떠한 다른 도움 없이도 사회의 부와 번영을 가져올 뿐만 아니라, 세상의 실정법(human laws)이 어리석게도 너무 빈번히 만들어

15 스미스에게 정의의 범주는 아리스토텔레스와 스콜라 철학의 전통을 계승하여 교환적, 일반적, 분배적 정의를 포괄한다. 스미스는 국가적 차원에서 정의의 강제는 교환적 정의가 핵심이라고 본다. 그러나 일반적 정의는 질서 정책 차원에서 강조되고 있으며, 분배적 정의는 "선량한 규율을 함양하고 모든 종류의 악덕과 도덕적 부정을 억제하여 국가의 번영을 도모하는"(Smith 1759: 155) 정도로 강제될 수 있다. 즉, 스미스는 발전 단계와 사회적 특수성을 고려해서 분배적 정의가 결정되기를 권고한다. Young & Gordon(1996), Witztum(1997), 김광수(2003)를 보라.

내는 수많은 장애물을 극복할 수 있다"(Smith 1776: 540).[16] 즉, 재산권에 대한 안전이 보장될 때, 사람들은 생존 유지에 걸맞은 최저 경제 활동 수준에 만족하는 대신, 한층 더 의욕적으로 생산 활동에 종사한다. 또한 생산물의 분배분은 절약과 자본 축적을 통해 재투자되고, 생산성과 수요를 증대시켜 계기적으로 경제 성장을 유인한다(Smith 1776: 335~6; 또한 341~3).[17]

셋째, 교환적 정의와 신체적 자유(liberty)에 대한 보장은 경제적 효율성을 높이는 극히 중요한 토대가 된다. 스미스에 따르면, 사법(私法)의 신체에 관한 권리인 자유는 인간 행위와 제도에 우선하는 자연권(natural rights)이며, "남에게 피해를 주지 않는 경우 자신이 하고자 하는 바대로 자신의 신체를 자유로이 사용할 수 있는 권리"에 해당한다(Smith 1978: 8). 그러므로 교환적 정의로서 자유의 보장은 경제의 영역에서 경제 활동의 자유를 부여하고 소유 재산의 자발적인 교환을 허용한다는 것을 의미한다. 이는 스미스가 『국부론』에서 강조한 자유 경쟁의 제도적 원천이다. 자유 경쟁은 상품의 가격을 "자유 경쟁의 가격"(Smith 1776: 78)인 자연가격으로 수렴하도록 만들고, 자원이 시장 가치가 가장 큰 용도로 사용되도록 함으로써 정태적 효율성을 가져온다.[18] 더불어 자유 경쟁은 경

16 또한 스미스에 따르면, "자신의 근로의 과실을 안전하게 향유할 수 있을 때, 사람들은 자연히 자신의 생활 상태를 개선하려고 전력을 다하며, 생활의 필수품만이 아니라 편의품과 사치품을 획득하려고 노력한다"(Smith 1776: 405).

17 반대로 재산권에 대한 침해로 인해 안전이 보장될 수 없을 때 사람들은 경제 활동을 영위하고자 하는 의욕을 상실한다. "(부의 진보가 지체되는) 또 다른 원인은 시민 정부의 속성에 있다. 자주 지적되는 것처럼 사회의 초기에는 명백히도 정부가 약하고 무력했으며, 오랜 시간이 경과해서야 정부의 권위가 이웃들의 약탈로부터 개인의 근면을 보호해 줄 수 있었다. 사람들은 자신이 소유하고 있는 모든 것을 빼앗길 위험에 처할 때마다 근면의 의지를 상실한다. … 부의 진보를 저해하는 요인 중 이보다 더한 장애물은 없다"(Smith 1978: 522).

18 스미스에 의하면, "한 상품의 시장가격은 오랫동안 자연 가격 이상을 유지할 수 있지만 그 이하를 유지할 수는 없다. … 시장가격은 곧 자연가격으로 상승하게 된다. 이것은 적어도 완전한 자유(perfect liberty)가 있는 경우에 발생한다"(Smith 1776: 79).

쟁 조직보다 비교 우위를 가지기 위해 생산자들 사이에 혁신(분업과 기술 진보)을 촉진시키고 장기적, 동태적으로 경제 성장을 촉진한다(Smith 1776: 748).[19]

4. 법과 경제의 관계: 사례 분석

본 절에서는 앞서 이루어진 정의와 효율성 간의 긴밀한 이론적 연계성이 스미스가 거론하는 구체적인 법 제도에 관한 사례 분석에서 반영되고 있음을 밝히고자 한다. 이를 살펴보기 위해서 법과 경제 분석의 두 측면에서 모두 검토되는 특정 사례에 주목할 것이다. 『법학 강의』와 『국부론』에서 동시에 언급되는 내용을 비교하되, 그 법률적 범주(사법, 가족법, 공법)를 중심으로 사례 검토에 나설 것이다.

4.1. 사법(private law)의 사례: 자유, 재산권, 효율성

4.1.1. 장자상속법

법률적으로 상속(succession)은 사법(私法)의 대상인 물권 가운데 재산권을 취득하는 다섯 가지 방법의 하나이다. 상속은 유언에 의해서나 법적 절차에 의해 조상이나 타인으로부터 재산을 계승하는 방식이다. 스미스는 재산 상속과

19 자유 경쟁에 의한 장기적, 동태적 경제 성장의 메커니즘은 Lowe(1954), Richardson(1975), Eltis(1975), Reid(1987) 등에 의해 낙관적 모습으로 그려진다. 한편, Negishi(2004), Rothschild & Sen(2006)은 스미스의 분업과 교역에 관한 이론적 견해가 현대 경제의 기술 진보, 규모의 경제, 산업 내 무역, 성장의 현상과 잘 부합한다고 지적한다.

관련된 서구의 역사적인 제도를 기술하는 과정에서 장자상속법을 언급하고 있다. 그런데 고대 로마 제국의 붕괴 이후 중세의 봉건 제도 하에서 등장했던 유럽의 장자상속법은 정의와 효율과의 관계를 잘 보여 준다.

장자상속법(law of primogeniture)은 토지 재산의 상속에서 장남에게 상속 받을 우선적 권리를 인정하는 유럽의 법 제도였다. 로마 시대에는 토지 재산의 균등 상속 제도가 시행되었다. 하지만 로마 제국의 붕괴 이후 약육강식의 무질서와 혼돈의 시대가 지속되었고, 균등한 토지 상속과 소유지의 분할은 결과적으로 거주자의 보호와 안전 보장을 파괴하는 것이었다. 따라서 중세 시대에 생존권 보장(정의)의 목적으로 토지 분할과 권력 분점을 방지하기 위해서 장자상속법이 점진적으로 도입되었다.

스미스에 따르면, 나라 또는 대륙 전체 차원에서 법과 질서가 거의 준수되지 않는 환경에서 장자상속법은 제3자의 동감을 얻을 수 있었다. "토지가 생존수단으로서뿐만 아니라 힘과 보호(power and protection)의 수단으로 간주될 경우에는 토지를 분할하지 않고 한 사람에게 물려주어야 한다는 것이 더욱 바람직하다고 생각되었다"(Smith 1776: 383). 한편, 한사상속제(entails)는 장자상속법의 연장선상에서 자연스럽게 도입되었다. 이 제도는 최초의 토지 재산이 후계의 소유자에 의하여 다른 가계에 유증, 증여, 양도가 되지 않도록, 특정의 직계 상속과 일정한 혈통을 벗어나서는 소유될 수 없도록 규정한 것이다.

하지만 스미스는 18세기 유럽 사회의 인문 환경에서 볼 때, 장자상속법 및 한사상속제의 법 제도가 이를 규율하는 정의의 원리를 위배하고 있다고 비판한다. 앞서 본 바대로 스미스의 윤리학과 법학에 의하면, 정의의 법률의 기초는 공정한 관찰자의 집단적 동감의 원리에서 나온다. 그런데 장자상속법은 이미 법의 지배 하에 사람들의 안전이 상당히 보장되고 있던 18세기 서유럽의 공간상에서 볼 때, "자연, 이성, 정의에 반하는"(Smith 1978: 49) 법 제도로 지칭된다.

장자상속법이 자연법에 상치되는 이유는 다음과 같다. 첫째, 제3자의 관점에서 질서와 평화가 지배적인 환경을 고려할 때, 아버지에게 모든 자녀들의 생존과 후생에 대한 배려는 동일한 비중을 차지할 것이다. 둘째, 자녀 한 명을 위해 여타 모든 자녀를 빈곤 상태로 방치하는 것은 가족의 이익과 사람들의 상식에 부합되지 않는다.[20] 그러므로 토지 상속의 자연법은 토지를 자녀들에게 균등 분할하여 상속하는 것이다. "토지가 동산과 같이 생존 및 향유의 수단으로만 간주될 때는, 상속의 자연법은 토지를 가족의 모든 자녀들 사이에 분할한다. 이는 자녀 모두의 생존 및 향유가 아버지에게 동일하게 중요한 것으로 간주되기 때문이다"(Smith 1776: 382).

한사상속제의 경우에도 집단적 동감의 원리에 의한 비판이 적용된다. 한사상속제는 과거 수백 년 전에 사망한 사람들의 기호와 선호에 의해 후세대의 소유권이 규제되는 제도라는 점에서 마찬가지로 자연적 정의에 반하는 제도이다. "전반적으로 영구적인 한사상속보다 더 불합리한 제도는 있을 수 없다. 한사상속에서는 유언에 의한 상속의 원리가 결코 발생할 수 없다. 고인에 대한 경건한 마음은 사람들의 마음속에 그들에 대한 기억이 선명할 때에만 일어날 수 있다. 따라서 영구적으로 재산을 처분할 수 있는 권한이라는 것은 명백히 불합리하다. 토지와 토지의 부속물 전체는 모든 세대에 속하며, 이전 세대가 후세대를 구속할 어떤 권리도 없다. 소유권의 이 같은 확대는 지극히 부자연스

20 스미스에 의하면, "한 사람을 부자로 만들기 위해 나머지 모든 자녀를 거지로 만드는 이러한 권리보다 수많은 가족 전체의 진정한 이익에 반하는 제도는 없다"(Smith 1776: 384).

럽다"(Smith 1978: 468; 또한 Smith 1776: 384).

한편, 스미스의 논지는 사회의 집단적 동감과 정의의 원리를 위배한 장자상속법과 한사상속제의 법률적 측면에 제한되지 않는다. 더 나아가, 중세 상속 제도와 관련된 경제적 관점의 비판은 법 제도가 정의의 원리에 반하게 되면 경제적 효율성을 저하시키게 된다는 것이다. 스미스에 따르면, 장자상속법과 한사상속제에 의한 상속 및 소유권 제도는 중세부터 근대에 이르기까지 상당히 오랜 기간 동안 유럽 농업의 억압과 부의 정체를 가져왔다. 이러한 경제 발전의 저해 메커니즘은 다음과 같다.

첫째, 중세 시대 법 제도는 토지 소유의 집중화를 초래하여 사회적 낭비를 초래했다. 토지의 상당 부분이 분할이 영구히 배제된 상태로 계승되었으며, 대토지는 소유자의 개량 의지와 능력 결여 때문에 상당 부분 미경작지로 남았다. 대토지 소유자는 대재산가로서 허세를 부리고 도락(道樂)에 만족했지만, 토지 개량과 이윤 추구에서는 경제인의 성향과 능력을 결여했다.[21] 반대로, 소토지 소유자는 생활 개선 심리에 따라 토지 개량에 강력한 유인이 있었다. 그러므로 만일 자연적 정의감에 따라 상속이 이루어졌다면 중세 시대 이후에도 유럽의 사회적 효율성과 발전은 크게 향상되었을 것이다.[22]

---

21 스미스에 따르면, "잉글랜드와 스코틀랜드에는 중세의 무정부 상태 이후로 동일한 가문의 손에 지속적으로 유지된 약간의 대토지가 아직도 남아 있다. 그들 소유지의 현재 상태와 그 영지의 인근 소토지 소유자들의 소유 상태를 비교해 보면, 그러한 광대한 소유가 토지 개량에 얼마나 불리한지 확신할 수 있을 것이다"(Smith 1776: 386).

22 스미스는 『국부론』에서 다음처럼 기술한다. "유럽에서는 장자상속법과 다양한 유형의 영대소유권(perpetuities)이 대토지의 분할을 저지함으로써 소토지 소유자의 증가를 방해하고 있다. 소지주는 자기가 소유한 작은 토지의 모든 부분을 알고 있고, 재산 특히 작은 재산이 자연적으로 고취하는 모든 애착을 가지고 그것을 바라보며, 그것을 경작하고 장식하는 데에서 기쁨을 얻는 관계로, 소유자는 모든 개량가 중에서도 가장 근면하고 영민하며 가장 성공적이다"(Smith 1776: 423). 한편, 『법학 강의』에서는 "장자 상속의 권리가 농업을 저해한다는 점을 주목해야 한다. 만약 전체의 소유지가 아들들에게 분할되었다면 각각의 아들들은 한 사람이 전

둘째, 장자상속법에 따른 토지 독점이 자유로운 분할 양도와 시장 거래를 억제함으로써 비효율이 야기되었다. 거래를 위해 시장에 나온 토지의 양이 적었기 때문에, 토지 가격이 상승하였으며, 이에 따라 상대적으로 농업 개량을 위한 투자에 적은 자본이 투자되었다. "뿐만 아니라 동일한 규제는 토지를 시장으로부터 구축함으로써 판매하려는 토지보다는 구매하려는 자본이 항상 많기 때문에, 판매되는 토지는 언제나 독점 가격으로 팔린다. … 그러므로 시장에 나오는 토지량이 적고 매물로 나온 토지 가격이 높다는 것은 많은 자본이 토지의 경작 개량에 투자되는 것을 방해한다"(Smith 1776: 423). 이는 농업 부문 개량의 저해 요인으로 작용해서 유럽의 경제 성장에 부정적 영향을 미쳤다.[23]

4.1.2. 독점권 및 개인적 자유

법학에서 독점권(exclusive rights)은 물권을 구성하는 권리 중의 하나로서, 특정 재산에 대해 다른 어떤 사람보다 우선적으로 실질적 소유권을 주장할 수 있는 배타적 특권이다. 스미스에 따르면, 독점권은 특정 사업가에게 제한된 기간 동안 "일시적인 독점"(Smith 1776: 754)을 허용하여 그 업종을 보호할 때 흔히 성립한다. 그리고 이것은 사업의 성공 가능성이 불투명한 신규 사업 진출에 소요되는 투입 비용과 사업 위험을 감당하려는 업종에 종종 부여되었다. 이러한 논지에 근거해서 스미스는 당시 동인도 회사의 초기 독점권 부여를 지지했다. 원거리 무역 개설에 필연적인 큰 위험과 비용을 부담하는 투자 그룹에 대해 제

체를 개선시킬 수 있는 것보다는 더욱 탁월하게 자신의 소유지를 개선시켰을 것이다"(Smith 1978: 466).

23 Smith(1776: 383~5)를 보라. 스미스는 당시 유럽 여러 나라의 농업 생산성과 투자 수익률이 정체되었던 반면 미국의 농업 부문 성장률이 탁월했던 이유를 이러한 요인에서 찾는다(Smith 1776: 422~4).

한된 기간 동안 배타적 특권을 부여하는 것이 합당하다는 것이다. 뿐만 아니라 새로운 책의 저자 및 기계 발명가에게 영국의 법률이 일정 기간 부여하는 배타적 특권도 마찬가지이다. 일종의 벤처 기업 특성을 지닌 사업에 일시적인 독점권을 부여하는 정부의 보호 정책이 없다면 장기적으로 사회에 유용한 사업에 대한 투자를 기대하기 어렵다는 것이다.[24] 스미스에 의하면, "14년 동안 새로운 책 또는 새로운 기계를 독점 판매하는 특권은 그리 나쁜 경향을 갖지 않는다. 그것은 공로에 대한 적절하고 충분한 보상이다"(Smith 1978: 472).

이와 대조적으로, 동업조합에게 독점권 또는 배타적 특권을 보장한 법 제도에 대해 스미스는 강하게 비판한다. 물론 역사적으로 볼 때 동업조합의 배타적 특권을 규정한 법률(corporation laws)도 도입될 당시에는 동업조합에게 독점권을 부여할 합리적인 근거가 존재했다. 이는 중세에 이르기까지도 목수나 직조공 등의 수공업자가 농업을 겸영하지 않으면 생존할 수 없을 정도로 사회의 발전 단계가 낮은 데서 비롯되었다. 지역 사회의 번영과 안전이 유지되기 위해서는 다양한 직업으로의 분화가 이루어져야 했다. 그런데도 사회의 실제 발전 단계가 기대에 미치지 못하는 국면에서 특정 사업에 대한 불확실성을 줄이고 직업 분화를 촉진하기 위한 제도가 동업조합에 대한 독점권 보장이었다.

스미스에 따르면, "사회의 발전이 자연히 가져오는 것보다 더 빠르게 직업의 분화를 도모하고 한 가지 직업에 종사하고 있는 사람들의 불확실성을 막기 위해서 … 의회는 경쟁자들의 증가에 의해 생계가 단절되는 두려움 없이 그들이 분화된 직업에 종사할 수 있는 특권을 갖도록 결정했다. 따라서 기술 발

24 Smith(1776: 733, 754) 및 Smith(1978: 83)를 참조하라.

전의 초기 단계에서 직업의 분화가 완성되도록 이런 조치가 필요하다는 것은 합리적(reasonable)으로 보이며, 이 제도가 유럽의 모든 나라에서 일반적인 관행이 되어 왔다는 점에 의해 이는 입증된다”(Smith 1978: 86).

이처럼 독점권은 대부분 도입 초기에는 경제 발전이 취약했던 사정을 반영했으며, 지역 사회의 안전과 번영을 도모하기 위한 목적에 따라 민법의 산물로서 도입되었다. 하지만 경제 발전에 따라 사회의 안전과 번영이 이루어지는 시점과 단계에서 나타나는 독점권의 효과는 “온갖 필수품의 획득을 보다 어렵게 하기 때문에 지역 사회에 매우 큰 손해임이 확실하다”(Smith 1978: 84). 우선, 동업조합법에 관한 스미스의 법률적 비판의 핵심은 동업조합의 배타적 특권이 자연권인 개인의 자유를 위반함으로써 사회의 동감적 정의에서 일탈하는 점에 있다. (도제법에 대한 비판과 동시에 결부된) 스미스의 지적에 따르면, “사람이 자기자신의 노동을 통해 소유하게 되는 것은 모든 여타 소유의 근본적인 토대이며 따라서 가장 신성불가침한 것이다. 가난한 사람의 세습 재산은 그의 손의 힘과 기교에 있는데, 그가 이 힘과 기교를 이웃 사람에게 해를 끼치지 않고 적당하다고 생각하는 어떤 방법으로 사용하는 것을 방해하면, 이것은 가장 신성한 소유에 대한 분명한 침해이다. 이것은 노동자와 그를 고용하려고 하는 사람들의 정당한 자유에 대한 명백한 잠식이다”(Smith 1776: 138).

한편, 동업조합의 독점권은 법률적으로 정의에 어긋날 뿐만 아니라, 경제적 관점과 효율성 측면에서도 부정적 효과를 지닌다. 동업조합의 배타적 특권은 특정 업종 사업자의 독점적 지위를 계속 보장함으로써 시민 사회의 경제 운용의 효율성을 떨어뜨렸다(Smith 1776: 138, 151, 469~71). 첫째, 동업조합은 독점적 지위를 이용하여 자신들이 만드는 상품의 수량을 줄이고 가격을 비싸게 책정한다. "모든 독점권은 지극히 해롭다. 한 국가의 부는 식량, 다른 모든 필수품 및 편의품을 저렴하게 제공하는 데 있다. … 예컨대, 만일 어떤 사람이 국가에서 비단을 매매하는 독점적 특권을 얻었다면, 그는 혼자 비단을 만들기 때문에 가격을 크게 올릴 것이다. 그는 아마 현재 소비량의 10분의 1로 생산량을 줄이고자 할 것이며, 이와 비례해서 가격을 올릴 것이다"(Smith 1978: 83~4; 또한 Smith 1776: 78~9).

둘째, 특정 동업조합이 담합하여 가격을 인상하는 방식대로 여타의 동업조합들도 동일한 행동을 취하므로 결국 사회 전체적으로 필수품과 편의품의 공급량은 줄고 비효율은 증가한다.[25] 셋째, 동업조합의 배타적 특권은 경쟁과 개인적 자유를 규제함으로써 사회의 자원 배분의 비효율성을 증대시키는 동시에, 자본 축적과 동태적 효율성을 방해한다. 동업조합법은 "일종의 확대된 독점"(Smith 1776: 79)으로서 노동의 자유로운 이동을 구속하며,[26] 장기적으로는 국가 전체의 고용량을 줄이고 임금과 국민 소득 수준을 낮추며 결과적으로 자본 축적을 방해한다.[27]

25 스미스에 의하면, "어느 지역에 동업조합이 하나에 불과하다면, 값싸게 사서 비싸게 파는 행위의 어떤 것보다도 가장 큰 이익이 되는 상황에 있기 때문에 그 업종의 이윤은 거대할 것이다. 그러나 어느 지역이든 이 같은 동업조합은 항상 많이 존재하므로 그 특권은 가치가 없게 된다. 그들은 자신의 상품을 비싸게 팔지만, 다른 모든 상품 역시 비싸게 구입한다"(Smith 1978: 84; 또한 Smith 1776: 144).

26 다음의 기술을 보라. "동업조합법이 노동의 자유로운 이동을 방해하는 것은 모든 유럽에서 공통적이라고 나는 믿는다"(Smith 1776: 152).

27 독점의 시장 성과에 대한 언급은 다음과 같다. "독점으로 인해 해당국의 자본은 그 크기야 어떻든 독점이 없다면 유지할 수 있는 정도의 생산적 노동량을 유지할 수 없으며, 독점이 없다면 주민에게 줄 수 있는 소득을 줄 수 없게 된다. 자본은 소득의 저축에 의해서만 증식되기 때문에, 독점은 자본으로 하여금 독점이 없다면 제공할 수 있는 정도의 소득을 제공할 수 없게 함으로써 독점이 없는 경우와 같은 빠른 증식을 반드시 방해하고, 따라서 자본이 더욱 많은 생산적 노동을 고용하는 것을, 더욱 많은 소득을 주민에게 주는 것을 방해한다. 그러므로 독점은 소득의 큰 원천 중 하나인 임금을 독점이 없었을 경우보다 항상 필연적으로 감소시키게 된다"(Smith 1776: 611).

4.2. 가족법(domestic law): 정의, 노예 제도와 효율성

법률상 한 가족 구성원으로서 사람들이 가진 권리에 대한 논의는 가족법(家族法)의 틀 내에서 이루어진다. 가족법은 부부, 부자 관계, 주인과 하인, 가족 내의 범죄와 처벌 등을 다루는 법률을 지칭한다. 노예 제도에 관한 부분은 가족법 중 주인과 하인의 관계를 규율하는 법 제도와 관련된다. 스미스에 따르면, 노예 제도는 법리상 기본적으로 자연적 정의에 부합할 수 없는 법 제도이다. 스미스의 법학에서 사람의 생명(life)과 자유(liberty)에 대한 권리는 자연권이다. 합당한 이유가 없는 경우라면 자연권은 다른 어떤 권리(취득권)보다도 우선적으로 보호되어야 하는 권리에 속한다.[28]

노예 제도는 취득권에 해당하는 재산권을 앞세워 개인의 신체와 자유를 침해하고 있기 때문에 공정한 관찰자의 초역사적 동감을 받기 어렵다. 그러므로 『도덕감정론』에서 유럽인의 아프리카 서해안 지대에서의 흑인 노예 사냥과 노예 무역은 인류사에서 자행된 가장 잔인한 행위로서 비판된다. 스미스는 당시 노예 사냥 및 무역 행위 종사자들이 어떠한 덕성도 지니지 않은 사람들로서, 그들의 행동 이면에 작용하고 있는 심성을 "경솔함, 잔혹성, 천박성"으로서 기술하고 있다. 이는 공정한 관찰자의 동감을 결코 받을 수 없는 행위임을 간접적으로 시사하는 것이다.[29]

---

28 이러한 이유로 『도덕감정론』에서 생명과 신체에 대한 권리 침해는 여타 권리에 대한 침해보다도 실정법에 의해 가장 중대한 처벌을 받는 경향이 있다고 기술된다. "정의의 가장 신성한 법, 즉 그것을 위반했을 때 가장 강한 보복과 처벌이 가해지는 법은 이웃의 생명과 신체를 보호하는 법이다. 그 다음은 그의 재산권과 소유물을 보호하는 법이고, 마지막이 이른바 그의 개인적 권리, 바꾸어 말하면 다른 사람과의 계약으로부터 그가 기대하는 것을 보호하는 법이다"(Smith 1759: 159~60).

29 다음의 표현을 보라. "이런 측면에서 아프리카의 해안에서 끌려온 흑인 누구도 탐욕스런 주인의 영혼은 도저히

노예 제도는 역사적으로 전쟁 포로나 범죄자에게 노예의 중벌을 내렸던 것이 그 도입의 기원이 되지만, 채무의 불이행 내지는 자발적인 인신 매도에 의해 노예가 되기도 했다(Smith 1978: 198~9). 스미스에 따르면, 자신들이 거주하고 있는 사회 내에서 노예가 충당된 후자의 두 가지 방법은 로마 시대 공화정 중기에 법률적으로 금지된 바 있다(Smith 1978: 455).

신체와 자유에 대한 침해, 즉 자연적 정의에 위배되기 때문에 노예 제도는 폐지되어야 했다. 이처럼 노예 제도가 공정한 관찰자의 초역사적 동감과 자연적 정의에 반하는데도 불구하고 역사적으로 지속되었던 이유가 있다. 이것은 노예 소유권자에 의한 동감의 능력이 제한되는 역사적 단계 및 환경과 관련된다(Smith 1978: 182~5). 즉, 부의 진보 정도가 낮은 빈곤의 단계에서는 노예 주인도 농민으로서 노예와 함께 거주하고 생산 활동에 종사하였으며, 노예의 입장에 공감하는 것이 더욱 수월했다. 하지만 부의 진보가 발생하였을 때 노예를 재산으로 소유한 사람과 노예의 생활 공간은 분리되었다. 이 때문에, 주인과 재산권자들은 노예 생활에 공감하기 어렵게 되었고 노예를 더욱 가혹하게 다루며, 그 노예 제도 폐지에 반대했다.[30] 그러므로 "우리는 노예 제도가 사회의 개화 정도에 비례하여 더욱 가혹했음을 보아 왔다. 자유와 부는 노예들을 비참하게 만드는 데 기여한다. 자유의 완성이 노예에게는 최대의 속박이 된다. 하지만

상상할 수 없을 정도의 아량은 가지고 있다. 운명의 여신이 영웅적인 저 국민들을 유럽에서의 수감 생활로부터 도피한 자들의 노예(slave)로 삼았을 때보다 더 잔혹하게 인류에 대한 그녀의 지배를 행사한 적은 결코 없었다. 이 불한당들은 자신들 고국의 덕성도, 또한 그들이 수탈하러 갔던 나라의 덕성도 전혀 지니지 않은 사람들이었으며, 그리고 그들의 경솔함, 잔혹성, 천박성으로 인하여 피정복자들의 경멸을 받는 것이 아주 정당한 철면피였다" (Smith 1759: 206~7).

30 그러므로 "우리 자신과 닮은 사람들은 대부분 우리의 동정심을 자극하고 우리의 동감에 영향을 미치기 쉽지만, 그 차이가 클수록 그들에 대해 느끼는 동감이 적어진다. 동일한 법칙이 노예에게도 적용된다" (Smith 1978: 184).

그들이 인류의 다수이기 때문에, 인간애를 지닌 사람은 그 누구도 이 제도가 확립되어 있는 나라에서 자유가 확대되는 것을 원하지 않을 것이다"(Smith 1978: 453).

노예 제도는 공정한 관찰자의 동감과 자연적 정의에 반하는 것뿐만이 아니다. 다른 한편, 노예 제도는 정의에 반함으로써 실상 사회의 효율에도 악영향을 미친다. 노예 제도 하에서는 노예가 수행한 어떠한 노동의 결실과 유산마저도 모두 주인의 소유 재산이 되었다(Smith 1978: 177). 이처럼 노예는 재산을 전혀 소유할 수 없었기 때문에 그들의 생활 개선 심리는 작동하지 않았고 노동의욕은 상실될 수밖에 없었다.

스미스는 『국부론』에서 노예 노동이 수반하는 사회적 비효율을 다음처럼 적고 있다. "모든 시대와 모든 민족의 경험은 노예에 의한 작업이 외관상 그들의 생활비만 드는 것처럼 보이지만 결국 모든 노동 중에서 가장 비싸다는 것을 증명한다고 믿는다. 아무런 재산도 획득할 수 없는 사람은 가능한 한 많이 먹고 가능한 한 적게 노동하는 것 이외에는 관심을 가질 수 없다. 노예가 자신의 생활비를 벌기에 충분한 정도를 넘는 일을 하는 것은 그 무엇이든지 그 자신의 어떤 이익에 의해서가 아니라 오직 폭력에 의해서만 그로부터 짜낼 수 있다"(Smith 1776: 387~8).

4.3 공법(public law): 정치적 자유 보장과 효율성

4.3.1. 잉글랜드의 자유의 체계

국가의 법률 체계 하에서 공법(公法)은 국가의 일원으로서의 권리를 다루는 실정법 영역이다. 스미스의 법학 체계에서 공법상 국민의 권리의 내용이 법과 경제의 관계에서 차지하는 비중은 상당히 크다. 공법상 국민의 권리가 존중되거나 침해되는 것은 정치적 권력 행사가 정당했는지 또는 부당했는지를 시사한다. 그리고 그것은 정의의 법률 체계의 주요 부분을 구성하는 사법과 가족법의 내용 및 집행에서 궁극적으로 정의의 원칙이 준수되는지 또는 무시되는지를 보여 준다. 이 때문에 공법의 진보와 법적 합리성은 경제 발전과 매우 긴밀한 연관성을 지닌다.

스미스에 의하면, 공법에서 취급하는 두 가지의 권리 침해는 주권자에 대한 권리 침해 및 국민에 대한 주권자의 권리 침해로 구성된다. 첫 번째 주권자에 대한 권리 침해는 군주정(군주와 그의 행동에 대한 권리 침해 여부)인지 또는 공화정(통수권자의 책무에 대한 권리 침해)인지에 따라 별개의 논의가 가능하다. 그렇지만 이러한 유형의 권리 침해는 민법과 형법처럼 공정한 관찰자의 동감 원리를 적용할 수 있고, 권리 침해의 경우 반역죄(treason)로 처벌되는 경향이 있다.

반면에, 두 번째 유형인 주권자의 압제로 발생하는 국민에 대한 권리 침해에 대해서는 동일한 일반 원리가 그대로 적용되기에는 불분명한 부분이 적지 않다. 여기에 속하는 역사적 분쟁 사례에 따르면, 국민에 대한 주권자의 권리 침해 여부는 공정한 관찰자의 관점에 기반한 판결과 선례에 의해서 결정되지 못했다. 오히려 그 사례들은 "힘과 폭력"(force and violence)(Smith 1978: 311)에 의해서 성공적으로 권력을 쟁탈한 권력자가 내린 결정에 전적으로 의존했음을 보여 준다.

국민에 대한 주권자의 권리 침해를 판단할 명확한 원리와 선례가 존재하지 않는다면, 정치적 권력 행사가 정의로운지 또는 불의한 것인지에 관해 한층 더 명확하고 중립적으로 판단할 수 있는 사회적 조건은 무엇인가? 스미스는 고대 및 중세를 거쳐 명예혁명 이후 근대 시민 사회에 이르는 역사적 과정 속에서 각종 통치 형태(군주 정치, 귀족 정치, 민주 정치, 절대 왕정 등)의 성립 그리고 이러한 통치 형태 속에서 개인적 자유의 전개와 실현 여부를 고찰한다. 그리고 이 공법사(公法史)의 후반 부분에서 영국은 유럽의 다른 국가들보다는 자유의 자연권에 가장 접근하는 이상적 시민 정부라고 거론된다. 영국은 17세기의 명예혁명을 통해 비로소 "자유의 합리적 체계"(Smith 1978: 421)를 도입하였다는 것이다.[31]

이처럼 잉글랜드에서 특유의 자유의 체계가 정립되고 그 권리가 보장되는 이유에 대해 모든 판사들이 왕으로부터 독립된 종신직을 보유한 점, 실정에 대한 책임을 물어 왕의 장관을 탄핵할 수 있었던 점, 인신보호법(Habeas Corpus Act)을 통해 40일 이내에 웨스트민스터에서 재판을 받을 수 있도록 허용한 점, 국회의원 선거가 자주 시행되어 공익에 관심이 모아진 점, 법정의 다양한 형태 등이 언급된다. 그런데 무엇보다도 자연적 자유 체계의 성립과 자유 보장 장치를 확대해 갈 수 있게 된 한층 더 근원적인 요인은 잉글랜드에서 권력 분립의 혼합 정부(mixed government) 체계가 성립된 점에 있었다(Smith 1978: 269~75). 스미스에 의하면, "사회 구성원 사이에 정의를 분배하는 직무와 행정 사무와 국방을 수행하는 직무의 분리는 근대가 고대 시기에 비해서 가지고 있는 커다란 우위이며, 자유, 재산, 생명의 측면에서 우리가 향유하고 있는 보다 큰 안전의 초석이다"(Smith 1983: 176).

31 따라서 "여기(잉글랜드)에서 적절히 상호 견제되는, 멋진 형태의 혼합 정부가 성립함으로써 자유와 재산에 대한 완전한 안전이 이루어지고 있다"(Smith 1978: 421~2).

이렇듯 스미스는 주권자 권력의 분립이라는 제도적 장치가 다른 무엇보다도 국민들의 정치적 권리가 보다 잘 존중 받을 수 있도록 만드는 사회적 조건이라고 본다. 다시 말해서, 국가를 구성하는 입법, 사법, 행정 간의 3권이 적절히 분립되어 견제와 경쟁 기능을 수행할 때, 국민에 대한 주권자의 권리 침해가 가장 적게 발생한다는 것이다.[32] 철저한 권력 분립의 상황이 공법상 정의와 자유의 자연권이 가장 잘 구현될 수 있는 제도적 여건이며, 국민들의 동감정의(同感正義)에 의해 지지 받을 수 있다는 것이다.[33]

한편, 정의론의 관점에서 국가가 국민의 공법상 권리와 자유를 보장하도록 체계를 갖추고 있다는 점과 사회의 경제적 효율성과는 어떤 관계에 있을까? 스미스는 국가가 정의론적 관점에서 정치적 권리를 보장하는 것은 사회적 효용 실현 및 공공 복리 증진의 가장 기초적인 토대임을 주장한다. 스미스에 의하면, "완전한 정의, 완전한 자유, 완전한 평등을 확립하는 것이 모든 계층의 최고도의 번영을 가장 효과적으로 보증하는 매우 단순한 비밀이다"(Smith 1776: 669).

예를 들어, 사법(司法) 서비스의 공정성 하에서 사법(私法)상 권리인 개인적 자유가 허용된다면, 경제 주체는 생활 개선 심리에 기초하여 소유 재산의 자발적 교환 활동에 부단히 종사한다. 이는 자유로운 경쟁을 낳고 자원은 그 시

32 다음의 주장은 대표적이다. "사법권이 행정권과 통합되어 있을 때에는 정의(正義)가 속류적으로 정치라고 불리는 것에 자주 희생되는 일은 거의 피할 수 없다. … 그러나 모든 개인의 자유, 자신의 안전에 대해 느끼는 판단은 공정한 정의의 집행에 달려 있다. 모든 개인들이 자기의 권리를 누리는 데 극히 안전하다고 느끼게 하기 위해서는 사법권은 행정권으로부터 분리되어야 할 뿐만 아니라 가능한 한 행정권으로부터 독립되어야 한다. … 재판관이 받는 정규적인 급료가 행정권의 호의 내지는 심지어 그 경제적 여유에 달려 있어서는 안 된다"(Smith 1776: 722~3).

33 글래스고 대학교 초기 재직 시기인 1750년대 초에 동료 교수였던 앤더슨(John Anderson)이 스미스가 행하던 법학 강의의 수강 학생 노트를 참조하여 옮겨 쓴 것으로 추정되는 잡문에 "몽테스키외의 국가 권력 분립론은 매우 공정(very just)하다" 라고 기록되어 있다. 이에 대한 해설로 Meek(1976: 198)를 보라.

장 가치가 가장 큰 용도로 이동된다. 이러한 과정에서 궁극적으로 자원 배분의 효율성이 달성되고 지속적인 경제 성장이 이루어진다. 공정한 법률의 지배에 의한 자유의 확보와 사법권의 확립은 개인적 자유와 안전을 보장함으로써 생산 활동과 자본 축적에 박차를 가하는 계기로 작용한다. 이런 맥락에서 스미스는 영국의 경제 발전에 대해 다음과 같이 기술한다. "(잉글랜드) 정부의 강제 징수 가운데서도 자본은 개인들의 절약과 좋은 행동에 의해, 그리고 자신의 생활을 개선시키려는 보편적이고 지속적이며 중단 없는 노력에 의해 조용하고도 점진적으로 축적되었다. 각자에게 가장 유리한 방식으로 전력을 다하도록 법률에 의해 보호되고 자유에 의해 허용된 이 같은 노력은 이전의 거의 모든 시기에 풍요와 개선을 향한 잉글랜드의 진보를 유지해 왔으며, 향후에도 그러할 것이라고 희망된다"(Smith 1776: 345).

다른 한편, 공법상 정의 구현이 수반하는 경제적 성과는 다른 어떤 요인보다도 매우 강력하다. 예컨대, 국가의 정책상의 여타 오류(예컨대, 과도한 개입주의와 중상주의 정책)가 경제 성과에 불리하게 작용하더라도, 그 부정적 파급 효과를 뛰어넘는 힘을 발휘한다. 스미스에 의하면, "영국의 법률에 의해 모든 사람이 자신의 노동 성과를 향유할 수 있음을 보장하는 안전은 온갖 불합리한 상업 규제들에도 불구하고 한 나라를 번영시키기에 충분하다. … 영국에서 노동은 완전히 안전할 뿐만 아니라, 또 비록 완전히 자유롭지는 않더라도 유럽의 여타 지역만큼 자유롭거나 그보다 더욱 자유롭다. … 그러나 무엇보다도 훨씬 더 중요한 원인은 가장 비천한 영국 시민이라도 자기 권리를 권력자로부터 존중받을 수 있었음과 동시에 각 개인에게 노동의 결실을 안전하게 보장함으로써 모든 유형의 근로를 최대로 가장 유효하게 장려했던, 평등하고 공평한 정의의 집행이었다"(Smith 1776: 540, 610).

4.3.2. 영국과 스페인의 대비: 편파적 사법과 부의 정체

앞서 기술한 대로, 근대의 영국은 유럽의 변방과 후진국에 불과했으나 다른 주변 선진국보다 빠른 경제 성장을 도모할 수 있었다. 이러한 변화의 가장 큰 이유는 영국이 지위, 권력, 재산의 과소 여부에 관계없이 정의의 법률 체계 하에서 자유를 허용하고 평등하게 재산권 집행을 엄격하게 시행한 점에 있다. 이러한 정의의 체계는 경제적 측면에서 시민들의 생활 개선 심리를 자극하고 근면과 생산적 자원 개발 노력을 촉진했으며, 중상주의적 규제라는 장애물을 극복하고 유럽 국가 중에서 가장 빠르게 성장하는 계기로 작용했다.[34]

반면에, 영국과 대비되는 스페인은 정의와 관련된 공법과 사법상의 권리를 경시한 국가에 속했다. 스미스에 따르면, 스페인은 16세기까지 대체로 선진 공업국이며 강력한 해상 세력이었으나 그 후 경제의 정체 국면을 맞았다. 스페인의 경제 발전 역시 당시 많은 유럽 국가들처럼 거래의 자유를 제한한 중상주의적 정책, 그리고 이에 따른 국내 농업과 제조업의 침체 및 시장 규모의 축소에 따라 장애를 겪었다(Smith 1776: 541, 609~10).

그러나 그 어떤 원인보다도 스페인의 경제 성장을 가로막은 가장 핵심적 원인은 정의의 제도를 정착시키지 못한 정부의 책임에 있었다. "그 다른 무엇보다도, 불규칙하고 편파적인 사법(司法)이 그 원인이 되었다. 즉, 이 사법적 관행은 침해당한 채권자의 고발로부터 부유하고 권력을 지닌 채무자를 종종 보

34 정의로운 사법 제도의 집행과 경제 성장의 연관성에 대해서 Smith(1776: 284~5, 345, 540)를 보라.

호했으며, 근면한 국민들로 하여금 이들 거만하고 권력 있는 사람들의 소비를 위해 상품을 만들기를 두려워하게 했다. 이는 그들에게 감히 외상 판매를 거절할 수가 없었지만, 그 환수 여부가 거의 불확실한 상황에 기인했다"(Smith 1776: 610).[35] 또한 스페인의 전제정치와 자의적 권력 행사, 불의하고 편파적인 사법 제도 운용은 라틴아메리카의 식민지에까지 계승되어 생산 활동에 적극적으로 참여하려는 의지를 꺾고 경제 성장을 억압하는 제도적 장치로 작용했다.[36]

5. 요약 및 결론

18세기 경제사상가인 스미스는 경제학을 "입법가의 학문"으로 지칭하면서, 법과 경제를 융합적으로 접근할 것을 주문한 바 있다. 이는 경제 질서는 사회의 다른 영역과 구분되는 독립성을 지니면서도 기본적으로는 법 질서의 틀 내에서 운용되고 있음을 제시한다. 뿐만 아니라, 이것은 사회 후생 정책은 입법과 이에 근거한 행정 집행을 통해 이루어진다는 점을 시사하고 있다. 또한 이러한 융합적 인식은 법학과 경제학이 오늘날 분화된 학문 체계처럼 완전 독립된 영역보다는 통합적으로 이해되어야 할 단일의 체계임을 보여 준다.

35 스미스는 13세기 중반 이후 18세기까지의 중국도 스페인과 마찬가지로 정의의 법률 집행에서 공정성과 일관성을 상실하여 성장 잠재력을 잃고 정체되는 유형으로 비판한다. "부자나 거대 자본의 소유자는 상당한 안전을 누리는 반면, 가난한 사람이나 소자본의 소유자는 거의 안전하지 못하고 언제나 하급 관리에 의해 정의의 미명하에 약탈당하는 나라에서 각종 사업 분야에 고용되는 자본의 양은 그 사업의 성질과 규모가 허용하는 최대 한도에 도달할 수 없다"(Smith 1776: 111).

36 예를 들면, "스페인의 … 전제정부(absolute governments)는 식민지에서도 계승되고 있다. 그러한 정부가 매우 먼 거리 때문에 하급 관리들에게 위임한 자의적 권력은 자연스럽게 일상적 수준을 넘어 상당히 폭력적으로 행사된다"(Smith 1776: 586).

본 연구는 스미스의 학문적 관점, 즉 법학과 경제학을 보다 확대된 단일의 체계 내에서 수용하면서도 두 학문 분야가 지향하는 핵심적 가치가 상이하다고 보는 구상에 입각했다. 이러한 구도를 염두에 두면서 법과 경제의 관계, 정의와 경제적 효율성의 관계에 대한 분석을 시도했다. 그 연구 내용을 요약하면 다음과 같다.

첫째, 스미스는 법의 기초가 되는 정의론을 윤리학의 동감 이론으로부터 마련했다. 즉, 사람들의 정의감은 사회 구성원인 타인에게 침해를 가하는 행위와 관련해서 공정한 관찰자가 가해자에게 내면적으로 느끼는 분개심 및 처벌에 관한 동감에 의해 성립한다. 둘째, 정의의 원리는 국가에 의한 법과 통치, 즉 국가의 실정적 법률 체계의 근간이 된다. 스미스의 체계 속에, 정의는 윤리적으로는 타인에게 피해를 주지 않는 경우 당연히 성립하는 소극적 덕목에 불과하다. 하지만 반대로 가해자에 의한 침해가 존재하는 경우에는 정의는 이러한 행위에 대해 강제력을 가지고 정확하고 엄격하게 처벌해야 하는 필연성 때문에 극히 중요하다. 따라서, 셋째 국가의 실정법 중 정의의 법률 체계는 사람들의 내면적인 정의 감정에 입각하여 권리를 보호하기 위해 입법되고 집행된다. 이 같은 정의의 법률 체계는 개인으로서, 가족의 일원으로서, 국가 구성원으로서의 권리를 다루는 세부 영역, 즉 사법, 가족법, 공법의 영역으로 구분된다. 넷째, 정의와 그 법률 체계는 경제 활동의 배후에서 직접적인 동기가 되는 사람들의 생활 개선 본능과 교환 성향을 자극하고 촉진함으로써 효율성을 배가시킨다. 반대로 불의는 사람들의 그 같은 성향을 제약하고 억제함으로써 효율과 성장을 낮춘다. 다섯째, 『법학 강의』와 『국부론』에서 거론되는 다양한 법률에 대한 비판은 정의와 효율성 간의 관계를 매우 잘 입증한다. 사법상 상속 및 독점권과 각각 관련되는 장자상속법 및 동업조합법에 대한 비판, 가족법상 주인-노예 관계에 해당하는 노예법에 대한 비판, 그리고 공법상 주권자에 대한 시민의 권리인 자유의 체계에 대한 논의가 그 적절한 사례에 해당한다. 이 내용을 분석해 보면, 사회적 정의가 보장되지 않을 때 경제적 효율성도 낮아지는 반면, 자연적 정의에 부합할 때 사회적 효율성이 제고된다.

마지막으로, 정의와 효율성의 관계를 고찰한 본 연구를 통해 다음과 같은 기존 연구 성과가 더욱 강화됨을 확인할 수 있었다. 첫째, 스미스의 사상에서 정의와 효율의 미시적 또는 사회심리적 토대는 각각 상이하지만, 정의와 효율성은 직접적인 연관성을 지닌다. 정의감은 사람들의 분개심에 관한 집단적 동감 성향에 근거하고 있고, 효율성은 경제 활동을 좌우하는 생활 개선 심리의 영향을 받고 있다. 그리고 사람들의 정의감은 실정법 체계에 반영되어 국가의 통치와 사법 정책을 통해 관철된다. 국가의 통치와 사법 정책이 자연적 정의에 부합한다는 것은 안전과 자유가 보장되고 있음을 의미한다. 이에 부합하는 합당한 법 제도의 도입과 변화는 사람들의 생활 개선 심리를 자극하고 경쟁을 통해 경제 활동을 촉진시켜 사회적 효율은 증가한다.

둘째, 이러한 관점의 연장선상에서 스미스의 사회과학 체계에서 나타나는 법과 경제, 또는 더 나아가 윤리와 경제의 긴밀한 관계에 주목할 수 있다. 사람의 탐욕이 심성의 주요 부분일 뿐만 아니라 자원의 희소성에 의해 선택의 제약이 존재하는 현실에서 분쟁과 무질서는 언제나 존재 가능한 사안이다. 하지만 스미스에 따르면, 사람들의 내면적 동감과 정의감, 그리고 이에 바탕을 둔 국가의 법률 체계와 통치에 의해 사회 구성원들이 타인이 침해로부터 보호 받는 것이 경제 진보의 진정한 초석이다. 이는 물질적 기반을 마련하는 경제적 영역은 법과 정치의 세계와 불가분의 분업 관계를 형성하고 있음을 제시한 것이다. 법과 정치의 영역은 내면적 윤리 영역에 근거를 두면서도 시장과 경제 활동에 불가결한 토대로서 기능하며 지속 가능한 사회를 위한 제도적 환경을 구성한다.

제8장
노동(시장)의 법과 경제

1. 머리말

『국부론』의 주요 과제는 국민의 사회 후생을 개선하기 위해 국부의 원천과 경제 성장의 메커니즘을 설명한 후, 국가적 차원에서 요망되는 제도적, 정책적 방안을 기술하려는 것이다. 스미스는 자본 축적, 분업, 기술 진보, 인구 증가 등의 요인이 경제 변화의 거시동학적 과정에서 핵심적 역할을 한다는 점을 밝히며, 사회 후생 개선을 위한 국가의 공공 정책으로 "자연적 자유의 체계"를 권고했다.

하지만 이 같은 스미스의 경제 분석 및 정책론을 이해하는 데 특히 주목해야 할 두 가지 측면이 있다. 첫 번째 요소는 스미스의 경제학에서 법 제도와 경제 활동이 긴밀한 연관성을 지닌다는 것이다. 스미스에 따르면, 경제 활동이란 정치적 과정에서 형성될 뿐만 아니라 사법적 집행을 필요로 하는 국가법 체계의 직접적 영향 하에서 이루어지며, 또한 그 법체계 수준에 상응하는 경제 성과를 낳는다. 그러므로 통합 학문 체계를 이루는 스미스의 법학과 경제학에서 정의와 효율성은 각각 독립적 가치 기준이지만, 경제적 효율성은 법적 정의의 실현 여부에 크게 의존한다. 스미스는 이러한 법과 경제의 이론적 틀을 중심으로 실정법 체계를 분석하거나 비판하고 있으며, 이는 노동(시장)과 관련된 실정적 법체계의 경우에도 해당된다.

두 번째, 스미스의 견해로는 사회 후생적인 평가의 측면에서 각별히 주목해야 하는 요소는 노동(시장)의 중요성이다. 그러므로 스미스는 사회 후생을 진단하는 척도로서 사회 구성원 다수, 즉 생산에 종사하는 노동자들의 경제적 복지와 행복을 거론한다. 예컨대, "임금에 의해 살아가는 사람들의 이익은 그 사회의 이익과 엄격하게 연관되어 있다"(Smith 1776: 266). 그리고 이러한 맥락에서 생산자 또는 노동자 다수가 빈곤에 처해 있다면 그 사회는 번영하는 사회도 아니며 행복한 사회일 수도 없다고 단언한다.[1] 더 나아가, 한층 더 진보되고 문명화된 사회인가를 판별하는 규범적 기준은 사회적 생산을 담당하는 노동자가 총생산물 중 재생산에 상당히 유리한 소득 분배분(分配分)을 얻는가에 의존한다.[2]

스미스의 학문 체계에서 "법과 경제"의 틀, 그리고 경제 진보의 평가를 위한 주요 척도로서 노동(시장)의 중요성을 감안한다면, 관련 선행 연구는 제한적이다. 스미스의 노동(시장)의 법과 경제에 대하여 수행된 주요 연구들은 다음과 같다.[3] Haakonssen(1981)은 스미스의 법학(法學)에 관한 가장 고전적이고 대

1 당시 중상주의자는 부국강병을 위해 빈곤유용설(utility-of-poverty theory)을 주장하곤 했다. 예컨대, 18세기 초 맨더빌은 『꿀벌의 우화』에서 노동자들은 빈곤할 때 근면해진다는 논리를 전개하며 빈곤의 유용성을 강조했다. "다수 대중은 가난해야 할 뿐만 아니라 무지해야 한다"(Mandeville 1714: 288).

2 스미스의 표현에 따르면, "그 구성원의 대부분이 가난하고 비참한 사회는 결코 번영하는 행복한 사회일 수 없다. 뿐만 아니라, 국민 전체의 의식주를 제공하는 노동자들이 노동 생산물 중 자신의 의식주 생활에 필요한 꽤 좋은 몫을 분배 받는 것이 형평(equity)에 부합된다"(Smith 1776: 96).

3 법과 경제에 관한 기타 연구는 다음과 같다. Cairns(1994)는 정의와 자유의 보루로서의 법원의 역할에 대한 스미스의 견해를 요약하고 있으며, Evensky(1994, 2005)는 스미스의 법경제학에 대한 이해는 사회, 국가, 경제의 상호작용의 틀 속에서 구해져야 한다고 본다. 한편, 스미스의 체계에서 정의와 경제적 번영 내지는 경제적 성과와

표적인 연구이다. 여기서 스미스의 윤리학과 법적 정의의 개념을 중심으로 법과 통치에 관한 이론과 역사가 포괄적으로 분석되고 구성된다. 그러나 이 저술에서 "법과 경제" 또는 정의와 효율성의 연관성 관점에서 노동(시장)을 포함한 경제 후생의 문제는 거론되지 않는다. 반면, Campbell(1984)과 Posner(1994)는 이상과 같은 주류 연구에 도전하면서 대체로 현대적 관점의 "법의 경제 분석"(economic analysis of law)을 시도한다. 즉, 이 연구는 (법체계의 동감정의론적 해석보다는) 효율성 내지는 부의 극대화 논리가 민법과 형법의 형성, 운영 및 그 진화에 관한 스미스의 논의 가운데 내재화되어 있다고 본다. 이와는 대조적으로, Malloy(1988, 1994)는 개인적 자유와 인간의 존엄성 등과 같은 사회윤리적 가치가 법적 판단에서 우위를 차지하는 기준이라고 강조한다. 그리고 박세일(2000)의 연구는 스미스의 동감정의론을 거론하고 법경제학적 관점에서 그의 노동 시장 관련 분석을 간략하게 언급하지만, 교과서의 특성상 『법학 강의』 및 『국부론』에서 다루어진 심도 깊고 폭넓은 논의가 생략되고 있다.

본 연구의 이론적 틀은 본서 제7장의 논의에 기초하고 있다. 이 연구는 스미스의 동감정의론 및 정의의 원리가 국가의 법률 체계의 이면에 존재하는 가장 핵심적인 논리 및 가치 개념이라고 인식하는 표준적 해석에 공감한다. 다른 한편, 스미스에게 효율성은 생산, 교환 등 인류의 경제 활동 및 그 역사적 평가와 관련하여 적용되는 또 다른 가치 기준이다. 스미스의 사회과학 체계에서 정의와 효율성은 각각 상이한 미시적 또는 사회심리적 토대를 가지면서도 궁극

의 상관관계는 Fitzgibbons(1995), Lieberman(2006) 등에서 간략하게 부분적으로 거론된다. Young(2007)은 스미스의 동감 이론에 근거한 재산권의 기원과 진화에 관한 이론을 현대 신제도주의 재산권학파의 이론과 비교한다. 다른 한편, Noell(2006: 160~5)은 (법과 경제의 관점에서가 아니라) 노동경제학적 관점에서 노동 시장에서의 임금 규제에 대한 비판과 노동자의 임금에 관한 경쟁의 효과를 지적하고 있다.

적으로 긴밀한 상관관계를 지닌다. 이는 법적 정의가 경제적 효율성을 이루는 환경 여건을 조성하고 사람들의 생활 개선 심리를 자극하는 점에서 비롯된다.

그러나 상기 연구는 스미스의 사상에서 법과 경제, 또는 법적 정의와 경제적 효율성 간의 일반적 관계에 대한 논의에도 불구하고 국가의 법 제도 운용 원칙의 구체적 의미는 무엇이며 또한 경제적 효율성과는 어떠한 연관성을 지니는가에 대해서는 심도 있게 취급하지 않았다. 본 연구에서 거론되는 바대로, 법과 경제의 관점에서 사회 후생 증진을 위한 국가의 노동 관련 법 제도와 정책을 다루고자 한다면 그 법적 개념 및 경제적 의미에 대한 구체적인 사전적 분석이 필요하다. 이와 같은 맥락에서 본 연구는 노동(시장) 관련 법 제도에 대한 법률적 관점의 평가와 더불어, 그러한 법 제도가 지니는 경제 성과 및 사회 후생과의 연관성에 관해 면밀하게 살펴보고자 한다. 이를 위해 제2절에서는 노동(시장)의 법과 경제에 대한 서설로서 스미스의 법과 경제학, 즉 법 제도와 경제 활동 간의 연관성에 대한 이론적 논의를 기술한다. 이를 토대로 제3절 및 제4절에서는 역사적 관점에서 노동(시장) 관련 법 제도에 대하여 스미스가 내린 비판적 평가를 알아본다. 제3절에서는 전근대 사회에서의 법과 경제를 고찰한다. 제4절에서는 근대 사회의 노동 시장 관련, 법과 경제의 현안을 살펴본다. 마지막으로 제5절에서는 요약하고 결론을 맺을 것이다.

2. 법 제도와 경제 활동 – 노동(시장)의 법과 경제를 위한 서설

2.1. 국가법 제도의 운용 원칙

스미스는 경제학을 현대 순수 경제학과 차별되는 "정치경제학"(political economy)으로 지칭하고, 이를 "입법가(立法家)의 학문"(Smith 1776: 428)의 한 지류로서 분류한다. "입법가의 학문"에는 경제적 효율성을 중시하는 경제학뿐만 아니라, 법적 정의의 실현을 논의하는 법학이 포함된다. 법학에서는 법과 통치의 일반 원리에 대한 고찰 및 이 일반 원리가 역사 발전 단계에서 국가법 제도의 변화에 어떻게 적용되었는지 논의된다(Smith 1759: 342).

법학과 경제학의 두 학문 영역은 상호 밀접한 관계를 가진다. 국가법 제도는 기본적으로 정의에 근거를 두는 반면, 경제 활동과 경제 정책은 효율성을 중시한다. 그런데 사회의 물적 토대를 구성하는 경제 활동은 사회적 협력과 질서의 바탕 위에서 성립하는 한편, 희소한 자원의 배분과 관련되어 경쟁 과정에서 야기되는 사회적 갈등과 분쟁은 정치적 차원의 조정 및 규제를 필요로 하는 대상이다. 사회의 조정 및 통합을 이루기 위한 하나의 방편으로 국가는 실정법 체계를 정립하여 질서 유지와 통치를 담당하는 역할을 수행한다. 이상이 스미스의 법과 경제의 이론적 틀과 내용을 구성한다.[4]

스미스에 의하면, 국가의 실정법 체계는 그 입법 원리에 따라 크게 두 가지 핵심 영역으로 구분된다. 첫째, 기본적으로 정의의 원리에 근거하여 법제

4 이상과 같은 스미스의 인간의 내면적 도덕 판단과 정의론 간의 관계, 그리고 법과 경제의 자세한 내용에 관해서는 본서 제7장을 참고하라.

화되어 국민의 생명과 신체, 재산과 소유물, 계약 등 권리를 보호할 뿐만 아니라, 그러한 권리의 자유로운 교환을 보장하는 것을 목적으로 집행되는 법률 체계(공법, 사법, 가족법 등)가 있다. 둘째, 사회적 효용 또는 사회의 시대적 요구를 고려하여 입법화되는 내정 일반의 법률 체계(예컨대, 경제법, 사회법 등)가 있다. 후자의 법률 체계는 고유의 경제적, 사회적 목적에 따라 만들어지고 정책으로 집행되지만, 통상 정의에 관한 최소한의 제약 조건을 충족시킬 필요가 있다(Smith 1978: 5).

국부 증진 및 경제 성장에 초점을 맞춘『국부론』에서 종종 다양한 법률이 경제적 관점에서뿐만 아니라 법률적 관점에서 비판적으로 검토되는 이유는 이처럼 경제 분석 및 대안 제시를 위한 이론적 틀이 통합 학문 성격의 "법과 경제"에 있기 때문이다. 스미스에 따르면, 법과 경제의 이론적 틀 속에서 국가의 법과 통치의 관점에서 구현해야 하는 원리는 정의, 자유, 안전, 평등의 원칙이다. 이때 사회 후생의 개선과 경제 번영이 가장 효과적으로 성취된다.『국부론』의 다음과 같은 짧은 구절은 스미스의 의중을 가장 명확하게 표현한다. "완전한 정의, 완전한 자유, 완전한 평등을 확립하는 것이 모든 계층의 최고도의 번영(prosperity)을 가장 효과적으로 보증하는 매우 단순한 비밀이다"(Smith 1776: 669). 국가법 제도가 견지해야 하는 이 같은 4가지 원칙을 중심으로 법 제도와 경제 활동 간의 관계에 대해 구체적으로 살펴보기로 한다.

첫째, 국가의 모든 법체계에 반영되어야 하는 정의의 원리는 무엇인가? 스미스에게 정의는 국가의 법과 통치 활동의 가장 핵심적이고 근간을 이루며, 동시에 포괄적인 원칙과 덕목이다. 정의는 사람들의 일상적인 도덕 판단의 배후에서 작용하는 사회 심리, 즉 정의감으로부터 비롯된다. 구체적으로 정의는 사회에서 발생하는 어떤 특정 사안과 관련하여 사람들이 느끼는 분개심에 대한 공정한 관찰자(impartial spectator)의 동감에 의해 근거를 지니는 사회적 덕목이다. 즉, 정의는 공정한 관찰자의 분개심이 유발되지 않을 경우 성립하는 소극적 덕목으로서, 신체, 명예, 재산 등과 관련한 타인의 권리가 존중될 때 성립한다. 이와 반대로 생명, 자유, 인격, 재산 등에 관한 타인의 권리를 사람들이 침해할 경우에 정의는 위배되고 불의(不義)가 발생한다.[5] 국가의 법과 통치는 정의를 존중하고 불의를 처벌하기 위한 사회의 집단적 활동이다. 스미스에게 정의는 아래에 기술되는 자유, 안전, 평등의 여러 조건이 충족될 때 구현된다.

두 번째, 정의의 내용에 포괄되는 자유의 원칙은 법률적 개념이다. 『법학강의』에 의하면, 자유는 사법(私法)상의 사람의 신체에 관한 권리로서, 구체적으로 "남에게 피해를 주지 않는 경우 자신이 하고자 하는 바대로 자신의 신체를 자유로이 사용할 수 있는 권리"(Smith 1978: 8)로서 정의된다.[6] 자유는 정의론에 근거한 법률상의 의미를 지니며, 인간 행위와 제도에 우선하는 자연권(自然權)으로 인식된다. 다시 말해서, 스미스에게 자유는 모든 인간에게 차별 없이 동일하게 부여된 권리로서 합당한 이유 없이는 결코 침해될 수 없는 인간 고유의 권리에 해당한다. 이것은 인류의 생존 여건 변화에 따라 인위적으로 부여된 취득권(adventitious rights), 예컨대 재산권과 구분된다. 이는 국가의 법률과 통치 활동은 타인과 사회에 피해를 끼치지 않는 범위 내에서는 개인들의 자유로운 신체 활용의 권리와 (경제)행위를 인위적으로 규제해서는 안 된다는 시사점을

5 스미스의 정의론은 정의 및 사회 질서의 유지가 사람 내면의 천성인 분개심과 공정한 관찰자의 동감에 기초하여 이루어진다고 본다. 대표적인 연구는 Campbell(1971), Haakonssen(1981)이다.

6 『국부론』 제1편 제7장에서 "완전한 자유(perfect liberty)"는 "본인이 원할 때 자신의 업종 내지는 거래를 변화시킬 수 있는 경우"(Smith 1776: 73)에 성립하는 것이라고 기술된다.

제공한다.

세 번째, 법 제도 운용과 국가 통치의 원칙으로서 거론되는 안전 보장은 법적 정의의 구현을 위한 실천적 조건이다. 즉, "정의의 목적은 침해로부터의 안전(security)이며, 이는 시민 정부의 토대이다"(Smith 1978: 398). 정의의 법률 체계와 법의 취지가 다른 내정 일반의 법률도 시민의 안전을 보장하는 것과 관계된다(Smith 1978: 331). 안전 보장의 원칙은 구체적으로 국가의 법체계가 논리 내지는 형식보다는 정의와 자유의 원칙을 실제적으로 현실에서 구현하는 것을 의미한다. 다시 말해서, 국가가 법률에 의해 규정된 국민의 생명 보호, 사회 구성원 간의 폭력 및 무질서 방지 등 치안, 각종 자유 보장, 인격 및 재산권 침해, 외국의 침략으로부터 안전 보장을 실질적으로 제공하는 것이다(Smith 1978: 5~7).

마지막으로, 국가법 제도의 운영상 관철되어야 하는 평등의 원칙 역시 법적 정의의 구현을 위한 또 하나의 실천적 조건에 해당한다. 평등의 원칙이란 국가가 법률의 집행 과정에서 제3자로서 모든 사회 구성원에 대한 대우의 균등 입장을 견지하는 것을 지칭한다. 즉, 평등의 원칙은 국가가 사회 구성원의 지위, 권력, 재산의 과소 여부에 관계없이 누구에게나 평등하게 신체상의 자유를 보장함과 동시에 법질서 앞에 정의의 집행을 차별 없이 시행하는 것이다. 이러한 맥락에서 스미스에 따르면, "일부 계층의 이해를 도모하려는 의도 이외에 어떠한 다른 목적이 없는 가운데 상이한 계층 사람들의 이해를 어느 식으로든 침해하는 행위는 국가가 모든 계층의 사람들에게 책임을 지고 있는 정의와 대우의 평등(equality of treatment)에 명백히 위배되는 것이다"(Smith 1776: 654).

국가 통치를 위한 원칙으로서 평등의 원칙의 중요성은 사회 구성원들이 누리는 자유와 안전감의 정도(程度)가 불편부당하고 공정한 법의 지배에 의존하는 점에 있다. 스미스에 의하면, 개인의 자유와 안전은 특정인에게 유리 또는 불리하게 법률이 적용되지 않고 불편부당한 정의의 집행과 사법권의 지배가 이루어지는 경우에 성립한다.[7] 그러므로 권력의 다소, 지위의 고저, 재산의 과소 여부에 따라 특정 법안에 관한 사법권의 행사가 달라지는 것은 정의의 원칙에 대한 침해에 해당한다.

한편, 이처럼 국가법 제도의 운영 원칙으로서 법의 지배 하의 평등 원리의 실효성 확보라는 측면에서 결코 간과할 수 없는 부분이 있다. 스미스는 국가통치 원칙으로서의 평등은 경제적 차원의 자립(independence)이 확보되지 않고는 실제적 유효성을 지니기가 어렵다고 본다. 전근대 사회의 주요 특징처럼, 사회 구성원 간에 존재하는 경제적 차원의 심화된 종속 관계는 윤리적, 사회적 차원에서 사회 규범의 자율적인 내면화를 혼란스럽게 만들고 자기규율(self-discipline)을 방해한다. 뿐만 아니라, 정치적, 사법적 차원에서 권력을 지닌 유력자들이 국가법 제도의 운용에 직접적, 간접적으로 영향력을 행사함으로써 평등 원칙의 구현을 실제적으로 어렵게 만든다.[8] 그러므로 스미스에게 역사 발전 단계상 자립의 여건에 대한 검토는 국가법 제도의 평등과 정의의 원칙이 구현되었는가의 문제를 고찰하기 위한 주요한 사전 기준이 된다.

7 스미스에 의하면, "모든 개인의 자유, 각 개인이 가지는 안전감(安全感)은 불편부당한 사법(impartial administration of justice)에 의존한다" (Smith 1976: 722~3).

8 로마 제국 붕괴 이후의 근대 유럽의 경제 발전 과정을 기술하는 『국부론』 제3편에서 스미스는 중세 시대 영주에 대한 농민들의 경제적 종속 관계는 영주의 자의적인 법집행을 초래하여 엄청난 사회적 혼란과 무질서, 개인의 자유와 안전에 대한 거대한 침해, 경제 발전의 상당한 지체를 가져왔다고 주장한다. 또한 『법학 강의』에서 신분적 예속으로부터의 탈피와 자립성은 도덕성과 준법정신을 고양시키는 요인이라고 기술한다. "자립은 사람들의 정직성을 고양시키는 반면에, 의존만큼 그리 많이 인류의 타락을 가져오는 것도 없다" (Smith 1978: 486~7). 후자의 측면과 관련된 연구로 Danford(1980)를 보라.

2.2. 국가법 제도의 운용 원칙과 경제적 후생 간의 관계

스미스의 법경제학에서 발견되는 요체는 국가에 의해 운용되는 법 제도의 기본 원칙과 경제적 성과와의 상호 긴밀한 연관성에 있다. 즉, 법 제도의 운용에서 정의, 자유, 안전, 평등의 원칙이 합당하게 관철되면 한 국가의 경제 성과는 향상되고 사회적 후생은 증진되지만, 정의의 원칙이 관철되지 않으면 경제 진보는 이루어지기 어렵다.

첫 번째, 모든 국가법 제도의 근간을 이루는 정의의 원칙의 구현과 관련된 다음의 기술은 법적 정의와 경제적 효율성 간에 존재하는 연관성을 가장 명확히 표현한다. 스미스에 따르면, "정의(正義)의 조직적 집행이 시행되지 않는 어떠한 국가에서도, 국민들이 재산의 소유에서 불안함을 느끼는 어떠한 국가에서도, 계약이 법률에 의하여 보호 받지 못하는 어떠한 국가에서도, 국가의 공권력이 지불할 능력을 지닌 사람들로 하여금 채무를 변제하도록 강제할 수 없는 어떠한 국가에서도 상업과 제조업이 장기적으로 번성한다는 일은 거의 발생할 수 없다"(Smith 1776: 910). 이러한 상관관계는 기본적으로 정의가 보장되면 사람들이 본래적으로 지닌 "생활 개선 본능"이 작용하여 적극적인 경제 활동을 시도하는 데서 비롯된다(Smith 1776: 345, 405, 540, 610). 그러므로 국가법 제도의 운용에서 정의의 원칙의 구현은 한 국가가 경제 성장을 성공적으로 이루기 위한 선행 요건이다.

두 번째, 국가의 법체계가 보장하는 자유의 원칙과 경제적 성과 간에도 매우 밀접한 관계가 있다. 타인에게 침해를 끼치지 않는 범위에서 합법적으로 자유의 권리를 부여 받은 사람들은 자신의 처지를 보다 개선하기 위해 끊임없이 분발하며, 이때 제도의 틀 내에서 개인 간 경쟁이 전개되고 심화된다. 그리고 상호 경쟁의 작용을 통해 거래 시장에서는 당사자 간 자발적 교환이 촉진됨으로써 시장가격과 자연가격이 균형을 이루게 되고 사회적 효율성이 높아지는 결과를 낳는다.[9] 또한 경제 활동의 자유는 정태적 균형을 통한 효율성 개선뿐 아니라, 경쟁에 따른 분업과 기술 진보를 촉진하고 시장 수요를 늘려서 장기적, 동태적으로 경제 성장을 촉진한다(Smith 1776: 748).[10] 이상과 같은 자유의 권리의 경제적 효과에 대한 메커니즘이 (역사적으로 경제적 진보에 악영향을 미친 수많은 법 제도의 방해에도 불구하고) 법에 의한 자유의 보장에 의해 경제 성장이 수반되었다는 스미스 주장의 이면에 있다.[11]

세 번째, 국가 통치의 원칙으로서의 안전 보장과 경제 성과의 관계는 다음과 같다. 일반적으로 사람들은 신체 및 명예에 대한 위해, 치안의 부재, 그리고 재산권에 대한 침해에 따라 안전 보장을 받을 수 없을 때, 어떤 경우든 자기규제를 하게 되며 경제 활동에서도 적극적인 의지를 상실한다. 법 제도에 의해 안전이 보장되면 사람들의 근로 의욕이 높아져 생산적 자원 개발 노력이 충만하게 된다. 반면, 안전 보장이 결여되면 최소한의 생존 활동에 국한함으로써 경제적 진보를 이루기 어렵다. 이런 맥락에서 스미스는 『법학 강의』에서 국가

9 예컨대, "한 상품의 시장가격은 오랫동안 자연가격 이상을 유지할 수 있지만 그 이하를 유지할 수는 없다. … 시장가격은 곧 자연가격으로 상승하게 된다. 이것은 적어도 완전한 자유(perfect liberty)가 있는 경우에 발생한다"(Smith, 1776: 79).

10 현대 경제학에서 경쟁과 수확 체증은 통상적으로 양립할 수 없는 것으로서 나타난다. 하지만 Marshall(1890), Young(1928), Richardson(1975), Reid(1987) 등은 경쟁의 개념을 진화적인 의미에서 구사하는 스미스에게 경쟁은 수확 체증을 수반하는 것으로 지적한다. 이는 현대 경제에서 분업, 수요(교역) 확대, 규모의 경제 간의 관계를 논의한 Romer(1987), Lucas(1988)와 맥락이 다르지 않은 것이다.

11 다음을 보라. "자유와 안전이 보장될 경우 자신의 생활 여건을 개선시키려는 모든 개인의 자연적 노력은 매우 강력한 추진 원리로서 작용하기 때문에, 어떠한 다른 도움 없이도 사회의 부와 번영을 가져올 뿐만 아니라, 세상의 실정법(human laws)이 어리석게도 너무 빈번히 만들어 내는 수많은 장애물을 극복할 수 있다"(Smith 1776: 540).

가 사회 구성원에 대한 안전을 보장하지 못할 때 경제의 진보는 가장 지체된다고 지적한다. "(부의 진보가 지체되는) 또 다른 원인은 시민 정부의 속성에 있다. 자주 지적되는 것처럼 사회의 초기에는 명백히도 정부가 약하고 무력했으며, 오랜 시간이 경과해서야 정부의 권위가 이웃들의 약탈로부터 개인의 근면을 보호해 줄 수 있었다. 사람들은 자신이 소유하고 있는 모든 것을 빼앗길 위험에 처할 때마다 근면의 의지를 상실한다. … 부의 진보를 저해하는 요인 중 이보다 더한 장애물은 없다"(Smith 1978: 522).

마지막으로, 국가법 제도가 견지해야 하는 대우의 평등의 원칙과 경제적 성과와의 연관성도 매우 중요하다. 국가의 법 제도가 허용하고 보호하는 자유와 안전의 권리가 권력자 내지는 소수 특수 계층에게만 부여된다면 모든 분야의 경제 활동 참가자, 노동자의 근로 의욕, 근면, 창의적 생산 활동이 자극될 수 없다. 두 변수 간의 이러한 긴밀한 상관관계는 유럽의 경제사에서 근대 초기인 16세기 말 이후 영국의 경제적 부상을 언급하는 부분에서 명확히 드러난다. 스미스는 당시 유럽에서 영국의 보다 빠른 경제 성장의 원인을 법률이 허용한 자유의 권리가 많았다는 점에서 구했다. 동시에 그 같은 경제 성과의 보다 중요한 원천은 영국 법 제도가 구현한 평등성 존중에 있는 것으로 지적된다.[12]

위에서 고찰한 내용을 종합하면, 국가의 통치 활동과 법 제도가 견지해야 하는 정의, 자유, 안전, 평등의 원칙과 경제적 성과와 후생 간에 존재하는 연관성은 다음과 같은 구체적인 사정과 경로에서 비롯된다. 첫째, 국가가 정의 체

12 Smith(1776: 610)를 보라. 또한 북미 대륙과 같은 근대 영국 식민지의 법과 통치에서 평등 (및 자유) 원칙이 수반한 상대적으로 빠른 경제 진보에 대해서는 Smith(1776: 572~5, 584~5)를 참고하라.

계를 조직적으로 규율하는 경우에만 경제 활동의 존립 기반인 사회 질서가 형성되고 유지된다. 국가의 통치 활동에서 정의의 원칙이 훼손된 상황에서는 (홉스가 거론한 만인에 의한 만인의 투쟁 상태처럼) 사회의 생존을 위협하는 무질서와 대혼란에 의해 확대 재생산을 지향하는 경제 활동은 거의 불가해진다. 둘째, 국가의 통치 활동을 통해 생명과 재산에 대한 안전이 보장되는 경우에 "생활 개선 심리", 또는 현대 경제학의 용어대로, '경제 활동을 효율화하려는 의지' (will to economize)가 작동된다.[13] 셋째, 국가의 법 제도에 의해 자유롭게 행동할 권리가 누구에게나 차별 없이 균등하게 부여되는 경우 사람들은 자신에게 한층 더 유리한 방향으로 생산 활동에 종사하려고 한다. 이때 소유 재산의 자발적 교환이 시도되고 경제의 효율성과 장기적인 경제 성장이 촉진된다.

스미스는 이 같은 법경제학적인 이론적 틀을 활용하여 『법학 강의』와 『국부론』 등 주요 저술에서 역사적인 경제 발전의 현상을 널리 설명하고 규범적으로 대안을 제시한다. 다시 말해서, 정의, 안전, 자유와 경제적 효율성의 관계에 대한 스미스의 이론은 고대와 근대 유럽, 아시아, 미주 대륙의 대표적 식민지 등 세계적 차원의 경제 발전을 설명하는 이론 틀로서 활용된다. 예컨대, 스미스는 근대 이전 시기 중국의 침체와 정체는 중국의 법 제도가 정의와 안전의 원칙을 준수하지 못한 점에서 비롯되었다고 지적한다(Smith 1776: 111). 또한 동일한 이론적 접근에 의해 17~8세기 영국, 그리고 스페인 및 포르투갈의 경제적 성과가 비교된다. 뿐만 아니라, 같은 시기 미주 대륙에 위치한 영국과 포르투

13 스미스는 다음처럼 강조한다. "근로의 과실을 누릴 수 있을 만한 안전이 보장될 때, 사람들은 자연히 자신의 생활 상태를 개선하려고 시도하며 생활필수품만이 아니라 편의품 및 사치품을 획득하려고 노력한다" (Smith 1776: 405).

갈 식민지의 경제 성장에 관한 비교 평가 역시 법경제학적 이론에 의거해 수행된다. 영국과 그 식민지는 법률적으로 형평의 원칙을 견지하고 재산상의 안전 보장을 제공함으로써 상대적으로 빠른 경제 성장을 일구어 냈다(Smith 1776: 540, 572). 반면, 스페인과 포르투갈의 식민지에서는 편파적이고 부당한 사법 제도의 운용이 상대적인 정체와 침체를 초래했다(Smith 1776: 586, 610).

3. 전근대 사회에서의 법과 경제

3.1. 전근대 사회의 공법의 운용과 경제 성과

스미스에 의하면, 인류 역사는 수렵 사회, 목축 사회, 농업 사회, 상업 사회 등 4단계를 거쳐서 진보한다. 이에 따르면, 근대 사회의 생존 양식은 농업, 제조업, 상업이 조화롭게 상호 분업 체계를 형성하여 경제 진보의 가능성을 높이고 정부의 법질서 운용 방식에서도 획기적인 개선이 있었던 상업 사회를 지칭한다. 반면, 전근대 사회는 근대의 이전 단계, 즉 수렵 사회로부터 농업 사회까지의 발전 단계를 의미한다.

수렵 사회는 수렵과 어로가 생존을 위한 경제 활동의 근간을 차지하기 때문에 가장 수준이 낮고 미개한 상태의 단계이다. 수렵의 단계에서는 생존을 겨우 연명할 정도의 빈곤이 지배적이고 재산이 거의 존재하지 않는다. 이 때문에 수렵 사회에서는 법에 의한 통치를 담당하는 정부가 존재하지 않는다. 수렵 사회에서는 재산상 차이가 없고 정부가 존재하지 않으며, 따라서 형식상 모두가 평등한 신분을 지닌 것처럼 보인다.[14] 그러나 수렵 사회에서 재산과 신분상 평등이 존재한다고 해도, 그 사회 구성원들의 공공복리의 수준이나 행복감이 높은 상황은 아니다. 가장 근본적으로는 생존에 불가결한 자원과 물질의 결핍으로 기아가 일상적이었고, 이런 환경적 요인은 사회적 질서로서 안전, 자유, 자립을 제공할 수 없었다. 수렵 사회는 무정부 상태였지만 당시에 권력과 권위를 가진 가장(家長)들의 자의적, 절대적 권한 행사 때문에 실제적으로는 자유가 결핍되고 의존성이 높아 위험과 불확실성이 매우 큰 역사적 단계였다(Smith 1978: 143~4).

한편, 목축 사회는 경제 활동의 주된 생산 방식이 수렵을 넘어 목축으로 확장되는 발전 단계이며, 농업 사회는 토지를 기반으로 경작이 주된 생존 방식이 되는 사회다. 목축 및 농업 사회는 수렵 단계와 비교해 볼 때 인류 역사의 발전에서 각각 보다 진보된 국면을 형성한다. 목축 사회로부터 비로소 재산이 축적되고 정부의 법 제도에 근거한 통치가 등장한다. 농업 사회에서는 재산의 불균등이 커지며, 이에 따라 정부의 역할이 확대, 심화되는 과정을 겪는다.[15]

목축 및 농업 사회에서 사회 구성원의 생존 수단은 수렵 단계만큼 불확실하고 불안정하지는 않았다. 수렵과 어로 작업에서는 생산성 증가 내지는 인구

14 다음을 보라. "수렵 민족들에게는 소유 재산이 거의 없거나, 또는 2~3일 노동의 가치를 초과하는 재산은 아무것도 없기 때문에 공식적인 재판관이나 일상적인 정의의 집행은 거의 없다"(Smith 1776: 709). 또는 "사회의 제1기인 수렵 사회에서는 재산의 불평등이 존재하지 않는다. 그 단계에서는 모두가 가난하다는 점이 보편적 평등을 낳으며, 나이의 우위 내지는 개인적 자질의 우수성이 권위나 복종의 미약하나마 유일한 근거가 된다"(Smith 1776: 712).

15 다음처럼 기술한다. "수렵인들에게는 통상적인 정부 통치는 없었으며 그들은 자연의 법칙에 따라 살았다. 소와 양의 사유화가 재산의 불평등을 초래하였고 최초로 통상적인 정부 통치를 등장시켰다. 소유권이 존재할 때까지 정부는 존재하지 않았으며, 정부의 목적은 바로 부를 안전하게 지키고 부자들을 가난한 사람들로부터 보호하는 것이었다"(Smith 1978: 404).

증가 시 거주지 인근 사냥감을 단기간 내 고갈시키는 반면, 목축과 농업은 일정한 정도까지 부양 능력의 증대를 가져오는 효과가 있다(Smith 1978: 407~8). 수렵 단계보다는 목축 및 농업 단계에서 경제적 후생이 부분적으로 개선되지만, 사회적 차원에서 정의와 안전이 크게 향상된 것은 아니다.

목축 및 농업 사회에서는 부의 불평등이 심화됨에 따라서 부자 및 권력자에 대한 의존성이 높아지고 개인 간 자립성은 약화되는 특성이 나타난다. 스미스에 따르면, 목축 및 농업 사회에서 소수 부자들에 대한 생산자 다수의 의존성이 심화되어 사회적 질서로서 정의, 자유, 안전이 훼손되는 효과가 발생했다. 목축 및 농업 발전 단계에 속한 정부의 통치 방식을 보자면, 경제적 의존 관계의 정점에 섰던 소수 부자와 권력자들이 자신들에게 유리한 방향으로 정치적 결정을 하고 입법 과정에서 영향력을 행사하거나 자의적 판단에 의한 사법권 행사를 일삼았다. 이 때문에 전근대 사회에서 일반적으로 대부분의 사회 구성원과 생산자들은 경제 활동에 유인을 주는 적절한 자유와 안전을 제공 받지 못했고 정의를 침해당했다.

전근대 사회에서 표출된 이 같은 국가의 통치 현황과 사회적 질서에 관한 스미스의 평가에 대해서는 농업 사회 단계에서 공법(公法)의 운영에 관련된 기술에서 분명하게 드러난다. 예를 들면, 『법학 강의』 및 『국부론』에서 고대 로마 제국의 몰락 이후 중세 유럽 사회의 법, 정치, 경제의 역사가 길게 기술되는 부분이 있다. 스미스에 의하면, 로마 제국에서는 무역과 상업이 활발하게 이루어졌지만, 이후 유럽의 생존 양식은 장원 경제에 기반을 두고 농업이 핵심인 농업 사회로 후퇴했다. 중세 초기 토지는 전쟁과 무력에 의해 권력을 보유한 소수의 영주들이 소유했으며, 토지의 경작 노동과 생산은 주로 토지에 전적으로 부속된 예농(serfs)에 의해 이루어졌다.

중세 농업 사회 단계에서 이 같은 경제적, 사회적 관계의 종속과 불평등은 생산 계층이 법적 질서로서의 자유와 안전을 보장 받지 못하는 원인으로 작용했다. 토지 점유자이자 생산자인 예농은 토지에 전적으로 속박되어 이주와 직업 선택의 자유가 허용되지 않았다. 그리고 경작 노동 후 생활 자료 이외에는 통상적으로 재산을 보유할 수 없었기 때문에 재산 소유 및 거래의 자유도 존재하지 않았다. 반면, 지역의 영주는 토지와 그 생산물(의 분배)을 매개로 하여 관할 지역의 군사 및 사법에 관한 최종 판결권을 행사했다.

이러한 사회경제적 여건은 결과적으로 주민들의 안전 보장에 대해서도 전적으로 불리한 환경으로 귀결되었다. 스미스의 기술에 의하면, "완전 사유지를 가진 몇몇의 대영주들과 봉건 영주 가운데 유력자들은 모든 면에서 왕국의 소군주로 간주되었다. … 그들은 자신의 영지 내에서 통용되는 규정을 만들어 가신들에게 재판권을 행사하였으며 왕실 법원에의 상소를 빈번히 인정하지 않았다. … 그 당시의 법은 국민들의 안전을 보장하기 위한 사법권을 가지지 못했고, 그럴 수 있는 여력도 없었다"(Smith 1978: 55).[16] 봉건 영주들은 토지 임대, 향응 제공 등 경제적 수단 및 사법권, 민병 지휘권 등 경제 외적 권한을 통해 피지배 계층의 안전을 위협했다.

16 『국부론』에서 다음처럼 적고 있다. "무질서한 시대에는 모든 대지주는 일종의 소군주였다. 그의 차지인은 그의 신하였다. 그는 그들의 재판관이었고 평화 시에는 어떤 면에서는 그들의 입법자였으며, 전시에는 그들의 지도자였다. 그는 자신의 재량에 따라 종종 그의 인근 지역에 대해, 때로는 그의 국왕에 대항해 전쟁을 일으켰다"(Smith 1776: 383).

3.2. 전근대 사회의 노동 관련 법과 경제 성과: 노예법, 봉건법과 예농

스미스는 고대 그리스나 로마 시대는 물론 중세의 봉건제에 이르는 전근대 사회에서 노예를 통한 경작이 일반적이었다고 말한다(Smith 1978: 187~8). 역사적으로 볼 때 노예 제도는 전쟁 포로나 범죄자를 노예로 삼는 중벌을 내렸던 것이 그 기원이 된다. 이러한 경로 이외에 노예가 충원되는 또 다른 경로는 채무의 불이행 내지는 자발적인 인신 매도에 의한 방법이었다(Smith 1978: 198~9). 하지만 채무 불이행과 인신 매도에 의해 내국인이 노예가 되는 방법은 로마 시대 공화정 중기에 법률적으로 금지되었다(Smith 1978: 455). 노예제는 중세를 거쳐 근대에 들어서도 꾸준히 유지되어 왔으며, 18세기경 노예제 폐지를 목격한 서유럽 일부 지역을 제외하고는 노예를 통한 생산은 전 세계적으로 일반화된 생산 방식의 형태를 띠었다(Smith 1978: 451~2). 노예제가 인류 역사를 통해 오랜 기간 동안 존속해 왔고, 또한 근대 사회에 들어서도 지속되는 주된 이유는 사람들의 일부 성향 때문이다. 이 본성은 자연발생적인 "폭군적인 성향"(Smith 1978: 452) 내지는 "타인에 대한 지배와 권위에 대한 욕망"(Smith 1978: 192)에서 유래한다. 특히, 사회 구성원들(시민)의 여론에 의거하여 운영되는 자유 정부의 체제에서는 노예 보호 명령 내지는 노예제 폐지가 그 소유주들의 재산상 권리와 이익을 상당히 훼손하는 것이었다. 이 때문에 근대 사회의 대부분 지역에서 노예제의 개선 및 폐지와 같은 제도적인 변화는 쉽게 수용되기 어려웠다(Smith 1978: 451~3; Smith 1776: 587).

스미스가 제시한 바대로, 국가의 법체계가 견지해야 하는 정의, 자유, 안전, 평등의 원칙에 비추어 본다면 노동 제도의 운영과 관련된 노예법은 명백히 정의의 체제를 일탈하는 제도이다. 노예법과 노예 제도의 내용에 대해 스미스는 다음처럼 기술한다. "첫째로 노예의 생명은 주인의 재량에 달려 있었으며 주인은 하고 싶은 대로 그들을 다룰 수 있었다. … 둘째로 생명과 마찬가지로 노예의 자유 역시 주인의 의지에 오로지 좌우되었다. … 셋째로 노예는 재산을 소유할 수 없었다. 가장 가혹한 방법으로 부과된 모든 노동에서 나온 결실은 주인에게 귀속되었다. … 노예의 조건은 모든 측면에서 매우 비참했다. 주인들이 노예를 잔인하게 다루는 관행에 대해 전혀 제한이 없어서 가장 가혹한 방법이 일반적으로 행해졌으며, 그들의 생명은 아주 사소한 과오에도 사라지곤 했다"(Smith 1978: 176~7). 이는 노예 제도 하에서 재산으로 삼고 있는 노예에 대하여 그 주인이 수행하는 어떠한 권한 행사에도 제약이 없었음을 의미한다.

그런데 상기 진술은, 첫째 노예제는 일차적으로 제도와 행위에 우선하는 사람의 자연권인 생명의 처분 및 신체의 자유를 구속하며, 이 때문에 합당한 법체계의 원칙에 어긋나는 제도임을 암묵적으로 드러낸다. 즉, 노예제는 취득권에 해당하는 재산권에 근거하여 사람들의 생명 및 신체와 그 자유, 즉 자연권을 침해하는 관계로 정의와 자유의 원칙에 위배된다. 둘째, 노예 주인의 권한 행사는 "완전히 자의적"이어서 안전 보장의 원칙에도 어긋남을 보여 준다. 노예가 노동을 통해 얻은 어떠한 결실과 유산마저도 모두 주인의 소유 재산이 되었으며, 주인이 자의적으로 가로챌 수 있었다(Smith 1978: 177).[17] 이러한 지적은 노예법이 국가법 체계 운용의 주요 원칙을 위배하고 있음을 시사한다.

17 예컨대, "농노들은 재산을 획득할 수 없었다. 그들이 획득한 것은 모두 주인에게 귀속되었고, 주인은 그것을 그들로부터 마음대로 취할 수 있었다. … 이러한 노예는 매일의 생계유지 이외에는 아무것도 획득할 수 없었다" (Smith 1776: 386~7).

한편, 로마 제국의 몰락 이후 중세 유럽에서는 자유 보유지와 봉건법(feudal law) 제도가 도입되었다. 이때 토지 경작은 (고대의 노예와는 성격이 다소 달랐지만) 또 다른 노예에 불과한 농노에 의해 수행되었다. 봉건법 하의 농노는 결혼을 할 수 있고 토지에 부속되어 매매된다는 점에서 고대 노예보다는 복리의 개선을 누리긴 했다. 그런데 자유가 없고 생활 자료 이외에 어떤 재산도 소유하지 못한다는 점에서 고대 노예와 큰 차이가 없는 환경 여건에서 생산했다(Smith 1776: 386~7).

이처럼 스미스는 전근대 사회의 노동 관련 법인 노예법과 봉건법 하의 예농제는 국가법 제도에 필연적으로 반영되어야 하는 정의의 원칙들을 반영하지 않았다고 본다.[18] 그리고 이처럼 법률적 관점에서 국가법 체계가 정의의 원칙을 구현하고 있는가를 검토하는 문제는 경제적 관점에서도 매우 중요하다. 국가법 제도의 정의의 구현 여부는 경제 활동을 효율화하려는 사람들의 유인에 직접적 영향을 미침으로써 사회적 효율성에 매우 큰 영향력을 갖는다. 노예법과 봉건법은 노동하는 생산자들에게 생활 개선 심리와 노동 의욕 등 경제적 유인을 전혀 주지 못했다. 또한 이러한 이유로 그들은 폭력과 위협을 통해 억압적으로 생산 활동을 영위했다.[19] 그러므로 전근대 사회는 노동을 통해 토지

18 따라서 스미스는 노예제는 노예 자신에게 불행일 뿐만 아니라 인류 전체의 행복과도 모순된다고 말한다. "사람이 누릴 수 있는 두 가지 최고의 축복인 부와 자유는 노예제가 허용되는 대부분의 국가에서 가장 큰 부분을 구성하는 이 집단의 사람들을 상당히 불행하게 만들었다. 그러므로 인간애를 지닌 사람이라면 노예제가 전반적으로 시행되면 이들 최고의 축복이 인류 대부분의 행복과 모순되므로 이 같은 축복이 결코 일어나지 않기를 바랄 것이다"(Smith 1978: 185). 또한 『국부론』에서 식민지 노예 제도의 운영을 논하는 과정에서 "불행한 노예법"(unfortunate law of slavery; Smith 1776: 587)이라고 지적된다.

19 또한 『법학 강의』에서 다음처럼 지적한다. "노예들은 처벌의 두려움 이외에는 아무런 노동의 유인이 없었고 그들의 일을 용이하게 해줄 기계도 발명할 수 없었기 때문에 자유민처럼 일을 능률적으로 처리한다는 것은 불가능했다"(Smith 1978: 526).

생산물의 최대 가치를 얻을 수 있는 상황에 이르지 못했으며, 경제적 비효율성은 지속되고 사회적 진보는 더딘 과정을 밟을 수밖에 없었다.[20)]

스미스는 노예 노동이 수반하는 경제적 성과를 다음처럼 종합적으로 기술한다. "모든 시대와 모든 민족의 경험은 노예에 의한 작업이 외관상 그들의 생활비만 드는 것처럼 보이지만 결국 모든 노동 중에서 가장 비싸다는 것을 증명한다고 믿는다. 아무런 재산도 획득할 수 없는 사람은 가능한 한 많이 먹고 가능한 한 적게 노동하는 것 이외에는 관심을 가질 수 없다. 노예가 자신의 생활비를 벌기에 충분한 정도를 넘는 일을 하는 것은 그 무엇이든지 그 자신의 어떤 이익에 의해서가 아니라 오직 폭력에 의해서만 그로부터 짜낼 수 있다" (Smith 1776: 387~8).

4. 근대 노동 시장의 법과 경제

4.1. 근대 사회의 공법과 경제 성과

스미스에게 상업 사회 단계는 인류 역사에서 전근대 사회의 질서를 넘어서는 근대화된 사회이고 가장 문명화된 사회로서 인식된다. 상업 사회는 단순

20 다음을 보라. "토지가 권력자들 간에 대규모로 분할되었을 때 노예들이 경작을 담당하였는데, 이는 매우 수익성이 낮은 경작 방법이었다. … 동일한 유형의 경작이 농노들에 의해 행해졌다. 영주는 1인당 얼마의 경작지를 나누어 주고 그것으로 생계를 유지하게 하면서, 생계유지를 초과하는 수확물은 모두 반환하도록 강요하였다. 노예의 일종인 농노도 자신들의 생계유지 이외에는 근면해야 할 아무런 동기가 없었기 때문에, 이것은 농업의 발전에도 똑같이 불리했다" (Smith 1978: 523).

히 업종으로서의 상업만이 아니라, 농업과 제조업, 그리고 상업이 상당히 균형 있게 분업 체계를 형성하고 있는 경제 발전 단계이다. 이와 동시에 근대 상업 사회 단계에서 상공업의 발전과 고도화는 전근대 사회의 정치와 법률 운용의 수준과 내용을 훨씬 뛰어넘는 정치 영역의 발전을 선행적으로 전제한다는 점도 간과할 수 없는 부분이다.

스미스는 전근대 사회와 비교해 볼 때 근대의 상업 사회에서 정의, 자유, 안전, 평등과 같은 통치 질서와 법 원칙의 획기적인 진보가 이루어진다고 보았다.[21] 먼저 근대 상업 사회는 정부에 의한 법과 질서의 강제와 그 차별 없는 구현으로 인하여 전근대보다도 정의의 체제가 보다 완벽하게 달성되는 발전 단계이다. 예컨대, "상업 사회의 국가들에서 … 법의 권위는 국가 내의 가장 비천한 구성원들의 권리를 완벽하게 보장할 정도로 충분하다"(Smith 1759: 223).

이처럼 전근대 사회의 발전 단계에서 실질적으로 구현되기 어려웠던 정의의 법 제도 운용 원칙과 통치 질서가 상업 사회에서 점진적으로 가능하게 된 것은 농업 사회로부터 계기적으로 이어진 오랜 역사적 발전 과정을 통해서였다. 그 역사적 발전 과정에서 스미스가 가장 중요한 계기로서 주목하는 요인은 다수 사회 구성원들이 재력가 또는 유력자와의 예속과 의존 관계로부터 벗어나는 현상이다.[22]

---

21 스미스에 의하면, "15세기 말과 16세기 초에 대부분의 유럽은 그 이전의 몇 세기보다 더욱더 안정된 형태의 정부 통치에 근접하고 있었다. 안전 보장의 증가는 자연적으로 근로와 진보를 증가시킨다"(Smith 1776: 199). 예컨대, Berry(1989), Rothschild(2001) 등의 연구에 따르면, 스미스가 이전의 발전 단계보다도 근대 상업 사회를 보다 문명화된 것으로 긍정적으로 평가한 이유는 경제 성장보다는 자유와 안전이 우선적으로 개선된 점에 있다.

22 Salter(1992), Rasmussen(2006) 등은 스미스가 상업 사회의 도래를 사회 진보로서 판단한 근거로서 이러한 발전 단계에서 새로운 부의 원천이 확산되고 분배의 개선에 의해 유력자에 대한 의존도가 줄고 정치적 권력의 분산 및 평등이 지향된 사실을 들고 있다.

예컨대, 『국부론』 제3편에서 서술된 바대로, 중세의 농업 사회에서 근대 상업 사회로의 이행 과정에서 국가적 차원에서 사회적 질서로서 정의의 실현이 가능하게 된 것은 생산자들의 경제적 자립에서 비롯되었다. 농민들이 영주 및 지주의 경제적 의존 관계로부터 벗어나서 대등한 여건에서 생존의 자립을 시도할 여건이 형성되었을 때, 지역의 소(小)군주로 행세한 영주와 지주들은 봉건적인 경제적 의존 관계에 바탕을 둔 군사적, 정치적, 사회적, 사법적인 영향력을 상실했다. 봉건제 하 군대 모집권, 재판권, 부역 동원권 등에 의거하여 농촌 지역의 영주들이 자의적, 재량적으로 벌이던 전쟁, 폭력, 약탈, 무질서가 점진적으로 사라졌고, 국가적 차원에서 정치 질서의 안정과 법률에 의한 엄정한 통치가 정착이 되었다. 이에 대해 스미스는 다음과 같이 말한다. "상업과 제조업은 이전에는 인근 거주민들과의 끊임없는 전쟁과 영주들에 대한 노예적인 예속 상태에서 살았던 농촌 주민들 사이에 질서와 훌륭한 통치, 그리고 이와 더불어 개인의 자유와 안전을 점진적으로 도입했다"(Smith 1776: 412).

한편, 재력가와 유력자에 대한 종속 관계의 탈피, 그리고 그들에 의해 관습적으로 이루어지던 자의적인 사법적 판단 및 압제로부터의 탈피는 대부분의 사회 구성원에게 안전 보장 개선의 가능성을 의미했다.[23] 이것은 법의 지배와 합리적인 사법적 판단에 의하지 않고는 자의와 재량에 따른 인체와 재산에

23 역사적으로 생존 방식에서의 자립과 평등이 국가적 차원에서 정의의 구현의 계기가 된 점에 대해 스미스는 『국부론』 제3편에서 다음처럼 기술한다. "대토지 소유자들이 자신의 지대를 차지인과 가신을 부양하는 데 지출할 때 자신의 차지인과 가신을 전적으로 부양한다. 그러나 그들이 상인과 수공업자를 부양하기 위해 지출하는 경우에는 … 종종 이러한 다수의 상공업자 개개인의 생계유지의 매우 작은 부분만을 기여한다. 각각의 상인과 수공업자는 생계 수단을 한 사람이 아니라 백 명 또는 천 명의 상이한 고객으로부터 얻어 낸다. 그러므로 상인과 수공업자는 어떤 의미에서 그들 모두에 의해 부양되고 있지만 그들 어느 누구에게도 절대적으로 의존적이지 않다. … 이러한 식으로 차지인은 자립했고 가신들은 해고되었기 때문에 대토지 소유자는 더 이상 사법권의 균형 잡힌 집행에 간섭하거나 농촌의 평화를 교란시킬 수 없었다"(Smith 1776: 420~1).

대한 명령, 처벌과 약탈이 불가능해지도록 만들었다. 따라서 문명화된 상업 사회에서 국가의 법체계가 최소한 누구에게나 공정하고 대등하게 적용될 수 있는 여건을 마련했다.

이와 동시에 전근대 사회를 특징 짓는 지역 유력자의 세력 약화, 생산자와의 불가분의 의존 관계의 약화 및 소멸, 그리고 상공업의 도입과 그 외연 확대의 과정은 내면적, 사회적으로 예속 상태에 있었던 농노, 차지인, 가신 등 피지배 계층의 경제적 독립의 토대를 강화했다. 이들은 근대적 차지 계약의 체결을 통하거나 토지 생산과는 무관한 상공 업종에 고용되어 자립함으로써 봉건적 종속 관계로부터 벗어났다. 근대 사회에서 나타나는 이러한 현상은 불가피하게 개인적 차원에서 주거, 직업, 거래의 자유 등 경제적 선택의 자유를 확대하는 계기를 만들었다.

근대 상업 사회에서 국가의 통치 원칙과 공법의 운용에서 이처럼 정의, 자유, 안전 및 평등의 원리가 비교적 적절히 구현됨으로써 가장 혁신적인 경제적 성과를 거둔 국가는 영국이다. 중세의 영국은 유럽의 변방이었으며, 유럽 선진국의 반열에는 들지 못했다. 영국은 당시의 여타 국가처럼 봉건적 성격이 지배적이었고, 16세기 초까지도 스페인, 네덜란드와 같은 유럽 선진국과 견줄 수 있는 역량을 지니지 못했다.

그러나 근대 초기 영국은 보다 많은 자유를 허용하는 법률 체계의 개선과 함께, 지위, 권력, 재산에 의한 차별 없이 평등하게 이 같은 법률을 적용하고 사법권을 엄정하게 집행하여 사람들에게 안전감을 제공했다. 스미스에 의하면, 경제적 후생의 관점에서 볼 때 그 어떤 요인보다도 영국의 근대적인 법률 체계 수립 및 사법권의 확립 정책은 아주 중요한 효과를 낳았다.[24] 영국 정부는 정의의 원리에 부합하는 합당한 국가 통치 원칙을 확대 관철해 나감으로써 사람들의 생활 개선 노력과 근면을 자극했으며 생산적 자원 개발을 촉진하는 계기를 만들었다. 이는 영국이 17세기 이후 유럽에서 가장 빠른 성장을 구가하는 근본적인 계기로 작용했다. 스미스는 자유, 안전, 평등 등 정의의 원칙이 구현됨으로써 영국에서 발생했던 경제적 결과를 다음과 같이 간결하게 기술한다.[25)]

> "영국의 법률에 의해 모든 사람이 자신의 노동 성과를 향유할 수 있음을 보장하는 안전은 온갖 불합리한 상업 규제들에도 불구하고 한 나라를 번영시키기에 충분하다. … 영국에서 노동은 완전히 안전할 뿐만 아니라, 또 비록 완전히 자유롭지는 않더라도 유럽의 여타 지역만큼 자유롭거나 그보다 더욱 자유롭다; … 그러나 무엇보다도 훨씬 더 중요한 원인은 가장 비천한 영국 시민이라도 자기 권리를 권력자로부터 존중 받을 수 있었음과 동시에 각 개인에게 노동의 결실을 안전하게 보장함으로써 모든 유형의 근로를 최대로 가장 유효하게 장려했던, 평등하고 불편부당한 정의의 집행이었다." (Smith 1776: 540, 610)

---

24 잉글랜드의 정치 제도 개선과 농업의 안전에 대하여 예를 들면 다음처럼 기술된다. "봉건 귀족제의 폭정 하에서 지주들이 소작인들을 억압하여 마음대로 지대를 인상하는 일을 막을 수 있는 어떤 장치도 없었다. 이 점에 있어서 잉글랜드는 다른 어떤 나라보다 훨씬 안전했다. 왜냐하면 평생 동안 연간 40실링을 받는 토지를 보유하고 있는 모든 사람은 하원 의원에 대한 투표권을 가지고 있었고, 이 점으로 인하여 그가 농장을 임대한다면 억압으로부터 보호되었기 때문이다" (Smith 1978: 524).

25 정의로운 사법 제도의 집행과 경제 성장과의 연관성에 대해서는 Smith(1776: 284~5, 345, 540)를 참고하라.

4.2. 근대 사회의 노동 관련 법과 경제 성과

4.2.1. 동업조합법, 도제법 및 정주법

지금 살펴본 바대로, 어떤 국가가 법률 체계를 정의의 원리에 부합하도록 관리, 집행하는가 하는 문제는 우선적으로 정치적 차원에서 공법(公法)을 합당하게 운영하는가 하는 문제로 귀착된다. 하지만 국가법 체계가 정치적 차원에서 정의의 원리에 근접하는 운용의 합당성을 지닌다고 해도, 사회적 필요에 따라 특정 영역의 권리 관계를 규율하는 법률(예컨대, 경제관계법, 노동법 등)이 동일한 원칙을 반영하고 있는가 하는 문제는 또 다른 성격의 과제이다. 근대 사회에서 노동 시장에 관한 법제적 규율 및 경제적 후생과 관련한 스미스의 논의는 후자의 영역과 관련된다. 그리고 여기서 동업조합법, 도제법, 정주법 등 노동 관련 규제법이 법률적 비판과 검토의 대상이 된다. 스미스는 근대 사회 초기에 존재했던 이 노동 관련 규제법들이 국가 법률 체계의 규범적 원칙에 부합하지 않는다고 보고 비판과 개혁을 촉구했다.

동업조합법(corporation laws)은 특정 사업을 하는 동업조합에게 배타적 특권 또는 독점권을 부여해서 사업 경쟁자들로부터 그 업종 종사자들을 보호했던 법률이다. 동업조합법에 의해 조합에 속한 장인에게만 도시에서 영업의 자유가 허용되었다. 이 때문에, 장인들은 동업조합의 규약을 통해 향후 경쟁자가 되는 도제의 수를 제한하고 봉사 의무 연한도 장기인 7년으로 규정하고자 했다. 동업조합법에 의한 독점권의 기원은 사회 발전 단계가 낮은 농업 사회에서 수요가 제한되고 업종의 겸영(농부, 목수, 직조공 등)이 불가피했던 상황을 개선하며 분업의 확산을 통해 지역 사회의 번영과 안전을 도모했던 역사적 상황에 있었다(Smith 1978: 86). 하지만 근대 사회처럼 상공업의 발달과 시장의 규모가 확대되어 법률에 의한 보호 없이도 생존 및 업종의 세분화가 가능한 역사적 발전 단계에서는 동업조합법에 의한 배타적 특권 부여는 법 제도 운용의 주요 원칙을 위배하게 된다.

동업조합법에 대한 스미스의 법률적 비판의 핵심은, 첫째 동업조합의 배타적 특권이 자연권인 개인의 자유를 침해하는 점에 있다. 동업조합의 독점권은 수공업과 제조업에서 종사하고 있는 노동자가 환경 변화와 따라 유리한 직업이나 다른 장소로 자신의 의지대로 이동할 수 있는 권리를 침해한다(Smith 1776: 151~2). 둘째, 동업조합법은 직업 선택의 자유를 방해함으로써 숙련과 기능 이외에는 다른 소유 재산을 가지지 못한 노동자 개인의 재산권에 대한 침해를 수반한다.[26] 또한 노동의 자유로운 이동을 방해함으로써 자본 투자를 통해 사업에 유리한 방향으로 고용을 늘리고자 하는 자본가에게 간접적으로 피해를 미친다.[27] 셋째, 동업조합법은 수공업과 제조업에 독점을 허용함으로써 "공공의 이익을 침해하는 불법행위"(public nuisance; Smith 1978: 363)이다. 이는 법률에 의한 독점권의 부여가 필수품의 획득을 어렵게 하고 그 가격을 올리며, 산업과 기술 진보를 저해하는 데서 비롯된다(Smith 1978: 83~6; Smith 1776: 144). 이처럼 동업조합법은 자연권인 개인의 자유 및 재산권의 정의를 위반한다.

---

26 다음의 표현을 보라. "사람이 자기자신의 노동을 통해 소유하게 되는 것은 모든 여타 소유의 근본적인 토대이며 따라서 가장 신성불가침한 것이다. 가난한 사람의 세습 재산은 그의 손의 힘과 기교에 있는데, 그가 이 힘과 기교를 이웃사람에게 해를 끼치지 않고 적당하다고 생각하는 어떤 방법으로 사용하는 것을 방해하면, 이것은 가장 신성한 소유에 대한 분명한 침해이다. 이것은 노동자와 그를 고용하려고 하는 사람들의 정당한 자유에 대한 명백한 잠식이다"(Smith 1776: 138).

27 즉, "한 업종에서 다른 업종으로 노동의 자유로운 이동을 방해하는 것은 무엇이든지 자본의 자유로운 이동도 방해한다"(Smith 1776: 152).

한편, 노동 시장의 운용 제도와 관련하여 동업조합법과 동일한 맥락에서 비판되는 법률은 도제법(statute of apprenticeship)과 정주법(law of settlement)이다. 도제법은 1562년 잉글랜드의 엘리자베스 1세 때 동업조합의 자치 규약으로만 존재하던 것을 법제화하여 시장 도시(market town)에서 수행되는 모든 직업으로 확대시킨 것이다. 도제법은 도시에서 수행되고 있던 직업에서 그 누구도 적어도 7년간의 도제 훈련을 받지 않고서는 그 수공과 수예의 직업을 수행할 수 없도록 규정했다.

정주법은 근대 초기 영국에서 실존한 독특한 제도로서, 빈민 구제를 목적으로 만들어진 구빈법(poor laws)의 시행 과정에서 보조적으로 출현한 법률이다. 1601년 잉글랜드 엘리자베스 1세 재임 기간 중에 규정된 구빈법 법령 2호에 의해 각 교구는 교구세(教區稅)를 거두고 자기 교구에 속한 빈민 구호의 책임을 지게 되었다. 이 같은 구빈법령에 의한 빈민 구제 부담 때문에 자기 교구의 빈민을 확정 짓는 문제가 중시되었다. 이러한 과정에서 다른 교구의 빈민이 자기 교구로 이주하여 구호를 받는 행위를 배제하기 위해 정주법이 나오게 되었다. 1662년 도입된 후 몇 번의 개정을 거쳐 시행되었던 1691년의 정주법은 이주 노동자가 도제 훈련을 위해 이전 거주 교구에서 발부한 증명서를 제출하고 해당 교구에서 도제 훈련을 이행한 경우에는 새로운 거주권을 얻도록 허용했다. 하지만 실제로는 각 교구는 이 같은 증명서를 발행하기를 주저했으며, 따라서 정주법은 사람들이 다른 지역에 거주하거나 노동 허가를 받는 것을 방해하는 등 노동자의 이동을 가로막는 제도로 기능했다.

이처럼 구빈 및 생활보조금 수혜자의 이주의 자유를 국지성(局地性) 원리로 제한한 도제법과 정주법에 관한 스미스의 법률적 비판은 국가법 제도가 기본적으로 견지해야 하는 원칙에 근거해서 이루어진다. 첫째, 도제법과 정주법은 정의와 자유의 원리에 위배되는 법 제도로서 지적된다. 예컨대, 도제법은 타인의 재산권에 대한 침해를 야기할 수 있다. 스미스에 의하면, 도제법은 각 제조 업종에서 도제의 수(數)를 제한함으로써 어떤 특정 업종의 소수 종사자가 다수가 종사하는 후방 연관 업종의 고용과 생존을 좌지우지하고 큰 피해를 줄 수 있다. 이러한 상황은 일종의 "노예의 상태"(slavery; Smith 1776: 143)처럼 개인의 안전을 위협하는 경우로서 언급된다. 이를 보여 주는 하나의 사례는 1,000명의 방적공과 직포공의 일자리가 도제 채용을 억제하는 6명의 소모공(wool-comber, 梳毛工)에 절대적으로 의존했던 연관 업종의 경우였다(Smith 1776: 142~3). 한편, 정주법 역시 사람들의 필요에 따른 자유로운 이주와 직업 선택의 여지를 제한함으로써 자연권에 해당하는 개인적 자유를 침해했을 뿐만 아니라, 개인의 합리적 판단에 따른 능력 발휘와 재산 형성을 억제함으로써 개인들의 재산권을 침해했다.[28]

둘째, 도제법과 정주법은 가난한 노동자들(농업 및 공업 노동자 포함)의 안전을 위협하고 평등을 저해하는 제도로서 비판된다. 당시 영국에서는 사람들이 노동력 과잉 지역에서 노동력이 부족한 지역으로 이주하여 취업하고자 할 때 재산 담보나 교구증명서의 제출이 반드시 선행되어야 했다. 스미스의 지적에 따르면, 일정 규모 이상의 재산이 있는 사람의 경우는 이것이 전혀 문제될 것

28 예를 들면, "어떤 경범죄를 저지르지 않은 사람을 그가 거주하려는 교구로부터 추방하는 것은 자연적 자유 및 정의의 명백한 침해이다. 하지만, 자유를 매우 열망하는데도 불구하고 대부분의 다른 나라의 일반인들처럼 그 자유가 무엇인지를 올바르게 이해하지 못하는 잉글랜드의 일반인들은 지금까지 1세기 이상 아무런 대책 없이 이러한 억압으로 고통을 겪어 왔다. … 잉글랜드에서 나이 40세의 가난한 사람치고 자기 일생의 어느 부분에서 이처럼 잘못 입안된 정주법에 의해 가장 비참하게 억압당했다고 느끼지 않은 사람은 거의 없을 것이라고 나는 감히 말한다"(Smith 1776: 157).

이 없었다. 하지만 노동력을 제외한 어떤 재산도 가지지 못한 가난한 노동자들은 구빈과 거주 업무를 담당, 관리하는 각 교구의 교회위원, 빈민감독관, 치안판사의 "변덕"과 "자의성"에 따라 이주 여부가 결정되었고, 억압과 침해가 빈번히 발생했다.[29] 이는 도제법과 정주법이 국가의 법체계가 존중해야 하는 안전과 평등에 위배됨을 시사한다.

종합하자면, 근대 사회에서 노동 시장을 규제하고자 했던 동업조합법, 도제법, 정주법 등은 기본적으로 국가의 법체계가 지녀야 하는 정의, 자유, 안전 및 평등의 원칙에 부합하지 않는 제도로서 비판된다. 동시에 법과 경제의 틀 내에서 볼 때, 사회 정의에 어긋나는 이러한 노동 시장 규제법의 경제적 성과는 효율성에도 부정적 영향을 미치는 것으로 평가된다. 첫째, 이상의 노동 관련 법 제도들은 자유로운 경쟁과 자원의 이동을 규제함으로써 경제 활동을 효율화하려는 의지를 억제하고 자원 배분의 비효율성을 증대한다(Smith 1978: 83~4; Smith 1776: 144, 152). 둘째, 국가 전체의 고용량을 감소시킴으로써 노동자 임금 전반과 국민소득 수준을 낮추며 장기적인 자본 축적을 저해한다(Smith 1776: 79, 469~71, 611). 결국 이상의 노동 시장 규제 제도들은 법적 정의 및 효율성 측면에서 사회 구성원에게 인센티브를 부여하도록 설계되지 않고 있지 않다. 그러므로 노동자의 근면성에 악영향을 미치고 자원의 낭비를 유발하며 경제 성장을 억제하는 등 경제의 정태적, 동태적 효율성을 해치는 결과를 초래했다.[30]

---

29 스미스는 다음처럼 적고 있다. "단순노동자든 숙련공이든 어떤 독립된 노동자라도 도제나 취업에 의해서 새로운 거주권을 얻을 수 없다는 것은 분명하다. 이들이 새로운 교구에서 일하려고 할 때 아무리 건강하고 근면하다고 해도, 노동력 이외에 재산이 없는 노동자에게는 불가능한 일인 연간 임대료 10파운드의 가옥을 임차하든가, 또는 두 명의 치안판사가 교구의 구호를 받지 않을 담보로서 충분히 납득할 만한 것을 제공하지 않는다면, 교회위원이나 빈민감독관의 변덕(caprice)에 의해 퇴거당할 수 있다. 치안판사가 어떠한 담보를 요구할 것인가는 거의 전적으로 자유재량(discretion)에 달려 있다"(Smith 1776: 154).

30 이러한 노동 관련 법 제도에 관한 법경제학적 평가는 『국부론』 제4편의 중상주의 체제 비판 부분에서 또한 분

4.2.2. 근대 사회의 경제법, 노동자 교육 정책과 대항력

스미스에 의하면, 법 제도를 관리, 운영하는 국가는 사회 구성원들의 권리를 중립적, 객관적으로 보호하는 공정한 제도적 기구로서 항상적으로 기능하지 않는다. 국가는 내부적으로 서로 상이한 이해관계를 가진 다양한 계층으로 구성된 복합적인 실체이며, 각 하부 분파 세력은 자신들의 특수 이익을 위해 노력하는 경향이 있다. 그러므로 정치 권력의 행사에 비교 우위를 지니거나 영향력을 지닌 세력은 종종 규제권을 얻고 특혜를 확보하게 된다. 정치의 이러한 요소는 언제나 법 제도가 규범적 운용 원리로부터 일정 부분 괴리되는 현상을 낳는다.[31]

근대 사회에서 제조업자, 상인 등 기업가 단체들은 특권 및 규제권 획득을 위해 정치인들에게 입법청원(로비)하고 영향력을 행사하는 주요 세력이다. 제조업자와 상인 계층은 정치인에 대한 영향력 행사를 통해 가격 통제, 생산 제한, 지역 제한, 획일적인 시장 형태의 유도, 신규 진입의 제한 등 각종의 경쟁 제한적 규제를 획득하고 있다.[32] 이러한 행위는 노동 시장에 대한 규제권 확보

명하게 드러난다. 스미스는 정치경제학의 본원적 과제가 "정세의 순간적 변동에 따라 움직이는 정치인 또는 정상배" 보다는 "항상 동일한 일반 원칙에 의해 판단하는 입법가의 학문"(Smith 1776: 468)에 속한다는 점을 강조하면서, 영국의 경제적 복리 증진을 도모하기 위해서는 법률 체계 운용의 기초 원리에 근거한 노동 관련 법 제도의 개혁 및 부당한 법령의 폐지가 필요하다고 지적한다. "국민들 모두에게 … 그들이 원하는 어떠한 유형의 직업에도 종사할 수 있는 자연적 자유를 회복시켜야 한다. 즉, 자연적 자유에 대한 실질적 침해에 해당하는 동업조합의 배타적 특권을 없애고, 도제법 및 정주법을 철폐해야 한다. 그래서 가난한 노동자가 어느 직업이나 어느 장소에서 실직해도 기소당하거나 추방당할 두려움 없이 다른 직업을 얻거나 다른 장소에서 직업을 얻을 수 있도록 해야 한다"(Smith 1776: 470). 또한 이와 관련한 법경제학적 접근법과 제도 비판에 대해서는, 예컨대 Smith(1776: 138, 151, 469~71)를 보라.

31 스미스에 의하면, 이해관계가 상이한 집단으로 구성된 국가의 경영 현실, 이익 단체의 로비, 경로 의존을 갖는 사회 관습 및 편견 등으로 역사적으로 실정법이 자연적 정의를 구현하지 못하고 왜곡되는 사례는 비일비재하다(Smith 1759: 340~1). 특히, 스미스의 정치와 법에 대한 대표적인 논의에 대해서는 Winch(1978, 1983), 그리고 권력에 의한 자연적 정의 및 법률 체계의 왜곡에 대해서는 Witztum & Young(2006)을 참고하라.

32 Smith(1776: 157, 267, 471, 584, 647, 733)를 보라.

에 있어서도 크게 다르지 않다. 예컨대, 1768년 잉글랜드 조지 3세의 재임 8년에 최고임금 규제 법안으로서 시행된 특별법은 노동자의 임금 억제를 위한 고용주들의 사적인 담합에 불과한 내용을 국가적 차원의 규제(처벌)로 강화하여 법령화한 것이라고 스미스는 비판한다.[33] 사회의 강력한 기득권 그룹의 이해관계를 법률에 반영하는 이러한 노동 정책은 개인의 자유를 억압하고 대우의 공정성을 저해함으로써 국가의 통치 원리인 정의와 처우의 평등 원칙을 정면으로 위배한 것이다(Smith 1776: 654). 스미스는 이처럼 분배 구조에서의 우위를 점할 목적으로 정치 과정에 개입하여 성안된 법안은 법률적 관점에서 "부당"(unjust)하고, 경제적 관점에서도 "부적절한"(impolitic) 것으로 비판한다(Smith 1776: 530).[34]

대조적으로, 노동 시장에 대한 법률적인 규제를 통해 사익을 추구하는 고용자의 지대 추구 행위에 대한 일관된 비판에도 불구하고, 다른 한편으로 스미스는 노동자들의 단결권이라든가 노동자의 교육을 위한 정부 정책을 견고하게 지지한다. 이는 노동에 관한 자연적 정의가 국가 통치 구조 하에서 고용주, 기업가 세력에 의해 항상적으로 침해될 소지가 있는 가능성을 염두에 둔

33 스미스에 따르면, "입법부가 고용주와 노동자 간의 의견 차이를 규제하려고 시도할 때 그 상담역은 언제나 고용주이다. 그러므로 그 규제가 노동자에게 유리할 때는 항상 정당(just)하고 공평(equitable)하지만, 고용주에게 유리할 때는 종종 그렇지 않다. … 고용주들이 노동자의 임금을 인하시키기 위해 단결할 때, 그들은 일정한 위약금을 걸고 어떤 수준 이상의 임금을 주지 않기로 사적인 동맹 또는 협약을 맺는다. 만일 노동자들이 일정한 위약금을 걸고 어떤 수준 이하의 임금을 받지 않기로 유사한 단결을 한다면, 법령은 노동자들을 매우 엄격하게 처벌할 것이다. 만일 그 법령이 공평무사하게 집행된다면 고용주들도 마찬가지로 처벌되어야 할 것이다" (Smith 1776: 157~8).

34 이러한 이유에서 제조업자와 상인 계층이 추천하는 법 제도는 신중한 검토 후에 도입되어야 한다고 스미스는 권고한다. "이러한 계급이 제안하는 상업 관련 어떠한 새로운 법이나 규제는 항상 큰 경계심을 가지고 경청해야 하며, 가장 면밀하고 주의 깊게 오랫동안 신중히 검토한 후에 채택되어야 한다. 이러한 제안은 그들의 이익이 결코 사회의 이익과 정확히 일치하지 않는 계급, 그리고 공중을 기만하고 심지어 억압하는 것이 그들의 이익이 되며, 따라서 많은 경우에 그렇게 기만하고 억압한 적이 있는 계급으로부터 나온다"(Smith 1776: 267).

것이다. 항상적인 노동권 침해의 가능성을 전제로 할 때 노동자의 대항력(countervailing forces) 확보 및 경쟁 질서의 강화를 통해서 부분적, 간접적, 차선책으로나마 그것이 보완 가능하도록 제도적 구조를 모색하는 스미스의 신념이 반영된 것이다. 예컨대, 스미스는 고용자 그룹의 은밀한 담합을 상쇄하기 위한 노동자들의 단결된 행동을 "방어적 단결"(defensive combination)(Smith 1776: 84)로 기술하면서, 일정한 정도 세력의 균형을 도모하기 위한 노력에 대해 동감을 표시하고 있다(McNulty 1973: 363).

더불어 스미스는 근대 상업 사회에서 하층 노동자 교육과 관련된 국가의 제도적 통제 방안을 (실상 어느 측면에서 개인의 자연적 자유에 대한 침해임에도 불구하고) 적극적으로 제창하고 있다. 상업 사회 단계의 노동자들은 분업의 세분화에 따라 단순 작업에 종사하게 됨으로써 사회 공동체 활동에 절대적으로 필요한 지적, 정신적 능력이 둔화되고 이해력과 판단력을 결여하는 경향이 있다. 그러므로 노동자들은 노동 시장의 현안과 규제에 대해 합리적 판단을 할 수 없고, 이 때문에 논의되는 법안의 토론과 공청의 대상에서 제외된다.[35] 하지만, 스미스에 의하면, 정부 정책 및 경제 발전의 성패 여부가 국민 다수의 호의적 판단과 지지 정도에 의존하는 근대 상업 사회 단계에서 노동자 일반을 대상으로 하는 국가의 기초 교육 지원 프로그램은 자신의 후생과 연관된 정치, 경제적 현안을 합리적으로 판단할 그들의 능력을 제고함으로써 정부 정책의 안정

---

35 스미스는 다음처럼 기술한다. "노동자의 이익이 사회의 이익과 엄격하게 연관된다고 해도, 그들은 사회의 이익을 인식할 수도 없고, 자신의 이익과 사회의 이익 간의 관계를 이해할 수도 없다. 노동자의 생활 상태는 필요한 정보를 획득할 여유를 주지 않으며, 그의 교육과 습관은 비록 충분한 정보를 가진다고 할지라도 통상 바르게 판단하기에는 부적합한 상황에 있다. 이 때문에 정부의 공청회에서 노동자의 목소리는 고용주를 위해 고무, 선동, 지지되는 특별한 경우를 제외하고는 거의 경청되지 않으며 별로 존중되지 않는다"(Smith 1776: 266).

성을 가져오는 효과를 수반한다.[36)]

5. 요약 및 결론

스미스는 부의 원천 및 성격을 탐구하면서 전근대 사회와 대비된 근대 상업 사회의 우위를 부의 절대적 규모 및 분배의 상대적 균등성에서 찾는다.[37)] 이를 밝히기 위해 스미스가 제시한 경제 성장의 메커니즘과 관련해서 흔히 자본 축적, 분업, 기술 진보 등 주요 공급측 요인들과 일부 수요 요인이 작용하는 것으로 알려진다. 당연히 이러한 순수경제학적 스미스의 모형에서는 경제 진보가 주로 경제 변수에 의존하는 것으로 귀결된다.

그렇지만 본 연구는 이상과 같은 경제 성장과 변화론을 이해하는 데 특히 주목해야 하는 차원과 틀로서 법과 경제학에 주목했다.[38)] 스미스는 법학과 경

36 이는 교육 정책과 관련된 정부의 역할을 논하는 『국부론』 제5편 부분, 즉 Smith(1776: 781~8)에 상세히 기록되어 있다. 특히, 스미스는 "국가는 하층 일반인들을 교육시킴으로써 적지 않은 이익을 얻는다. … 그들(교육 받은 노동자들)은 당파와 선동으로 가득 찬 사심을 가진 불평들을 보다 자세히 검토하며 또한 그렇게 할 능력이 보다 커지는데, 이 때문에 그들은 정부 법안에 대해 방자하거나 불필요한 반대를 보다 적게 하는 경향이 있다"(Smith 1776: 788)고 적고 있다. Alvey(2001)는 스미스가 사회 질서와 인간의 완성을 위한 수단으로 도덕 교육을 강조한다는 점을 지적한다. 한편, 국가의 노동자 일반에 대한 의무 교육과 그 성과에 대한 견해에 대해서는 김광수(2000)를 보라. 스미스의 교육관과 인적자본론과의 연계성에 대해서는 Spengler(1977), Bowman(1990)을 참고하라.

37 스미스는 전근대 사회 및 근대 사회의 경제 후생의 차이를 다음처럼 대비한다. "수렵과 어로 작업에 종사하는 야만 민족들을 보면, … 이러한 민족들은 비참할 정도로 가난하여 단순한 결핍 때문에 유아들, 노인들, 환자들을 때로는 직접적으로 죽이거나 때로는 기아 내지는 야수들의 먹이가 되도록 방치할 수밖에 없는 처지에 있거나 또는 그런 처지에 있다고 그들은 생각한다. 이와는 반대로 문명 민족과 번영하는 민족들을 보면, … 사회의 총노동 생산물이 너무나 크기 때문에 모든 사람들이 종종 풍부하게 공급 받으며, 가장 낮고 빈곤한 계층의 노동자라도 그가 절약하고 근면하다면 어떤 야만인이 얻을 수 있는 것보다 더욱 많은 필수품과 편의품을 향유할 수 있다. … 유럽의 근면하고 검소한 농민이 다수의 아프리카 왕의 편의 생활을 능가하는 정도로 유럽 왕의 편의 생활이 근면하고 검소한 농민의 편의 생활을 능가하지 않는다는 것은 아마 사실이다"(Smith 1776: 10, 24).

제학을 통합된 학문 체계로 보았을 뿐만 아니라, 사회경제적 후생의 문제를 정치적, 법률적 과정, 수준 및 내용의 문제와 매우 긴밀한 연관성을 지녔다고 보았다. 사회 후생의 핵심적 척도를 노동자의 복지와 행복 수준에 의존하는 것으로 보는 스미스의 관점에 근거해서 법과 경제의 틀 속에서 노동(시장)에 관한 분석을 시도했다. 본 연구를 통해 다음과 같은 점을 확인했다.

첫째, 스미스는 윤리학의 동감 이론에 기초하여 정의감(正義感)이 성립하며, 이러한 고유의 내면적인 정의 감정이 "법과 통치" 또는 국가의 법 제도 운용의 토대가 된다고 보았다. 이 같은 정의론에 입각해서 정의와 자유, 그리고 이의 실천적 조건인 안전, 평등의 원칙이 국가 실정법에 반영되는 경향이 존재했다. 그리고 이러한 법 원리들이 실제로 실정법에 관철되는 정도에 따라 한 국가의 경제적 성과와 사회적 후생은 개선된다. 둘째, 이러한 법과 경제의 이론에 입각해서 역사적 관점에서 국가실정법 체계에 대해 스미스가 분석한 바를 고찰했다. 즉, 법 제도 운용 원칙으로 제시된 정의, 자유, 안전, 평등의 개념이 통시적, 공시적 차원에서 실정법 운용 및 노동(시장) 관련 법률에 어떻게 반영되었는지, 그리고 어떠한 경제적 성과를 낳았는가에 대한 스미스의 비평을 검토하였다. 스미스의 비평 가운데 법적 정의, 자유, 안전, 평등의 구현 여부는 노동(시장)의 경제적 성과와 효율성, 그리고 사회적 후생의 개선과 매우 긴밀한 연관성을 지닌다.

셋째, 역사적으로 생산자(노동자)의 지역 유력자에 대한 경제적 의존 관계의 심화는 국가 공법(公法)상 운용에서 정의, 자유, 안전, 평등의 원칙이 이행되

38 경제 문제가 분석되는 다양한 인문 환경의 차원과 틀에 대해서는 예컨대, Williamson(2000: 597)을 참고하라.

는 것을 저해하고 결과적으로 경제 성과의 개선을 저지했다. 특히, 인류의 역사 발전 단계상 주종(主從) 종속 관계가 철저한 전근대 사회에서 국가법 제도의 운용 원리가 왜곡되었으며 생산자(노동자)의 후생과 사회의 공공복리의 수준은 매우 낮은 단계에 머물렀다. 반면, 근대 상업 단계에서 제조업과 상업의 부흥으로 새로운 부의 원천과 분배의 개선이 실현되었다. 이에 따라 생산자(노동자)의 유력자 및 권력자에 대한 의존성이 줄어들고 정치적 권력이 분산되었으며 사법의 평등 측면에서 개선이 이루어졌다. 이처럼 전근대에서 근대로의 이행 과정에서 경제적 의존 관계의 점진적 해소 및 자립의 확대는 공법 운용에서의 진보를 가져왔고, 이는 노동자의 생활 개선 심리의 적극적 자극을 통해 빠른 부의 축적 및 경제 발전을 야기했다. 결국 전근대로부터 근대에 이르기까지 통시적 관점에서 공법상 정의의 구현 여부를 고찰한 바에 의하면, 공법 운용에서 정의의 체계를 확보하지 않고서는 노동 시장, 더 나아가 경제 시스템 전반의 후생의 개선은 난망하다는 스미스의 시각을 읽어 보았다.

넷째, 각 역사 발전 단계에서 생산과 노동(시장)을 직접적으로 규율하는 법 제도(사법, 가족법, 경제법 등)의 운용에서도 정의, 자유, 안전, 평등의 원칙의 구현은 사회적 후생의 개선과 밀접한 연관성이 있다. 스미스에 의하면, 전근대 사회의 노예법 및 봉건법은 말할 것도 없고, (자유, 자립의 환경이 개선된) 근대 상업 사회의 노동 시장 관련 법에서도 특정 사회 계층의 이해관계가 대변, 반영됨으로써 법과 통치의 일반 운용 원칙이 위배, 왜곡되곤 했다. 이는 생산자(노동자)의 생활 개선 노력을 억제하도록 작용하고 경제 진보와 공공 복리 수준을 지체시키는 데 기여했다.

다섯째, 공법상 법 제도 운영이 개선된 다원화된 근대 상업 사회에서도 이해관계의 계산에 민감한 상공업자는 규제권을 확보하기 위해 정치 과정에 적극적으로 개입하고 사법 질서의 왜곡을 빈번하게 초래하는 경향이 있다. 이는 정의 체계로부터의 일탈이며 생산자(노동자)의 근로 의욕을 꺾어 사회 후생의 증진을 지체시킨다. 근대 시민 국가의 역할로서 스미스가 필수적이라 본 하층 노동자 교육 정책 및 방어적 단결권에 관한 공감은 기업가 집단의 노동 시장법 제도에 관한 항상적 왜곡 시도에 대응한 것이다. 즉, 노동자의 이해력과 판단력의 제고에 기초한 대항력을 키움으로써 세력의 균형을 도모하고 사회법, 경제법 등에서 법 운용의 기본 원칙들이 관철되도록 하기 위한 조치라고 볼 수 있다. 즉, 사회 정의 구현을 위해 노동 시장에서 경합하는 세력 간의 평등(의존관계의 탈피)과 세력 균형(대항력)의 중요성을 시사한 것이다.

제 5 편

역사와 경제사 이론

제9장

철학적 역사와 사실/기록적 역사

제10장

경제사 이론 체계: 더글러스 노스와의 비교

제9장
철학적 역사와 사실/기록적 역사

1. 머리말

오늘날 경제 현안을 논의하는 데에 경제 발전 또는 성장의 과제는 비록 중요할지라도 다양한 주제 가운데 하나에 불과하다. 하지만 18세기 그리고 19세기 초 산업혁명기의 전후 경제학의 형성기에 대부분의 경제학자에게는 가장 중심적인 시대적 과제였다. 경제학설사의 초기 기여자인 중상주의자 그리고 고전파 경제학자들은 경제 성장의 인과 관계를 설명하고 어떠한 공공 정책을 구사해야 하는가를 권고하는 데 큰 관심을 보였다. 이는 고전파 경제학의 선구자인 스미스에게도 예외는 아니다.

『국부론』의 원제가 시사하는 바대로 경제 발전의 과제는 스미스의 경제학에서 가장 핵심적인 사안이었다. 스미스는 경제이론가로서 미시적 그리고 거시적 관점에서 효율적 자원 배분 및 경제 성장의 메커니즘을 구명하는 데 공을 들였을 뿐만이 아니다. 또한 경제사가(economic historian)로서 역사의 연구와 사료 해석을 통해서도 장기적인 성장의 인과 관계를 제시하고 바람직한 국가의 공공 정책을 제안하려고 했다. 유럽의 장기적인 경제 발전의 문제를 구성한

『국부론』 제3편의 내용은 경제이론가를 넘어서서 경제사가로서의 스미스를 잘 보여 준다. 이 3편은 로마 제국 붕괴 이후 유럽의 근대로의 이행 과정에 대해 논의하고 있다.

그런데 경제사가의 관점에서 경제 발전과 성장을 고찰하는 스미스의 주장에 상당히 주목할 만한 표현이 나타난다. 그 첫 번째 장에서 스미스의 표현에 따르면, 유럽의 실제 역사적 경제 발전 과정은 국부의 자연적인 진보 과정에 부합하지 않았으며, 반대로 여러 측면에서 "완전히 전도"(entirely inverted)되었다(Smith 1776: 380). 따라서 이를 두고 스미스 연구자 사이에서 많은 논란이 빚어졌다. 역사적 사실(史實)의 특수성과 개별 사안의 역사성(historicity)을 강조하는 통상적 역사학자의 관점에서 본다면 이 같은 표현은 적합하지 않은 것처럼 보인다.

물론 유럽의 경제사와 근대로의 이행에 관한 내용을 다루는 제3편의 제2장부터 제4장에서 스미스는 현대 역사가들이 일반적으로 활용하는 방식처럼 실증적이고 경험적 방법에 가까운 사실 중심의 기술(idiographic history)을 하고 있다. 하지만 제1장에서는 '이론과 역사'(theory and history)의 법칙적 관점에서 역사 해석을 추구하고 있다. 즉, 특수성보다는 일반성을 추구하는 사회과학적 인식을 가지고 부의 자연적 진보 과정을 추론한다. 이러한 철학적 또는 이론적 역사는 실제 경제사와 비교되며, 보다 빠른 경제 발전을 위한 교훈적이고 정책적인 대안이 제시된다. 스미스는 이렇듯 『국부론』에서 사회과학적 인식을 바탕으로 도출된 철학적 역사를 준거(準據)로 유럽의 근대 경제사의 자연적 성장 경로로부터의 이탈과 왜곡을 지적했다. 뿐만 아니라 중세 시기를 포함해서 근대 초기 국가의 법 제도와 공공 정책을 비판하고 바람직한 대안을 제시하고자 했다.

한편, 스미스의 역사 연구 방법 및 철학적 역사에 관한 선행 연구의 내용은 Skinner(1967, 1975, 1996), Hollander(1976, 1987), Höpfl(1978), Redman(1997) 등의 주요 문헌에서 발견된다. 스코틀랜드 역사학파 및 스미스의 역사 연구와 방법론을 상세히 연구한 Skinner, Höpfl 및 Redman은 계몽주의 시대로부터 고전파 경제학의 시기까지 경제사상가들의 방법론을 종합적으로 검토할 뿐만 아니라, 철학적 역사 연구의 과학적, 분석적 성격과 제반 특징 등을 적시하고 있다. 또한 Hollander에 의하면, 『국부론』에서 유럽의 역사를 기술하는 제3편의 성격은 궁극적으로 자본주의 체제에서의 동학적 자원 배분 과정을 묘사하는 하나의 모형으로 환원될 수 있다. 즉, 이는 이기심의 공리(self-interest axiom)를 전제로 하여 가설-연역적 방법을 구사하는 사례이다. 이 때문에, 역사 연구는 스미스 경제학의 특징인 연역적 경제 분석의 연장선상에 놓여 있는 것이고 일종의 "일탈 내지는 여담"에 불과하다.

하지만 스미스의 역사 연구의 제반 특성을 이해하는 데 몇 가지 측면에서 그 선행 연구들은 보완될 필요가 있다. 첫째, 스미스에게 나타나는 역사 연구의 과학적, 분석적 측면과 결부하여 철학적 역사의 구체적 사례와 내용이 무엇인가를 밝힐 필요가 있다. 본 연구에서는 철학적 역사의 한 가지 사례로서 "부의 진보"의 철학적 역사를 재구성해 보고자 한다. 둘째, 자연에 합치하는 철학적 역사는 부분적으로 실증적 성격을 지니지만, 자연법(自然法) 철학의 전통에서는 동시에 규범적 특성도 지닌다. 그러므로 후자의 관점에 착안하여 이처럼 재구성된 철학적 역사의 규범적 의미를 검토하고자 한다. 즉, 부의 진보의 철학적 역사는 자연법 철학을 견지한 스미스에게 이중적 의미, 즉 분석적,

실증적인 요소만이 아니라 동시에 (특정 가치의 전제 없이 직접적으로) 규범적 시사점을 지닌다는 밝히고자 한다. 이를 통해 유럽의 자연적 성장 경로의 전도와 관련하여 『국부론』 제3편과 제4편에서 주로 제기되는 다양한 법 제도 및 공공 정책에 대한 비판의 근거를 쉽게 이해할 수 있을 것이다.

본 연구는 이상과 같이 스미스의 역사 연구에 대한 제반 사항을 정리한 기존의 문헌에서 제기되는 문제점을 보완하는 관점에서 역사 연구와 철학적 역사의 방법론과 의의를 총체적으로 고찰한다. 구체적으로는 스미스의 역사 연구 그리고 철학적 역사의 특징과 의의, 경제 발전과 관련된 철학적 역사의 구체적 내용, 규범적 경제학의 부분으로서 철학적 역사와 그 공공 정책적 함의를 구체적으로 검토하는 것이 될 것이다. 먼저 제2절에서는 스미스의 역사 연구 방법론 중 철학적 역사(philosophical history)의 방법론과 특징을 살펴본다. 제3절에서는 철학적 역사의 실증적 부분을 구성하는 사례로서 부의 진보 또는 경제 발전의 철학적 역사를 구성한다. 제4절에서는 철학적 역사가 규범적 기준으로 작용하는 근거와 공공 정책적 함의를 이해하는 데 초점을 둘 것이다. 마지막으로 제5절에서는 본 연구의 내용을 전체적으로 요약하고 결론을 도출한다.

2. 역사 연구와 "철학적 역사"

18세기 중반 영국 글래스고 대학교(University of Glasgow)에서 행해진 스미스의 도덕철학 강의는 자연신학, 윤리학, 법학, 경제학으로 구성되었다. 이러한 강의 구성과 내용은 오늘날 기준으로 볼 때 일종의 사회과학 체계를 구성하는 것으로 간주될 수 있다. 자신의 고유한 사회과학 체계를 구성하는 데 스미스의 중요한 가정은 과학적 실재론과 단순성 미학이다. 다시 말해서, 다양하고 복합적인 표층 현상의 이면에서는 보이지 않는 연결 고리인 일정한 법칙적인 인과 관계가 성립하고 있으며, 그 인과 관계는 절약(간결성)의 원리(principle of parsimony)에 따른다는 것이다.[1] 그러므로 사회과학자의 과제는 사회 현상의 배후에서 그 규칙적 관계를 시현(示現)함과 동시에 일반화되어 적용될 수 있는 소수(少數)의 메커니즘을 구명하는 것이다.[2]

그렇다면 역사 연구는 사회과학의 탐구와 어떤 관계에 있는가? 스미스의 견해로 역사는 연속적 시간의 경과 가운데 축적된 사회 현상의 보고(寶庫)이며 인문사회과학을 위한 연구 자료를 제공해 주는 창구이다. 따라서 현상의 일반 원리를 추구하는 사회과학자에게 역사적 사실의 수집과 구체적 인과 관계의 인식은 역사 연구의 출발점이다. 그렇지만 한층 더 과학적인 역사의 설명 방식은 비록 보이지 않을지라도 현상계의 이면에서 영향력을 행사하는 소수 일반 원리에 기초해서 진행된다.[3]

이렇게 보면 역사 연구는 과거 자료의 단순한 수집과 분류, 연대기의 기술과 거시적 관점의 사회 구조 및 그 변동에 대한 탐구라는 통상적 의미로 제한되지 않는다. 더 나아가, 고유하게 구성된 사회과학 '이론'에 근거하여 역사적

1 스미스에 따르면, "자연은 … 모든 다른 경우에서처럼 가장 엄격한 절약의 원리 위에서 움직이면서, 하나의 동일한 원인으로부터 무수히 많은 효과를 창출한다"(Smith 1759: 321).

2 스미스 방법론에 대한 관련 주요 문헌으로 Campbell(1971), Lindgren(1973), Skinner(1972), Redman(1993, 1997)을 보라.

3 스미스는 주어진 소수의 일반 원리로부터 여러 분야의 사실을 일관적으로 설명, 예증하는 뉴턴(Isaac Newton)의 방법을 보다 철학적인 방법이라고 지적한다(Smith 1983: 145~6). 한편, 사회과학과 역사 연구와의 관계에 대한 논평에 대해 Skinner(1965, 1967, 1996)를 참고하라. 스미스는 철학적, 이론적 역사를 중시했지만, 사실 중심의 역사 연구도 철학적 역사를 위한 객관적 자료를 제공한다는 점에서 그 유용성을 적극적으로 평가한다. 『수사학 강의』에서는 역사적 담론(historical discourse)의 유형과 방법론이 논의된다(Smith 1983: 89~116).

사건과 전개 과정을 체계적으로 분석하고 종합적으로 고찰하는 분야로 확대된다. 역사 연구에 대한 후자의 관점은 역사를 단순히 인문적인 기록 내지는 귀납적인 역사 서술과 일반화의 특성을 지닌 장르로 취급하는 관점을 뛰어넘는다. 그것은 일종의 과학적 분석과 법칙적 접근법(nomothetic approach)에 의거해 과거의 재구성을 시도하는 연구이다. 그리고 이는 당시 스코틀랜드 주요 사회사상가들의 역사 인식과 방법론적 특성을 명확히 보여 준다. 또한 이 같은 소위 '이론과 역사' 관점의 역사 연구는 현대의 역사가와 사회과학자도 종종 활용하는 것이다. 이러한 방법은 18세기 사회철학자들에 의해서 철학적 또는 이론적 역사(philosophical/theoretical history)라고 명명되었다.

스코틀랜드 사회경제사상가인 스튜어트(Dugald Stewart)에 따르면, 스미스에 관한 최초의 전기(傳記)에서 철학적 역사 방법론에 따른 역사 연구는 스미스의 저작에서 널리 발견된다. 스미스의 체계 속에 나타나는 철학적 역사의 방법론적 특징은 다음과 같다.

첫째, 철학적 역사는 특정 역사적 현상의 이면에 인과 관계상 존재하는 "자연 원인" 또는 "배후의 연결 원리"(connecting principles)로부터 출발한다. 그리고 이러한 배후 연결 원리가 작용한다면 당연히 귀결될 것 같은 역사적 전개 과정이 추론된다. 앞서 지적되었듯이, 이것은 과학적 분석 대상이 되는 특정 사회적 또는 역사적 현상들을 일관적으로 관통하는 불변의 연결 원리 내지는 자연 원인이 존재하며, 따라서 이러한 소수의 배후 메커니즘을 찾는 것이 과학자의 과제라는 방법론적 관점을 반영한다.[4] 스튜어트는 스미스의 전기에서

4 스미스에 따르면, 과학의 본질적 탐구 대상은 "자연에 존재하는 연결 원리" 또는 "각양각색의 여러 현상을 함께 묶을 수 있는 보이지 않는 메커니즘"이다(Smith 1980: 45). 그러므로 사회과학자의 임무는 복잡다기한 사회 현

철학적 역사와 관련된 특징을 다음처럼 표현한다. "물질 세계의 현상을 연구하는 것뿐만 아니라 인류 역사를 연구하는 데 어떤 사건이 실제로 발생했던 과정을 추적할 수 없는 경우에는 자연 원인의 작용에 의해 그 사건이 발생함으로써 존재했을 것 같은 과정을 제시하는 것이 종종 중요하다"(Smith 1980: 293).

둘째, 철학적 역사는 특정 현상의 시간적 경로를 가장 기본적이고 보편적인 소수의 자연 원인으로부터 파악하고자 한다는 점에서 연역적인 방법에 의해 고유한 역사의 규칙성을 발견하고자 한다. 역사가에 의한 실제 역사 기술의 방법은 다분히 귀납적 성격을 띠고 있어 그 특수성이 부각된다. 반면에, 철학적 역사는 소수의 일반 원리에 의거하여 연역적으로 어떤 현상의 역사적 성립과 전개 과정을 추적하며 보편성을 주장하는 특징을 지닌다.

그러나 철학적 역사가 연역적 과정을 통해 전개될지라도 그 전제가 되는 자연 원인은 경험적 관찰과 기록에 기반한다. 철학적 역사와 "추측적 역사"가 동시에 명기됨으로써 일부 스미스 연구자들이 오해했었지만,[5] 철학적 역사는 역사적으로 실재(實在)하지 않는 사실들을 자의적으로 추론하여 구성하는 역사 기록은 아니다. 철학적 역사 역시 그 전제의 경험적 성격뿐만이 아니라, 그 결과에 부합하는 실증 사례들이 구체적으로 제시된다. 이 점에서 철학적 역사가 단순히 추측(conjecture) 또는 허구(fiction)의 역사는 아니며, 가설추리(가추)법을 활용하는 역사적 탐구이다.[6]

상에 일관적으로 관철되는 일종의 "연결 원리" 또는 "배후 메커니즘"으로서의 소수의 일반 원리를 도출하고 이에 의해 다양한 현상 간의 인과 관계를 해명하는 것이다(Smith 1776: 769). 이에 대한 논평으로 Redman(1997: 232~8)을 보라.

5 예를 들어, Mirowski(1982: 196~8)를 참고하라.

6 이에 대해 Höpfl(1978: 40), Raphael(1985: 106), 본서 제4장 등을 보라.

셋째, 철학적 역사는 일반적으로 시간의 경과 중에 이루어지는 진보의 역사를 암묵적으로 가정하여 그 역사적 전개 과정이 재구성된다. 이는 스미스의 사상에서 나타나는 "자연적 진보"에 대한 믿음을 반영하는 것이며, 시간 경로에서 사물의 본성은 진보를 불가피하게 시현하도록 내재되어 있다는 낙관적 역사관을 구체화하는 것이다. 사회의 자연적 진보에 대한 다음과 같은 표현은 이러한 믿음을 잘 보여 준다. 예컨대, "개선을 향한 사물의 자연적 진보"(Smith 1776: 343; Smith 1978: 207) 또는 "부와 번영을 향한 국가의 자연적 진보"(Smith 1776: 674)가 존재한다.[7] 그리고 이러한 자연적 진보에 대한 스미스의 확고한 믿음은 스튜어트의 진술에서 재차 정확히 확인된다. 스튜어트는 『국부론』을 통해 스미스가 전달하고자 하는 가장 중요한 논지는 자연의 원리 가운데 "내재된" 국부의 점진적인 증가 내지는 그 경향성을 입증하는 것이었다고 기록하고 있다(Smith 1980: 315).

넷째, 철학적 역사는 인간의 천성(天性) 또는 사물의 본성에 합치하는 소수의 제반 원리에 의거해서 사물의 진보하는 자연적 경로를 제시하는 성격을 지닌 반면, 이때 철학적 역사가들의 관심은 실제 역사적 전개 과정에서 그 자연적 발전 경로에 영향을 행사한 법적, 제도적, 정치적 여건을 비판적으로 고찰하는 데에도 집중된다. 이와 같은 철학적 역사의 특징은 스튜어트의 다음과 같

7 특히, 스미스에게 자연적 진보는 사물에 내포된 불가결한 진보를 의미하며, 이는 미래의 발전 경향에 대하여 낙관적 믿음과 전망이 있음을 보여 준다. 스미스의 진보적 역사관에 대해 Bryson(1945: 86~9), Skinner(1967: 45), Alvey(2003)를 보라. 그리고 이러한 사회의 진보에 대한 믿음은 스미스의 모든 저술에서 발견된다. 예컨대, 스미스는 시간의 흐름에 따른 과학적 지식의 진보라든가 언어의 진보를 지적했으며, 사회의 변화와 관련해서는 도덕률의 진보 및 법과 통치의 진보를 입증하고자 했다. 이 같은 진보에 대한 믿음은 철학적 역사를 구성하는 연구자에게 세계관, 가치 판단, 개인적 열망 등을 내포하고 있는 비전(vision)으로 작용하면서 철학적 역사가 전개되는 방향을 제시하고 있다고 볼 수 있다.

은 발언에서 간접적으로 시사된다.

> "대부분의 경우에 사실에 가장 부합하는 진보보다는 가장 단순한 진보(most simple progress)를 확인하는 것이 더욱 중요하다. 왜냐하면 이러한 명제가 외형상 불합리한 것처럼 보일지라도 실제 진보(real progress)가 언제나 가장 자연적이지는 않다는 점은 확실히 사실이기 때문이다. 실제 진보는 다시는 발생할 것 같지 않거나 인류의 개선을 위해 자연에 내재된 일반적 원인의 부분으로써 간주될 수 없는 특수한 사건에 의해 결정될 수 있다."(Smith 1980: 296)

이 같은 사고방식 때문에 후술하는 바대로, 부의 진보에 관한 철학적 역사에서 그 자연적 진보의 경로는 농업, 제조업, 상업의 순서로 전개되어야 하지만, 유럽의 실제 경제사는 상업, 제조업, 농업의 순서로 역행했다는 주장이 가능해진다. 스미스에 따르면, "이러한 사물의 자연적 질서는 모든 사회에서 어느 정도 전개되어 왔음에 틀림없지만, 유럽의 모든 근대 국가에서는 이런 순서가 많은 측면에서 완전히 역전되어 있다"(Smith 1776: 380). 그리고 스미스는 종종 자연적 진보의 과정을 방해하고 왜곡시킨 제도적 조건을 거론하고 비판한다. 이것은 철학적 역사의 "내재된" 경로를 규범적 기준으로 삼으면서 그와 같은 예상 경로를 이탈하는 데 기여한 주요 제도적 원인을 검토, 비판하는 작업이다.

다섯째, 철학적 역사에 의해 구성하려는 역사적 성립 과정을 추론, 구성하는 데 역사적 자료가 없거나 부족한 경우에는 (상상력에 의해 허구적인 자료를 가정, 도입하는 것이 아니라) 일종의 비교 연구의 방법에 의해 자료 및 가설이 보완된다.[8] 단계별 비교 연구의 방법은 역사적 단계가 동일하여 주어진 사회경제적 환경이 유사한 경우라면 사람들의 반응과 의사 결정에 의해 출현하는 사회현상과 제도가 유사할 것으로 판단하는 것이다.[9] 그러므로 시공간(時空間)이 다르다고 할지라도 역사적 단계가 동일한 하다고 판단된 지역에서 수집된 자료는 철학적 역사의 구성을 위해 활용될 수 있다.

예를 들어, 유럽에서 전개된 국부 증진의 철학적 역사를 구성하는 경우 먼저 발전 단계별 사람들의 행동 양식이 무엇인지 파악될 필요가 있다. 고대 이전 수렵 또는 목축 단계의 역사적 자료가 없을 경우, 16~8세기경 수렵 또는 목축 단계에 있던 북미 원주민들의 생존 양식에 대한 자료가 유럽의 철학적 역사를 전개하기 위한 자료로서 활용될 수 있다는 것이다. 또는 후술되듯이 유럽의 농업 사회에서 상업 사회(근대 자본주의)로의 이행 과정에 대한 철학적 역사를 구성하는 데 16~8세기경 북아메리카 식민지 주민들의 투자 행태가 자료로 활용될 수 있다.

8 철학적 역사의 구성에서 비교 연구를 통한 자료의 외삽(extrapolation)이 활용되는 이유는 다음과 같은 방법론적 관점 때문이다. 즉, 객관적이고 불변하는 인간 본성이 존재한다고 하면 동일한 사회경제적 환경에서는 그 불변의 인간 본성이 전개되는 방식과 결과가 유사할 수밖에 없다. 실상 역사적 방법(historical method)을 채택하는 스미스에 따르면, 시공(時空)에 따라 변화를 겪고 있는 사회경제적 환경 또는 (국가가 창출하는) 제도적 장치 등은 연결 원리로서의 인간 본성(human nature) 자체를 변화시키지는 않는다. 단지 그것들은 객관적인 인간의 심리 작용과 행동을 제약하고 가감함으로써 그 현상으로서의 결과에 심대한 영향을 미친다. 스미스의 역사 연구에서 비교 연구 방법의 특성은 Redman(1997: 123~8)에서 종합적으로 정리된다.

9 스미스가 윤리학, 법학, 경제학 등에서 인류 역사의 진보 과정에서의 사회경제적 환경 변화로서 상정하는 4단계는 수렵(hunting), 목축(pasture), 농경(agriculture), 상업(commerce) 등의 생존 양식(subsistence mode)이다. 이에 대해 Smith(1978: 14, 459), Smith(1776: 689~94)를 보라. 이 같은 거시적인 사회경제적 환경으로서 생존 양식의 변화는 역사적 단계론(stadial thesis)으로서 작용한다. 이 단계론은 사람들의 습관과 경제적 행태의 변화만이 아니라 정부의 출현 및 기능, 그리고 법 제도의 변화를 구분 짓는 역사 분석의 틀과 전제로서 기능한다(Meek 1971, 1976). 한편, 이러한 스미스의 방법론적 관점은 인간 본성과 역사적 상황에 따라 주어진 환경과 제도의 상호작용으로부터 서로 다른 사회 현상이 발생한다는 것이며 제도개체론(institutional individualism)으로 명명된다. 이러한 접근법에 대해 Agassi(1960), Coase(1976), Haakonssen(1981), 송현호(1993) 등을 보라.

이상에서 논의한 철학적 역사의 제반 측면에 대한 이해를 도모하기 위해 다음 두 개의 절에서 사례 분석으로서 부의 진보에 대한 철학적 역사의 실증적 측면을 고찰한 후, 규범적 측면에서 나타나는 공공 정책적 함의를 살펴보기로 한다.

3. "부의 진보"의 철학적 역사

본 절에서는 부의 진보에 관한 철학적 역사를 논의한다. 앞 절에서 지적했듯이, 철학적 역사는 자연의 원리에 합치하는 소수의 전제를 근거로 하여 사물의 자연적 경로를 고찰하는 연구이다. 그러므로 스미스 경제학의 주요 부분인 "부의 진보"에 관한 철학적 역사는 경제 활동을 매개하는 자연 또는 인간 본성의 원리에 합치하는 자본 축적의 과정 및 부의 진보의 내재된 경로를 고찰한 것이다. 부의 진보의 철학적 역사의 전제가 되는 가정들을 고찰한 후 스미스가 구성하는 철학적 역사를 구체적으로 살펴보기로 한다.

첫째, 부의 진보의 철학적 역사에서 경제 활동과 관련된 인간 본성에 대한 가설로서 수용되는 것은 사람들은 시공을 초월하여 자신의 상황과 처지를 개선하려는 불변의 욕구를 가졌다는 점이다. 스미스에 따르면, "자신의 상태를 개선하려는 욕망"(Smith 1776: 341)은 사람들이 태어나서 사망할 때까지 지닌 인간의 본능적 성향이며, 모든 경제 활동의 이면에서 항구적으로 작용하는 하나의 자연 원인이다.[10] 따라서 이 같은 불변하는 사람의 성향은 미시적 차원에서

10 스미스의 절친한 친구였던 흄(David Hume)에 따르면, "자연적인 것의 의미는 비자연적, 불가사의 또는 인위적

자신의 물질적 이해관계를 추구하는 경향을 수반하지만, 거시적으로는 자본 축적을 이루고 분업을 촉진시키며 국민 소득을 향상시키는 원인으로 기능한다.[11)]

둘째, 경제 활동을 매개하는 자연 원인인 자기애뿐만 아니라, 부의 진보의 철학적 역사를 고찰하기 위해 사물의 본성에 부합하는 것이라고 단정된 소수의 보조 가설이 추가로 가정된다. 그 보조 가설은 구체적으로 다음과 같다.[12)] 첫 번째 가설은 생활필수품은 인간 생존의 기초이므로 생필품을 생산하는 산업은 편의품과 사치품의 제조에 선행하여 존재한다는 것이다. 스미스에 의하면, "사물의 본성상 생필품은 편의품 및 사치품에 우선한다"(Smith 1776: 377). 두 번째 가설은 농업에서 비용 체증 또는 수확 체감의 원리에 해당하는 것으로, 사회 진보 또는 우등한 토지의 고갈에 따라 농업 생산량이 감소하거나 생산 비용이 체증한다는 내용이다. "가장 비옥하고 좋은 지역에 위치한 토지가 전부 점유되는 경우, 토양과 위치에서 열등한 토지가 경작되기 때문에 더 적은 이윤이 발생하고, 그 부분에 투입된 자본에 대해 더 적은 이자가 주어지게 된다"

인 것과 대비된다고 할 수 있다"(Hume 1975: 307).

11 사람들의 자기애(self-interest)가 야기하는 합리적 이해관계의 추구 노력은 한편으로 이윤율의 균등화를 통해 경제 발전에 기여한다. "이러한 이윤의 우월성은 모든 이윤이 적정 수준에 도달할 때까지 다른 가까운 투자 부문으로부터 자본을 끌어들일 것이다. … 개인들의 사적인 이익과 열정은 자기의 자본을 통상적으로 사회에 가장 유리한 투자 부문으로 자연스럽게 이동시킨다. … 그러므로 법의 개입이 없다면 사람들의 사적인 이익과 열정은 그들로 하여금 사회의 자본을 사회 전체의 이익에 가장 잘 부합하는 비율로 다양한 투자 부문에 자연스럽게 분할, 배분하도록 한다"(Smith 1776: 629~30).

12 사람들은 "동일한 수익률을 보장하는 경우에 안전성이 보장된 투자 형태를 선호한다"라고 하는 명제도 부의 진보와 관련된 철학적 역사에서 전제되는 내용이다. 스미스는 성장 초기 국면에서 다른 기저 산업에 대한 투자보다도 농업 부문에 상대적으로 자본이 집중되는 또 다른 이유로서 후자가 가장 확실한 안전성을 보장하기 때문이라고 말한다. "동일한 또는 거의 동일한 이윤일 경우 대부분의 사람들은 자기의 자본을 제조업이나 외국 무역보다는 토지의 개량과 경작에 투자할 것이다. 자기의 자본을 토지에 투자하는 사람은 그것을 자신의 감시와 통제 하에 둘 수 있어서 그의 재산은 무역업자의 자본보다 사고를 당할 가능성이 더 적다. … 토지 개량에 고정되어 있는 지주의 자본은 인간사가 허용할 수 있는 최대의 안전성이 보장된 듯하다"(Smith 1776: 377~8).

(Smith 1776: 109).[13] 세 번째 가설은 분업을 통한 제조업의 수확 체증의 원리로서, 분업과 전문화에 의해 생산성이 증가해서 제조업의 생산비는 감소한다는 내용이다. "거의 모든 공산품의 실질가격이 점차 하락하는 것은 진보의 자연적인 결과이다. … 진보의 자연적 결과인 향상된 기계와 정교한 기교 및 훨씬 세분화된 분업과 작업으로 인하여 특정한 작업량을 수행하는 데 필요한 노동량은 점점 작아진다"(Smith 1776: 260).[14]

이상에서 거론된 바와 같이 경제 활동과 관련된 매개 원인으로서 인간의 본성, 즉 사람들의 생활 개선 심리인 자기애와 사물의 본성으로 인식된 세 가지 보조 가설들을 전제로 구성되는 부의 진보의 철학적 역사 또는 "국부의 자연적 진보"[15]의 내용을 정리하면 다음과 같다. 첫째, 산업의 기원을 고려할 때, 사물의 이치로 보아 농업이 도시의 수공업보다는 선행해서 존재한다. 이는 의식주 등 생존에 필요한 식량과 원료가 농촌에서 생산되고 있으며, 농촌을 통한 생활필수품의 제공 없이 도시의 수공업과 상업은 재생산 기반을 가질 수 없다는 점에서 비롯된다. 스미스에 의하면, "농촌은 도시에 생활 수단과 제조업

13 스미스는 성장 과정에서 농업에서의 수확 체감을 농업 생산성 증가의 상대적 열위로 인식한다. "농업의 성질은 제조업과는 달리 그처럼 노동의 많은 세분화나 직업의 완전한 상호 분리를 허용하지 않는다. … 이처럼 농업에 고용된 각종 노동들을 완전히 분리시키는 것이 불가능하기 때문에 농업에서 노동 생산성의 향상이 언제나 제조업에서의 생산성 향상과 보조를 맞추지 못하는 것 같다"(Smith 1776: 16). 그리고 『국부론』 제1편 제11장의 지대론에 다음과 같은 표현이 있다. "곡물이나 오로지 인간 근로에 의해 산출되는 야채류들을 제외한다면 다른 모든 종류의 미가공 생산물, 가축, 가금, 모든 사냥감, 땅속의 유용한 화석류와 광물 등은 국부가 증가하고 진보함에 따라 자연적으로 더욱 비싸진다. … 진보의 결과로써 상승하는 것은 그 상품들의 명목가격만이 아니라 실질가격이다. 그 상품들의 명목가격의 상승은 은의 가치가 하락한 결과가 아니라 실질가격이 상승한 결과이다"(Smith 1776: 234).

14 『국부론』 제1편 분업론에서 다음처럼 기술된 바 있다. "모든 수공업과 매뉴팩처에서도 분업의 효과는 매우 사소한 이 제조업에서의 그것과 유사하다. 분업은 그것이 도입될 수 있는 한 모든 업종에서 노동 생산성을 비례적으로 증대시킨다"(Smith 1776: 15).

15 이 표현은 로마 제국의 붕괴 이후 유럽의 경제사를 다루고 있는 『국부론』 제3편 제1장의 제목이며, 후술되는 것처럼 부의 진보의 철학적 역사가 요약되어 있다.

의 원료를 공급한다. … 물질의 어떠한 재생산도 이룰 수 없는 도시는 모든 부와 생활 수단을 농촌으로부터 조달한다고 말하는 것은 매우 합당하다"(Smith 1776: 376).[16)]

둘째, 경제 발전 초기 국면에서 농업과 농촌의 선행적 발달이 이루어지면 그 발전 정도에 비례하여 도시의 수공업(과 상업)이 성장한다고 추론된다. 이는 농업에서 생존 수준을 초과한 잉여 생산물이 존재할 때 비로소 인간의 다른 욕망인 수공업 제품(편의품 및 사치품)의 도입이 이루어지고 그 지속적 유지가 가능하다는 점에서 비롯된다. "생필품을 제공하는 산업은 편의품 및 사치품을 공급하는 산업에 반드시 우선해야 한다. 그러므로 생필품을 공급하는 농촌의 경작과 개량은 편의 및 사치 수단을 공급하는 것에 불과한 도시의 확대에 반드시 우선해야만 한다. 도시의 생필품을 구성하는 것은 농촌의 잉여 생산물, 또는 경작자의 생존 수단을 초과하는 부분이며, 이러한 잉여 생산물의 증가에 의해서만 도시는 성장할 수 있다"(Smith 1776: 377).

셋째, 사물의 본성상 농업과 제조업의 기원에서 앞서 언급한 선후 관계가 존재하는 것은 분명하지만, 농촌 발전의 결과로서 도시의 제조업(과 상업)이 출현하게 되면 각 산업의 발전 과정에서는 교역 구조의 형성(사회적 분업과 의존관계)이 상호 이익을 제공한다. 교역 구조가 형성되는 초기에 도시는 농촌의 잉여 산물의 존재에 따라 토지 경작을 위해 필요한 농기구를 제작하는 수공업자

16 또한 스미스는 『국부론』의 제1편에서 다음과 같이 기술한다. "토지의 개량과 경작에 의해 한 가족의 노동이 두 가족에게 식량을 공급할 수 있을 때 그 사회의 절반의 노동이 사회 전체의 식량을 공급하는 데 충분하게 된다. 그러므로 그 나머지 반 또는 적어도 그들 중의 대부분은 다른 물건을 공급하는 일 또는 인간의 다른 욕망과 기호를 충족시키는 일에 종사할 수 있다. 의복, 주거, 가구, 마차는 이러한 욕망과 기호의 보다 큰 부분을 구성하는 주요 대상이다"(Smith 1776: 180).

와 기타 서비스를 제공하는 소매상이 농촌 인근에 자연적으로 정착하고 그 장소가 타운과 시장으로 기능함으로써 발생한다.

그런데 도시 기능이 형성된 이후에는 도시는 농촌의 식량이나 공업 원료의 수요처가 되며, 한편 농촌은 도시에서 제조된 생산 도구를 포함한 편의품을 구입함으로써 두 업종 사이에 시장을 제공하고 분업의 상호 이익을 향유한다. 스미스에 따르면, "양자의 이익은 상호적이고 호혜적이며, 다른 모든 경우와 마찬가지로 이 경우에도 분업은 세분된 다양한 직업에 종사하는 모든 다른 사람들에게 유리하다. 농촌 주민은 자신들이 직접 제조품을 만들고자 하는 경우 투입해야만 하는 노동량보다는 훨씬 적은 노동량이 투입된 생산물과의 교환으로 보다 많은 양의 제조품을 도시에서 구입할 수 있다. 도시는 농촌의 잉여 생산물 또는 경작자의 생활 자료를 초과하는 부분에 대한 시장을 제공한다"(Smith 1776: 376).

넷째, 농촌과 도시 간의 분업 구조의 형성과 상호 수요 증가에 의해 농촌과 도시 간 상호 의존도가 증가하고 상호 발전이 촉진되지만, 성장 초기 농업 부문에 투자의 집중화가 이루어지면서 부의 진보의 측면에서 선행적, 선도적 역할을 한다. 이는 경제 발전의 초기 국면에서 다른 생산 요소보다는 농촌에 미경작된 토지가 풍부하게 존재하는 상황에서 요소 비율(factor proportions)에 따라 농업 부문에서 얻어지는 이익이 다른 부문보다 더 크다는 점에서 비롯된다.[17]

17 이 같은 초기 조건과 관련된 스미스의 경제학적 논리는 (헥셔–올린 정리의 기초인) 요소 부존으로부터 요소의 상대가격 또는 비교 생산비의 차이가 발생하는 것과 마찬가지로, 산업 간 비교 생산비 및 수익률의 차이가 발생한다는 점에 기반한다. 즉, 경제 성장의 초기 단계에서와 같이 토지가 풍부한 상황에서는 지대가 (임금 등에 비해) 상대적으로 저렴하기 때문에 농업 투자에 따른 수익률이 높아지고 농업 생산에 자본이 집중된다는 것이

스미스는 당시 북아메리카의 번영과 농업 투자 사례와 관련해서 이러한 현상을 지적한다. 즉, 미경작지가 상당히 풍부한 북아메리카에서는 수공업자가 자기 사업의 운용에 필요한 자본을 초과해 축적하는 경우 수출 지향적인 제조업의 확장에 투자하는 대신에 오히려 농촌 미경지의 구입과 개량에 투입했다는 것이다. "미경작된 토지를 아직은 손쉬운 조건으로 구매할 수 있는 우리의 북미 식민지에서는 원거리 상업을 위한 제조업이 어느 도시에서도 아직 형성되어 있지 않다. 어떤 수공업자가 인근 농촌에 공급할 목적으로 자신의 사업을 수행하는 데 필요한 규모 이상의 자본을 획득한다면, 북미에서는 그것으로 원거리 상업을 위한 제조업을 설립하려고 하지 않고, 대신에 미경작지의 구매 및 개량에 투자한다"(Smith 1776: 378~9).

다섯째, 경제 성장의 과정에서 농업의 선행적, 선도적 발전에 의해 토지의 전면적 이용이 늘고 우량 토지가 고갈되기 시작하는 상황이 도래하면 자본 투자는 상대적으로 제조업으로 집중되고 이제 제조업 주도의 경제 발전이 진행된다. 이는 장기적인 경제 발전에 따라 요소 공급과 그 상대가격의 패턴에 변화가 발생하는 점에 근거한다. 먼저 농업 발전이 지속되어 미경작지가 소진되면, 지대가 상승하고 추가적 농업 투자의 제약과 한계가 발생한다.[18] 반면, 인구 증가 및 자본 축적에 따라 분업이 고도화되면서 제조품의 생산 비용이 하락

다. 이와 관련해서 다음의 표현을 보라. "농업은 모든 새로운 식민지에 적절한 사업인데, 그곳에서는 지대가 저렴하여 다른 어떤 사업보다도 유리한 사업이 된다. 그러므로 그곳에서는 토지의 미가공 생산물이 풍부한 관계로, 다른 나라에서 수입하는 대신에, 수출하는 많은 양의 잉여를 가진다. 새로운 식민지에서는 농업은 다른 부문에서 일손을 유인하며, 다른 부문으로 일손이 이동하는 것을 막는다"(Smith 1776: 609). 한편, 이에 대한 논평을 위해 Myint(1977: 514~5), Hollander(1987: 170~5)를 참고하라.

18 이러한 현상은 앞서 기술한 두 번째 보조 가설의 반영이다. 그리고 그에 관한 경제학적인 논거는 농업 생산 확대 과정에서 자본 축적과 인구 증가에 따라 토지의 완전 경작이 이루어지면서 토지로부터의 수확 체감이 발생하고 농업 투자의 이윤율이 하락하는 데서 구할 수 있다.

함으로써 제조업에 대한 투자가 점차 활성화된다.[19)]

그러므로 농업 주도 단계에서 농업 발전에 적합한 정도로 인근 지역의 내수를 충족하는 역할 정도에 머물렀던 수공업 중심의 제조업에 성장 초기 농업 주도 경제로부터 축적된 자본이 대규모로 투자되기 시작한다. 이러한 과정에서 매뉴팩처가 등장하고 사회적 분업이 더욱 촉진되며, 제조품은 기술 진보에 따라 수출 지향에 걸맞은 정도로 경량화, 정교화된다. 스미스는 부의 진보의 철학적 역사에서 발생하는 이러한 과정을 다음과 같이 간략히 요약한다. "미경작지가 전혀 없거나 쉬운 조건으로 토지를 구매할 수 없는 나라에서 인근 지역의 판매를 위해 투자할 수 있는 것보다 더 많은 자본을 획득한 모든 수공업자는 원거리 판매를 위한 일을 추진하고자 시도한다. 대장장이들은 일종의 철제 매뉴팩처를 세우고, 직공들은 아마포 내지는 모직물 매뉴팩처를 설립한다. 시간이 경과하면서 여러 종류의 매뉴팩처들이 점차 세분되어 매우 다양한 방식으로 개선되고 정교화된다"(Smith 1776: 379).

여섯째, 국내 상업은 농업과 제조업 간 분업 구조 형성에 의해 자연적으로 발생하는 것이지만, 해외 무역은 잉여 생산물의 수출 또는 수출 지향의 제조업에 자본 투자가 집중되어 수출을 위해 만들어진 정교화된 제조품이 원거리 지역에 판매되는 국면이 전개되면서 확대된다.[20)] 이 경우에도 여러 국내 투자

19 여기서 상기한 세 번째 보조 가설이 작용한다. 경제 발전 과정에서 일정 단계가 경과하면 농업에서는 분업이 제한적이고 수확 체감이 발생한다. 반면, 제조업에서는 분업의 심화와 전문화에 따라 수확이 체증하고 비용이 감소하기 때문에 상대적으로 제조업 부문에 자본 투자의 집중화가 이루어진다.

20 상업의 기능에 대하여 "도시는 농촌 주민들이 그들의 미가공 생산물을 제조품과 교환하기 위해 자주 들리는 상설 시장이다. 그리고 도시 주민들에게 작업 원료와 생활 수단을 공급하는 것은 이러한 상업이다"(Smith 1776: 378). 한편, 스미스에게 교역의 확대에는 운송 비용(transport costs)이 중요한 변수로 작용한다. 경제 발전 초기 불리한 교통과 값비싼 운송 경비 때문에 농업과 제조업의 교역 관계는 국지시장권(局地市場圈)에 제약되어 이루어진다. 하지만 자본 축적과 제조업의 성장에 의해 제조품이 정교화되고 운송 비용이 저렴해질 때 국내 상업

처 대비 축적 자본의 과소 여부에 따라서, 해외 무역에 직접적으로 자본이 투입되는 경우가 발생하기도 하고 국내 투자처를 발견하기 어려운 외국 자본이 투입되기도 한다(Smith 1776: 379~80).

이상에서 보았듯이, 부의 진보의 철학적 역사를 다루는 스미스의 견해는 부의 진보 과정에서 경제 활동과 관련된 사람들의 불변의 성향 그리고 주어진 투자 환경의 요인 변화에 의해 주요 기저(基底) 산업 부문의 발전 과정에 내재적 경향성과 자연적 순서가 있다는 것이다. 스미스가 제시한 성장의 자연적 진보의 과정은 농업이 가장 선행하여 발달한 후 농업에서의 수확 체감에 따라 제조업과 국내 상업이 연속적으로 발전한다. 그리고 자본 축적과 분업의 이익에 의해 제조업이 주도 산업으로 부각된 후 제조품의 경량화, 정교화에 의해 수출 지향의 해외 무역이 성장한다.

따라서 부의 진보에 관한 철학적 역사 또는 국부의 자연적 진보에 관한 다음과 같은 결론이 도출된다. "사물의 자연적인 진행 과정에 따르면 모든 성장 사회의 보다 많은 자본은 일차적으로 농업에 지향되며 다음에는 제조업으로 그리고 마지막에는 외국 무역에 지향된다. 이와 같은 사물의 자연적인 순서는 매우 자연스럽기 때문에 영토를 가지고 있는 모든 사회에서는 어느 정도 언제나 관찰되어 왔다고 나는 믿는다"(Smith 1776: 380).

은 해외 무역으로 확대된다. "제조업은 제품을 우선 인근 지역에 공급하고 나중에 개량되고 정교하게 됨에 따라 보다 먼 시장에 공급한다. 왜냐 하면 미가공 생산물이나 조잡한 제조품은 상당한 육상 수송비를 감당하기가 웬만해서는 어렵지만, 정교하게 개량된 제조품은 쉽게 부담할 수 있기 때문이다"(Smith 1776: 409).

4. 규범으로서의 철학적 역사와 공공 정책적 함의

지금까지 현대 경제학의 용어로 실증경제학적인 영역에서 부의 진보에 관한 스미스의 철학적 역사를 고찰했다. 본 절에서는 스미스의 경제학 체계 내에서 자본 축적과 근대 사회로의 이행에 관한 철학적 역사의 규범적 측면과 그 공공 정책적 함의를 파악해 보고자 한다.

이미 논의된 바대로, 일반적으로 철학적 역사는 자연 원인으로서의 인간의 본성에 합치하는 사물의 질서가 역사적 시간 가운데 전개되면서 실현될 수 있는 예상 경로를 구명하는 과제를 수행한다. 이 같은 철학적 역사의 연구자는 탐구되는 현상의 기원이 되는 사람들의 본성 및 소수의 보조 가설을 자연의 원리로서 채택한다. 그리고 이로부터 현상적 차원에서 일정한 자연적 질서 또는 경향성이 도출된다. 이 같은 방법론의 단면은 "부의 자연적 진보"를 논하는 제3편 제1장의 다음과 같은 스미스의 표현에서 명확하게 드러난다. "인간의 자연적 성향은 어느 나라에서나 필요(necessity)가 일반적으로 만들어 내는 사물의 질서를 촉진한다"(Smith 1776: 377). 그러므로 스미스에게 사람들의 자연적 성향의 관철을 전제로 하여 구성되는 철학적 역사는 사회 현상 및 그 변화의 과정 속에 본질적으로 내재된 일반적 질서 내지는 보편적으로 고유한 역사의 실재를 밝히는 과제로서 파악될 수 있다.

그런데 '자연에 내재된 역사의 실재' 로서의 부의 진보의 철학적 역사는 이 같은 연구자의 사상 때문에 동시에 규범적 의미를 지닌다. 다시 말해서, 자연법 사상가에게 철학적 역사는 자연적 질서에 근거하여 도출되는 역사적 실재라는 특성으로 인하여 경제 발전의 실제 경로와 성과의 정도를 평가하는 규범적 기준으로 기능한다. 이는 자연법 철학에서 자연의 의미를 수용하는 태도와 관련된다.[21] 즉, 자연의 원리 또는 질서에 입각한 현상이나 이론 및 분석은 다른 한편으로 현실 속에서 지향되거나 실현되어야 하는 규범적 의무(prescription)로 인식되고 있다.[22] 그러므로 부의 진보의 철학적 역사와 실제 역사적 전개 과정이 부합하는 경우에는 실정적 질서가 자연적 질서에 부응하는 것으로서 긍정적으로 평가된다. 반대로 그 같은 경로로부터 실정적 질서가 이탈하는 경우에는 실제 역사를 왜곡시킨 요인에 대한 비판이 행해진다.

그러므로 철학적 역사에 부응하는 사례로서 당시 북아메리카 식민지의 경제 발전 경로가 예시된다. 여기서는 자연적 질서 혹은 역사의 내재된 실재 경로가 구현될 것으로 높이 평가되며, 따라서 농업이 먼저 발달한 후 그 내포적 발전으로서 제조업과 상업이 순서대로 발달할 것으로 예상된다. 반면, 철학적 역사와는 상이한 경로로 경제 발전이 이루어진 것으로 지적되는 중세 이후 유럽 국가들의 사례에 대해서는 사물의 자연적 진보 과정이 왜곡됨으로써 성장 동력이 상대적으로 약화될 수밖에 없었다는 비판을 한다. 스미스에 따르

---

21 자연법 사상가의 특징을 고찰한 Taylor(1930: 209~10) 및 Haakonssen(1988: 108)에 따르면, 자연적 질서는 인류에게 본래적으로 가능한 이상적 질서로서 실정적 질서의 원천으로 인식된다. 한편, Skinner(1967: 45)는 스코틀랜드 역사학파 사회사상가에게 자연의 의미는 필연(inevitableness)의 의미를 내포하고 있다고 지적한다. 이 같은 맥락에서 실증과 규범을 아무런 전제 없이 '동일시'하는 자연법 사상의 인식론을 이해할 수 있을 것이다. 유기체 철학(organicism)을 수용하는 자연법 사상가에게 이성(理性)에 따른 철학적 분석과 규범적 의무를 추가적인 가치 판단 없이 동일시하는 경향이 존재한다는 것이다. 노벨 경제학상 수상자인 Myrdal에 의하면, "자연법철학의 특수성은 사물의 자연적 질서로부터 도덕 법칙, 또는 '실증'(is)으로부터 '규범'(ought)을 도출하려고 하는 것이 아니다. … 오히려 자연법 사상의 특수성은 긴 입증 과정 없이 직접적으로 '사실'과 '의무'를 동일시하려고 한다는 것이다"(Myrdal 1953: 28). 한편, Stark(1958: 18)도 이와 유사한 견해를 표명한다.

22 『도덕감정론』에서 스미스는 자연적 도덕 감정을 따르는 것이 적정하고 정의에 부합하는 것임을 지적하면서 다음과 같이 말한다. "우리의 도덕적 능력(moral faculties)에 부합하는 사안은 적정하고 올바르며, 또한 이행되기에 적당한 것들이다. 그 반대의 사안은 나쁘고 부적정하며 부당하다. … 소위 올바르다, 그르다, 적절하다, 부적정하다, 우아하다, 부적합하다 등의 언어는 바로 사람들의 도덕적 능력을 만족시키는 것 또는 만족시키지 않는 것을 의미할 뿐이다"(Smith 1759: 165). 또한 본서 제2장의 윤리학 연구 동향을 참고하라.

면, 상업, 제조업, 농업 발전의 경로를 따른 유럽의 경우 "이러한 순서는 사물의 자연적인 진행 과정에 반대되므로 필연적으로 느리고 불확실하다. 국부를 상업과 제조업에 상당 부분 의존하고 있는 유럽 국가들의 느린 진보와, 국부를 거의 전적으로 농업에 의거하고 있는 북아메리카 식민지의 빠른 진보를 비교해 보라"(Smith 1776: 422~3).

이와 같은 자연법 철학사상을 통해 고찰해 보면, 인간의 본성에 부합하는 철학적 역사는 18세기 동시대 이론가에게 과학적 성격을 지닌 분석적(자연적) 역사임과 동시에 실제의 역사(actual history)를 평가하는 하나의 규범적 도구로서 기능한다. 이처럼 과학적, 실증적 성격을 지닌 철학적 역사가 동시에 규범적 기준으로도 작용한다는 점은 주로 『국부론』 제3편과 제4편의 유럽의 역사적 법 제도, 관행 및 공공 정책에 대한 비판적 평가에 핵심적 부분이다. 이를 토대로 스미스의 규범적 경제학의 부분으로서 부의 진보에 관한 철학적 역사를 왜곡시킨 요인에 대한 비판에 대해 살펴보기로 한다.

스미스는 부의 진보의 철학적 역사로부터 실제 경제사의 상당한 이탈의 가장 주요한 원인은 국가가 합당하게 수행했어야 할 제도적 활동이 여러 가지 요인에 의해 왜곡된 상황에서 찾는다.[23] 부의 진보의 역사라는 관점에서 볼 때 중세로부터 근대에 이르기까지 유럽 국가들의 관습과 공공 정책은 국가의 본래적 기능에 합당한 제도적 활동을 수행하지 못했다. 『국부론』과 여타 문헌에

23 스미스는 『국부론』의 제3편과 제4편의 서론이 되는 제2편의 말미에서 자신의 의도를 다음과 같이 기술하고 있다. "유럽의 어떠한 정책적 환경이 농촌에서 운영되는 사업에 비해 도시에서 운영되는 사업을 그렇듯 크게 우대함으로써, 개인들이 주변 지역에 위치한 가장 비옥한 토지의 개량 및 경작보다 아시아와 아메리카의 원거리 중개 무역에 자신의 자본을 투자하는 것이 더 큰 이익이 된다고 간주하였는가를 나는 이하의 두 편(제3편 및 제4편)에서 자세히 설명하고자 한다"(Smith 1776: 374~5).

서 불합리한 국가의 다양한 제도적 활동에 대한 강도 높은 비판은 이러한 맥락에서 이루어진다.

첫째, 철학적 역사의 관점에서 볼 때 유럽 여러 나라에서 자연적 발전 경로를 방해하고 역전시킨 주된 요인은 중세 초에 형성되고 유지되었던 일부 불합리한 법과 제도이다. 스미스에 의하면, "인간이 만든 제도가 사물의 자연적 경로를 결코 방해하지 않는다면, 도시의 부의 증가와 도시의 성장은 어느 사회에서나 영토 또는 농촌의 개량 및 경작의 결과이며 그것에 비례한다"(Smith 1776: 378).

그런데 중세 봉건제 하의 "풍습과 관습"이 정의에 기반해야 할 국가의 법 제도와 공공 정책에 악영향을 미치고 자연적 경로의 역행을 야기했다. "이들 나라의 최초 정부의 성질로부터 유래하여 그 정부가 바뀐 뒤에도 여전히 남아 있던 풍습과 관습이 이러한 부자연스럽고 역행적인 순서를 이들 나라에 강요한 것이다"(Smith 1776: 380). 이처럼 "풍습과 관습"에 해당하는 내용으로서 『국부론』 제3편에서 구체적으로 거론되는 내용은 봉건 영주의 폭력과 무질서 및 불합리한 관행, 중세 유럽의 농촌 지역에 존재했던 불합리한 소유권 제도 및 소작 제도 등 제도적 요인이다.

로마의 붕괴 이후 중세의 농촌 지역은 봉건 영주의 폭력과 무질서에 의해 자급자족 수준의 경제력만을 유지하였으며 개량과 발전의 동력이 억제되었다. 그리고 이러한 농업의 정체는 농업과 제조업의 국지적 분업 체계 형성에 따른 내포적 공업화를 저해했다.[24] 한편, 장자상속법과 한사상속제는 국가 재

24 유럽의 도시들은 농촌과 달리 점차 봉건 영주의 경제외적 강제로부터 독립된 자치권과 특권의 확보 등 정치 질서의 안정과 재산권의 보호에 의해 자유로운 상업 활동을 전개했다. 특히, 도시는 사치품 중심의 외국 무역에

산권 법제가 그 기초로 삼아야 하는 원칙인 "자연, 이성, 정의에 반하는"(Smith 1978: 49) 제도로서 대표적으로 비판된다.[25] 토지 소유권에 관한 이들 법 제도는 정의를 침해함으로써 유인 구조를 왜곡했다. 뿐만 아니라, 이들 제도는 경제적 관점에서 농업의 발전을 억제하고 사회적 비효율성을 초래했다. 즉, 상기 제도는 토지 분할과 토지의 시장 거래를 지속적으로 억제하는 역할을 함으로써 유럽에 많은 미경작지를 남겨 사회적 빈곤을 가져왔다. 또한 상속 분할을 통해 가능했을 다수의 소토지 소유자 형성을 억제함으로써 개량의 유인과 농업 발전을 저해했다. 이것이 경제 발전의 자연적 질서를 왜곡시켰다.[26]

둘째, 철학적 역사의 자연적 성장 경로를 전도시킨 또 다른 주요한 국가 제도적 요인으로 거론되는 것은 근대 중상주의 체제로서 지칭되는 일련의 산업 규제의 공공 정책이다. 스미스에 의하면, 16세기 중세로부터 근대 국민 국가로 이행하는 시기에 중상주의 사조가 전개되었다. 이에 따라 국가에 의해 입법, 시행되는 다양한 법률의 내용은 상당 부분 인위적으로 특정 산업(외국 무역과 제조업)에 대한 지원 또는 규제 조치를 실시하는 것이었다. 이 같은 중상주의적 입법의 주요 내용은 농업에 비해 외국 무역과 제조업을 우대하는 정책으로

종사함으로써 거대한 부를 축적했다. 이는 상업(외국 무역)이 제조업 확대 및 농업 발전을 선도하는 외연적 경로를 서유럽에서 발생시키는 계기가 된다. 따라서 상업(외국 무역), 제조업, 농업의 순서로 경제 발전의 경로를 이어온 유럽의 실제 경제사는 철학적 역사와 상당히 배치된다.

25 그 근거는 다음과 같다. "한 사람을 부자로 만들기 위해 나머지 모든 자녀를 거지로 만드는 이러한 권리보다 수많은 가족 전체의 진정한 이익에 반하는 제도는 있을 수 없다"(Smith 1776: 384).

26 이와 관련해서 Smith(1776: 382~5)를 보라. 또한 "유럽에서는 장자상속법과 여러 종류의 영대소유권(perpetuities)이 대토지의 분할을 저지하고, 결국 소토지 소유자의 증가를 방해한다. 소토지 소유자는 자기의 작은 토지의 모든 부분을 잘 알고 있고, 재산, 특히 작은 재산이 자연적으로 고취시키는 모든 애착을 가지고 토지를 돌보며, 그것의 경작에서뿐만 아니라 장식에서도 기쁨을 얻기 때문에, 개량가 중에서도 가장 근면하고 가장 현명하며 가장 성공적이다. 뿐만 아니라, 동일한 법적 규제 조치는 토지가 시장에 나오는 것을 막아서, 팔려고 내놓은 토지보다는 사려고 하는 자본이 항상 많기 때문에 팔리는 것은 언제나 독점 가격으로 팔린다"(Smith 1776: 423). 당시 유럽 여러 나라들의 농업 생산성과 투자 수익률이 정체된 반면에, 미국의 농업 부문 성장률이 탁월한 이유를 스미스는 바로 이와 같은 두 가지 요인들에서 찾는다(Smith 1776: 422~4).

서 후자의 산업 부문으로 투자가 집중되고 확대되는 결과를 낳았다. 하지만 유럽에서 중상주의적 공공 정책의 시행은 오히려 그 취지와는 달리 국부의 증진에는 역행하고 자연적 질서의 전도 현상을 가져오게 되었다. 스미스는 중상주의적 정책의 국부에 대한 부정적 효과를 다음과 같이 요약하고 있다.

> "중상주의는 농업보다는 제조업과 외국 무역을 더욱 장려함으로써 그 사회의 자본의 일정 부분을 보다 유리한 산업 부문으로부터 보다 불리한 산업 부문으로 이동시킨다. … 특별한 장려책에 의해 자연적으로 투자되는 것보다 더 많은 자본을 의도적으로 특정 산업 부문으로 끌어들이려 하거나, 또는 특별한 제한 정책에 의해 특정 산업 부문에 투하되었을 일정량의 자본을 의도적으로 이 부문에서 퇴출시키려는 어떠한 이론 체계도 실제로는 그것이 촉진시키고자 하는 큰 목적을 파괴한다. 그것은 실제적인 풍요 및 번영을 향한 그 사회의 진보를 촉진시키는 대신에 오히려 저지하며, 사회의 토지 및 노동의 연간 생산물의 진정한 가치를 증대시키는 대신에 오히려 감소시킨다."(Smith 1776: 686~7)

이 같은 중상주의적 정책은, 첫 번째 특정 업종의 이익을 도모할 목적으로 입법을 함으로써 사법(private laws) 내의 기본권에 해당하는 개인적 자유(personal liberty)가 침해당하게 되어 부의 자연적 진보를 제약한다. 그리고 특정한 산업의 이해관계를 촉진하려는 중상주의 체제 하의 다양한 법률은 정의의 원리에 배치되며 사람들의 유인 구조를 왜곡함으로써 자연적 진보의 과정을 방해한다.[27] 두 번째, 중상주의적 규제의 공공 정책은 모든 상황에 적합한 정보를 가지기 어려운 중앙정부 차원에서 획일적으로 입법, 시행되는 경향이 있다. 이 때문에, 각종 산업과 개인들이 직면하고 있는 구체적인 상황에 대한 정보가 무시되거나 결여되기 쉽다. 중상주의적 법률들은 각각의 경제 주체들이 규제받지 않을 경우 개인적 차원에서 유리하게 활용할 수 있는 상황을 제약함으로써 국부의 증진이 이루어지는 자연적 진보 과정이 왜곡될 가능성이 크다.[28)]

이러한 맥락에서 비판되는 많은 중상주의적 규제법 중에서 스미스의 의중을 정확히 보여 주는 대표적 사례는 16세기 이후 영국에 존재하던 곡물 거래 규제법 비판이다. 상기 법들은 정의와 효율성에 반하고 있으며, 결과적으로 의도와는 달리 부의 증진에 역행하는 효과를 가져왔다. 스미스에 따르면, "제조업자가 상인의 업무를 수행하지 못하도록 규제하는 법률은 이런 규제가 없는 경우보다는 자본 이용상의 분업을 더욱 빨리 진행시키려고 의도했다. 반면에, 농부가 곡물 상인의 업무를 수행하도록 강제한 법률은 그러한 분업이 너무 빨리 진행하는 것을 방해하려고 의도했다. 이 두 법률 모두 자연적 자유에 대한 명백한 침해이고 따라서 부당(unjust)하다. 그리고 부당한 것만큼이나 불리(impertinent)하다. … 사람들은 일반적으로 자신들이 처한 특정한 상황에서 자신의 이익이 무엇인가를 입법가보다 더 잘 판단할 수 있기 때문에, 법률은 사람들이 자신의 이익에 유의하는 것을 항상 그들 자신에게 맡겨야 한다"(Smith

27 스미스에 따르면, "다른 목적 없이 오로지 특정 계층의 이익을 증진시키기 위해 다른 계층의 이익을 어쨌든 손상시키는 것은 모든 상이한 국민에 대한 국왕(국가)의 의무인 정의와 대우의 평등을 명백히 위반하는 것이다" (Smith 1776: 654).

28 스미스에 의하면, "법의 개입이 전혀 없다면, 사람들의 사적인 이익과 열정은 자연스럽게 그들로 하여금 사회의 자본을 사회 전체의 이익에 가장 부합하는 비율로 다양한 투자 부문에 분할, 배분하도록 한다. 중상주의의 다양한 규제는 모두 필연적으로 이러한 자연스러우면서도 가장 유리한 자본 배분을 다소간 교란한다"(Smith 1776: 630).

1776: 530~1).

이처럼 스미스에게 부의 진보의 철학적 역사는 내재적인 역사의 실재이며 이 때문에 규범적 기준이다. 그리고 이로부터 이탈과 왜곡은 불합리한 소유권 제도와 그 관행 및 전통, 그리고 근대 초기 인위적인 산업 규제의 공공 정책에서 비롯된 것이다. 근본적으로 국가의 합당하지 못한 제도적 활동에 의해 정의의 원리가 침해됨으로써 미시경제적인 차원에서 다수 경제 주체의 경제 활동에 대한 인센티브가 제약되었다. 이 때문에 자원 배분이 인위적으로 왜곡되고 경제의 효율성이 떨어졌으며, 부의 자연적 진보의 과정이 왜곡되었다.

그러므로 전도된 철학적 역사로부터 정상화라는 관점에서 스미스는 국가의 합당한 제도적 역할이 경제 발전에서 중요하다는 점을 언급한다. 국가의 공공 정책과 제도적 활동은 최소한 정의의 원리에 근거해야 한다. 중상주의 정책과 같은 인위적 선호와 제한의 체제는 정의 및 사회적 효율의 원리에 반하는 경향이 있기 때문에 경제적 번영을 촉진하기 위해서는 이를 철폐하는 것이 바람직하다. 스미스에 따르면, "완전한 정의, 완전한 자유, 완전한 평등을 확립하는 것이 세 계급 모두에게 최고도의 번영을 가장 효과적으로 보증하는 매우 단순한 비밀이다"(Smith 1776: 669).

스미스는 이처럼 국가에 의한 공공 정책과 제도적 활동의 적합성 여부가 어떠한 다른 요인보다도 경제 발전의 역사적 경로에 상이한 효과를 수반하게 됨을 밝힌다. 17세기 영국의 시민 혁명은 "공공의 행복에 가장 중요한 하나의 혁명"(Smith 1776: 422)이었다. 이에 따라 정의에 근거한 재산권 제도의 정착과 사법권의 운용 및 법률에 의한 통치가 기반을 잡았다. 그리고 이것은 다른 유럽 국가들에 앞서 영국의 농업과[29] 상공업이 발달한 토대가 되었다. 유럽 국가들의 상공업 발달에서 상대적 차이를 설명하고자 한 다음의 지적은 동일한 맥락에서 주목할 필요가 있다.

> "영국에서 식민지 무역의 자연적인 좋은 결과는 다른 원인들의 도움으로 인하여 독점의 나쁜 영향을 상당히 많이 극복할 수 있었다. 그것은 교역의 일반적 자유인데, 이는 약간의 제한에도 불구하고 최소한 다른 나라의 교역의 자유와 같거나 아마도 다른 나라를 능가한 듯하다. … 그러나 무엇보다도 훨씬 더 중요한 것은 평등하고 공평한 사법인바, 이는 가장 비천한 영국 시민의 권리일지라도 권세 있는 유력자로부터 존중 받게 해주었고, 동시에 각 개인에 의한 노동의 과실을 안전하게 보장함으로써 모든 유형의 근면한 행위를 최대로 가장 유효하게 장려했다."(Smith 1776: 610)

그러므로 역사적으로 중상주의적 정책을 따라 공히 식민지 무역에 종사한 영국 대비 스페인과 포르투갈을 비교하면 성공을 거둔 국가와 그렇지 못한 국가를 가르는 중요한 요인은 국가의 합당한 제도적 역할에 있음이 드러난다. 거래 자유의 보장과 합리적인 사법 체계의 운용 등이 경제 성장의 토대가 된다는 것이 스미스 주장의 요지이다.

---

29 영국의 차지 점유 회복 제도 및 자유 보유권의 농업 생산에 대한 성과를 언급하는 부분(Smith 1776: 392~3)을 보라.

5. 요약 및 결론

『국부론』에 기술된 바대로 경제학의 목적은 현대적인 용어로 표현하면 국민 소득이 증대되는 메커니즘을 구명하고, 경제 발전의 최적 패턴을 구현하는 방식을 제시하는 것이었다. 또한 스미스 경제학의 규범적 과제는 이 같은 경제 분석을 바탕으로 합당한 공공 정책과 제도적 활동을 강구하는 것이었다. 그러므로 『국부론』의 구성상 경제 이론과 분석에 해당하는 제1편과 제2편에 이어서, 제3편(각국의 국부 증진 과정)에 나타나는 유럽의 경제사에 대한 논의는 그 핵심 주제로부터의 단순한 일탈이나 여담이 아니다. 이 부분은 스미스가 일관성 있게 구상하고 있는 경제학의 과제 및 여타 구성 부분과 밀접히 연관되어 있다.

현대의 수많은 경제발전론자 및 경제사가의 관심사와 마찬가지로, 『국부론』 제3편에서 스미스는 로마 제국 붕괴 이후 유럽 봉건 사회가 근대 사회로 이행하는 과정에 대해 기술하고 있다. 그런데 이 같은 유럽 경제사에서는 통상적인 역사가의 역할, 즉 사료에 입각한 귀납적인 역사 기록, 서술 및 일반화를 넘어서서 역사 이론에 의거해서 자연적 경제 진보의 과정을 추론하고 있다. 이것은 이론과 역사와의 연관 하에 역사를 접근하고자 하는 소위 철학적 역사의 유형이다. 이 같은 형식의 역사 연구는, 마치 경제학에서 일반성을 지닌 정리와 보조 가설을 도출하고 이를 전제로 하여 경제 이론을 구성하는 것처럼, 일정한 원리와 가설들을 바탕으로 특정한 역사적 변화 유형을 도출하고자 하는 특징을 지닌다.

이처럼 철학적 역사는 자연 원인을 전제로 하여 자연적 질서에 부합하는 경제 진보의 보편적인 경로를 구성하는 과정이므로 분석적, 실증적 성격을 띠지만, 동시에 규범적인 역사의 경로에 합당한 공공 정책을 제시하는 과정이기도 하다. 본 연구는 스미스의 문헌에서 나타나는 철학적 역사의 방법론적 특징, 부의 진보에 대한 철학적 역사 및 그 공공 정책적 함의를 고찰하고자 시도했다. 그리고 다음과 같은 점을 확인할 수 있었다.

첫째, 철학적 역사는 사회적 현상의 배후에서 인과 관계상 작용하는 소수의 자연 원인(정리 및 가설)을 전제로 하여 가추적/연역적으로 역사적 패턴을 발견하려는 특징을 지닌다. 특히, 스미스의 사상에서 발견되는 자연적 진보에 대한 믿음은 철학적 역사를 통해 도출되는 역사의 패턴이 진보 지향적으로 구성되는 데 역할을 한다. 그리고 철학적 역사는 자연 원인에 의해 야기되는 내재된 경로로서 인식되며, 따라서 종종 이를 규범적 기준으로 하여 그 경로를 이탈시킨 요인에 대한 분석과 비판이 이루어진다.

둘째, 그 사례로서 부의 진보의 철학적 역사는 인간 본성으로서 자기애에 대한 명제, 그리고 농업의 수확 체감, 제조업의 수확 체증과 같은 소수의 보조 가설을 전제로 하여 산업과 경제 성장의 자연적 경로가 농업, 제조업, 상업(국내 상업 및 해외 무역)의 순서로 발전한다고 제시한다.

셋째, 부의 진보의 철학적 역사는 자연 원인의 작용에 의해 본질적으로 구현되어야 하는 일반적 질서로서 인식되고 있다. 『국부론』의 제3편과 제4편에서는 이 같은 철학적 역사와 자연적 질서를 이탈, 왜곡시킨 요인으로 국가의 여러 가지 불합리한 공공 정책과 제도적 활동에 주목하고 이에 대한 비판이 이루어진다.

마지막으로 본 연구를 통해 강조하고자 한 바는 다음과 같이 정리할 수 있다. 첫째, 스미스의 경제학에서 부의 진보의 철학적 역사의 구체적 실체와 그 철학적 역사가 점하는 이중적(二重的) 의의에 대한 검토이다. 부의 진보의 철학적 역사는 사회경제적 경쟁 메커니즘에 의해 동태적 맥락에서 전개될 것으로 기대되는 성장 경로를 구성한 과학적 역사이다. 하지만 자연법 사상가인 스미스에게 철학적 역사는 자연의 작용에 의해 경향적으로 관철되는 역사의 내재된 실재 경로를 동시에 함축하고 있기 때문에 또 다른 의미가 있다. 부의 진보의 철학적 역사는 "자연 원인"에 의해 모든 사회가 불가결하게 통과할 수밖에 없는 성장 경로, 즉 당위적으로 관철되어야 하는 자연법 철학의 관점에 기반해서 규범적인 의미를 내포한다. 즉, 스미스의 사상 체계에서 철학적 역사는 실제 역사적 성장 경로를 비교 평가하는 규범적 기준의 역할을 한다.

둘째, 이러한 연장선상에서 부의 진보의 철학적 역사는 자연적 경로로부터 이탈 및 괴리의 원인에 대한 탐구와 국가의 합당한 제도적 역할을 평가하고 공공 정책적 제언을 가능하게 하는 비판적 도구로 기능한다. 스미스는 철학적 역사를 전도시킨 요인으로서 유럽의 봉건제 하의 낡은 관습, 제도 및 중상주의적 공공 정책에 대한 비판을 제기한다. 하지만 더 근본적으로 스미스는 철학적 역사에 따른 발전 과정의 다양한 국면에서 국가의 합당한 역할은 무엇인가를 검토하고 있다. 스미스는 철학적 역사와 실제 역사적 경로와의 비교 평가를 통해 단순히 시장경제 질서의 우위 또는 경쟁적 메커니즘이 창출하는 사회적 효율성만을 강조한 것이 아니다. 특히, 모든 시장 개입 정책에 대한 비판과 자유방임을 요구한 것은 더욱 아니다. 오히려 스미스는 철학적 역사가 구현되기 위해서는 실제 역사가 전개되는 다양한 국면에서 자유방임보다는 시대의 요망 사항에 부응하는 합당한 국가의 역할을 중시했다. 그리고 그 제도적 역할은

언제나 정의의 원리 및 사회적 효용에 기초하여 운용되어야 함을 지적했다.[30)]

30 스미스의 경제사 이론(theory of economic history)은 국가론을 토대로 한다. 즉, 스미스는 역사의 발전 과정에서 국가의 행위가 경제 발전의 핵심적인 또 다른 축으로 작용한다는 점을 인식하고 국가 이론을 그 하위 이론으로 포함하고 있다. 그러므로 장기적인 경제 진보를 설명하는 데 국가법 제도 내용은 경제 활동의 유인 구조에 가장 큰 영향을 미치는 변수로 제시된다. 스미스의 경제사 이론은 다음을 강조한다. 첫째, 경제 활동과 관련된 사람의 주요한 본성은 자기애로서 생활 개선 심리 및 교환 성향이 핵심적 역할을 한다. 둘째, 사회적 분업이 실현되는 정도(고도화)에 의해 자본 축적과 경제 발전이 좌우된다. 셋째, 자기애의 본성이 생산 활동에 적극적으로 반영되고 부의 축적으로 귀결되도록 주요한 유인 환경을 제공하는 것은 국가의 제도적 활동이다. 김광수(2004), Kim(2009, 2015), 본서 제10장을 참조하라.

제10장
경제사 이론 체계: 더글러스 노스와의 비교

1. 머리말

1993년 노벨 경제학상 수상자인 더글러스 노스(Douglass North)는 장기적인 경제의 성장과 쇠퇴 등 경제 성과를 제도주의적 접근 방식으로 조명함으로써 그 독창성을 인정받았다. 신제도주의의 선구자인 코스(Ronald Coase)는 거래 비용이 존재하는 세계에서 기업 조직과 법 제도가 명확한 경제적 의의를 지닌다는 점을 밝혔다. 코스의 영향 하에 노스는 경제사의 해석에 제도 이론을 도입, 접목했다. 노스는 경제학계에서 경제 발전의 원천으로 흔히 거론되는 저축, 투자, 생산성, 교육, 혁신 등과 같은 변수는 경제 발전의 과정일 뿐이라고 규정했다. 장기적 과정에서 보면, 이보다는 거래 비용을 절감하고 교역 기회를 확대하며 경제 주체의 창의적, 적응적 노력을 배가시킬 수 있는 제도적 여건이 마련될 수 있는지가 중요하다. 이 같은 노스의 제도 이론 체계는 순수 경제 논리에 국한되지 않고 경제와 정치 영역과의 상호작용을 고려했다. 즉, 경제사 이론 체계에 국가/재산권 이론, 그리고 이념 이론을 명시적으로 도입함으로써 사회과학계의 주목을 끌었다.[1)]

경제학 내지는 경제사 이론 체계에서 경제와 정치 영역 간의 상호작용과 제도의 역할을 이론적으로 다루려는 노스식의 접근 방법은 경제사상사에서 낯설고 새로운 관점은 아니다. 예컨대, 18세기 영국의 사회사상가에게 정치 발전과 경제 성장 간의 관계는 주요한 논의의 주제였다.[2] 스미스의 경우에도 이것은 예외는 아니다. 그러나 스미스는 경제와 정치의 단순한 연계성과 상호작용에 대한 인식에서 더 나아가, 경제와 정치 영역의 이론적 틀(theoretical framework)에 의해 부의 진보의 역사를 다루고자 했다. 다시 말해서, 스미스는 경제 이론과 국가 이론을 하위 이론으로 삼아 경제사에서 국가의 흥망성쇠와 경제 발전의 역사적 패턴을 설명하고자 했다. 이 점에서 18세기 스미스와 20세기 노스의 경제사 이론 체계는 상당히 유사한 면모를 지닌다.[3]

본 연구는 경제 변화의 역사를 체계적, 분석적으로 이해하고자 한 스미스와 노스의 경제사 이론 체계의 특징과 유사점을 명시적으로 비교하려 한다. 먼저 제2절에서는 두 학자의 경제사 이론 체계의 방법론상 공통점과 주요 내용이 개괄된다. 제3절에서는 (인간 행동 가설과 관련된) 하위 이론으로서 경쟁 원리에 의한 자원 배분을 다루는 영역, 즉 경제 이론에서의 유사점이 고찰된다. 제4절에서는 국가 영역과 경제 성과 간의 긴밀한 연계성에 주목한 두 학자의 재산

1 시장 기구 내의 경제 현상 배후에는 순수경제적인 변수 이외에도 조직, 정치, 사회문화 제도의 다양한 요인을 포함하는 매우 복합적인 층위가 자리 잡고 있다. 하지만 신고전파의 방법론적 전통 하에서는 순수 시장 관계의 분석이 초점이 되고 있고, 조직, 국가와 제도적 요인은 외생변수로만 취급되는 경향이 지배적이다. 주류 경제학에서 국가와 제도의 역할은 시장실패, 외부효과, 규모의 경제 등이 야기하는 현상에 대한 대안으로 소박한 국가론(중립적이고 공정한 심판자)에 따라 국가가 개입하여 공공 정책을 시행하고 사회 후생 수준을 제고하는 것이다.

2 18세기 스코틀랜드 계몽주의 학자인 흄(David Hume), 스미스, 퍼거슨(Adam Ferguson) 등은 정치 영역의 선량한 정치(善政)와 경제 발전 간의 관계에 주목했다(Robertson 1983).

3 노스는 2005년 출간된 저서에서 비로소 스미스의 『국부론』에 제도 분석이 존재하고 "암묵적으로"(implicit) 제도 분석의 기본 구성 요소가 내포되어 있다고 간략하게 말한다(North 2005: 84~5). 사실 스미스 연구사에서 초기 제도 관련 연구는 1960년대 Rosenburg(1960)이다.

권 이론과 재산권 제도의 역사적 불안정성에 관한 견해를 비교하여 살펴볼 것이다. 제5절에서는 제도와 경제적 성과 간의 이론적 관계를 조명하기 위해 스미스와 노스의 저서에서 구체적으로 제시된 사례, 즉 서유럽의 경제사에 대한 일부 내용이 비교될 것이다. 마지막으로 제6절에서는 본 연구의 내용을 요약하고 결론을 맺을 것이다.

2. 스미스와 노스의 경제사 이론: 방법론과 내용

2.1. 방법론

첫째, 역사 연구와 관련해서 스미스와 노스가 공감하는 점은 경제사의 '이론적' 탐구를 중시한 것이다. 통상적으로 역사 연구는 사료의 수집과 분류, 연대기적 기술, 귀납적인 역사 서술, 일반화에 의한 거시적 사회 구조 및 변동에 대한 탐구의 의미로 인식된다. 이 같은 사실 중심의 역사 연구의 유용성을 수용하는 동시에, 스미스와 노스가 시도하는 역사 연구는 사람들의 선택과 행위를 설명하는 이론 체계에 근거해서 역사적 사건과 전개 과정을 분석적, 종합적으로 다루는 것이다. 이러한 유형의 역사 연구는 과학적 관점에서 역사 이론 또는 법칙적 인과 관계를 정립하고, 이를 통해 역사적 경향성을 설명하고자 하는 특성을 지닌다.

스미스에 따르면, 역사 연구를 포함한 사회과학의 학문 분과에서 과학적 연구를 가능하게 하는 전제와 방법이 필요하다. 이것은 다양하고 복합적인 현상들 간에 일정한 법칙적인 인과 관계가 성립하고 있으며, 그 복합적 인과 관계의 이면에는 간결성의 원리, 즉 소수의 기본 원리가 작용하고 있다는 관점이다.[4] 이러한 맥락에서 스미스는 사회과학(18세기의 도덕철학)과 역사 연구에 종사하는 학자들의 과제를 몇몇 주요 원리 또는 이론에 의해 다양하고 복합적인 사회 현상을 설명하는 것이라고 기술한다. "소수의 설명 원리에 의해 자연의 여러 현상이 정리, 정돈되고 연결되는 방식으로 일상생활의 격언들도 체계적인 순서로 소수의 일반 원리에 의하여 연결되었다. 이렇듯 사회 현상의 배후에 존재하는 연결 원리를 연구하고 설명하는 과학을 도덕철학이라고 부른다" (Smith 1776: 769). 경제사와 관련해서도 이 같은 방법은 자연적 성장 경로 내지는 서구 유럽의 장기적인 경제 발전 과정을 조명하는 데 적용된다.[5]

한편, 경제사가로서 노스의 과제 역시 경제의 진보, 정체 또는 퇴보 등 장기에 걸친 경제의 구조와 성과를 설명하는 것이다. 경제사 연구의 특징과 관련해서 노스는 스미스보다 더 분명히 기술하고 있다. 노스는 경제사를 합당하게 이해하기 위해서 그 이론적 기초, 즉 역사 이론이 선행적으로 탐구되어야 한다고 선언한다. "경제사를 설명하는 과제에서 개선을 이루고자 하면 어떤 개념적 기초(conceptual base)가 요망된다. 광대무변한 과거에 대한 우리의 이해는 우리가 사용하는 이론과 다름없다. … 본 저술에서 제시되는 이론과 이후에 서술되는 역사 기록은 새로운 가설의 체계적 고찰과 검증을 위한 기초를 제공한

4 이러한 유형의 스미스의 과학적 방법론을 다루는 주요 문헌은 Campbell(1971), Lindgren(1973), Skinner(1972), Redman(1993, 1997)이다.

5 철학적 역사는 과학적인 역사 연구를 시도하는 것으로 스미스의 선호 연구 영역에 속한다. 철학적 역사는 역사 탐구 방법 중의 하나로서 사회 현상의 본질(nature)에 부합하는 일반 원리 및 보조 가설 등을 활용하여 연역적으로 역사적 패턴을 기술하는 특징을 지닌다. 스미스의 철학적 역사 및 부의 진보의 역사에 대한 적용을 다루는 문헌으로는 Skinner(1967), Höpfl(1978), Redman(1997), 본서 제9장을 보라.

다”(North 1981: x). 이론가의 입장에서 역사적 과정 속에 내포된 매우 복합적인 인과 관계의 연결 고리를 감안할 때, 일차적으로 이론에 근거해서 역사를 체계적으로 조명하고 이를 구체적 사례에 의해 검증하는 순서로 나아가는 것이 타당하다.

둘째, 스미스와 노스의 경제사 이론에서 발견되는 또 다른 공통점은 그 하위 이론이 특정한 영역의 단일 이론, 예컨대 경제 이론에 국한되지 않는다. 대신에 역사적 해석은 시장(경쟁 원리에 의한 자원 배분), 국가(강제력을 통한 질서 조율), 또는 사회(사회 공동체의 자발적 협조와 제약) 영역 등 사회과학의 분석틀 속에서 구성되고 있다.[6] 이것은 다른 주요 이론가의 역사 이론, 예컨대 마르크스에 의한 이른바 ‘역사의 경제적 해석’이나 힉스(John Hicks)의 가격 및 교환 이론에 근거한 경제사의 설명과 명백히 대비될 수 있다.[7]

구체적으로, 부의 진보에 대한 스미스의 역사 이론은 인간 행동의 기본 특성을 전제로 해서 정치적 영역과 경제적 영역의 이론을 융합적으로 활용한다. 그러므로 경제적 영역에서 정립된 스미스의 분업/가격 이론은 교환, 수급과 시장 네트워크, 가격과 경쟁, 혁신과 생산성 등의 개념을 통해 시장에서 자원의 효율적 배분, 그 규모의 확대와 경제 발전의 현상을 설명하는 하위 이론으로 기능한다. 한편, 스미스의 경제사 이론에서 정치적 영역의 하위 이론은 경제인의 행동에 제약을 가하는 국가 활동 및 국가법 제도의 특성을 반영한다.

6 스미스의 사회과학(도덕철학)의 틀 내에서는 사회 영역의 이론이 분명히 존재한다. 『도덕감정론』은 사회의 운영에서 자발적인 질서 유지를 가능하게 만드는 요인이 인간 내면의 도덕 감정(동감)에서 비롯됨을 밝힌다. 뿐만 아니라 이러한 사회 영역은 국가 및 경제의 영역을 포괄한 모든 일상생활에 관한 도덕 판단의 토대가 된다. 또한 『국부론』에서도 동감의 작용으로부터 성립된 신중(propriety; 근면, 절약, 주의 등)의 덕목이 경제 활동의 성공을 위한 토대가 된다는 점도 언급된다(Smith 1776: 412).

7 다양한 역사 이론에 대한 간략한 소개는 Anderson(1991)에서 찾을 수 있다.

제도적 여건 가운데 국가에 의해 강제 집행되는 관행 및 법 제도의 영향이 경제 성과에 가장 핵심적인 부분으로 간주되며, 이 때문에 국가 이론/재산권 이론이 경제사 하위 이론을 구성한다.

한편, 노스는 경제적 성과를 결정하는 가장 핵심적인 요인이 제도라는 관점에서 경제사를 고찰하는 분석틀을 정립하고자 한다.[8] 스미스와 마찬가지로, 노스는 장기적인 경제의 성과를 고찰하는 이론적 틀이 단일 경제 이론보다는 상호 연관성이 있는 몇몇 관련 영역의 이론들에 의해 구성될 때 한층 더 설득력을 지닌다고 본다. 노스가 경제사를 설명하기 위해 채택하는 제도 이론 체계의 기본 토대(building blocks)로서 명시적으로 언급하는 부분은 거래 비용 접근법 하에서 재산권 이론, 국가 이론, 이념 이론이다(North 1981). 노스는 경쟁에 의한 자원 배분을 설명하는 상대가격 이론(시장)뿐만 아니라, 강제적 질서의 조율을 다루는 국가/재산권 이론(국가), 사회 구성원의 자발적 제약/가치 규범과 연관된 이념 이론(사회 공동체) 등 3분틀을 적용하고 있다.[9] 이 같은 방법론적 특징이 요약된 후, 스미스와 노스의 경제사 이론 체계의 유사점이 간략하게 비교, 고찰될 것이다.[10]

8 노스에 따르면, 경제 변화를 충분히 설명하기 위해서는 인구 변화, 지식 축적 및 제도에 관한 이론과 그 상호작용에 대한 이해가 필요하다. 그러나 전자의 두 영역에 대해 확립된 이론은 아직 존재하지 않기 때문에 자신의 경제 변화의 이론은 제도에 관한 이론으로 제한된다(North 1981: 7, 68; North 2005: 1, 78).

9 노스의 초기 저작에서 제도의 출현과 변화의 원천에 대한 설명으로 상대가격 이론이 큰 비중을 차지했다. 반면, 1980년대부터 근래에 이르기까지 점진적으로 그 강조점이 국가 권력과 정치 시장의 속성, 더 나아가 이념, 신념 체계와 인지 과정으로 확대되는 경향이 나타났다(North 1990, 2005). 한편, 이러한 노스의 이론 체계에서 강조점의 변화는 구제도주의 학파와의 유사성에 대한 논란을 불러일으켰다(Dugger 1995; Stanfield 1995; Hodgson 1998).

10 스미스의 역사 이론에 대한 논의는 Meek(1971), Skinner(1975, 1996), 김광수(2004)에서 찾아볼 수 있다. 전자의 문헌들은 스미스를 마르크스 역사 이론의 선구자로 평가한다. 따라서 스미스의 경제사 이론에서 경제력(economic forces)이 사회의 상부 구조(정치, 법률, 문화 등)에 결정적인 영향력을 미치는 것으로 해석한다. 가장 후자의 연구는 스미스의 이론 체계 내에서 시장 및 국가 영역이 상호 영향을 주고받으면서도 상대적으로 독

2.2. 스미스의 경제사 이론

스미스의 경제사 이론은 경제 활동의 원천으로 인식되는 인간 행동 가설을 전제로 하면서 분업/가격 이론 그리고 국가/재산권 이론의 하위 이론으로 구성된다. 첫째, 경제사 이론의 제1의 원리는 인간의 내적 운동 원리라고 파악할 수 있는 인간 행동의 가설이다. 스미스는 경제 활동 및 부의 축적에 핵심적으로 작용하는 인간 행동의 기본적인 특성으로서 개인의 자기애, 좀 더 엄밀하게는 교환 성향과 생활 조건 개선 심리를 들고 있다. "하나의 물건을 다른 물건과 거래하고 교환하는 성향"(Smith 1776: 25)이 사회적 분업과 전문화를 도모하게 만든다. 또한 "자신의 상태를 개선하려는 욕망"(Smith 1776: 341)은 끊임없이 사회경제적 측면에서 생활 상태를 개선하도록 자극하는 역할을 한다.

둘째, 분업과 전문화는 인류 역사를 통해 교환 네트워크를 확대하고 생산력 증대 및 시장 규모의 확대를 촉진하는 근본적인 요인이다. 분업/가격 이론은 경제 활동의 성과를 좌우하고 경제 진보를 촉진하는 과정에 핵심적이며, 경제사의 하위 이론으로 수용되고 있다. 스미스의 분업-가격 이론은 다음과 같은 현상을 설명한다. 분업은 교환과 시장의 네트워크를 확대시키고, 가격 메커니즘에 의한 자원 배분과 경쟁을 촉진하며, 기업가의 혁신과 생산성 향상을 유인한다. 그러므로 분업의 증대는 수요 측면에서 상호 수요를 늘리고 교환을 촉진하며 시장 메커니즘을 확산시키는 한편, 공급 측면에서는 기술 진보와 생산성 향상을 통해 시장의 크기를 단계적으로 넓힌다. 이 때문에 자본 축적과

립적인 범주로 인식하는 점에서 대조를 이룬다. 한편, 노스의 이론 체계를 소개하거나 비판하고 있는 국내외 문헌은 Clark(1993), 길인성(1994), Rutherford(1995), 정진영(2000), Vandenberg(2002), 김광수(2007) 등이다.

분업이 더 견고하게 확대되며 빠른 경제 성장이 가능해진다.[11)]

셋째, 분업과 교환이 이루어지는 환경에서 경제 활동과 그 결과에 영향을 주는 주요 요인은 강제력을 행사하는 국가에 의해 정의되고 집행되는 제도적 장치이다. 이 점에서 국가 이론과 재산권 이론은 스미스의 경제사 이론의 하위 이론을 구성한다. 스미스의 국가 이론에 의하면, 국가의 본원적 기능과 활동은 기본적으로 정의(justice)와 사회적 효용(expedience)의 원리에 의해 입법되는 법률에 근거하고 있다. 특히, 정의와 관련된 국가의 사법(司法) 활동 가운데 재산권 제도의 운영 내용은 특정 사회가 지니는 생산적 자원의 창의적 개발과 효율적 관리에 상당한 영향력을 가진다. 그러므로 국가의 정치적 활동과 법 제도는 경제 활동에 종사하는 사람의 심리와 행동을 제약하거나 유인하는 원천으로 작용하면서 장기적인 경제 성과에 상당한 영향을 미친다.[12)]

2.3. 노스의 경제사 이론

노스의 경제사 이론은 제도 분석의 필요성에 핵심적인 인간행위론으로부터 출발한다. 그리고 이를 전제로 하여 공식적, 비공식적 제도와 그 경제 성과에 대한 이론적 토대를 마련한다. 구체적으로 노스의 체계는 거래 비용 접근법과 상대가격 이론, 개인과 집단의 유인 구조를 설명하는 재산권 이론 그리고

11 자연적 자유의 체계 하에서 스미스의 분업-가격 이론이 적용될 때 출현하는 부의 진보 과정은 다소 낙관적인 성장 과정이다. 일반적으로 자본 축적과 분업이 제한 없이 시장 규모의 확대를 성취하면서 지속적인 경제 성장을 일구어 낸다. 예컨대, Lowe(1954), Schumpeter(1954), Richardson(1975), Eltis(1975), O'Brien(1975), Reid(1987) 등을 참고하라.

12 스미스의 국가 이론에 대한 대표적 연구는 Haakonssen(1981), Winch(1978)이다. 김광수(2003)는 스미스의 저작에서 국가 활동과 경제 발전 간의 상관관계를 고찰한다.

재산권의 규정 및 집행을 설명하는 국가 이론, 주변 환경에 대한 해석과 처방을 좌우하는 주관적 인지 모형 및 그 상호작용을 다루는 이념 이론(사회 영역)으로 구분된다.

첫째, 노스의 인간 행동 가설에서 사람들은 부의 추구 또는 자기이익 추구에 관심을 갖는다. 하지만 불확실한 세계, 불완전한 정보에 의해 개인의 인지 능력이 제한된 현실에서 사람들은 상당한 거래 비용을 부담하고 극대화를 추구하기보다는 상대적으로 단순한 의사 결정의 규칙과 절차에 의지하여 만족화(satisfying)를 추구한다.[13] 이렇듯이 거래 비용과 의사 결정의 규칙과 절차는 현실 세계에서 결정적인 연관성을 지니기 때문에, 경제 성과를 고찰하는 이론 체계에서 제도 분석은 불가결하다.

둘째, 부의 추구를 목표로 하는 사람들의 유인 체계를 이해하는 데 경제학의 상대가격 이론은 매우 중요하다. 노스에 의하면, "가격 이론을 경제사에 체계적으로 적용한 것이 주요 공헌"(North 1990: 131)이다. 가격 이론은 가격 결정 이론이 아니라 기대이익과 기대비용과의 대비를 통한 의사 결정 방식을 중시하는 이론이며, 사람들의 선택과 행동을 설명, 예측하는 데 유용하다. 거래 비용이 존재하는 세계에서 분업, 생산, 시장의 활성화를 위해 제도가 도입되며, 인구, 지식, 자원 등 외생적인 환경의 변화로 말미암아 상대가격의 변화, 즉 제도 변화로부터 기대이익이 기대비용을 초과하면 제도의 변화가 모색된다.

셋째, 재산권과 국가의 역할 역시 경제 성과를 이해하는 데 불가결하다.

13 노스에 따르면, "우리의 일상 행동의 90%는 많은 숙고를 필요로 하지 않는다. 일상생활에 착근된 제도 집합의 존재가 바로 여러 가지 문제에 대해 생각할 필요를 느끼지 못하거나 그러한 일상적 선택을 하는 것을 가능하게 해왔다"(North 1990: 22).

국가에 의해 고안되고 강제력으로 집행되는 성문화된 규칙과 제약이 재산권 제도가 된다. 그리고 이것이 거래 비용 감축과 시장의 활성화에 영향을 미치게 되므로, 재산권의 구조는 경제의 진보 내지는 정체를 좌우하는 요인이다.[14] 국가 이론은 재산권의 설정과 집행의 문제로부터 비롯된다. 국가는 시장 거래의 복잡성이 증가하는 단계에서 다른 조직보다도 재산권의 규정과 집행에 효율적이지만, 반면 통치권의 안정을 위해 비효율적인 재산권 구조를 고착화시키고 성장을 저해하는 이중적 속성도 지닌다.

넷째, 노스의 이념 이론(ideology theory) 또는 비공식 제약론은 포괄적 제도의 또 다른 중요한 축을 구성한다. 이러한 이론은 비공식적 제약, 즉 마음의 내면을 규제하는 주관적 지각, 윤리 규범, 세계관 등 신념 체계의 미시적 토대와 그 변화의 기제를 논의한다. 외부 세계에 대한 정보를 처리하는 마음의 인지 체계는 신념, 이념, 제도 등 문화의 형성과 진화의 기원이 된다. 반면, 역사적 무대에서 문화는 인지 체계, 정보와 지식을 제약하여 사람들의 선택에 영향을 미침으로써 장기적으로 거래 비용, 생산성, 경제 발전의 성패를 좌우하는 요인이다. 예컨대, 다양한 사고와 창조적 경쟁을 허용하는 문화는 외부 환경 변화에 따른 사회의 적응적 효율성을 높여 경제적 성과를 제고하는 경향이 있다.[15]

---

14 노스에 따르면, "국가 이론은 재산권 구조를 규정하는 것이 국가이기 때문에 필수적이다. 궁극적으로 경제의 성장, 정체, 쇠퇴를 야기하는 재산권 구조의 효율성에 책임이 있는 것은 국가다"(North 1981: 17).

15 노스는 장기적인 경제 성과를 설명하기 위한 하위 이론으로서 상대가격 이론과 재산권 이론을 계속 중시해 왔다. 그런데 최근 저서에서 그는 이념 이론, 즉 특정 사회가 보유한 신념 체계, 종교적 교의, 문화 등 정신 구조물의 내용이 불확실성이 큰 환경에서 적응적 효율성을 높이고 경제 성과를 좌우한다는 점에 강조점을 부여한다(North 2005: 36, 44, 69, 136~45; 김광수 2007 참조).

3. 시장 영역 하위 이론: 인간 행위 가설과 가격 이론

스미스와 노스에 의한 경제사 연구의 목적이 경제 진보와 퇴보를 설명하는 데 지향되는 만큼 경제 영역에 관한 원리는 불가피하게 이론 체계의 핵심에 자리 잡고 있다. 첫째, 스미스와 노스는 경제인의 행동 원리가 (비록 완벽한 최적화 능력은 없을지라도) 자기이익을 추구하는 성향에 있다고 본다. 둘째, 자기애에 의해 편익-비용 내지는 유인 구조를 감안하는 행위(상대가격 이론)는 분업과 비대인적 교환의 확대 등 경제 변화를 설명한다. 셋째, 이러한 요인에 의해 초래되는 경제 변화의 과정에서 제도의 변화도 불가피하게 발생한다.

3.1. 경제 진보, 인간 행동과 가격 이론

3.1.1. 스미스

스미스에 따르면, 사람의 행동은 동감, 이타심, 자애심, 공명심, 야망, 탐욕, 허영, 우정 등 다양한 동기에 의해 이루어진다(Smith 1759). 하지만 경제 활동과 관련된 인간 본성에 대한 가설로서 수용하는 것은 시공을 초월하여 자기애를 지닌 개인이다.[16] 스미스에 따르면, "자신의 상태를 개선하려는 욕망"과 "교환 성향"은 인간의 본능적 성향으로서 모든 경제 활동의 이면에서 작용하는 자연 원인(natural cause)이다.

16 스미스에 따르면, "모든 사람이 천성에 의해 가장 우선적으로 자기자신의 일에 관심을 갖는 것은 의심할 여지가 없다. … 모든 사람은 타인들에게 관련된 사항보다도 직접적으로 자신의 문제에 관련된 사항들에 보다 깊은 관심을 갖는다"(Smith 1759: 82~3).

이 같은 자기애의 원리는 분업 및 가격 이론의 배후에 자리 잡고 있다. 이러한 경제 이론은 교환의 이익으로부터 출발하여 시장의 확장으로 귀결된 경제 성장의 과정을 설명한다. 이 경제 이론은 다음과 같은 점을 제시한다. 분업과 교환에 의존하는 사회에서 거래를 위한 가격 결정은 불가결하다. 자기애에 기초한 이익 추구 노력과 경쟁은 비용과 편익을 고려하여 경제적 의사 결정을 하도록 유인한다. 따라서 상대적으로 유리한 부문에 자원이 더 배분되도록 유인한다. 또한 시장에서 이익 획득을 위해 상품 가격을 싸게 하기 위한 생산자들의 경쟁은 생산성 향상과 기술 혁신을 촉진한다. 이는 시장의 범위를 넓히고 분업을 심화시키며 경제 성장에 기여한다.[17)]

이와 같은 경제적 논리는 부의 진보에 대한 논의에서 명확히 반영된다. 스미스에 의하면, 경제 진보의 본원적 질서는 농업의 선행적, 전면적 발전이 제조업과 상업의 발전을 견인하는 경향에 있다. 이러한 성장 경로는 성장 과정에서 요소 부존의 차이에 따라 산업 간 자본 생산성의 차이 또는 이윤율의 차이가 나게 되며, 사람들이 이 가격 체계에 반응하면서 비롯된 결과이다.

부의 자연적 진보의 대표적 사례로 스미스는 17~8세기 고도의 경제 성장을 경험한 북미 식민지의 산업 구조에 주목한다. 스미스에 따르면, 미경작지가 풍부한 북아메리카에서는 수공업자조차 자기 사업의 운용에 필요한 자본을 초과해 축적하는 경우에 제조업의 확장보다는 미경작지의 구입과 개량에 투자하는 경향을 보인다(Smith 1776: 378~9). 그러나 농업 경작의 전면적 확대로

---

17 다음의 표현은 이러한 과정을 잘 요약한다. "개인들의 사적인 이익과 열정은 자기의 자본을 통상적으로 사회에 가장 유리한 투자 부문으로 자연스럽게 이동시킨다. … 그러므로 법의 개입이 없다면 사람들의 사적인 이익과 열정은 그들로 하여금 사회의 자본을 사회 전체의 이익에 가장 잘 부합하는 비율로 다양한 투자 부문에 자연스럽게 분할, 배분하도록 한다"(Smith 1776: 630).

농업 투자의 제약이 발생하기 시작하는 시점에서 제조업으로 투자가 점진적으로 진작되고 기술 진보에 의해 제조품은 수출 지향을 위해 경량화, 정교화된다.[18] 그리고 수출을 위해 만들어진 정교화된 제조품이 원거리 지역에 판매되면서 계기적으로 상업과 해외 무역이 발전하게 된다.[19]

한편, 근대 유럽의 실제 경제 발전 과정을 고찰하는 『국부론』 제3편의 나머지 장에서도 자기애에 기초한 사람들의 의사 결정이 분업의 전개, 시장의 확장, 경제 진보를 가능하게 한 원천이었음이 분명하게 기술된다. 그렇지만 무엇보다 주목되는 점은 주로 사익에 근거한 경제적 의사 결정이 궁극적으로 주요한 법 제도의 진보조차 견인한 계기가 되었다는 것이다. 스미스는 장기에 걸친 이러한 변화를 다음과 같이 요약한다.

> "공공의 행복을 위해 가장 중요한 하나의 혁명이 사회에 전혀 봉사할 의도가 없는 상이한 두 계층의 사람들에 의해 이러한 식으로 수행되었다. 가장 유치한 허영심을 충족시키는 것이 대토지 소유자의 유일한 동기였다. 상인과 수공업자들은 대토지 소유자보다 훨씬 덜 우스웠지만 자신의 이익만을 고려하면서 행동했으며 1페니를 얻을 수 있는 곳이면 어디든지 1페니를 투자하는 행상인의 원리를 추종하여 행동했다."

18 스미스가 주장하듯이 "미경지가 전혀 없거나 쉬운 조건으로 토지를 구매할 수 없는 나라에서 인근 지역의 판매를 위해 투자할 수 있는 것보다 더 많은 자본을 획득한 모든 수공업자는 원거리 판매를 위한 일을 추진하고자 시도한다. 대장장이들은 일종의 철제 매뉴팩처를 세우고, 직공들은 아마포 내지 모직물 매뉴팩처를 설립한다. 시간이 경과하면서 여러 종류의 매뉴팩처들이 점차 세분되어 매우 다양한 방식으로 개선되고 정교화된다" (Smith 1776: 379).

19 스미스에 따르면, "제조업은 제품을 우선 인근 지역에 공급하고 나중에 개량되고 정교하게 됨에 따라 보다 먼 시장에 공급한다. 왜냐하면 미가공 생산물이나 조잡한 제조품은 상당한 육상 수송비를 감당하기가 웬만해서는 어렵지만, 정교하게 개량된 제조품은 쉽게 부담할 수 있기 때문이다" (Smith 1776: 409).

(Smith 1776: 422)

여기서 “공공의 행복을 위해 가장 중요한 하나의 혁명”은 명예혁명 이후 농업 차지 제도를 포함한 재산권 제도의 개선, 사법권의 행정권으로부터의 분리, 법률에 의한 통치 등 개인의 안전과 자유를 보장하는 17~8세기에 이루어진 영국 국가 제도의 전반적 개선을 지칭한다. 이처럼 스미스의 경제 이론(분업-가격 이론)은 교환과 분업을 촉진시키고 자원 배분과 자본 축적을 도모하는 메커니즘을 그려낼 뿐만 아니라, 부분적으로 제도의 변화도 설명하는 주요 하위 이론의 역할을 한다.

3.1.2. 노스

노스에 따르면, 사람들은 자기이익의 추구에 관심을 갖는다. 뿐만 아니라 그들은 도덕 규범 및 가치, 이타주의, 종교적 신념, 이념 등에 영향을 받으며, 또한 불확실한 환경과 불완전한 정보 제약으로 인해 제한적으로 합리적이다(North 1990: 40~9). 그러므로 개인들은 선택의 행위에서 부의 극대화를 염두에 둘 수 있지만, 완벽한 최적화를 수행하는 대신에 주어진 제도나 관습에 의거하여 다양한 목표들에 대한 만족화에 그치는 경우가 다반사이다. 경제사 이론 체계의 하위 부분으로서 가격 이론은 제한적으로 합리적인 사람들이 거래 비용의 존재 하에서 비용과 편익, 또는 인센티브를 고려하여 하는 행동을 설명하기 위해 차용되는 주요 이론이다.

노스는 스미스와 마찬가지로, 분업과 비대인적 교환의 확대를 경제 성장의 과정으로 인식한다. 거래 비용이 증가하면 교환과 거래를 통해 얻을 수 있는 이익의 실현 기회가 줄고 시장의 크기가 제한된다. 그러므로 환경 변화에 따라 거래 비용을 줄여 상대가격을 낮추고 교환과 분업의 이익, 경제 성장을 촉진하기 위해 여러 제도가 만들어지고 혁신된다. "경제사에서의 성공담은 거래 비용을 인하하고 거래로부터 더 많은 이익을 획득하여 시장 확장을 가능하게 했던 제도적 혁신을 묘사하고 있다"(North 1990: 108).

먼저, 제도 자체의 고안의 경우에도 상대가격의 원리가 적용된다. "어떤 제도를 창출하는 사적인 수익이 그 비용을 넘어선다고 예상되지 않는다면 새로운 제도적 장치는 만들어지지 않는다"(North & Thomas 1973: 6). 또한 가격 이론은 제도의 존재뿐만 아니라 제도의 변화에도 적용된다. 외부 환경 변화에 따라 나타나는 장기에 걸친 상대가격의 변화는 사람들의 유인 체계를 변화시키고 행동의 변화를 유인한다. 노스에 따르면, "제도는 변화하며 상대가격의 근본적인 변화가 제도 변화의 가장 중요한 원천이다. … 상대가격의 변화는 인간의 상호작용에서 개인들의 유인을 변화시킨다. … 장기에 걸친 상대가격의 근본적인 변화는 사람들의 행동 패턴 및 무엇이 행동 기준을 구성하는가에 관한 사람들의 합리화를 변화시킬 것이다"(North 1990: 84).[20]

20 예컨대, 노스는 서양경제사에서 다음의 사례를 든다. 12세기 유럽의 급속한 인구 증가는 토지의 상대적인 희소성 증가로 13세기 토지에 대한 배타적인 재산권을 강화하는 토지법을 발달시켰다. 반대로 14세기 중반 흑사병에 의한 인구 감소는 노동과 토지의 상대가격 변화를 초래하여 근대적 토지 임차 제도와 자유 노동 시장의 출현을 낳는 계기가 되었다(North & Thomas 1973: 62~4, 79~80; North 1981: 132~5).

4. 국가 영역 하위 이론: 국가 활동과 경제 성과

오랜 기간에 걸친 경제의 흥망성쇠를 다루는 연구에서 경제적 영역뿐만 아니라 국가 영역과 그 역할에 대한 탐구는 불가결한 부분이다. 분업과 특화의 정도가 극히 낮은 소규모의 지역적 교역 네트워크만이 존재하는 단계에서는 국가의 강제력에 의한 질서 조율이 그리 필요하지 않다. 그러나 교역(시장)의 규모와 범위가 늘고 점차 비대인적(impersonal) 교환의 패턴이 확대되는 국면에서는 질서 유지를 위해 강제력을 지닌 국가의 보호와 집행이 요구된다.

이러한 이유로 스미스와 노스는 시장 영역과는 구분되는 국가 영역을 별개의 범주로 상정하고 있다. 국가 영역에 관한 스미스와 노스 이론은 다음과 같은 유사점을 갖는다. 첫째, 국가 영역은 경제 영역과 독립적으로 존재하지만 경제사를 이해하는 데 시장과 정치 부문은 서로 긴밀한 연계성을 지닌다. 국가에 의해 규정되고 집행되는 재산권 제도는 사람들의 유인 체계로 작용하여 경제 성과에 중요한 영향을 미친다. 둘째, 이상적인 소박한 국가론이 시사하는 바와 달리, 역사적 관점에서 볼 때 재산권에 관한 국가의 행태는 시대가 요구하거나 효율성을 높이는 제도적 틀을 규정, 집행함으로써 늘 거래 비용을 낮추고 경제 발전을 도모하는 것은 아니다. 국가는 사법권 및 규제권을 행사하는 과정에서 종종 약탈적 성격을 보이거나 비효율성을 시현하여 경제 발전의 장애물이 된다.

4.1. 시장과 국가 간의 연계성: 재산권 제도, 유인 체계와 거래 비용

4.1.1. 스미스

스미스의 국가 이론에 따르면 국가의 가장 중요한 임무는 정의(正義)를 강제하는 것이다. 이는 타인의 생명과 신체, 재산과 소유물, 계약 등 타인의 권리를 보호하고 교환을 보장하는 적절한 법 제도를 유지, 운영하는 것과 관련된다.[21] 특히, 사회 발전이 이루어질수록 재산권의 보호는 국가의 가장 중요한 과제가 된다.[22] 이 같은 법 제도(재산권 제도)를 규정하고 집행하는 국가의 활동이 그 원칙에 따라서 이루어지지 않으면 경제 성장은 기대하기 어렵다.

> "정의(正義)의 조직적 집행이 시행되지 않는 어떠한 국가에서도, 국민들이 재산의 소유에서 불안함을 느끼는 어떠한 국가에서도, 계약이 법률에 의하여 보호 받지 못하는 어떠한 국가에서도, 국가의 공권력이 지불할 능력을 지닌 사람들로 하여금 채무를 변제하도록 강제할 수 없는 어떠한 국가에서도 상업과 제조업이 장기적으로 번성한다는 일은 거의 발생할 수 없다." (Smith 1776: 910)

---

21 스미스에 따르면, "정의의 가장 신성한 법, 즉 그것을 위반했을 때 가장 강한 보복과 처벌이 가해지는 듯한 법은 이웃의 생명과 신체를 보호하는 법이다. 그 다음은 그의 재산권과 소유물을 보호하는 법이고, 마지막이 이른바 그의 개인적 권리, 바꾸어 말하면 다른 사람과의 계약으로부터 그가 기대하는 것을 보호하는 법이다" (Smith 1759: 159~60).

22 국가의 출현은 재산권에 대한 침해를 방지하려는 목적으로 이루어졌다. "수년에 걸치거나 또는 수세대에 걸친 노동에 의해 획득된 귀중한 재산의 소유자가 하룻밤이라도 안전하게 잘 수 있는 것은 공권력의 보호 아래에서만 가능하다. … 따라서 귀중하고 방대한 재산의 축적이 이루어지면 필연적으로 국가 통치(civil government)의 수립이 요구된다" (Smith 1776: 710). 그러므로 사회 발전과 더불어 재산권 제도는 증가한다. "사회가 발전하고 주민의 생계를 해결할 수 있는 방법이 많아질수록 정의를 유지하고 재산권의 침해를 막는 데 필요한 법과 규정들의 수도 그만큼 늘어날 것이다" (Smith 1978: 16).

이처럼 국민의 재산권과 계약을 보장하는 국가의 과제가 경제 성장의 전제 조건이 되는 이유는 재산권 제도가 경제 주체들의 생산 활동을 자극하고 자본 축적을 도모하며, 경제의 운영 비용을 감축하는 역할을 하기 때문이다. 첫째, 국가가 재산권을 보호하지 못하면 자원을 효과적으로 관리하려는 노력을 배제시켜 성장의 기반이 상실된다. 반면, 재산권 보호에 의해 안전이 보장되면 생산성이 향상되고 자본 축적이 증가하는 등 경제 활동을 개선하는 효과가 수반된다. "(부의 진보가 지체되는) 또 다른 원인은 시민 정부의 속성에 있다. 자주 지적되는 것처럼 사회의 초기에는 명백히도 정부가 약하고 무력했으며, 오랜 시간이 경과해서야 정부의 권위가 이웃들의 약탈로부터 개인의 근면을 보호해 줄 수 있었다. 사람들은 자신이 소유하고 있는 모든 것을 빼앗길 위험에 처할 때마다 근면의 의지를 상실한다. … 부의 진보를 저해하는 요인 중 이보다 더한 장애물은 없다"(Smith 1978: 522). 반대로 "자신의 근로의 과실을 안전하게 향유할 수 있을 때, 사람들은 자연히 자신의 생활 상태를 개선하려고 전력을 다하며, 생활의 필수품만이 아니라 편의품 및 사치품을 획득하려고 노력한다"(Smith 1776: 405). 즉, 안전과 거래의 자유가 주어진다면 사람들의 생활 개선 동기는 편익 획득을 위해 생산 활동에 의욕적으로 참여하고 노동 생산성을 높이도록 자극하며, 더불어 검약과 자본 축적을 도모하여 생산량을 증가시키고 결과적으로 경제 발전을 유인한다(Smith 1776: 335~6; 341~3).

둘째, 국가의 사법 제도가 재산권과 계약의 보호에 취약하면 경제 전반의 운영 비용이 증대되어 생산과 시장 거래의 제약이 초래된다. 이는 13세기에서 18세기경 중국 경제의 정체에 대한 스미스의 설명에서 간접적으로 나타난다. 당시 중국에서 권력자와 거대 자본가들만 보호 받는 등 사법 제도가 부당하게 운영된 결과로서, 안전과 신용의 결핍에 따라서 실물 부문에서 자본의 양이 감소되고 금융 거래에서 이자율이 상승함으로써 경제의 정체가 초래되었다.[23)]

4.1.2. 노스

노스는 경제적 인센티브를 제약하는 재산권과 이러한 권리를 규정하고 집행하는 국가의 관계에 직접 주목했다. 노스에 따르면, 정치와 경제는 경제 성장을 이해하는 데 있어서 직접적 연관성을 지닌 연결 고리이다.

> "경제적 성과를 어떤 방식이든지 이해하려고 하는 경우 정치 조직(polity)과 경제(economy)가 서로 긴밀하게 연계되어 있는 것을 발견하게 된다. … 정치 조직은 어떤 경제의 기본적인 유인 구조를 형성하는 재산권을 규정하고 집행하는 데서 그치지 않는다. … 어느 나라에서나 존재하며 항상 변화하는 국가 규제는 경제 성과에서 가장 중요한 열쇠이다."(North 1990: 112)

재산권 제도와 그 구조는 사회 구성원의 유인 체계와 경제적 성과에 영향을 미치는데, 이 같은 재산권 제도는 국가에 의해 규정되고 집행된다. 생산적

23 스미스가 거론하듯이, "중국은 오랫동안 정체하고 있는 듯하며 그 나라의 법률과 제도가 허용하는 모든 부를 아마 오래 전에 획득한 듯하다. … 부자나 거대 자본의 소유자는 상당한 안전을 누리는 반면, 가난한 사람이나 소자본의 소유자는 거의 안전하지 못하고 언제나 하급 관리에 의해 정의의 미명 하에 약탈당하는 나라에서 각종 사업 분야에 고용되는 자본의 양은 그 사업의 성질과 규모가 허용하는 최대 한도에 도달할 수 없다. … 법률이 계약의 이행을 강요하지 않는다면 모든 차입자는 법질서가 보다 잘 준수되는 나라의 파산자나 신용불량자와 거의 동일하게 취급된다. 대부금 회수가 불확실하기 때문에 대출자는 파산자에게 통상 요구하는 것과 같은 고리 이자를 부과한다"(Smith 1776: 111).

인 재산권 구조가 확립되면, 개인들은 경제 활동에 따른 수익과 비용을 사회적인 수익과 비용과 일치하도록 행동한다. 이 때문에 정태적, 동태적 사회 후생이 증대하는 결과를 낳는다. 노스에 따르면, 국가가 운영하는 재산권 제도 및 그 구조가 효율성을 지닌다면, 거래 비용이 감소하고 교환의 기회가 확대된다. 또한 재산권 제도의 효율성은 조직의 생산 활동을 촉진하고, 기술과 지식의 개발 및 향상을 가져온다.[24] 그러므로 경제 성장이 가능하기 위해서는 국가에 의한 효율적인 제도의 유지가 필수적이다. "역사적으로 경제 성장은 잘 발달된 강제적 정치 체제의 제도적 틀 가운데에서 가능했다"(North 1990: 14). 노스의 국가 이론은 장기적인 경제적 성과와 국가 및 정치 조직 간의 이 같은 연관성에 주목한다.

4.2. 재산권 제도의 역사적 불안정성

4.2.1. 스미스

스미스의 국가 이론에서 국가의 역할은 정의의 원리에 입각하여 재산권 제도를 설정하고 공정하게 집행하는 등 사법권의 확립과 법률에 의한 통치를 수행하는 것이다. 국가가 재산권과 계약의 자유를 보장할 때 사람들은 생활상의 개선과 자원의 효율적 관리에 전념함으로써 경제 성장이 이루어진다. 그러

24 노스는 선진국과 후진국의 재산권 제도를 비교하면서 다음과 같이 언급한다. "잘 정의되지 않고 비효율적인 재산권의 결과를 이해하기 위해서는 제3세계 경제의 생산 조직과 선진 공업국 경제의 생산 조직을 대비하기만 하면 된다. 제3세계 경제에서의 제도적 틀은 높은 거래 비용을 야기할 뿐 아니라, 불안정한 재산권은 고정 자본의 투입이 거의 없는 기술을 사용하도록 유인하고, 장기 계약을 수반하지 않는다. (정부에 의해 운영되거나 보호 받는 것을 제외하고는) 기업은 전형적으로 소규모일 것이다"(North 1990: 64~5). 또한 근대 서유럽 발전에서 재산권 제도와 경제 성과에 대한 구체적 검토에 대해 North(1990: 125~30)를 보라.

나 이 같은 소박한 국가론이 현실과 전적으로 부합하는 것은 아니다. 스미스는 종종 소박한 국가론과는 달리, 국가의 기본 구조 및 정치 과정의 특성 때문에 국가의 강제력은 경제 발전에 장애가 될 수 있다고 본다.

스미스에 따르면, 국가의 "기본 구조"(constitution)는 국가가 '중립적' 권력 기구로서 법과 제도를 규정, 집행하는 입법가 및 심판관이 될 수 없도록 만든다. 국가 활동을 살펴보면, 정치 과정의 특성상 상호 이해관계가 동일하지 않은 여러 계층의 집단들에 의해 이루어지고 있다. 또한 재산권 제도를 유리하게 적용하려는 특정 계층의 정치적 행동이 그 배후에서 끊임없이 작용하고 있다(Smith 1759: 230~1).

스미스는 국가를 구성하는 각 하부 계층의 구성원들이 자기가 속한 그룹의 특수 이익(sectional interests)을 위해 노력하는 경향이 있다는 점을 지적한다.[25] 그러므로 정치 권력의 행사가 가능한 통치 집단은 자기가 속한 집단에 유리한 제도를 만들거나, 또는 수입을 증대시키기 위해 특정 계층에게 사업에 대한 특혜(독점권)를 부여하기도 한다. 이처럼 정치적 세력 관계와 정치적 로비에 의한 국가 정책적인 특권 부여는 비효율적인 법과 제도를 유지할 소지를 낳는다. 스미스에 의하면, "때로는 국가의 기본 구조라고 부르는 것, 즉 정부의 이해관계, 때로는 정부를 전제화하려는 특정 계층 사람들의 이해관계가 그 나라의 실정법을 자연적 정의가 사전에 규정하는 것으로부터 왜곡시키고 있다"(Smith

---

25 스미스에 따르면, "모든 독립 국가들은 많은 서로 다른 계층들과 사회 구성 집단들로 분할되는데, 이들은 각기 자신의 고유한 권력, 특권 및 면제권을 갖는다. 각 개인은 자연스럽게 타인의 계급이나 사회보다는 자기자신이 속한 계층이나 사회에 대하여 더 많은 애착을 가지게 된다. 그 자신의 이해관계, 자만심, 그리고 자신의 동료들의 이해관계와 자만심 등은 보통 그것(그가 속한 계층이나 사회)과 상당한 관련을 맺고 있다. 그는 그 사회의 특권과 면제권을 확장하기를 열망하며, 다른 계층이나 사회의 침해에 대하여 그러한 권리들을 방어하고자 한다." (Smith 1759: 230).

1759: 340~1).

특히, 스미스는 (중상주의자의 행태를 비판하면서) 정치 과정에 대한 영향력 행사를 통해 재산권 제도와 규제권이 정의(正義)의 체계로부터 왜곡되는 경우 경제 성과 측면에서 경제력의 손실로 이어진다고 지적한다. 즉, 특수 이익 집단에 의한 정치 과정 개입, 비효율적 법과 제도 유지 및 지대 추구는 자원 배분의 동태적 비효율성을 확대하고, 고용과 자본 축적을 저해하며, 산업 구조 집중화로 사회 질서의 혼란을 초래할 수 있다.[26)]

4.2.2. 노스

노스의 초기 단순 국가 이론에 따르면 국가는 언제나 재산권 구조를 효율적으로 운영할 유인을 갖는다. 조세 수입을 극대화하거나 통치권의 안정을 위해서는 물질적 기반의 확대가 필요한데, 통상적으로 효율적인 재산권 구조를 운용하는 것은 경제 성장을 위한 전제 조건이기 때문이다. 그러나 학계의 비판 및 역사적 실제 사례를 반영하여 훨씬 현실화된 노스의 이론은 국가가 비효율적인 재산권 구조가 설정되고 유지될 가능성을 포함하는 방향으로 변화되었다.[27)]

국가는, 비록 효율성을 반영해 제도를 만들 능력을 보유할지라도, 재산권

---

26 스미스는 당시 영국을 사례로 든다. "식민지 무역 독점은 독점이 없는 경우 영국의 모든 산업 분야 간에 나타났을 자연적 균형을 완전히 파괴한 것으로 보인다. 영국의 산업은 다수의 작은 시장들을 향한 것이 아니라, 주로 하나의 큰 시장을 향했다. 영국의 무역은 다수의 작은 수로를 통해 이루어지는 것이 아니라, 주로 하나의 큰 수로를 통해 이루어지게 되었다. 그 결과 영국의 산업과 상업 체계 전체가 독점이 없는 경우에 비해 더 불안정하게 되었으며, 나라의 전체 정치적 상황도 덜 건강하게 되었다"(Smith 1776: 604).

27 노스의 소박한 국가 이론은 경제적인 편익-비용의 변화로 인해 재산권의 발전이 도모되는 것으로 파악한 1973년의 공저에서 나타난다. 이 이론은 1981년 저서(제3장)에서 수정된다. 노스의 국가 이론에 대한 학계의 논평과 비판에 대해서는 Fiani(2004)를 보라.

제도의 창출 과정에서 통치권에 도전할 수 있는 정도의 권력을 가진 대내외 경쟁 집단의 이해관계를 고려하게 된다. 그러므로 그러한 세력에 거슬리는 재산권 구조를 회피하는 경향이 있다. 또한 통치권자는 재정 수입의 극대화를 목표로 하기 때문에 효율적 재산권 구조를 운용하는 데 드는 거래 비용이 큰 경우에는 일부 주민 집단(기업)에게 독점권과 같은 특혜를 부여한다.[28] 이 같은 여러 이유로 인해 비효율적인 재산권 구조가 계속 유지된다. 재산권 제도의 운영 실태에 관한 역사적 경험에 따르면, 정치 시장의 높은 거래 비용 때문에 비효율적인 제도가 지속적으로 유지됨으로써 경제 성과를 제한하는 경우가 흔하다.[29] 노스는 다음과 같이 요약한다.

> "이러한(재산권 제도) 비효율성이 존재하는 것은 통치자가 힘 있는 유권자의 이해에 반하는 효율적인 규칙을 제정함으로써 그들과 대립하는 것을 원치 않기 때문이다. … 정치 시장의 효율성이 이 문제의 열쇠이다. 만약 정치적 거래 비용이 낮고 정치 행위자가 그들을 안내하는 정확한 모형을 갖는다면, 그 경우 효율적인 재산권이 수반될 것이다. 그러나 정치 시장에서의 높은 거래 비용과 행위자의 주관적 지각은 종종 더욱 경제 성장을 유인하지 않는 재산권을 초래했고, 그 결과로 만

28 노스에 따르면, "대안적인 통치자와 유대 관계를 가진 집단의 부 또는 소득이 재산권에 의해 불리하게 영향 받으면 통치자는 위협 받게 된다. 따라서 효율성 증진 효과와 관계없이 그 집단에 유리한 재산권 구조에 합의한다. 보다 비효율적인 재산권 체계에 비해 (세금을 감시하고 측정하며 징수하는) 거래 비용이 증가할 수 있기 때문에 효율적인 재산권은 보다 높은 소득을 가져다줄 수 있지만 통치자를 위한 조세 수입은 낮출 수 있다. 따라서 통치자는 보다 경쟁적인 조건을 가져오는 재산권보다 독점을 부여하는 것이 자신의 이익에 부합함을 종종 발견하게 된다" (North 1981: 28).

29 노스에 의하면, "정치 조직이 경제 규칙을 만들고 집행하기 때문에 재산권이 효율적인 경우가 거의 없다는 것은 놀랍지 않다" (North 1990: 110).

들어진 조직은 생산적인 경제 규칙을 창조할 어떤 유인도 갖지 않을 것이다." (North 1990: 52)

5. 사례 분석: 질서, 재산권 제도의 운영과 경제적 성과

5.1. 서유럽의 경제사

고대 로마 제국의 붕괴 이후 서유럽의 경제사를 개관하는 데 스미스와 노스는 주요 사항에서 유사한 설명을 한다. 서유럽의 경제 변화 과정에서 스미스와 노스가 주목하는 설명 변수는 포괄적으로 국가/재산권 이론 및 경제 이론에 해당하는 내용이다. 첫째, 로마 제국의 몰락 이후 서유럽은 야만적 폭력과 정치적 불안정에 의해 경제적으로 퇴보했다. 둘째, 중세 농촌의 자의적이고 부조리한 관행 및 차지 제도는 농민들에게 토지 개량과 농업 생산성을 높일 유인을 제공하지 못했다. 셋째, 중세 도시는 정치적 질서의 회복과 자유와 소유권의 안전 보장에 의해 교역 기회의 팽창과 경제 성장을 향유했다.

5.1.1. 스미스

로마 제국이 무너진 후 질서를 강제하는 국가 조직 없이 수세기 동안 진행된 "약탈과 폭력" (Smith 1776: 381), 그리고 이에 따른 대토지 소유 독점에 의해 농촌은 황폐화되었다. 또한 도시, 농촌 간의 분업 체계도 단절됨으로써 서유럽은 "최악의 빈곤과 야만 상태" (Smith 1776: 382)를 겪게 되었다.[30] 특히, 대토지 독점 이후 도입된 일부 소유권 제도(장자상속법과 한사상속제)는 토지의 분할을 억제하고 소유의 집중화를 초래했다. 이 때문에 미경작지가 늘었으며, 토지 개량의 유인이 적어짐으로써 사회적 낭비와 비효율성이 증가했다.

중세 농촌의 경작자에게도 농업 부문의 성장이 기대될 수 없었다. 당시 농민은 토지에 속해 있고 재산을 획득할 수 없는 "예농"(slave)이었기 때문에, 토지의 개량과 농업 발전이 도모될 수 있는 유인이 거의 없었다.[31] 또한 중세 농촌의 상당히 자의적인 부역 노동(노역과 공적 강제 부역)과 압제적인 공적 조세 등도 농업 생산성과 발전에 저해 요인이 되었다. 스미스에 의하면, "이러한 저해 요인 하에서는 토지 점유자로부터의 어떠한 개량도 기대할 수 없다"(Smith 1776: 395).

로마 제국 붕괴 직후에는 도시 지역도 농촌 지역과 상황이 크게 다르지 않았다. 하지만 중세 도시는 점차 왕을 위한 징세 청부를 대행하는 대신에 자치권과 일부 사법권을 획득함으로써 정치적 자유 및 안전을 확보하게 되었다. 도시에서 이러한 질서와 소유권의 안정은 인구와 자본 유입 등 상업이 발달할 수 있는 여건을 조성하였다.[32] 중세 도시는 인근 국지농업이 발달하지 못했기 때

30 스미스는 『법학 강의』에서 다음과 같이 기술한다. "타타르인과 아랍인을 예로 들면 큰 무리의 야만인들은 항상 약탈을 목적으로 이리저리 돌아다녔고 그들이 거친 모든 나라는 약탈당했다. 그러므로 나라 안 대부분이 종종 황무지로 방치되었고 모든 재산이 탈취당했다. 독일 역시 로마 제국이 몰락할 즈음 동일한 상태에 있었다. 부의 진보를 저해하는 요인 중 이보다 더한 장애물은 없다"(Smith 1978: 522).

31 스미스가 기술하듯이, "모든 시대와 모든 민족의 경험은 노예에 의한 노동이 외관상 그들의 생활비만 지출되는 것처럼 보이지만 모든 노동 중에서 결국 가장 비싸다는 것을 증명한다고 나는 믿는다. 아무런 재산도 획득할 수 없는 사람은 가능한 한 많이 먹고 가능한 한 적게 노동하는 것 이외에는 관심을 가질 수 없다"(Smith 1776: 387).

32 스미스가 표현하듯이, "질서와 훌륭한 통치, 그리고 더불어 개인의 자유와 안전이 이처럼 도시에서 확립되었을 때, … 자신의 근로의 과실을 안전하게 향유할 수 있을 때, 사람들은 자연히 자신의 생활 상태를 개선하려고 힘을 다하며, 생활의 필수품만이 아니라 편의품 및 사치품을 획득하려고 노력한다. 그러므로 필요 생활 수단 이상을 목적으로 하는 산업(상업과 제조업)이 농촌에서 토지 점유자들에 의해 행해지기 훨씬 전에 이미 도시에서 설립되었다"(Smith 1776: 405).

문에, 초기에는 원격지 무역에 종사했다. 하지만 점차 분업권이 확대되고 시장 규모가 커지면서 상인들은 운송비 절감을 위해 인근 국내 제조업을 육성하려고 시도했다.[33]

5.1.2. 노스

게르만인의 침입과 로마 제국 멸망 이후 서유럽은 소규모의 정치 단위로 분할되어 사실상 일종의 "무정부 상태"(anarchy)에 빠져 있었다. 이 때문에 유럽에서는 정치적, 경제적 질서가 결여된 상태가 지속되었다. 더욱이 바이킹족의 약탈과 이슬람의 동로마 제국 정복 등도 질서의 회복을 어렵게 만든 요인이었다. 11세기 초 외부 세계의 침입이 잦아들고 지역 질서가 정착되고 나서야 장원의 팽창과 도시의 성장이 이루어질 조건이 마련되었다(North 1981: 135~7; North 2005: 128~9).

하지만 농촌의 경우 장원의 조직 구조는 생산자에게 유인을 마련하고 경제 성장을 도모하기에 그리 적합하지 않았다. 이는 농민의 다수가 예농(serfs)으로서 이주와 경제적 거래에 제약을 받았던 점에 기인했다. 뿐만 아니라, 노동지대가 과중하고 영주가 대체로 관할 지역의 최종 판결권을 가지고 있는 점도 성장에 불리한 비슷한 원인이 되었다. 이 같은 질서와 관습은 장원 경제를 고립화시키고 분업과 기술 전파를 억제하는 효과를 낳게 되었다. 노스의 표현에

33 스미스가 말하듯이, "보다 정교하고 개량된 제조품에 대한 기호가 이런 식으로 외국 무역에 의해 그러한 생산 활동이 전혀 수행되지 않던 나라에 도입되었다. 그러나 이러한 기호가 일반화되어 상당한 수요를 야기했을 때 상인들은 운송비를 절감하기 위해서 자연히 자국에 동일한 유형의 제조업을 설립하려고 시도했다. 로마 제국 몰락 이후 유럽의 서부 지방에서 설립된 것으로 보이는 원거리 판매를 위한 최초의 제조업이 발생한 기원은 이러하다"(Smith 1776: 407).

의하면, "전통적인 장원 조직은 경제 성장에 거의 자극을 주지 못했다. 장원의 고립은 전문화와 분업을 저지했으며, 기술의 진보가 있었을 때 그 확산을 더디게 만들었다"(North 2005: 130; North 1981: 126~31).

한편, 도시에서는 상황이 농촌 지역과 달랐으며, 이는 도시의 훨씬 안정적인 질서 확립에 기초했다. 10세기경에 중북부 이탈리아나 네덜란드 지역(Low Countries)의 꽤 광범위한 도시에서 질서가 점진적으로 개선됨으로써 교역의 기회가 팽창된 점이 중요하다. 지중해와 남유럽 그리고 북유럽을 연결하는 원거리 무역 기회가 확대되어 변화의 원천이 되었으며, 이에 따라 빠른 경제적, 정치적 변화가 발생했다. 교역의 증가에 따라 도시의 성장이 촉진되었고 상인들이 상시적으로 거주하는 장소가 됨으로써 인구가 증가하고 화폐 경제가 발달하게 되었다.[34]

5.2. 국가의 재산권 제도 운용과 경제적 성과: 영국과 스페인의 사례

중세 말기로부터 근대로의 이행 과정에서 서유럽은 경제 발전을 위한 도약의 발판을 마련하게 되지만 국가별로 성장의 속도 내지는 경로에서 차이가 존재한다. 예컨대, 스페인은 16세기경에 유럽의 선진 공업국으로 평가 받았지만, 이후 3세기 동안 상대적인 정체와 제조업의 쇠퇴를 겪는다. 반면, 영국은 동일한 시기에 농업 발전과 산업혁명을 선도하는 국가가 된다.

34 노스가 기술하듯이, "상당히 넓은 지역에서의 질서 확립은 인구의 증가, 교역의 성장, 시장의 팽창, 광범위한 화폐 경제의 발전과 같은 심대한 변화를 초래했다"(North 2005: 131; North 1981: 132~3).

이러한 영국과 스페인의 대조적인 성장 경로의 차이에 대해 스미스와 노스가 내리는 진단의 유사성은 매우 흥미롭다. 첫째, 16세기 이후 스페인과 영국에서 발생한 성장 패턴의 차이가 국가가 재산권 제도를 운용하는 방식과 매우 밀접한 연관을 지닌다. 둘째, 지난 몇 세기 동안 성장 속도의 차이 또는 성장과 정체의 특징을 보여 온 북미와 라틴아메리카의 성장 경로의 차이가 과거 스페인 및 영국의 정치 조직과 제도가 접목된 역사와 결부된다.

5.2.1. 스미스

스페인은 16세기까지 대체로 선진 공업국이며 강력한 해상 세력이었지만 17세기로 들어선 이후 경제의 쇠락을 겪는다. 스페인 경제가 정체하게 된 원인으로서 스미스가 거론하는 바는 포괄적으로 거래의 자유(결과적으로 시장과 분업)를 제한한 중상주의적 정책에 의한 국내 농업과 제조업의 침체 및 시장 규모의 축소이다.[35] 그러나 이러한 요인들보다도 스페인의 경제 성장을 가로막은 가장 핵심적 원인은 유인에 따라 사람들이 활동하는 것을 억제한 재산권 제도 운영의 낙후성에 있다. "그 다른 무엇보다도, 불규칙하고 편파적인 사법(司法)이 그 원인이 되었다. 즉, 이 사법적 관행은 침해당한 채권자의 고발로부터 부유하고 권력을 지닌 채무자를 종종 보호했으며, 근면한 국민들로 하여금 이들 거만하고 권력 있는 사람들의 소비를 위해 상품 만들기를 두려워하게 했다. 이는 그들에게 감히 외상 판매를 거절할 수 없었지만, 그 환수 여부가 거의 불

35 금은 수출에 대한 과세 또는 금지에 따른 물가 상승으로부터 비롯된 국내 농업과 제조업의 위축, 금은 수출세 부과로 인한 해외 시장 잠식, 국내 상품 유통 과세로 인한 국내 시장 축소 등이 여기에 해당한다(Smith 1776: 541, 609~10).

확실한 상황에 기인했다"(Smith 1776: 610).

반면, 스페인의 상황은 영국의 사례와 여러 문맥에서 대비된다. 영국은 꾸준히 부의 증가가 이루어졌음에도 불구하고 근대로의 이행기에 유럽의 선진국은 아니었다. 게다가, 외국과의 전쟁, 내란, 혁명, 정부의 낭비 등으로 부가 파괴되거나 축적이 지체되는 상황이 종종 발생했다(Smith 1776: 344). 그럼에도 불구하고 18세기에 영국이 유럽의 선진 공업국으로 도약할 수 있었던 계기는 거래의 일반적 자유를 허용하고 공정한 사법 제도를 운영한 데에 있다. 영국 역시 당시의 다른 유럽 국가와 마찬가지로 중상주의적 정책으로 인한 성장의 장애를 경험한 것은 사실이다. 하지만 거래의 자유를 허용한 정책, 그리고 불편부당한 재산권 제도를 운영하고 안전 보장을 한 점이 영국 산업의 비교 우위와 성장을 도모했다.[36] 스미스에 따르면,

"대조적으로 영국에서 식민지 무역의 자연적인 좋은 효과는 다른 원인들의 도움으로 인하여 독점의 나쁜 효과를 상당히 많이 극복할 수 있었다. 그것은 교역의 일반적 자유인데, 이는 약간의 제한에도 불구하고 최소한 다른 나라의 교역 자유와 같거나 아마 다른 나라를 능가한 듯하다. 즉, 이는 국내 산업의 모든 상품을 무관세로 외국에 수출할 수 있는 자유, 그리고 더 중요한 원인은 어떤 관청에 보고하거나 질문, 조사를 받아야 할 의무 없이 국내의 한 지역에서 다른 지역으로 상품을

36 재산권 제도의 정착과 공정한 사법권의 운용 및 법률에 의한 통치가 어떠한 유럽 국가들보다도 앞서서 영국의 농업과 상공업의 발달을 도모한 토대가 되었다. 정의로운 사법 제도의 운영과 영국의 경제 성장의 연관성에 대한 지적으로 Smith(1776: 345, 424, 540)를 보라.

이동할 수 있는 무한한 자유이다. 그러나 무엇보다도 훨씬 더 중요한 원인은 가장 비천한 영국 시민이라도 자기 권리를 권력자로부터 존중받을 수 있었음과 동시에 각 개인에게 노동의 결실을 안전하게 보장함으로써 모든 유형의 근로를 최대로 가장 유효하게 장려했던, 평등하고 공평한 정의의 집행이었다." (Smith 1776: 610)

이처럼 스미스는 16세기 이후 스페인이 경제의 정체를 경험한 반면 영국이 빠르게 성장을 도모할 수 있었던 이유는 지위, 권력, 재산의 과소 여부에 관계없이 거래의 자유를 보장함과 동시에 법질서 앞에 평등하게 재산권 집행을 엄격하게 시행한 점에서 찾는다.

한편, 스미스는 논의를 확장시켜 스페인과 영국의 미주(美洲) 식민지 경제성장에 대해서도 마찬가지의 비교를 하고 있다. 스미스에 의하면, 유럽 국가의 식민지 가운데 영국의 북미 식민지가 가장 훌륭한 경제적 성과를 거두었다. "북아메리카의 영국 식민지보다 더 빠른 경제 진보를 이룬 식민지는 없다" (Smith 1776: 571). 북미 식민지에서 무역 거래를 규제하는 일부 중상주의적 정책이 잔존했고 스페인의 식민지보다 열등한 토지를 보유했다. 그럼에도 불구하고 "영국 식민지의 정치 제도" (Smith 1776: 572)는 자치권과 거래의 자유를 허용함으로써 다른 지역보다 경제 성장에 유리한 환경을 조성했다.[37]

37 스미스가 기술하듯이, "외국 무역을 제외한 모든 점에서 영국 식민지 주민이 자신의 문제를 자신의 방식대로 처리하는 자유는 완전하다. 그 자유는 모든 점에서 본국 시민의 자유와 동일하며, 식민지 통치를 위해 과세할 수 있는 유일한 권리를 가진 식민지 의회에 의해 본국과 동일한 방식으로 완전히 보장되어 있다" (Smith 1776: 584~5). 이 같은 영국 식민지의 우월한 정치 조직 및 제도가 북미 식민지 경제 제도의 운영에 반영되어, 미경작지의 독점 제한, 장자상속권의 폐지와 토지 균등 분할, 저렴한 세금 및 행정방위비 부담, 타 식민지보다 더 큰 시장의 활용 등이 이루어졌다(Smith 1776: 572~5).

반면, 멕시코와 페루 같은 스페인의 식민지에서는 본국의 전제 정치와 이로부터 파생된 자의적 권력 행사, 국왕을 위한 금은 확보 정책 및 유럽 봉건 제도가 일부 계승되었다. 이 때문에 스페인은 식민지 가운데 가장 우수한 토지 자원을 보유했는데도 불구하고 그 경제 성과를 제대로 거두지 못했다.[38]

5.2.2. 노스

경제사에서 북미와 라틴아메리카의 발전 양식의 차이는 노스의 주요한 연구 사례를 구성한다. 노스는 제도가 경제의 장기적인 성과를 결정짓는다는 이론을 견지하면서, 북미와 라틴아메리카의 장기적인 경제 변화 및 그 성장 경로를 과거 모국이던 영국과 스페인이 식민지에 부과한 제도적 특성에서 찾는다(North 1981: 143~57). 스미스와 마찬가지로 노스는 과거 영국과 스페인의 정치 조직과 그 특성에 대한 논의에서 출발한다. 정치 조직이 시장 영역의 재산권을 규정, 집행하고 경제의 인센티브 구조를 결정하기 때문에 경제 성과에 상당히 직접적인 영향을 미친다.[39]

노스는 17세기 초 영국은 반복되는 재정 위기로 인하여 재산권의 안정성이 저하되었으나, 세수 확보, 정의의 집행 등에서 국가의 자의적 권력 행사를 견제할 수 있는 정치 조직을 정비했다. 그리고 사유 재산권을 보호할 수 있는

38 스미스에 의하면, "스페인의 … 전제 정부(absolute governments)는 식민지에서도 계승되고 있다. 그러한 정부가 매우 먼 거리 때문에 하급 관리들에게 위임한 자의적 권력은 자연스럽게 일상적 수준을 넘어 상당히 폭력적으로 행사된다"(Smith 1776: 586). 스페인 식민지에서 시행된 봉건적 제도도 경제 성장을 제한했다(Smith 1776: 572).

39 노스에 따르면, "두 사회의 차이를 야기한 것은 단순히 정치 조직의 집권화 또는 분권화 여부가 아니었다. 그럼에도 불구하고 이 특징은 결정적인 차이를 만들었고, 정치 조직과 경제의 양면에서 광범위한 차이의 전조가 되었다"(North 1990: 114; North 1981: 148).

제도를 만듦으로써 경제 성장의 토대를 구축했다. 즉, 영국에서는 의회의 대의제 정부 출범과 사법부 독립 등 정치 조직이 변화했다. 이에 따라 중상주의적 규제가 완화되고 재산권의 안정성이 높아지며 자본 시장의 발전이 계기적으로 촉발됨으로써 시장 기회의 확장 및 경제 발전의 토대가 마련되었다.[40] 노스에 의하면,

> "명예혁명의 결과로 나타난 영국 정치 조직의 근본적인 변화가 영국 경제의 발전에 있어 결정적으로 공헌한 요인이었다. … 의회의 주권, 재정 문제의 중앙(의회) 통제, 왕실 특권의 축소, (적어도 국왕으로부터) 사법의 독립, 그리고 관습법 재판소의 주권 등이 확립되었다. 주요한 결과는 재산권의 안정성 증대였다. 가장 주목할 만한 즉각적인 결과는 자본 시장의 빠른 발전이었다. … 재산권의 안정성과 공적, 사적 자본 시장의 발전은 이후 영국의 빠른 경제 발전을 위해서만이 아니라, 영국의 정치적 패권과 세계의 궁극적 지배를 위한 수단으로 작용했다."
>
> (North 1990: 138~9)

반면, 영국과는 상이한 정치적 전통으로 말미암아 상대가격의 변화에 적절히 대응하지 못한 스페인의 경우는 대조를 이룬다. 비슷한 시기 스페인도 전쟁 비용 증가 등 영국과 유사한 재정 위기에 직면하여 있었다. 하지만 스페인

40 노스가 표현하듯이, "영국에서 … 보다 안전한 재산권, 중상주의적 규제들의 축소, 그리고 도시 길드의 제한에서 벗어난 직물 기업 등이 결합하여 국내 및 국제 시장에서 기업들에게 확장된 기회를 제공했다. … 스페인에서는 … 무어인과 유대인의 배제, 토지 임차료의 상한과 밀 가격의 상한, 세비야의 상인에게 송금되는 은의 몰수 등은 생산 활동에서 유인 억제를 예고했다"(North 1990: 114~5; North 1981: 154~7).

의 중앙집권적, 관료적 정치 조직은 영국과는 달리 세수 증대, 재산 몰수 등으로 대처하면서 재산권의 불안정성이 심하게 초래되고 상대적인 정체의 경로를 겪었다. "스페인의 정치 조직은 거대한 중앙집권적 관료제로 이루어져 있었다. … 정치 조직뿐만 아니라 경제의 모든 세부 사항이 … 국왕의 이해를 증진시키려는 목표에 맞도록 구조화되었다. … 그 결과는 파산, 내국세의 증가, 재산 몰수, 불안정한 재산권이었다"(North 1990: 114; North 1981: 150~2).

한편, 노스에 의하면, 근대 초기 식민지에 그 족적을 남긴 영국과 스페인의 정치 조직과 그 제도적 특성이 지난 3~4세기 동안 북미와 라틴아메리카의 경제 성과를 좌우하는 결과를 초래했다. 영국에서 북미에 이식된 제도적 틀은 미국의 정치적 안정, 기술 혁신 및 비대인적 교환을 확장하는 데 필요한 적응적 효율성을 발휘해 왔다. 반면, 스페인의 중앙집권적 관료적 전통은 라틴아메리카의 경제 활동에서 혁신과 시장 기회를 제한하는 반유인적 요인으로 작용했다. 노스는 다음처럼 요약한다.

> "영국과 스페인은 17세기에 모두 재정 위기에 직면했지만 두 나라가 경험한 대조적인 경로는 각 사회에 깊숙이 자리한 제도적 특성을 반영한 듯하다. 미국의 경제사는 자본 시장의 창설과 경제 성장에 필수적인 장기 계약을 촉진시켜 왔던 연방제의 정치 체제, 견제와 균형, 그리고 재산권의 기본 구조에 의해 특징지어져 왔다. … 대조적으로, 라틴아메리카의 경제사는 스페인과 포르투갈에서 물려받은 집권적, 관료적 전통을 영속화시켰다. … 제도적 환경의 간섭주의적이고 늘 변덕스러운 특성은 도시이건 지방이건 모든 기업이 매우 정치적인 형태로 운

영되도록 하였다. … 항상 경제 영역에서의 성공 또는 실패는 생산자의 정치 당국과의 관계에 의존한다."(North 1990: 116~7)

6. 맺음말

약 2세기의 격차에도 불구하고 경제의 흥망성쇠를 조명하기 위한 스미스와 노스의 경제사 이론에서 관찰되는 유사성은 지금까지 학계에서 관심을 끌지 못했다. 스미스는 인간 행동의 특성으로서 개인의 자기애(구체적으로 생활 개선 심리와 교환 성향)를 일반적 전제로서 수용하고, 분업/가격 이론 및 국가/재산권 이론 등 하위 이론을 바탕으로 역사적인 경제의 성장과 쇠퇴를 설명하고 있다. 노스는 경제의 진보와 쇠퇴가 거래 비용 및 재산권, 비공식적 제약과 밀접한 관련을 지니고 있다는 관점 하에, 제한적 합리성의 행동 가설을 바탕으로 그 하위 이론으로서 상대가격 이론, 재산권과 국가 이론, 이념 이론 등 제도 이론 체계를 구축하여 경제사를 설명해 왔다.

물론 스미스와 노스의 경제사 이론 체계가 각각 독특한 학문적 배경 하에서 나름대로 독자성을 지니며, 그 구성과 내용에서도 차이점이 있다는 것은 말할 나위도 없다.[41] 그럼에도 불구하고, 경제사 이론 체계에 기초하여 경제의

41 예컨대, 다음과 같은 점이 지적될 수 있다. 첫째, 노스 이론 체계에서 핵심적 개념인 거래 비용(transaction cost)은 제도와 밀접한 연관성을 지닌다. 노스는 공식적 제도의 도입이 이루어지는 이유를 거래 비용의 절감과 교환 과정을 단순화하려는 시도에서 구하는 반면, 스미스는 제도의 도입을 정의(正義)의 유지를 위한 국가의 역할에서 찾는다. 둘째, 스미스와 노스는 국가의 강제력에 의한 질서 조율이 경제 성과의 토대라는 점에서 국가 이론을 중시하지만 그 내용면에서 큰 차이가 있다. 스미스는 국가의 존재 의의와 역할을 사람들의 동감 성향에 기초한 정의의 달성이라는 관점에서 다루지만, 반면 노스의 국가 이론은 신고전파 국가론에 입각해 부와 재정을

성장과 쇠퇴에 대한 일반적 역사(general history)를 구성하는 그들의 저술에서 몇몇 공통점을 찾아볼 수 있다.

첫째, 역사 연구의 기초를 형성하는 방법론적 유사성이다. 스미스와 노스는 귀납적 역사 연구보다는 경제사의 '이론적' 탐구, 즉 역사 이론에 의한 경제사의 체계적 고찰과 검증을 목표로 하고 있다. 또한 경제사의 제반 특징을 단일 경제 이론에 의해 설명하기보다는 시장, 국가 또는 사회 영역에 걸쳐 있는 하위 이론을 구성하고, 이에 의해 경제 성과를 설명하는 사회과학적 분석틀을 활용하고 있다.

둘째, 스미스와 노스는 부의 추구 영역에서 자기이익을 추구하는 사람들의 행위를 상정한다. 시장 영역에서 사람들의 자기애는 (사회성에 의해 제한 받거나 또는 합리성 측면에서 제한되지만) 기대이익과 기대비용을 감안하여 행동하도록 유인하는 원천으로 작용한다. 분업과 비대인적 교환(시장)의 확대 등 경제 변화의 주요 사실들이 이 같은 경제 이론에 의해 설명된다.

셋째, 스미스와 노스는 국가에 의해 운영되는 적합한 재산권 제도가 경제 성과의 선행적 기초가 된다고 본다. 그들에 의하면, 국가-시장의 두 영역은 서로 독립적인 범주이지만 경제사를 이해하는 데 분리할 수 없을 정도로 상호 연관성이 크다. 또한 이상적인 소박한 국가론과는 달리 역사적으로 국가는 종종 지대를 추구하거나 비효율적 제도를 유지함으로써 재산권 제도의 불안정성을

극대화하려는 통치자에 초점을 맞추고 있다. 셋째, 노스의 이론 체계에서 사회 영역을 구성하는 이념 이론은 각 사회의 문화적 경험이 구성원들의 인지 체계와 선택을 제약해서 장기적으로 경제 발전의 성패를 좌우한다고 막연하게 지적한다. 하지만 스미스의 경우 훨씬 구체적인 사회 영역 이론이 존재한다. 즉, 공정한 관찰자의 동감 이론에 기초해서 확립된 사회 규범 또는 제도화된 행동 규범이 모든 사회인 가운데 배태되어 있고, 이것이 경제 발전에 중요한 역할을 한다.

시현하고 경제 발전의 장애물이 된다.

넷째, 역사 이론을 경제사의 구체적 사례에 적용하는 사례에서도 유사한 측면이 발견된다. 이는 로마 붕괴 이후 근대 초까지의 서유럽 경제사를 개괄적으로 설명하는 부분에서 드러난다. 특히, 영국과 스페인의 성장 속도의 차이, 더 나아가서 북미 식민지(미국)와 남미 식민지(남미)의 서로 다른 성장 경로가 비교, 분석되는 부분은 서로 확연하게 공감이 이루어지는 사례이다. 그들에 따르면, 영국 및 스페인(또는 식민지 통치로 정책적 영향을 직접적으로 받은 미국 및 남미)을 비교하면 경제의 성패를 가르는 결정적 요인은 분권적, 합리적 사법 체계의 운용과 거래의 자유 보장 등 국가가 합당한 제도적 역할을 수행하고 있는가의 여부이다.

제 6 편

새로운 경제학 조류의 기원

제11장
행동경제학과 행동법학

제12장
조직 이론과 조직의 경제학

제13장
행복 이론과 행복경제학

제11장
행동경제학과 행동법학

1. 머리말

인류 역사에서 법 제도는 외부 환경에 대응한 인간의 사회적 상호작용 속에서 행위자들의 내적인 의사 결정 시스템의 작동에 의해 만들어지고 오랜 진화의 역사를 갖는 문화적 인공물 가운데 하나이다. 또한 그것은 실용적으로는 행위와 결과에 대한 판결의 토대이며 경제적 성과를 측정해야 하는 법과 경제 실무가의 판단 대상이기도 하다. 구미 법경제학 문헌에서 Ronald Coase(1988)는 광의의 (상대)가격 이론을 바탕으로 거래 비용이 존재하는 현실 세계에 주목하여 일종의 경기 규칙과 자원 배분 기구로서의 제도와 조직이 존재하는 이유를 이론적으로 제시했다. 이에 의거해서 그는 방대한 재산권 제도를 규정하고 법적 규제를 집행하는 정치 영역과 국가 활동, 법과 경제, 조직의 문제가 시장이라는 범주 못지않게 경제적 효율에서 중요한 역할을 하며 시장 내의 경제 성과에 큰 영향을 미치는 요인임을 선구적으로 지적했다.

한편, 합리적 경제인의 비용–편익 분석과 선택 이론에 근거한 법경제학적 논의는 Gary Becker(1968)에 의해 제시된 바 있다. 예컨대, 범죄 행위자는 범죄의 실행 여부를 판단하는 데 있어서 범죄를 실제로 이행할 경우의 기대비용과 기대편익을 감안하여 비교 형량을 한 후 범죄의 실행 여부에 관한 의사 결정을 한다. 이렇듯이 합리적 선택 이론에 근거한 지난 수십 년간에 걸친 현대 법경제학적인 논의는 특정의 정교한 분석 도구가 결여되었던 법 현상의 설명과 법 정책의 반영에서 경제학적인 틀을 제시함으로써 경제학과 법학 영역에서 큰 반향을 일으키고 상당히 유용한 분석 도구로 활용되어 왔다(Posner 2010).

하지만 합리적 선택 이론을 통한 법 현상의 설명과 예측, 대안 제시에서 거둔 상당한 성공에도 불구하고, 그로부터 벗어난 수많은 이례 현상(anomalies)의 존재도 간과할 수 없다. 이러한 이례 현상은 지나치게 현실을 단순화한 이론 틀에 대한 비판과 동시에 좀 더 현실적이고 설득력 있는 모델을 구축하고자 하는 학문적 노력을 유발시켜 왔다. 법 제도에 관한 행동경제학적 접근 방법이 여기에 해당한다(Sunstein 2000). 행동경제학에 이론적 근거를 둔 행동법학(behavioral law)에서는 개인들이 완전한 합리성보다는 제한된 인지 능력이나 판단 능력을 가진다고 보는 인지과학계의 입장을 명시적으로 수용한다. 예를 들면, 사람들은 법에 명시된 규정과 지식에 대해서 알지 못하는 경우가 많고, 법 위반 행위가 수반할 개인적, 사회적 결과에 관해 잘못된 판단을 할 가능성이 높으며, 실제 행위의 순간에는 다양한 사회적, 심리적, 감정적 요인들의 영향으로 인하여 궁극적인 행동은 이상적인 이성적 판단과는 달라질 수 있다. 다시 말해서, 현실 세계에서 행위자의 인지 능력, 정보 및 판단 등에서 명백히 한계가 있다. 사람들은 완전 합리적이지 않은 방식으로 빈번한 의사 결정을 내리기 때문에 법 현상에 관한 설명과 법 정책은 보다 현실적인 인지적 가정을 전제로 해야 한다.

인지과학과 행동경제학에서는 합리성 모형의 설명과 예측에서 일탈하는 현상들이 발생하는 근본적인 이유로서 판단 및 의사 결정을 할 때 사람들이 범하는 체계적인 편향성과 오류를 거론한다. 이 같이 제한된 정도의 비용/편익에 관한 판단은 개인들이 기대효용을 극대화하지 못하거나, 또는 근원적 불확실성이 지배하는 미래에 특정 상황이 발생할 가능성에 대한 판단에서 정확성을 지니지 못하도록 만든다. 전자의 사례는, 예컨대 사회 윤리, 제도, 관습에 내재적인 가치인 공정성의 감각에 따라 행동하는 경우가 될 수 있다. 후자는 복잡한 환경에 대응하려 할 때, 휴리스틱, 프레이밍, 낙관성 편향, 손실 회피 성향, 근시안적인 선호 등에 따라 행동함으로써 합리성 분석 틀에 기반한 예측 결과로부터 벗어나는 경우이다. 이처럼 현상 판단과 의사 결정에서 개인들이 완벽한 합리성보다는 체계적인 편향성과 오류, 제한된 합리성을 보인다면 이러한 가능성을 고려하여 행동법학적 관점에서 국가의 법행위에 관한 법경제학적 분석을 시도하고 법 정책 집행 체계의 개선 방향을 모색하는 것이 필요해진다.

본 연구는 스미스의 법과 경제의 학문 체계를 이해하려는 목적과 관련해서, 행동법경제학적 관점에서 현대 행동경제학의 이론과 사례가 법과 제도의 실증적, 규범적 분석에 어떻게 실제로 적용되고 있는가를 살펴보려 한다. 근래 행동법경제학적 연구의 많은 부분은 현대 법경제학의 합리성 가정과 대비할 목적으로 주로 소위 비합리적인 편향성을 중심으로 분석하고 있다. 그런데 본 연구의 관점에서 행동경제학이 시사해 주는 보다 타당한 방법은 (합리적 성향의 전적인 배제가 아니라) 마음의 인지 체계 및 감정 체계의 상호작용 접근법이다. 본 연구는 스미스의 도덕철학(사회과학)은 감정 및 인지 체계의 통합적 접근법에 근거하고 있음을 제시하고, 이에 의거하여 국가법 정책의 이론적 토대와 실정법 운영과 경제의 통합적 이슈를 탐구하고자 한다.

그러므로 먼저 제2절에서 스미스의 학문 세계의 핵심인 사회 규범-법과 경제의 문제가 마음의 감정 체계 및 인지 체계의 통합적 접근에 의해 조명되고 있음을 살펴본다. 제3절에서는 주로 행동경제학의 기원에 관한 기존 연구를 통해 탐구된 스미스의 행동경제학의 원리를 밝힌다. 제4절은 스미스의 행동법학적인 부분으로서 법 제도의 분석과 제안에 인지 및 감정 체계에 대응하는 행동경제학적 원리들이 존재하며, 그러한 제한된 합리성과 체계적 편향성의 보완을 위해 국가의 역할이 추가적으로 제안되고 있음을 고찰한다. 제5절은 결론으로서 본 연구를 요약하고 그 시사점을 도출한다.

2. 사회 규범-법과 경제의 토대: 감정 체계 및 인지 체계의 통합적 접근

스미스의 도덕철학과 인문 환경 모형에서 사회 규범-법과 경제의 과제는 존재론적으로 환원 불가한 독립성을 지니지만, 두 영역은 완전 독립성보다는 상호 의존적인 차원과 요인으로 그려진다.[1)] 이를 전제로 할 때 행동법학적 관점에서 '법과 경제'의 문제를 검토하는 과제는 한편으로 행동경제학에서 고찰

1 노벨 경제학상 수상자 Williamson(2000)은 사회과학 모형의 존재론적인 주요 차원이 사회, 정치/법, 조직, 시장 등 네 가지로 구분될 수 있다고 지적한다(본서 제1장 표 1-1). 스미스의 학문 세계에서는 사회, 정치 또는 법, 경제의 세 가지 주요 차원으로 나뉘고 있지만 이 세 영역들이 사회과학 모형에서 불가분의 통일적 관계를 구성한다(본서 제1장 표 1-2). 예를 들어, Skinner(1996), Evensky(2005)를 참고하라.

하고 있는 인간의 심리와 인지적 판단 및 의사 결정의 과정과 내용을 고려해야 하는 것이다. 이와 동시에 그것은 법 제도를 관장하는 국가 운영의 규범적 가치와 역할, 그리고 보다 근원적으로는 사회 규범의 기원 및 변화 이론의 특성을 고찰해야 하는 작업이기도 하다. 그러므로 행동경제학과 행동법학의 연결고리를 찾는 본 연구 과제에서 사회 규범-국가법 제도와 경제의 현상들을 설명하기 위해 스미스가 제시한 마음의 모형과 그 특성을 선행적으로 이해하는 것이 필요하다.

고대 그리스 철학에서는 사람의 판단 및 의사 결정 기능을 직감적 부분(감성)과 분석적 부분(이성)의 상호작용에 의한 것으로 인식했다. 비록 근대 철학 사상에서 이성의 우위와 통제를 가정하면서 감성의 역할에 관한 논의가 제약되었지만, 마음의 작용에 관한 이 전통적 관점은 학계에서 널리 수용되어 왔다. 이러한 전통적 견해가 1990년대 후반 이후 뇌(腦) 영상 기법의 발전을 토대로 하여 한층 정밀성을 도모하는 신경과학에 의해 강화되어 왔다는 점은 주목할 만하다.

근래 인지신경과학에 의하면, 마음의 구조는 두 가지 정보 처리 과정 및 두 가지 작동 체계로 해석된다. 첫째, 정보 처리 기능을 담당하는 두뇌는 직관과 감정의 사용과 관련된 감성 관할 체계(affective system)와 분석적, 논리적 규칙을 따르면서 인지적 작용을 관할하는 체계(cognitive system)의 두 가지로 구성된다. 인지 체계의 측면에서 사람들은 평소 신중하게 자제력을 발휘하여 합리적으로 자기이익을 고려하거나 또는 그러하기를 희구하지만, 종종 제한된 합리성, 즉 과도한 낙관성, 제한된 의지력(자기통제 부족), 손익 판단에서의 비대칭성(손실 회피 성향) 등을 보인다. 감성 체계의 측면에서는 시기심과 분노, 그리고 공정성에 관한 감각 등이 경제 활동에 중요한 영향력을 행사한다. 둘째, 사람의 행동은 인지 체계와 감정 체계 간의 상호작용에 따른 의사 결정으로부터 비롯된다. 이러한 의사 결정 과정에서 마음의 두 가지 시스템은 서로 협동, 경쟁, 갈등 조정, 분별력 유지 등을 통해 마음의 균형 상태를 달성하려고 한다. 셋째, 감정 체계의 강도가 강한 경우에 인지 및 사고력에 대한 감성의 지배 우위 내지 왜곡이 발생하며, 또한 모듈에 따른 자동 정보 처리 과정이 우선적으로 작동하면서 분별력과 판단력에서 오류가 발생하기도 한다. 그러므로 특정 상황에서 적절히 통제되고 조율된 감정 체계의 기능과 역할이 없다면 고차적인 신중한 인지 체계의 작동도 제대로 이루어지지 않는다.[2)]

18세기 도덕철학의 전통을 따르고 있는 스미스의 학문 체계는 마음에 관한 오랜 철학적 전통 그리고 현대 신경과학의 입장과 유사하다. 스미스의 체계에서 마음의 작용, 그리고 사회 규범-법 제도와 경제 활동의 접근법은 인지 및 감정 체계를 통합적으로 고려한 모형(interactions of affect and cognition)에 근거하고 있다.[3)] 현대 법경제학의 모형은 마음의 인지 체계 중에서 효용(극대화)의 가치와 합리성(이성)의 기능에 전적으로 의존하면서 감성의 영역을 배제하기 때문에 스미스의 접근법과는 차이가 있다. 스미스는 『도덕감정론』을 통해 인간의 활동 영역 전반(사회관계, 정치/법률 행위, 경제 활동)에 관한 윤리적, 규범적

2 근래의 신경과학의 연구 성과에 기초해서 인간의 마음을 보다 미시적인 두뇌의 정보 처리 과정으로 파악하는 행동경제학의 프런티어 연구(신경경제학)에서는 마음의 구조가 감성을 관할하는 체계와 인지를 관할하는 두 가지 체계로 구성되어 있다. 그리고 여기서 사람의 판단과 의사 결정은 인지 체계 및 감정 체계의 통합적 상호작용에 있다고 모형화된다. 이러한 연구 흐름을 보여 주는 문헌으로서 Camerer et al.(2005) 및 Glimcher et al.(2009)을 참고하라.

3 Dow(2001, 2009)는 행동경제학의 스코틀랜드 계몽주의적 기원과 관련해서 경험론 철학자인 흄(David Hume)을 주로 검토하고 있다.

판단을 마음 내의 주요 심리적 능력인 동감과 공정한 관찰자의 원리에 기반해서 설명하려고 했다(Campbell 1971). 그런데 인지과학적 측면에서 고찰하면, 동감의 심리는 마음의 작용 중 감정 체계를 구성하는 능력의 부분이며, 공정한 관찰자는 동감의 감정에 따라 도덕 판단에 관여하면서도 그 인지적 판단 과정에서는 이성(理性)의 작동 기제에 의존하는 인지 체계 대응 부분에 속한다. 이를 조금 더 구체적으로 살펴보자.

스미스에 따르면, 동감의 원리는 관찰 대상이 되는 다양한 행위에 대해 상상력의 작용에 의해 공정한 관찰자가 행위자의 입장에서 객관적으로 반추하는 동료 감정(fellow-feeling)을 지칭한다. 공정한 관찰자는 스미스의 윤리 이론에서 사회적 행위의 토대로서 천성(天性)적인 동감 성향의 기준이 되는 주체이다. 동감의 심성과 공정한 관찰자의 원리는 (타인의 행위에 지향될 뿐만이 아니라) 제2자로서 지칭되는 양심의 작용에 의해 자신의 행위에 대한 객관적 판단으로까지 확대된다. 이처럼 스미스의 이론 체계에서 공정한 관찰자에 의한 동감 기반의 사회심리적 메커니즘은 일상적인 규범적 판단의 배후에서 작용하고 있으며, 궁극적으로 사회 규범과 같은 비공식(非公式) 제도의 기원이 될 뿐만 아니라, 법 제도의 기원이 되는 정의론(正義論)의 토대가 된다. 따라서 동감 기반의 공정한 관찰자 이론은 공시적 관점에서 인문 환경과의 상호작용을 통해 이루어지는 사회 규범 및 국가법 제도의 출현을 설명하고, 동시에 통시적으로 제도 일반의 역사적 변화와 그 진보를 해명하는 기제가 된다.

동감의 원리를 통한 규범적 판단의 주체인 공정한 관찰자의 특성은 마음의 감정 및 인지 체계의 통합적 접근 및 교호 작용을 드러낸다. 스미스에 따르면, 첫째 공정한 관찰자는 사회관계 속에서 발생하는 모든 행위 당사자들의 본원적 감정에 동감의 능력을 발휘한다. 둘째, 공정한 관찰자는 판단의 대상이 되는 당사자들과는 별개의 제3자로서 사정에 정통하고 공정하고 합당한 판정을 내리는 주체로서 사회의 집단적 동감을 대변한다. 공정한 관찰자가 표출하는 감정의 정도와 수준이 덕목의 기준이 되고, 사회 규범과 법 제도의 적정성 기준이 된다.

공정한 관찰자의 후자의 특징과 관련하여 마음의 능력인 인지 체계와 이성의 기능이 중요해진다. 다시 말해서, 사정에 정통하고 사물의 운행 이치에 관한 판단력을 제고하기 위한 공정한 관찰자의 특성은 통상적으로 이성의 능력을 충분히 활용하는 동시에 시간 선호와 관련이 있는 자기통제(自己統制)에도 능통한 것으로 나타난다. 스미스는 행복 및 후생과의 관련성 하에 개인들에게 가장 유용한 자질인 신중(愼重)의 덕목을 거론하는 가운데, 공정한 관찰자는 마음 내부의 인지적, 정신적 능력인 이성과 오성(悟性) 그리고 자기통제의 능력을 적절히 발휘하는 존재임을 밝히고 있다.

> "우리 자신에게 가장 유용한 자질들은 무엇보다도 모든 행동으로부터 도출되는 원격적인 결과들을 식별하고 그것들로부터 초래될 이익과 손해를 예견할 수 있게 만드는 뛰어난 이성(superior reason)과 오성(understanding)이다. 그리고 두 번째는 미래의 보다 큰 즐거움을 획득하거나 보다 큰 고통을 회피하기 위해서 우리들로 하여금 현재의 즐거움을 억제하거나 고통을 감내하게 하는 자기통제(self-command)이다. 모든 덕성 중에서 개인에게 가장 유용한 신중(prudence)의 덕목은 이 두 가지 자질의 결합 속에 존재한다. … 관찰자는 현재 우리를 자극하고 있는 욕

구의 유혹을 느끼지 않는다. 그에게 있어서는 우리가 1주일 후 또는 1년 후에 누리게 되는 쾌락은 우리가 지금 이 순간에 누리는 쾌락 정도의 관심사에 불과하다. 따라서 우리가 현재를 위해 미래를 희생할 때, 그에게는 우리의 행위는 최고로 불합리하고 낭비벽이 있는 것처럼 비춰지며, 우리의 행위에 영향을 미치는 원리들에 공감하지 못한다"(Smith 1759: 189).

이처럼 공정한 관찰자는 합당한 도덕 판단을 위해 한편으로 사람들의 통상적 감정에 맞추어 동감의 능력을 발휘하면서도, 다른 한편으로 냉철한 이성과 자기통제에 의거한 적정하고 합리적이며 균형 잡힌 시각을 견지한다.[4] 이 점이 스미스로 하여금 공정한 관찰자를 "이성(理性), 원칙, 양심, 가슴 속의 거주자, 내부의 사람, 우리의 행위의 재판관 및 조정자"(Smith 1759: 137)라고 지칭한 이유다.

또한 공정한 관찰자는 합당한 감정 판단에 의거하여 구체적, 개별적 사례에 대해 도덕적 승인을 하며, 이는 집합적으로 사회 규범의 기원이 된다. 이처럼 감정 및 인지 체계의 통합적 관점에서 볼 때, 경험과 귀납에 의한 관념 및 일반 원칙의 형성 과정에서 이성은 불가결하게 작용하는 마음의 힘이다.[5] 스미

4 공정한 관찰자의 특성은 이성과 오성 그리고 자기통제의 능력을 가지고 타인의 감정에 동감하는 것이다. 스미스는 자기통제의 덕성에 대해 다음처럼 표현한다. "자신의 감정을 관찰자가 함께 공감할 수 있는 정도까지 낮추려는 주요 당사자의 노력은 사회 질서 … 위대하고, 경외롭고 존경할 만한 덕성, 즉 자기부정, 자기억제, 우리 본성의 움직임을 자존심과 명예심 및 행동의 적정성에 따르도록 하는 그 열정 통제의 덕성은 그 기원을 후자(자기통제)에 두고 있다"(Smith 1759: 23, 161).

5 공정한 관찰자의 승인을 얻은 구체적, 개별적 행위는 적정성과 도덕성을 가지는 것으로 인식되고, 이러한 행동 패턴의 일반화에 의해 일차적으로 도덕률과 사회적 규범이 형성된다. "다른 사람들의 행동에 대한 우리의 지속적인 관찰은 어떤 행위가 추천되거나 회피되는 것이 타당하고 적정한가에 대한 어떤 일반 원칙을 무의식적으로

스에 따르면, "이성에 의해서 우리의 행위를 규제해야 할 정의의 일반 규칙을 찾아내, 신중과 품위가 무엇이며, 관대함 또는 고상함이 무엇인가 하는 더욱 막연하고 불확정적인 관념들을 형성한다. … 도덕의 일반적 격언들은 다른 모든 일반적 격언들과 마찬가지로 경험과 귀납에 의해 형성된다. … 귀납은 항상 이성의 여러 가지 작용들 중 하나로 간주된다. 그러므로 이성으로부터 모든 일반적 원칙과 관념이 도출된다고 하는 것은 매우 적절하다"(Smith 1776: 319).

이상의 기술 등으로 볼 때, 스미스의 견해로는 사회 질서의 토대에 필수적인 규범의 형성과 변화의 기초에 마음 내부의 동감의 감정과 이성의 기능이 작용하고 있다. 이와 동시에 도덕 판단의 준거가 되는 공정한 관찰자의 속성은 감정-인지 체계의 통합적 구도와 상호작용을 반영한다.[6)]

3. 스미스의 행동경제학의 원리

위에서 본 바대로 『도덕감정론』에서 사회적 인간상(人間像)은 감성과 이성의 통합 원리에 따라 행동할 뿐만 아니라, 다양하고 복합적 심리 작용으로 점철된 경험 세계의 일상적 사람이다. 사람들은 대부분 자기애(自己愛)적 속성을 토대로 합당한 의사 결정을 통해 대부분의 활동 및 거래를 해나간다. 뿐만 아

우리 자신에게 형성하도록 한다. … 도덕의 일반 원칙은 이렇게 형성된다. 도덕의 일반 원칙은 궁극적으로 우리의 도덕적 능력, 즉 공로와 도덕적 적정성에 대한 자연적 감각이 특정 사례들에 대해 승인 또는 부인하는 경험에 기초를 두고 있다"(Smith 1759: 159).

6 신경생리학적인 관점에서 도덕 판단의 기제 등을 연구한 Zak(2008)에 게재된 다수의 연구들은 이상과 같은 스미스의 주장과 부합하는 측면을 보여 준다. 이에 따르면, 사람들의 도덕 판단은 감성적 영역의 두뇌 활동에 근거를 두고 있으며, 뇌의 인지 감정 체계가 수행하는 역할이 경제 활동을 포함한 사회생활의 기본적 토대가 되고 있다.

니라, 다양한 열정을 바탕으로 타인에 대한 동정심 및 이타심을 종종 발휘하고 또한 무엇보다도 사회적 관계망 속에서 소통과 설득하려는 성향을 보인다. 사람들은 동감 성향에 근거하여 도덕 판단을 내리고 사회적 교류를 수행하며, 사회 질서 형성과 국가의 통치와 권위에 순응하는 면모를 지닌다.[7]

행동경제학적 연구는 현대 주류 경제학에서 전제되고 있는 인간의 마음에 대한 주요 가정, 즉 소위 "완전 합리성" 가정 또는 (보다 약한 의미로는) 경제주체의 이기심 가정에 의문을 제기하면서 인지과학과 경제학의 연결 고리에 주목하고 있다. 행동경제학적 연구에 따르면, 인지 체계에서의 제한된 합리성 내지는 인지적 결함 그리고 감정 체계의 복합적 작용에 따른 현상 판단, 의사결정 및 행동 선택은 완전 합리성에 의해 설명되거나 예측 가능하지 않은 사회적, 정치적, 경제적 현상의 원인이 된다. 그리고 이는 종종 사회 후생의 감소를 야기하게 되므로, 공공 정책상으로는 소위 (자유)온정주의에 입각한 정책 개입이 필요하다(Thaler & Sunstein 2008; 노리오 2007; 이규상 · 홍훈 2009).[8]

7 19세기 중반 일부 독일 학자들은 소위 Das Adam Smith Problem이라는 대표적인 논쟁을 제기했다. 즉, 스미스가 젊은 시절 이타적인 『도덕감정론』으로부터 비로소 세상을 이해했던 중장년 이후 이기적인 『국부론』으로 인간상을 현실화시켰다는 것이다. 그러나 1970대 중반 이후 스미스의 도덕철학 체계를 통합적으로 고찰해 온 학계의 수렴된 견해에 따르면, 스미스 모형 내의 인간은 강력한 이기심을 지니고 합리성을 지향하기도 하지만 동시에 다양한 사회적 감정, 공정성에 관한 감각 및 미학을 지니는 등 복합적인 존재이다. Winch(1978), Griswold(1999), Rothschild(2001), Fleischacker(2004) 등을 참고하라.

8 경제학의 역사에서 스미스의 이론 체계가 행동경제학의 기원이 되는 면모를 포함하고 있는 것은 분명하지만 정책적 함의에 관해서는 또 다른 접근이 필요하다. 흄(Hume)의 실증과 규범의 존재론적인 범주의 구분 또는 무어(Moore)의 (존재가 당위의 근거가 될 수 없는) 소위 자연주의적 오류에 관한 논의는 사실로부터 의무를 도출할 수 없음을 의미한다. 현대 행동경제학의 공공 정책에 관한 입장이 무엇인가, 즉 그 정책적 함의가 자유온정주의 또는 온정주의를 의미하는가에 대한 논의는 과학의 실증적 차원뿐만 아니라, 무엇이 개인적 그리고 사회적 차원에서 보다 바람직한 규범 원리이어야 하는가에 관한 윤리학적 가치 판단을 포함할 수밖에 없다. 뒤에 약술되듯이 스미스의 공공정책론은 (자유방임이 아니라) 정의와 편의의 원칙에 기초한 국가 이론을 바탕으로, 역사적으로 구체적 정책이 필요한 경우 온정주의적 방식으로의 집행(현대 자유주의적 공동체주의)을 지지한다. 뿐만 아니라, 행동경제학과는 달리, 자연법 사상가인 스미스에게 자연(nature)의 의의는 (역사적 사회 구조에 의해 영향을 받고 빈번히 왜곡되는 것이기도 하지만) 실정적 질서의 원천이 되는 동시에 목적론적인 의미를 지니면서 이

행동경제학의 연구는 근자에 그 기원을 탐구하는 과정에서 행동경제학자로서 스미스를 조명한 바 있다(Ashraf et al. 2005). 동 연구는 스미스의 행동법학적 측면을 고찰하기 위한 선행 단계로서 그 행동경제학적 원리의 내용을 고찰하는 목적으로는 유익하다. 단, 합리성 내지는 이기심 가정과 배치되는 텍스트만을 요약, 정리하고 있는 사정상, 스미스 학문 체계 내에서 이루어지고 있는 감정 및 인지 체계의 통합적 접근법을 제대로 부각시키지 못했다. 그리고 사람들의 핵심 본성을 역사적 방법(생존 양식, 사회적 맥락과 사회 구조, 세력 관계 등)과 결부해서 주어진 역사적 현상을 설명하고 예측하는 스미스의 방법론을 간과하는 한계를 지닌다.[9)]

3.1. 낙관성 편향

스미스는 사람들이 현상 판단과 미래에 대한 전망에서 흔히 과도한 낙관적 성향을 보인다고 지적했다. "대부분의 사람들이 자기 자신의 능력에 대해 가지는 지나친 자만심(overweening conceit)은 모든 시대의 철학자 및 도덕가에 의해 언급된 오래된 악덕이다. 그러나 자기자신의 운수대통에 대해 가지는 불합리한 가정은 덜 주목 받았다. 그러나 아마도 이것(운수대통의 낙관)이 훨씬 더 보

상적 질서를 구현하는 수단이다(Campbell 1971; Haakonssen 1981; Kim 1997; 본서 제9장). 그러므로 자연 본성에 근거한 사물의 질서는 이상적 질서로서 추가적인 가치 판단 없이 당위성을 지니며 규범적으로 강제될 필요가 있다(Taylor 1930: 209~10; Myrdal 1953: 28; Haakonssen 1988: 108).

9 스미스의 이론 체계는 (행동경제학의 방법론적 문제점과는 달리) 사람에게 생리학적, 심리학적인 차원에서 주어진 인성의 원리들이 존재하지만 그 심리들이 전개되는 방식은 지배적인 사회경제적 환경, 사회 구조와 세력 관계 등을 반영하여 이루어진다는 방법론적인 관점에 근거하고 있다. 참고 문헌으로 Haakonssen(1981), Skinner(1982), Song(1995), Kim(2009) 등을 보라.

편적일 수 있다. … 이익의 기회는 모든 사람에 의해 과대평가되고, 손실의 기회는 대부분의 사람들에 의해 과소평가된다”(Smith 1776: 124~5).

낙관성 편향(optimism bias)은 사안의 진행에 대한 판단에서 혹은 현상 판단에 근거한 의사 결정을 하는 단계에서 사람들이 실제 도출된 결과보다는 낙관적인 심리를 견지하는 것을 의미한다. 이러한 심리적 편향성의 작용으로 사람들은 종종 미래의 상황 전개에 대해 보다 낙관적 견해를 견지하는 반면, 부정적, 비관적인 사건이 발생할 확률에 대해서는 다소 과소평가하는 경향을 보인다. 낙관성 편향은 사람들로 하여금 자신의 능력을 평균 이상이라 간주하게 하거나 미래의 행운을 과대평가하는 경향에 일조한다. 또한 투자자들이 지나친 확신에 근거하여 금융 시장이나 주식 시장에서 과감하고 과도한 투자를 하는 행태의 토대가 된다.

3.2. 자기통제의 부족과 근시안적인 마음

현대 주류 경제학에 의하면, 사람들은 소위 ‘시점 간의 선택’의 문제, 즉 미래의 이익을 할인하는 과정에서 종종 시간적 일관성을 지닌 할인율을 적용(예컨대, 지수형 할인)한다. 그런데 실험 결과에 따르면 사람들은 현재와 미래의 이익의 크기를 비교, 형량하는 과제에서 현재의 가치를 가까운 미래의 가치보다 훨씬 높게 평가하지만 여러 미래(가까운 미래와 먼 미래)의 가치들 간에는 그다지 큰 차이가 없는 성향을 보인다. 다시 말해서, 특정 가치가 미래로 연기될 경우에는 일정한 비율로 그 가치가 감소하는 것이 아니라 처음에는 급격히 그리고 시간의 경과와 더불어 극히 완만한 비율로 가치가 감소한다. 이러한 실험 결과는 시점 간의 선택에서 사람들이 시간적 비일관성을 지닌 쌍곡형 할인 방식(hyperbolic discounting)을 적용한다는 것, 그리고 미래의 효용과 비용에 대해서 합리성 가정보다는 사람들이 더욱 근시안적인 성향을 지니고 있음을 보여준다.

스미스는『도덕감정론』에서 목적 달성을 위한 이성적이고 합리적 판단이 종종 단절되면서 현재 시점에 더 큰 가치를 부여하게 되는 속성이 현재 지향적인 쾌락의 욕구와 열정으로부터 비롯되는 것으로 지적한다(Smith 1759: 267~8; Palacios-Huerta 2003: 249~50). 그리고 사람들의 자기통제의 결여를 거론하는 가운데 선호 체계상 현재 선호적인 근시안적 마음을 다음처럼 표현한다. "지금부터 10년 후에 향유하게 될 즐거움은 오늘 우리가 향유할 수 있는 즐거움과 비교해 보면 우리에게 극히 사소한 흥미를 불러일으킬 뿐이다. 전자가 자극하는 열정이 후자가 야기하기 쉬운 격렬한 열정에 비해 매우 약하다는 것은 너무나 당연하다"(Smith 1759: 190).[10)]

3.3. 손실 회피 성향 및 보유 효과

카네만과 트버스키의 프로스펙트(prospect) 이론에 따르면, 가치의 평가와 관련해서 사람들은 손실 회피(loss aversion) 성향을 지닌다. 즉, 동일한 금액의 이익 획득 욕구보다 손실 회피 경향이 훨씬 더 강력하기 때문에, 어떤 손실액은

10 스미스의 사상에 일정 부분 큰 영향을 미친 철학자 흄은 다음처럼 기술하고 있다. "우리의 행동에서 먼 미래의 일보다 현재를 선호하는 성향보다 더욱 치명적인 오류를 야기하는 사람들의 속성은 없다"(Hume 1739~40: 538).

동일 금액의 이익보다 훨씬 더 강하고 민감하게 평가된다. 스미스에 따르면, "고통은 … 정반대의 동일한 크기의 쾌락보다 훨씬 더 자극적인 감각이다. 고통은 거의 항상 통상적 또는 자연적 행복 상태보다도 훨씬 더 낮은 수준까지 우리를 우울하게 만드는데, 그 정도는 쾌락이 자연적 행복 상태 이상으로 우리를 고양시키는 것보다 훨씬 더 크다"(Smith 1759: 121).

이러한 행동경제학적 원리에 의하면, 동일한 액수의 손익이 있다면 손실로 인한 고통이 이익이 주는 만족보다 더 크게 느껴져 사람들은 소유물을 계속 보유하거나 특정 상황을 유지하려는 성향을 보이게 된다. 즉, 손실 회피 성향과 연관된 보유 효과는 어떤 것을 실제로 소유하고 있을 때 그것을 갖고 있지 않을 때보다 사람들이 그 가치를 더 높게 평가하는 경향을 설명한다. 또한 손실 회피와 연관된 현상 유지 편향이란 (물리학에서 거론하는 관성의 법칙과 마찬가지로) 손실 발생의 고통을 예감하여 현재 상황에서 변화하는 것을 기피하는 성향을 의미한다.

스미스에 따르면, "개인의 건강, 재산, 지위와 평판 등 인생의 안락과 행복을 좌우하는 이러한 대상들에 대한 고려는 통상적으로 신중함이라 불리는 덕목의 관심사이다. 이미 고찰한 바와 같이, 우리가 보다 나쁜 상태에서 보다 좋은 상태로 향상되었을 때 느끼는 즐거움보다는 보다 좋은 상황에서 보다 나쁜 상황으로 떨어졌을 때 받는 고통이 더욱 크다. 그러므로 안전이 신중함의 가장 중요한 목적이다. 이것은 우리의 건강, 재산, 지위 또는 평판이 어떤 종류의 위험에 노출되는 것을 거부한다. 그것은 모험적이기보다는 조심스러우며, 보다 큰 이득을 획득하려 하기보다는 이미 보유하고 있는 이득을 유지하는 데 더욱 관심을 갖는다. 안전이 우선적으로 추천하는 재산 증식 방법은 어떠한 손실이나 위험에 노출되지 않는 것이다”(Smith 1759: 213).

3.4. 자기본위적 편향 및 공정성(형평성)

행동경제학에서 거론하는 자기본위적 편향(self-serving bias)이란 사람들이 어떤 상황 및 사안(주어진 정보, 재산권 분쟁 등)의 해석에서 객관적 관점보다는 자신에게 호의적인 방식으로 문제를 지각하거나 판단하는 성향을 의미한다. 스미스는 자기본위적 인지적 편향을 “인류의 치명적 약점”(Smith 1759: 158)이며, 인류 사회에 존재하는 무질서 가운데 절반의 원천으로서 언급한다. 그리고 사람들이 선천적으로 지닌 이기적 성향, 또는 자신의 이익을 보호하거나 다른 사람보다 나아보이고 싶은 욕구로부터 이러한 인지적 편향은 비롯된다. “우리 자신을 타인의 상황에 놓고, 우리의 관심 대상을 타인에게 자연스럽게 나타나는 그러한 관점에서 고려하고자 할 때조차, 자기본위적 열정의 맹렬함은 자기애로 인하여 모든 사물이 과장되고 왜곡되는 우리 자신의 관점으로 끊임없이 물러나게 한다”(Smith 1759: 157).[11] 이러한 자기본위적 편향은 자신의 결점에 대해서는 관대하고 타인의 과오나 단점에는 아주 민감하게 반응하는 경향성을 창출한다. 또한 성공한 사건에 대해서는 자기자신의 능력으로 귀착시키고, 실패한 결과에 관해서는 외부의 영향력에 의존하여 설명하려는 인지적 함정을 낳기도 한다.

11 스미스에 따르면, “인간은 본래 동감적임에도 불구하고 자신과 특별한 관계가 없는 사람에 대해서는 자기자신에 대해서 민감한 것처럼 그렇게 민감한 반응을 보이지 않는다. 단지 자신의 동료일 뿐인 어떤 한 사람의 불행은 그 자신의 조그마한 불편과도 비교가 되지 않을 정도로 그들에게 거의 중요성을 가지지 않는다”(Smith 1759: 86).

한편, (자기본위적 편향성이 본성의 일부이기도 하지만) 사람들의 사회적 행동은 본래적인 공정성, 형평성에 대한 감각 및 타인에 대한 배려심에 근거하여 이루어진다. 스미스는 도덕 판단의 주체인 공정한 관찰자의 속성을 거론하는 가운데 사람들이 본래적인 동등성에 근거하여 공정성과 형평성의 감각을 행사한다고 본다. "그것(공정한 관찰자)은 … 내부의 사람, 우리 행위의 재판관 및 조정자이다. 그는 우리가 타인들의 행복에 영향을 미치는 일을 할 때마다 우리의 가장 몰염치한 열정을 깜짝 놀라게 하는 목소리로, 우리는 대중 속의 한 사람에 불과하고 어떠한 점에 있어서도 그 속의 어떠한 타인보다 나을 것이 없으며, 그렇게 치욕스럽고 맹목적으로 우리 자신을 타인들에게 우선시킬 경우 분개와 혐오와 저주의 정당한 대상이 될 것이라고 상기시킨다"(Smith 1759: 137). 사회 속에서의 본래적인 평등성의 관념 때문에 사람들은 상호성(reciprocity)의 원칙을 중시한다. 그리고 이를 위반했을 경우 분개심이 유발되고 처벌 행위가 수반되는 점을 인식하고 있는 등 사람들은 공정성의 감각을 내면적으로 보유한다.

4. 행동법학과 국가법 제도

4.1. 국가법 제도의 토대로서 마음의 작용: 정의 및 효용의 가치 이면의 감정과 이성

행동법학적 관점에서 법과 경제의 연관성을 탐구하는 과제에서 마찬가지로 법 제도의 토대 및 이와 연관된 마음의 작용에 관한 일반적 논의가 일차적으로 요구된다. 즉, 스미스에 따르면, (사회 규범과는 별개의) 법 제도를 통해 국가가 사회 전반 영역에서 규범적으로 그리고 강제적으로 개입해야 하는 일반 원리가 무엇이며, 이 법 제도의 운용 원리는 마음의 어떤 기능 및 작용에 의해 지지되고 있는가 하는 점이 명확하게 이해될 필요가 있다.

널리 알려진 바와 같이, 첫째 국가의 제1의 개입 원리는 정의로서 국가는 일차적으로 이러한 원리에 따라 법률 체계를 운용해야 한다. 둘째, 인문 환경에 대응하여 사회 구성원들의 필요를 충족시키고 후생 수준을 높이기 위한 공동체적 노력이 중요하므로, 국가는 특정한 시대적 맥락을 고려하여 편의(expediency) 또는 효용을 고려한 법정책을 활용할 필요가 있다(Haakonssen 1981; 김광수 2003). 다음의 기술은 이 같은 두 가지 원리에 근거한 국가법 제도 운용 정책에 관한 스미스의 견해를 잘 드러낸다. "정부 관리에게는 불의(injustice)를 규제하여 공공의 평화를 유지시킬 권한뿐만 아니라, 선량한 규율을 함양하고 모든 종류의 악덕과 도덕적 부정을 억제하여 국가의 번영(prosperity)을 도모할 권한도 주어진다. 따라서 그는 동료 시민들 사이에서 상호간의 침해 행위를 금지할 뿐만 아니라, 어느 정도까지의 상호적인 선행(mutual good offices)을 명령하는 규칙을 제정할 수 있다"(Smith 1759: 81).

그렇다면 국가법 제도의 토대가 되는 정의와 효용의 가치(value)의 이면에서 도덕적으로 이러한 가치들을 승인하도록 작용하는 인간의 자연적 본성과 마음의 기능은 무엇인가? 스미스에 따르면, 사회 규범의 형성과 변화에 대한 설명과 마찬가지로 인간의 동일한 사회심리적 메커니즘, 즉 마음 내부의 고유한 감성 및 인지 체계의 통합적 상호작용이 국가법 제도의 기원과 변화의 원천이 된다.

국가 경영 원리의 근간인 정의의 가치의 이면에서 운동하는 마음의 작용에 대한 논의는 다음과 같다. 스미스에 의하면, 사람들이 지닌 자기본위적 편향성은 빈번히 타인의 권리(생명, 자유, 인격, 재산)를 침해하는 범죄와 무질서를 낳게 되며, 이 상황이 만인에 의한 만인의 투쟁 상태로 격화되면 사회 공동체는 공멸을 맞을 수밖에 없다. "사회는 항상 서로를 해치고 가해 행위를 하고자 하는 사람들 사이에서는 존립할 수 없다. 가해 행위가 시작되는 순간, 상호 분개와 적개심이 나타나는 순간에는 사회의 모든 연대 관계는 산산이 부서지고 그 사회의 모든 구성원들은 그들의 상호 모순되는 감정의 폭력성과 대립성에 의하여 말하자면 밖으로 흩어지고 분산된다"(Smith 1759: 86).

이처럼 타인의 권리를 침해하는 가해자의 행동이 발생하는 경우, 인간의 본성 속에서 일차적으로 감정 체계에 속한 본능인 피해자의 분개심(resentment)이 자연스럽게 유발된다. 스미스에 의하면, "분개심은 방어를 위해서 그리고 오직 방어를 위해서 자연이 우리에게 부여한 듯하다. 그것은 정의를 지키는 보호 장치이며 결백을 지켜 주는 안전장치이다. 그것은 우리로 하여금 우리에게 가해지는 해악을 물리치고 이미 가해진 해악에 대해서는 보복을 하도록 촉구한다"(Smith 1759: 79). 즉, 침해 행위는 인간 본성상 감정 체계의 분개심을 유발하고, 이에 대해 공정성과 형평성의 관점을 지닌 관찰자가 피해자의 보복에 대해 동감하는 감정이 연쇄적으로 발생한다. 그러므로 감정 기반의 정의감에 의거한 법 제도의 운영(sentimental jurisprudence)이 국가에 의한 민법 및 형법 운용의 토대가 된다.

그러므로 국가의 핵심적 임무는 사람들의 분개심에 근거한 정의의 원리에 입각해서 타인의 생명과 신체, 재산과 소유물, 계약 등 타인의 권리의 침해에 대응하는 것이다. 그것은 권리 침해 시 권리 침해 이전으로의 현상복구(손해배상)뿐만이 아니라 가해자에게 형사적 처벌(사형, 징역, 벌금 등)을 함으로써 권리를 보호하고 사회적 질서를 제고하도록 만드는 민법과 형법 및 재산권 제도를 합당하게 운용하는 것이다. 사람의 생명처럼 자연권에 대한 권리 침해는 피해자의 최대의 분노를 유발하고 관찰자의 동감도 여기에 부응하므로 재산권과 같은 취득권에 관한 침해, 그리고 민법에 반한 계약 파기보다도 훨씬 더 중대한 처벌이 주어진다. 스미스에 따르면, "정의의 가장 신성한 법, 즉 그것을 위반했을 때 가장 강한 보복과 처벌이 가해지는 법은 이웃의 생명과 신체를 보호하는 법이다. 그 다음은 그의 재산권과 소유물을 보호하는 법이고, 마지막이 이른바 그의 개인적 권리, 즉 다른 사람과의 계약으로부터 그가 기대하는 것을 보호하는 법이다"(Smith 1759: 84).

이처럼 국가의 "법과 통치", 그리고 이를 위한 민법 및 형법 등 법률 체계는 사람 내면의 도덕 감정의 작용, 즉 타인의 신체, 재산, 명예 등의 권리를 침해하는 행위에 관한 공정한 관찰자의 적정하고 합당한 정의감(sense of justice)에 근거하여 성립되는 것이다. 하지만 이러한 판단 과정과 결과는 (앞 절에서 거론한 바대로) 공정한 관찰자의 이성과 합당성에 명백히 부합해야 하는 것이다. 예컨대, 스미스는 다음처럼 표현한 바 있다. "사람이 어떤 식으로 부상을 당하거나 상해를 입었을 때 권리 침해를 당했다는 사실은 설명할 필요가 없이 이성(reason)에 분명한 것이다. 사람이 어떤 방식으로 자유를 속박당했을 때도 그 같은 권리 침해가 이루어졌다고 동일하게 말할 수 있다"(Smith 1978: 13). 따라서 법과 통치에 관한 국가의 최우선 가치와 임무는 공정한 관찰자가 취하는 정의감,

즉 자연적 분개심에 관한 동감에 의존하는 것이지만, 인지 체계상의 엄격한 이성적 판단 원리에 입각하는 것이기도 하다. 국가의 핵심 과제는 이에 근거해서 시민들의 생명과 신체, 재산과 소유물, 계약 등 권리를 보호하고 자유로운 교환을 보장하는 적절하고 합당한 법률 제도를 유지할 뿐만 아니라, 환경의 변화에 맞추어 법 제도를 조율, 진화시키는 것이다.

한편, 국가의 역할 및 법 정책 운용과 관련하여 스미스의 공정한 관찰자가 "법과 통치"의 또 다른 추가적 원리로서 고려하는 것은 효용의 가치이다. 다시 말해서, 이것은 역사적 시공간상에서 사회의 유지, 발전을 위해 필요한 과제가 공정한 관찰자에 의해 승인될 경우, 국가가 법률적 규제를 도입하고 공공 정책을 운용하여 사회적 효용을 증진시키는 것이다.

이러한 사회정치사상의 토대는 스미스의 윤리 이론에서, 비록 보족적일지라도, 효용 역시 행위에 관한 도덕적 승인을 부여하는 하나의 원천이라는 점에 근거한다. 스미스는 『도덕감정론』 말미에서 다음처럼 기술한 바 있다. "우리가 어떤 성격이나 행위를 승인할 때 느끼는 감정들은 네 가지 원천에서 비롯된다. … 그 중 마지막 원천은 어떤 행위가 개인이나 사회의 행복을 증진시키는 경향을 가진 행위 체계의 일부를 구성하는 것으로 간주될 때, 그 행위는 이러한 효용으로부터 아름다움을 도출하는 것으로 보이며, 그 효용의 아름다움은 우리가 잘 고안된 기계에 귀속시키는 그것과 다르지 않다"(Smith 1759: 326).

스미스에 따르면, 이처럼 효용을 가져다주는 수단에 관한 공정한 관찰자의 도덕적 승인과 사회적 가치의 부여 성향이 공공 정신에 입각한 국가의 통치 정책을 지지하는 원천이다. "이와 동일한 원리, 즉 정연한 체계에 대한 동일한 애호, 질서와 기예 장치의 아름다움에 대한 동일한 고려는 종종 공공복지를 촉진시키는 경향이 있는 제도를 추천하는 데 이바지한다. … 통치 행정의 완성, 상공업 신장 자체는 고귀하고 장대한 목적들이다. 이러한 목적들을 숙고하는 것은 우리를 유쾌하게 만들며, 그 발전에 기여하는 것이라면 어떤 것이라도 흥미를 느낀다. … 하지만 모든 통치 구조는 오로지 그 영역 속에서 생활하고 있는 사람들의 행복을 증진시키는 경향에 비례해서만 그 가치가 평가된다. 이것이 통치 구조의 유일한 용도이자 목적이다"(Smith 1759: 185)[12)]

위의 인용문은 국가의 역할과 관련해서 어떤 시사점을 부여한다. 효용에 관한 도덕적 승인과 사회적 가치의 채택은 수단과 목적과의 관계선상에서 수단에 의해 야기되는 유용성과 아름다움에서 비롯된다. 그런데 인지적 과정 속에서 수단–목적 관계와 사회적 효용의 가치의 적확한 평가는 이성의 작용에 의해 이루어진다. 스미스에 의하면, 마음의 작용으로서의 이성은 "어떤 목적을 달성하기 위한 적절한 수단이 무엇인가를 결정할 뿐만 아니라, 어떤 목적들이 추구하기에 적합한가, 그리고 각각의 목적에 어느 정도의 상대적 가치를 부여해야 하는가를 결정"한다(Smith 1759: 267). 그러므로 사회적 효용 제고를 위한 국가법 제도 운용에는 도덕적, 심미적 감각 이외에도 세상사에 관한 광범위한 지식을 지니고 수단–목적 관계를 계산해 내는 능력자, 고도의 이성적인 능력을 발휘하는 공정한 관찰자가 전제되고 있음을 알 수 있다. 이는 스미스가

12 스미스는 탁월한 이성의 작용에 의거한 효용의 계산 및 심미적 요인에 의한 현상과 행위의 도덕적 평가는 대다수 인류에게 적용되기보다는 과학적으로 탐구하는 학자와 전문가의 지각 능력이라고 평가한다. "효용의 아름다움은 주로 성찰하고 사색하는 사람들에 의해서 지각되며, 그러한 행동들을 대다수 인류(bulk of mankind)의 자연적 감정에 일차적으로 추천하는 속성은 결코 아니다"(Smith 1759: 192). 스미스의 윤리 이론에서 효용이 도덕적 승인에 보족적 원리(afterthought)로서 기능하는 이유이기도 하다. 스미스 윤리 이론에서 효용과 공리주의의 역할과 위상에 대한 논의는 Raphael(1972~3), Haakonssen(1981), Rosen(2000)을 보라.

적극적이고 과도한 정부 역할에 호의적이지 못한 이유이기도 하다.

4.2. 제한된 합리성, 자기통제의 결여와 사회법 그리고 법률과 조세에 의한 규제

사람들의 자기애 추구 본능은 이성(理性)과 신중한 자기통제의 힘이 동시적으로 작용함으로써 주어진 목표를 상당한 정도 합리적이고 용의주도하게 달성하도록 하는 경향이 있다. 특히, 집합적, 사회적 관점에서는 이러한 합리적 선택과 행동 결과가 대체로 더 지배적이다. 예컨대, 스미스에 따르면, "자기 자본이 투자될 수 있는 국내 산업의 분야는 무엇인가, 그리고 그 분야 중 어떤 생산물이 가장 큰 가치를 가질 것인가에 대해 분명히 모든 개인은 자신의 지역적 상황에서 어떠한 정치가나 입법자가 대행해 주는 것보다 훨씬 잘 판단한다"(Smith 1776: 456). 또한 "파산은 아마도 결백한 사람에게 닥칠 수 있는 최대의 가장 치욕스러운 재앙일 것이다. 따라서 대부분의 사람들은 그것을 피하기 위해 충분히 주의를 한다. … 큰 나라들은 때때로 공공의 낭비와 잘못된 행동에 의해 가난해질지라도 개인의 낭비와 잘못된 행동에 의해서는 결코 가난해지지 않는다"(Smith 1776: 342).

널리 알려진 바와 같이, 이러한 경제 주체의 통상적인 합리성 추구 노력의 결과에 대한 스미스의 판단은 사회적 후생을 증진시키기 위해서는 소위 가부장적인 국가 대신 "자연적 자유의 체계"가 바람직하다는 결론으로 이어진다. "정의의 원칙을 위반하지 않는 한 모든 사람은 자기의 방식대로 자신의 이익을 추구하고 자신의 근면, 자본을 가지고 다른 누구와도, 다른 어느 계급과도 경쟁하도록 전적으로 허용된다. 국가는 사적 개인의 근면을 감독하고 그것을 사회의 이익에 가장 적합한 직업으로 인도해야 하는 의무, 이 의무를 이행하려고 시도하는 데서 항상 수많은 망상에 빠졌음에 틀림없고 또한 이 의무를 적절히 이행하는 데는 인간의 어떠한 지혜나 지식도 결코 충분할 수 없었던 의무로부터 완전히 해방된다"(Smith 1776: 687).

그런데 집합적, 국가적 차원에서 합리적 소비와 투자, 합당한 분업 구조와 상호 경쟁에 의해 사회적 효율성 및 일반 이익의 증진이 이루어지는 경향이 있다고 할지라도, 한층 더 미시적 또는 계급적 차원에서 분석해 보면 제한된 합리성이 체계적으로 지배적인 경우도 있다. 스미스는 이해타산이 빠른 자본가와는 달리, 사회의 주요 계급이며 세력인 노동자들이나 지주들의 제한된 합리성을 거론한다. 그리고 이 두 계급들은 종종 자기통제의 부족, 불완전한 지식, 단기적 이익에 대한 집착이나 장기적 이해에 대한 둔감성 등 인지적 결함으로 인해 개인적 이해 추구에 제약을 가지는 것은 물론, 사회적 경쟁에 영향을 미치는 정치적 판단에 착오를 함으로써 사회적 차원의 후생 손실을 발생, 증가시킨다. 이 때문에 행동법학적인 관점에서 볼 때, 이러한 제한된 합리성, 자기통제의 부족과 시간 선호의 변화에 따른 손실을 보완하는 데 국가 및 입법가는 일정 부분 법률적 보완 및 정책적 노력을 기할 수 있다.

첫 번째 사례로서 스미스가 심각하게 거론하는 부분은 자본주의 사회에서 노동자들의 제한된 합리성이다. 상업 사회 단계에서 분업의 심화에 따른 단순 작업 종사로 인하여 대부분의 노동자들은 이해력, 판단력, 정신적 능력의 둔화를 겪게 된다(Smith 1776: 781~2, 788). 그러므로 "노동자의 이익이 사회의 이익과 엄격하게 연관된다고 해도, 그들은 사회의 이익을 인식할 수도 없고, 자신의 이익과 사회의 이익 간의 관계를 이해할 수도 없다. 노동자의 생활 상태는 필요한 정보를 획득할 여유를 주지 않으며, 비록 충분한 정보를 가진다고 할지라도 그의 교육과 습관은 통상 바르게 판단하기에는 부적합한 상황에 있다" (Smith 1776: 266).

이러한 사정에 의해 노동자들은 자기이익과 직접적으로 연관된 노동 시장의 현안은 물론 민주주의 국가의 발전과 번영을 좌우하는 공공 정책의 향방에 관한 합리적 판단을 제대로 할 수 없는 처지에 있다. 노동자들이 분업 중심의 자본주의 사회의 특성상 체계적으로 제한된 합리성을 보일 수밖에 없다면 국가의 의한 노동자 계층의 의무 교육은 중요하다. "국가는 하층 일반인들을 교육시킴으로써 적지 않은 이익을 얻는다. … 그들(교육 받은 노동자들)은 당파와 선동으로 가득 찬 사심을 가진 불평들을 보다 자세히 검토하며 또한 그렇게 할 능력이 보다 커지는데, 이 때문에 그들은 정부 법안에 대해 방자하거나 불필요한 반대를 보다 적게 하는 경향이 있다"(Smith 1776: 788).

근현대 상업 사회 단계에서 국가에 의한 노동자 계급의 필수 교육 정책을 스미스가 적극적으로 제안하고 있다는 점은 행동경제학-행동법학의 측면에서 상당히 큰 의미가 있다. 노동자 기초 교육의 필수화에 관한 제안은 자본주의 사회에서 작업의 세분화에 따른 인간의 기본 능력 둔화와 제한된 합리성의 심화를 막을 뿐만 아니라, 민도와 사회의 품격 개선을 도모하기 위한 행동법학적 관점의 공공 정책적 제안이다.

노동자와 관련된 두 번째 사례는 국민 보건(public health)이나 도덕성 유지 등에서 합리적으로 자기통제가 어려운 노동자들의 생활 태도를 국가가 규율하는 것과 관련된다. 영국에서는 18세기 초반부터 중반 이후 1770년대까지 소위 "증류주 열풍"(gin epidemic)이 전개되었다. 이 같은 독주의 소비층은 대부분 빈곤층과 노동자였으며, 주류(酒類) 문화 내지는 규율의 정착 없이 저렴한 증류주 소비가 급증함으로써 근대 유럽에서 최초로 마약 중독과 버금갈 정도로 사회적 우려가 제기되고 있었다(Warner et al. 2001). 다수의 빈곤층과 노동자들에 의한 진(Gin), 위스키를 포함한 독주의 막무가내식 탐닉은 노동자의 건강을 해치고 가족 부양에 어려움을 겪을 뿐만 아니라, 사회적으로 도덕성 타락 및 사회 질서 문란에 기여한다(Smith 1776: 872).

스미스는 이 상황을 염두에 두고 국가가 주류 소비에 중과세를 하면 대부분의 건전한 노동자들에게는 피해가 적을 뿐만 아니라 독주에 탐닉하는 일부 노동자들의 주류 소비를 줄임으로써 국민 건강 증진 및 도덕성 타락 경향을 방지할 수 있다고 본다. 그러므로 주류 소비에 관한 중과세를 지지하고, 술의 도수에 따라 차별적인 세율을 도입할 것을 제안하여 맥주보다는 위스키 등 독주의 소비를 억제시키려 했다. 스미스에 따르면, "착실하고 근면한 빈민들에게는 그러한 상품(독주 등 사치품)에 부과되는 조세는 사치금지법과 같은 효과를 발휘하며, 그들이 더 이상 쉽게 구입할 수 없는 불요불급품의 사용을 적절한 수준으로 조절하거나 완전히 금지하도록 만든다. 이러한 강제된 검약으로 말미암아 그들의 가족 부양 능력은 세금 때문에 감소하는 대신에 오히려 종종 증대된다"(Smith 1776: 872). 노동자들의 자기통제 약화를 조세 제도를 통해 개선해 보고자 하는 스미스의 행동법학적 견해를 엿볼 수 있는 내용이다(Smith 1776: 853, 891).

마지막으로, 스미스는 지주의 제한된 합리성을 거론하면서 지주들은 종종 무지하거나 판단 능력이 부족하며 장기적인 이해보다는 단기적인 이익 추구에 집착함으로써 개인적 손실 및 사회적 후생의 감소를 수반하는 행동을 한다고 지적한다(Smith 1776: 265). 지주의 "탐욕과 불의는 언제나 근시안적이며, 따라서 그들은 이 규정(장기차지권의 제한된 보호)이 개량을 얼마나 방해하며 결국 장기적으로는 지주의 이익을 얼마나 손상시키는가를 예상하지 못했다"(Smith 1776: 393). 또한 지주들은 토지 경영에 대해 마치 매우 탁월한 지식을 가지고 있는 것처럼 행세하지만 이는 "매우 근거 없이 잘못된 자만심"(very ill founded conceit)이다(Smith 1776: 831).

약간의 일시금(fine)을 받고 (삼림, 영지 및 경작지를 양도함으로써) 훨씬 큰 가치가 있는 미래 지대 수입을 포기하는 지주들의 행위는 본인들에게 경제적 피해를 끼칠 뿐만 아니라, 더 나아가서 차지인과 사회 전체적으로 후생 손실을 가져온다. "어떤 지주들은 지대를 받는 대신 토지 임대 계약을 갱신할 때 일시금을 받는다. 이 관행은 대개의 경우 약간의 현금을 받고 그것보다 훨씬 큰 가치가 있는 장래의 수입을 판매해 버리는 낭비벽이 있는 지주의 편의적 방법이다. 따라서 지주에게 이러한 관행은 대부분의 경우 해롭다. 그것은 또한 종종 차지인에게도 해로우며, 사회 전체적으로도 항상 해로운 것이다"(Smith 1776: 831). 따라서 국가는 일시금에 대한 조세를 통상적인 지대에 대한 조세보다 과중하게 책정하여 부과하라고 지적한다. 여기서 조세 정책이 세수를 확보하기 위한 목적뿐만 아니라, 종종 지주들의 근시안적 행위를 교정, 통제하여 장기적으로 보다 바람직한 사회적 결과를 도모하기 위한 수단으로 제시되고 있다.

4.3. 과도한 낙관과 금융규제법: 소액 발행권 규제 및 이자율제한법 지지

앞서 언급했지만, 경제 주체의 신중한 주의와 합리성 그리고 국가의 역할과 관련된 핵심 키워드인 "자연적 자유의 체계"의 논지는 금융 부문에 관한 스미스의 논의에서도 일관성 있게 견지된다. 그러므로 국가 경제의 운용에서 화폐, 금융의 유용성을 자본의 활용 및 축적과 연관시켜 논의하는 『국부론』 제2편에서 스미스는 경제 주체들과 은행들의 신중한 주의 및 합당한 경제 행위를 중립적, 긍정적으로 평가한다. 은행업에서의 자유 경쟁은 은행 경영에서의 위험 관리에 대한 주의를 부단히 환기시키고 고객에 대한 서비스를 제고시킴으로써 사회의 번영을 도모하는 데 기여한다는 것이다.

> "은행 수가 증가하게 되면 각각의 은행은 자기의 행동에 더욱 신중하게 되고, 은행권을 현금에 대한 적정 비율 이상으로 확대하지 않음으로써, 수많은 은행들의 경쟁이 항상 수반하게 되는 악의적 예금 인출로부터 스스로를 보호한다. 은행 수가 증가하게 되면 특정 은행의 거래는 보다 좁은 영역에 국한되고, 유통하는 은행권은 보다 더 소량으로 줄어든다. 은행권 유통 전체가 보다 많은 부분으로 분할됨으로써, 사물의 진행상 언젠가는 일어나기 마련인 어느 한 은행의 파산이 공공 대중에게 미치는 영향은 훨씬 덜 중요하게 된다. 또한 이러한 자유 경쟁은 고객을 경쟁 은행에 빼앗기지 않도록 하기 위해 모든 은행가로 하여금 고객들과 거래하는 데 더욱 관대하게 만든다. 일반적으로 어떤 사업 부문 또는 분업이 사회에 유리하다면, 그 사업 부문에서 경쟁이 더 자유롭고 일반적일수록 그 사회적 결과는 더욱더 그러할 것이다"(Smith 1776: 329).

이상과 같은 논지는 자연권(natural rights)인 개인적 자유에 대한 존중을 통해 보다 자유롭고 경쟁적인 금융 제도의 활성화가 도모되고 이를 통해 경제 전반에 효용성이 확대될 것임을 강조한 것이다. 여기서 제기된 하나의 퍼즐은『국부론』의 같은 부분에서 금융 부문에서는 국가에 의한 소액 은행권 발행 규제와 이자율(고리대금)제한법의 도입이 필요함을 역설한 점에서 비롯된다. 이를 두고 경제학계의 명망 있는 일부 학자들은 정책 일반론인 자연적 자유의 체계로부터 일탈한 스미스의 금융업 규제론을 두고 논리의 모순, 부주의, 탈선 등으로 비판한 바 있다.[13)]

먼저, 금융과 관련된 다양한 경제 주체들의 제한된 합리성 여부를 중심으로 은행의 소액 발행권 규제에 대한 논거를 살펴보기로 한다. 첫째, 금융업에서는 특히 은행 경영자들의 위험 관리에 관한 인식과 주의에도 불구하고 정보의 비대칭성에 따라 잘못된 판단으로 귀결되는 경우가 종종 발생한다. "모든 은행이 자기 이익을 잘 이해하고 이에 주의했다면 지폐의 과잉 유통은 없었을 것이다. 그러나 모든 은행이 반드시 자신의 이익을 이해하고 이에 주의하지 않았으며, 지폐의 과잉 유통이 종종 발생했다(Smith 1776: 302).[14)]

둘째, 정보의 비대칭성이 존재하는 현실에서 은행의 과도한 신용 팽창과

---

13 저명한 경제학자 가운데 예외적으로 Keynes(1936: 352)는 고리대금규제법에 관한 스미스의 견해를 "극히 절도 있는"(extremely moderate) 주장이라고 판단했다. 하지만 19세기 공리주의 철학의 제창자인 벤담(Jeremy Bentham)은 스미스 생존 당시 고리대금규제법 지지를 부당하다고 지적했다. 벤담은『국부론』에 기술된 "사치금지법이나 외국 사치품 수입 금지에 의해 사인(私人)의 절약을 감시하거나 지출을 제한하려고 시도하는 것은 왕이나 관료들의 가장 건방지고 무례한 행위였다"(Smith 1776: 346)라는 표현을 인용하면서, 어떤 방식으로든 금융 기관 규제에 동조하는 스미스의 논리는 자가당착적인 모순이라고 비판했다(Smith 1987: 394; Bentham 1787: 176). 이러한 벤담의 견해는 몇몇 주요 경제학자들에 의해 수용된 듯하다. Mill(1871: 922~6), Robbins (1968: 86), Stigler(1975a: 41) 등은 스미스에 의해 제안된 고리대금규제법이 그릇된 이론이나 비합리적 믿음에 근거한 정부 개입, 비일관성을 지닌 정책 제안으로서 묘사해 왔다.

14 18세기 당시 스코틀랜드 은행에서 허용하던 제도 중에 현금 계정(오늘날 당좌대월) 제도는 약속어음 발행을 통해 한도 내에서 상공업자에게 간편한 신용을 공여함으로써 지역 상공업 발전을 도모하기도 했지만 은행 거래의 규모를 확장시키는 효과를 지녔다(Smith 1776: 299).

방만한 대출은 이익을 과대평가하고 손실을 과소평가하는 자금 수요자들의 본원적인 성향으로부터 유래한다. 즉, 은행에 의한 지폐의 과잉 발행과 유통은 자금을 대출 받고자 하는 투기가들의 사업의 성공 가능성에 관한 과신과 과잉 거래와 밀접한 연관성이 있다. 투기적 자금 수요자들은 무제한적인 신용 창출에 의해 끊임없는 이윤 창출이 가능하다는 신념을 가지고 있다. 예컨대, 당시 원격지에 거점을 지닌 투기적 상공업자들은 실제 상거래, 즉 환어음에 기초한 할인이 아니라 융통어음에 기초하여 거래 은행에 할인-재할인, 그리고 이러한 방식을 서로 검증이 되지 않는 다자간 은행 거래로 확대함으로써 거래에 필요한 화폐량을 상당히 초과한 지폐의 과잉 발행을 야기했다. 스미스에 따르면, "영국의 두 지역(런던과 에든버러)의 일부 대담한 사업가들의 과잉 거래가 지폐 과잉 유통의 근본적 원인이었다"(Smith 1776: 304).

셋째, 성공의 기회를 낮추는 경쟁적 사업 환경 하에서 공상적 투기가들은 융통 자금을 위험과 파산의 가능성이 높은 영역에 투자함으로써 자원 배분을 왜곡시키고 경제의 효율성을 저해한다.[15)]

넷째, 금융업에서의 사업 실패는 투기가들의 개인적 판단 오류, 과잉 투자, 파산으로 인한 개인적 불행에 그치지 않고, 직접 책임이 없는 예금자 및 국가 경제 전반에 걸쳐 상당한 외부효과를 만들어 낸다. "이러한 소액 은행권의 발행이 허락되고 일반적으로 관행화한 곳에서는 많은 평범한 사람들까지도 은행가가 될 수 있고, 되도록 고무된다. 5파운드 약속어음, 또는 20실링 정도의

15 스미스에 의하면 "사업가들은 황금빛 꿈속에서 큰 이윤을 얻으리라는 가장 뚜렷한 환상을 가졌다. 그러나 사업이 끝나거나 더 이상 사업을 지속할 수 없었을 때, 큰 이윤의 행운을 얻은 사업가들은 드물었다"(Smith 1776: 310).

약속어음이 모두에게 거절당하는 사람도 약속어음을 6펜스 정도의 소액으로 발행하면 누구나 망설임 없이 받을 것이다. 그러나 이러한 빈궁한 은행가들이 반드시 겪게 되는 빈번한 파산은 그 은행권을 가진 수많은 가난한 사람들에게 상당한 불편을 주고 때로는 매우 큰 재앙(calamity)을 야기한다"(Smith 1776: 323). 즉, 소액 은행권 발행에 따른 은행의 빈번한 파산은 은행 경영 및 금융 위기에 책임이 없는 다수의 소액 예금자에게 직접적인 큰 피해를 불러오고, 이는 정의(正義)의 원칙에 반한다. 더 나아가 은행의 주의 결여와 무지, 지폐의 과잉 발행, 대출자들의 파산, 은행의 경영 실패로 인해 당해 은행의 파산뿐만 아니라 전염 효과로 인하여 금융 시스템 불안정을 초래하고 금융 및 실물 경제의 위기를 수반한다.[16]

다섯째, 이러한 금융 시스템의 불안정성은 금융 거래 주체의 본성, 금융 시장의 특성뿐만 아니라, 불확실성으로 인해 통제하기 어려운 "시장 외부의 변동과 충격"으로부터 파급되기도 하기 때문에 국가의 관심과 규제가 요망된다. 예를 들어, "지폐 관리자의 어떠한 신중함과 숙련으로도 방지할 수 없는 몇 가지 위험"(Smith 1776: 321), 즉 이윤율의 변동에 대한 기대, 전쟁 등은 금융 시스템의 위기를 종종 증폭시킨다.

한편, 금융 규제의 또 다른 사례로서 이자율제한법(anti-usury laws)에 대한 스

16 스미스는 다음처럼 기술한다. "어떤 나라에서 쉽게 유통할 수 있는 모든 종류의 지폐 총액은 그것이 대신하고 있는 금은의 가치 또는 (상업이 이전과 같다면) 지폐가 없을 때 유통하고 있던 금은의 가치를 초과할 수 없다. … 과잉 지폐가 금은으로 태환된다면 … 과잉 지폐의 총액에 대해 은행에 태환 요구가 즉시 나타날 것이고, 상당한 정도로 태환에 어떤 어려움이나 지연이 나타난다면, 훨씬 많은 금액의 태환 요구가 일어날 것이다. 공포가 필연적으로 태환 요구를 증가시킨다. … 이 은행(Ayr Bank)은 그들(사업가)을 더욱 큰 빚더미 위에 올라앉게 했으며, 그들이 파산하게 되었을 때 그들 자신과 채권자에게 더욱 큰 타격을 가했다. 그러므로 이 은행의 영업은 사업가들이 자신이나 나라에 가져다준 곤경을 장기적으로 완화시키기는 대신에 사실상 더욱 악화시켰다"(Smith 1776: 300~1, 315).

미스의 논거는 외형상 금융 시장의 경제적 효율성 유지 논리에 입각하고 있으나, (소액 은행권 규제의 논거와 마찬가지로) 은행의 빈번한 파산으로 실현 가능성이 매우 높아진 사회적 침해에 대한 방지 목적과도 부합한다. 스미스에 따르면, 법적 규제 이자율은 시장 이자율보다 근소하게 상회해야 효과가 있다. 만일 법률적 규제에 의한 이자율 상한선이 존재하지 않는다면 상당히 높은 이자 지불에도 불구하고 더 높은 예상 이익을 기대하면서 과감한 베팅을 하려고 하는 위험애호가(risk-lover) 또는 방탕한 투자를 하려는 사람들이 주로 대출 기회를 얻게 된다. 이자율 상한이 없는 대출이 허용되면 건전한 투자자는 배척되고 공상적 투기자들의 대출 수요 증가에 의해 금융 자원의 효율적 배분 실패를 가져올 가능성이 높아진다. 사회적 관점에서 이러한 흐름은 대출이 부실화되고 차입자가 파산하며, 금융 시스템에 대한 위기를 초래하는 바람직하지 못한 결과를 창출할 여건을 만든다(Smith 1776: 357).

이상과 같은 두 가지 금융 규제 입장의 공통적인 배경으로 자리 잡고 있는 원천은 행동경제학에서 지적하고 있는 바대로 사람의 본성 가운데 낙관적 성향이 내재하고 있으며, 특히 투기적 경제 주체들에게는 고위험 사업에 강한 선호와 지향성이 작용하고 있다는 사실이다.[17] 정보의 비대칭성과 불확실성이 금융 시장의 대표적 특성이기 때문에 자유방임에 의존했을 경우 낙관성과 투기 성향을 지닌 경제 주체들 중심의 금융 거래는 금융 기관의 빈번한 파산을 유발하고 금융 시스템의 위기를 증폭시킨다. 이에 따라 직접 책임이 없는 금융

17 스미스가 지적한 투기자와 이자율 제한의 연결 고리에 주목하면서 Stiglitz & Weiss(1981) 및 Niehans(1997)는 시장에서 존재하는 이윤율 기대에 대한 다양성이 현대 금융 시장에서 자본의 배분의 왜곡을 가져오기 때문에 사회적 후생 손실로 귀결될 수 있음을 거론한다. Hollander(1999)는 스미스의 고리대금규제법 일반론에 동의하면서도 당시 시장 이자율 변동을 고려할 때 이자율 상한선을 지나치게 낮게 잡는 우를 범했다고 지적한다.

거래자 및 이해관계가 없는 일반 국민들도 상당한 피해와 침해를 입게 되는 상황이 반복된다.

요약하면, 스미스는 사회적 효용 증진 및 정의의 원리 구현의 관점에서 두 가지 금융규제법이 타당하다고 보고 있다. 공리주의 철학의 벤담 등은 스미스가 제창한 경제적 자유주의 원리를 단순 논리로 수용했으며, 이에 의거해서 부분 금융 규제에 관한 스미스에 반대했다. 반면, 대출 금리 상한을 규제하는 이자율제한법의 운영, 그리고 은행의 소액 발행권 규제를 스미스가 예외적으로 지지한 배경은 이익의 기회를 과대평가하고 손실의 기회를 과소평가하는 사람들의 낙관적 편향에서 비롯된다.

4.4. 손실 회피 및 보유 효과와 불법행위법-형법

잘 알려진 것처럼 공리주의 철학에 근거를 둔 현대 법경제학의 분석은 사람들을 비용과 편익을 고려하는 합리적 행위자로서 간주한다. 그러므로 예를 들면, (민법뿐만 아니라) 불법행위법과 형법에서의 판단도 합리적으로 계량한 편익-비용 분석 결과에 의존한다. 즉, 행위자의 범죄가 행위자에게 보다 많은 이익을 수반하거나 사회적으로 피해를 유발하는 반면 그 적발 및 처벌 가능성이 낮다면 그 범주의 범죄에 중형(重刑)이 바람직하다.

스미스의 형벌 이론에서도 현대 법경제학적 접근과 유사한 부분이 발견된다. 예를 들면, 스미스는 형법에서의 형벌 조항은 범죄 탐지(발각)의 확률과 역관계에 있다고 지적한다(Lindgren 1994: 77~8; Hylton 2005: 26~9). 즉, 범법 행위를 저지를 가능성이 클수록 또는 발각 확률이 낮을수록 높은 처벌이 가해져야만

한다는 것이다. "(범죄의) 유혹과 기회가 커지는 경우에 처벌 역시 커져야 한다"(Smith 1978: 132).

스미스는 『법학 강의』를 통해 법 제도의 실제 역사를 추적하면서, 시장 기능이 발달하고 정부가 실제 법 집행을 할 가능성이 높아진 근대에 들어 발각 가능성이 높을수록 가벼운 형벌이 부과되었다고 언급한다. 그러므로 "보다 경미한 사기에 대해서는 통상적으로 사기꾼이 배상해야 하며, 동시에 벌금형의 처벌이 추가되었다"(Smith 1978: 131). 반면에, 발각 가능성이 적고 범죄에 따른 금전적 이익이 큰 범죄, 예컨대 보험사기는 사형 등의 높은 형량을 받았다. "그러한 거래의 발각은 매우 어렵고 이를 통해 거대한 이익이 발생할 것이기 때문에, 그런 사기를 행하고자 하는 유혹이 매우 크며 결과적으로 처벌도 커야 한다"(Smith 1978: 132).

이처럼 스미스의 형벌 이론은 효율성의 가치를 정의로서 간주하는 포즈너(Posner)식의 법경제학과 일치하는 부분이 있다. 하지만 스미스 이론적 토대의 핵심은 그 동기와 승인 여부를 사회적 효용이 아닌 공정한 관찰자의 동감정의(同感正義)에서 구한다는 점에서 그 차이가 있다. 물론 스미스에게 형벌이 제한적 영역에서 효용의 가치를 고려하여 부과되는 경우도 있지만, 형벌 이론의 주요 부분은 감정 체계 중심의 동감정의론에 의해 설명된다.[18] 즉, 공정한

18 스미스의 자연법학 일반론에 관해서는 Haakonssen(1981), 형벌 이론에 관해서는 Lindgren(1994), Stalley(2012)를 보라. 스미스는 동감 정의에 기초하지만 효용에 근거한 형법의 운용 역시 부분적으로 인정한다. 예컨대, "실제로 어떤 경우에는 우리는 사회의 일반 이익이라는 관점에서만 처벌하고 그 처벌을 승인한다. … 이른바 시민 행정 또는 군법을 어긴 경우에 가해지는 모든 처벌들이 바로 이런 종류의 것들이다"(Smith 1759: 90). 스미스의 형법 이론에서 형벌이 보복적 성격의 보상 및 예방 차원을 모두 포괄하고 있는 것은 이 같은 형벌 이론의 특성에 기인하는 것이다. 한편, 스미스의 법과 경제에 관한 핵심 논지 중 하나는 동감 정의에 부응한 법 제도 운용의 사후적 결과가 대체적으로 사회적 효율성 제고로 귀결된다는 것이다(예컨대, Campbell 1984; 본서 제7장).

관찰자의 피해자에 관한 동감 정의가 처벌을 승인하는 메커니즘이 된다. "권리 침해는 자연스럽게 관찰자의 분노를 야기하며, 불법행위자에 대한 처벌은 공평한 관찰자들이 동감할 수 있는 한 합당하다. 이것이 처벌의 자연적인 척도이다. 처벌에 관한 사람들의 최초의 승인은 통상 그 근거로서 인식되는 공익에 대한 관심에 근거하고 있지 않다는 점에 유의해야 한다. 그 진정한 원리는 피해자의 분노에 대한 사람들의 동감이다"(Smith 1978: 475).

한편, 동감정의론 기반의 형벌 이론 그리고 감정 및 인지 체계의 통합적 접근의 관점에서 볼 때, 완전 합리성 가정에 근거를 둔 현대 법경제학과 스미스 이론과의 또 다른 차이점은 경제 주체의 제한된 합리성에 관한 부분이다. 스미스에 의하면, 사람들은 체계적인 손실 회피 성향을 지니며 이에 따라 보유 효과와 현상 유지 편향성을 보인다. 따라서 "사람들은 타인의 수중에 있는 것보다는 본인들이 소유하고 있는 것에 당연히 더욱 의지하고 있기 때문에, 계약의 위반은 본래 모든 침해 행위 가운데 가장 경미한 것이다. 현금 5파운드를 강탈당한 사람은 계약에 의해 5파운드를 잃은 경우보다 훨씬 더 큰 침해를 당했다고 생각한다"(Smith 1978: 472). 이처럼 공정한 관찰자의 도덕적 판단 이면에 존재하는 심리 상태는 실제 발생한 금전적 손해는 이득을 볼 기회를 상실함으로써 느끼는 동일한 크기의 손해보다 더욱 고통스럽게 느껴진다는 것이다. 즉, 사람들은 가치 평가에서 실제 비용과 기회비용을 다르게 취급하며, 동일한 크기의 이득보다는 손실에 보다 큰 가중치를 부여하는 성향이 있다.

스미스는 『법학 강의』를 통해 불법행위법과 형법에서 손해배상 또는 처벌의 차이는 부분적으로 손실 회피 성향 및 보유 효과를 반영한 것임을 지적한다. 구체적으로 보면, 첫째 대인권(對人權) 가운데 계약으로부터 발생하는 채무를 언급하는 과정에서 보유한 재산에 대한 피해는 계약의 파기에 의해 야기되는 손실보다는 사람들에게 훨씬 더 비중 있게 처리된다고 기술한다. "우리가 소유하고 있는 것을 강탈당하는 것은 단지 기대하고 있는 것을 무산시키는 것보다 더 큰 해악이다. 그러므로 우리의 소유물을 강탈하는 재산권의 침해, 즉 절도와 강도는 우리가 기대했을 따름인 것을 박탈하는 계약의 위반보다 더 중대한 범죄이다"(Smith 1759: 84). 이는 명시적 실제 손실이 동일 크기의 계약상 예상 이득의 손실보다도 심리적으로 상실감이 더욱 크다는 것을 의미한다.[19)]

둘째, 발생한 실제의 손해가 동일한 크기의 예상 손실보다도 사람들에게 더 큰 고통과 분개심을 유발하기 때문에, 절도와 강도의 경우는 죄의 경중에 있어서 더욱 중대한 범죄의 범주에 속한다.[20)] 따라서 계약 파기보다는 절도가, 절도보다는 강도가 한층 더 높은 형벌을 받는다. 계약상 손실은 민법과 불법행위법에 따라 해당액의 손해배상(recompence)으로 그치지만, 동일한 크기라도 기존 소유물의 상실에서 오는 형법상 피해는 동일한 크기의 손해배상 이외에도 형사적 처벌 또는 추가적인 손해배상을 해야 한다.

이러한 맥락에서, 예컨대 "절도는 타인의 재산을 몰래 훔치는 것이다. 이 범죄는 사형으로 이어지는 분노의 정도를 야기하는 것이 아니었고, 오랫동안

19 '소유는 법의 10분의 9이다'(possession is nine-tenths of the law)라는 법 격언이 있다. Cohen & Knetsch(1992: 753~6)는 이 격언 속에 담겨 있는 손실 회피 성향 및 보유 효과의 원리가 계약법 및 손해배상법 관련 판결에 반영되어 있다고 지적한다. 이 연구에 따르면 손해배상법에서는 실제 지출(positive outlay)에 의한 손실과 예상 이득의 손실(unrealized expected loss)을 구별하면서 전자에 따른 피해는 배상 받도록 판결하지만, 소득의 기회를 단지 상실했다는 후자의 손해에 대해서는 인정하지 않는다. 또한 계약법에서도 사전에 예상하지 못한 이득을 취하기 위해서 계약을 위반한 경우와, 손실을 회피하기 위해서 계약을 위반한 경우를 구분하고, 전자의 경우에 보다 큰 배상 책임을 지운다.

20 스미스에 의하면, "범죄는 항상 자연권이나 취득권 또는 대물권이나 대인권과 관련된 권리의 침해이다. 어떤 계약의 불이행은 사기의 목적으로 행해진 것이 아니라면 사실상 범죄는 아니다"(Smith 1978: 476).

사형에 처하지 않았다. 고대 로마법에 의하면 절도자는 그가 훔쳐간 것을 반환함과 동시에 추가로 그만큼 더 변상해야 했다. 만일 양 한 마리를 훔쳤다면 두 마리를 반환해야 했다”(Smith 1978: 482). 이는 행동경제학에서 거론하는 손실 회피 성향 및 이와 연관된 보유 효과 등의 심리적 법칙과 부합하는 사람들의 역사적 법률 판단을 묘사한 것이다.

5. 맺음말

본 연구의 의도는 스미스 학문 체계에서 법과 경제의 문제를 현대 행동경제학과 행동법학적 관점에서 접근함으로써 그 법경제학의 일단을 한층 정밀하게 해부하고 국가의 역할에 관한 사상을 보다 일관성 있게 이해하려는 목적을 지닌다. 이를 위해 스미스의 도덕철학이 사회 규범에 관한 감정-인지 체계 통합적 접근 방법에 의거하고 있음을 살펴본 후, 법과 경제의 문제의 이면에 존재하는 지배적 원리로서 행동경제학을 고찰했다. 그리고 스미스가 제시한 다양한 국가법 제도 권고안 중에서 감정-인지 체계 통합적이고 행동법학적 관점이 반영된 사례들을 구체적으로 조명했다.

첫째, 스미스의 학문 체계에서 나타나는 경제 주체는 자기애(自己愛)적 속성을 바탕으로 (감정의 통제권자인) 냉철한 이성(理性)의 기능에 의존하여 효용만을 절대적으로 추구하는 존재는 아니다. 스미스의 모형 내부의 사람들은 외부 환경에 대응하여 생존과 번영을 목적으로 합리적 판단, 의사 결정 및 행동을 시도하지만, 동시에 직관과 다양한 감성을 활용하고 사회적 관계망 속에서 교류하고 소통하기 위해 도덕적 판단과 승인을 중시하는 경험 세계의 일상적, 사회적 인간이다. 둘째, 현대 법경제학에서는 일반적으로 법과 경제의 문제가 경제 주체의 합리성과 효용 추구의 관점에서 환원주의적으로 접근되는 반면에, 스미스의 학문 체계에서는 동일한 과제가 감정 체계와 인지 체계의 통합적 모형에 의해 이루어진다. 법과 경제의 문제는 국가법 제도의 토대, 즉 기원 및 변화, 더 나아가서 국가의 개입 원리 그리고 이를 도덕적으로 승인하는 마음의 작용 메커니즘에 관한 논의를 포괄한다. 스미스의 견해로는 도덕적 승인은 마음의 감정 체계에 속한 동감의 원리가 개입하여 이루어지지만, 동시에 도덕적 판단에는 공정한 관찰자의 인지적 판단을 수반하게 된다. 여기서 이성과 자기통제의 기제 역시 작용한다. 셋째, 사람들은 일상생활 속의 인지적 판단에서 자기본위적인 성향을 바탕으로 신중한 합리성을 유지하고자 하는 경향이 있다. 그렇지만 동시에 과도한 낙관성, 절제력의 한계, 현재 사안 중시의 근시안적 마음, 손실 회피 성향 등 제한된 합리성을 보인다. 또한 공정성, 시기심, 분노 등의 감정이 의사 결정에 영향을 미치는 등 감정 체계와 인지 체계의 통합 원리에 따라 판단하고 행동한다. 넷째, 권리 침해에 수반되는 분노에 관한 동감과 미학, 그리고 이성의 통합적 상호작용에 근거하여 성립하는 정의와 효용의 가치는 국가법 제도의 토대로서 교환과 불법 행위를 규율하고 규제하기 위한 사법 및 공법(민법, 불법행위법, 형법)의 기원과 변화의 원리가 되고 있다. 그리고 인간 행동에 존재하는 상기한 제한된 합리성은 노동자 교육, 금융 규제 등 사회경제적 영역에 관한 정부의 개입을 추가적으로 요청하는 사유가 된다. 또한 스미스에 따르면, 손실 회피 성향과 보유 효과에 따른 가치 평가 불일치(valuation disparity)는 사안의 공정성 여부를 판단할 때 통상 적용되는 심리적 법칙이며, 인류의 사법적 관행에서도 반영되고 있다.

본 연구가 제시하는 시사점은 다음과 같다. 첫째, 사회 규범, 법과 경제의 현상은 합리성과 공리주의적 가치에 의거한 환원주의적 접근 방식으로만 설명하기 어려운 다차원적이고 복합적인 현상이다. 스미스는 존재론적으로 다차원적 복잡성을 지닌 법과 경제의 문제를 마음 내부의 인지 및 감정 체계의 통합적 접근에 의해 조명함으로써 사회 현상에 관한 한층 더 정밀한 기술, 설명, 예측이 가능함을 제시하고자 했다. 오늘날 스미스의 학문 세계에 관한 논의가 경제학과 사회과학을 넘어서서 인지과학(철학, 신경과학, 심리학, 문화과학, 사회과학 등과 경제학과의 접목)으로 확장되는 이유이기도 하다.

둘째, 경제학계의 근래 주류적 접근 방식인 합리성과 공리주의 원리로만 고찰하면 스미스의 제도적 제안 및 공공 정책에 관한 주장의 일부는 외형적으로 퍼즐로 남고 일탈 내지는 비일관성을 띤 것으로 간주된다(예컨대, Stigler 1975b; West 1997). 반면, 사람들의 본성으로부터 비롯되는 합당성뿐만 아니라, 동시에 불가피하게 발생하는 다양한 체계적 편향 및 오류를 고려하여 국가법 제도에 의한 보완 방안을 제시하고자 한 스미스의 노력이 평가될 필요가 있다. 스미스는 감정 및 인지 체계의 상호작용에 의한 사람들의 정보 처리, 의사 결정과 실제 행동이 집합적으로는 대체로 합리성과 부합하는 결과를 창출하는 경향이 있음을 인정한다. 그렇지만 (개인적, 계급적 그리고 역사적, 사회적 여건 등에 의해) 종종 체계적인 오류를 범하는 사람들의 행동에 의해 사회적 침해와 불의(不義)가 야기되거나 또는 공공의 효율성이 크게 저하되는 경우도 많다. 따라서 스미스는 지속 가능한 사회 발전을 위한 정치적 비전인 "자연적 자유의 체계"의 원리 (정의의 가치에 의거한 핵심적 정책 그리고 사회적 효용에 의한 보완적 정책의 이중 정책

트랙)를 기조로 삼았지만, 역사적, 사회적 환경과 결부된 사람들의 제한된 합리성과 체계적 편향성을 교정하기 위한 국가의 온정주의적인 방식의 개입 역시 추가적으로 승인했다.

제12장

조직 이론과 조직의 경제학

1. 머리말

조직(組織)은 제도 및 법률과 더불어 지속 가능한 사회적 운영을 도모하기 위해서 중요하다. 역사상 조직은 사회적 분업과 전문화에 따라 개별적이거나 집합적으로 주어진 목표를 성취하기 위해 구성원들이 의식적으로 상호 연결되고 자율적으로 움직이게 만드는 최소한의 주요 단위 개체였다. 실제로 현대의 사회적, 정치적, 경제적 행위에서 조직은 인간 행동과 결코 분리될 수 없는 의사 결정 단위이며, 사회적 자원 배분과 그 성과, 그리고 주요한 제도 변화에 직접적인 영향력을 행사하고 있는 핵심적인 단위이다.

조직론의 학문 영역은 조직과 인간에 관한 이해를 목적으로 하며, 심리학, 사회학, 경제학, 정치학, 인류학뿐만 아니라 인문학까지도 포함하여 융복합적인 접근을 통하여 조직 현상을 이해하려는 통합 과학의 특성을 지닌다. 사회 내에서 조직 현상은 인간의 합리성만으로는 설명하기 어려운 중층 복합적인 현상이며, 경제학을 포함하여 여러 사회과학과 인문학적인 연구 성과와 지식이 접목될 때 중첩적인 조직 현상에 관한 더욱 정밀한 기술, 설명, 예견이 가능해진다.

이상과 같은 조직 이론의 의의를 염두에 둘 때, 이 영역에 관한 경제학계의 주목도는 상대적으로 낮은 수준에 있었으며, 근래에 들어서야 그 관심의 정도가 증가하고 있는 편이라고 할 수 있다. 18세기 중반의 경제학자인 애덤 스미스의 조직 이론에 관한 관심이 부족했던 것도 이와 무관하지 않을 것이다. 물론 스미스가 농업이 기반인 전근대 사회로부터 산업혁명의 기운이 점차 동트던 시대에 저술을 내놓았던 점도 간과할 수는 없다. 이러한 저간의 사정 때문에 조직론 분야의 학계는 스미스의 조직론을 분업과 전문화의 원리를 조직에 적용한 고전 이론 정도로만 인식해 왔다. 한편, 이와는 차별화된 기여는 1980년대 이후 기업 이론에 관한 경제학계의 흐름을 반영한 대리인 모형 관점의 접근법이다.

이러한 경제학적 접근법에 기초한 몇몇 선행 연구 성과는 나름대로 의의를 지니지만 이제 스미스의 조직론은 새롭게 조명될 필요가 있다.[1] 조직론과는 별개로 그동안 스미스의 학문 체계 전반에 관한 새로운 해석과 성과의 확장이 꾸준히 이루어져 왔다는 점이 무엇보다 중요하다. 스미스의 도덕철학 체계는 신학은 물론 윤리학, 정치학과 법학, 경제학을 포괄하는 학문 체계였으며, 또한 방법론의 관점에서 동일하고 중첩된 현상을 여러 각도에서 조명하는 일종의 분석과 종합(analysis-synthesis)의 체계였다. 이에 따르면 스미스의 학문 체계

1 자본주의화의 진전에 따라 조직이 직면한 대외적인 여건이 상당히 변화해 왔다는 점도 또한 중요하다. 외부적인 시장 경쟁과 위계질서의 제약을 수용해야 할 필요성은 동일하지만, 21세기 조직은 좀 더 새로운 환경에 직면하고 있다. 네트워크화의 진전에 따른 협력과 공유 경제(sharing economy)의 가치 확산, 비(非)시장 영역으로의 시장 확대, 투자의 장기화 등의 환경 변화가 바로 그것이다. 이에 따라 경제적 효율성과 아울러 사회적 차원의 정당성과 책임성의 가치가 이전 시기보다 훨씬 더 중시되고 있다.

는 사회 공동체, 국가와 법, 경제적 차원에 관한 개별적 분석으로 이루어져 있지만, 역사적 시간과 공간 선상에서는 인문 현상을 그 상호작용에 의해 종합하는 유기체적인 통섭 체계로 이해된다.[2)]

본 연구의 접근 관점 및 방법론적인 기초는 이러한 학제적 접근법에 기초하고 있다. 복합 중층적이고 중첩적인 실재 인문 세계를 분석과 종합의 방법론으로 고찰하는 것처럼 스미스의 조직론이 새로운 각도에서 검토될 것이다. 지난 100년여의 조직 이론 역사를 통해 조직의 복합적이고 다면적인 특성을 이해하는 데 기여하는 여러 패러다임이 출현해 왔다는 점에서 본 연구는 경제학적 접근법을 넘어서서 조직의 사회과학적 특성을 조명하는 하나의 시론으로서 일정한 의의가 있을 것이다.

2. 조직에 관한 다양한 접근법과 스미스 관련 선행 연구

2.1. 조직에 관한 주요 경제학적 접근법

인류사에서 조직의 역사는 매우 오랜 것이고 조직의 유형도 무척 다양하다. 하지만 현대 사회의 구성 부분으로 경제 활동에서 주도적 역할을 하고 있는 기업 조직은 산업혁명을 거쳐 19세기 말 이후 20세기 초중반에 걸쳐 뚜렷한

2 예를 들면, Skinner(1996), Evensky(2005), Kim(2014), 김광수(2015) 등은 윤리학, 법과 정치학, 경제학 등 도덕철학 체계에 속하는 개별 영역을 분절되고 독립된 각각의 영역으로 파악하지 않고 하나의 일관된 사회과학 체계로 취급한다.

현상으로 자리를 잡았다. 이런 사회적 추세를 반영하여 신고전파 경제학의 대부인 마셜(Alfred Marshall)은 조직을 제4의 생산 요소로 거론했다. 이어 클라크(John Bates Clark)는 기업가의 조정 기능을 중시하였으며, 나이트(Frank Knight)는 경영자를 위계 체계를 갖춘 조직의 조정자로 간주했다(Coase 1988).

그렇지만 조직 이론에 관한 한, 경제학계의 주류인 신고전파 경제학은 매우 높은 정도의 추상화 수준에 매몰되어, 실제의 조직 현상에 관해 한층 더 설득력 있는 설명을 제시하는 방향으로 나아가지 못했다. 완전 정보와 확실성을 전제로 하는 신고전파의 세계에서 기업은 기술적인 생산 함수나 비용 곡선을 기반으로 최적화 또는 이윤 극대화의 목표에 따라 일정한 투입물 벡터를 생산물로 전환하는 블랙박스에 불과하다. 현실 세계의 기업에서처럼 주주, 이사회, 경영자, 노동자, 채권자 및 채무자, 고객, 유관기업 등이 복합적인 이해관계 속에서 상호작용을 하며, 또한 불확실한 외부 인문 환경에 대응하여 경영 관리와 내부 상호 조정, 그리고 전략적 행동을 취하는 조직의 모습은 이러한 모델에서는 보이지 않는다.

한층 더 실체가 있는 조직과 제도에 관한 경제학계의 관심이 본격적으로 표명된 것은 여타 사회과학계 전반에서 진행된 조직 연구의 시기보다도 한참 늦은 1960~70년대에 들어서부터이다.[3] 먼저 미시경제학 분야에서 Alchian & Demsetz(1972)의 재산권 이론 및 Jensen & Meckling(1976)의 대리인 이론은 Berle & Means(1932)에서 제기된 현상, 즉 소유자인 주주와는 구분되는 전문 경영인의 기업에 관한 재량과 지배의 현상에 주목했다. 이들에 따르면, 기업의 본질은

3 기업 이론에 관한 국내 경제학계의 주요 문헌 연구로는 김일태 외(1999) 및 조필규(2012)를 참고하라.

거래 당사자들 사이의 계약의 집합체(nexus of contracts)이다. 즉, 기업이란 팀 생산 또는 결합 생산을 지향하기 위한 생산 요소 소유자들 간의 계약이거나 또는 기업의 소유자와 대리인으로서의 경영자 사이에 체결된 여러 복합적인 계약으로 연결된 집합체이다. 재산권 이론에서 팀 조직은 전문화와 협조를 통한 생산성의 향상으로 말미암아 단독 개별 생산보다 선호된다. 그러므로 팀의 구성원을 인센티브로 보상하고 팀의 감시자에게는 잔여 가치 청구권(residual claimant)을 부여하는 계약이 의미가 있다. 한편, 대리인 이론의 경우에는 소유와 경영이 분리될 때 주주와 경영자 사이에 이해상충과 대리인 비용이 발생하는 점에 주목한다. 이 때문에 대리인 이론에서는 사전적으로 이를 최소화하기 위한 경영자 유인 체계 부여 및 최적 고용 계약의 설계가 중요해진다.

그런데 이들 이론에 따르면, 기업 조직과 관련된 모든 계약이 비록 신고전파 경제학의 완전 정보와 확실성 하에서 체결되는 완전 계약일 수는 없더라도, 경쟁적 시장의 과정 속에서 효율적 기업의 선별이 이루어지는 것처럼 경영자 시장의 대리인 비용 역시 효과적으로 통제될 것이다(Alchian 1950). 그러므로 경쟁적 시장에서 체결되는 고용 계약 역시 무제한적 합리성의 전제 하에 채택되는 완전한 계약과 본질적으로 차이가 없게 될 것이다.

다른 한편, 이처럼 기업을 순수한 시장 조정의 일부분에 불과한 것으로 간주하는 미시경제학적 이론과 달리 경제학적인 조직 이론, 즉 조직의 경제학이 새로운 개념 틀을 가지고 본격적으로 등장한 것은 Coase(1937, 1988)로부터이다. 1930년대에 제시된 코즈의 기업 이론은, 비록 발표 당시에는 주목 받지 못했지만, 주류 경제학의 생산 비용과 대비되는 거래 비용의 개념을 토대로 삼아 현실 조직에 한층 더 부합하는 새로운 접근법을 모색했다. 이러한 거래 비용 접근법은 기업 조직을 시장(조정)과는 존재론적으로 구분되는 실체로서 상정하며, 기업 조직의 존재 이유, 기업의 경계, 기업 조직 구조 및 경쟁 전략 등을 논의하는 이른바 경제학적 거시 조직 이론의 토대가 된다. 미시경제학적 접근법과 마찬가지로 경쟁 전략으로서 효율성과 계약주의를 공유하면서도,[4] 코즈의 거래 비용 접근법을 계승하고 발전시켜 거시 조직 이론을 구축한 것은 Williamson(1975)의 저술이다.

윌리엄슨에 따르면, 교환 관계의 효율성을 중시하는 관점에서 거래 비용을 최소화하려는 경제 주체의 노력은 시장의 가격 기능을 통한 외부적 통제뿐만이 아니라, (재산권 및 대리인 이론과는 달리) 위계질서를 가진 조직 내부의 통제 형태를 새롭게 등장시켰다.[5] 즉, 사회적 분업에 따라 교환이 확장되고 이에 따라 거래 비용이 증가하면 흔히 내부적 권위 관계에 의존하는 조직이 등장해서 시장 기능과 더불어 새로운 통제 장치가 된다. 그러므로 거래를 성립시키는 시장과 조직은 거래 비용을 최소화하고 경제적 효율성을 촉진시키기 위해 출현한 서로 다른 대안이며 선택이다.

윌리엄슨은 거래의 속성을 구체적으로 해부한 후, 이를 상황적 접근법으

4 계약주의 접근법(contractarian perspective)은 조직의 다양한 실체를 계약의 개념으로 대체하고, 생산 요소 소유자들이 체결하는 다양한 계약적 행위를 기업의 본질로 파악한다. 대리인 이론에서 기업은 시장의 조정 기능을 수행하는 계약의 집합체일 뿐 사후적 의사 결정 권리와 위계적 권한을 행사하는 책임자(고용주)가 존재하지 않는다. 대조적으로 거래 비용 경제학에서는 기업이란 시장의 대안으로 출현한 조직으로서 그 내부에서는 완전 경쟁적인 시장 규율과는 상이한 위계질서 및 계약 관계(규범과 내규)로 구성된 지배 구조 메커니즘이 작동함으로써 효율성을 도모한다.

5 인문 환경의 주요 차원에 관한 논의를 요약하고 있는 Williamson(2000)에 따르면, 제한적 합리성이 지배하고 거래 비용이 실존하는 현실 세계에서 사회 규범, 법 제도 그리고 조직은 시장과는 별개로 각각 사회 현상을 분석하기 위한 세 가지 주요 분석적 차원이다. 물론 이러한 차원들은 가격 기구를 통한 교환 및 조정 기능을 담당하는 시장의 영역과 현실적으로 상호작용을 하고 있다. 그러므로 경제 활동을 이해하고 예측하는 데 조직과 제도는 매우 중요할 뿐만 아니라, 설명력과 설득력을 도모하는 경제 모형에서 간과될 수 없을 정도로 불가결한 요소가 된다(본서 제1장 표 1-1).

로 통합하여 거래 비용 경제학으로 발전시켰다. 여기서 시장과 조직 간의 선택은 거래 비용의 원천으로 작용하는 인적 및 환경적 요인의 수준에 의존한다. 예컨대, 환경적 요인인 자산 특수성, 불확실성(복잡성), 거래의 발생 빈도가 높을수록 시장에서 거래를 수행하는 데 필요한 거래 비용은 더욱 높아진다. 따라서 자산 특수성, 불확실성, 거래의 발생 빈도 수준이 높은 거래는 시장을 통해 이루어지기보다는 조직 내부에서 발생하는 경향이 있다.

한편, 계약주의 접근법과는 다른 방향에서 경제학계에서 동시에 제기되어 온 접근법은 조직에 관한 자원 기반 관점(resource-based perspective) 또는 역량 기반 관점(competence-based perspective)이다. 계약주의 접근법에서 기업이 계약의 결집체인 반면에, 자원 기반 관점에서 보면 기업은 내부적으로 보유하고 있는 생산 자원과 역량의 집합체이다. 앞서 거론한 Knight 같은 몇몇 선구자적인 저술을 기반으로 이를 한층 더 체계적으로 제시한 Penrose(1959)는 1950년대 후반에 기업을 다양한 생산적 자원의 조직화된 결합체로 보았다. 그러므로 기업의 성과는 그 생산적 자원을 활용한 내생적이고 동태적인 변화와 발전에 의존한다. 즉, 기업이 내부적으로 학습 과정을 통해 생산 자원과 암묵적 지식을 누적적으로 축적하고, 이러한 더욱 효율적인 지식을 기반으로 특정 외부 환경에 대응하여 새로운 기회를 확장시켜 나갈 때 비로소 생존과 발전이 보장된다.[6]

Nelson & Winter(1982) 같은 진화적 기업 이론 역시 자원 기반 관점을 취하는 하나의 학파에 속한다. 넬슨과 윈터에 따르면, 혁신을 통한 누적적인 생산 자

6 Hodgson(1998)은 경제학계의 조직 이론을 분류하면서 계약주의 이론가로 코스, 윌리엄슨, 알치안, 뎀세츠 등을 거론하고, 역량 기반 이론의 측면에서는 스미스, 마르크스, 나이트, 펜로즈, 넬슨 및 윈터 같은 진화적 이론가를 언급한다. 그런데 본 연구에서 고찰되듯이 스미스의 혼합형 조직 이론은 계약주의 및 자원 기반 이론을 모두 지지한다.

원의 축적 및 일상 과정(routine)의 효율적 구축이 바로 기업의 핵심 역량이자 진화적 적응과 발전의 원천이다. 여기서 루틴 또는 일상 과정이란 학습을 통한 개인의 숙련이나 습관처럼 규칙적이고 반복적으로 수행되는 조직의 일상적 업무 수행 과정 내지는 업무의 반복적 행위 패턴을 의미한다. 이와 같은 과업의 일상 과정화가 기업의 핵심 역량이 되는 이유는 마치 생명체의 유전 인자(DNA)처럼 경쟁 우위를 창출하는 기업의 자원과 행위를 누적적으로 보존하고 유지하는 역할을 하기 때문이다.

이와 같은 자원 기반 접근법은 1980년대 중반 이후 전략 경영의 측면에서 경쟁 우위의 원천을 기업 내부의 능력에서 찾고자 했던 Wernerfelt(1984) 그리고 Barney(1986; 1991) 등에 의해 주목을 받았다. 이들 전략 경영 이론가에게 기업이 보유한 자원은 (산업조직론의 동질성 및 이동 가능성 가정과는 달리) 이질성과 부동성의 특성을 지닌다. 이 때문에 물리적 자본, 인적자본, 조직 자본 가운데 모방하기 어렵고 대체가 불가능한 기업 특유의 인적자본(조직 구성원의 기술, 지식, 역량)과 조직 자본(조직 역량과 조직 운영 과정)은 기업이 경쟁 우위를 지속적으로 유지해 가는 원천이며 역량이 된다. 또한 이러한 자원 기반 접근법은 조직 학습의 개념 및 진화적 기업 이론의 일상 과정 개념과 결합하여 지식 기반 관점이나 동태적 역량 관점을 낳았다(Demsetz 1988; Teece & Pisano 1994). 동태적 역량 이론에 따르면 일정 시점에서는 경쟁 조직보다 우월한 기업 고유의 자원과 역량이 경쟁 우위를 창출하는 데 기여한다. 이와 아울러 인문 환경과 시장 질서의 끊임없는 변화에 맞추어 새롭고 혁신적인 기업 고유의 자원을 창출하고 확장시켜 나갈 수 있는 기업의 동태적 역량이 지속적인 경쟁 우위를 유지하는 데 기여한다.

2.2. 여타 사회과학 분야 조직 이론의 주요 흐름

매우 작은 규모를 지닌 조직의 부침과 명멸은 인류사에서 오래되고 흔한 것이지만, 현대 사회의 거대 기업 같은 조직의 출현은 19세기 말 이후 20세기에 이르기까지 선진 자본주의 사회의 시장 구조가 독과점 시장화되면서 비롯되었다. 이처럼 현대 사회에서 빠르게 전개된 기업의 진화(Chandler 1977) 그리고 시장 조직의 확대에 조응한 정부 조직의 확장세에 의거해서, 경제학계를 제외한 사회과학계의 조직 이론은 20세기 초반 이후 주로 심리학, 사회학, 경영학, 행정학, 정치학 등에서 상당히 비중 있게 다루어져 왔다. 뿐만 아니라, 조직 관련 환경의 변화와 기업 조직의 신속한 진화를 반영하여 이에 관한 다양한 이론과 복수의 패러다임이 제기되어 왔음은 물론이다. 현대 조직 이론의 역사가 보여 주는 특징은 조직 현상의 다면성, 조직 이론의 다원주의 및 복합 패러다임으로 규정지을 수 있다(Vibert 2004).

이처럼 사회과학 주요 분야에서 제기된 다원적이고 복합적 조직 이론들은 다양한 방식으로 분류되고 유형화될 수 있다. 예를 들면, Morgan(1986)에 따르면 조직이 내포하고 있는 횡단면-비교론적 특성을 기준 삼아 전통적 조직 이론은 분류될 수 있다. 예를 들면, Morgan은 조직의 이미지(기계 장치, 문화, 정치 체제, 유기체 등등)에 초점을 맞춘다. 이러한 유형화 틀에 따르면 조직은 특정 목적을 위해 효과적으로 작동하는 기계 장치와 유사하지만, 한편으로는 사회 규범, 신념, 법규, 문화 등의 산물이기도 하고, 상호 대립적인 이익을 추구하는 다양한 세력의 경쟁, 갈등 그리고 타협이 이루어지는 정치적 존재의 속성도 지닌다. 이처럼 모든 조직 이론은 경제적 측면, 권력 의존적 측면, 사회문화적 측면, 생태학적인 측면 등 그 고유의 횡단면적 특성에 따라 분류 가능하다.

한편, Scott(2003)의 분류 방식은 조직 관련 환경과의 상호작용 여부 그리고 조직 행동의 동기 등 두 가지 기준을 활용한다. 그러므로 조직 이론은 환경에 대한 조직의 폐쇄성 및 개방성 같은 조직과 환경과의 상호작용, 그리고 사람이 지닌 경제적 합리성 및 여타 다른 본성의 발현 같은 조직 행동의 동기에 따라 두 가지 차원으로 나눌 수 있다. 이에 따라 모두 네 가지 영역으로 조직의 유형화가 가능하다. 이러한 분류 방식에 의거해 초기 조직 이론부터 근래에 이르기까지 다양한 조직 이론은 폐쇄-합리적 조직 이론, 폐쇄-자연적 조직 이론, 개방-합리적 조직 이론, 개방-자연적 조직 이론으로 구분된다. 이러한 분류 방식은 조직 이론의 기원과 변화를 통사적으로 검토하는 데에 유용하다.

또한 조직 이론의 주요 패러다임은 (조직 행동 이론과는 별개로) 조직의 외부 환경과의 상호작용이라는 거시적 관점에서 구분되기도 한다. 이러한 거시 조직 이론에 따른 구분은 위의 Scott의 분류 방식 가운데 개방적 조직 이론 체계만을 염두에 두고 행해진 것이다. 이러한 분류에 따르면, 거시적 조직 이론들은 구조적 상황 이론, 조직경제학 이론, 자원 의존 이론, 제도주의 이론, 조직군 생태 이론 등으로 대별된다. 1960년대의 구조적 상황 이론은 외부 환경(기술-시장 환경, 안정적-역동적 환경 등)이 조직 특성과 형태에 미치는 영향력과 적합성에 주목해 왔다(Burns & Stalker 1961). 한편, 1970년대에 부상한 주요 거시 조직 이론들은 '학제적' 관점으로부터 복수의 패러다임을 출현시켰고, 구조적 상황 이론에서 다소 모호한 특성으로 남아 있던 외부 환경을 한층 더 구체화하여 실증성을 높이려고 했다.

우선 조직경제학 이론은 기업의 존재 및 형태를 규정하는 환경 가운데 기업이 직면하는 불확실성 여부, 기업이 보유한 자산의 특수성 정도, 거래 빈도 등에 초점을 맞춘다(Williamson 1975). 한편, 자원 의존 이론에 따르면, 조직의 특성과 형태는 거래를 수행하는 서로 다른 조직들 사이에 이동하는 외부 자원의 흐름과 조달, 습득, 유지 등 권력의 의존 관계에 달려 있다(Pfeffer & Salancik 1978). 또한 사회학적 제도주의 이론은 조직 구조에 강한 영향을 미치는 외부 환경으로 사회문화 규범이나 신념 및 가치 체계 등의 제도적 환경을 강조한다(Meyer & Rowan 1977). 마지막으로 조직군 생태 이론은 분석 단위로 개별 기업 대신에 조직군에 주목하며 환경결정론적인 시각을 채택한다(Hannan & Freeman 1977). 즉, 기업을 둘러싼 조직 환경(생태 지위, 조직 나이, 규모, 경쟁 밀도 등)은 동일한 생태 지위에 있는 조직군의 생존에 절대적이며, 조직 변화 역시 외부 환경에 의한 선택에 달려 있다.

2.3. 주요 사회과학적 접근법의 조직 이론 관련 의의

지금 요약된 여타 사회과학계의 전통적 조직 이론은 방법론적 차원에서 주류 경제학이 가정하고 있는 상대적으로 높은 수준의 추상성(예: 생산 함수 형태의 기업, 산업 내 기업의 동질성 등)과 비교해서 이론 내부의 가정을 한층 더 완화하거나 확장한 것이다. 여타 사회과학계의 조직 이론에서는 조직의 이질성을 당연시할 뿐 아니라,[7] 조직 현상과 조직 행태를 결정하는 요인으로 다양한 주변 환경과의 상호작용을 중시한다. 또한 조직 내에서는 경제 주체의 합리적 이

7 Rumelt(1991)의 연구에 따르면, 수익성의 관점에서 볼 때 산업 간 차이보다는 동종 기업 사이의 차이가 훨씬 더 중요하다.

해 추구의 동기 이외에도 인간의 다양한 동기가 함께 작용한다. 즉, 조직 내의 주된 여러 사회 심리가 고려될 뿐만 아니라, 사회학적, 정치학적, 그리고 진화론적 관점이 더불어 적용된다. 이 때문에 여타 사회과학 계열의 조직 이론은 (이론의 일반성 기준에서의 취약성에도 불구하고) 조직의 실제적 특성을 실증적으로 조명하는 데 훨씬 더 적실성과 설명력을 지닌다.

이상과 같은 다양한 현대 조직 이론이 성립하고 있는 근거를 본 연구가 기반하고 있는 학제적 관점에서 간략히 살펴보자. 첫째, 조직 고유의 활동 과정에서 경제적 효율성의 가치가 조직의 존재나 성과를 판단하는 데에 주요한 기준이 되는 것은 분명하다. 특히, 현대 기업 조직과 같이 사적인 이해관계가 지배적인 민간 조직은 경제적 효율성을 충족시키지 않고서는 경쟁 과정에서 궁극적으로 도태될 수밖에 없다. 이 때문에 조직 현상을 경제성 및 효율성의 관점에서 조명하는 경제학적 조직 이론은 기업의 존재와 운영에 관해 상당히 의미 있는 설명력을 지니며, 주요 거대 이론(巨大理論) 가운데 하나가 된다.[8)]

둘째, 그럼에도 기업의 현실에서는 미래의 불확실성이 크고, 아울러 효율성을 객관적으로 판단하기가 어려운 경우가 많다. 이때 조직은 모든 대안에 대한 평가를 통해 최적의 해결책을 도출할 수는 없으며, 이때 경제적 효율성의 중요성은 줄어든다. 또한 기업에서 금전상 최적화 기준과 효율성은 분명히 중시될 수밖에 없는 목표임에도 불구하고, 중장기적인 생존과 번영을 위해서는 정보 공유, 창의성, 혁신, 지속성 같은 다양한 영역의 효율성이 마찬가지로 중

8 주류의 미시경제학에서는 경제적 합리성의 논리와 기회주의적 본성의 가정에 의해 조직 행동을 설명해 왔지만, 조직경제학에서는 그 가정을 더욱 완화하여 경제 주체의 제한된 합리성과 거래 비용 개념을 전제로 기업의 존재와 조직 구조 현상을 훨씬 더 폭넓게 조명해 왔다.

시될 수밖에 없다. 예컨대, 지속 가능성을 목표로 삼는 조직에는 (경제적 효율성과는 별개로) 시장 정보의 공유, 제품 혁신, 환경 변화에 부응한 구조 조정과 조직 변화, 상이한 동기와 목적을 지닌 조직 구성원 간 갈등의 해소, 유연한 과업 할당 등 조직 생태 차원의 여러 효율성이 동시에 존재한다(Dore 1983). 즉, 지속 가능성을 고려하는 기업의 의사 결정에는 단일의 목표 추구보다는 다면적인 목표 및 규범적 기준과 진화 논리가 개입하고 있다. 이처럼 복잡다단한 현실에서 조직은 보유 자원의 한계를 고려해 (최적 해법보다는) 만족스러운 수준의 해결책을 모색하거나, 또는 사회학적 차원에서 비교 대상이 되는 준거집단의 관행(convention)을 모방하려는 의사 결정을 하게 된다.[9)]

셋째, 경제학적 조직 이론은 조직 현상 가운데 실제 발견되고 있는 사회적, 협력적, 관계적 거래 유형이나 상호 의존적 환경 및 정치적 존재로서의 조직 등의 현상을 설명하는 데 한계를 지닌다. 지속 사업체(going concern)로서 공동의 협력 작업을 수행하는 조직의 특성상 그 존재 및 운영 과정에 사회학적이며 정치학적인 요소가 개입되고 있다는 점에는 의문의 여지가 없다.

예컨대, 조직론의 선구 이론가인 Weber(1915)는 사회학적 관점에서 관료제(bureaucracy) 같은 계층 조직이 현대에 등장한 이유를 밝혔다. 전근대적 속성의 조직은 통치자의 권위에 의존하는 반면에, 합리성을 중시하는 근대 조직에서는 개인의 권위는 조직의 권위에 의해 대체되며 이를 통해 합법성(legitimacy)을

9 Simon & March(1958)에서 거론된 '제한된 합리성'과 '만족화의 추구' 같은 현실적인 가정을 채택한 Cyert & March(1963)는 이를 기업 집단에 적용해서 행태주의 이론(behavioral theory)을 제안했다. 이에 따르면 기업의 의사 결정은 모든 사안에 관한 최적화를 모색하는 것이 아니라, 수용 가능한 수준의 갈등 해결, 관리 가능성 제고에 의한 불확실성의 회피, 문제 중심적 조직 탐색, 적응을 통한 조직 학습 등의 형태로 이루어진다. 한편, 케인스에 따르면 확실성이 결여된 환경에서 투자에 임하는 기업가의 의사 결정은 흔히 동종 업계의 다른 기업들이 채택하고 있는 관행을 모방하거나 수용하는 것이다(Keynes 1936: 제12장).

얻게 된다. 현대 사회에서는 이처럼 합법성을 지닌 관료제 조직이 내부 거래 조정을 매우 안정적이고 효율적으로 만든다. 마찬가지로 현대 조직 이론의 선구자로서 인간관계론을 제시한 Barnard(1938)는 조직을 개인의 육체적, 정신적 한계를 극복하기 위한 "사회적 협조 체계"(cooperative system)로 파악했다. 따라서 조직의 유지 및 존속에 사회적 협조를 얻는 과제가 중요한 의미를 갖는다.

또한 현대 거시 조직 이론 가운데 주도적 세력을 형성해 온 제도주의 이론은 사회학적인 접근법을 취하고 있으며 조직에 관한 제도적 환경의 영향력에 주목한다. 우선 1950~60년대 Selznick(1957)은 이익 집단의 영향력이나 정치적 압력을 조직에 영향을 미치는 제도적 환경으로 간주한 바 있다. 마찬가지로 1970년대 후반 이후 제기된 사회학적 제도주의 이론은 사회적 관계 속에서 정립된 사회 규범, 규칙, 관행처럼 사회에서 정당하게 수용되는 사회문화적 요소를 기업의 제도적 환경의 원천으로 간주한다(DiMaggio & Powell 1983). 이러한 이론적 접근에 따르면, 장기적인 생존과 발전을 도모하려는 기업에게 우선적으로 필요한 활동의 전제는 사회적인 정당성 내지는 합법성을 스스로 충족시키는 과제이다. 특히, 기업 활동에 이해관계 집단이 서로 복잡하게 얽혀 있을 뿐만 아니라 사회 전체의 승인과 협조가 전제되는 경우에는 사업 전반의 합법성을 추구하는 것이 필수적이다. 이 때문에 조직의 공식 구조는 사회적으로 수용되고 정당성을 내포한 제도적 환경에 의례적으로 순응하지 않을 수 없다.

그리고 조직행동론 측면의 여러 사회학적 연구도 주목할 필요가 있다. 물론 이러한 관점의 연구는 위에서 언급한 Barnard를 따라 조직 구성원 간의 다양한 비공식적 관계에 주목한다. 실제로 (시장 행동과 비교하는 경우) 특히 조직 내부에서는 이기적 동기를 포함한 인간 동기의 다양성이 발견되는 동시에, 계약과 공식적 통제뿐만 아니라 비공식적 규범과 신뢰가 훨씬 더 중시된다. 즉, 조직 내부 행동에서 경제적 이해를 추구하는 동기가 지배적일지라도, 상호 협력 행위와 호혜를 도모하는 사회심리적인 동기가 함께 작동해서 소위 사회적 교환(social exchange)이 성립하고 있음을 의미한다(Gouldner 1960).[10]

이처럼 사회적 교환에 관여하는 사회심리학적 측면은 (단기적 교환 및 성과보다는) 중장기적 생존을 위해 필요한 다양한 유형의 조직 내 효율성이 조직 성과로 귀결되기 위해서 요망되는 것이기도 하다. 이 때문에 경제적 유인 그리고 위계질서 및 관료적 통제뿐만이 아니라, 교환 당사자들이 중장기적으로 공정한 처우를 받을 것이라는 사회적 또는 협조적 교환의 믿음과 신뢰의 형성, 그리고 상호 호혜의 가치는 기업 내부의 거래에서 매우 중요하다. 만일 이러한 신뢰 체계 하에 비경쟁적이고 자발적인 상호 협력의 관계가 구성원 사이에 형성되지 않는다면, 정보나 지식의 공유, 환경 변화에 따른 유연한 조직적 대응에는 소모적인 비용이 투입될 수밖에 없고 기업의 생존 경쟁력은 상당히 훼손될 수밖에 없다(Foa 1971; Ouchi 1980; Griesinger 1990; Fukuyama 1995).

그러므로 이러한 사회학적 이론의 관점에 따르면, 조직의 활동과 교환에는 사회적 관계 이면의 사회심리적 요인을 동시에 고려하는 것이 필요하며, 조직경제학은 이러한 요인을 통합해서 설득력을 높일 필요가 있다. 따라서 조직의 효과성과 관련하여 단순히 금전적 보수나 수당과 같은 경제적 유인책도 단기적으로 의미가 있지만, 상호 협력적 관계나 명예심을 고양하는 방법은 중

10 사회 조직 심리학자인 Gouldner(1960)는 사회적 관계 속에서 이루어지는 행동을 설명할 수 있는 원리로서 사회적 교환의 개념을 제시했다. 이에 따르면 상호성이나 호혜성(reciprocity) 원리는 인류 역사에서 보편타당성을 가지고 사회생활을 규제해 온 가장 기본적인 원칙이며 규범이다.

장기적이고 한 차원 더 높은 유인 구조를 제공한다. 예를 들면, 어떤 주어진 여건에서 임금 같은 금전적 보상을 높이지 않고도 구성원이 지닌 상급 단계의 욕구(자존감, 명예심 등)를 충족시킴으로써 참여와 헌신을 조장하고 유인과 동기를 부여할 수 있다(Barney & Ouchi 1986).

마지막으로, 조직 이론 내에서 권력학파(power school)라고 불리는 정치학적인 관점이 있다(Mintzberg 1998). 이러한 정치학적 관점은 조직에 영향력을 행사하는 여러 환경적 요인 가운데 권력과 정치적 행위에 주목한다. 미래의 불확실성, 자원의 희소성과 할당의 의사 결정에 관한 중요성, 다양한 이해관계자 및 구성원의 상충되는 여러 목적과 인식의 다양성 등의 여건에 조직이 불가피하게 직면하는 한, 조직의 형태나 행동은 결국 정치적 의사 결정, 권력 관계와 권력 행사에 부분적으로 의존할 수밖에 없다(Bolman & Deal 1997). 조직 이론 내에서 권력학파는 조직 현상에서 발생하는 정치적 권력과 리더십, 정치 게임, 집단 전략이나 연합 등에 주목함으로써 조직 현상을 기존의 경제학적, 사회학적 접근법과는 또 다른 각도에서 이해하는 수단을 제공했다.[11]

2.4. 스미스 관련 선행 연구의 내용과 한계

20세기 초반 이후 조직 이론의 역사에서 스미스의 조직론은 일반적으로 고전 이론의 선구자 정도로 거론된다(예컨대, Douma & Schruder 1991). 이러한 평가

11 조직의 거시 권력 관계를 조망한 Pfeffer & Salancik(1978)에 따르면 현대 경제에는 압력 집단이나 이해관계자는 물론 복잡하고 규제적인 일련의 제도들이 조직에 영향을 미친다. 이 때문에 조직에 의한 외부 통제가 성립한다. 즉, 조직은 생존과 이익을 위해 권력과 통제의 수단을 동원하여 의존적인 외부 관계를 줄이거나 조화로운 관계를 유지하려 하는 등 외부 환경과 상호작용한다.

에 따르면, 스미스는 경제학의 토대인 분업과 전문화의 원리를 조직체에 그대로 적용했다. 즉, 스미스의 경제 이론에서 개인과 사회는 분업과 전문화를 통해 끊임없이 생산성의 향상을 추구한다. 이와 마찬가지로 조직의 성장과 발전도 이러한 분업 및 전문화의 동기 및 환경 변화와 연관된다.[12)]

그런데 조직 이론의 역사 일반을 다루는 문헌에서 스미스의 조직론에 관한 더 상세한 연구는 이루어지지 못한 듯하다. 하지만 스미스 전문 연구 영역에서는 조직 이론의 발전을 고려한 추가적인 논의가 일부 있었다. Anderson & Tollison(1982) 및 Ortmann(1999)의 연구는 대리인 모형에 의거해서 『국부론』에 나타난 스미스의 조직론을 접근했다. Anderson & Tollison에 따르면, 스미스는 1970년대 경제학계에서 조직과 기업에 관한 모형으로 제기된 주인-대리인 이론의 선구자에 해당한다. 스미스는 이러한 대리인 접근법에 근거하여 근대 초기 주식회사 지분 출자 형태로 사업을 시작했던 동인도 회사 같은 주식회사 조직의 특성 및 문제점을 해부하고 이에 관한 대안을 제시하고자 했다.

또한 Ortmann은 Anderson & Tollison 연구의 연장선상에서 『국부론』에 제기된 주인-대리인 모형의 적용 범위를 주식회사 조직뿐만이 아니라 다른 유형의 조직 행동에도 확대했다. 이 연구에 따르면, 스미스는 주인-대리인 모형을 교육 기관인 대학교의 교수, 그리고 종교 기관에 속한 성직자의 행동을 이해하는 데도 동일하게 적용했다. 그러므로 스미스의 대리인 이론은 훨씬 더 일반적인 모형으로서 주식회사 직원들의 행동 양식뿐만 아니라, 대학 교수와 성직

12 조직의 성장과 확장에 동인이 되는 분업과 전문화는 경쟁 과정에서 규모의 경제와 수확 체증에 영향을 주며, 또한 지역 경제의 성장과 특성(예컨대, 제조업 중심-농업 주변 지역으로의 분화 및 도시화)을 결정하는 데도 중요한 역할을 한다. 현대 경제에서 분업, 규모의 경제, 수요 및 교역 확대, 지역 경제 발전 간의 관계를 논의하는 주요 연구로 Marshall(1890), Young(1928), Krugman(1991)을 보라.

자의 조직 내부 행동을 설명하는 데 활용된다.

이와 같은 선행 연구들은 경제학적인 대리인 모형을 통해 스미스의 조직론에 관해 충분히 의미 있는 해석을 제시했다. 그런데 이러한 연구들은 스미스가 본래 채택하고 있는 도덕철학 및 사회과학적 관점과 접목되지 못한 상황에서, 그 조직론이 포괄하거나 시사하고 있는 융복합적인 단면과 종합적 실체를 적확하게 인식하지 못한 결과를 낳았다.

3. 스미스의 혼합형 조직 이론

조직론에 관한 한, 스미스는 경제학적 접근법 이외에도 여타 사회과학적 접근법을 동시에 활용하고 있다. 또한 조직에 관한 스미스의 경제학적 접근법은 자원 기반 이론과 계약주의 이론의 혼합형에 해당한다. 본 절에서는 이러한 내용을 상세하게 살펴본다.

3.1. 조직의 존재 이유와 본질: 경제학 및 사회학적인 접근법

조직에 관한 고전 이론에 따르면, 기업은 생산성 향상이나 경제적 목표를 달성하기 위해 존재한다. 그러므로 기업에서 산출물에 대한 생산성 평가와 효율성이 중시된다. 이러한 관점에서 볼 때 기업 구성원은 합리성에 따라 생산성을 증진하기 위해 행동한다. 그리고 생산성과 효율성은 분업과 전문화를 통해서 최대화된다.

이러한 맥락을 뒷받침하는 스미스의 발언에 따르면, "다른 모든 공예나 제조업에서 분업의 효과는 매우 영세한 이 제조업에서 발생하는 것과 비슷하다. 물론 제조업 가운데는 노동이 이처럼 세분화되거나 아주 단순한 조작으로 전환될 수 없는 것도 많이 있다. 그러나 분업은 그것이 도입될 수 있는 한 모든 공예에서 노동 생산성을 비례적으로 증대시킨다. 서로 다른 업종과 직업의 상호 분화는 이러한 이익의 결과로 일어난 것 같다. 또한 이러한 분화는 일반적으로 최고도의 근면과 진보를 누리는 나라에서 가장 크게 진전되고 있으며, 미개 상태의 사회에서 한 사람이 하던 작업이 문명 사회에서는 대체로 여러 사람의 작업이 되고 있다"(Smith 1776: 15).

이 인용문에서 나타나듯이, "서로 다른 업종과 직업의 상호 분화"와 병행해 이루어지는 조직의 형성은 분업과 전문화에 따른 생산성의 향상 및 경제적 유인에 기초하고 있다. 또한 기업의 성장과 발전도 이와 같은 자원 기반 관점에 의존한다. 다시 말해서, 기업은 내부적으로 보유한 생산 자원을 토대로 하여 수요의 증가 등 변화하는 환경에 발맞추어 꾸준히 "새로운 분업과 새로운 기술 개발" 같은 혁신을 통해 새로운 기회를 찾고 생존을 도모한다.[13] 즉, "수요의 증가가 처음에는 재화의 가격을 올릴는지 모르지만 장기적으로는 그것을 반드시 내리게 한다. 수요의 증가는 생산을 장려함으로써 생산자들의 경쟁을 강화시켜, 생산자들은 서로 더 싸게 팔기 위해 그렇지 않았다면 결코 생각도 할 수 없었을 새로운 분업과 새로운 기술 개발에 나서게 된다"(Smith 1776: 748).

13 현대 경제학과는 달리 진화적 경쟁의 개념을 적용하는 스미스의 이론적 사고 가운데 경쟁은 수확 체증, 기술 변화, 혁신의 과정과 동행한다(Young 1928; Richardson 1975). 한편, Negishi(2004) 및 Rothschild & Sen (2006)에 따르면, 분업과 수요-교역 증대의 상호작용에 관한 이러한 스미스의 이론적 견해는 기술 진보, 규모의 경제, 산업 내 무역, 경제 성장 등 여러 현대 경제의 현상과 일치한다.

한편, 사회학적 관점에서 조직의 본질이 종종 거론된다는 점은 중요하다. 앞서 말한 거시조직론의 사회학적 제도주의 접근법에 따르면, 조직은 사회의 외부적 요구, 즉 정당성(합법성), 책임성(신뢰성), 재현 가능성 등에 따라 행동하고 변화하지 않으면 오랜 기간 생존과 번영을 도모하기 어렵고 도태되기 쉽다. 이 같은 사회학적 접근법에서 정당성과 책임성의 조건은 조직 형태의 사회적 수용을 의미하는 매우 중요한 기준이다. 지속 사업체 조직이나 새로운 조직이 사회 규범 및 법률에 순응하여 조직 구조를 갖추고 행동하지 않을 수 없는 이유이다.

이러한 거시조직론의 사회학적 측면은 스미스가 동업조합, 조합회사, 동인도 회사와 같은 동시대 조직에 관한 비판을 통해 그 개선 방안을 제안할 때 드러난다. 예를 들면, 중세 이후 유럽에 등장한 동업조합(guild) 조직은 분업과 생산성 증진을 통해 지역 사회의 안전 보장과 번영을 도모하려는 사회적 목표에 의거해 출현했다. 이 때문에 성장의 정체 국면에 속했던 중세 시기에 동업조합에 독점권을 부여한 조치는 나름대로 합당성이 존재했다. 하지만 근대 사회에 들어서서 동업조합은 독점권 행사, 동업자 사이의 담합에 의거한 제품과 물가 상승, 불필요한 도제 교육 기간 설정에 따른 사회적 낭비, 노동자의 자연적 자유에 관한 구속 등 사회적 유용성에 반하는 행위에 매몰됐다. 이러한 행위는 대다수 국민에게 사법적 그리고 경제적 침해를 늘리면서 합법성과 책임성의 문제를 발생시켰다(예컨대, Smith 1978: 83~6, 363; Smith 1776: 144, 151~2).

이처럼 동업조합에 관한 스미스의 비판은 조직의 사회적 정당성의 맥락에서 나온다.[14] 예컨대, 동업조합의 특권에 의한 노동자의 자연적 자유의 구속

14 스미스의 정의론(正義論)에 근거한 노동 시장 그리고 동업조합에 관한 분석과 비판에 대해서는 본서 제8장을

에 관해서는 다음의 비판이 제기된다. "사람이 자기자신의 노동을 통해 소유하게 되는 것은 모든 여타 소유의 근본적인 토대이며 따라서 가장 신성불가침한 것이다. 가난한 사람의 세습 재산은 그의 손의 힘과 기교에 있는데, 그가 이 힘과 기교를 이웃사람에게 해를 끼치지 않고 적당하다고 생각하는 어떤 방법으로 사용하는 것을 방해하면, 이것은 가장 신성한 소유에 대한 분명한 침해이다. 이것은 노동자와 그를 고용하려고 하는 사람들의 정당한 자유에 대한 명백한 잠식이다"(Smith 1776: 138).

이와 마찬가지로 근대 영국의 규제(조합) 회사와 동인도 회사 같은 기업 조직에 관한 스미스의 비판도 동업조합처럼 사회적 정당성을 훼손시킨 점에서 비롯된다. 규제(조합) 회사는 "유럽 모든 나라의 대도시와 도회지에서 흔히 볼 수 있는 동업조합과 모든 점에서 비슷하며 그것과 같은 종류의 확대된 독점체"(Smith 1776: 733)였다. 또한 동인도 회사 역시 도입 초기에는 높은 위험도를 고려해 해외 무역 조직에 독점권을 부여할 만한 사회적 유용성의 명분은 분명했다. 그런데 인도 지역에 관한 무역 독점을 영구적으로 허용한 정책적 조치는 결국 직원들의 "태만, 낭비, 횡령" 등 정의에 어긋나거나 부주의한 행동을 증가시키고 기업 조직의 정당성과 책임성을 망각하도록 만들었다(Smith 1776: 755).

참고하라.

3.2. 조직의 경쟁 우위 전략: 경제학적 접근법

3.2.1. 자원 기반 이론 관점: 표준화/일상 과정에 의한 보유 자원 경쟁 우위

앞서 보았듯이 자원 기반 이론은 지속적 경쟁 우위의 원천으로 (외부 환경에 대응하는 기업의 기회 및 전략 중시보다는) 우월한 시장 지배력을 유지할 수 있는 기업 내부의 자원과 역량에 주목한다. 그러므로 기업이 지속적 경쟁 우위를 확보하기 위해서는 핵심 역량, 지식과 경험, 조직 운영 능력, 기업 문화, 조직의 일상 과정, 경영자 능력 등 기업 고유의 유무형 자원을 효과적으로 관리하고 활용하는 능력이 무엇보다도 중요하다. 그리고 경쟁 우위의 지속성 정도는 다른 경쟁 기업이 이러한 유형의 고유 자원을 획득하기 위해 비용을 투입하는 과정의 난이도에 의존한다.

조직 내부에는 생존, 효율성, 효과성, 합법성을 획득하기 위한 목적으로 (가격 기구 및 위계질서의 활용과는 별개로) 지식과 경험을 전달하거나 보유 자원을 활용하는 다양한 방식이 존재한다. 그러한 조정 방식 가운데 조직이 주로 활용하는 방법은 추진 업무를 일상과정화(routine) 하는 방법이 있다. 예컨대, 조직 내에서 직무 과정의 표준화(standardization)란 서로 관련된 과업을 수행하는 사람들의 직무 과정을 일일이 명시함으로써 조정이 달성된다.[15] 마찬가지로 규범의 표준화는 조직 전반에 공통의 규범이 작업을 규율하고, 그 결과 모든 구성원이 동일한 신념에 따라 자신의 직분을 수행하도록 만든다. 이처럼 조직 구성

---

15 표준화 매뉴얼이나 특수 업무 프로세스가 적절하게 구축되고 보존되는 경우에 기업의 효율화는 물론 업무 실행의 안정성이 도모될 수 있다. 예를 들면, 일본의 도요타 자동차와 미국의 GE 같은 대형 회사는 말할 것도 없고 호텔 체인이나 프랜차이즈 커피 전문점들도 세부 업무 절차를 상세하게 매뉴얼로 작성하여 직무 과정이나 업무의 표준화를 기하고 있다.

원 사이에 공통 가치와 신념이 사회화됨으로써 효율성과 효과성이 도모된다.[16)]

스미스는 이처럼 조직의 직무와 관련해서 일상 과정의 역할 내지는 표준화로 불리는 두 가지 사례를『국부론』에서 선구적으로 언급한다. 첫째, 당시 일부 주식회사 조직은 경쟁우위를 위한 전략으로 오늘날 직무 과정이나 산출물의 표준화에 해당하는 방식을 채택했다. 주식회사 조직은 그 지배 구조상 기본적으로 도덕적 해이와 대리인 문제에 직면하지 않을 수 없었다. 당시 모험적인 사기업과 대비해서 주식회사 조직의 경쟁력이 중장기적으로 취약해질 수밖에 없었던 이유는 주로 이러한 문제로부터 비롯되었다. 스미스에 따르면 무역 거래에서 수요와 공급의 다양한 변화에 대응하여 회사 조직을 경영하는 행위는 "일종의 전쟁"과 다름없다. "이 전쟁의 작전은 끊임없이 변화하며, 이것을 성공적으로 수행하려면 끊임없는 노력으로 경계하고 주의하지 않으면 안 되는데, 이것을 주식회사의 이사들에게 오랫동안 기대할 수는 없는 일이다. … 그러나 이런 경우에 개인적인 모험사업가의 경계심과 주의는 더욱 탁월하므로 동인도 회사는 곧 이러한 무역에서 뒤처질 개연성이 크다"(Smith 1776: 755).

그런데 주식회사의 지배 구조상 파생되는 구조적 문제점을 보완하고 지속 가능한 경쟁 우위를 확보할 수 있는 경쟁 전략은 업무 과정을 표준화하는 것이었다. 당시 금융업과 보험업의 주식회사들이 지배 구조의 취약성에도 불

16 Mintzberg(1989)는 조직 내 표준화에 의해 표출되는 여러 조정 메커니즘과 부합하는 다양한 조직 형태를 제시했다. 예를 들면, 기계식 조직에는 직무 과정의 표준화가 대응하는 반면, 전문가 조직에는 작업 기술의 표준화가 전개된다. 산출 과정의 표준화란 상이한 작업의 결과를 명시함으로써, 작업 과정의 표준화는 작업 방법 등을 표준화함으로써, 산출의 표준화는 부서별로 산출의 양과 질을 표준화함으로써, 작업 기술의 표준화는 교육을 통해 기술 표준화를 추구함으로써 업무를 조정하는 방법이다.

구하고 독점권 없이 조직 경영에서 실패하지 않은 이유는 업무 과정의 표준화에 있었다. 대규모 조직에서 업무의 반복성이 큰 경우에 표준화는 환경의 영향을 줄이는 데 기여한다. 즉, 과업의 내용(작업 방법과 순서 등)의 구체화를 통해 변칙적이고 자의적인 행위를 예방하고, 예측 가능성과 정형성을 확보해서 미래의 확실성을 다지는 효과가 나온다. 스미스는 다음처럼 언급한다.

> "주식회사가 독점적 특권 없이도 성공적으로 운영할 수 있는 유일한 사업은 모든 업무가 이른바 일상 과정(routine)으로 환원시킬 수 있는 사업, 즉 그 업무를 거의 또는 전혀 변경시킬 여지가 없이 천편일률적인 방법으로 환원시킬 수 있는 사업이다. 이러한 유형 가운데 첫째는 은행업, 둘째는 화재보험업, 해상보험업 및 전쟁 시의 나포보험업이다. … 은행업의 원리는 다소 난해하게 보이지만, 그 실무는 엄격한 규칙으로 환원 가능하다. 특별한 이윤을 올리려는 허황된 투기심 때문에 그러한 규칙에서 벗어나는 일은 이것을 꾀한 은행업의 회사에게 언제나 지극히 위험하며 종종 치명적이다. 그러나 주식회사 조직은 어떤 합명회사보다도 제정된 규칙을 일반적으로 더 잘 준수하도록 만든다. 따라서 주식회사는 이러한 사업에 아주 적합한 것으로 보인다"(Smith 1776: 756).

둘째, 서로 경쟁하고 있는 종교 조직에서도 규범의 표준화는 다른 기관과 비교해서 경쟁 우위를 가져오는 방식이다. 선교 조직에서는 조직 전반을 규율하는 규범이나 이념이 통제된 작업을 결정하고, 그 결과 구성원들이 종교적 명령처럼 동일한 신념에 따라 직분을 수행하게 된다(Mintzberg 1989). 이른바 규범의 표준화를 의미하는 공유되는 동질 문화(clan culture), 사명감, 연대 의식은 특정 상황에서 어떤 과업을 수행해야 할지를 큰 비용 없이 알려 준다. 따라서 종교 기관의 경우에는 규범, 가치, 이념의 표준화 또는 공통 가치와 신념의 사회화가 경쟁 세력에 대항하여 세력 확장을 이룰 수 있는 주요 요인이 된다.

스미스에 따르면, 계급과 신분 사회인 전근대 사회로부터 자유와 평등 이념을 토대로 삼는 근대로 접어드는 시기에 종교혁명이 전개되었다. 이 와중에서 서로 다른 종파들이 추종자와 교세를 확대하기 위한 치열한 경쟁을 했다. 그리고 이를 위해 각 기독교 종파들은 일종의 규범의 표준화를 이루기 위해 도덕적 자유주의 또는 도덕적 엄숙주의를 종교 이념으로 내세웠다. 결과적으로 종교 조직 내부의 자유롭고 방만한 규범보다는 엄격하고 엄숙한 규범을 공유하거나 지지하는 교파가 주도권을 잡았다. 사회의 다수 성원인 서민들에게 "경솔의 악덕"은 언제나 파멸적 결과를 초래하는 경향이 있었기 때문에, 그들은 통상 도덕적 엄숙주의의 이념에 경도되었으며 그러한 종파를 지지하고 추종했다. 다음의 문장은 당시 선교 조직이 경쟁 우위의 목적으로 특정한 사회적 가치를 지향해서 규범의 표준화를 도모한 측면을 여실히 보여 준다.

> "모든 문명 사회, 즉 계층의 구별이 일단 완전히 확립된 모든 사회에서는 두 가지 서로 다른 도덕 양식이나 체계가 항상 동시에 존재해 왔다. 하나는 엄격주의 또는 엄숙주의라고 부를 수 있으며, 다른 하나는 자유주의 또는 이른바 방만주의라고 부를 수 있다. 전자는 일반적으로 서민들에 의해 숭배되고 존경 받으며, 후자는 흔히 상류층 사람들에 의해 더 많이 존경되어 채택되고 있다. … 많은 종파들, 아마 대부분의

종파들은 심지어 이런 엄격주의를 심화시키고 어느 정도는 우둔할 정도로 극단화시킴으로써 신용을 얻으려고 노력하기까지 했다. 그리고 다른 어떤 요인보다도 이러한 과도한 엄격성 때문에 그 종파들은 종종 서민들의 존경과 숭배를 더 많이 받게 되었다"(Smith 1776: 794~5).

3.2.2. 계약주의 접근법: 조직과 제도 설계

현대의 계약주의 접근법 가운데 하나인 대리인 이론에 따르면, 경영의 전문화가 심화될수록 조직의 주인은 대리인에게 그 운영 권한을 위임하고 대리인은 주인으로부터 권한을 위임 받아 조직의 운영에 나선다. 이 경우 자신의 경제적 이익을 우선하려고 하는 경영자의 속성이 빈번히 기회주의적 행동으로 이어지고, 이 같은 기회주의적 행동은 비효율적인 조직 성과로 귀결된다.

조직과 사회에 관한 주요한 가정 가운데 하나는 인간은 자기중심적이고 이해관계에 예민하게 반응하는 속성을 지닌다는 것이다. 이러한 사람들의 이기적 본성은 특정한 외부 환경과 여건에 반응해 나태와 태만을 낳는 경향을 초래하는 원인이 된다. 스미스는 이를 다음처럼 표현한다. "가능하면 편안하게 살고자 하는 것이 모든 사람의 이익이다. 만일 그가 어떤 대단히 힘든 임무를 수행하든 하지 않든지 간에 자기의 보수가 동일하다면, 그것을 전적으로 등한시하거나, 또는 관계당국이 이런 태만 행위를 용인하지 않는다면, 당국의 허용 범위 내에서 가능한 한 부주의하고 나태하게 수행하는 것이 적어도 통속적으로 이해하는 한 자신에게 이익이 되는 것은 확실하다"(Smith 1776: 760). 여기서 드러나듯이, 조직 현상에 관한 스미스의 접근법에서 두드러진 부분은 주인-대리인 모형에 의거한 분석이다.

스미스는 동인도 회사의 실제 운영과 관련하여 현대 대리인 이론의 선구적인 내용을 언급한다. 주식회사는 다수의 투자자가 자신들이 투자한 소규모의 지분에 대해서만 유한 책임을 부담하는 제도다. 이 때문에 주식회사의 주주들은 무한 책임을 지는 조직이나 개인과 비교해서 업무 자체에 큰 관심이 없으며, 또한 이사회나 경영자는 무사안일의 욕구 또는 도덕적 해이에 빠지기 쉽다. 주식회사 조직 내부의 이러한 태만과 도덕적 해이 경향은 조직 자원의 활용에서 비효율성과 큰 낭비를 가져오고, 결과적으로 경쟁 조직과의 게임과 전략 운영에서 실패를 자초하는 요인이 된다. "주식회사의 이사들은 자기자신의 돈이 아닌 다른 사람들의 돈의 관리자이기 때문에, 합명회사의 공동 경영자가 자기의 돈을 감독하는 만큼의 주의력으로 타인의 돈을 감독할 거라고 도저히 기대하기 어렵다. 부잣집의 집사와 마찬가지로 그들은 작은 일에 신경 쓰는 것이 주인의 명예에 불리하다고 생각하여 그런 소소한 일에 신경 쓰지 않는다. 따라서 주식회사의 사업 운영에는 많든 적든 태만과 낭비가 언제나 지배적이다"(Smith 1776: 741).

스미스의 지적에 따르면, 동인도 회사의 경우 본국에서 인도 식민지에 파견된 직원들은 경영 부실과 태만, 낭비, 횡령을 일삼았다. 뿐만 아니라, 그들은 치부를 위한 사적 거래를 중시하고 이를 독점화하기 위해 정부의 공권력을 회유하거나 행사하여 회사의 주주, 식민지와 모국의 발전에 큰 피해를 초래했다(Smith 1776: 638~41). 또한 경우는 다르지만 교육 기관인 대학교의 교수, 종교 기관의 성직자, 그리고 정부 조직의 공무원의 행동도 이와 비슷한 측면이 많다(Smith 1776: 760~1, 789, 818~9).

따라서 조직 경영에서는 대리인 이론이 제시하는 인간 본성을 감안해서 개선 방안을 찾는 제도 설계가 필요하다. 그런데 노동을 통해 대부분의 수입이 획득되는 경우에는 경쟁적 조건 하에서 경제적 유인은 가장 유효한 제도적 장치가 된다. 스미스에 따르면, "어떤 전문직에서도 거기에 종사하는 대부분의 사람들의 노력은 그런 노력을 하지 않으면 안 되는 필요도에 항상 비례한다. 이 필요도는 전문직에 의한 보수가 자신의 재산을 만드는 데 또는 통상적인 수입이나 생활 자료를 위해서도 유일한 재원이 되는 사람들의 경우에 가장 높다. … 대항 관계와 경쟁은 하급 전문직에서조차 남보다 뛰어난 것을 야심의 목적으로 하고 때때로 최대한의 노력을 부추긴다"(Smith 1776: 759~60).

예를 들면, 대학의 봉급 제도가 경쟁 제도의 영향을 받는가, 또는 교수들의 행동이 명성과는 무관한 요인 및 조직과 제도(시장 지배 구조 또는 학교 보유 재산에 근거한 보수 책정, 특정 지배 구조 하 눈치보기와 종속적 행동) 등에 의존하는가에 따라서 교육 성과에는 분명한 차이가 발생한다. 스미스는 다음의 사례를 든다.

> "일부 대학에서 봉급은 교수의 보수의 일부분, 때때로 작은 부분에 지나지 않으며, 그 보수의 대부분은 수강 학생들의 사례비 내지 수업료에서 나온다. 이때 수업에 성실하게 전념할 필요성은 항상 다소나마 감소할지라도 완전히 제거되지는 않는다. 그의 직업에서의 명성은 그에게 어느 정도 여전히 중요한 일이며, 그는 그의 강의에 참석한 학생들의 애착, 감사 및 호의적인 평판에 어느 정도 여전히 의존하고 있다. … 다른 여러 대학에서 교수는 그의 학생에게서 어떤 사례비나 수업료를 받는 것이 금지되어 있고, 그의 봉급이 자신의 직무에서 얻는 수입의 전부를 구성한다. 이때 그의 이해관계는 그런 일이 가능한 정도로 그의

임무와 직접적으로 대립하고 있다"(Smith 1776: 760, 772~3).[17]

3.3. 조직행동론: 다면적 행동 원리와 주요 사회과학적 접근법

지금 보았듯이 조직 내부의 행동에서 자기이익 추구 성향에 근거한 물질적이고 계산적인 교환 동기는 계약주의 유인 제도 및 규정의 유효성과 긴밀한 인과 관계를 맺고 있다. 그런데 조직의 실체는 계약주의 모형에서 상정하는 것처럼 생산 요소 소유자들이 사익을 추구할 목적으로 체결한 계약 관계의 집합체, 또는 단순 연결망이나 가상적 인공물에 불과한 것은 아니다. 스미스는 이미 거론한 경제학적 관점뿐만 아니라, 사회학적, 정치학적 관점에서도 조직 내부 행동과 현상을 마찬가지로 언급하고 있다.[18]

3.3.1. 사회학적 행동 원리

조직은 어느 측면에서 구성원들이 공유된 규범과 가치관, 상호 신뢰와 정체성을 바탕으로 고유의 핵심 역량과 지식의 경쟁 우위를 확보하려고 시도하는 실체적 결합체다. 조직 구성원들이 동질 문화를 공유한다는 것은 시장이나 위계질서와는 다른 방식으로 거래를 조정하고 있음을 의미한다. 그러므로 공

17 또한 스미스는 다음처럼 발언을 이어간다. "교수가 복종해야 하는 행정 당국이 그 자신이 구성원인 조직, 즉 학부 또는 대학교에 있고, 또 다른 구성원도 그와 마찬가지로 교수이거나 당연히 교수인 사람들이라면, 그들은 공동의 대의명분을 만들어 모두가 서로에게 매우 관대해질 것이고 자신의 임무 태만이 허용된다면 이웃 동료의 임무 태만에 동의할 것 같다. … 만일 그가 복종해야 하는 당국이 그가 구성원인 조직이 아닌 다른 조직의 사람들이라면 … 이런 유형의 외부 관할권은 무지한 가운데 자의적으로 행사되기 쉽다. … 그런 관할권에 예속된 사람은 이 때문에 필히 평판이 나빠져 사회에서 가장 존경 받아야 할 사람 대신에 가장 천박하고 경멸 받아야 하는 사람이 된다"(Smith 1776: 761~2).

18 스미스의 정치학 일반에 관한 논의는 Winch(1978) 및 Long(2006)을 참고하라.

통의 가치와 신념을 바탕으로 이루어지는 사회화는 조직의 경쟁 우위에 기여하는 또 다른 방식이다. 또한 관계적이고 불확정적 교환의 특성을 지닌 사회적 교환에는 물질적 재화뿐만이 아니라 관계적 인정, 승인, 권위 같은 비물질적 재화의 교환 내역이 포함되어 있다. 사회적 교환에는 오랜 기간에 걸쳐 양적, 질적인 교환이 성사되기 때문에 보상의 불확실성이 존재하는 반면에 신뢰의 유대 관계나 사회적 관계가 강화되는 측면이 있다.[19)]

스미스에 따르면, 조직 내 보수를 결정하는 요인으로 경제적 요인이 중요하지만 동시에 사회학적인 요인이 작용한다. 『국부론』 제1편의 임금 결정에 대한 논의에서 나타나듯이, "명예는 모든 명예로운 직업의 보수의 큰 부분을 구성한다. 모든 사정을 고려해도 금전적 이득의 관점에서 명예로운 직업은 일반적으로 적정 보수보다 낮은 보수를 받는다"(Smith 1776: 117). 당시 일반 노동자와 비교해서 일부 교회 목사에게 금전적으로 낮은 보수가 주어졌는데도 불구하고 직업 후보자들이 목사 같은 성직에 더 큰 관심을 보였던 이유는 대중의 존경심과 명예가 추가적으로 주어졌기 때문이다(Smith 1776: 148).[20)]

이와 마찬가지로 스미스의 조직행동론에서 경제학적 요인처럼 사회학적 요인은 언제나 주요한 구성 요소를 이룬다. 스미스의 사회학은 자신의 윤리 이론에 토대를 두고 있다. 이에 따르면 사람들의 사회적 행위에 대한 평가, 존경과 명성은 사회 구성원들의 도덕적 승인에 의존한다. 그러므로 "이러한(대다

19 스미스의 사상에서 사회화 및 사회적 교환에 관해서는 Heilbroner(1982) 및 Nord(1973)를 보라.

20 또한 다음을 보라. "보통 수준에 도달하는 것마저 소수 인원에 불과한 직업에서 두각을 나타내는 것은 소위 천재 또는 수재의 가장 결정적인 표식이다. 이러한 뛰어난 능력에 수반되는 대중의 존경은 항상 그들이 받는 보수의 일부를 이루며, 존경 정도의 고저에 따라 존경이 보수에서 차지하는 비율이 다르다. 존경은 의사의 직업에서 보수의 상당 부분을 이루고 있고, 법률가 직업에서는 한층 더 많은 부분을 이루고 있으며 시와 철학에서는 거의 전부를 이루고 있다"(Smith 1776: 123).

수) 사람들의 성공은 거의 항상 그들의 이웃과 동료들의 호의와 호평에 의존한다. 따라서 꽤 균형 잡힌 행동을 하지 않고는 그것을 거의 얻어 낼 수 없다. 정직이 최선의 방책이라는 예부터 내려오는 훌륭한 속담은 이러한 상황에서 거의 완전한 진리가 된다"(Smith 1759: 63).

따라서 사회의 유명인사가 되는 일은 오로지 사회적 지위와 재산의 크기에 달려 있는 것이 아니라 사회의 일반 구성원이 승인하는 평판과 존경심에도 상당 부분 달려 있다. "높은 지위와 재산이 있는 사람은 자신의 신분에 의해 어떤 거대한 사회의 명사가 된다. 그 사회는 그의 모든 행동을 주목하며, 이 때문에 그 자신도 자기의 모든 행동에 주의할 수밖에 없다. 그의 권위와 중요성은 사회가 그에게 품고 있는 존경에 매우 크게 의존한다. 그는 그 사회에서 본인의 명예를 훼손시키거나 신용을 잃게 하는 어떠한 행위도 감히 하지 않는다"(Smith 1776: 795).

그리고 사회의 명사뿐만 아니라 대부분의 상인 및 대중에게도 신뢰감을 부여해 주는 정직과 평판은 사업의 지속 가능성을 보장하고 장기적인 성공에 도달하기 위한 기초이다.[21] 이러한 논점의 의미는 스미스에게 경제적 동기에 의거한 관행이 사회적 차원의 명성과 문화적 규범에 배태되고 있음을 의미한다.[22]

21 교환의 이익을 계산하는 상인 집단처럼 자신의 이익을 중시하는 경제적 태도에서도 신뢰와 명성이 발생할 수 있다. 스미스에 따르면, "상인은 자신의 평판을 잃는 것을 두려워하며 모든 계약을 꼼꼼하게 지키려 한다. 어떤 사람이 하루에 20건의 계약을 체결할 경우에 살짝 속이려는 시늉만으로도 계약을 망치기 때문에 자기 이웃을 속이려는 시도를 해서 그리 많은 것을 얻을 수는 없다. 서로 거래가 거의 없는 경우에 우리는 사람들이 서로 약간씩 상대를 속이려는 성향이 있음을 알게 된다. 그것은 사람들이 자신의 평판을 손상시켜 계약을 망치는 것보다 멋진 속임수로 더 많은 것을 얻을 수 있기 때문이다"(Smith 1978: 538~9).

22 Granovetter(1985)는 『국부론』을 사례로 들어 스미스 및 주류 경제학의 원자론적 개인주의 방법론을 동시에 비판하고 있다. 하지만 그는 『국부론』의 다면적 측면뿐만 아니라, 스미스의 사회학적 관점도 철저히 간과하고 있다.

한편, 같은 울타리에 있는 조직 공간에서는 구성원들의 규범 및 관점을 더불어 공유하려는 사회적 성향과 태도가 존재하기 때문에 가치나 신념의 동형화(同形化, isomorphism)가 일어나기도 한다.[23] 그리고 사회 구성원으로부터 승인을 받으려고 하는 동기 및 과업과 관련된 의무감은 조직 내 행동에서 자신의 이해와는 별개로 공공 정신을 발휘하게 만드는 계기가 된다. 그러므로 일상에서는 흔히 직접적 이해관계가 지배적인 행동 동기가 되지만, 조직 내에서 사회적 책임을 맡게 되거나 공공 업무를 수행하는 경우에는 자기이익을 희생하거나 배제하면서도 공익의 증진에 나서는 경우도 종종 발생한다.[24]

이와 같이 (시장의 속성과 대비해서) 조직 내부에서는 사회적 동기가 더 강하게 작용해서 명예 메커니즘을 출현하게 만든다. 예를 들면, 고대 및 근대 유럽 사회의 군대 조직에서는 명예나 평판에 관한 욕구가 조직 구성원의 행동을 견인하는 주요 유인이 되었다. 그러므로 오늘날 널리 이해되는 것처럼 인류 역사상 군대 조직의 강력한 규율은 언제나 필요하고 또한 항상 존재해 온 것이 아니다. 고대의 군대 조직 가운데 귀족으로 구성된 민병대에서는 명예심과 평판에 의해 자발적으로 군대의 기강과 질서가 확립되었다. 반면에, 군대 조직에 엄격한 규율이 도입되고 일반화된 것은 후일 명예심이 부족하거나 거의 없었던 빈곤층이 봉급을 받고 상비군으로 충원된 이후에 나타난 변화에 불과했다.

23 다음의 발언을 보라. "우리 자신의 모든 감정, 신조, 기분을 우리가 생활하고 많은 대화를 나눠야 하는 사람들 내부에 확립되고 정착된 것에 가능한 한 적응시키고 동화하려는 자연적인 성향이야말로 좋은 친구든 나쁜 친구든 이러한 일행 모두에게 퍼지는 전염 효과의 원인이 된다"(Smith 1759: 498).

24 스미스에 따르면, "공공 정신을 아주 투철하게 발휘할 때에도 사정은 동일하다. 젊은 장교가 주권자의 영토에 그리 대수롭지 않은 일부 영역을 추가시키기 위해 그의 생명을 노출할 때, 이것은 그 자신에게 그 새로운 영역의 획득이 자신의 생명의 보존과 비교하여 한층 더 바람직한 대상이기 때문은 아니다. 그에게는 그 자신의 생명이 그가 복무하는 국가를 위해 어떤 왕국 전체를 정복하는 것보다도 무한할 정도로 훨씬 큰 가치가 있다. … 그가 스스로를 국민들의 처지에 위치시킬 때, 즉시 그는 만일 자신이 피를 흘림으로써 그렇게 귀중한 목적을 촉진할 수 있다면 그 피를 과도하게 낭비한 것이 아니라고 느낀다"(Smith 1759: 191~2).

스미스에 따르면, “이런 원칙에 입각하여 자신들의 의무를 이행할 줄 아는 명예로운 사람들이 국가를 지켰을 때는 규율이 필요 없었다. 모든 구성원이 전쟁에 나갔을 때는 군대에 별도의 규율이 필요하지 않았다. 사람들 모두가 동등한 지위에 있고 그들이 공통의 목적을 아주 잘 인식하고 있기 때문에 규율이 전혀 필요 없었다. 가장 높은 계층이 전쟁에 나갔을 때는 명예에 관한 신조가 규율을 대신했을 것이다. 그러나 이 임무가 가장 비천한 계층으로 넘어갔을 때에는 아주 가혹하고 엄격한 규율이 필요하여 모든 상비군에 규율이 도입되었던 것을 알 수 있다. 우리는 이것에 의해 우리가 본성을 제어할 수 있다는 것을 알 수 있고 또한 우리가 자랑하는 남성다운 용기가 얼마나 많이 외부 상황에 의해 좌우되는가도 알 수 있다”(Smith 1978: 266, 542~3).

3.3.2. 정치학적인 행동 원리

조직의 사회학적 요인 이외에도 정치학적인 요인 역시 스미스의 조직론에서 간과할 수 없는 측면이다. 조직의 정치학적 관점에 따르면, 조직은 (외형상 공동의 목표를 달성하기 위한 안정적인 협동체처럼 보이지만) 종종 상호 이해상충적인 대립 관계로 얽힌 다양한 세력의 경쟁과 갈등의 공간이면서 또한 권력 행사와 전략적 행동에 따라 타협과 발전을 도모하는 공간이기도 하다. 따라서 정치적 존재로서의 조직은 (합리적이고 조화로운 본성을 통해 안정성을 구현해 가는 실체로서보다는) 특정 구성원과 집단의 이해관계를 추구하기 위해 권력을 행사하며 정치 게임과 집단 전략으로 조직의 목표를 실행해 가는 실체로 조명된다 (Bolman & Deal 1984: 제11~2장).

스미스에 따르면, 마치 단일 실체인 것처럼 흔히 가정하곤 하는 국가 조직이나 기업 조직은 실제로는 개인 또는 단일의 주체 세력으로 구성되지 않는다. 조직이란 실제로는 내부적으로 이해관계를 달리하는 다양한 계층과 하부 분파 세력으로 구성된 매우 복합적인 실체이다. 또한 자신이 속한 특정 소속 단체의 권력과 이해관계가 행동의 주된 관심사가 되기도 한다.[25] 국가 조직의 경우에 각 분파 세력의 지도자들은 자신들의 지위 보존이나 특권과 특혜 부여를 가능하게 만드는 통치권을 얻기 위해 종종 당파적 행위와 전략적 집단 행위에 몰입한다. "사람들은 주로 공공 업무의 경영이 부여하는 중요성 때문에 그 경영에 참여하려고 한다. … 국내의 당파적이고 야심적인 모든 행위는 그 지도자들이 각 지위의 중요성을 놓고 서로에 대해 가하는 공방전이다"(Smith 1776: 622).

한편, 기업 조직의 경우도 상황은 다르지 않다. 기업에서 주주들의 투자 목적이 대체로 영리 지향에 있음은 분명하지만, 이와 별개로 기업에 관여하는 지인들을 후원하기 위한 정치적 영향력 행사의 차원에서 이루어지기도 했다. 스미스는 영국의 동인도 주식회사의 주주들이 보인 정치적 행태에 관하여 다음과 같은 평가를 내린 바 있다. "큰 재산을 가진 사람은 빈번히, 심지어 그리 큰 재산을 가지지 않은 사람마저도 때때로 단지 주주총회의 투표권에 의해 얻게 되는 영향력 때문에 1,000파운드짜리 동인도 회사 주식을 기꺼이 매입한다. … 물론 이사회가 회사 직원의 임명을 할지라도 주주들은 이사들을 선임할 뿐만 아니라 때때로 인도의 회사 직원들의 임명을 뒤집기 때문에 다소나마 이사

25 스미스의 표현에 따르면, "모든 독립 국가는 많은 서로 다른 계층과 하위 사회 집단으로 분할된다. 이들 각각은 자신의 개별적인 권력, 특권과 면제권을 갖는다. 자연스럽게 모든 개인은 어떤 다른 계층이나 사회 집단보다는 자신이 속한 고유한 계층이나 사회 집단에 더 많은 애착을 갖는다. 그 자신의 이해관계와 허영심, 자신의 친구와 동료들의 이해관계와 허영심 등은 흔히 그것과 상당한 관련이 깊다. 그는 그러한 특권과 면제권을 확장하기를 갈망한다. 그는 모든 다른 계층이나 하위 사회 집단의 침해에 대응하여 그러한 권리들을 열렬히 방어하고자 한다"(Smith 1759: 230).

회는 필연적으로 주주들의 영향력 하에 놓이게 된다. 만일 어떤 주주가 이러한 영향력을 몇 년 동안 누릴 수 있다면, 그리고 이로써 그의 일부 친구들에게 혜택을 줄 수 있다면, 그는 배당금은 물론, 심지어는 자기의 투표권이 근거하는 주식의 가치에 대해서조차 거의 개의치 않는 경우가 빈번하다"(Smith 1776: 752).

또한 정치 세력과 종교 기관의 연합 및 정치 게임도 주목할 만하다. 유럽에서 종교혁명이 진행 중인 가운데 여러 종교 조직 역시 자신의 세력을 보존하거나 확장하기 위해 정치적 차원에서 특정 정파와 전략적 연합과 동맹을 맺곤 했다. 스미스에 따르면, "격렬한 종교 논쟁의 시대는 일반적으로 똑같이 격렬한 정치적 당쟁의 시대였다. 그러한 경우 각 정파는 서로 투쟁하는 어느 종파와 동맹을 맺는 것이 자기이익이 된다는 점을 알게 되었거나 또는 그럴 것이라고 상상했다. … 승리한 당파와 운 좋게 동맹을 맺은 종파는 필연적으로 그 동맹자의 승리를 나누었다. 그 동맹자의 호의와 보호를 통해 그 종파는 곧 모든 적대적 종파를 어느 정도 침묵시키고 굴복시킬 수 있게 되었다"(Smith 1776: 791~2).

4. 스미스 조직론의 예증: 법원 조직의 기원과 변화

이 절에서는 스미스의 여러 저술에 걸쳐 있는 법원 조직의 기원과 변화를 중심으로 지금까지 논의된 조직론을 예증하고자 한다. 본 연구의 예증 사례로 법원이 특별한 의미를 갖는 이유는 우선 그 조직이 인류사에서 유구한 역사를 지닌 점에 있다.[26] 뿐만 아니라 법원은 국가 내 정의 구현을 목적으로 하는 비영리 조직임에도 그 기원과 발전에 관한 논점에는 경제학적인 요인뿐만 아니라 사회학적이고 정치학적인 단면이 함께 얽혀 있다는 점이 본 연구의 목적 수행을 위해 적지 않은 의미를 지닌다.

4.1. 경제학적인 접근법

4.1.1. 자원 기반 이론

조직이 보유한 자원의 합당한 운용을 통해 효율성과 효과성을 도모하려는 자원 기반 이론 관점에서 두 가지 측면이 주목할 만하다. 첫째, 스미스의 일반 이론이 분업과 전문화 원리에 의거한 조직의 기원을 논의한 것처럼, 인류사에서 사법 조직은 분업과 사회 진보에 따라 형성되고 분화되기 시작했다. 고대에 족장이나 군주가 담당했던 행정권과 사법권 관련 통합 업무가 지나치게 과다하고 복잡해졌을 때 재판을 위한 사법 업무가 별도로 분리되었다. 스미스에 따르면, "행정 권력으로부터 사법 조직이 분리된 것은 본래는 사회의 진보가 진행됨에 따라 사회의 사무가 점차 증가한 것에서 비롯된 것 같다. 사법 행정이 대단히 힘이 들고 복잡한 임무가 되어 그것을 위임 받은 사람은 오로지 그 업무에만 전념하는 것이 필요해졌다. 행정권을 위임 받은 사람이 개인적인 소송을 손수 처리할 만큼의 여유를 갖지 못했기 때문에 그를 대신해서 소송을 판결하는 대리인이 임명되었다"(Smith 1776: 722).

둘째, 어떤 국가에서 자유가 허용되고 재산이 확립되기 시작했을 때, 재산

26 Cairns(1994)는 정의론의 관점에서 정의와 자유의 보루 역할을 수행한 법원의 기원과 그 역사적 발전에 관한 스미스의 논의를 추적하여 검토한다.

권과 관련한 분쟁이 점차 크게 증가했다. 그런데 이러한 재산권 관련 소송을 담당하는 재판관의 사법적 권위가 점차 정립되면서 그런 판결의 임의성과 자의성에 대한 소송 당사자들의 우려와 공포감도 동시에 증대되었다. 따라서 판결의 공정성이나 객관성을 담보하는 동시에 법원 조직 내에 일종의 판결의 표준화(標準化)를 통해 모순을 줄이기 위해 제정법(制定法, statute law)이 도입되었다. 스미스에 따르면, "이러한 경우에 무엇이 수립되어야 할 것인가? 그 유일한 방법은 재판관의 행위를 확정할 수 있는 법률과 규정을 확립하는 것이다. … 왜냐하면 재판관이 어떤 방식으로 소송을 처리할 것인가가 미리 알려지는 경우에 소송 당사자의 공포감은 상당히 제거될 것이기 때문이다. 이처럼 법률은 재판관 제도의 정립에 후행한 것이다. 재판관 제도가 처음에 확립될 시점에는 어떠한 법률도 존재하지 않는다"(Smith 1978: 314).

4.1.2. 계약주의 접근법

계약주의 접근법에서 조직의 문제란 조직 목표를 달성하기 위해 구성원들에게 유인이 부여되도록 제도와 내규 설계가 어떻게 이루어져야 하는가에 관한 고민이다. 법원에 종사하는 재판관이나 행정 관리 역시 대리인 이론이 의미하는 바대로 사회 전체의 공익 또는 법원 조직이 추구하는 정의의 목표와 관계없이 자신의 이익 추구에 몰입하는 상황이 종종 발생한다. 예를 들면, 특정한 제도 설정에 따라서 법원 종사자들은 자신들의 개인 수입을 늘릴 목적으로 불필요한 소송 절차를 증설하고 인지세를 증가시킴으로써 사법 행정을 혼탁하게 만들 뿐만 아니라 사회적 비효율성을 확대시킬 수도 있다. "각 법원의 소송 절차에 관해 법원이 부과해 그 법원에 소속된 재판관과 기타 관리들의 생활 유지에 충당되는 인지세는 사회의 일반 세입에 아무런 부담도 주지 않고 사법 행정 비용을 지불하는 데 충분한 수입을 제공해 줄 수 있을 것이다. 이 경우 실제로 재판관들은 가능한 한 그런 인지세 수입을 늘리기 위해 모든 소송 절차를 불필요하게 늘리려는 유혹에 빠질 것이다. … 이와 동일한 유혹이 아마도 소송 절차의 형식마저도 부패시킬 것이다"(Smith 1776: 721).

그러므로 공공 조직 내에서도 이러한 대리인 문제를 완화하기 위해서는 법원 종사자로 하여금 최선의 노력을 다하게끔 "필요성"과 성과에 비례해 유인을 제공하는 제도의 설계가 매우 중요하다. "어떤 직업에서도 그 직업을 수행하는 사람들의 대부분의 노력은 그 노력을 하지 않으면 안 되는 필요성에 항상 비례하게 된다"(Smith 1776: 759). 스미스에 따르면, (여러 법원 사이의 상호 경쟁이 촉진되도록 경쟁 구조를 조성할 뿐만 아니라) 한층 더 성실한 판사에게 더 큰 보상이 돌아가도록 제도가 변화했을 때 훨씬 더 우수한 결과가 도출되었다.

예컨대, 18세기 프랑스의 고등법원에서 판사의 성실성과 공정성은 법정수수료의 분배 방식에 직접적으로 의존했다. 또한 동시대 영국 법원의 신속하고 공정한 사법 행정 역시 여러 재판소 사이의 경쟁과 성과 분배 방식으로 짜인 법정수수료 제도 도입과 밀접한 관련성이 있었다. "상당히 많은 수의 재판관으로 구성된 법정에서는 각각의 재판관 몫을 그가 법정이나 법정 명령에 의한 위원회에서 소송의 심리에 참여한 시간 수 및 일수에 비례시키면 그런 법정수수료는 재판관 각자의 근면을 장려하는 일부 유인이 될 것이다. 공공 서비스는 그 보수가 업무 수행의 결과로서만 생기는 동시에 그 업무를 담당하는 데 쓰인 근면에 비례하는 경우에만 비로소 가장 잘 수행된다"(Smith 1776: 719).

4.2. 주요 사회과학적인 접근법

4.2.1. 사회학적인 요인

스미스에 따르면, 재판관의 보수에는 물질적 측면의 보상뿐만 아니라 사회적 명성을 반영하는 추가적인 가치가 내포되어 있다. 이 때문에 변호사나 기타 법률가의 보수보다는 재판관의 보수가 더 적더라도 이 직업이 수반하는 명예를 고려해서 많은 사람들은 판사의 직업을 더 선호하고 자원한다. "적어도 법률가와 변호사들은 소송 당사자에게 항상 그 대가를 지불 받고 있음이 틀림없다. 만일 그 대가를 받지 않을 경우에는 그들은 자신들의 의무를 실제보다 훨씬 더 성의 없이 담당할 것이다. 어느 법정에서도 법률가와 변호사에게 지불되는 수수료는 재판관의 급료보다 훨씬 많은 금액에 달한다. … 재판관이라는 직책은 그 자체가 매우 명예로운 것이므로 주어지는 보수가 아주 적더라도 사람들은 기꺼이 그 직책을 맡고 싶어한다"(Smith 1776: 718~9).

스미스는 역사적으로 법원 조직에서 재판의 공정성을 정착시키기 위한 과정에 또한 사회학적인 측면이 존재해 왔음을 지적한다. 예컨대, 재판관의 역할이 제대로 안정화되지 못한 고대 사회에서는 다수의 시민들이 판결을 위해 재판에 참여했다. 이때 재판관 각자의 이해관계에 따라 임의적인 판결이 내려지는 경우가 많았다. 이처럼 많은 재판관의 참여로 재판의 공정성이 의심 받을 때, 공정한 관찰자의 동감 원리와 정의감(즉, 분개심에 관한 관찰자의 동감의 작용)이 작용하여 그런 편견을 교정하려는 시도를 낳기도 했다. 스미스에 따르면, "재판관의 숫자가 많은 경우보다는 아주 소수일 경우에 그들은 공평성에 따라 소송을 진행하는 데 훨씬 더 세심한 주의를 기울일 것이다. … 뿐만 아니라 매우 많은 수의 재판관들은 자연히 서로의 편견을 확인하고 서로의 열정을 선동하여 분개심을 자극한다"(Smith 1983: 175). 이미 앞서 거론한 바대로 인류사에서 재판의 공정성과 효과성을 제고할 목적으로 도입된 제정법의 출현은 재판의 공정성을 도모하려는 이러한 사회학적 기제와도 관련되어 있다.

또한 법원 조직 내에서 사회학적 관점의 평판과 명예의 메커니즘이 작용하여 역사적으로 공정하고 질서정연한 법체계를 유인하는 역할을 해왔다. 고대 그리스에서는 상당히 많은 재판관 때문에 명예의 메커니즘이 잘 작동되지 않았다. 하지만 고대 로마에 들어서는 아주 소수의 판사가 재판을 담당했기 때문에 판결의 공정성에 관한 자신의 명예와 평판이 매우 중시되었다. 이 때문에 고대 로마의 재판관은 사회적 비난을 회피하고 명예를 높이고자 법정의 기존 관행과 선례를 존중했다. 로마 시대에 권위 있고 공정하며 질서정연한 보통법(common law)의 체계가 출현한 것은 바로 이 때문이다.

> "로마에서는 법률이 아주 일찍이 하나의 학문으로 되었으며, 그것을 이해하고 있다는 평판을 얻은 시민들은 상당한 영예를 얻었다. 고대 그리스의 공화국, 특히 아테네에서는 보통의 재판소는 수많은, 따라서 무질서한 사람들의 집단으로 구성되었으며, 그들은 종종 거의 아무렇게나, 또는 소란, 파벌, 당파심이 결정하는 대로 판결을 내리는 경우가 흔했다. 부당한 판결을 내렸다는 불명예가 (일부 재판소의 경우 실제로 그렇게 많은 수의) 500명, 1,000명 또는 1,500명이나 되는 사람들 사이에 분할된다면, 그것은 어떤 개인에게도 대단히 무거운 부담이 될 수 없었다. 이와 대조적으로 로마에서 주요 재판소는 단 한 명 또는 소수의 판사로

구성되어 있었으며, 특히 공개로 심리했기 때문에 무분별하거나 불공정한 판결은 그들의 명성에 중대한 영향을 미쳤을 것이다. 의심스러운 사건에 대해 그러한 재판소는 비난을 회피하려는 염원에서 자연히 그 법정이나 다른 법정에서 그들 이전에 재직했던 판사들의 판례나 선례를 피난처로 삼으려 했을 것이다. 관행과 선례에 대한 이러한 주의가 필연적으로 로마법을 규칙적이고 질서정연한 체계로 만들었으며, 이것이 우리에게도 전수되었다"(Smith 1776: 778~9).

4.2.2. 정치학적 요인

국가를 구성하는 법원 조직의 본질적 활동은 정의 체계를 구현하는 데 있다. 그런데도 그것은 국가 통치를 담당하는 세력의 권력 행사와 당파적 행위, 즉 통치자, 입법가, 재판관 등 다양한 이해관계 집단의 전략이나 타협 행위와 필연적으로 중첩되면서 영향을 받는다. 특히, 전근대 사회에서는 행정권과 사법권이 실질적으로 분리되기 어려웠다. 이 때문에 법원 조직이 목표로 하는 정의의 확립은 정치 권력의 강력한 힘에 의해서 훼손될 가능성이 매우 높았다.[27] 국가 활동 가운데 사법부 조직의 이 같은 역사적 위상은 법원 사무에 정치학적 요인이 빈번하게 개입해 왔음을 보여 준다.

조직에 관한 권력학파의 관점에 따르면, 권력 행사와 정치 게임을 통해 조직은 외부적으로 통제되기도 하며, 또한 다른 조직과 전략적 차원에서 협력,

27 스미스에 따르면, "사법권이 행정권과 통합되어 있을 때에는 정의가 세상에서 흔히 말하는 정치라고 불리는 것에 자주 희생되는 일은 거의 피할 수 없다. 국가의 큰 이해관계를 맡고 있는 사람들은 심지어 불순한 의도가 전혀 없는 경우에도 국가의 이해관계를 위해 개인의 권리를 희생할 필요가 있다고 때때로 생각한다"(Smith 1776: 722).

연합, 경쟁 행위를 하면서 조직은 점차 변화되고 개선되어 간다. 이런 방식의 정치적 존재로서의 법원 조직의 실체는 영국 법원의 역사적 변화와 성과 개선에 관한 스미스의 논의 가운데 나타난다.

영국 법원 조직의 역사를 살펴볼 때, 13세기 말 에드워드 1세는 법원 조직에 권력이 과도하게 집중되는 상황을 방지하기 위해 조직 개편을 시도했다. 당시 영국 법원이 형사와 재무 관련 소송을 모두 담당함으로써 군주처럼 권력이 비대해지자 국왕은 법원 조직을 세 가지로 분할했다. 이처럼 민사, 형사, 재무 영역으로 분할된 법원 조직은 각각 "권력 확장과 서로의 특권 잠식"(Smith 1978: 423) 및 '이익 추구'를 위해 상호 경쟁에 나섰다. 법원 조직 사이의 상호 경쟁은 궁극적으로 다양한 소송과 판결에서 견제와 균형, 신속성, 공정성을 구현하는 계기가 되었다. 이처럼 권력 행사에서 비롯된 법원 조직의 변화가 (경제학적 요인과 맞물려) 근대에 들어 영국이 유럽의 다른 국가보다 앞서서 자유와 정의를 향유하는 데에 크나큰 기여를 했다.

> "형사 소송과 재무 소송을 처리하는 권력은 여전히 통합되어 있었다. 에드워드 1세는 자신이 그렇듯 경계했던 이런 권한을 줄이기 위해 각기 다른 관리가 업무를 담당했던 여러 법정으로 이 권한을 분할했다. 그 법원은 민사법원, 재무법원, 형사법원이었다. … 대중들의 자유를 뒷받침해 주고 법정에서의 소송 절차를 매우 정확하게 만들어 주는 경향을 가졌던 또 다른 요인은 법원 관계자 사이의 경쟁심이었다. … 이런 법원들의 전체 수익은 민사 소송의 횟수에 의존했기 때문에, 소송 절차를 정확하고 정밀하며 가능한 한 신속하게 운용함으로써 모든 사

람이 소송 사건을 자신의 법정에 가져오도록 여러 법원은 자연히 애를 썼다. 이런 경쟁심은 판사들이 재판에 한층 더 많은 주의를 기울이고 정확성을 기하도록 만들었다"(Smith 1978: 278, 280~1).

5. 요약 및 결론

현재 연구사에서 르네상스기라고 할 정도로 스미스에 관해 학계의 관심과 융합 연구가 집중되고 있다. 그런데 흥미롭게도 스미스의 조직론에 관한 관심은 거의 찾아보기 어렵다. 이러한 배경 하에 본 연구는 조직의 기원과 본질 및 행동론에 관한 스미스의 견해를 상세하게 조명하고자 시도했다. 이러한 목적에 따라 먼저 20세기 이후 사회과학계에서 제기되어 온 다양한 조직 이론 및 조직경제학에 관한 학설사적인 주요 흐름을 개관했다. 그리고 여러 저술에 나타난 스미스의 조직론의 내용과 위상을 구체적으로 고찰한 후, 이어 법원 조직에 관한 사례를 들어 이러한 이론적 내용을 예증하고자 시도했다.

본 연구를 통해 다음과 같은 점을 확인했다. 첫째, 조직 이론의 역사 속에서 스미스의 조직론은 일반적으로 고전 이론의 선구자 또는 대리인 이론의 선구자로 자리매김된다. 분업과 전문화의 원리를 조직체에 적용하고 있다는 점에서 스미스는 고전 이론의 선구자로 나타난다. 이와 아울러 근대에 들어 조직이 비대화되면서 조직 업무의 대부분이 전문화에 따라 세분화되고 여러 조직 구성원에게 위임되고 있다. 이러한 환경에 직면해서 스미스는 조직 구성원들에게 무사안일의 행태나 도덕적 해이가 일상화되는 측면이 현존하며, 이때 효율성을 도모하기 위해서는 조직의 유인 설계가 매우 중요하다고 보았다. 둘째, 스미스의 조직론에서 물질적 이해관계 중심의 경제적 동기와 효율성 중심의 가치가 조직 행동 및 현상의 설명에서 분명히 상당한 설득력을 지닌다. 특히, 자본주의 체제 하의 조직 현상 그리고 조직 구성원의 행동 원리를 설명하는 데에 경제적 요인은 상당한 적합성을 가진다. 셋째, 그럼에도 스미스의 조직론에서 물질적 이해관계의 추구와 기회주의적 행동이 조직 현상 및 행태 전반을 총체적으로 설명하는 요인은 아니다. 조직은 사회 공동체에 소속되어 규제를 받는 실체일 뿐만 아니라, 조직의 특성상 자기중심적 성향과는 존재론적으로 구분되는 몇몇 주요 사회심리적, 사회학적, 정치적 요인이 더불어 작용한다. 조직의 운영에서 (자기이익 추구 동기에 의존하는 경제적 교환 관계가 중시되지만) 동시에 공정한 교환 관계의 원칙으로서 공감, 상호 호혜와 신뢰, 명성의 규범뿐만 아니라 권력 유인이 조직의 특성을 규정하고 그 지속 가능성을 창출해 낸다. 또한 스미스는 역사적 발전 단계의 속성 및 외부 환경의 특수성이 조직의 정당성과 합법성의 기준에 영향을 미친다는 점을 인정한다. 넷째, 오랜 역사를 지닌 비영리 조직인 법원의 기원과 발전에 관한 논의에서 드러나듯이, 역사적으로 조망할 때 조직은 대체로 사회적, 정치적, 경제적 요인의 상호작용을 통해 변화하고 발전한다.

마지막으로 본 연구를 통해 기여하고자 한 점을 요약하면 다음과 같다. 첫째, 스미스의 혼합형 조직론은 경제학적, 사회학적, 정치학적 접근법에 의거해 복합 다면적 속성을 지닌 조직의 실체를 다루고 있다. 스미스의 복합 다면적인 조직론은 횡단면적으로 조직의 여러 단면과 속성을 조명하고 있을 뿐만 아니라, 역사적 단계를 거쳐 변화하는 조직 현상을 서로 다른 주요 동기의 활성화와 상호작용에 의해 설명하고 있다. 둘째, 조직에 관한 스미스의 경제학적 접근법은 대리인 이론 같은 계약주의 관점뿐만 아니라 자원 기반 이론의 접근법도 포괄한다. 특히, 자원 기반 이론의 관점에서 볼 때 스미스는 주식회사 조직이나 선교 조직에서 조직의 효율성이나 효과성을 도모하기 위한 내부 조정 방식이 일상 과정 내지는 표준화를 통해 이루어지고 있음을 선구적으로 제시했다.

제13장
행복 이론과 행복경제학

1. 머리말

행복경제학은 현대 경제학과 인문사회과학의 역사에서 비교적 최근에 등장한 학문 조류에 해당한다. 1970년대 서구 사회에서 소위 이스털린 역설(Easterlin paradox)이 대두되면서 21세기로 이행하는 지점에서 행복경제학은 철학뿐만 아니라 심리학, 사회학, 정치학, 경제인류학 등의 융합적 영역과 결합되어 사회과학의 새로운 탐구 분야로 부상해 왔다. 이러한 변화 과정에는 행복에 관한 실증적 연구가 활성화되면서 행복은 다면적, 다층적 요소에 영향을 받는다는 점, 그리고 이에 따라 행복 이론이 확장되고 사회 후생 정책이 다변화된 점이 자리 잡고 있다.[1)] 행복경제학에는 행복의 문제를 개인의 주관적 쾌락이나 만족의 문제로 접근하는 주관주의나 상대주의적 조류가 있으며, 대조적으

1 미국 남가주대학교(USC) 행복경제학자 이스털린은 30개국의 국가 행복도를 조사한 결과, 소득과 물질적 부가 높아져도 행복의 확대로 귀결되지 않는다는 점을 밝혀냈다(Easterlin 1974; Easterlin 2004; 또한 Frank 1999). 한편, 1990년대 유엔개발계획(UNDP) 프로그램 하의 삶의 질 연구에서 역량(capabilities)의 복수성과 비환원성, 즉 삶의 질은 소득뿐만 아니라, 건강, 신체 안전, 교육, 자유 등 다양한 요인에 의존한다는 점이 부각되었다(Nussbaum & Sen 1993). 이와 관련해서 우리나라에서 행복경제학과 그 정책 대안을 거론한 연구에 대해 김균(2013), 박종현(2016)을 보라.

로 아리스토텔레스의 객관주의적 행복론 전통을 채택하는 접근법이 있다. 전자의 접근법은 쾌락주의 및 공리주의의 철학을 배경으로 하는 반면에, 후자의 접근법은 사회적 호혜성의 가치를 존중하는 시민인본주의의 전통을 계승한다.

행복경제학의 역사적 기원을 회고할 때 『국부론』 및 『도덕감정론』의 저자이며 『법학 강의』를 강의한 스미스의 도덕철학 체계에 주목할 필요가 있다.[2)] 스미스의 사상에 따르면, 물질적 풍요로움이 행복에 불가결한 점은 분명하지만 궁극적으로 가장 상위의 행복을 동반하는 것은 아니다. 시민인본주의에서처럼 사회 속에 공존하는 인간의 또 다른 주요 욕구와 동기는 상호성을 구현하고 관계 속의 행복을 성취하는 데에 있다. 사회적인 본능에 해당하는 동감이 인간의 다양한 욕구와 열정을 조율하며 상호 배려와 호혜 및 선행의 가치를 사회에 확산시킬 때, 사회 구성원들은 자아실현뿐 아니라 더 기품 있는 행복감을 느낀다. 그러므로 동감에 따른 상호성의 가치가 자기애의 추구 본능, 그리고 조건부적 헌신과 참여 동기 등과 함께 작용하면서 사회적 소통, 협력과 선행을 가져올 때 개개인은 더불어 잘살게 되고 행복감은 더 커진다.

본 연구는 스미스의 도덕철학 전반에 기초해서 행복경제학과 시민경제론의 기원에 대한 심층적이고 적실성 있는 연구를 지향한다. 이것은 지속 가능한

---

2 스미스는 도덕철학 체계에서 분석과 종합(analysis and synthesis)의 방법론을 통해 일종의 사회과학 통합 모형을 지향했다. 즉, 그는 사회 공동체, 법과 정치 그리고 경제의 세계에 관한 부분적 자립성과 그 상호작용의 효과를 융복합적으로 제시하려 했다. 그러므로 『도덕감정론』과 『국부론』이 서로 다른 인간관을 전제로 한 것으로 보았던 '애덤 스미스 문제'(Adam Smith Problem)는 전혀 유효한 담론이 아니다(Macfie 1967; Winch 1978; Griswold 1999; Rothschild 2001; Otteson 2002; Fleischacker 2004; Hanley 2009). 스미스에 따르면, 역사 속에서 각 인문 환경의 존재론적 구조에 대응하는 인간 고유의 주요 본능들이 사회적 차원의 행동 규범 및 덕목, 정치적 차원의 국가 통치와 법 제도, 경제 세계의 자유와 경쟁 등 인문 환경을 구성하는 여러 인공물과 교호 작용을 하면서 사회 공동체의 흥망성쇠에 영향을 미친다(김광수 2015).

성장과 행복한 사회로의 도약을 도모하는 새로운 패러다임에 관한 학설사적인 담론이다. 이러한 목적 하에 제2절에서 여러 행복 이론과 행복경제학의 조류와 역사를 개략적으로 고찰한다. 제3절에서는 스미스의 행복 개념 및 행복 이론을 상세하게 소개한다. 제4절에서는 스미스의 행복과 경제학에 관한 주요 개념과 내용을 살펴보고 그 사례를 제시한다. 마지막 절은 연구의 주요 내용을 요약하고 그 기여도를 기술한 후 결론을 맺는다.

2. 행복 이론과 행복경제학

2.1. 행복 이론의 여러 유형

역사적으로 제기된 행복에 관한 이론은 주관적 접근법과 객관적 접근법으로 대별된다. 그리고 행복을 주관적 심리 상태의 관점에서 접근하는 이론 계열에는 쾌락주의와 욕구 충족 이론 등 크게 두 가지 유형의 이론이 존재한다. 이와 대조적으로 체험이나 욕구와는 무관하게 행복의 객관적 기준에 주목하는 것으로서 객관적 목록 이론이 있다(Parfit 1984; Haybron 2011).

첫째, 행복의 주관적 접근법에 속하는 쾌락주의(hedonism)는 당사자가 체험이나 경험을 통해 마음 내부에서 감지하는 주관적 느낌과 심리적 상태에 주목한다. 이에 따르면, 마음 외부의 대상이나 사건은 그 자체로는 삶의 질과는 무관하며, 행복은 오로지 개인들이 직접적인 체험을 통해 마음에서 느끼는 쾌락과 고통에 달려 있다. 그러므로 쾌락주의에서 행복한 삶은 마음 내의 쾌락을 극대화하고 고통을 최소화하는 데에 있다. 쾌락주의는 고대의 에피쿠로스학설에 그 기원을 두고 있고, 근대 철학에서는 벤담의 공리주의가 이러한 전통을 계승했다.

둘째, 행복의 주관적 심리 상태에 주목하는 또 다른 이론 계열은 욕구 충족 이론(desire satisfaction theory)이다(Maslow 1954; Diener 1984).[3] 이러한 심리학적 이론에 따르면, 행복은 주관적인 안녕감이지만, 직접적인 체험에 수반되는 쾌락과는 관계없이 개인들이 지닌 다양한 욕구가 실제로 얼마나 충족되었는가에 의존한다. 욕구 충족 이론에서는 사람들이 지닌 욕망이 진정으로 충족되는 경우에 쾌락이 발생하는 반면, 그것이 좌절되는 경우에는 고통이 초래된다. 그러므로 사람들이 느끼는 행복의 정도는 내부의 정신세계뿐만 아니라, 다양한 욕망을 충족하는 데 영향을 미치는 외부의 환경적 또는 상황적 조건에도 의존한다. 또한 이 욕구 충족 이론은 욕구에 의해 추동되는 가치와 목표 지향이 얼마나 달성되었는가에 주목해 행복을 고찰하는 목표 이론(goal theory)과도 직접적으로 관련된다(Austin & Vancouver 1996).

한편, 사람이 체험하는 주관적 쾌락 및 욕구의 내용과 정도가 매우 다양하고 폭이 넓은 만큼, 이러한 행복의 주관적 접근법과 관련되어 파생된 주요 심리학적 이론은 추가적으로 유의미하다. 그 첫 번째는 행복의 비교(comparison) 이론이다(Michalos 1985). 비교 이론에 따르면, 행복은 쾌락이나 욕망의 단순 충족에서 비롯되기보다는 자신의 어떤 상태를 다른 상태와 비교 평가하는 속성에 의해서 중첩적으로 결정되는 경향이 있다. 즉, 욕구의 충족과 관련된 여러

3 욕구 충족 이론 및 이와 연관된 파생 이론에 관한 심리학적 관점의 소개로는 권석만(2010)을 보라.

상태의 상호 비교(예: 본인과 타인의 사회적 및 상대적 지위 비교, 과거와 현재/미래의 대비, 기대 목표 성취 정도) 및 그 비교 결과(괴리 정도)에 근거해서 행복감의 차이가 발생한다. 그러므로 상태의 상호 비교 가운데 상향식 또는 하향식 비교가 이루어지는지 여부, 그리고 기준점과의 상대적 위치에 따라서 행복감은 더 낮거나 더 높아질 수 있다.

그리고 쾌락 및 욕구 충족의 주관적 접근법과 관련해 주목되는 또 다른 이론은 쾌락 적응 및 대처 이론이다. 행복에 관한 쾌락 적응(hedonic adaptation) 이론에 따르면, 사람들은 지속적인 반복적 자극에 대해 곧 적응한 후 그것에 둔감하게 되거나 습관화를 하는 성향이 있다(Helson 1964; Brickman & Campbell 1971). 다시 말해서, 사람들은 쾌락 쳇바퀴(hedonic treadmill)에서 움직이는 것처럼 어떤 욕망이 충족되면 그러한 상태에 금방 익숙해져서 행복감을 지속적으로 체감하지 못한다. 이러한 경우에 주관적 안녕감과 행복은 반복적으로 동일하게 주어지는 자극이나 상황보다는 새롭게 발생하는 사건에 더욱 의존적이 된다. 한편, 쾌락 적응 과정에서 수동적인 태도보다는 긍정적인 정서와 능동적인 대처(coping) 자세가 주관적 안녕감과 삶의 만족감을 높이는 데 유리하다(Taylor & Brown 1988). 그러므로 새로운 사건과 변화에 긍정적 의미를 부여하고 목표를 재조정하면서 합리적이고 능동적으로 성숙한 대처를 하는 사람이 행복감을 더 많이 느낀다.

마지막으로, 행복의 설정값 이론(set-point theory)도 이상과 같은 쾌락/욕구 이론의 연장선상에서 기술될 수 있다(Kahneman 1999). 이에 따르면, 사람에게는 선천적으로 욕구 충족을 통한 행복에 이르는 설정값(낙관적 기질, 자존감, 외향성, 자제력 등 다양한 개성)이 개별적으로 주어져 있다.[4] 따라서 고통 내지는 즐거움을 부여하는 어떤 상황에 처해 있든 간에 고유한 마음의 기제(예: 최악의 불행 회피에 대한 감사, 타인의 견해 참고나 수용, 사소한 선행의 성취 후 즐거움 등)가 작동되어 주어진 설정값과 평형 상태를 재귀적으로 지향한다. 물론 다양한 환경과 경험에 따라 일시적인 감정의 일탈과 동요는 있을 수 있지만, 장기적으로는 비교적 안정적이고 중립적인 행복 수준이 성립한다.

셋째, (이상의 주관주의적 심리 상태와는 대조적으로) 객관적 목록 이론(objective list theory)은 행복에 관한 특정한 객관적 기준에 주목한다. 이에 따르면, 경험에 따른 쾌락이나 욕망의 충족과는 무관하게, 좋은 행위 내지는 나쁜 행위가 객관적으로 존재한다. 즉, 개인의 주관적 선호와는 관계없이 객관적인 조건(예: 지혜, 인애, 우정, 절제, 존엄성, 미 등)은 그 자체로 좋은 속성이며, 삶에 이러한 덕목이 구현되어 있으면 바람직하고 행복한 삶이 된다. 그러므로 이러한 이론 계열에서는 주관적인 쾌락과 만족감 자체보다는 이 같은 객관적 기준을 충족하는 욕구와 행위만이 좋은 삶과 행복에 기여하는 것으로 인식된다.

2.2. 행복경제학의 철학적 전통

고대의 서양 철학에서 행복에 대한 여러 접근 방식이 존재했으며, 다양한 행복 개념과 행복 이론이 출현했다. 대별하면 아리스토텔레스의 에우다이모니아(eudaimonia; 사회적 관계 속의 행복) 전통과 에피쿠로스의 쾌락주의 전통으로 분류 가능하다. 후술하는 행복경제학의 조류는 이처럼 대조되는 두 철학적 전

4 마음의 평형 수준과 항상성(homeostasis)을 유지하려는 재귀 상태는 고유한 설정값을 지향한다.

통에 기반을 두고 있다.

아리스토텔레스(Aristotle)의 전통에서 사람은 본질적으로 사회적이고 정치적인 속성을 지닌다(아리스토텔레스 2011: 28). 인류의 삶은 본성상 고립적으로 이루어질 수 없으며, 공동체 안에서 사회적인 속성을 지닌 타인과 더불어 수행될 때 고유의 의미를 지닌다. 이러한 전통에서 에우다이모니아 또는 행복은 좋은 속성의 객관적 조건에 따라 인간의 잠재적 역량을 제대로 발휘하며 잘 사는 것(human flourishing)을 의미한다.

물론 아리스토텔레스는 행복이 자기충족적인 특성을 지닌다고 지적했지만, 이러한 자족성이 다른 외부적 조건이 결여된 고립적이고 일차원적인 삶을 의미한 것은 아니다. 아리스토텔레스에 따르면, 모든 행위는 원인으로 작용하는 사람의 욕구로부터 비롯되며, 따라서 행복의 주관적 측면인 쾌락이나 욕구 만족은 삶의 기본적이고 불가피한 단면이다(Nussbaum 1992; Bloomfield 2008; 편상범 2015). 이러한 측면에서 아리스토텔레스는 "외부적 선"(external goods)이 행복에 영향을 주는 요인임을 명확하게 인정한다. 즉, 경제적 풍요, 정치권력, 외모, 출신, 행운 등의 외부적 요인이 비록 행복의 본질적 요인이 되는 것은 아니지만 행복의 필요 조건에 속한다. 그런데 이와 같은 외부적 선을 행복과 동일시하는 것은 행복과 행복의 조건을 혼동하는 것이다. 만일 행복이 욕구의 충족만을 의미한다면 이상과 같은 외부적인 선들이 결핍되는 경우에는 행복은 전혀 성취될 수 없을 것이다.[5] 그러므로 개인적으로 외부적 선에 의한 물질적, 쾌락

5 다음 인용문을 보라. "행복한 사람도 인간이기에 외적인 유복함을 필요로 할 것이다. 인간의 본성은 관조를 하기 위한 자족성을 갖추고 있지 못하며, 오히려 관조하려면 육체도 건강해야 하고 음식이나 여타의 보살핌이 존재해야 하기 때문이다. 그렇기는 해도, 비록 외적인 좋음이 없이 지극히 행복할 수는 없다고 하더라도, 장차 행복하게 되기 위해 많고 큰 것들이 필요하다고 생각해서는 안 된다. 자족이나 행위는 지나침에 의존하지 않으며, 비록 땅

적 만족을 추구하는 과정은 불가피할지라도, 그것은 사람의 내재적 잠재 가능성이 실현되기 위한 '수단적인' 가치에 불과하다.

이러한 개념적 틀에서 아리스토텔레스는 욕구의 합리성, 즉 객관적 조건에 부합하는 욕구의 충족만을 좋은 삶 그리고 행복과 연계시킨다. 그의 표현에 따르면, "행복은 완전한 탁월성을 따르는 영혼의 어떤 활동"(아리스토텔레스 2011: 46)이다. 이 맥락에서 행복의 객관적 조건은 이성의 원리에 순응하고 합리성의 조건을 충족하는 것이다. 즉, 이성이 완전하게 발휘됨으로써 지성의 탁월성(지혜, 이해력) 및 품성의 탁월성(온화, 절제)이 실현될 때 행복은 진정으로 성취된다. 그러므로 아리스토텔레스에게 행복은 이성에 근거한 지적 탐구와 덕행을 통해 잠재적인 역량의 완전한 실현(탁월성)이 역동적으로 추구될 때 비로소 성취되는 정신적 활동이다. 따라서 좋은 삶 그리고 행복의 성취는 사회적 상호 교류 속에서 공적인 과제에 올바른 지성을 활용하며 훌륭한 품성을 함양하고 덕성을 실천하는 과정에서 일어난다.

한편, 헬레니즘 시대의 철학자인 에피쿠로스(Epicurus)에게 행복은 좁게는 신체적, 육체적 쾌락이며, 넓게는 감각적, 감정적 즐거움 같은 심리적 상태를 포함한다. "우리에게 쾌락이란 신체 영역에 어떤 고통도 갖지 않는 동시에 정신적 영역에서 어떤 불안도 느끼지 않는 것을 의미한다"(에피쿠로스 1997: 101). 그리고 사람은 욕구에 따라 사물을 추구하고 회피하는 과정에서 본래 쾌락을 유일하게 가치 있는 것으로 판단한다(Annas 1987; 류지한 2007). 에피쿠로스에 따르면, "쾌락은 행복한 삶을 형성하는 알파요, 오메가라고 나는 주장한다. 우리

과 바다를 다스리지 않는다 하더라도 고귀한 것들을 할 수 있기 때문이다. 또 적당한 정도의 외적 조건들로부터도 탁월성에 따라 행위할 수 있기 때문이다"(아리스토텔레스 2011: 376).

는 쾌락이 우리의 제1의 선천적 재산임을 알고 있으며, 우리의 욕구 추구와 회피를 쾌락에 의해 조종하며 모든 재화를 쾌락의 기준으로 측정한다"(에피쿠로스 1997: 99).

물론 이처럼 행복한 삶은 고통을 회피하고 쾌락을 추구하는 것에 있지만, 맹목적 쾌락주의(순간적이고 감각적인 쾌락 추구)는 오히려 당사자에게 불리한 상황을 초래하는 경우가 많다. 그러므로 지속적 또는 순간적 쾌락이나 고통에 대한 가치를 제대로 비교 평가해서 판단하는 것이 행복에 도달하기 위해 중요하다(에피쿠로스 1997: 99~100). 또한 아리스토텔레스의 가정과는 달리, 에피쿠로스는 공동체의 삶을 지향하는 자연적 욕구나 정치적 동물의 속성이 사람의 본질에 해당한다고 인식하지 않는다. 단지, 사람은 사회의 울타리 내에서 생존할 수밖에 없기 때문에 대인 관계에서 얻어지는 쾌락(정의, 우정)도 큰 의미가 있을 뿐이다. 이러한 점에서 도덕이나 정의는 인간의 고상한 사회적 본성에서 유래한 것이 아니라, 상호 이익(개인적인 쾌락 추구 및 이기심이 야기하는 사회 공동체의 공멸 방지)을 위해 합의한 도구적 수단에 불과하다(에피쿠로스 1997: 45). 따라서 소극적 쾌락 추구, 즉 최소한의 자연적이고 필수적 욕구(의식주 해결, 자유, 실천적 지혜와 우정)를 해결하는 데에 자족(自足)하면서, 고통과 불안이 최소화되도록 이성의 원리에 따라 이웃을 침해하지 않고 신중하게 행동하는 것이 행복 성취를 위한 최상의 방법이다.

한편, 근현대 시기에 들어 벤담의 공리주의가 이 같은 고대의 환원적 쾌락주의 전통을 계승한 철학 사조가 된다(Scarre 1994; Rosen 2002). 에피쿠로스의 환원주의를 한층 더 구체화하면서 벤담은 모든 쾌락은 질적으로 동일하며, 강도, 지속성, 확실성, 접근성 등을 기준으로 개인의 쾌락과 고통의 가치를 계산할 수 있다고 판단했다. 공리주의의 핵심적 교의는 그 기준에 따라 개개인의 고통과 쾌락을 단순 합산한 후, 이 공리(功利)를 기반으로 사회적 차원에서 최대 다수의 최대 행복을 구현할 필요가 있다는 주장이다. 벤담의 공리주의를 계승한 존 스튜어트 밀은 비록 후일 선호쾌락주의를 주장했지만, 이러한 쾌락주의와 공리주의의 기본 철학은 주류 경제학과 행복경제학의 일부 조류에 각인되어 왔다.[6)]

2.3. 행복경제학의 두 조류: 주관적 행복과 시민경제론

스미스로 거슬러 올라가는 경제학의 역사에서 행복은 부의 추구와 병행하는 비중을 갖는 주제이거나 또는 그 목적이 될 정도의 주요 관심사를 구성했다(Bruni & Porta 2005). 그런데 19세기 들어 행복에 관한 주제는 여러 근대 학문의 분화 추세 속에서 오로지 부에 관한 탐구에만 역량을 투입하던 경제학계의 관심사로부터 점차 멀어졌다. 그리고 이후 벤담과 밀의 공리주의 철학에 기초한 주류 경제학은 물질적 풍요가 비례적으로 행복을 증진한다는 신념만을 꾸준히 제공했다. 한편, 이스털린 역설은 데이터 분석에 근거해 이러한 오랜 경제학계의 믿음에 의문을 표했으며, 이후 행복에 관한 다양한 이론적, 경험적 연구가 이루어지면서 비로소 행복경제학이 출현했다.

먼저, 행복경제학의 한 갈래는 서양 철학의 주관주의적 쾌락주의 접근법

6 선호쾌락주의는 쾌락과 고통에도 선호가 작용하기 때문에, 그것에 질적인 차이가 있다는 견해다. 벤담은 쾌락의 동질성을 기반으로 양적인 공리주의를 제창했다. 그런데 밀은 『공리주의』 저술에서 "배부른 돼지가 되기보다는 배고픈 인간이 되는 편이 낫고, 만족스러운 바보가 되기보다는 불만스러운 소크라테스가 되는 편이 낫다"고 하면서 상위 쾌락과 하위 쾌락을 대비했다(Mill 1863: 14).

에 부응하는 흐름이다(Frey & Stutzer 2002; Layard 2005). 물론 행복경제학의 이러한 조류에서 사람들이 느끼는 행복의 스펙트럼은 주류 신고전파 경제학이 가정하는 것보다 훨씬 더 다면적이고 복합적이다. 공리주의 철학에 기초한 주류 경제학에 따르면, 인간은 합리성과 쾌락(효용) 추구 성향을 지니고 있기 때문에 소득 수준과 풍요로움에 비례해서 만족감이나 행복은 증가한다. 반면, 이러한 부류의 행복경제학은 사람들의 주관적 행복감에 주목하면서도, (물질적 풍요에 따른 쾌락의 체감 및 재귀 경향을 의미하는) 쾌락 적응 성향과 사회적 비교 성향이 함께 작용한다는 점에 특히 주목한다. 이러한 주관주의 전통의 행복경제학은 소득과 물질적 요소 이외에도 주관적 행복감에 영향을 미치는 다양하고 미묘한 사회심리적 요인을 중시한다. 그리고 사회의 독립된 개인들이 한층 더 행복감을 누리도록 행동경제학적인 정책 대안을 제시한다.

한편, 비슷한 시기에 부상한 또 다른 갈래의 행복경제학은 고대 아리스토텔레스의 객관주의적 행복주의 전통과 맥이 닿아 있다(Zamagni & Bruni 2004; Gui & Sugden 2005; Bruni 2006). 주관주의 및 상대주의의 입장을 채택하는 전자의 관점과는 달리, 객관적 행복주의의 전통은 가치 있고 바람직한 경제 활동에 관한 사회적 합의를 도출하여 좋은 삶과 행복한 사회를 만드는 방안에 주된 관심을 기울인다. 이러한 철학적 계보에 기반하고 있는 행복경제학은 로빈슨 크루소 같은 고립되고 '무연고적인 자아'가 아니라 상호 의존적이고 공동선을 존중하는 인류를 상정하고 있다. 행복은 사회적 교류를 통해 성취되고 사회적 덕목의 체화가 이루어질 때 확대되고 완성을 향해 나아간다. 그러므로 시장은 경제적 교환만이 아니라 인간이 서로 관계를 맺고 상호성의 원칙 아래 공동선이 추구되는 장소가 된다. 이러한 관점 하에서는 시장은 효율성 원리, 국가의 개입과 재분배는 정의(공평성) 원리, 그리고 사회적 경제는 상호성 원리에 기반을 두고 이루어진다. 그러므로 시민의 행복을 위해서는 시장, 국가, 사회 공동체 등 세 차원의 상호 협력과 각자의 중첩적인 역할이 필요하다.

3. 스미스의 도덕철학과 행복

3.1. 스미스의 행복 개념: 행복의 심리학 및 철학

스미스의 사회철학에서 행복에 관한 논의는 핵심적인 주제의 하나를 구성한다.[7] 『도덕감정론』에서 스미스는 "인류의 행복"이 조물주 또는 자연이 의도한 본래적 목적이며, 이에 관한 다양한 학문적인 관조는 인류 지성사를 통해 수행된 가장 숭고한 작업이었음을 지적한다(Smith 1759: 166, 237). 그리고 다음과 같은 형이상학적 믿음에 관한 발언도 이와 유사한 맥락에서 나온 것이다. "인간은 행동하도록 창조되었고, 자신의 재능을 발휘하여 모든 사람의 행복에 가장 유리한 방향으로 자신과 타인이 속한 외부 환경의 변화를 도모하도록 만들어졌다"(Smith 1759: 106).

7 행복에 관한 스미스의 사상은 최근 일부 연구에 의해 조명된 바 있다. Griswold(1999)에 따르면, 스미스는 대중들이 (자연의 속임수인) 물질 추구를 통해 행복을 열망하지만 실은 진정한 행복에 도달하지 못한 채 도덕 감정의 타락만을 초래하는 비극적 상황에 처하고 있다고 본다. Long(2006)은 스미스의 행복 개념이 마음의 평정과 안정성에서 비롯되며 주관주의적 접근 방식에 근거한다고 본다. 마찬가지로 Bréban(2014)은 쾌락 적응 이론에 근거해서 스미스의 행복 이론을 해석한다. 반면, Dennis C. Rasmussen(2006)에 따르면 (경제적 측면에 초점을 맞춘 많은 연구들과는 달리) 스미스에게 행복은 대체로 정치적 조건의 개선으로부터 비롯된 것으로 한정한다. 이에 반해 Uyl & Rasmussen(2010)은 스미스가 경제적 진보와 부유함이 수반하는 행복의 단면을 특별히 강조한다고 본다. 한편, Hill(2016)은 현대 경제에 관한 여러 정책적 이슈를 스미스의 행복 개념과 연결해서 분석하고 적용한다.

스미스에 따르면, 행복의 성취에는 마음의 평정이 선제적으로 요망되는 조건이 된다. 그러므로 행복은 상대적으로 육체적 안락보다 평정심(tranquility)이 있는 곳에 도래한다. “행복과 불행은 대체로 마음에 있는 것으로, 필연적으로 육체의 상태보다는 마음의 상태가 건강하거나 병들었는지, 또는 불구이거나 온전한지에 훨씬 더 의존하고 있음에 틀림없다”(Smith 1776: 787).

그리고 마음의 평정이 유지되는 조건 하에서 외부 환경 여건이 우호적으로 작용해서 즐거움이 생긴다면 행복은 도래하는 것이다. 그러므로 “행복은 평정심과 인생을 즐기는 것에 있다. 평정심 없이는 즐거움(enjoyment)이 있을 수 없으며, 완전한 평정심이 있는 곳에 흥겹지 않을 수 없는 것이란 거의 없다”(Smith 1759: 149). 이와 반대로 외부 대상의 고통스런 자극에 따라서 마음에 증오와 노여움의 감정이 생기면, 이것은 평정심을 훼손함으로써 행복을 저해하는 거대한 장애물로 작용한다. “증오와 노여움은 선량한 사람의 행복에 최대의 독소가 된다. … 이러한 열정들은 행복에 불가결하고 감사와 사랑이라는 대조적인 열정에 의해 가장 잘 촉진되는 마음의 침착함과 평정을 파괴한다”(Smith 1759: 37).

그렇다면 앞의 철학적 그리고 심리학적 행복 이론과 대비된 스미스의 이론적 관점은 무엇인가? 실상 스미스는 환원주의적 관점보다는 행복의 다면적이고 다차원적인 측면을 언급한다. 첫째, 스미스는 행복의 주관적 측면인 쾌락과 욕구 충족을 자연의 이치로 간주했다. 둘째, 행복이 욕구의 충족에 의존하는 것은 분명하지만, 오로지 객관적 조건(공정한 관찰자의 동감)에 부합하는 욕구의 충족만이 진정한 행복을 증진한다. 셋째, 욕구 충족이 객관적 기준에 부합하는 경우에도 그 욕구의 특성에 따라서 행복의 수준과 정도에는 질적인 차이가 발생한다.[8] 이를 순서대로 살펴본다.

3.1.1. 욕구 충족과 쾌락

스미스의 행복 이론에서 욕구 충족이 이루어지면 행복의 주관적 상태인 쾌락과 즐거움이 발생한다. 스미스는 사람들이 본래 다양한 욕구를 지니며, 이것이 충족될 때 고유한 쾌락이 발생한다는 것을 지적한다. 이러한 행복의 법칙은 즉각적 생존에 불가결한 욕구 그리고 훨씬 더 숭고한 도덕적 행위의 욕구뿐만 아니라, 진리 탐구의 욕구에도 적용된다(Smith 1980: 51; Smith 1759: 290~1). 그리고 이러한 견해는 "모든 욕구의 위대하고 궁극적인 목적인 우리 자신의 안락과 평정심"(Smith 1759: 297) 같은 표현에서 입증된다. 반면에, 가장 본원적인 욕구들이 충족되지 못하면 사람들은 고통과 불행을 겪는다. 예컨대, "신뢰 받기를 바라는 욕구"는 사회성의 근간을 이루며 사람의 가장 자연적인 소망을 구성한다. 그러므로 사회 속에서 동료들에게 불신당하는 경우가 발생하면, 사람들은 고독과 공포감 그리고 "불행"을 느낀다(Smith 1759: 336).

그럼에도 불구하고 다음의 몇 가지 사실은 스미스의 사상에서 행복 이론의 본질로서 쾌락주의가 지지되는 것이 아니라는 점을 보여 준다. 먼저, 쾌락 자체가 중시된다고 해도, 순간적이고 감각적 쾌락은 행복의 매우 적은 부분에 불과한 반면에, 행복에 관한 마음의 구조가 훨씬 더 중요한 비중을 차지한다. "우리가 최대의 쾌락을 누리고 있을 때 지금 이 순간의 감각인 육체적 감각은

8 예컨대, 앞서 소개된 심리학자인 매슬로(Abraham Maslow)는 욕구 5단계설에 의해 사람의 욕구에 위계가 있다고 지적한다. 사람은 우선 생존을 위한 생리적 욕구로부터 출발하여 생활상의 안전을 바라며, 더 나아가 사회적 소속감과 애정의 욕구 그리고 사회적 인정 및 자존감을 갈망하는 욕구를 실현하고자 노력한다. 최종적으로는 자아존중 및 숭고한 도덕성의 구현을 통해 성취되는 자아실현의 욕구를 충족하려고 한다.

우리의 행복 가운데 작은 부분을 구성할 뿐이다. 우리의 쾌락은 주로 과거의 즐거운 일에 대한 회상이나 미래에 벌어질 훨씬 더 즐거운 일에 대한 예상에서 비롯되며, 마음은 언제나 그 즐거움 가운데 가장 최대의 몫을 도모하는 데 기여함을 알 수 있다"(Smith 1759: 295~6). 뿐만 아니라, 순간적이고 감각적 쾌락의 추구는 당사자에게 오히려 불쾌감을 주는 역설적 상황으로 종종 귀결되기도 한다. 스미스에 따르면, "신체에서 유래한 욕구를 느낀 당사자에게 그 욕구가 충족되자마자 이를 유발한 대상은 유쾌함을 주기를 멈추며, 심지어 그 대상의 존재가 당사자에게 종종 불쾌함을 주기도 한다"(Smith 1759: 28).

한편, 스미스에 따르면, 쾌락 추구는 행복의 설정값 이론이 제시하는 것과 같은 효과를 나타낸다. 사람의 마음은 우연에 의한 행운과 불운 때문에 종래의 평형 상태에서 종종 일탈하지만, 곧 그 상황에 적응하고 대처한다. 스미스는 이 설정값 이론에 근거해서 행복을 위한 평정심을 강조한 고대 스토아학파 철학이 상당히 일리가 있는 견해라고 지적한다. 즉, 사람의 마음은 시간이 경과하면 자연적이고 통상적인 평정의 상태로 돌아오는 경향이 있다. 예를 들면, 우연한 사고 때문에 의족에 의존해서 평생 불구로 생활할 수밖에 없는 장애인도 오래지 않아 평범한 사람들과 마찬가지로 일상적인 행복을 느끼게 된다.

> "진정한 행복의 측면에서 하나의 영속적인 상황과 다른 상황 사이에는 본질적인 차이가 전혀 없다. … 어떤 변화도 기대할 수 없는 모든 영구적 상황에서 시간이 오래 걸리든 짧게 걸리든 모든 사람의 마음은 자연스럽고 일상적인 평정심의 상태로 돌아온다. 번영 속에서 일정한 시간이 지나면 마음은 그 일상적인 상태로 뒷걸음질치며, 역경의 가운

데서도 일정 시간이 지나면 마음은 활기를 띠고 그 일상적인 상태로 고양된다."(Smith 1759: 149)

또한 쾌락 추구의 본성과 결부해서 행복의 비교 이론이 시사되는 부분도 있다. 비교 이론에 따르면, 행복은 어떤 고정적이고 절대적인 함수 관계에 의존하지 않는다. 행복이나 불행은 역사적 시간 선상(과거/미래)에서 발생하는 사람들의 기대심리 그리고 위치의 부단한 비교 성향, 즉 상대적 위치의 비교(괴리)를 통해 생성되거나 소멸하는 심리 상태에 불과하다. 그러므로 스미스의 행복 이론에 따르면, "우리가 더 나쁜 상태에서 더 나은 상태로 개선되었을 때 느끼는 즐거움" 그리고 "이전보다 형편이 더 열악한 상황으로 전락했을 때 받는 고통"이 존재한다(Smith 1759: 213).

뿐만 아니라, 사람의 본성인 시기심과 질투심은 종종 자신 및 타인의 상황과 처지를 서로 비교하도록 자극하는 동기가 된다. 그러므로 시기심과 질투심에 의한 위치(지위)의 상대적 비교는 행복과 불행에 관한 사람들의 심리 상태에 영향을 미친다. 스미스에 따르면, 시기심이 작동하면 주변 사람들의 호사와 기쁨에 흔쾌히 동감하지 못하는 사정이 발생한다. 즉, 이러한 특성의 심리는, 예컨대 사촌이 땅을 사면 배가 아프다는 속담을 설명한다. 반대로 "시기심이 전혀 작용하지 않는 경우에는 환희에 동감하는 우리의 성향이 비애에 동감하는 우리의 성향보다도 훨씬 더 강하다"(Smith 1759: 45). 따라서 세상 사람들은 시기심 때문에 행운의 벼락부자에게 호평을 극도로 삼가하는 반면에, 오랜 기간 각고의 노력으로 청부(淸富)를 쌓은 사람의 행복에는 진심으로 공감하고 더불어 축하한다.[9]

3.1.2. 객관적 목록 이론: 공정한 관찰자의 동감

사람의 자연적 욕구는 즉각적인 생존과 이익 추구에 필요한 것으로부터 사회 공동체 내의 타인을 배려하는 정의감, 인간애, 이타심에 이르기까지 스펙트럼이 넓고 다양하다(Smith 1759: 266~7). 그런데 이 같은 사람의 모든 욕구는 대등한 지위를 지니고 있으며, 그 욕구 충족에 따라서 주관적 쾌락은 동일한 강도로 행복감을 동반하는가?

『도덕감정론』 제7부의 윤리학 체계에 관한 논평에서 스미스는 고대 주요 철학자들이 지지한 개별 덕목(덕 윤리)과 자연적 욕구의 충족 사이에는 밀접한 연관성이 있음을 지적한다. "에피쿠로스의 철학 체계는 그러한 자연적 욕구의 제일차적인 대상들을 얻는 데 가장 적절한 방법으로 행동하는 것에 덕성이 존재한다고 본 점에서는 플라톤, 아리스토텔레스 및 제논의 철학 체계와 일치한다"(Smith: 1759: 299). 즉, 고대 철학자들은 자연적 욕구가 충족되는 과정에서 "가장 적절한 방법"이나 기준이 적용된다면, 그러한 행위는 덕목에 부합하는 것이며 궁극적으로 행복을 수반한다고 인식했다. 스미스의 덕 윤리 분류 기준에 따르면, 에피쿠로스의 "가장 적절한 방법"은 신중(prudence)을 권고한 것이고 이때 쾌락이 발생한다. 한편, 아리스토텔레스의 철학에서 "가장 적절한 방법"이나 객관적 기준은 이성에 따라 탁월한 행동(지혜 및 덕행)을 하는 것이며, 이처럼 중용을 발휘할 때 고유한 쾌락과 행복이 발생한다.[10)]

---

9 스미스에 따르면, "이상과 같은 급격한 운명의 변화는 사람의 행복에 거의 기여하지 못한다. 오히려 위대함을 향해 더욱 점진적으로 나아가는 사람이 가장 행복하다. 대중은 그가 일구어 낸 승진의 모든 단계를 훨씬 전부터 알고 있기 때문에, 그가 승진했을 때 어떠한 과도한 환희도 느끼지 않고, 그에게 추월당한 사람들에게 어떤 시기심도 일으키지 않으며, 또한 그에게 뒤처져 있는 사람들에게 어떤 선망을 낳지도 않는다"(Smith 1759: 41).

10 스미스의 덕 윤리 이론에 관한 논평으로 Hanley(2009, 2013), McCloskey(2008)를 보라. 한편, 스미스의 덕 윤

그렇다면 스미스의 행복 이론에서 욕구 충족이 덕목이 되고 궁극적으로 행복을 동반하도록 만드는 객관적 기준은 무엇인가? 스미스에 따르면, 동감은 모든 사람이 선천적으로 보유한 도덕 감정으로서 상상을 통한 입장의 전환을 통해서 특정 상황에서 행위자가 느끼는 감정을 감지하고 공감하며 도덕적 판단에 이르는 감성적 본성이다. 동감의 본성은 개별 사안의 상황적 적정성, 즉 특정 여건에서 행위자의 감정과 행위가 적정한지 여부를 판단하는 과정에 개입한다. 그리고 동감은 통상 제3자적 관점에서 공정하게 특정 현안을 살펴보고 평가하려는 마음의 성향, 즉 공정한 관찰자의 시각에서 이루어진다. 사정에 정통한 공정한 관찰자는 이성(理性)과 자제력을 발휘해서 적정하고 합리적이며 균형 잡힌 시각을 견지한다. 그러므로 공정한 관찰자의 동감과 승인은 욕구 충족이 덕목이 될 수 있는가를 분별하기 위한 객관적 조건이다. 공정한 관찰자의 감정의 수준과 정도는 사회의 집단적 동감을 대변하는 동시에, 욕구 덕목으로의 전환 기준이 되고 사회 규범과 법 제도에서 적정성의 준거가 된다 (Campbell 1971; Broadie 2006).[11]

한편, 어떤 욕구 기반 행위가 공정한 관찰자의 동감 및 도덕적 판단과 부합하는 경우에는 관찰자와 행위자 사이에 감정의 교류가 성립함과 동시에 상호 쾌감이 발생한다. 반대로 감정의 불일치가 발생하면 공정한 관찰자는 그런 행위를 도덕적으로 승인하지 않기 때문에 당사자는 상호 감정의 불일치에 고

리 이론과 다양한 고대 철학(아리스토텔레스, 스토아학파, 에피쿠로스)의 연관성에 대해 Broadie(2010), Montes(2008), Leddy(2009)를 보라.

11 스미스에 따르면, 도덕의 일반율이나 덕 윤리는 모두 공정한 관찰자의 개별 상황적 적정성에 관한 경험적 판단에서 유래한 것이다. "도덕의 일반 원칙은 우리(공정한 관찰자)의 도덕적 능력, 즉 공로와 적정성에 대한 우리의 자연적 감각이 개별적인 여러 사례에 대해 승인하거나 부인하거나 하는 경험에 궁극적으로 기초하고 있다" (Smith 1759: 159).

통을 느낀다.[12] 이처럼 동감이 대변하는 사회성의 본능이 충족되는가의 여부에 따라서 고유한 쾌락과 고통이 발생한다. 그러므로 스미스는 다음처럼 기술한다.

> "우리는 다른 사람들이 칭찬 받아 마땅한 이유로 우리 스스로가 칭찬 받아 마땅한 자격이 있음을 최소한 반드시 믿어야 한다. 그러나 우리가 이러한 만족을 달성하기 위해서는 필히 우리 자신의 성격과 행위에 대한 공정한 관찰자가 되어야만 한다. … 이러한 관점에서 볼 때 우리가 희망한 대로 그것들이 우리에게 보인다면 우리는 행복하고 안도감을 느끼게 된다. 그런데 다른 사람들이 우리의 성격이나 행위를 우리가 단지 상상 속에서만 바라보려고 노력했던 바로 그러한 시선으로 바라보면서 우리 자신이 그것들을 바라보았던 것과 정확히 동일한 관점에서 바라보고 있음을 알게 될 때, 이러한 행복감과 안도감은 크게 확인된다."(Smith 1759: 114)

이처럼 스미스는 (욕구 충족과 쾌락을 단순히 행복의 원천으로 삼기보다는) 공정한 관찰자의 시각과 감정을 행위의 적정성의 준거점으로 간주한다. 그리고 모든 욕구의 충족이 이러한 객관적 목록 기준과 부합한 경우에만 그 행위는 덕행

12 동감의 본성이 거론되는 『도덕감정론』의 서두에서 "동감의 원인이 무엇이든 또는 어떤 식으로 그것이 유발되든지 간에, 다른 사람들 가운데 우리 마음의 모든 정서에 대한 동료 감정을 보는 것만큼 우리를 한층 더 기쁘게 하는 어떤 것도 없다. 또한 그 반대의 외형만큼 우리를 한층 더 놀라게 하는 것도 없다"(Smith 1759: 13). 그리고 다른 사람들의 행복 역시 사람들에게는 필요하며, 그들의 행복을 지켜보는 즐거움 이외에 아무런 효용이 없다고 해도 그런 사회적 본성이 발휘된다.

이 되고 행복의 원천이 된다.

다음의 몇몇 사례를 통해 이를 확인해 볼 수 있다. 첫 번째, 대중들은 부와 권력 자체가 본원적 욕구를 충족시킬 뿐만 아니라, 상당한 행복을 동반할 것이라는 착각이나 혼동을 흔히 겪는 경향이 있다. 그런데 공정한 관찰자의 관점에서 조망해 보면, 예컨대 생존과 안녕에 필수적인 물질 재화에 대한 욕구는 누구에게나 비교적 손쉽게 충족된다. 그러므로 "인간 생활의 진정한 행복을 구성하는 것이 무엇인가의 측면에서 볼 때 그들(가난한 사람들)은 자신들보다 훨씬 높은 지위에 위치하는 것처럼 보이는 사람들보다 어떤 측면에서도 결코 열등하지 않다. 신체의 안락과 마음의 평화라는 측면에서, 인생에서 서로 다른 신분을 지닌 모든 사람들은 거의 동일한 수준에 있다"(Smith 1759: 149~50, 185). 즉, 생존과 안녕 같은 목적 효용(end utility)의 관점에서 볼 때 부자의 행복 수준이 가난한 사람보다 그다지 높은 것은 아니다. 부자와 권세가는 단지 수단적 효용을 누리는 데 필요한 행복의 수단을 타인보다 좀 더 많이 보유한 것에 불과하다.[13]

두 번째, 공정한 관찰자의 동감 공유 및 진정한 행복의 관점에서 볼 때, 허영심에 의거한 지위의 과시 및 과도한 외부적 편의의 추구는 오히려 행복을 저해하는 요인이 된다. 예컨대, 허영심이 충족시키는 "경망스러운 쾌락"은 마음의 평정을 결코 동반할 수 없기 때문에 분명히 진정한 행복이 수반되지는 못한

13 스미스에 따르면, 부자와 권세가의 수단적 효용(means utility)은 다음과 같다. "관찰자가 부자와 권세가의 상황을 그런 감탄의 마음으로 판별하는가를 검토한다면, 우리는 그들이 누리고 있다고 상정되는 우월한 안락이나 즐거움 때문이라기보다는 그 안락이나 즐거움을 촉진하기 위한 목적을 가진 인위적으로 우아한 고안품이 무수히 많기 때문이라는 점을 발견하게 된다. 심지어 관찰자도 그들이 다른 사람들보다 진정으로 더 행복하다고 상상조차 하지 않으며, 그들이 행복에 도움이 되는 수단들을 더 많이 보유한다고 생각할 뿐이다"(Smith 1759: 182).

다. 스미스에 따르면, "허영과 우월성이 주는 쾌락은 완전한 평정심, 즉 진정으로 만족스럽게 즐거움을 향유할 수 있는 그런 원리이며 토대를 이루는 것과 거의 양립하지 않는다"(Smith 1759: 150).

세 번째, 공정한 관찰자의 동감의 정도와 수준에 비례해서 자기만족과 행복의 정도는 더 커지고 행복감에 질적인 차이가 생긴다. 다시 말해서, 성공과 실패에 관해서 그리고 번영과 역경에 직면해서 당사자가 표명하는 감정에 대해 공정한 관찰자가 동감하는 정도가 크면 클수록 자기만족과 행복감은 더 높아진다. 마찬가지로, 마음 내의 수동적 감정에 관한 지배력(자기통제)과 적극적 의지의 활용, 또는 덕행의 여러 유형에 관해서도 이 같은 동일한 원리가 적용된다. 즉, 인간 본성의 구조상 비교적 실행하거나 인내하기 어려운 사안과 감정을 섬세한 인간애 내지는 강한 의지력으로 실천했는가에 대해 공정한 관찰자는 동감에 의해 판단한다. 이때 본성의 구조 그리고 객관적 기준에 부합하는가에 따라서 행복의 질적인 차이가 발생하며, 낮은 수준의 행복과 높은 수준의 행복이 차별화된다.

> "모든 사람이 자신의 행동을 관조하면서 내리는 자기승인의 정도는 그러한 자기승인을 얻기 위해 필요한 자기통제의 정도에 정확하게 비례하여 높거나 낮다. 자기통제가 거의 필요하지 않은 경우에는 아주 적은 정도의 자기승인만이 합당하다. … 그러므로 불행 가운데 존재하는 훌륭한 행위에 대해 자연이 부여하는 보상은 그 훌륭한 행위의 정도에 정확하게 비례하고 있다. 마찬가지로 자연이 고통과 고난의 괴로움에 대해 부여할 수 있는 유일한 보상은, 훌륭한 행위의 정도에서 그런

것처럼, 그 고통과 고난의 정도에 정확하게 비례한다. 우리의 자연적 감수성을 극복하기 위해 필요한 자기통제의 정도에 비례하여 그 극복의 기쁨과 자부심은 그만큼 더 커진다."(Smith 1759: 147)

요약하면, 스미스의 행복 이론에서 주관적 쾌락과 만족은 행복의 필요조건이지만 충분조건은 아니다. 행복의 수단과 본질의 측면에서 스미스의 이론은 행복 개념에 객관적인 목록의 요소를 함축하고 있고, 객관주의적 행복주의를 근간으로 삼는다. 즉, 스미스의 행복 이론에서 모든 쾌락과 즐거움이 행복으로 귀결되는 것은 아니며, 진정한 행복은 객관적 목록 기준, 즉 공정한 관찰자의 동감과 승인이 주어지는 욕구 충족에 국한된다. 뿐만 아니라, 욕구 충족에 관하여 공정한 관찰자가 동감하는 자기통제(자제력)의 정도와 수준에 비례해서 행복의 질적 차이가 발생한다.

3.2. 행복의 수단과 본질: 하위 및 상위 행복의 원천

그렇다면 사람의 욕구를 자극하거나 만족시킴으로써 행복에 기여하는 외부적 대상과 조건들은 무엇인가? 첫째, 행복에 가장 기본적이고 필수적인 개인적 요건들이 있다. 스미스가 직접적으로 언급하는 개인적 요인은 건강, 양심, 자족적인 재산, 명예 등이다. "건강하고 채무도 없으며 양심의 거리낌도 없는 사람의 행복에 그 무엇이 추가될 필요가 있을까? 이 같은 상황에 있는 사람에게는 어떠한 식의 행운이 추가되는 것은 불필요하다고 말하는 것이 적절할 것이다"(Smith 1759: 45).

둘째, 재산, 권력, 명예 등의 외부적인 조건과 편의보다 행복에 더 영향력을 행사하는 요소는 사회적 관계에서 비롯된다. 스미스의 견해에 따르면, 더불어 살아가는 사회 구성원과의 관계 그리고 그러한 관계 속의 교류와 교환이 창출해 내는 행복의 크기와 비중은 이해타산에서 비롯되는 것보다는 상대적으로 훨씬 더 중요하다. "온화하고 섬세한 사람들뿐만이 아니라 세상 사람들 가운데 가장 조야한 인물조차도 이러한 여러 성향, 그 조화, 이 사회적 교류가 그로부터 얻어지리라 기대되는 모든 사소한 이익보다도 행복에 훨씬 더 중요하다고 느낀다"(Smith 1759: 39). 다시 말해서, 가족, 친구, 동료 등이 관계적으로 부여하는 사회적 승인과 사랑은 사람들에게 더 큰 행복을 준다. "내가 확신하듯이 행복의 주요 부분은 사랑 받고 있다는 인식에서 유래한다"(Smith 1759: 41).

셋째, 이처럼 행복을 좌우하는 개인적 그리고 사회적 요건이 주어진다면, 이러한 요인들에 중요한 영향을 미치는 국가의 공공 정책적 요인들이 배제될 수는 없다. 스미스의 표현에 따르면, "자유와 재산은 쾌락과 행복의 수단이자 도구"(Smith 1759: 297)이다. 문자 발명 이후 역사 발전 단계에 걸쳐 국가 조직의 틀 속에서 개인의 "자유와 재산"이 조율되거나 규제되었음을 전제로 할 때, 개인들의 행복이나 불행은 국가가 규율하는 자유의 정도와 공공 정책의 지향성에도 크게 의존한다. 따라서 행복 이론의 관점에서 국가의 법 제도와 공공 정책의 내용은 외부 조건으로서 적지 않은 비중과 의미를 지닌다.

3.2.1. 물질적 욕구 충족과 낮은 차원의 행복

스미스에 따르면, 인간의 다양한 본성 가운데 자기애 그리고 "우리 자신의 개인적인 행복을 직접적으로 추구하는 성정"(Smith 1759: 82~3, 267)이 가장 지배적이고 활동적인 부분이다. 그리고 개인적인 행복 추구를 위한 자기애의 성향 가운데 자신의 처지를 끊임없이 개선하려는 생활 개선 욕구는 특히 개인적 차원에서 생존과 번영을 위해 물질적인 토대를 갖추고 부유함을 지향하도록 자극한다.[14)]

물질적 재산의 추구가 개인적 생존과 행복을 위한 필수적 요건이자 행위라는 점은 자명하다. 빈곤과 물질적 결핍은 사람들로 하여금 물리적 생존을 위태롭게 만든다. 뿐만 아니라, 빈곤은 주변 이웃들이 관심과 공감을 불러일으킬 여건을 갖지 못하도록 만들고 사회적 인정 욕구를 훼손함으로써 사회적 일원으로서 개인의 행복에도 부정적으로 작용한다.[15)] 그러므로 빈곤 극복이 제대로 이루어지지 못한다면 더불어 사는 선량한 시민 공동체마저 적정하게 유지되거나 생존하기 어렵다. 스미스는 『도덕감정론』에서 다음처럼 언급한다. "우리가 다른 사람들에 대하여 많은 것을 느낄 수 있기 전에, 우리 자신이 반드시 어느 정도 편안해져야만 한다. 만일 우리 자신의 곤궁이 우리를 매우 심하게 쪼들리게 하면 우리는 이웃의 곤궁에 관심을 가질 여유를 갖지 못한다. 모든 미개인은 그들 자신의 결핍과 필요에 대한 생각으로 너무나 꽉 차 있기 때문에, 다른 사람들의 결핍과 필요에 충분한 주의를 기울일 여유가 없다"(Smith 1759: 205).

14 『국부론』에서 거론된 것처럼 이 생활 개선 욕구는 "어머니의 태내에서 나와 무덤에 이르기까지 사라지지 않는 성향"으로서, 이로부터 절약이 비롯되고 사회적 차원에서 자본 축적이 도모된다(Smith 1776: 341).

15 빈곤의 사회학에 따르면, "가난한 사람은 자신의 빈곤을 부끄러워한다. 그는 빈곤 때문에 세상 사람들의 시야 밖으로 밀려나 있거나, 설령 주목 받는다고 해도 아마 그들은 자신이 겪고 있는 비참함과 불행에 대해서는 동료 감정을 거의 갖지 않는다고 느끼고 있다. 이러한 두 가지 이유 때문에 그는 기분이 언짢음을 느낀다. 비록 무시되는 것과 승인 받지 못하는 것은 별개의 문제라고 해도, 우리가 무명의 암흑에 싸여 명예와 승인이 주는 환한 빛에서 벗어나 있는 이상, 어느 누구에게서도 주목 받지 못한다고 느끼는 것은 필연적으로 인간 본성에서 가장 유쾌한 희망에 찬물을 끼얹고 가장 열렬한 욕구를 좌절시키는 것이다"(Smith 1759: 51).

그런데 자기애의 동기가 강하게 자극하는 물질적 재산의 추구에는 두 가지 가능성이 존재한다. 먼저 이러한 자기애의 행위가 타인의 설득과 공정한 교환을 통해서 원만하게 이루어진다면, 이러한 자기애는 공정한 관찰자의 동감에 의해 승인되는 하나의 덕목이 된다.[16] 반대로 자신의 물질적 이익을 위해 타인에게 침해를 가하는 행위가 발생하면, 이는 비열한 탐욕에서 비롯된 것으로서 사회성 및 덕목을 훼손하고 불의를 저지른 행위가 된다.

만일 전자의 경로대로 물질적 부가 검약, 절제, 근면 등을 통해 추구되면서 공정한 관찰자의 동감에 부합한다면, 그러한 행위는 에피쿠로스가 권고한 신중이라는 덕 윤리를 준수한 것이다. 스미스에 따르면, 신중은 하나의 덕목으로서 "건강, 재산, 개인의 지위와 명성에 대한 고려, 즉 현세에서 개인의 안락과 행복이 주로 의존하게 되는 대상들에 대한 고려"(Smith 1759: 213)에 기초하고 있다. 그러므로 신중에 근거한 행위는 타인을 침해하지 않는 선에서 개인 각자가 자신의 물질적 후생과 사회적 평판을 적정하고 합당하게 돌보는 경우에 발휘된다.

하지만 신중의 덕목에 의거한 행위는 자신의 행복에 관여할 뿐, 이웃들의 애정이나 존경을 받을 정도로 타인의 행복 증진에는 직접적으로 기여하지 못한다. 이 때문에 신중의 덕목에 기초한 자기애의 행동이 동반하는 행복은 고상하거나 높은 품격을 지니지는 않는다. "개인의 건강, 재산, 지위, 명예의 고려에만 지향되는 경우에 신중은 대단히 존경할 만하고, 심지어 어느 정도 호감

16 『국부론』에서 시장 교환 행위의 기원이 되는 사람의 본성, 즉 "교환 성향"(Smith 1776: 25)은 더 포괄적인 "이성과 언어의 속성" 내지는 "설득 성향"의 부분(Smith 1978: 352; Smith 1759: 336)으로 언급된다. 이때 설득 성향은 언어 능력과 보편적인 동감의 능력을 바탕으로 감정과 의견을 교환하고 공감하려는 성향이기 때문에, 교환 성향 자체도 사회성을 반영하는 것으로 이해된다.

을 주거나 유쾌한 성품이기는 하다. 하지만 그것은 모든 덕성 가운데서 가장 매력적이거나 가장 고상한 덕성으로는 결코 판단되지 않는다. 그것은 일종의 차가운 존경심을 불러일으키지만, 무언가 대단히 열렬한 애정이나 감탄을 받을 만큼의 자격은 없는 듯하다"(Smith 1759: 216).

3.2.2. 자연적 정의(자유, 평등, 안전)와 행복

행복 또는 불행에 영향을 미치는 외부적 수단으로 물질적 재산뿐만 아니라, 국가의 법 제도 운영에 의존하는 '자유'와 '정의'가 거론된다. 스미스에 따르면, (지배적인 자기애의 본능이 때로 타인의 불행을 초래하기도 하지만) 사람의 본성에는 타인의 행복도 중시하는 성향이 부분적으로 존재한다. 이 때문에 사회 속에서 침해 행위가 일어나면 주변의 공정한 관찰자는 이에 대한 분개심을 표출하고 피해자의 분노에 공감한다. "우리의 행복을 가로막고 있다는 이유만으로 타인의 행복을 방해하는 행위, 우리에게 같거나 그 이상의 유용성이 있다는 단순한 이유에서 다른 사람에게 실제로 유용한 것을 빼앗는 행위, 또는 이런 식으로 타인을 희생시킴으로써 각자가 다른 사람들의 행복보다도 자신의 행복을 우선시하는 자연적인 선호에 탐닉하는 행위는 공정한 관찰자가 전혀 동조할 수 없는 행동이다"(Smith 1759: 82). 그러므로 정의로운 성품의 소유자는 "심지어 우리 이웃을 적절히 보호할 수 있는 어떠한 법률이 없는 경우에조차 어느 면에서도 그들의 행복을 침해하거나 방해하지 않도록 신성하고 종교적인 배려를 하는 행위"(Smith 1759: 218)에 관심을 둔다. 이처럼 다른 사람의 행복에 대한 부분적 관심 그리고 피해자에 대한 공정한 관찰자의 동감 때문에 모든 사회 공동체의 내부에서는 타인에 대한 침해를 삼가하도록 요구하는 정의의 덕성이 권고된다. 어느 사회를 막론하고 인류사에서 정의의 덕목이 핵심적 가치로서 추천된 이유는 여기에 있다.

그런데 정의가 타인의 행복을 소망하는 본성의 반영이고 사회 존립의 토대임에도 불구하고 개인 사이의 자율적 질서에 의해서 완벽하게 준수되지는 않는다. 이러한 사정으로 역사적으로 국가는 "사람들이 서로의 행복을 침해하거나 방해하는 것을 금지하도록 하기 위해" 상호 침해나 자유의 정도를 정의의 법 제도로 규제하는 사회 조직의 역할을 수행해 왔다(Smith 1759: 218, 340). 실상 국가는 법 제도의 운영과 관련해서 정의와 자유에 관한 규제뿐만 아니라, 경제 여건을 좌우함으로써 불가피하게 개인과 사회의 행복 수준에 영향력을 행사한다.[17]

스미스에 따르면, 그 경로의 첫 번째는 (효용에 관한 고려에 앞서서) 공정한 관찰자의 자연적 정의감이 그 자체로 구현됨으로써 행복의 심리 기제상 억울함과 분노의 감정이 완화되거나 제거되는 직접적 효과와 관련된다. 아무런 근거 없이 정의와 자유를 희생시키는 행위는 사건 관련 당사자의 분노의 감정과 불행감을 야기해서 행복을 훼손하는 거대한 장애물이 된다.

두 번째, 이러한 자연적 정의감의 구현은 이차적, 계기적으로 효용이나 유용성을 동반하는 여러 현상에 기여함으로써 행복 증진의 여건을 촉진한다. 스

17 사회계약론에 비판적인 스미스에 의하면, 국가와 법의 역사적 기원은 부자들이 가난한 사람들로부터 재산을 보호 받고 그 불평등을 유지하기 위한 수단을 마련하는 데서 비롯되었다(Smith 1978: 404). 국가의 이런 속성 때문에 스미스는 국가 권력의 오남용과 과다한 특혜 남발의 가능성을 경계하고 비판했다. 반면, 국가 내에서 정의에 의거한 권리의 보장은 정의 가치의 최우선적인 구현을 통해서뿐만이 아니라, 경제적 번영과 공공복리 증진의 가장 기초적인 토대가 됨으로써 행복에 기여한다(Haakonssen 1981; Campbell 1984). 한편, 스미스의 성장 모형에서 생활 개선 심리에 근거한 자원 배분, 혁신 그리고 경제 진보에 관한 종합적인 논의는 Rothschild & Sen(2006)을 참고하라.

미스에 따르면, 공정한 법률의 지배와 사법권의 확립, 그리고 개인적 자유와 안전이 적절하게 보장되는 경우에는 개인의 행복에 영향을 주는 생활 개선 심리가 적절히 작동한다. 이에 따라 효율적 자원 배분, 혁신과 기술 발전에 의해 경제 성장과 진보의 상태가 유지되어 물질적 부가 증가한다. 이와 반대로 국가가 불의에 기초한 법 제도를 집행하고 자유와 안전을 보장하지 못하면, 개인들 사이의 자발적 경제 활동이 억제되고 경제의 정체나 퇴보 가능성 및 불행의 수준이 높아진다.

행복의 수단으로서의 자유 그리고 국가의 정의 체계에 관한 이러한 논점은 스미스의 『법학 강의』의 핵심 주제이며, 행복경제학과 관련된 요지는 역사적인 노예 제도에 관한 논평 가운데 대표적으로 반영된다. 스미스에 따르면, 먼저 노예제는 합당한 국가법 체계의 원칙인 자연권(natural rights), 즉 생명 및 신체에 관한 자유의 보장에서 상당히 일탈함으로써 노동하는 다수의 불행을 야기했다. 노예제는 취득권(adventitious rights)에 해당하는 재산권에 근거해서 사람들의 생명과 신체의 자유를 침해했기 때문에 정의와 자유의 원칙에 위배된다.

두 번째, 노예는 분배에서 배제되었고 노예 노동에는 폭력이 일상적으로 동원되었으며, 이에 따라 경제적 비효율이 수반되었다. 그러므로 『국부론』에서 다음처럼 기술된다. “모든 시대와 모든 민족의 경험은 노예에 의한 작업이 외관상 그들의 생활비만 드는 것처럼 보이지만 결국 모든 노동 중에서 가장 비싸다는 것을 증명한다고 믿는다. 아무런 재산도 획득할 수 없는 사람은 가능한 한 많이 먹고 가능한 한 적게 노동하는 것 이외에는 관심을 가질 수 없다”(Smith 1776: 387).

이처럼 전근대 사회의 노동법에 해당하는 노예법과 예농제에는 국가법 제도에 무엇보다 최우선적으로 반영되어야 하는 정의와 자유의 기본 원칙들이 거의 반영되지 못했다. 따라서 전통 사회의 노예제는 행복에 기본적인 자연적 자유의 원리를 위반했을 뿐만 아니라, 경제의 영역에서도 경제 진보와 부의 축적을 억제하는 결과를 수반했다. 이상과 같은 두 가지 경로를 염두에 둔 스미스의 평가에 따르면, 전통 사회의 여러 노동 관계 법에서 구현된 국가법 원칙의 일탈은 생산자인 노예 자신의 불행뿐만 아니라 인류 대부분의 행복과도 모순된 것이었다.

> "사람이 향유할 수 있는 두 가지 최고의 축복인 부와 자유는 노예제가 허용되는 대부분의 국가에서 가장 큰 부분을 구성하는 이 집단의 사람들을 상당히 불행하게 만들었다. 그러므로 노예제가 전반적으로 확립되는 경우에, 인간애를 지닌 사람은 이 두 가지 최고의 축복이 인류 대부분의 행복과 모순되기 때문에 이 같은 축복이 결코 일어나지 않기를 소망해야 할 것 같다"(Smith 1978: 185).

3.2.3. 인애적 덕행 및 높은 차원의 행복

인간의 행복에 관한 물질 세계의 역할은 육체적인 필요의 충족을 갈망하는 낮은 욕구 단계에서 불가피하고, 신중의 덕목은 이러한 욕구를 합당하게 충족하도록 권고함으로써 개인적 행복을 도모한다. 하지만 이것은 개인적 차원에서도 고차원적인 행복의 원천은 아니다. 욕구의 설정값 이론이 제시하는 것처럼 사람의 마음은 여유롭고 풍족한 상황에 금방 적응하고 대처해서 원래 보유한 평균 정도의 행복으로 회귀하는 경향이 있다. 또한 풍요로운 사회에서

조차 물질적 욕구는 대체로 한계가 없으며 완전한 만족감을 누리기가 쉽지 않다.[18] 그렇지만 더 높은 수준의 덕행을 통해 타인의 행복을 도모하는 행위는 이와 질적으로 차별화된 만족감을 준다(Muller 1993; Griswold 1999; Herzog 2011).

스미스에 따르면, 식량에 관한 욕구는 생물학적 구조 때문에 극히 제한적이지만, 종종 사회적으로 과시의 대상이 되는 수많은 편의품과 장식품에 대한 욕구(수단적 효용)는 무한하다. "모든 사람에게 식량에 대한 욕구는 위장의 좁은 용량에 의해 한정되어 있다. 하지만 건물, 의복, 마차, 가구라는 편의품 및 장식품에 대한 욕구는 무한하며 일정한 한계를 가진 것 같지 않다"(Smith 1776: 180~1). 이처럼 필수품에 대한 욕구를 제외한 과시적 속성의 물질적 욕구를 충족하는 데에는 한계가 거의 없기 때문에 평정심과 행복은 완전하게 성취되기 어렵다(Smith 1759: 181~5).[19]

또한 비교 이론이 시사하는 것처럼, 특히 물질적으로 풍요로운 자본주의 사회에서 한층 더 조장되는 욕구 대상의 비교와 과대평가, 즉 탐욕과 허영에 근거한 과시는 개인과 사회의 불행을 초래하는 경향이 있다. "인생의 불행과 혼란 모두를 자초하는 커다란 원인은 하나의 영속적 상황과 다른 상황과의 차이를 과대평가하는 것에서 기인하는 듯하다. 탐욕은 빈곤과 부유의 차이를 과대평가하고, 야심은 사적 지위와 공적 지위의 차이를 과대평가하며, 허영은 무명과 광범위한 명성의 차이를 과대평가한다. 이처럼 정도를 지나친 열정의

18 『국부론』의 생활 개선 욕구를 언급하는 부분에서 사람들의 완전한 욕구 만족은 거의 성취되지 않음을 시사한다. "저축하도록 자극하는 원리는 우리의 상태를 개선하려는 욕망이며, 대체로 조용하고 냉정한 것이다. … 아마 이 (삶과 죽음의) 두 가지 순간으로 구분되는 전체 기간을 통하여, 어느 누구든 어떤 종류의 변경이나 개선도 원하지 않을 만큼 자기의 처지에 완전하고 철저히 만족하는 것은 단 일순간도 없을 것이다"(Smith 1776: 341).

19 서구 사회에서 전개된 18세기 사치재 논쟁은 상업 활동의 확대와 더불어 진행된 과시적 욕구의 확산 및 전통적 덕목의 쇠퇴에 관한 우려에 근거했다(Pocock 1975; Berry 1994).

영향 아래에 있는 사람은 자신의 실제의 처지에서 비참할 뿐만 아니라, 아주 어리석게도 자신이 감탄하는 상황에 도달하기 위하여 사회의 평화를 교란시키는 경향을 종종 갖게 된다"(Smith 1759: 149).

정의에 근거한 정부의 통치 제도와 정책은 부분적으로 사람들의 이러한 탐욕과 과시적 성향이 야기하는 침해를 강제적으로 교정하려는 시도로 출현했다. 그럼에도 행복 증진의 관점에서 볼 때 정부의 제도와 정책은 지혜와 덕목의 "불완전한 교정 수단", 즉 차선적인 방책에 불과하다. "과연 어떤 통치 제도가 지혜와 미덕이 널리 만연하는 것만큼이나 세상 사람들의 행복을 증진시키는 데 공헌할 수 있겠는가? 모든 통치는 이러한 지혜와 미덕의 결핍에 대비한 불완전한 교정 수단에 불과하다. 따라서 그 효용 때문에 시민 정부에 귀속될 수 있는 아름다움은 그 무엇이든지 훨씬 더 큰 정도로 지혜와 미덕에 귀속되어야 함에 틀림없다"(Smith 1759: 187). 이러한 표현은 사람들의 행복에 가장 효과적인 수단은 지혜의 발휘와 덕목의 실천임을 드러낸다. 국가가 강제하는 정의의 법 제도는 탐욕과 과시로 발생하는 침해와 불행을 소극적으로 방지하려는 목적으로 도입된 수단에 불과하다.

반면, 도덕 감각이 탁월한 사람은 주변 관찰자들의 외형적인 승인이나 국가의 강제적 수단에 구애 받지 않으며, 자존감에 근거해서 칭찬 받을 수밖에 없는(praise-worthy) 자아실현의 자질을 스스로 배양하고자 한다(Smith 1759: 제3부). 특히, 타인의 행복에 관계되는 인애 또는 자혜는 마음 구조상 진정한 탁월함을 요하며 사회적 삶을 품격 있게 만드는 최상의 덕목이다. 공동선을 위한 헌신, 선행, 공공 정신, 관용, 인간애, 친절, 우정 같은 고급 덕목의 실천은 (신중의 자기행복과는 달리) "타인의 행복을 촉진"하는 속성을 지닌다.[20] 이 같은 도덕적인 탁월함이나 고급 덕목의 실천은 자발적이고 능동적인 것으로서 그 자체로 선하고 고귀한 것이다. 동시에 이 고급 덕목의 실천은 공정한 관찰자로부터 가장 강렬한 동감과 호감 그리고 상호적인 즐거움을 얻는다. 따라서 현인은 이러한 특성의 덕행을 통해 사회적 관계 속에서 가장 큰 평정심 그리고 가장 높은 수준의 행복을 느낀다. 이것은 (이해타산에서 비롯되는 즐거움과는 달리) 인간 본연의 완전성을 실현함으로써 얻는 평안함과 자기만족, 그리고 관계 속의 행복감이다.[21)]

> "미덕이 호감을 주고 칭찬 받아 마땅한 대상이 되는 것은 미덕 그 자체가 애정과 감사의 대상이기 때문이 아니라, 그것이 다른 사람들의 마음속에서 애정과 감사의 감정을 유발하기 때문이다. 미덕이 그런 호의적인 관심의 대상이라는 인식은 이것에 자연스럽게 수반되는 내면적 평온과 자기만족의 원천이 된다. … 사랑 받는다는 것과 우리가 사랑 받을 가치가 있음을 알게 되는 것은 얼마나 큰 행복인가? … 미덕의 애호에 기초하고 있는 애착은 분명히 모든 애착들 중에서 가장 덕망이 있다. 그러므로 그것은 가장 영구적이고 안정적일 뿐만 아니라 가장 행복한 애착이다."(Smith 1759: 113, 225)

20 스미스에 따르면, "다른 사람의 행복에 관한 관심은 정의와 자혜의 덕성을 권장한다. 이 미덕 가운데 정의는 우리가 타인에게 침해를 끼치지 않도록 억제하며, 자혜는 타인의 행복을 촉진하도록 고무시킨다"(Smith 1759: 262).

21 『도덕감정론』에 따르면, "우리 내면의 신의 대리인들(양심)은 … 도덕적 원칙의 준수에 대해서는 언제나 마음의 평정, 흡족함, 자기만족을 가지고 보상한다"(Smith 1759: 166).

4. 스미스의 학설사적 공헌: 행복경제학과 시민경제론

4.1. 사회적 교환

경제학에서 활용되는 경제적 교환의 개념은 시장에서 실질적으로 동일한 경제적 가치를 가진 재화 및 서비스가 등가로 교환된다는 것을 상정한다. 시장 가격은 경제적 가치의 계산에 근거한 등가 교환이 현상적으로 표출된 것이다. 현대 사회 내의 거래의 대부분은 외형상 익명성이 확대된 시장을 통해 이루어지고 있다는 점에서 경제적 교환이 가장 지배적인 교환의 현상인 것처럼 보인다. 물론 상당히 표준화된 상품 및 서비스의 경쟁적 거래는 이 같은 경제적 교환의 특성에 가장 잘 부합할 것이다.

그런데 역사적으로 볼 때 관계적이고 불확정적 교환의 특성을 지닌 사회적 교환(social exchange)이 한층 더 일반성을 지닐 뿐만 아니라, 경제적 교환은 오히려 사회적 교환의 특수한 사례 내지는 그 근사치에 대응하는 것으로 볼 수 있다.[22] 실상 사람들의 삶이 사회적이고 정치적인 속성을 지니는 한, 재산권의 경제적 가치와 교환조차 '사회적' 가치 평가의 개입 없이 완벽하게 행해질 수는 없다. 예를 들면, 현대 시장자본주의 조직을 대표하는 기업 조직 내의 인력 채용이나 협력 작업에서 사회적 교환의 비중과 역할은 상당하다. 기업 내부에서 진행되는 사업의 대부분은 건당 생산성에 따라 일회성 보수로 정산되는 분

22 사회 조직 심리학자인 Gouldner(1960)는 사회적 교환의 개념에 의해 사회적 관계 속의 행동을 설명하려고 했다. 이에 따르면, 상호성이나 호혜성(reciprocity) 원리는 인류사에서 보편적인 일반 규범의 하나이며, 사회생활을 규제하는 가장 기본적인 원칙이다. 사회적 교환에 관한 우리나라의 관련 연구로는 이성섭(2012)을 참고하라.

리된 작업이 아니라, 오랜 기간 팀원들에 의해 더불어 수행되고 분배가 이루어지는 공동 작업이다. 이 때문에 사업에 참여한 조직 구성원들이 중장기적으로 공정한 대우를 받을 것이라는 협조적 교환의 믿음과 신뢰의 형성, 호혜성과 신의성실의 가치는 팀과 조직의 운영뿐만 아니라 중장기적 생존 및 번영에 불가결한 요인이 된다.

사회적 교환에는 물질적 가치의 평가뿐만이 아니라, 관계적 인정, 승인, 권위 같은 비물질적 재화의 교환 내역이 함께 포함되어 있다. 사회적 교환에는 오랜 기간에 걸쳐 양적 그리고 질적인 교환이 성사되기 때문에 보상의 불확실성이 존재하는 반면에, 그 교환 관계를 유지하기 위한 신뢰의 유대 관계나 사회적 관계가 강화되는 측면이 있다. 만일 이러한 사회적 관계와 신뢰 체계 하에 비경쟁적이고 자발적인 상호 협력의 관계가 존재하지 않는다면, 외부 세계에 관한 정보나 지식의 공유, 환경 변화에 따른 유연한 대응에는 불필요한 비용이 투입되며, 따라서 특정 사회나 조직의 경쟁력은 상당히 훼손될 가능성이 높아진다(Foa 1971; Griesinger 1990).

『국부론』에서 다루어지는 핵심적 교환의 틀은 경제적 교환 과정으로 알려져 왔지만, 실상 임금론을 살펴보면 노동 시장에서 사회적 교환의 원리가 동시에 적용되고 있음이 드러난다(본서 제12장). 예를 들면, 보수의 결정 요인 가운데 자산특수성이 거의 없는 직업에서는 경제적 요소가 상당한 비중을 차지하는 반면, 명예가 부여되는 직업에서는 사회적 인식이나 평판 같은 사회학적 요소가 비교적 주된 역할을 한다.[23] 스미스에 따르면, "명예는 모든 명예로운

---

23 현대 거시 조직 이론의 선구자인 Williamson(1975)의 거래 비용 경제학에 따르면, 환경적 요인에 해당하는 자산 특수성이 낮아지면 그 대상 제품은 시장의 표준적 상품이 되고, 따라서 조직 내부 거래보다는 시장을 통해

직업에 대한 보수의 큰 부분을 구성한다. 모든 사정을 고려해도 금전적 이득의 관점에서 명예로운 직업은 일반적으로 적정 보수보다 낮은 보수를 받는다" (Smith 1776: 117). 사례를 보면, 근대 초기 서유럽에서 노동자 일반의 임금과 대비해서 교회 목사는 비교적 낮은 보수를 지급 받았다. 이 같은 사정에도 불구하고 목사직에 대한 대중의 존경심과 명예 때문에 구직자들은 다른 직업보다 성직에 더 큰 관심을 보였다(Smith 1776: 148).[24]

이처럼 임금론에서 스미스는 사회학적 요소를 경제적 요인과 함께 고려하고 있다. 그런데 이 사회학적 요소는 객관적 목록 이론의 내용인 공정한 관찰자의 동감 이론에 토대를 둔 것이다. 왜냐하면 스미스의 관점 속에 사람들의 모든 행위에 대한 평가, 존경과 명성 등은 사회 구성원들의 도덕적 평가와 승인에 의존하기 때문이다. "이러한(대다수) 사람들의 성공은 대부분 그들의 이웃과 동료들의 호의와 호평에 의존한다. 따라서 꽤 균형 잡힌 행동을 하지 않고는 그것을 거의 얻어 낼 수 없다. 정직이 최선의 방책이라는 예부터 내려오는 훌륭한 속담은 이러한 상황에서 거의 완전한 진리가 된다"(Smith 1759: 63; Smith 1776: 795). 한편, 신뢰의 토대가 되는 정직과 평판은 사회 지도자를 포함해서 상인과 일반 대중에게도 성공에 기여하는 사회적 자본에 해당한다고 분석된다.[25]

일반적으로 거래된다.

24 또한 다음을 보라. "보통 수준에 도달하는 것마저 소수 인원에 불과한 직업에서 두각을 나타내는 것은 소위 천재 또는 수재의 가장 결정적인 표식이다. 이러한 뛰어난 능력에 수반되는 대중의 존경은 항상 그들이 받는 보수의 일부를 이루며, 존경 정도의 고저에 따라 존경이 보수에서 차지하는 비율이 다르다. 존경은 의사의 직업에서 보수의 상당 부분을 이루고 있고, 법률가 직업에서는 한층 더 많은 부분을 이루고 있으며 시와 철학에서는 거의 전부를 이루고 있다"(Smith 1776: 123).

25 신뢰와 명성은 교환 이익만을 고려하는 상인 집단처럼 이해관계의 동기에 근거해서 형성될 수 있다. 스미스에 따르면, "상인은 자신의 평판을 잃는 것을 두려워하며 모든 계약을 꼼꼼하게 지키려 한다. 어떤 사람이 하루에 20건의 계약을 체결할 경우에 살짝 속이려는 시늉만으로도 계약을 망치기 때문에 자기 이웃을 속이려는 시도를 해서 그리 많은 것을 얻을 수는 없다. 서로 거래가 거의 없는 경우에 우리는 사람들이 서로 약간씩 상대를 속이려는 성향이 있음을 알게 된다. 그것은 사람들이 자신의 평판을 손상시켜 계약을 망치는 것보다 멋진 속임수

이러한 분석은 시장의 교환 가치를 결정하는 데에 경제적 동기와 사회적 차원의 명성과 규범이 중첩적으로 개입하고 있음을 시사하는 것이다.[26)]

4.2. 관계재

주류 경제학에 따르면, 시장에서의 경제적 교환은 사회적 관계의 요소가 철저히 배제되고 오로지 익명성과 비대인적(대물) 교환(impersonal exchange)의 형태로 재화와 서비스가 등가로 거래되는 것이다. 반면, 사회적 교환에서는 물질적 가치의 교환뿐만 아니라 사람들 사이의 인격적인 관계(대인 관계) 자체가 교환되고 영향력을 발휘한다. 아리스토텔레스의 사회적 관계 속의 행복 전통에 주목해 온 일단의 행복경제학자들은 최근 후자의 관점에서 관계재(關係財, relational goods)의 개념을 부각시켜 왔다.

관계재는 사회적 교환이 포괄적으로 내포한 여러 특성 가운데 사회의 관계적 속성에 주목한 것이다. 관계재는 일반 경제재와 분리되어 생산되고 소비될 수도 있지만, 시장 경제에서는 실제로 종종 다른 일반 경제재와 결합되어 소비되기도 한다.[27)] 브루니(Bruni)에 따르면, 관계재는 사회적 관계 속에서 그 존재 의의를 발휘하며, 그 기본적인 특성은 대인 관계 가운데 호혜성과 무상성에 있다(Bruni 2013). 관계재는 사회적 교류를 도모하는 사람들 상호간에 공동

로 더 많은 것을 얻을 수 있기 때문이다" (Smith 1978: 538~9).

26 Granovetter(1985)는 현대 주류 경제학의 개인주의적 방법론이 『국부론』에서 유래한다고 비판했지만, 이는 스미스의 사회학적 관점을 철저히 간과하는 오류를 범한 것이다.

27 이 용어를 처음 사용한 Uhlaner(1989)는 적극적인 정치 참여에서 사람들이 갖게 되는 무형의 단체 소속감을 염두에 두고 관계재라고 명명했다. 그러므로 사회적 교류나 만남을 통해 소비재가 관계적으로 활용(예: 야구 경기 공동 응원과 연대감)되거나 자본재로부터 관계적 생산물이 창출(예: 자본재 운영 관련자 사이의 지역적인 노하우 공유)된다면, "관계적 소비재" 그리고 "관계적 자본재" 같은 용어로 확장이 가능하다(Gui & Stanca 2010).

으로 창출된 관계 속에서 향유된다. 예를 들면, (이해관계 추구 동기와 대비되는) 내재적이고 자발적인 속성에서 비롯된 상호 배려, 신뢰, 우정, 친절, 사랑(애정) 등은 관련 당사자들이 공동으로 생산하고 소비하며 향유하는 속성을 지니고 있으며, 동시에 호혜적이고 무상성을 띤다(Zamagni & Bruni 2004). 따라서 관계재는 사회적 교류에 관한 욕구를 충족시키고, 그 교류의 과정에서 형성되는 공감, 상호성, 신뢰 등을 통해 사회적 관계를 확장하는 속성을 지닌다.

이러한 개념 틀에서 보면, 『국부론』에서 분업과 자기애의 원리에서 비롯되는 가치 결정에 관한 논의는 익명성과 비대인적인 경제적 교환에 국한되는 것처럼 보인다. 그렇지만 이보다 더 일반적인 차원에서 사회적 운영 원리를 분석하는 『도덕감정론』에서는 사회적 교환의 핵심이 되는 상호성의 원리가 동시에 거론된다. 이 선행적인 윤리학 저술에 따르면, 인간 본성상 자기보존과 자기애의 욕구가 지배적 동기라는 것은 분명하지만, 동시에 사람들은 이와 별개로 사회의 보존, 질서 유지, 번영을 지향하는 근원적 애착 성향을 지니고 있다. "인간은 사회에 대하여 자연적 애정을 갖고 있으며, 이 때문에 세상 사람들의 결합은 설령 자기자신이 사회로부터 어떠한 편익을 도출하지 못하더라도 결합 그 자체를 위해서 보존되기를 희망한다"(Smith 1759: 88).

스미스에 따르면, 이처럼 사회의 보존과 애정의 원천이 되는 자연적 감정이 바로 동감의 본성이다. 또한 이 사회적 본능인 동감이 수반되는 행위에는 결과적으로 감정의 상호 일치에 따른 즐거움과 행복, 즉 "상호 동감의 즐거움"(Smith 1759: 13)이 발생한다.[28] 공정한 관찰자와 행위 당사자의 동감의 일치가 이

28 스미스에 따르면 "대화와 사교의 크나큰 즐거움은 감정과 의견이 어느 정도 일치하고, 그리 많은 악기처럼 서로 어울려서 박자가 맞는 마음들이 어느 정도 조화를 이루는 것으로부터 생겨난다. 그러나 감정과 의견의 자유

루어지는 과정에서 파생되는 상호 동감의 즐거움은 사람들의 가장 지배적인 욕구인 자기애와 이해타산적인 계산으로부터 유발된 것이 결코 아니다. 상호 동감의 즐거움(또는 동감 거부 시의 고통)은 타인의 감정과 관찰자의 감정과의 일치 또는 불일치로부터 발생하는 고유한 쾌락이나 고통이며, 사회성의 본능을 충족시키는 것에서 비롯된다.

> "동감의 원인이 무엇이든 또한 어떤 식으로 그것이 유발되든지 간에 우리들의 가슴에서 발생하는 모든 정서에 대하여 타인의 동료 의식을 보는 것만큼 우리를 기쁘게 해주는 것은 없다. 또한 그 반대의 냉랭한 태도만큼 우리의 기분을 상하게 하는 것도 없다. … 그러나 이러한 유형의 기쁨과 고통은 모두 늘 순간적으로 그리고 흔히 사소한 경우에 느껴지기 때문에 양자의 감정이 어떠한 자기애의 측면을 고려한 것으로부터 도출될 수 없다는 점이 분명한 듯하다. … 타인의 감정과 우리의 감정의 이러한 일치가 기쁨을 낳는 하나의 원인으로 보이고, 그 일치의 결여가 고통을 낳는 하나의 원인인 것처럼 보인다."(Smith 1759: 13~4)

이상의 인용문은 동감의 본능이 작동하는 과정과 그 결과에는 무상성과 호혜성이 개입하는 동시에, 결과적으로 상호 소통과 공감을 통한 고유한 행복

로운 교환이 없으면 이처럼 가장 기쁨을 주는 조화는 달성될 수 없다"(Smith 1759: 337). 한편, 현대 연구자인 Foa(1971)는 교환 내용의 특성과 교환 관계에 관한 규칙성을 찾고자 시도했다. 여기서 다양한 재화는 사랑(친절, 애정, 위안), 지위(존경, 명예), 정보(사실, 의견, 충고), 금전, 제품, 용역의 6가지 일반 범주로 나뉜다. 흥미로운 점은 애정의 교환에서 플러스섬(plus-sum) 규칙이 적용된다는 점이다. 즉, 애정의 교환에서 그 감정이 상대방에게 표현되었을 때 애정의 양이 동일하거나 축소되기보다는 두 사람 사이에 애정의 관계가 더욱 확대되고 강화된다.

이 수반된다는 것을 보여 준다. 이와 동시에, 동감에 따른 감정의 상호 일치는 사랑과 환희 같은 사회적 열정을 더 활기차게 할 뿐 아니라, 비애와 고통 같은 불행의 감각을 훨씬 더 완화시킴으로써 개인과 사회에 추가적인 행복감을 부여한다(Smith 1759: 13~6).

또한 사회 내의 상호성의 동기와 행동은 선천적이고 보편적인 속성이며 매우 사소한 일상에도 개입하고 있다. 스미스에 따르면, "자신의 행복을 위해서 그토록 절실한 상호간의 친절이 필요하도록 사람을 형성한 자연은 모든 사람들로 하여금 자신이 친절을 베푼 사람들에게 친절의 특별한 대상이 되도록 만들었다. … 친절은 친절의 어버이다"(Smith 1759: 225).

물론 사회 내에서 개인에 의한 상호성과 무상성의 동기와 행동이 존재한다는 점이 자기애에 기초한 등가물의 교환과 영리성(교환적 정의, 효율성), 그리고 조건부적인 헌신(분배적 정의, 형평성)을 배제하거나 부인하는 것은 결코 아니다. 오히려 이처럼 다양한 경제적, 정치적, 법률적, 문화적 요소들과 사회적 상호성의 가치가 중첩적으로 협력하여 사회친화성이 강화되는 경우에 개인과 사회의 행복은 더 탁월해진다는 것이다. 예컨대, 스미스에 따르면, 상인 단체처럼 주로 자기애와 효용의 계산에 의해서만 움직이는 소사회 공동체도 비록 "덜 행복하고 덜 유쾌"하지만 생존이 불가능하지 않다. 하지만 이와 대비해서 동감과 호혜의 원리에 의해 움직이는 사회는 고급 덕목의 실천에 근거하기 때문에 번영과 품격 있는 행복을 누리는 데에 한층 더 탁월하다.

> "사회 속에서만 생존이 가능해진 사람은 본래 그가 타고난 상황에 적합하도록 되어 있다. 인간 사회의 모든 구성원은 서로의 도움을 필요

로 하지만, 마찬가지로 상호 침해에 노출되기도 한다. 그와 같은 필요한 도움이 상호성을 기초로 하여 애정, 우정, 존경 등으로부터 제공되는 경우에 그 사회는 번영하고 행복하게 된다. 이러한 사회의 모든 서로 다른 구성원들은 애정과 애착의 유쾌한 유대로 함께 연결되어 있고, 말하자면 상호 선행이라는 하나의 공통된 중심으로 이끌리게 된다."
(Smith 1759: 85)

4.3. 시민인본주의: 행복과 시민경제

최근 경제학계 및 사회과학계에서 새롭게 부상한 시민경제론의 핵심은 앞서 거론된 사회 공동체 내에서의 상호성 그리고 관계속의 행복을 인간의 주요한 욕구와 동기로 보는 점에 있다. 시민경제론의 패러다임의 전통은 17세기 중반 서구 근대 국민 국가의 형성 시기보다 다소 앞선 중세 말기의 시민인본주의(civil humanism)로 거슬러 올라간다. 시민인본주의는 고대 그리스로부터 계승된 시민 덕성에 관한 정치사회적 담론과 중세 기독교(수도원)의 문화적 토양, 그리고 중세 말기에 확장한 시장경제사상이 결합되어 형성된 것이다(Zamagni & Bruni 2004).[29)]

29 시민인본주의에 관한 자마그니-브루니(Zamagni & Bruni)의 경제사상사적 관점은 스미스 연구사의 관점에서 보완될 필요가 있다. 이탈리아 경제학자인 이들은 1765년 시민경제론을 저술한 나폴리의 경제학자 제노베시(Antonio Genovesi)의 이론을 아리스토텔레스의 전통을 계승한 시민적 인본주의로, 이후 『국부론』을 출간한 후발주자 스미스의 이론을 개인주의적 인본주의 전통에 닿아 있는 것으로 거론한다. 하지만 옥스퍼드에서 귀향한 스미스는 1748~51년에 에든버러 대학에서 시민사회에 관한 특강을 했고, 이후 글래스고 대학에서 도덕철학 교수로서 1764년 초까지 사회공동체-법과 정치-경제로 구성되는 세 가지 차원의 인문 환경 통합 모형을 통해 시민사회의 속성을 역사적으로 조망했다(제1장 표 1-2). 『도덕감정론』(1759)과 『국부론』(1776)의 출판 및 당시 대학 강의록인 『법학 강의』는 시민사회론과 관련된 주제에서 체계적으로 구상된 것이며, 인문 모형의 완

시민경제론의 관점에서 시민적 덕성이 토대가 되지 않으면 사회는 물질적 부와 자유 그리고 행복의 수준에서 지속 가능한 최적 상태를 구현하기 어렵다. 시민경제론은 윤리학과 결합하여 경제학이나 정치경제학의 획일적이고 환원론적인 관점을 넘어서는 보다 강력한 근거를 제시한다(Bruyn 2000; Goodwin 2009). 시민경제론의 사회성과 상호성의 가치는 관계성 회복을 통해 자원 간의 상호 결합성과 효율성을 높일 뿐만 아니라, 시장실패와 정부실패 모두를 보정함으로써 내발적(內發的)이고 지속 가능한 성장을 도모하는 데 기여한다. 또한 정직성, 진실성, 신뢰성, 무상성 같은 사회적 가치에 근거한 상호성의 관계적 성격이 강화되면 물질적 풍요뿐 아니라, 타인의 신뢰를 얻거나 정치적 자유를 향유하는 데도 유익하다. 따라서 시민의 좋은 삶과 행복 증진을 위해 사회적 교환과 관계재의 의미가 강조되며, 시민 덕성의 보완적 육성과 구현이 주요한 실천 과제가 된다.

그런데 시민경제론의 패러다임을 이해하는 데 해석상 명백한 주의가 요망되는 지점이 있다. 시민경제론에서 개별 거래에 동반되는 상호성의 행동은 자발적 헌신과 양도를 내포하는 것은 분명하지만, 이러한 행위가 순수한 이타주의나 무한한 선행에 근거하고 있음을 의미하는 것은 아니다. 즉, 상호성의 관계는 일방적이고 무조건적인 기부 내지 수혜가 아니라, 비록 즉각적이지는 않아도 다른 구성원에 의한 사회적 교환 및 호혜의 기대에 근거한 쌍방향의 헌신과 양도의 특성을 지닌다.

뿐만 아니라, 시민경제론은 순수한 관계성의 가치와 공적인 행복만을 규

전성과 체계성을 상대적으로 결여한 제노베시와는 대조된다. 한편, 스미스의 시민사회론에 관한 최근의 해설로 Boyd(2013)를 보라.

범적으로 완전 타당하다고 판단하지 않는다. 시민경제론에서 관계성으로서 상호성의 행동은 본성상 개인들이 지배적으로 표출하는 욕구와 행동, 즉 이해 관계 지향적이며 조건부적인 헌신 및 협력 행동과 '중첩적으로' 결합된다. 따라서 시민경제의 체제에서 상호성은 등가 가치의 교환에 기초하는 시장과 영리 지향적인 경쟁 체계, 그리고 공공 이익을 지향하는 국가에 의한 정의와 사회적 서비스(재분배)를 대체하는 것이 아니다. 오히려 상호성의 가치는 이러한 두 주요 영역의 운동과 중첩적으로 결합해서 상승 작용과 선순환을 도모하는 공적이고 관계적인 원리이다. 이러한 상호성의 가치에 기반을 둔 사회경제 모델은 전적으로 이해타산에만 몰입하는 시장적 인간형을 초월할 수 있는 관계성의 기초 원리, 즉 시장 사회 속에서 성장하는 사회적 경제에 토대를 둔 시민경제 부문의 역할을 기대하는 것이다.

이 같은 현대 시민경제론의 관점에서 스미스의 도덕철학 체계는 시민인본주의 전통과 맥락이 닿아 있음과 동시에, 시민경제론을 위한 하나의 훌륭한 벤치마크 모델에 해당한다.[30] 먼저 서구 사상사에서 전통 사회의 사상과 대비했을 때 스미스의 독창성은 개인의 자기애와 자유에 기초한 경제의 세계(시장의 효율성과 물질 생산력)가 사회 공동체 및 국가법 제도에 미치는 긍정적인 기제를 상세하게 조명한 점에 있음은 분명하다.[31]

---

30 스미스의 도덕철학 체계의 상호 연관성에 대해서, 예컨대 Skinner(1996), Evensky(2005), Kim(2014) 등은 윤리학, 법과 정치, 경제학 등 개별 분과를 하나의 체계 내지는 유기적 구성 부분으로 인식한다. 한편, 김광수(2015)에 따르면, 실제 역사 속에서는 이상과 같은 세 가지 차원인 사회 공동체, 국가 그리고 경제 세계의 요인들이 개별 차원에서 정태적 양태를 보이거나 또는 일방향식 인과 관계를 따르는 것은 아니다. 스미스의 인문 환경 존재론 및 시민인본주의 도덕철학에 따르면, 역사 속에서 이 세 가지 차원은 각각 상대적 자립성을 부분적으로 유지함과 동시에 동태적인 상호작용을 통해 사회 공동체의 특성에 영향을 미친다.

31 스미스의 경제철학에 대한 오독(誤讀)과 고정 관념은 그의 사상 전반을 극단으로 왜곡하고 학문지체(學問遲滯) 현상을 낳는 데에 기여해 왔다(본서 제1, 2장). 역사적으로 근대 유럽의 초기 경제 정책 체계였던 중상주의는 화폐(금은)의 축적을 목표로 상공업자 친화적인 규제 일변도의 정책을 전개했다. 스미스는 중상주의가 부국강병

이와 동시에, 스미스의 도덕철학에서 사회 전체의 행복을 지향하는 행위는 특정 개인의 행복보다 훨씬 더 우위에 있는 목표로 설정되었다는 점이 인식될 필요가 있다.[32] 이러한 맥락에서 보면, 첫째 기존 해석에서 정의의 가치에 토대를 둔 정치와 법의 세계의 중요성이 심히 경시되어 왔다(Winch 1978; Haakonssen 1981). 행복의 토대로서 번영하는 사회를 이루기 위한 스미스의 핵심 정치철학은 자연적 정의의 틀에서 자유가 실현되는 것이다. 이는 『국부론』에서 대체로 주목 받지 못한 다음의 발언에서 분명하게 제시된다. "완전한 정의, 완전한 자유, 완전한 평등을 확립하는 것이 모든 계층의 최고도의 번영을 가장 효과적으로 보증하는 매우 단순한 비밀이다"(Smith 1776: 669). 스미스의 인문세계 모형에서 정의의 제도는, 비록 행복 성취를 위한 차선책에 불과할지라도, 사회의 존립과 번영을 위한 핵심적 주춧돌이다. 즉, 국가는 개인들의 과도한 이기심과 탐욕, 즉 자기애의 타락과 변질로 인해 사회에서 발생하는 다양한 분쟁과 침해를 정의의 관점에서 확고하게 방지하거나 처벌하지 않으면 사회의 존립과 번영은 불가하다. 『국부론』에서 거론된 개인들의 분업 및 자기애의 성향은 정의와 자유가 준수되는 조건 하에서 비로소 물질 추구와 경제적 세계

의 목적에 오히려 상반되는 정책 체계라고 비판하면서 정치철학적 관점에서 자연적 정의와 자유의 중요성을 수사학적으로 강조했다(최근의 연구로는 Ortmann & Walraevens 2015). 그런데 이처럼 번영, 정의 그리고 행복의 관점에서 '자유' 친화적인 정책을 수사학적으로 강조한 점이 마치 무개입적인 자유방임주의, 경제지상주의 및 부르주아 경제학을 지향한 것으로 그릇되게 해석되면서 그의 도덕철학 체계, 복합 다층적인 인문 세계 모형과 시민인본주의 사회철학은 철저히 경시되었다고 볼 수 있다.

32 사회 전체의 행복을 지향하는 행위는 특정 개인의 행복을 목표한 행위보다 더 상위의 덕성이다. "어느 거대한 공동체의 행복을 목적으로 하는 행위는 어느 보다 소규모 조직체의 행복만을 목표로 한 행위와 비교해서 더욱 확대된 자혜를 증명하고 있는 것인 만큼, 또한 그러한 행위는 비례적으로 한층 더 덕망이 있는 행위가 된다. 그러므로 모든 성정 가운데 가장 덕망 있는 성정은 모든 지성적 존재의 행복을 그 목적으로 포함하는 것이다. 이와 반해서 어느 모로든 덕성의 성격을 조금이라도 내포한 성정 가운데 최소한도의 덕성만을 포용하고 있는 성정은 특정한 아들, 형제, 친구와 같은 어느 개인의 행복을 제외하고는 그 누구의 어떠한 행복도 목적으로 삼지 않은 성정이다"(Smith 1759: 303).

의 운동과 변화에 매우 호의적으로 기여한다.

둘째, 사회 공동체의 세계는 스미스의 인문 세계 모형에서 가장 핵심적인 존재론적 토대를 이루는 차원으로 상정되고 있다.[33] 여기서 공정한 관찰자의 동감 메커니즘은 일상생활에서 인간의 다양한 감정과 욕구를 사회적 소통과 협력이 가능하도록 조율하고 통제함으로써 도덕성과 시민 덕목을 권장하고 육성하는 원천이 된다. 사회적 세계가 상호성의 가치에 따라 수행하는 이러한 본질적이고 통합적 특성이 바로 시민인본주의의 전통과 맞닿아 있는 지점이 된다. 사회적 세계는 사익(私益)과 경쟁에 의존하는 경제의 세계, 그리고 정의와 공리에 기반한 정치와 법의 세계에서 일어나는 행위를 모두 포괄하는 동시에, 상대적 자율성을 지닌 이러한 두 차원과 중첩적으로 작용하며 지속 가능한 사회 발전을 선도한다.

4.4. 예증 사례: 노동자의 행복을 위한 시민경제

마지막으로, 이 같은 시민인본주의 틀에 근거해서 시민 덕성과 행복을 고취하기 위한 목적으로 정부 공공 정책의 일부가 제안되었음을 예증할 것이다.

33 1970년대 전후 스미스에 관한 주요 연구는 윤리학적 토대에 관한 선행적 이해 없이는 법학이나 경제학을 제대로 논의하기 어렵다는 점을 지적한다. 예컨대, Macfie(1967), Haakonssen(1981), Werhane(1991), Griswold(1999), Evenski(2005), 김광수(2015)를 보라. 사회적 관계와 그 단면을 총체적으로 고찰하는 목적을 지니는 『도덕감정론』의 도덕의 세계는 국가 및 경제의 세계의 운동에 관한 지배적 지위를 지닌다. 그러므로 "우리의 도덕적 능력들이 현세에서의 우리의 행동을 안내하고 있다는 점은 믿어 의심될 수 없다. 도덕적 능력들은 이러한 권위를 나타내는 가장 명백한 증표들을 스스로 지니고 있다. 이 증표들은 그것들이 우리의 모든 행동의 최고의 판정인이 되도록, 우리의 모든 감각, 열정, 욕구를 감독하도록, 이러한 감정들이 각각 어느 정도 만족되거나 억제되어야 하는지를 판단하도록 하기 위해서 우리의 내면에 설정되었음을 의미한다. 우리의 도덕적 능력은 이러한 점에서 일부 학자들이 주장하듯이 인간 본성의 다른 능력이나 욕구와 결코 동일한 수준에 있지 않다"(Smith 1759: 165).

스미스에 의하면, 국가의 존재 목적은 시민의 행복 증진에 있으며, 따라서 국가는 이러한 목적에 기여하는 정도에 부응해서 평가 받을 필요가 있다. "정부의 모든 구조는 오로지 그 체계 아래서 생활하는 사람들의 행복을 촉진시키는 경향에 비례해서만 평가된다. 이것이 정부 조직의 유일한 용도이며 목적이다" (Smith 1759: 185). 그러므로 스미스가 언급한 다양한 정부 정책은 당시 초기 자본주의 사회의 문제점을 개선하고 더 행복한 사회로 이행하기 위한 방안에 해당한다. 앞서 언급된 행복의 원천에 해당하는 내용(기초생활 소득 확보, 정의와 자유의 보장, 시민 덕성의 육성과 사회적 관계의 개선)을 중심으로 이를 살펴본다.

이미 기술했듯이 스미스의 행복 이론에서 "재산과 자유"는 행복의 기본적 외부 수단인 만큼, 사회 공동체와 국가는 사회 구성원의 행복을 위해 최소한 기초생활 수준의 소득을 보장하는 경제 구조를 마련할 뿐만 아니라, 일정한 경제 성장을 유지해 가는 것이 필요하다. 사람들의 생활 개선 욕구는 일상의 주어진 즐거움에 자족하도록 하기보다는 미래의 후생과 삶의 질의 향상을 위해 부단히 더 노력하도록 자극하는 경향이 있다. 그러므로 대중 일반은 흔히 행복에 자족할 수 있을 듯한 한도를 넘어서서 경제적 부의 추구에 대해 훨씬 더 열정적이다. 이러한 측면에서 여러 경제 환경(정체 또는 후퇴 상태) 가운데 경제 진보의 상태는 국민 다수(노동자)에게 가장 활력과 즐거움을 주고 행복을 수반한다.[34)]

34 18세기 말 맬서스는 『인구론』에서 『국부론』의 목적을 다음처럼 언급한 바 있다. "애덤 스미스의 공언된 목적은 국부의 성격과 여러 원인을 조명하는 데 있다. 그러나 때로 그것과 중첩되어 있으면서 여전히 더 흥미로운 또 하나의 목적은 국가의 행복 또는 사회의 하층 계급의 행복과 안락에 영향을 주는 원인들에 관한 탐구라는 점이다" (Malthus 1798: 96).

"노동에 대한 후한 보수는 증가하고 있는 부의 결과이면서도 증가하는 인구의 원인이다. 노동의 후한 보수를 불평하는 것은 가장 큰 사회적 번영의 필연적인 결과와 원인에 대해 탄식하는 것이다. 국민의 대다수인 노동 빈민의 상태가 가장 행복하고 가장 안락하게 보이는 것은 사회가 이미 부를 충분히 획득했을 때보다는 사회가 더 큰 부를 획득하기 위해 나아가는 진보 상태에 있을 때다. 노동 빈민의 상태는 사회가 정체 상태에 있을 경우에는 어렵고, 사회가 쇠퇴 상태에 있을 경우에는 비참하다. 진보 상태는 사실상 사회의 모든 계급에게 즐겁고 활기찬 상태고, 정체 상태는 활기가 없으며, 쇠퇴 상태는 우울한 상태이다."(Smith 1776: 99)

인용문에서 드러나듯이, 국가를 구성하는 성원의 대다수는 노동자이며, 이들의 이익은 사회의 이익과 대체로 부합한다. "임금에 의해 살아가는 사람들의 이익은 그 사회의 이익과 엄격하게 연관되어 있다"(Smith 1776: 266). 스미스 이전의 지배적인 학설인 중상주의의 교의는 노동자의 빈곤과 무지를 부국강병을 위한 하나의 요건으로 제시했다.[35] 이와 대조적으로 스미스의 행복경제학에서 문명 사회로의 진입을 위한 중요한 조건은 경제 진보와 우호적인 노동소득 분배분의 보장이다. 스미스에 따르면, 다수의 노동자가 기초소득의 보장 없이 절대빈곤을 겪는 국가는 번영하는 사회도 아니고 행복한 사회도 아니다.

---

35 18세기 초 중상주의자인 맨더빌에 따르면 부국강병을 위해 노동자의 빈곤이 필요하다. 노동자들은 부유할 때 게으름을 피우는 반면, 빈곤할 때 근면해진다는 것이다. 『꿀벌의 우화』에서 맨더빌은 "다수 대중은 가난해야 할 뿐만 아니라 무지해야 한다"(Mandeville 1714: 288)고 주장하며, 노동자 자녀의 교육에 적극적으로 반대한다.

뿐만 아니라, 문명화 단계에 진입한 국가의 정의(正義)는 (생물학적 최저임금을 넘어서서) 노동자가 총생산물 가운데 상당히 우호적인 임금과 소득 분배분을 획득하는가에 의존한다.

> "어느 사회라도 그 구성원의 대부분이 가난하고 물질적으로 결핍한 경우는 결코 번영하거나 행복할 수 없음이 분명하다. 이뿐만 아니라, 국민 전체의 의식주를 제공하는 노동자들이 노동 생산물 가운데 자신의 의식주 생활에 필요한 꽤 좋은 몫을 분배 받는 것이 형평(equity)에 부합된다."(Smith 1776: 96)[36)]

그러므로 시민인본주의 기조 하에서 국가는 노동자의 행복을 증진하기 위한 공공 정책을 마련하는 것이 필요하다. 이러한 관점에서, 첫째 '심각한' 부의 집중화(양극화)는 한 나라의 경제 및 다수 구성원의 행복에 단연코 유해하다. 그렇지만 전통 사회로부터 도약이 이루어지는 초기 발전 단계에서 경제 성장을 통해 부의 양극화가 점진적으로 완화되는 것이 예견된다면 관습적으로 계승된 일정한 부의 불평등은 사회에 유익할 수 있다는 점이 인정된다. 이때 제조품의 수요 진작을 통해 산업의 자연적 진보(농업-제조업-상업 발전)가 촉진됨으로써 고용이 늘기 때문이다. 하지만 정태적이든 동태적이든 부의 불평등

36 아리스토텔레스의 철학에서 정의는 응분의 성과에 대한 비례적인 균분에 있으며, 형평은 그 보완적 원리로서 제시된다. 정의를 규정하는 법 제도는 그 일반성 때문에 구체적인 상황에서 기회 균등이 보장되지 못하는 결함이 발생할 수 있다. 즉, 형평의 역할은 특수한 상황적 조건이 반영됨으로써 비례적인 균분의 원리가 실현되도록 적절한 교정을 하는 것이다. 아리스토텔레스 및 스콜라 철학의 전통 속에서 스미스의 정의 개념에 관한 논의로는 Young & Gordon(1996)을 보라.

이 일정 한계선을 넘어 매우 심각한 상태라면 오히려 제조업의 육성 및 상업의 확대가 저지된다. 이러한 요인 때문에 결국 고용이 줄고 사회 발전은 억제된다. 스미스에 따르면, "부자와 하층민 사이에 존재하는 재산상의 격차가 점차 축소된다는 것이 전제된다면, 현재의 상태에서 상당한 재산을 가진 사람은 국가에 불이익이 아니라 오히려 이익이 될 것이다. 그렇지만 지금 바로 거론될 것처럼, 국민 가운데 월등히 부유한 사람은 국가 공동체에 진정으로 유해하다"(Smith 1978: 196).[37)]

둘째, 중상주의의 특정 산업 우대 정책과 세제 정책에 대한 비판도 이 같은 부의 집중화 억제 내지는 노동자의 소득 불평등 완화의 맥락에서 파악될 수 있다. 예컨대, 스미스는 근대 유럽의 유력 상공업자가 정치권력과 종종 거래하면서 자신들을 위한 호의적인 산업 지원 정책이 이루어진 사실에 대해 비판한다.[38)] 또한 필수품 과세의 역진성에 관한 비판적 의견, 그리고 도로통행세(사치품 운송 마차 중과세)에 찬성하는 견해도 이와 유사한 관점에서 조망될 수 있다. 전자에 관해서 스미스는 필수품에 과세하면 저소득자의 소득에 관한 세율이 높아져서 소득 분배 차원에서 역진적 효과가 발생한다는 점에 착안해서 다음처럼 기술한다. "이러한 모든 최악의 과세(임대료 등 생활필수품에 대한 과세)에

37 『법학 강의』에 나오는 이러한 발언의 배경과 취지는 다음과 같다(Smith 1978: 194~8). 부의 불평등 분배가 야기해 온 일반 대중의 생존의 문제는 시대를 막론하고 주요 사회적 관심사였으며, 농경 사회인 고대 초기 로마 공화국에서 토지분배법(agrarian law)은 그 해결 방안으로 나왔다. 스미스에 따르면, 토지분배법은 평등의 관점에서 장점이 있지만, 빈곤 탈출과 사회 안전 보장에서는 불리한 제도에 해당한다. 오히려 역사적으로 농경 단계의 '근소한' 부의 불평등은 제조업과 무역을 촉진시키는 동시에 경제 성장을 통해 생계 확보와 안전 보장을 강화했다.

38 스미스에 따르면, "우리의 중상주의 체계에 의해 주로 장려되는 것은 부자와 유력자의 편익을 위해 영위되는 산업이다. 가난하거나 궁핍한 사람의 편익을 위해 영위되는 산업은 너무 빈번히 무시되거나 억압되고 있다" (Smith 1776: 644).

대한 주된 반대는 그것이 야기하는 불공평성, 즉 가장 나쁜 유형의 불공평성(inequality)에 있다. 그러한 모든 조세가 부자보다는 가난한 사람에게 훨씬 더 과중한 부담이 되는 경우가 빈번하다는 것이 분명하기 때문이다"(Smith 1776: 846).[39)]

셋째, 다수 노동자의 번영 및 행복의 도모라는 관점에서 국가법 제도에 관한 비판적 평가도 제기된다. 스미스의 행복 이론에서 자유와 정의의 보장이 행복의 기본 수단인 만큼, 국가가 이에 부합하는 정책을 펼치고 있는가 여부는 상당한 의미를 지닌다.[40)] 이런 맥락에서 스미스는 영국의 명예혁명(1688)을 "공공의 행복을 위해 가장 중요한 하나의 혁명"(Smith 1776: 422)으로 지칭했다. 명예혁명 이후 근대 영국에서 사회 정의의 기치 하에 행정권과 사법권의 분리, 인신보호법 시행, 재산권 제도의 개선, 법률에 의거한 통치 등 정치적 차원에서 획기적인 제도 개혁이 시행되었다. 이러한 정치 개혁과 법 제도의 변화는 전통 사회에서 경시되었던 개인의 자유 및 안전 보장을 강화했으며, 당시 여타 유럽 국가보다 앞서서 경제 개혁을 이루고 영국의 진보와 번영을 이루는 데에 큰 기여를 했다고 평가된다(Smith 1776: 540).

반면, 당시 노동 관련 법에 해당하는 도제법과 정주법은 도제의 수(數)를 제한하거나 이주와 직업 선택의 자유를 제한했다. 이처럼 18세기의 노동 관련 법에서 정의와 자유의 원칙이 훼손되면서 농업 및 공업 부문에서 가난한 노동

39 도로통행세의 경우에는 다음과 같은 논평이 있다. "이륜 짐마차, 사륜 짐마차 등 필수품 운송 마차에 대한 통행료보다 사륜 대형 마차, 역전 마차 등 사치품 운송 마차에 대한 통행세가 무게 대비 더욱 높게 책정된다면, 부자들의 나태와 허영심으로 인하여 중량이 있는 상품들이 전국 각 지방으로 보다 저렴하게 운송됨으로써 매우 간단한 방법으로 빈민들의 구제에 기여하게 된다"(Smith 1776: 725).

40 스미스의 사상에서 근대 상업 사회가 한층 진보한 문명 사회로 평가된 이유는 정치적 측면에서의 권력 분산, 즉 자유 및 안전의 보장, 예속 관계로부터의 탈피, 삼권 분립 등에 있다(Berry 1989; Salter 1992; Rothschild 2001; Rasmussen 2006).

자들의 생계, 자유, 안전, 평등이 심각한 위협을 받았다. 그러므로 스미스는 정주법이 당시 영국 노동자에게 끼친 폐해와 불행에 대해 다음처럼 지적한다.

> "어떤 경범죄를 저지르지 않은 사람을 그가 거주하려는 교구로부터 추방하는 것은 자연적 자유 및 정의의 명백한 침해이다. 하지만 자유를 매우 열망하는데도 불구하고 대부분의 다른 나라 일반인들처럼 그 자유가 무엇인지를 올바르게 이해하지 못하는 잉글랜드의 일반인들은 지금까지 1세기 이상 아무런 대책 없이 이러한 억압으로 고통을 겪어 왔다. … 잉글랜드에서 나이 40세의 가난한 사람치고 자기 일생의 어느 부분에서 이처럼 잘못 입안된 정주법에 의해 가장 비참하게 억압당했다고 느끼지 않은 사람은 거의 없을 것이라고 나는 감히 말한다." (Smith 1776: 157)

이러한 분석과 비판은 18세기 노동 관련 법 제도의 개혁이나 폐지가 필요하다는 주장으로 귀결된다(Smith 1776: 470). 노동자 다수의 비참한 억압과 불행이 언급된 만큼, 이러한 정책 제안은 그들의 행복과 복리 증진을 도모하기 위한 목적에서 비롯된 것이다.

넷째, 시민인본주의의 관점에서 특히 주목할 만한 부분은 시민적 삶의 사회적 안정성 확보를 위한 대안이다. 『국부론』에서 거론되듯이, 경제 성장의 사회적 순기능은 높은 임금에 의해 노동자의 의식주 및 건강에 관한 자연적 욕구가 충족될 뿐만 아니라, 미래의 생활 개선에 관한 "즐거운 희망"(안정적 건강 관리 및 안락하고 풍요로운 만년에 대한 기대)이 고취되는 것이다(Smith 1776: 99). 하지만 동시에 예견된 산업혁명의 도래와 자본주의의 고도화에 따라 노동자들의 사회적 결핍 상태가 심각하게 악화하는 부작용이 발생해 왔다. 이런 측면에서 스미스는 경제 성장의 사회적 역기능, 즉 과시적 소비, 탐욕, 고립, 소외, 연대감 희석, 자아실현 방해, 미덕과 가족 제도의 와해 등 시민적 덕목의 훼손과 불행이 조장되는 사회학적 측면에도 크게 주목했다(Alvey 2001; Tegos 2013).

따라서 시민적 삶의 사회적 안정성 확보, 즉 사회적 교류 및 시민 품성과 덕목의 고양이라는 측면에서 교육 및 문화예술에 관한 국가의 지원 방안이 제시되고 있음이 주목될 필요가 있다. 우선, 스미스는 민주주의 사회의 안정과 유지에 유익한 시민 정신과 덕성을 배양할 수 있도록 대중 및 고등 교육과 문화예술 활동에 대해 국가가 개입하기를 촉구한다. 인적자본의 육성과는 별개로, 대중 교육을 통해 발생하는 외부 효과는 사색적 지혜와 민도를 높이고 인간성(도덕성) 회복이나 사회 질서를 존중하는 태도와 깊은 관련이 있다. 예를 들면, "비록 국가가 서민의 교육에서 어떤 이익도 얻지 못한다 하더라도 그들이 조금이라도 교육을 받을 수 있도록 주의를 기울일 필요가 있다. 그런데 실상 국가는 그들을 교육시킴으로써 적지 않은 이익을 얻고 있다. 그들이 교육을 받으면 받을수록 무지한 국가에서 흔히 가장 무서운 무질서를 낳는 광신과 미신에 덜 빠지게 된다. 뿐만 아니라 교육 받고 지식을 갖춘 사람들은 무지몽매한 사람들보다 항상 더욱 정중하며 질서를 잘 지킨다"(Smith 1776: 788).

뿐만 아니라, 고등 교육 및 시민들의 문화예술에 관한 국가 지원은 제조업과 도시화에서 비롯된 대중의 고립과 반사회성, 그리고 이와 연관된 종교적 광신을 줄이는 데 효과가 있다. 일차적으로 사회의 중류 이상 지도자 계층이 대학 교육에 의해 철학과 과학을 제대로 소화함으로써 무지, 반사회성, 광신으로부터 해방되면, 하류 계층도 이를 추종해서 지혜를 터득하고 덕성을 배양하려는 노력을 할 것이다.

또한 지역 사회의 교류 활동 촉진을 위한 인프라의 확대도 중요하다. 예술과 연극 상연, 전시회, 대중오락 등 지역 문화 활동에 대한 국가 지원은 자본주의 사회에서 점증하는 대중의 소외와 반사회성을 완화시키기 위한 역할을 한다. 이러한 지역 문화 활동에서 고취되는 기분 전환과 즐거움은 광신의 토대가 되는 우울하고 침울한 사회 분위기를 손쉽게 쇄신한다.[41)]

5. 결론 및 시사점

현대 행복경제학은 행복 이론에 기초하고 있으며, 행복에 관한 사회 현상을 이해하고 대안을 제시하려는 융합 과학의 특성을 지닌다. 행복 이론은 크게 쾌락주의, 욕구 충족 이론, 객관적 목록 이론으로 구분된다. 물론 행복에 관한

---

41 스미스에 따르면, "첫 번째 구제책은 국가가 중류 또는 중류 이상의 지위와 재산을 가진 모든 사람들 사이에 거의 보편화시킬 수 있는 과학과 철학의 연구이다. 이는 교사들을 태만하고 게으르게 만드는 봉급을 주는 방식에 의해서가 아니라, 고도의 난해한 학문에까지도 모든 사람이 자유 직업에 종사할 허가를 받기 전에 또는 무급이나 유급의 명예 관직의 후보자가 되기 전에 어떤 방식으로든 설치된 검정 시험에 합격하는 방식에 의해서이다. … 과학(철학)은 종교적인 광신과 미신의 독소를 제거하는 위대한 해독제이다. 그리고 상류층 모두가 이런 독소로부터 안전하게 될 경우, 하류층은 그 독소에 크게 노출될 수 없을 것이다. 두 번째 구제책은 흥겨운 대중오락을 빈번히 즐기게 하는 것이다. 국가는 자신의 영리를 위해 추문이나 무례함 없이 그림, 시, 음악, 무용에 의해 그리고 온갖 종류의 연극 상연과 전시회에 의해 사람들을 즐겁게 하고 기분 전환시키려고 하는 모든 사람들을 장려함으로써, 즉 그들에게 완전한 자유를 부여함으로써 거의 언제나 대중적인 미신과 광기의 온상이 되는 우울하고 침울한 분위기를 대다수 사람들에게서 쉽게 소산시킬 수 있다. 대중오락은 대중을 열광시키는 모든 광신적 선동자에게는 언제나 공포와 증오의 대상이었다. 그러한 대중오락이 고취시키는 흥겨움과 좋은 분위기는 이 선동자들의 목적에 가장 적합하거나 또는 그들이 가장 잘 활동할 수 있는 대중의 마음 상태와 전혀 양립할 수 없다. 게다가 연극 상연은 광신적 선동자들의 수작을 공개하여 종종 대중의 조소를 부르거나, 때때로 비난의 대상이 되므로 다른 모든 오락보다도 특히 그들이 혐오하는 대상이 되었다"(Smith 1776: 796~7).

현상의 복합성 때문에 쾌락 및 욕구 충족 이론과 병행해서 그 파생 이론인 비교 이론, 적응 이론, 설정값 이론 등이 행복 현상의 설명에 동시에 활용되고 있다. 그런데 이러한 다수 행복 이론의 철학적 전통은 고대 아리스토텔레스의 객관적 행복주의와 에피쿠로스의 주관적 쾌락주의로 거슬러 올라간다.

스미스의 행복과 경제학에 관한 견해도 주관적 쾌락주의와 객관적 행복주의로 대별되는 두 유형의 조류를 반영하고 있다. 첫째, 스미스는 행복의 주관적 측면인 쾌락과 욕구 충족을 사람의 본성으로 인식했다. 사람들의 모든 활동은 이를 자극하는 본원적인 욕구로부터 비롯되며, 이러한 욕구가 충족될 경우에는 고유한 쾌락이 뒤따른다. 따라서 행복은 욕구 충족에 직접적으로 영향을 미치는 외부 여건과 대상(재산, 정의, 자유 등)에도 의존한다.

둘째, 모든 욕구의 충족이 바로 행복으로 귀결되는 것이 아니라 반드시 객관적 목록 기준에 조응하는 경우에만 진정한 행복은 도래한다. 아리스토텔레스에게 이성에 따른 탁월성이 객관적 기준인 것처럼, 스미스의 행복 이론에서는 공정한 관찰자의 동감을 얻을 수 있는가 여부가 그 객관적 판단 기준이 된다. 그러므로 이러한 측면에서 덕목의 실천은 그 자체로도 유의미하지만 행복의 성취와도 긴밀한 관계가 있다.

셋째, 욕구 충족이 객관적 목록 기준에 부합하는 경우에도 욕구의 특성(마음의 구조)에 따라서 행복의 수준 내지는 질적인 차이가 발생한다. 욕구의 속성에 따라 자기통제(자제력)의 정도가 다른 만큼, 공정한 관찰자는 이를 반영해서 비교적 성취가 수월한 신중의 하위 덕목으로부터 매우 숭고한 인애, 선행 등의 상위 덕목까지 위계적 승인을 한다. 후자의 고급 덕목의 실천은 공정한 관찰자의 확대된 동감과 상호 쾌감 때문에 질적으로 더 큰 행복감을 부여한다.

이러한 행복 개념과 이론은 스미스의 도덕철학 체계와 연관된 시사점을 제공한다. 먼저, 정의와 자유의 원리에 근거한 국가의 공공 정책은 그 자체로 사회 존립과 행복의 조건이지만, 동시에 경제의 세계의 활성화에 간접적으로 작용한다. 이 때문에 그것은 사회 구성원들의 행복이나 불행에 영향력을 행사하는 중요한 요인이 된다. 다음으로, 신중의 덕목 실천에 기초한 물질적 풍요는 개인의 본원적인 욕구 충족에는 기여하지만, 타인의 행복과 결부되는 한 낮은 수준의 행복을 동반한다. 마지막으로, 상호 배려, 호혜, 협력, 애정, 우정, 선행 등 탁월한 덕목이 실천되는 경우에 상급의 자기승인과 자아실현이 성취되고 진정한 행복은 도래한다.

한편, 역사 속에서는 이와 같은 세 가지 차원 사이에 상호 인과적인 관계가 작용해서 행복 증진을 위한 조건이 형성된다. 예를 들면, 신중의 덕목은 물질적 풍요와 경제 성장을 도모함으로써 사람과 세계의 소통과 설득의 폭을 확대해서 자유와 평등 그리고 상호 배려 및 인간애를 증진한다. 그리고 상급 덕목의 실천, 사회적 관계의 상호성과 신뢰의 강화는 거래 비용의 축소와 물질적 풍요로움을 통해서뿐만 아니라 돈독한 사회적 관계 속의 애착을 통해서 더 큰 행복을 낳는다.

본 연구가 기여하고자 한 내용은 다음과 같다. 첫째, 스미스는 행복에 관하여 주관주의적 그리고 객관주의적 접근법을 모두 활용하고 있다. 행복과 관련된 스미스의 사상은 주로 주관주의적 관점에서 조망되었지만, 그 본질적 측면은 아리스토텔레스의 객관적 행복주의 전통에 부합하고 있음이 드러난다. 둘째, 인문 환경의 존재론 및 시민인본주의에 근거한 스미스의 도덕철학과 행복 이론은 행복의 다차원성, 위계성, 중첩성, 성장성을 보여 준다. 특히, 경제 세계에서 드러낸 자유와 경쟁의 일방적 유효성을 핵심 사상으로 본 전통적 해석과 대비했을 때, 행복을 위한 사회적 교환 및 관계재의 중요성, 그리고 세 가지 존재론적 차원의 상호 협력 작용이 중시된 점은 의미가 크다. 셋째, 이러한 융합적 조망과 사례 분석은 행복경제학에 관한 스미스의 관점이 시민인본주의 전통에 따른 현대 시민경제론의 지성사적 기원이 된다는 점을 보여 준다.

스미스의 행복 이론에서 물질적 욕구의 충족이 행복의 필요조건이며, 이런 맥락에서 다수 대중의 행복을 위해 일정한 경제 진보가 요구된다는 점은 분명하다. 특히, 스미스의 견해에 따르면 경제 성장 과정에서 우호적인 노동 소득 분배분이 확보되는 것이 정의와 형평, 그리고 다수의 행복 증진을 위한 여건이라는 점은 주목할 만하다. 그럼에도 불구하고 더 좋은 사회와 진정한 행복은 물질적 풍요로움에 관한 과도한 탐닉이 아니라 사회적 관계 속의 즐거움 확장에 있다. 이러한 맥락에서 스미스는 시민적 삶의 사회적 안정성 확보 그리고 지역 사회의 교류 활동 촉진 등을 통해 사회적 교류를 확대하고 시민 품성과 덕목을 고양하는 데 정책적 관심을 기울였다.[42]

42 이와 같은 주요 사상적 특징 때문에 사회/정치철학의 측면에서 스미스는 (자유방임주의자가 아니라) 자유주의적 공동체주의자(liberal communitarianism)로 분류 가능하다. 현대 자유주의적 공동체주의에 따르면, 인간다운 삶을 위해 공동선(공동체주의) 및 개체성 기반의 자유와 권리(자유주의)는 상호 양립 불가능한 가치라기보다는 상보적이다. 그러므로 공유적인 덕 윤리를 체화한 상호 의존적인 개인들이 자유와 자율성을 가지고 공론장에 참여할 수 있도록 사회적, 정치적 과정을 통해 다양한 장치를 마련하는 것이 필요하다(김광수 2016a: 71~5).

참고문헌

강명규(1990). 「아담 스미스의 방법론에 관하여: 천문학사를 중심으로」, 『대한민국 학술원 논문집(인문사회과학편)』, 제29집, 대한민국 학술원, 373~98.

권석만(2010). 「심리학의 관점에서 본 욕망과 행복의 관계」, 『철학사상』, 제36호, 서울대학교 철학사상연구소, 121~52.

길인성(1994). 「신제도학파 경제사의 성과와 한계: 더글라스 노스를 중심으로」, 『사회비평』, 제11호, 나남출판, 65~91.

김광수(1995). 「애덤 스미스의 과학관과 그의 사회과학체계」, 『경제학연구』, 제42집 제3호, 한국경제학회, 281~306.

______(2000). 「고전학파의 공공정책과 교육」, 『경제학연구』, 제48집 제4호, 한국경제학회, 163~91.

______(2003). 「정치영역과 경제발전간의 상관관계」, 『경제학연구』, 제51집 제4호, 한국경제학회, 191~222.

______(2004). 「애덤 스미스의 경제사이론과 근대로의 이행」, 『경제학연구』, 제52집 제3호, 한국경제학회, 65~91.

______(2005). 「애덤 스미스의 이론적 역사와 경제발전」, 『국제경제연구』, 제11권 제3호, 한국국제경제학회, 167~91.

______(2007). 「노스의 경제사 이론체계와 인지적 제도주의」, 『국제경제연구』, 제13권 제2호, 한국국제경제학회, 177~206.

______(2008). 「애덤 스미스: 사회평판의 경제심리, 수요, 경제성장」, 『국제경제연구』, 제14권 제3호, 한국국제경제학회, 195~222.

______(2009). 「애덤 스미스의 법과 경제: 정의와 효율성 간의 관계를 중심으로」, 『경제학연구』, 제57집, 한국경제학회, 120~40.

______(2010). 「애덤 스미스와 노동(시장)의 법과 경제」, 『경제학연구』, 제58집 제2호, 한국경제학회, 5~36.

______(2011). 「애덤 스미스: 식민지정책과 경제발전」, 『경제학연구』, 제59집 제2호, 한국경제학회, 143~73.

______(2012). 「애덤 스미스의 법과 경제: 행동경제학-행동법학적 관점을 중심으로」,

『국제경제연구』, 제18권 제4호, 한국국제경제학회, 25~54.
______(2014). 「현대 과학철학 및 경제철학의 흐름과 스미스의 과학 방법론에 관한 연구」, 『경제학연구』, 제62집 제1호, 한국경제학회, 133~70.
______(2015). 『애덤 스미스: 정의가 번영을 이끈다』, 인문고전 깊이읽기, 한길사.
______(2016a). 「도덕철학체계와 그 역사적 맥락」, 『도덕감정론』, 김광수 옮김, 한길사, 15~80.
______(2016b). 「애덤 스미스의 조직이론과 조직의 경제학」, 『국제경제연구』, 제22권 제2호, 한국국제경제학회, 1~34.
______(2018). 「애덤 스미스의 행복이론: 행복경제학과 시민경제론의 기원」, 『경제학연구』, 제66집 제1호, 한국경제학회, 1~48.
______(2018). 「애덤 스미스의 수사학 방법론 및 도덕철학과 『국부론』」, 『국제경제연구』, 제24권 제3호, 한국국제경제학회, 57~89.
김 균(2013). 「이스털린 역설과 관계재」, 『사회경제평론』, 제42호, 한국사회경제학회, 19~48.
김낙년(2007). 「식민지근대화 재론」, 『경제사학』, 제43호, 경제사학회, 155~88.
김일태 · 류동국 · 정진필(1999). 「기업이론의 재조명」, 『국제경제연구』, 제5권 제1호, 한국국제경제학회, 201~31.
김지원(2010). 「아담 스미스의 자연관과 뉴턴과학에 대한 이해」, 『한국과학사학회지』, 제32권, 한국과학사학회, 69~91.
도모노 노리오(2007). 『행동경제학』, 이명희 옮김, 도서출판 지형.
류지한(2007). 「고대의 쾌락주의」, 『철학논총』, 제50집, 새한철학회, 91~111.
박만섭(2001). 「수사학적 경제학 방법론: 비판적 고찰」, 『과학철학』, 제4권 제1호, 한국과학철학회, 119~54.
박섭 외(2004). 『식민지 근대화론의 이해와 비판』, 백산서당.
박세일(1989). 「아담 스미스의 도덕철학체계」, 『아담 스미스 연구』, 민음사, 29~62.
______(2000). 『법경제학』, 박영사.
박종현(2016). 「행복경제학과 좋은 삶 전통: 쾌락과 가치의 조화를 중심으로」, 『한국경제학보』, 제23권 제1호, 연세대학교 경제연구소, 79~102.
손장권(2008). 「사회과학에서의 수사학 교육」, 『수사학』, 제8집, 한국수사학회, 137~64.
송현호(1993). 「애덤 스미스의 사회적 설명원리: 제도적 개체론」, 『경제논집』, 제32집

제4호, 서울대학교, 309~30.
아리스토텔레스(2011). 『니코마코스 윤리학』, 강상진 외 옮김, 도서출판 길.
에피쿠로스(1997). 『쾌락의 철학』, 조정옥 엮음, 동천사.
이규상 · 홍훈(2009). 「자유온정주의와 자유방임주의」, 『경제학연구』, 제57집 제3호, 한국경제학회, 171~93.
이기홍(2014). 『사회과학의 철학적 기초』, 한울아카데미.
이성섭(2012). 「시장교환, 관계적 교환, 시장기능의 제도적 형식」, 『제도와 경제』, 제6권 제1호, 한국제도경제학회, 61~82.
전성기(2004). 「탐구의 수사학과 수사학적 탐구」, 『텍스트언어학』, 제17집, 한국텍스트언어학회, 255~80.
정연태(2000). 「21세기의 한국근대사 연구와 신근대사론의 모색」, 『20세기 역사학, 21세기 역사학』, 역사비평사, 125~63.
정진영(2000). 「노스의 제도주의 정치경제학」, 『현대 정치경제학의 주요 이론가들』, 아카넷, 333~80.
조필규(2012). 「경쟁전략이론으로서의 기업이론」, 『한국경제학보』, 제19권 제2호, 연세대학교 경제연구소, 313~42.
편상범(2015). 「아리스토텔레스 윤리학에서 행복, 욕구 만족, 그리고 합리성」, 『철학사상』, 제58호, 서울대학교 철학사상연구소, 95~126.
포즈너(2004). 『법경제학』, 정기화 역, 자유기업원.
Agassi, J.(1960). "Methodological Individualism," *British Journal of Sociology*, vol. 2, 244~70.
Alchian, A. A.(1950). "Uncertainty, Evolution and Economic Theory," *Journal of Political Economy*, vol. 58, 211~22.
Alchian, A. A. and H. Demsetz(1972). "Production, Information Costs, and Economic Organization," *American Economic Review*, vol. 62, 777~95.
Alonso-Cortés, A. and F. Cabrillo(2012). "From Merchants to Speakers: The Common Origins of Trade and Language," *The European Journal of the History of Economic Thought*, vol. 19, 733~64.
Alvey, J. E.(2001). "Moral Education As a Means to Human Perfection and Social Order," *History of the Human Sciences*, vol. 14(2), 1~18.
_____(2003). *Adam Smith: Optimist or Pessimist? A New Problem*

Concerning the Teleological Basis of Commercial Society, Aldershot: Ashgate.

Anderson, G. M. and R. D. Tollison(1982). "Adam Smith's Analysis of Joint-stock Companies," *Journal of Political Economy*, vol. 90, 1237~56.

Anderson, J. L.(1991). *Explaining Long-Term Economic Change*, London: Macmillan.

Annas, J.(1987). "Epicurus on Pleasure and Happiness," *Philosophical Topics*, vol. 15, 5~21.

Arenhart, J. R. B.(2012). "Ontological Frameworks for Scientific Theories," *Foundations of Science*, vol. 17, 339~56.

Ashraf, N., C. Camerer and G. Loewenstein(2005). "Adam Smith, Behavioral Economist," *Journal of Economic Perspectives*, vol. 19(3), 131~45.

Aspromourgos, T.(1996). *On the Origins of Classical Economics: Distribution and Value from William Petty to Adam Smith*, London: Routledge.

Austin, J. T. and J. F. Vancouver(1996). "Goal Construction in Psychology: Structure, Process, and Content," *Psychological Bulletin*, vol. 120, 338~75.

Backhouse, R.(ed.)(1994). *New Directions in Economic Methodology*, London: Routledge.

Barnard, C. I.(1938). *The Functions of the Executive*, Cambridge: Harvard University Press.

Barney, J. B.(1986). "Strategic Factor Markets: Expectations, Luck and Business Strategy," *Management Science*, vol. 32, 1231~41.

______(1991). "Firm Resources and Sustained Competitive Advantage," *Journal of Management*, vol. 17, 99~120.

Barney, J. B. and W. G. Ouchi(1986). *Organizational Economics*, San Francisco: Jossey Bass.

Bazerman, C.(1993). "Money Talks: Adam Smith's Rhetorical Project," in W. Henderson et al.(eds.), *Economics and Language*, New York: Routledge, 173~99.

Becker, G. S.(1968). "Crime and Punishment: An Economic Approach,"

Journal of Political Economy, vol. 76(2), 231~49.
Becker, J. F.(1961). "Adam Smith's Theory of Social Science," *Southern Economic Journal*, vol. 28, 13~21.
Bell, D.(2010). "John Stuart Mill on Colonies," *Political Theory*, vol. 38, 34~64.
Benians, E. A.(1925). "Adam Smith's Project of an Empire," *Cambridge Historical Journal*, vol. 1(3), 249~83.
Bentham, J.(1787[1952]). *Defense of Usury*, in W. Stark(ed.), *Jeremy Bentham's Economic Writings*, London: George Allen & Unwin.
Berle, A. and G. C. Means(1932). *The Modern Corporation and Private Property*, New York: The Macmillan Company.
Berry, C. J.(1974). "Adam Smith's Considerations on Language," *Journal of the History of Ideas*, vol. 35, 130~8.
_____(1989). "Adam Smith: Commerce, Liberty and Modernity," in P. Gilmour(ed.), *Philosophers of the Enlightenment*, Edinburgh: Edinburgh University Press, 113~32.
_____(1994). *The Idea of Luxury*, Cambridge: Cambridge University Press.
_____(2006). "Smith and Science," in K. Haakonssen(ed.), *The Cambridge Companion to Adam Smith*, Cambridge: Cambridge University Press, 112~35.
_____(2013). "Adam Smith: An Outline of Life, Times and Legacy," in C. J. Berry, M. Paganelli and C. Smith(eds.), *The Oxford Handbook of Adam Smith*, Oxford: Oxford University Press, 1~20.
Berry, C. J., M. Paganelli and C. Smith(eds.)(2013). *The Oxford Handbook of Adam Smith*, Oxford: Oxford University Press.
Bevilacqua, C.(1968). "Adam Smith and Some Philosophical Origins of Eighteenth Century Rhetorical Theory," *The Modern Language Review*, vol. 63, 559~68.
Bhaskar, R.(1978). *A Realist Theory of Science*, 2nd edition, Brighton: Harvester Press.
Bittermann, H.(1940). "Adam Smith's Empiricism and the Law of Nature,"

Journal of Political Economy, vol. 48, 487~520.

Black, R. D. C.(1976). "Smith's Contribution in Historical Perspective," in A. S. Skinner and T. Wilson(eds.), *The Market and the State*, Oxford: Clarendon Press, 42~63.

Bloomfield, P.(ed.)(2008). *Morality and Self-interest*, Oxford: Oxford University Press.

Bloor, D.(1976). *Knowledge and Social Imagery*, Routledge & Kegan Paul.

Bonar, J.(1922). *Philosophy and Political Economy*, London: Swan, Sonnenschein.

Bolman, L. G. and T. E. Deal(1984). *Modern Approaches to Understanding and Managing Organizations*, San Francisco: Jossey-Bass.

______(1997). *Reframing Organizations*, San Francisco: Jossey-Bass.

Booth, D.(1994). *Rethinking Social Development: Theory, Research and Practice*, Essex: Longman.

Bowles, P.(1986). "Adam Smith and the Natural Progress of Opulence," *Economica*, vol. 53, 109~18.

Bowman, R. S.(1990). "Smith, Mill, and Marshall on Human Capital Formation," *History of Political Economy*, vol. 22, 239~59.

Boyd, R.(2013). "Adam Smith on Civility and Civil Society," in C. J. Berry, M. Paganelli and C. Smith(eds.), *The Oxford Handbook of Adam Smith*, Oxford: Oxford University Press, 443~63.

Brady, E.(2011). "Adam Smith's Sympathetic Imagination and the Aesthetic Appreciation of Environment," *Journal of Scottish Philosophy*, vol. 9, 95~109.

Bréban, L.(2014). "Smith on Happiness: Towards a Gravitational Theory," *European Journal of the History of Economic Thought*, vol. 21, 359~91.

Brewer, A.(1980). *Marxist Theories of Imperialism: A Critical Survey*, London: Routledge & Kegan Paul.

______(1995). "Rent and Profit in the *Wealth of Nations*," *Scottish Journal of Political Economy*, vol. 42, 183~200.

_____(1998). "Luxury and Economic Development," *Scottish Journal of Political Economy*, vol. 45, 78~98.

_____(2007). "Let Us Now Praise Famous Men: Assessments of Adam Smith's Economics," *The Adam Smith Review*, London: Routledge, vol. 3, 161~86.

Brickman, P. and D. T. Campbell(1971). "Hedonic Relativism and Planning the Good Society," in M. H. Appley(ed.), *Adaptation Level Theory: A Symposium*, New York: Academic Press, 287~304.

Broadie, A.(2006). "Sympathy and the Impartial Spectator," in K. Haakonssen(ed.), *The Cambridge Companion to Adam Smith*, Cambridge: Cambridge University Press, 89~114.

_____(2010). "Aristotle, Adam Smith and the Virtue of Propriety," *Journal of Scottish Philosophy*, vol. 8, 79~89.

Brown, M.(1988). *Adam Smith's Economics*, London: Croom Helm.

_____(2010). "Free Enterprise and the Economics of Slavery," *Real-World Economics Review*, vol. 52, 28~39.

Brown, V.(1994). *Adam Smith's Discourse: Canonicity, Commerce and Conscience*, London: Routledge.

_____(1997). "Mere Inventions of the Imagination: A Survey of Recent Literature on Adam Smith," *Economics and Philosophy*, vol. 13, 281~312.

Brown, V. and S. Fleischacker(eds.)(2010). *The Philosophy of Adam Smith*, London: Routledge.

Bruni, L.(2006). *Civil Happiness: Economics and Human Flourishing in Historical Perspective*, New York: Routledge.

_____(2013). "Relational Goods: A New Tool for an Old Issue," *ECO*, vol. 3, 173~8.

Bruni, L. and P. L. Porta(eds.)(2005). *Economics and Happiness*, Oxford: Oxford University Press(강태훈 옮김(2015), 『행복의 역설』, 경문사).

Bruni, L. and R. Sugden(2000). "Moral Canals: Trust and Social Capital in the Work of Hume, Smith and Genovesi," *Economics and Philosophy*, vol. 16, 21~45.

Bruyn, S. T.(2000). *A Civil Economy*, Ann Arbor: University of Michigan Press.

Bryce(1983). "Introduction," in Adam Smith, *Lectures on Rhetoric and Belles Lettres*.

Bryson, G.(1945). *Man and Society: The Scottish Enquiry of the Eighteenth Century*, Princeton: Princeton University Press.

Buckle, H. T.(1861). *The History of Civilisation in England*, 2 vols., London: Parker, Son, and Bourn.

Burns, T. and G. M. Stalker(1961). *The Management of Innovation*, London: Tavistock.

Cairns, J. W.(1993). "Adam Smith's Lectures on Jurisprudence," in Mizuta and Sugiyama(eds.), *Adam Smith: International Perspectives*, London: St. Martin's Press, 63~84.

______(1994). "Adam Smith and the Role of the Courts in Securing Justice and Liberty," in R. P. Malloy and J. M. Evensky(eds.), *Adam Smith and the Philosophy of Law and Economics*, Dordrecht: Kluwer Academic Publisher, 31~61.

Camerer, C., G. Loewenstein and D. Prelec(2005). "Neuroeconomics: How Neuro-science Can Inform Economics," *Journal of Economic Literature*, vol. 43, 9~64.

Campbell, T. D.(1971). *Adam Smith's Science of Morals*, London: Allen and Unwin.

______(1984). "Adam Smith and the Economic Analysis of Law," in V. Hope(ed.), *Philosophers of the Scottish Enlightenment*, Edinburgh: Edinburgh University Press, 133~56.

Chalmers, A. F.(1982). *What Is This Thing Called Science?*, 2nd ed., Milton Keynes: Open University Press.

Chandler, A. D.(1977). *The Visible Hand: The Managerial Revolution in American Business*, Cambridge: Harvard University Press.

Clark, G.(1993). "Economic Growth in History and in Theory," *Theory and*

Society, vol. 22, 871~86.

Clark, H.(2009). "Adam Smith and Neo-Darwinian Debate over Sympathy, Strong Reciprocity and Reputation Effect," *Journal of Scottish Philosophy*, vol. 7(1), 41~64.

Coase, R.(1937). "The Nature of the Firm," *Economica*, New Series, vol. 4, 386~405.

_____(1976). "Adam Smith's View of Man," *Journal of Law and Economics*, vol. 19, 529~46.

_____(1988). *The Firm, the Market, and the Law*, Chicago: University of Chicago Press.

Coats, A. W.(1975). "Adam Smith and the Mercantile System," in A. S. Skinner and T. Wilson(eds.), *Essays on Adam Smith*, Oxford: Clarendon Press, 218~36.

Cohen, D. and J. L. Knetsch(1992). "Judicial Choice and Disparities Between Measures of Economic Values," *Osgoode Hall Law Journal*, vol. 30(3), 737~70.

Collins, H. M.(1983). "The Sociology of Scientific Knowledge: Studies of Contemporary Science," *Annual Review of Sociology*, vol. 9, 265~85.

Cooter, R.(2005). "The Confluence of Justice and Efficiency in the Economic Analysis of Law," in F. Parisi and C. Rowley(eds.), *The Origins of Law and Economics: Essays by the Founding Fathers*, Cheltenham: Edward Elgar, 222~40.

Crawford, R.(ed.)(1998). *The Scottish Invention of English Literature*, Cambridge: Cambridge University Press.

Cremaschi, S.(1989). "Adam Smith: Skeptical Newtonianism, Disenchanted Republicanism, and the Birth of Social Science," in M. Dascal and O. Grunengard(eds.), *Knowledge and Politics*, Boulder: Westview, 83~110.

Cropsey, J.(1957). *Polity and Economy*, The Hague: Nijhoff.

Cyert, R. M. and J. G. March(1963). *A Behavioral Theory of the Firm*, Englewood Cliffs, N.J.: Prentice-Hall.

Danford, J.(1980). "Adam Smith, Equality and the Wealth of Sympathy," *American Journal of Political Science*, vol. 24, 674~95.

Dascal, M.(2006). "Adam Smith's Theory of Language," in K. Haakonssen (ed.), *The Cambridge Companion to Adam Smith*, Cambridge: Cambridge University Press, 79~111.

Deane, P.(1978). *The Evolution of Economic Ideas*, Cambridge: Cambridge University Press.

Demsetz, H.(1988). "The Theory of the Firm Revisited," *Journal of Law, Economics, and Organization*, vol. 4, 141~62.

Diener, E.(1984). "Subjective Well-Being," *Psychological Bulletin*, vol. 95, 542~75.

DiMaggio, P. and W. Powell(1983). "The Iron Cage Revisited: Institutional Isomorphism and Collective Rationality in Organizational Fields," *American Sociological Review*, vol. 48, 147~60.

Dobb, M.(1973). *Theories of Value and Distribution Since Adam Smith*, Cambridge: Cambridge University Press.

Dore, R.(1983). "Goodwill and the Spirit of Market Capitalism," *British Journal of Sociology*, vol. 34, 459~82.

Douma, S. and H. Schruder(1991). *Economic Approaches to Organizations*, London: Prentice Hall.

Douven, I.(2011). "Abduction," in E. N. Zalta(ed.), *The Stanford Encyclopedia of Philosophy*(Spring 2011 Edition)(http://plato.stanford.edu/archives/spr2011/entries/abduction/).

Dow, S.(1999). "Rationality and Rhetoric in Smith and Keynes," in R. Rossini, G. Sandri and R. Scazzieri(eds.), *Incommensurability and Translation*, Aldershot: Elgar, 189~200.

______(2001). "Hume: A Re-assessment," in P. L. Porta, R. Scazzieri and A. S. Skinner(eds.), *Knowledge, Division of Labour and Social Institutions*, Cheltenham: Elgar, 75~92.

______(2009). "David Hume and Modern Economics," *Capitalism and Society*, vol. 4, 1~29.

Drosos, D.(1996). "Adam Smith and Karl Marx," *History of Economic Ideas*, vol. 4, 325~51.

Dugger, W.(1995). "Douglass North's New Institutionalism," *Journal of Economic Issues*, vol. 29, 453~9.

Duhem, P.(1954). *The Aim and Structure of Physical Theory*, Princeton: Princeton University Press.

Easterlin, R. E.(1974). "Does Economic Growth Improve the Human Lot?," in P. David and M. Reder(eds.), *Nations and Households in Economic Growth*, New York: Academic Press, 89~125.

Easterlin, R. E.(2004). "The Economics of Happiness," *Daedalus*, vol. 133, 26~33.

Eltis, W. A.(1975). "Adam Smith's Theory of Economic Growth," in A. S. Skinner and T. Wilson(eds.), *Essays on Adam Smith*, Oxford: Clarendon Press, 426~54.

_____(2000). "Does Luxury Consumption Promote Growth?," in R. Backhouse and J. Creedy(eds.) *From Classical Economics to the Theory of the Firm: Essays in Honour of D. P. O'Brien*, Cheltenham: Edward Elgar, 87~103.

Endres, A. M.(1991). "Adam Smith's Rhetoric of Economics," *Scottish Journal of Political Economy*, vol. 38, 76~95.

Evensky, J. M.(1987). "The Two Voices of Adam Smith: Moral Philosopher and Social Critic," *History of Political Economy*, vol. 19, 447~68.

_____(1989). "The Evolution of Adam Smith's Views on Political Economy," *History of Political Economy*, vol. 21, 123~45.

_____(1994). "Setting the Scene: Adam Smith's Moral Philosophy," in R. P. Malloy and J. Evensky(eds.), *Adam Smith and the Philosophy of Law and Economics*, The Netherlands: Kluwer Academic Publisher, 7~29.

_____(2001). "Adam Smith's Lost Legacy," *Southern Economic Journal*, vol. 67, 497~517.

_____(2005). *Adam Smith's Moral Philosophy: A Historical and Contemporary Perspective on Markets, Law, and Culture*, Cambridge:

Cambridge University Press.

Feyerabend, P.(1975). *Against Method*, London: New Left Books.

Fiani, R.(2004). "An Evaluation of the Role of the State and Property Rights in Douglass North's Analysis," *Journal of Economic Issues*, vol. 38, 1003~20.

Fiaschi, D. and R. Signorino(2003). "Consumption Patterns, Development, and Growth: Adam Smith, David Ricardo, and Thomas Robert Malthus," *European Journal of the History of Economic Thought*, vol. 10, 5~24.

Fitzgibbons, A.(1995). *Adam Smith's System of Liberty, Wealth and Virtue*, Oxford: Clarendon Press.

Flanders, C.(2017). "Adam Smith's Jurisprudence," in R. P. Hanley(ed.), *Adam Smith: His Life, Thought, and Legacy*, Princeton: Princeton University Press, 371~86.

Fleischacker, S.(1991). "Philosophy in Moral Practice: Kant and Adam Smith," *Kant-Studien*, vol. 82, 249~69.

______(1999). *A Third Concept of Liberty: Judgment and Freedom in Kant and Adam Smith*, Princeton: Princeton University Press.

______(2004). *On Adam Smith's Wealth of Nations*, Princeton: Princeton University Press.

______(2017). "Adam Smith's Moral and Political Philosophy," *The Stanford Encyclopedia of Philosophy* (Spring 2017 Edition), Edward N. Zalta(ed.)(https://plato.stanford.edu/archives/spr2017/entries/smith-moral-political/).

Foa, U. G.(1971). "Interpersonal and Economic Resources," *Science*, vol. 171, 345~51.

Forbes, D.(1975). "Sceptical Whiggism, Commerce, and Liberty," in A. S. Skinner and T. Wilson(eds.), *Essays on Adam Smith*, Oxford: Clarendon Press, 179~201.

Frank, P.(1957). *Philosophy of Science: The Link between Philosophy and Science*, Englewood Cliffs, N.J.: Prentice-Hall.

Frank, R.(1999). *Luxury Fever*, Oxford: Oxford University Press.

Frey, B. and A. Stutzer(2002). *Happiness and Economics*, Princeton: Princeton University Press.

Fukuyama, F.(1995). *Trust: The Social Virtues and the Creation of Prosperity*, New York: Free Press.

Glimcher, P. W., C. F. Camerer, E. Fehr and R. A. Poldrack(eds.)(2009). *Neuroeconomics: Decision Making and the Brain*, London: Academic Press.

Goodacre, H.(2010). "Limited Liability and the Wealth of 'Uncivilised Nations': Adam Smith and the Limits to the European Enlightenment," *Cambridge Journal of Economics*, vol. 34, 857~67.

Goodwin, N.(2009). "Civil Economy and Civilized Economics: Essentials for Sustainable Development," in K. S. Bawa and R. Seidler(eds.), *Principles of Sustainable Development*, vol. 2, Oxford: Eolss Publishers, 200~29.

Gouldner, A. W.(1960). "The Norm of Reciprocity: A Preliminary Statement," *American Sociological Review*, vol. 25, 161~78.

Granovetter, M.(1985). "Economic Action and Social Structure: The Problem of Embeddedness," *American Journal of Sociology*, vol. 91, 481~510.

Gray, A.(1933). *The Development of Economic Doctrine*, London: Longmans, Green and Co.

Griesinger, D.(1990). "The Human Side of Economic Organization," *Academy of Management Review*, vol. 15, 478~99.

Griswold, C. L.(1999). *Adam Smith and the Virtues of Enlightenment*, Cambridge: Cambridge University Press.

_____(2006). "Imagination: Morals, Science, and Arts," in K. Haakonssen(ed.), *The Cambridge Companion to Adam Smith*, Cambridge: Cambridge University Press, 22~56.

_____(2010). "Smith and Rousseau in Dialogue: Sympathy, Pietie, Spectatorship, and Narrative," in V. Brown and S. Fleischecker(eds.), *The Philosophy of Adam Smith*, London: Routledge, 59~84.

Gross, A. G.(1990). *The Rhetoric of Science*, Cambridge: Harvard University Press(오철우 옮김(2007), 『과학의 수사학』, 궁리).

Guerrero, J. A. H. and M. C. G. Tejera(1994). *Historia breve de la Retórica*, Madrid: Síntesis(강필운 옮김(2001), 『수사학의 역사』, 문학과지성사).

Gui, B. and L. Stanca(2010). "Happiness and Relational Goods: Well-being and Interpersonal Relations in the Economic Sphere," *International Review of Economics*, vol. 57, 105~18.

Gui, B. and R. Sugden(eds.)(2005). *Economics and Social Interaction*, Cambridge: Cambridge University Press.

Guiso, L., P. Sapienza and L. Zingales(2006). "Does Culture Affect Economic Outcomes?," *Journal of Economic Perspectives*, vol. 20(2), 23~48.

Haakonssen, K.(1981). *The Science of a Legislator: The Natural Jurisprudence of David Hume and Adam Smith*, Cambridge: Cambridge University Press.

_____(1982). "What Might Properly Be Called Natural Jurisprudence," in R. H. Campbell and A. S. Skinner(eds.), *The Origin and Nature of the Scottish Enlightenment*, Edinburgh: John Donald, 205~25.

_____(1988). "Jurisprudence and Politics in Adam Smith," in K. Haakonssen(ed.), *Traditions of Liberalism*, St. Leonards: Centre for Independent Studies, 107~15.

_____(1996). *Natural Law and Moral Philosophy: From Grotius to the Scottish Enlightenment*, Cambridge: Cambridge University Press.

_____(ed.)(2006). *Cambridge Companion to Adam Smith*, Cambridge: Cambridge University Press.

Halevy, E.(1934). *The Growth of Philosophic Radicalism*, translated by M. Morris, London: Faber and Faber.

Hands, D. W.(2001). *Reflection Without Rules: Economic Methodology and Contemporary Science Theory*, Cambridge: Cambridge University Press.

Hanley, R. P.(2009). *Adam Smith and the Character of Virtue*, Cambridge: Cambridge University Press.

_____(2013). "Adam Smith and Virtue," in C. J. Berry, M. Paganelli and C. Smith(eds.), *The Oxford Handbook of Adam Smith*, Oxford: Oxford University Press, 219~40.

_____(ed.)(2016). *Adam Smith: His Life, Thought, and Legacy*, Princeton: Princeton University Press.

Hannan, M. T. and J. Freeman(1977). "The Population Ecology of Organizations," *American Journal of Sociology*, vol. 82, 929~64.

Harrison, J. R.(1995). "Imagination and Aesthetics in Adam Smith's Epistemology and Moral Philosophy," *Contributions to Political Economy*, vol. 14, 91~112.

Haybron, D.(2011). "Happiness," *The Stanford Encyclopedia of Philosophy*, Edward N. Zalta(ed.)(https://plato.stanford.edu/archives/fall2011/entries/happiness/).

Heilbroner, R.(1975). "The Paradox of Progress: Decline and Decay in the *Wealth of Nations*," in A. S. Skinner and T. Wilson(eds.), *Essays on Adam Smith*, Oxford: Clarendon Press, 524~39.

_____(1982). "The Socialization of the Individual in Adam Smith," *History of Political Economy*, vol. 14, 427~39.

Helson, H.(1964). *Adaptation-Level Theory*, Oxford: Harper and Row.

Herzog, L.(2011). "Higher and Lower Virtues in Commercial Society: Adam Smith and Motivation Crowding Out," *Politics, Philosophy and Economics*, vol. 10, 370~95.

_____(2013). *Inventing the Market: Smith, Hegel, and Political Theory*, Oxford: Oxford University Press.

_____(2016). "Adam Smith and Modern Ethics," in R. P. Hanley(ed.), *Adam Smith: His Life, Thought, and Legacy*, Princeton: Princeton University Press, 340~53.

Hill, J. E.(2016). *Adam Smith's Equality and the Pursuit of Happiness*, New York: Palgrave Macmillan.

Hill, L.(2016). "Adam Smith and Political Theory," in R. P. Hanley(ed.), *Adam Smith: His Life, Thought, and Legacy*, Princeton: Princeton University

Press, 321~39.

Hill, L. and B. J. Clary(1990). "Adam Smith on Colonies: An Analytical and Historical Interpretation," *Forum for Social Economics*, vol. 19, 45~54.

Hirschman, A. O.(1977). *The Passions and the Interests*, Princeton: Princeton University Press.

Hodgson, G. M.(1998a). "The Approach of Institutional Economics," *Journal of Economic Literature*, vol. 36, 166~92.

_____(1998b). "Evolutionary and Competence-based Theories of the Firm," *Journal of Economic Studies*, vol. 25, 25~56.

Hollander, S.(1973). *The Economics of Adam Smith*, Toronto: University of Toronto Press.

_____(1976). "The Historical Dimension of the *Wealth of Nations*," *Transactions of the Royal Society of Canada*, vol. 14, 277~92.

_____(1987). *Classical Economics*, Oxford: Blackwell.

_____(1999). "Jeremy Bentham and Adam Smith on the Usury Laws," *European Journal of the History of Economic Thought*, vol. 6, 523~51.

Höpfl, H. M.(1978). "From Savage to Scotsman: Conjectural History in the Scottish Enlightenment," *Journal of British Studies*, vol. 17, 19~40.

Howell, W. S.(1975). "Adam Smith's Lectures on Rhetoric," in A. S. Skinner and T. Wilson(eds.), *Essays on Adam Smith*, Oxford: Clarendon Press, 11~43.

Hume, D.(1960). *A Treatise of Human Nature*, edited by L. A. Selby-Bigge, Oxford: Clarendon Press.

_____(1975). *Enquiries concerning Human Understanding and concerning the Principles of Morals*, edited by L. A. Selby-Bigge, Oxford: Clarendon Press.

Hylton, K. N.(2005). "The Theory of Penalties and the Economics of Criminal Law," *Review of Law and Economics*, vol. 1, 175~201.

Ingram, J. K.(1915[1967]). *A History of Political Economy*, New York: A. M. Kelly.

Jensen, M. C. and W. H. Meckling(1976). "Theory of the Firm: Managerial

Behavior, Agency Costs and Ownership Structure," *Journal of Financial Economics*, vol. 3, 305~60.

Kaldor, N.(1972). "The Irrelevance of Equilibrium Economics," *Economic Journal*, vol. 82, 1237~52.

Kahneman, D.(1999). "Objective Happiness," in D. Kahneman, E. Diener and N. Schwarz(eds.), *Well-Being: The Foundations of Hedonic Psychology*, New York: Russell Sage Foundation, 3~25.

Kellow, G.(2011). "Things Familiar to the Mind: Heuristic Style and Elliptical Citation in the *Wealth of Nations*," *History of the Human Sciences*, vol. 24, 1~18.

Kennedy, G.(2005). *Adam Smith's Lost Legacy*, Houndmills: Palgrave Macmillan.

Keynes, J. M.(1936). *The General Theory of Employment, Interest, and Money*, London: Macmilan.

Khalil, E. L.(1989). "Adam Smith and Albert Einstein: The Aesthetic Principle of Truth," *History of Economics Society Bulletin*, vol. 11, 222~37.

Kim, K.(1997). "Adam Smith: Natural Theology and Its Implications for His Method of Social Inquiry," *Review of Social Economy*, vol. 55, 312~36.

_____(2009). "Adam Smith's Theory of Economic History and Economic Development," *The European Journal of the History of Economic Thought*, vol. 16, 41~64.

_____(2012). "Adam Smith's 'History of Astronomy' and View of Science," *Cambridge Journal of Economics*, vol. 36, 799~820.

_____(2014). "Adam Smith's and Douglass North's Multidisciplinary Approach to Economic Development," *American Journal of Economics and Sociology*, vol. 73, 3~31.

_____(2015). "Demand and Structural Change in Adam Smith's Theory of Economic Progress," *Cambridge Journal of Economics*, vol. 39, 245~64.

_____(2017). "Philosophy and Science in Adam Smith's 'History of

Astronomy': A Metaphysico-Scientific View," *History of the Human Sciences*, vol. 30, 107~30.

Koebner, R.(1961). *Empire*, Cambridge: Cambridge University Press.

Koyré, A.(1968). *Metaphysics and Measurement: Essays in Scientific Revolution*, Cambridge: Harvard University Press.

Krugman, P.(1980). "Scale Economics, Product Differentiation, and the Pattern of Trade," *American Economic Review*, vol. 70, 950~9.

______(1991). "Increasing Returns and Economic Geography," *Journal of Political Economy*, vol. 99, 483~99.

Kuhn, T. S.(1962). *The Structure of Scientific Revolution*, Chicago: University of Chicago Press.

Labio, C.(2006). "The Solution Is in the Text: A Survey of the Recent Literary Turn in Adam Smith Studies," *Adam Smith Review*, vol. 2, 149~76.

Lakatos, I.(1970). "Falsification and Methodology of Scientific Research Programmes," in I. Lakatos and A. Musgrave(eds.), *Criticism and the Growth of Knowledge*, Cambridge: Cambridge University Press.

Lamb, R.(1974). "Adam Smith's System: Sympathy Not Self-interest," *Journal of the History of Ideas*, vol. 35, 671~82.

Land, S. K.(1977). "Adam Smith's 'Concerning the First Formation of Languages'," *Journal of the History of Ideas*, vol. 38, 677~90.

Lawson, T.(1997). *Economics and Reality*, London: Routledge.

Layard, R.(2005). *Happiness: Lessons from a New Science*, London: Penguin Books.

Leddy, N.(2009). "Adam Smith's Critique of Enlightenment Epicureanism," in N. Leddy and A. Livshitz(eds.), *Epicurus in the Enlightenment*, Oxford: Voltaire Foundation, 183~205.

Leslie, T. E. C.(1888[1967]). "The Political Economy of Adam Smith," *Essays in Political Economy*, New York: A. M. Kelly.

Lieberman, D.(2006). "Adam Smith on Justice, Rights, and Law," in K. Haakonssen(ed.), *Cambridge Companion to Adam Smith*, Cambridge:

Cambridge University Press.

Lindgren, J. R.(1973). *The Social Philosophy of Adam Smith*, The Hague: Martinus Nijhoff.

_____(1994). "Adam Smith's Treatment of Criminal Law," in R. Malloy and J. Evensky(eds.), *Adam Smith and the Philosophy of Law and Economics*, The Netherlands: Kluwer Academic Publisher, 63~81.

Long, D.(2006). "Adam Smith's Politics," in K. Haakonssen(ed.), *The Cambridge Companion to Adam Smith*, Cambridge: Cambridge University Press, 288~318.

Longaker, M. G.(2014). "Adam Smith on Rhetoric and Phronesis, Law and Economics," *Philosophy and Rhetoric*, vol. 47, 25~47.

Lowe, A.(1954). "The Classical Theory of Economic Growth," *Social Research*, vol. 21, 132~41.

_____(1975). "Adam Smith's System of Equilibrium Growth," in A. S. Skinner and T. Wilson(eds.), *Essays on Adam Smith*, Oxford: Clarendon Press, 415~25.

Lucas, R. E., Jr.(1988). "On the Mechanics of Economic Development," *Journal of Monetary Economics*, vol. 22, 3~42.

Lyne, J.(1985). "Rhetoric of Inquiry," *Quarterly Journal of Speech*, vol. 71, 65~73.

Macfie, A. L.(1967). *The Individual in Society: Papers on Adam Smith*, London: Allen and Unwin.

Mäki, U.(1988). "How to Combine Rhetoric and Realism in the Methodology of Economics," *Economics and Philosophy*, vol. 4, 89~109.

_____(1989). "On the Problem of Realism in Economics," *Ricerche Economiche*, vol. 43, 176~98.

Malloy, R. P.(1988). "Invisible Hand or Sleight of Hand? Adam Smith, Richard Posner, and the Philosophy of Law and Economics," *The University of Kansas Law Review*, vol. 36, 209~59.

_____(1994). "Adam Smith and the Modern Discourse of Law and Economics," in R. P. Malloy and J. Evensky(eds.), *Adam Smith and the Philosophy of Law and Economics*, The Netherlands: Kluwer Academic Publisher, 113~50.

Malthus, T.(1798[1998]). *An Essay on the Principle of Population*, London: Macmillan.

Mandeville, B.(1714[1924]). *The Fable of the Bees*, edited by F. B. Kaye, Liberty Classics.

Mankiw, N. G.(1998). *Principles of Economics*, Fort Worth, TX: Dryden Press.

March, J. G. and H. A. Simon(1958). *Organizations*, New York: Wiley.

Marshall, A.(1890). *Principles of Economics*, London: Macmillan.

Marx, K.(1963). *Theories of Surplus Value*, Moscow: Progress Publishers.

Maslow, A.(1954). *Motivation and Personality*, New York: Harpe.

McClelland, P. D.(1969). "The Cost to America of British Imperial Policy," *American Economic Review*, vol. 59, 370~81.

McCloskey, D. N.(1985). *The Rhetoric of Economics*, Madison: The University of Wisconsin Press.

_____(1994). *Knowledge and Persuasion in Economics*, Cambridge: Cambridge University Press.

_____(2008). "Adam Smith, the Last of the Former Virtue Ethicists," *History of Political Economy*, vol. 40, 43~71.

McDowell, J. H.(1998). *Mind, Value, and Reality*, London: Harvard University Press.

McKenna, S. J.(2005). *Adam Smith: The Rhetoric of Propriety*, Albany: State University of New York Press.

McNulty, P. J.(1973). "Adam Smith's Concept of Labour," *Journal of the History of Ideas*, vol. 34, 345~66.

Meek, R. L.(1967). *Economics and Ideology and Other Essays*, London: Chapman & Hall.

_____(1971). "Smith, Turgot, and the Four Stages Theory," *History of Political Economy*, vol. 3, 9~27.

_____(1976). *Social Science and the Ignoble Savage*, Cambridge: Cambridge University Press.

Meyer, J. W. and B. Rowan(1977). "Institutional Organizations: Formal Structure as Myth and Ceremony," *American Journal of Sociology*, vol. 83, 340~63.

Michalos, A. C.(1985). "Multiple Discrepancies Theory," *Social Indicators Research*, vol. 16, 347~413.

Mill, J. S.(1863). *Utilitarianism*, London: Parker, Son & Bourn, West Strand.

_____(1965). *Principles of Political Economy*, introduced by V. W. Bladen. Toronto: University of Toronto Press.

Minztberg, H.(1989). *Minztberg on Management*, New York: Free Press.

Minztberg, H., B. W. Ahlstrand and J. Lampel(1998). *Strategy Safari: A Guided Tour through the Wilds of Strategic Management*, New York: Free Press.

Mirowski, P.(1982). "Adam Smith, Empiricism, and the Rate of Profit in Eighteenth-century in England," *History of Political Economy*, vol. 14, 178~98.

Montes, L.(2003). "Smith and Newton: Some Methodological Issues concerning General Economic Equilibrium Theory," *Cambridge Journal of Economics*, vol. 27, 723~47.

_____(2004). *Adam Smith in Context*, London: Palgrave.

_____(2008). "Adam Smith as an Eclectic Stoic," *The Adam Smith Review*, vol. 4, London: Routledge, 30~56.

Morgan, G.(1986). *Images of Organization*, CA: Sage.

Morrow, G.(1926). *The Ethical and Economic Theories of Adam Smith*, New York: A. M. Kelley.

Muller, J. Z.(1993). *Adam Smith in His Time and Ours*, New York: The Free Press.

Myrdal, G.(1953). *The Political Element in the Development of Economic Theory*, Cambridge: Harvard University Press.

Negishi, T.(2004). "Adam Smith and Disequilibrium Economic Theory," in V. Brown(ed.), *Adam Smith Review*, London: Routledge, vol. 1, 30~9.

Nelson, J. S., A. Megill and D. N. McCloskey(eds.)(1987). *The Rhetoric of the*

Human Sciences: Language and Argument in Scholarship and Public Affairs. Madison: University of Wisconsin Press(박우수 · 양태종 외 옮김(2003), 『인문과학의 수사학』, 고려대학교 출판부).

Nelson, R. and S. G. Winter(1982). *An Evolutionary Theory of Economic Change*, Cambridge: The Belknap Press.

Newton, I.(1729[1934]). *Mathematical Principles of Natural Philosophy*, Motte's translation revised by F. Cajori, Berkeley: University of California Press.

Nicholson, J. S.(1909). *A Project of Empire*, London: Macmillan and Co.

Niehans, J.(1997). "Adam Smith and the Welfare Cost of Optimism," *History of Political Economy*, vol. 29, 185~200.

Noell, E. S.(2006). "Smith and a Living Wage: Competition, Economic Compulsion and the Scholastic Legacy," *History of Political Economy*, vol. 38, 151~74.

Nord, W.(1973). "Adam Smith and Contemporary Social Exchange Theory," *American Journal of Economics and Sociology*, vol. 32, 421~36.

North, D.(1966). *Growth and Welfare in the American Past: A New Economic History*, Englewood Cliffs: Prentice Hall.

______(1981). *Structure and Change in Economic History*, London: Norton & Company.

______(1990). *Institutions, Institutional Change and Economic Performance*, Cambridge: Cambridge University Press.

______(2005). *Understanding the Process of Economics Change*, Princeton: Princeton University Press(조석곤 옮김(2007), 『경제변화과정에 관한 새로운 이해』, 해남).

North, D. and R. P. Thomas(1973). *The Rise of the Western World: A New Economic History*, New York: Cambridge University Press.

Nussbaum, M.(1992). "Human Functioning and Social Justice: in Defense of Aristotelian Essentialism," *Political Theory*, vol. 20, 202~46.

______(1995). *Poetic Justice: The Literary Imagination and Public Life*, Boston: Beacon Press(박용준 옮김(2013), 『시적 정의: 문학적 상상력과 공적인 삶』,

궁리).
Nussbaum, M. and A. Sen(1993). *The Quality of Life*, Oxford: Clarendon Press.
O'Brien, D. P.(1975). *The Classical Economists*, Oxford: Clarendon Press.
O'Donnel, R.(1990). *Adam Smith's Theory of Value and Distribution*, London: Macmillan.
Olson, R.(1975). *Scottish Philosophy and British Physics, 1750-1880*, Princeton: Princeton University Press.
Ortmann, A.(1999). "The Nature and Causes of Corporate Negligence, Sham Lectures, and Ecclesiastical Indolence: Adam Smith on Joint-Stock Companies, Teachers, and Preachers," *History of Political Economy*, vol. 31, 297~315.
Ortmann, A. and B. Walraevens(2014). "The Rhetorical Structure of Adam Smith's *Wealth of Nations*," UNSW Business School Research Paper No. 2014.
Oslington, P.(2011). "Divine Action, Providence and Adam Smith's Invisible Hand," in P. Oslington(ed.), *Adam Smith as Theologian*, New York: Francis & Taylor, 61~75.
Otteson, J. R.(2002). *Adam Smith's Marketplace of Life*, Cambridge: Cambridge University Press.
Ouchi, W. G.(1980). "Markets, Bureaucracies, and Clans," *Administrative Science Quarterly*, vol. 25, 129~41.
Pack, S. J.(1991). *Capitalism as a Moral System: Adam Smith's Critique of the Free Market*, Aldershot: Edward Elgar.
______(2013). "Adam Smith and Marx," in C. J. Berry, M. Paganelli and C. Smith(eds.), *The Oxford Handbook of Adam Smith*, Oxford: Oxford University Press, 523~38.
Palacios-Huerta, I.(2003). "Time-Inconsistent Preferences in Adam Smith and David Hume," *History of Political Economy*, vol. 35, 241~68.
Parfit, D.(1984). *Reasons and Persons*, Oxford: Clarendon Press.
Penrose, E.(1959). *The Theory of the Growth of the Firm*, New York: John

Wiley & Sons.

Peter, F.(2001). "Rhetoric vs Realism in Economic Methodology: A Critical Assessment of Recent Contributions," *Cambridge Journal of Economics*, vol. 25, 571~89.

Pfeffer, J. and G. R. Salancik(1978). *The External Control of Organizations: A Resource Dependence Perspective*, New York: Harper and Row.

Philips, S. M.(2006). "Adam Smith, Belletrist," in K. Haakonssen(ed.), *The Cambridge Companion to Adam Smith*, Cambridge: Cambridge University Press 57~78.

Pocock, J. G. A.(1975). *The Machiavellian Moment*, Princeton: Princeton University Press.

Popper, K.(1959). *The Logic of Scientific Discovery*. London: Hutchinson & Co.

Posner, R. A.(1981). *Economics of Justice*, Cambridge: Harvard University Press.

______(1994). "Law and Economics is Moral," in R. P. Malloy and J. M. Evensky(eds.), *Adam Smith and the Philosophy of Law and Economics*, The Netherlands: Kluwer Academic Publisher, 167~77.

______(2010). *The Economic Analysis of Law*, 8th edition, New York: Aspen Publishers.

Pullen, J. M.(1994). "Mathus on Colonization and Economic Development: A Comparison with Adam Smith," *Utilitas*, vol. 6, 243~66.

Quine, W. V. O.(1951). "Two Dogmas of Empiricism," *The Philosophical Review*, vol. 60, 20~43.

Raphael, D. D.(1972~3). "Hume and Smith on Justice and Utility," *Proceedings of the Aristotelian Society*, vol. 73, 87~103.

______(1977). "The True Old Humean Philosophy and Its Influence on Adam Smith," in G. P. Morice(ed.), *David Hume: Bicentenary Papers*, Edinburgh: Edinburgh University Press, 23~37.

______(1985). *Adam Smith*, Oxford: Oxford University Press.

Raphael, D. D. and A. Macfie(1976). "Introduction" in Adam Smith, *The Theory of Moral Sentiments*, D. D. Raphael and A. L. Macfie(eds.).

Clarendon Press.
Rasmussen, D. C.(2006a). "Rousseau's 'Philosophical Chemistry' and the Foundations of Adam Smith's Thought," *History of Political Thought*, vol. 27, 620~41.
_____(2006b). "Does Bettering Our Condition Really Make Us Better Off? Adam Smith on Progress and Happiness," *American Political Science Review*, vol. 100, 309~18.
Recktenwald, H. C.(1978). "An Adam Smith Renaissance anno 1976? The Bicentenary Output – A Reappraisal of His Scholarship," *Journal of Economic Literature*, vol. 16, 56~83.
Redman, D. A.(1993). "Adam Smith and Isaac Newton," *Scottish Journal of Political Economy*, vol. 40, 210~30.
_____(1997). *The Rise of Political Economy as a Science: Methodology and the Classical Economists*, London: The MIT Press.
Reid, G. C.(1987). "Disequilibrium and Increasing Returns in Adam Smith's Analysis of Growth and Accumulation," *History of Political Economy*, vol. 19, 87~106.
Rescher, N.(1978). *Peirce's Philosophy of Science*. Notre Dame: University of Notre Dame Press.
Richardson, G. B.(1975). "Adam Smith on Competition and Increasing Returns," in A. S. Skinner and T. Wilson, *Essays on Adam Smith*, Oxford: Clarendon Press, 350~60.
Robbins, L. C.(1968). *The Theory of Economic Development in the History of Economic Thought*, London: Macmillan.
Robertson, J.(1983). "Scottish Political Economy beyond the Civic Tradition: Government and Economic Development in the *Wealth of Nations*," *History of Political Thought*, vol. 4, 451~82.
Romer, P. M.(1987). "Growth Based on Increasing Returns Due to Specialization," *American Economic Review*, vol. 77, 56~62.
Rosen, F.(2000). "The Idea of Utility in Adam Smith's *The Theory of Moral Sentiments*," *History of European Ideas*, vol. 26, 79~103.

_____(2002). "Utility and Justice: Epicurus and the Epicurean Tradition," *Polis*, vol. 19, 93~107.

Rosenberg, N.(1960). "Some Institutional Aspects of the *Wealth of Nations*," *Journal of Political Economy*, vol. 18, 557~70.

Rothschild, E.(2001). *Economic Sentiments: Adam Smith, Condorcet, and the Enlightenment*, Cambridge: Harvard University Press.

Rothschild, E. and A. Sen(2006). "Adam Smith's Economics," in K. Haakonssen(ed.), *The Cambridge Companion to Adam Smith*, Cambridge: Cambridge University Press, 319~65.

Routh, G.(1975). *The Origin of Economic Ideas*, 2nd ed., London: Macmillan.

Rumelt, R. P.(1991). "How Much Does Industry Matter?" *Strategic Management Journal*, vol. 12, 167~85.

Russell, B.(1945). *A History of Western Philosophy*, London: George Allen and Unwin.

Rutherford, M.(1995). "The Old and the New Institutionalism: Can Bridges be Built?," *Journal of Economic Issues*, vol. 29, 443~51.

Salter, J.(1992). "Adam Smith on Feudalism, Commerce and Slavery," *History of Political Thought*, vol. 13, 219~41.

Samuelson, P.(1977). "A Modern Theorist's Vindication of Adam Smith," *American Economic Review*, vol. 67, 42~9.

_____(1978). "The Canonical Classical Model of Political Economy," *Journal of Economic Literature*, vol. 16, 1415~34.

Scarre, G.(1994). "Epicurus as a Forerunner of Utilitarianism," *Utilitas*, vol. 6, 219~31.

Schabas, M.(2003). "Adam Smith's Debts to Nature," *History of Political Economy*, vol. 35 (supplement), 262~81.

Schliesser, E.(2005). "Wonder in the Face of Scientific Revolutions: Adam Smith on Newton's 'Proof' of Copernicanism," *British Journal for the History of Philosophy*, vol. 13, 697~732.

Schumpeter, J. A.(1954). *History of Economic Analysis*, New York: Oxford University Press.

Scott, W. R.(2003). *Organizations: Rational, Natural, and Open Systems*, NJ.: Prentice-Hall.

Selznick, P.(1957). *Leadership in Administration: A Sociological Interpretation*, New York: Harper and Row.

Sen, A.(2011). "Uses and Abuses of Adam Smith," *History of Political Economy*, vol. 43, 257~71.

Simon, F.(2013). "Adam Smith and the Law" in C. J. Berry, M. Paganelli and C. Smith(eds.), *The Oxford Handbook of Adam Smith*, Oxford: Oxford University Press, 393~416.

Simons, H.(ed.)(1990). *The Rhetorical Turn: Invention and Persuasion in the Conduct of Inquiry*, Chicago: The University of Chicago Press.

Skinner, A. S.(1965). "Economics and History – The Scottish Enlightenment," *Scottish Journal of Political Economy*, vol. 12, 1~22.

_____(1967). "Natural History in the Age of Adam Smith," *Political Studies*, vol. 15, 32~48.

_____(1972). "Adam Smith: Philosophy and Science," *Scottish Journal of Political Economy*, vol. 29, 307~19.

_____(1974). "Adam Smith: Science and the Role of the Imagination," in W. B. Todd(ed.), *Hume and the Enlightenment*, Edinburgh: Edinburgh University Press, 164~88.

_____(1975). "Adam Smith: An Economic Interpretation of History," in A. S. Skinner and T. Wilson(eds.), *Essays on Adam Smith*, Oxford: Clarendon Press, 154~78.

_____(1976). "Adam Smith and the American Economic Community: An Essay in Applied Economics," *Journal of the History of Ideas*, vol. 37, 59~78.

_____(1982). "A Scottish Contribution to Marxist Sociology?," in I. Bradley and M. Howard(eds.), *Classical and Marxian Political Economy*, London: Macmillan Press, 79~114.

_____(1983). "Adam Smith: Rhetoric and the Communication of Ideas," in A. W. Coats(ed.), *Methodological Controversy in Economics*, Greenwich:

JAI Press, 71~88.
_____(1996). *A System of Social Science: Papers Relating to Adam Smith*, 2nd edition, Oxford: Clarendon Press.
Skinner, A. S. and T. Wilson(eds.)(1975). *Essays on Adam Smith*, Oxford: Clarendon Press.
Smith, A.(1759). *The Theory of Moral Sentiments*, edited by D. D. Raphael and A. Macfie, Oxford: Clarendon Press.
_____(1776). *An Inquiry into the Nature and Causes of the Wealth of Nations*, edited by R. H. Campbell and A. S. Skinner, Oxford: Clarendon Press.
_____(1978). *Lectures on Jurisprudence*, edited by R. L. Meek, D. D. Raphael and P. G. Stein(eds.), Oxford: Clarendon Press.
_____(1980). *Essays on Philosophical Subjects*, edited by W. P. D. Wightman, Oxford: Clarendon Press.
_____(1983). *Lectures on Rhetoric and Belles Lettres*, edited by J. C. Bryce, Oxford: Clarendon Press.
Sobel, I.(1979). "Adam Smith: What Kind of Institutionalist Was He?," *Journal of Economic Issues*, vol. 13, 347~68.
Song, H.(1995). "Adam Smith as an Early Pioneer of Institutional Individualism," *History of Political Economy*, vol. 27, 425~48.
Spano, S.(1993). "John Locke and Epistemological Foundations of Adam Smith's Rhetoric," *The Southern Communication Journal*, vol. 59, 15~26.
Spengler, J. J.(1977). "Adam Smith on Human Capital," *American Economic Review*, vol. 67, 32~6.
Stalley, R.(2012). "Adam Smith and the Theory of Punishment," *Journal of Scottish Philosophy*, vol. 10, 69~89.
Stanfield, J. R.(1995). "Institutions and the Significance of Relative Prices," *Journal of Economic Issues*, vol. 29, 459~66.
Stark, W.(1958). *Social Theory and Christian Thought*, London: Routledge & Kegan Paul.

Stephen, L.(1876). *History of English Thought in the Eighteenth Century*, vol. 2, London: Smith, Elder and Co.

Stevens, D.(1976). "Adam Smith and the Colonial Disturbances," in A. S. Skinner and T. Wilson(eds.), *Essays on Adam Smith*, Oxford: Clarendon Press, 202~17.

Stigler, G. J.(1971). "Smith's Travel on the Ship of the State," *History of Political Economy*, vol. 3, 265~77.

_____(1975). *The Citizen and the State: Essays on Regulation*, Chicago: University of Chicago Press.

Stiglitz, J. E. and A. M. Weiss(1981). "Credit Rationing in Markets with Imperfect Information," *American Economic Review*, vol. 71(3), 393~410.

Sunstein, C. R.(2000). *Behavioral Law and Economics*, Cambridge: Cambridge University Press.

Swearingen, J.(2013). "Adam Smith on Language and Rhetoric: The Ethics of Style, Character, and Propriety," in C. J. Berry, M. Paganelli and C. Smith(eds.), *The Oxford Handbook of Adam Smith*, Oxford: Oxford University Press, 159~74.

Taylor, O. H.(1930). "Economics and the Idea of *Jus Naturale*," *Quarterly Journal of Economics*, vol. 44, 205~41.

_____(1960). *A History of Economic Thought*, New York: McGraw-Hill.

Taylor, S. E. and J. D. Brown(1988). "Illusion and Well-being: A Social Psychological Perspective on Mental Health," *Psychological Bulletin*, vol. 103, 193~210.

Teece, D. J. and G. Pisano(1994). "The Dynamic Capabilities of Firms: An Introduction," *Industrial and Corporate Change*, vol. 3, 537~56.

Tegos, S.(2013). "Adam Smith: Theorist of Corruption," in C. J. Berry, M. Paganelli and C. Smith(eds.), *The Oxford Handbook of Adam Smith*, Oxford: Oxford University Press, 353~71.

Thaler, R. and C. Sunstein(2008). *Nudge*, New Haven: Yale University Press.

Thomson, H. F.(1965). "Adam Smith's Philosophy of Science," *Quarterly*

Journal of Economics, vol. 79, 212~33.

Tribe, K.(1999). "Adam Smith: Critical Theorist?," *Journal of Economic Literature*, vol. 37, 609~32.

______(2008). "Das Adam Smith Problem and the Origins of Modern Smith Scholarship," *History of European Ideas*, vol. 34, 514~25.

Uhlaner, C. J.(1989). "Relational Goods and Participation: Incorporating Sociability into a Theory of Rational Action," *Public Choice*, vol. 62, 253~85.

Uyl, D. J. and D. B. Rasmussen(2010). "Adam Smith: Economic Happiness," *Reason Papers*, vol. 32. 29~40.

Vandenburg, P.(2002). "North's Institutionalism and the Prospect of Combining Theoretical Approaches," *Cambridge Journal of Economics*, vol. 26, 217~35.

Vibert, C.(2004). *Theories of Macro-Organizational Behavior: A Handbook of Ideas and Explanations*, London: M. E. Sharpe.

Viner, J.(1927). "Adam Smith and Laissez-faire," *Journal of Political Economy*, vol. 35, 198~217.

Wallace, W. A.(1974). *Causality and Scientific Explanation*, vol. 2, Ann Arbor: The University of Michigan Press.

Walraevens, B.(2010). "Adam Smith's Economics and The Lectures on Rhetoric and Belles Lettres: The Language of Commerce," *History of Economic Ideas*, vol. 18, 11~32.

Warner, J., M. Her, G. Gmel and J. Rehm(2001). "Can Legislation Prevent Debauchery? Mother Gin and Public Health in 18th-Century England," *American Journal of Public Health*, vol. 91(3), 375~84.

Watkins, J. W. N.(1957). "Between Analytic and Empirical," *Philosophy*, vol. 32, 112~31.

______(1958). "Confirmable and Influential Metaphysics," *Mind*, vol. 67, 344~65.

Waterman(1999). "Hollander on the Canonical Classical Growth Model: A Comment," *Journal of the History of Economic Thought*, vol. 21,

311~13.

Weber, M.(1915[1947]). *The Theory of Social and Economic Organization*, New York: Free Press.

Weil, D. N.(2005). *Economic Growth*, Boston: Addison Wesley.

Weinstein, J. R.(2006). "Sympathy, Difference, and Education: Social Unity in the Work of Adam Smith," *Economics and Philosophy*, vol. 22, 79~111.

Werhane, P. H.(1991). *Adam Smith and His Legacy for Modern Capitalism*, Oxford: Oxford University Press.

Wernerfelt, B.(1984). "A Resource-based View of the Firm," *Strategic Management Journal*, vol. 5, 171~80.

West, E. G.(1997). "Adam Smith's Support for Money and Banking Regulation: A Case of Inconsistency," *Journal of Money, Credit and Banking*, vol. 29, 127~34.

Wiggins, D.(1997). *Needs, Values, Truth: Essays in the Philosophy of Value*, Oxford: Oxford University Press.

Wight, J.(2007). "The Treatment of Smith's Invisible Hand," *Journal of Economic Education*, vol. 38, 341~58

Wight, J. B.(2009). "Adam Smith on Instincts, Affection, and Informal Learning: Proximate Mechanisms in Multi-level Selection," *Review of Social Economy*, vol. 67, 95~113.

Williamson, O. E.(1975). *Markets and Hierarchies*, New York: Free Press.

______(2000). "The New Institutional Economics: Taking Stock, Looking Ahead," *Journal of Economic Literature*, vol. 38, 595~613.

Wilson, D. and W. Dixon(2006). "Das Adam Smith Problem: A Critical Realist Perspective," *Journal of Critical Realism*, vol. 5, 251~72.

Winch, D.(1965). *Classical Political Economy and Colonies*, London: Bell and Sons.

______(1978). *Adam Smith's Politics: An Essay in Historiographic Revision*, Cambridge: Cambridge University Press.

______(1983). "Science and the Legislator: Adam Smith and After," *Economic*

Journal, vol. 93, 501~20.

Wiztzum, A.(1997). "Distributive Considerations in Smith's Conception of Economics Justice," *Economics and Philosophy*, vol. 13, 241~59.

Witztum, A. and J. T. Young(2006). "The Neglected Agent: Justice, Power, and Distribution in Adam Smith," *History of Political Economy*, vol. 38, 437~71.

Wolin, S.(1960). *Politics and Vision*, Princeton: Princeton University Press.

Young, A.(1928). "Increasing Returns and Economic Progress," *Economic Journal*, vol. 38, 527~42.

Young, J. T.(1997). *Economics As a Moral Science: The Political Economy of Adam Smith*, Cheltenham: Edward Elgar.

______(2007). "Adam Smith and New Institutional Theories of Property Rights," in V. Brown(ed.), *Adam Smith Review*, London: Routledge, vol. 3, 48~68.

Young, J. T. and B. Gordon(1996). "Distributive Justice as a Normative Criterion in Adam Smith's Political Economy," *History of Political Economy*, vol. 28, 1~25.

Zak, P.(ed.)(2008). *Moral Markets: The Critical Role of Values in the Economy*. Princeton: Princeton University Press.

Zamagni, S. and L. Bruni(2004). *Economia Civile*, Bologna: Mulino(제현주 옮김 (2015), 『21세기 시민경제학의 탄생』, 북돋움).

Zerbe, R. O.(2006). "Justice and the Evolution of the Common Law," The Berkeley electronic press legal series, working paper 947.

찾아보기

ㄱ

가추법 • 22, 76, 142
가치재 • 13
간결성의 원리 • 342
감성 체계 • 24, 81, 381
객관적 목록 이론 • 468, 479
거래 비용 • 21, 32, 339, 346, 372
경제사 • 362
경제사 이론 • 53, 337, 344
경제적 효율성 • 241, 267
경제철학 • 57
경제학의 수사학 • 125
계약주의 • 422, 442, 453
곡물 거래 규제법 • 331
공공재 • 13
공급 측면 • 175
공동체주의 • 14
공리주의 • 27, 472
공정한 관찰자 • 25, 42, 165, 248, 383, 455, 480, 506
과학 • 83
과학적 실재 • 51, 56
과학적 실재주의 • 69
과학적 실재주의자 • 75
과학지식사회학 • 78
과학철학 • 57, 71, 121
관계재 • 498
관념연합설 • 51, 85
교환 본능 • 147
교환적 정의 • 11, 32, 245
구빈법 • 294
국가 이론 • 346. 360
국제 관계 • 59
국지시장권 • 324
권력학파 • 432, 457
규모의 경제 • 181, 182
규범 윤리 • 42
금융규제법 • 403
금융업 규제론 • 405

ㄴ

낙관성 편향 • 389
내생적 성장 • 33
내생적 수요 • 190
내정 일반의 법률 체계 • 240
노동 시장 • 298
노동 정책 • 298
노스, 더글러스 • 52, 339
노예법 • 17, 284
노예제 • 210, 255, 284
농업 사회 • 281

뉴턴 • 92, 94, 106, 140

ㄷ

대리인 이론 • 420, 433, 444
대항력 • 299
덕 윤리 • 42
데카르트 • 86, 94, 104
도덕과학 • 41
도덕실재론 • 42
도덕철학 • 15
도덕현상학 • 42
독점 • 201, 218, 251, 254, 293
독점권 • 251
동감 • 10, 25, 145, 165, 248, 383, 411, 455, 480, 506
동감의 법칙 • 167
동업조합 • 252, 292, 436
동인도 식민지 • 217
동인도 회사 • 437, 443

ㄹ

라틴아메리카 • 366, 369
루소 • 19

ㅁ

마르크스 • 17, 31, 38, 52
마셜 • 420
만족화 • 347, 352
맥클로스키 • 44, 125
맨더빌 • 268, 508
맨큐 • 14
메타윤리학 • 42
명예 메커니즘 • 448, 456
명예혁명 • 259, 352, 370, 511
목축 사회 • 281
문학적 전환 • 44
미학 • 83, 93, 133

ㅂ

방법론적 다원주의 • 78
배경 지식 • 89
법경제학 • 409
법과 경제 • 60, 193, 233, 268, 380
법철학 • 39
벤담 • 471
보이지 않는 손 • 16, 23, 30, 234
북미 • 366, 369
북미 식민지 • 214
분배적 정의 • 32
분석 • 85, 142, 145, 149
불법행위법 • 411
비대인적(대물) 교환 • 354, 498

비정치적 모형 • 35
빈곤유용설 • 162, 268
빈곤의 사회학 • 486

ㅅ

사법 • 330
사회적 교환 • 431, 446, 495, 499
사회적 평판 • 59, 172, 175
사회화 • 446
산업혁명 • 187
상대가격 이론 • 344, 346
상업 사회 • 287
상호성 • 64, 393, 474, 495, 499, 501 503, 504
생활 개선 심리 • 147
서사적 담론 • 136
소극적 미덕 • 236
소박한 국가론 • 359, 360
손실 회피 성향 • 390, 411
수단적 효용 • 172
수렵 사회 • 281
수사학 • 44, 101, 116, 120
수사학적 적정성 • 132
수요 측면 • 59, 163, 176
수확 체감 • 176, 318, 319
수확 체증 • 33
슘페터 • 67
스티글러 • 8
스페인 • 201, 212, 214, 262, 365, 370
스페인 식민지 • 220
시민경제론 • 502
시민인본주의 • 502, 506, 512
시장가격 • 242, 277
식민지 관계 • 201, 225
식민지 근대화론 • 226
식민지 문제 • 191, 200
식민지주의 • 210
신고전파 경제학 • 420, 473
신자유주의 • 36, 48
신제도주의 경제학 • 21, 32
신중 • 384, 487
실재주의 • 49
실증주의 • 50, 68

ㅇ

아리스토텔레스 • 32, 87, 92, 96, 140, 468, 473, 498
안전 • 245
안전 보장 • 274, 283
애덤 스미스 문제 • 46, 145
언어 구조 • 130
언어 사용 • 131
에우다이모니아 • 468
에피쿠로스 • 470
역사의 경제적 해석 • 343
역사 이론 • 54, 62, 343
역사적 단계론 • 316
역사적 방법 • 316

연설 담론 • 136
영국 • 199, 212, 214, 261, 291, 365, 370, 437
(자유)온정주의 • 387
왓킨스 • 74
외부효과 • 406
요소 부존 • 321
요소 비율 • 321
욕구 충족 이론 • 466
운송 비용 • 182, 323
윌리엄슨 • 21, 422
윤리정서주의 • 40
의무 교육 • 401
의무론 • 41
이기심 • 8, 24, 54, 309
이념 이론 • 347
이론과 역사 • 312
이론적 역사 • 53, 312
이스털린 역설 • 34, 463
이자율제한법 • 407
인문 환경 모형 • 22
인지과학 • 20, 379
인지 체계 • 381
일반균형 • 30
일반적 정의 • 32
일상 과정 • 424, 438
잉여 접근법 • 31

ㅈ

자기본위적 편향 • 392
자기애 • 9, 24, 145, 147, 195, 318, 349, 372, 386, 487, 501
자기통제 • 384, 389, 401, 484
자립 • 275
자아실현 • 493
자연가격 • 149, 242, 277
자연권 • 208, 255, 273, 404, 490
자연법 • 238, 325, 327
자연신학 • 55
자연적 사회성 • 28, 30, 40
자연적 자유의 체계 • 12, 49, 267, 399, 404
자연적 진보 • 315, 319, 350
자원 기반 이론 • 452
자유 • 208, 246, 256, 273, 293, 488, 507
자유 경쟁 • 404
자유방임주의 • 11, 36, 145
자유자본주의 • 35
자유주의 • 14
자유주의적 공동체주의 • 28, 517
자혜 • 493
자혜심 • 9
장자상속법 • 248, 328
재산권 이론 • 346, 420
재산권 제도 • 357, 361
재현 가능성 • 436
적극적 덕목 • 236
절약(간결성)의 원리 • 311

절충주의 • 37
정보의 비대칭성 • 405
정상과학 • 72
정의 • 13, 26, 196, 231, 244, 269, 272, 276, 296, 355, 394, 488, 493, 509
정의감 • 145, 147
정의론 • 235
정의의 법률 체계 • 240
정치 조직 • 357
제도개체론 • 316
제도경제학 • 31
제도 이론 • 339, 344
제한된 합리성 • 21, 31, 32, 47, 379, 387, 400, 402
조직경제학 • 63, 421
조직행동론 • 445
종합 • 85, 143, 146, 148, 149
중국 • 279
중상주의 • 12, 191, 202, 213, 329, 508, 510
지대 추구 행동 • 18
진화적 경쟁 • 33, 435

ㅊ

책임성 • 436
철학적 역사 • 53, 61, 310, 312, 317, 325, 327, 334, 342
취득권 • 255, 273, 490

ㅋ

칸트 • 41
케인스 • 36, 405
코스 • 339, 377, 421
코페르니쿠스 • 99
쾌락주의 • 465, 472, 476
쿤 • 71

ㅌ

탐구의 수사학 • 44, 58, 77, 117
토대주의 • 49, 71

ㅍ

평등 • 274, 296
포퍼 • 71
표준화 • 438

ㅎ

학술적 담론 • 91, 138, 139, 147
한사상속제 • 248, 328
합리적 선택 이론 • 378
합법성 • 429, 436
항해 조례 • 203
행동경제학 • 20, 34, 63, 378

행동법학 • 378
행복 • 465, 475, 484, 509
행복경제학 • 34, 64, 463, 472, 508
행복 이론 • 465
현대 조직 이론 • 425, 428
협약론 • 51, 68, 109
형법 • 411
형이상학 • 57, 70, 73, 74, 87, 110
형평 • 18, 509
홉스, 토마스 • 25, 40
효과성 • 431
효용 • 13, 26, 39, 82, 232, 394, 397, 489, 501
효율성 • 231, 244, 269, 434
흄 • 26, 39, 40, 51, 85, 128, 157
힉스 • 343